普通高等教育"双一流"建设社会学专业精品教材

Western Sociological Theory

西方社会学理论

张小山　代堂平　主　编

中国·武汉

内 容 简 介

西方社会学理论是社会学专业必修的核心课程，本书是为适应社会学理论新近发展和教学需要而编纂的一部教材。

本书比较系统地介绍了自19世纪30年代以来西方代表性社会学家的社会学理论及重要社会学理论流派的基本思想。本书在广泛参考国内外相关文献和努力汲取学术界研究成果的基础上，尽可能完整地展示西方社会学理论的历史、现状与最新发展，注重内容的逻辑性、规范性、深刻性和可读性。

本书适合作为高等院校社会学专业本科生与研究生的教材或教辅书，也可作为其他对社会学理论有兴趣的各类读者的参考书。

图书在版编目(CIP)数据

西方社会学理论/张小山，代堂平主编．—武汉：华中科技大学出版社，2023.2
ISBN 978-7-5680-9053-7

Ⅰ．①西… Ⅱ．①张… ②代… Ⅲ．①社会学-西方国家 Ⅳ．①C91

中国版本图书馆CIP数据核字(2022)第250333号

西方社会学理论　　　　　　　　　　　　　　　张小山　代堂平　主编
Xifang Shehuixue Lilun

策划编辑：钱　坤
责任编辑：刘　凯
封面设计：刘　婷
责任校对：张汇娟
责任监印：周治超

出版发行：华中科技大学出版社(中国·武汉)　　电话：(027)81321913
　　　　　武汉市东湖新技术开发区华工科技园　　邮编：430223
录　　排：华中科技大学出版社美编室
印　　刷：武汉科源印刷设计有限公司
开　　本：710mm×1000mm　1/16
印　　张：34.75　插页：2
字　　数：608千字
版　　次：2023年2月第1版第1次印刷
定　　价：68.00元

本书若有印装质量问题，请向出版社营销中心调换
全国免费服务热线：400-6679-118　竭诚为您服务
版权所有　侵权必究

目录

第一章 导论 /001
- 第一节 什么是社会学理论 /002
- 第二节 社会学理论发展概况 /010
- 第三节 社会学理论的分类与评价 /019

第二章 孔德和斯宾塞的社会学理论 /025
- 第一节 孔德的生平及理论倾向 /026
- 第二节 孔德的实证主义哲学的基本思想 /030
- 第三节 孔德的实证主义社会学学说 /033
- 第四节 斯宾塞的生平及理论倾向 /041
- 第五节 斯宾塞的个人主义社会观 /045
- 第六节 斯宾塞的社会有机体论及进化论 /049

第三章 涂尔干的社会学理论 /059
- 第一节 生平及主要理论倾向 /060
- 第二节 社会学方法论 /064
- 第三节 社会团结和社会分工 /071
- 第四节 自杀的实证研究 /082
- 第五节 宗教和知识社会学 /086

第四章 韦伯的社会学理论 /097

第一节 生平及理论倾向 /098
第二节 社会学方法论 /101
第三节 社会行动与理性化过程 /107
第四节 政治社会学 /115
第五节 经济社会学 /122
第六节 宗教社会学 /126

第五章 齐美尔的社会学理论 /137

第一节 生平及理论倾向 /138
第二节 社会学方法论 /144
第三节 形式社会学 /166
第四节 文化社会学 /171

第六章 欧洲大陆其他社会学家的理论 /181

第一节 帕雷托的社会学理论 /182
第二节 滕尼斯的社会学理论 /194
第三节 曼海姆的社会学理论 /201

第七章 结构功能理论 /211

第一节 理论渊源及主要观点 /212
第二节 帕森斯的规范功能理论 /213
第三节 默顿的中层功能理论 /222
第四节 相关批评与新功能主义 /229

第八章 社会冲突论 /233

第一节 理论渊源及主要观点 /234
第二节 科塞的功能冲突理论 /236
第三节 达伦多夫的辩证冲突理论 /243
第四节 其他冲突论者的思想 /250

第九章 社会交换理论 /255

- 第一节 社会交换理论的思想渊源 /256
- 第二节 霍曼斯的行为主义交换理论 /257
- 第三节 布劳的结构交换理论 /264
- 第四节 爱默森的社会交换网络分析 /275

第十章 符号互动理论 /283

- 第一节 理论渊源和核心概念 /284
- 第二节 米德的基本思想 /285
- 第三节 布鲁默的符号互动理论 /291
- 第四节 戈夫曼的拟剧理论 /298

第十一章 现象学社会学与常人方法学 /311

- 第一节 舒茨的现象学社会学 /312
- 第二节 加芬克尔的常人方法学 /327
- 第三节 社会建构论的基本观点 /339

第十二章 社会批判理论 /345

- 第一节 批判理论简介 /346
- 第二节 马尔库塞对工业社会的批判 /350
- 第三节 米尔斯对美国文明的批判 /364

第十三章 后现代社会理论 /379

- 第一节 后现代社会理论的源起 /380
- 第二节 相关概念的辨析 /383
- 第三节 后现代理论的基本特征 /394
- 第四节 福柯的后现代社会理论 /408
- 第五节 其他后现代理论家的观点 /420

第十四章 当代社会学理论的新发展（上） /433

- 第一节 哈贝马斯的沟通行动理论 /435
- 第二节 布迪厄的反思社会学 /455

第十五章　当代社会学理论的新发展（下）　/483
第一节　吉登斯的结构化理论　/484
第二节　贝克的风险社会理论　/507

参考文献　/537

后记　/550

第一章 导 论

本章要点

- 社会学理论的含义
- 社会学理论的构成与功能
- 社会学理论的发展概况
- 社会学理论的评价标准

第一节 什么是社会学理论

一般来说,理论与方法是任何一门学科的两大支柱。理论是这门学科的知识系统化的产物,是这门学科各种探索与研究的成果精华;方法则提供了如何有效获取本学科知识的基本途径和具体手段,它在很大程度上是为理论服务的。学习掌握一门学科的理论是极其重要的。

一、社会学理论的含义

社会研究离不开一定的理论作指导,事实并不会为自己说话,任何观察都渗透着理论。社会研究者关于社会世界的发现,只有置于某一理论框架中,才会有意义。所谓理论(theory),就是脱离个别事物的一般化,脱离具体事例的抽象,[①] 它通常指用来解释事件如何以及为什么发生的一套系统的、具有一定逻辑关联的陈述。换言之,"理论"被认为是"为了解释和预测现象,确定变量之间的关系,用系统的观点将相互关联的概念、定义和命题组织在一起的总和"。[②] 而科学理论(scientific theory),则是一个由一些在逻辑上相互联系的概念和命题组成的解释系统,包括在经验上可检验的某些规律似的概括。科学理论有两大功能:解释与预测。正统的社会学理论(sociological theory)概念通常是指:由一些在逻辑上相互关联的概念和陈述所

[①] 杰弗里·亚历山大:《社会学二十讲:二战以来的理论发展》,贾春增、董天民等译,华夏出版社,2000年,第2页。

[②] F. N. Kerlinger, *Foundations of Behavioral Research*. 3rd Edition, Fort Worth: Harcourt Brace Jovanovich College Publishers, 1986.

组成的系统，用以解释说明一种或一系列的社会现象。"在社会学里，理论指的是试图解释问题、行动与行为时所做的一套叙述。一个有效的理论必须有很强的解释能力与预测能力。也就是说，它必须能从看似独立的现象中找到很强的关联性，并且了解某一因素的改变会对其他变量带来什么影响。"① 简言之，社会学理论运用一些相互关联的概念，提供了一套关于社会世界的系统化的知识，解释说明社会世界是如何运行的，进而预测可能的发展趋势。

无疑，社会学理论与社会思想史的关系十分紧密。通常的划分是，社会学这门学科正式诞生前所提出的关于社会的理论及观点属于社会思想史的范畴，而社会学理论很大程度上继承了社会思想史的精华。很多著名的社会学家或理论家正是在批判地继承之前的社会思想家的思想精华的基础上，提炼和建构自己的理论。

需要指出的是，当今的学者更喜欢使用超越了学科局限的"社会理论"（social theory）这个概念，它主要指"对社会世界的作用的相对系统的、抽象的、一般的反思"②。或者说，"社会理论涵括了有关现代社会中社会范畴（the social，又译'社会性'）的性质的总体上的关注"③。换言之，社会理论是指系统地、历史地形成的具有经验导向的理论，旨在寻求解释社会的性质。社会理论一般宣称，各种哲学分析、对具体历史经验的反思以及对社会条件系统的经验观察，综合起来可以解释社会的性质④。当代著名社会学家吉登斯（A. Giddens）曾经指出："我们并不把社会理论视为任何一门学科的专有领地，因为关于社会生活和人类行动之文化产物的问题是跨越社会科学和人文学科的"⑤。在他看来，"社会学知识体系与社会理论并不是一致的，后者比前者要宽泛得多，它涉及人类行为、社会制度及其相互联系的所有领域。但是社会学的主要研究领域是现代性出现以来所产生的社会世界（the

---

① 理查德·谢弗：《社会学与生活》，刘鹤群、房智慧译，世界图书出版社，2006年，第9页。
② 帕特里克·贝尔特：《二十世纪的社会理论》，瞿铁鹏译，上海译文出版社，2002年，第1页。
③ 布赖恩·特纳：《Blackwell社会理论指南》，李康译，上海人民出版社，2003年，第一版序。
④ 奥斯汀·萨拉特：《布莱克维尔法律与社会指南》，高鸿钧、刘毅、危文高等译，北京大学出版社，2011年，第17页。
⑤ 参见杨善华、谢立中：《西方社会学理论（上卷）》，北京大学出版社，2005年，前言。

social world)，其与社会理论有着特殊的关系"①。有学者指出，定性研究（或质性研究）中的理论不同于正统的理论概念，它不是对社会现实所进行的概念化和形式化，而是特定研究者从特定的角度通过特定的研究手段针对特定的社会现象所作出的一种解释。这种理论具有一定的时间性和地域性，必须根据具体情况的变化而加以修正。"此外，非常重要的一点是，对质的研究者来说，'理论'这个词应该总是复数，而不是单数"②。后现代主义者的理论概念与质性研究的理论概念比较接近，某些后现代主义者甚至拒斥理论这个概念，认为它带有系统、统一、固定、完成等含义③。本书作者认为，社会理论是比社会学理论更宽泛的概念，它超越了社会学的学科局限，有一点是肯定的：社会学理论是社会理论的核心成分。鉴于社会学这门学科带有很大的综合性和包容性，社会学理论与社会理论之间的界限也不是那么的泾渭分明。本书主要介绍的是社会学理论，但也会涉及一些超出了狭隘的社会学理论范畴的社会理论。晚近的社会学家喜欢用"社会理论"这一涵盖范围更广的词，而当今许多有影响的社会理论确实超出了狭隘的社会学理论的界限。

二、社会学理论的构成

不少学者认为，"理论"一词是社会科学里最富争议的概念之一。广义地讲，理论就是人们对事物工作原理的理解与解释。在日常生活中流行着大量非正式的理论，人们广泛接受的就被称为普通知识、一般常识、格言或警句，而不被人们认同的往往会贴上民间传说、迷信等标签④。作为各门学科核心内容的理论，属于正式的理论，具有更多的系统性、精确性、有效性、可检验性和批判性等特征。有学者指出理论有如下七层含义或类型：命题、解释、理解、阐述、世界观、批判、反思。新功能主义的代表人物亚历山大

---

① 安东尼·吉登斯：《社会理论与现代社会学》，文军、赵勇译，社会科学文献出版社，2003年，前言第2页。

② 参见陈向明：《质的研究方法与社会科学研究》，教育科学出版社，2000年，第320页。

③ 某些并非后现代主义者的理论大家也会排斥理论这个概念。如沃勒斯坦就对"理论"一词所隐含的封闭、完成的意味非常警惕，他反对将自己的研究称为"世界—体系理论"，而更愿意称为"世界—体系分析"。参见伊曼纽尔·沃勒斯坦：《知识的不确定性》，王昺等译，山东大学出版社，2006年，第50页。

④ 帕梅拉·舒梅科、小詹姆士·坦卡德、多米尼克·拉索萨：《如何构建社会科学理论》，乔飞译，中国大百科全书出版社，2021年。

(J. Alexander)将理论视为"从观察到一般理论假设"这个科学连续统的众多相关元素的组成部分,其中依此包括如下内容:方法论假设、朴素关系、简单和复杂的推测、规律、分层、定义、概念、模式、唯心主义取向等①。美国社会学家乔纳森·特纳(J. Turner)认为社会学理论主要包含如下构成要素。

1. 概念(concept)

是对现象的一种抽象,它是一类事物的属性在人们主观上的反映。它是理论的砖石,如社会化、社会流动、社会分层、社会控制等。

2. 变量(variable)

就是具有一个以上不同取值(不同的子范畴、不同的属性,或不同的亚概念)的概念,如年龄、性别、职业、婚姻状况等。具体而言,年龄可以有"老""中""青"等不同取值,也可以有87岁、45岁、23岁等不同取值;性别可以有男性和女性两种不同的取值。而那些只有一个固定不变的取值的概念,则叫作常量,如圆周率。

3. 陈述(statement)

按照一定方式将概念联结起来,说明概念所指称的事件相互联系的方式,同时解释事件应该如何以及为什么相互联系。命题或假设就是非常重要的理论陈述形式,例如,单身者的犯罪率比已婚者高。

4. 格式(format)

按照一定方式将陈述组合起来。特纳提出了四种社会学理论的基本格式,即思辨框架、分析框架、命题框架和建模框架。

(1)思辨框架。特纳认为,"思辨理论的框架本身并非解释具体事件的理论,而是阐释一个理论必须提出的基本问题"②。所谓思辨,就是对某一理论陈述的哲学反思,主要反思蕴含在这些陈述中对世界作出的基本假设,如:人类活动的基本性质是什么?何为社会的本质?什么样的理论是可能的?社会学应重点研究社会的哪些方面?等等。因此,思辨理论框架总体上

---

① 杰弗里·亚历山大:《社会学二十讲:二战以来的理论发展》,贾春增、董天民译,华夏出版社,2000年,第5-6页。
② 乔纳森·H. 特纳:《社会学理论的结构》,吴曲辉等译,浙江人民出版社,1987年,第11页。

是探讨研究的基本旨趣与立场、本体论、认识论、方法论等这样一些重大的哲学问题。正如任何理论都不能没有自己的哲学前提一样，思辨理论在理论建构中也是不可避免的，思辨使解释具体事件的理论更加自觉、更有穿透力。而在事实上，社会学理论的确也包含了一定程度的思辨理论。当然，思辨理论有自己的局限性：它所涉及的问题在经验范围内是无法解决的，因此，人们不得不在无休止的争论中，在科学的确定性和哲学的不确定性之间，不断地寻找某种自认为合理的平衡点。

（2）分析框架。所谓分析框架，是指对理论活动的基本单元——概念进行分类或者说做类型学处理，使人们对研究对象的认识具有某种秩序感。分析框架是发展理论的一个必不可少的手段。如果没有这样一个对概念分类的框架，研究者就不能了解自己在研究什么，也很难提出具体的理论命题和模型。分析框架的种类很多，经验事件一旦在分类中确定了位置，解释也就随之产生。例如，依照马克斯·韦伯的四种行动类型的理论，我们就可以根据不同行动的类型特征，来进行有针对性的解释。

（3）命题框架。所谓命题一般是指两个或以上变量之间关系的理论陈述，即表明某一个概念的变化是怎样由另一个概念的变化来加以说明的。例如，霍曼斯的"刺激命题"是"相同的刺激可能会带来相同或相似的行为"，即行为这一概念的变化是由刺激这一概念的变化来加以说明的。按照命题的抽象程度和将命题组织成格式的方式的不同，可以将命题框架分为三种不同的类型：公理化格式、形式化格式、各种经验格式。

理论陈述的公理化格式由三种要素构成：首先，是具备一套概念，其中包括高度抽象的和较为具体的概念；其次，具备一套存在命题，存在命题是对类型和种类情境进行描述，概念和由概念组合而成的命题在此情境中得以运用，存在命题形成了理论的解释域；最后，按等级陈述命题，最高等级的是公理或高度抽象的陈述，其次是按逻辑规则推演出来的定理，公理化格式可以从公理推出一系列相关命题，它们具有指称的相关现象范围广等优点，同时，由于公理具有不证自明的直觉真理性，由它推演出来的定理也不会被经验所否证。但是，必须指出的是，由于公理化格式所要求的是数学理论那样严密的逻辑演绎，对概念和变量也要求精确定义，并能严格控制理论体系之外的所有可能产生的变量，而这在社会学中是很难做到的，因此在社会学的理论构建中很少采用公理化格式。

在社会学理论建构中运用较多的是形式化格式，它的目的是先建立高度抽象的理论命题，然后通过不太严格的逻辑演绎和经验演绎推导出某些经验命题。形式化格式一般不排除外在变量的影响，常常附加一些假设和条件语句，以便有效地解释某一范围或某一层面的社会现象，例如，"若其他因素相互抵消，群体整合是与其他群体发生冲突的正函数"就是一个形式化的命题，运用这个命题，可以解释某些经验事实。

理论陈述的第三种格式是各种经验格式或经验概括。经验格式是从现实社会的大量具体事件中概括出的一系列经验命题，它们的抽象程度较低，涉及的时间和空间都有限，与经验对象的联系较紧密，例如，"随着工业化和城市化进程的加快，人们受教育的程度在提高"就是一个经验命题，它是对工业化和城市化这个具体历史过程与人们受教育程度之间关系的一种经验性概括。尽管经验概括在抽象程度上有高有低，但严格地说，这还不能被称为理论。从以上三种基本命题框架看，公理化格式理论形式完美、论证有力，但社会学研究中的变量关系绝大多数不能满足其严格的条件，因而很少运用。社会学理论中使用较多的是能说明变量间关系的形式化命题。另外，在社会学的具体领域中，由经验概括得出的各种经验命题也有相当重要的作用。

（4）建模框架。它以建立模型的方式陈述社会现象之间的联系和相互作用。所谓模型，就是用图式（数学方程式、直观图形等）来描述社会事实、事件或现象。构成模型的图式有三个基本要素：① 指示社会世界某些特征的概念；② 将概念安置于具体空间以反映事实、事件在社会世界中的状况；③ 表明概念之间相互关系的符号，如等式、向量等。社会学所建立的模型一般分为两类，一类是分析模型，一类是因果模型。其中分析模型通常用于描述过程，具体说明较抽象和较普遍过程之间的关系，通过这些过程，公理化理论、形式化理论的概念能够联结起来。而因果模型所提供的解释则是追溯所有有关变量之间的因果联系，通过这些变量说明社会事件的变化。建立因果模型是为了区分在某些时间序列中自变量对某些因变量的影响。

理论的四种基本形式在构建社会学理论体系中都有自己独特的作用，但只有命题形式理论具有较高的逻辑性、抽象性，同时能够与经验世界之间建立起可验证的关系，是科学意义上的理论形式，因而在社会学理论建构中具有特殊且重要的意义。

综上所述，构造一种完整的、科学的社会学理论，需要首先赋予概念以准确的定义，然后，选用不同种类的理论陈述格式来进行理论陈述，同时，这种理论陈述还必须是"原则上可以检验的经验性假说"。

三、社会学理论的功能

著名科学哲学家劳丹（L. Laudan）认为科学的目的就是追求具有高度解决问题效力的理论，而科学的进步则表现为后继理论比前任理论能解决更多的问题①。理论就像一束光，照亮了所要观察探究的对象，指导人们更好地聚焦与把握核心问题（同时忽略了光照之外的其他事物）。理论又像一张概念之网，网住了相对重要的问题大鱼（同时漏掉了不太重要的小鱼小虾）。一般认为，社会学理论具有如下三大功能。

1. 描述社会

社会学理论的一项重要功能是，运用一套理论术语或有启发的概念去描绘社会世界是如何运作的，各种社会行为、社会现象、社会事件、社会变迁等是怎样发生的，比如运用社会分层理论中的水平流动、垂直流动、代际流动、结构性流动等术语描绘中国社会转型过程中社会各阶层的分化和流动情况。

2. 解释社会

社会学理论并不仅仅满足于描述社会世界是如何运作的，它还致力于解释各种社会行为、社会现象、社会事件、社会变迁为什么会发生，受到哪些社会因素的影响等，比如利用社会资本、文化资本等因素解释为什么有些社会成员向上流动的机会更大。

3. 预测社会

社会学理论是基于对各种社会规律、社会运行机制的认识与把握，进而对社会发展趋势、各种社会行为、社会现象、社会事件的发生的可能性作出有条件的、比较准确的预测。

社会学理论的上述三大功能可以为社会管理、社会决策提供科学依据和有效帮助。另需指出的是，理论与研究是相辅相成的，在社会科学的实践中很难截然分开，它们之间是相互依赖的。美国著名社会学家默顿（R. K. Merton）

---

① L. 劳丹：《科学与价值：科学的目的及其在科学争论中的作用》，殷正坤、张丽萍译，福建人民出版社，1989年。拉瑞·劳丹：《进步及其问题》，刘新民译，华夏出版社，1999年。

曾就社会学理论与经验研究之间的关系做过相当深入的考察和分析，并强调："只有当经验研究是理论导向的并且当理论是由经验证实的，才能获得连贯性而不是分散"①。法国当代著名社会学家布迪厄（P. Bourdieu）也表达了类似的看法："我可以将康德的一段名言稍加变通并指出，没有理论的具体研究是盲目的，而没有具体研究的理论则是空洞的"②。概括地讲，理论可以激发研究对其进行检验（证实或证伪），而研究则能帮助人们接受、拒绝或修正理论，进而构造新的更好的理论。具体而言，理论对于经验研究的主要作用体现在如下三点。

（1）提供特定视野和概念框架。首先，不少经验研究的课题直接来源于理论的推演，并以检验理论为主要目的。其次，那些从具体的社会现实中所提出的研究课题，也离不开理论所提供的特定视野和概念框架。理论告诉研究者应该提出什么样的问题，以及从哪些方面入手去探讨相关问题。

（2）指导研究的方向。理论可以指导研究者有针对性地收集特定的经验资料，而不是茫然面对大量的社会现象不知所措。社会事实只有纳入某个理论框架中才能获得一定的意义，那些解释性的研究更是离不开理论的指导。

（3）给出研究的解释。在资料的分析过程中，理论也发挥着重要作用。无论是自变量、因变量、控制变量或调和变量等，它们的确定都不是任意的，而是与一定的理论有关。

尼采（F. Nietzsche）认为，伟大理论都是用来被超越的。汉斯·约阿斯（H. Joas）、沃尔夫冈·克诺伯（W. Knobl）也断定：跟哲学一样，在社会科学的理论中没有什么是确切无疑的，特别是当一个理论超越了经验研究与解释工作时，如果想追求确切无疑性，通常都是会失败的③。事实上，正如著名科学哲学家波普尔（K. Popper）指出的，科学理论是通过不断证伪而发展起来的。任何科学理论都是可以质疑的，是可以接受经验检验并被

---

① 罗伯特·K. 默顿：《社会理论和社会结构》，唐少杰、齐心等译，译林出版社，2006年，第219-220页。
② 皮埃尔·布迪厄、华康德：《实践与反思——反思社会学导引》，李猛、李康译，中央编译出版社，1998年，第214页。
③ 汉斯·约阿斯、沃尔夫冈·克诺伯：《社会理论二十讲》，郑作彧译，上海人民出版社，2021年，导论。

证伪的,只能信仰而不能被质疑的那是宗教教条①。本书所介绍的西方社会学理论或社会理论,至少在如下几个方面是可以质疑的:西方中心主义的、男性中心主义的、白人中心主义的、白领中心主义的等。②

第二节　社会学理论发展概况

　　社会学理论的产生有一定的历史背景和思想渊源。在近代西方出现的政治革命、工业革命、资本主义诞生、社会主义兴起、城市化、宗教变迁、科学发展等,都对社会学和社会学理论的产生发挥了不容忽视的重要作用。而西方社会学理论的思想源头可以追溯至古希腊的社会哲学,以及17世纪以来西方哲学中的经验主义传统和18世纪的启蒙运动,而近代英国的功利主义、法国的实证主义、德国的历史主义和美国的实用主义更是直接影响了西方社会学理论的诞生与发展。事实上,可以将现代性(modernity)作为社会学理论研究的逻辑起点,以现代性为主轴,将纷繁复杂的各种社会学理论串联起来。

一、以现代性为轴线

　　作为一门独立的、自觉的社会科学,社会学的创立是与用一套概念系统去认识和把握兴起于西欧并逐渐向全球扩散的现代工业社会的企图分不开的。孔德(A. Comte)的"三阶段论",斯宾塞(H. Spencer)"军事社会"到"工业社会"的两分法,滕尼斯(F. Tonnies)"共同体"和"社会"的区分,涂尔干(E. Durkheim)"机械团结"与"有机团结"的类型说,帕累托(V. Pareto,又译帕雷托)的精英循环论,韦伯(M. Weber)的"合理化过程",马克思(K. Marx)的"资本主义社会",等等,就是社会学的缔造者们探索从理论上解释和说明正在发生的所谓"现代性"社会转型所做的努力,从中他们抽象出一些关键的概念或主题。作为典型的现代性理论家,他们相信借助理性可以发现适合现代社会的系统理论和实践规范,进而推动社会进步。经典思想家的研究取向和理论成果,均给后来的社会学学说带来

---

① 卡尔·波普尔:《猜想与反驳:科学知识的增长》,傅季重、纪树立、周昌忠等译,上海译文出版社,1986年。
② 毫无疑问,读者也应该以批判质疑的眼光看待本书的内容。

极大的影响。可以说，当代西方社会学理论既是对当代西方社会变迁的回应、对现代性思考的结果，又是对经典社会学理论不断地进行批判、继承以及再批判、再继承的产物。

美国当代著名社会学家帕森斯（T. Parsons）通过对古典社会学理论深入系统的分析整理与批判综合，提出了一个旨在"终结所有理论"的宏大的、统一的现代性理论，并成功地使该理论在西方尤其是美国社会学界占据统治地位几近30年，而社会学理论也随之成为西方整个现代性事业的重要组成部分。不过，随着时间的推移，帕森斯的现代性理论与社会实际不相吻合及其理论的内在缺陷，越来越引起众多具有批判意识的学者的不满，他们从不同的角度对该理论提出激烈的批评，重新阅读、解释、评价经典理论家的著作，以挖掘曾被忽略或误解的思想精华，寻找适合自己的哲学基础，进而发展出各具特色的社会学理论，为当代西方社会学领域诸多流派纷争的"繁荣"局面的出现做出重要贡献。其中，比较有代表性的理论流派有：社会冲突论、社会交换论、符号互动论、现象学社会学、常人方法学、批判理论等。本书后面会做比较详细的介绍。需要指出的是，上述6个有较大影响的流派并没有从根本上抛弃现代性的基本假设、放弃对社会进步的追求，它们程度不等地自命为理性的代言人，相信不断提高理解和控制现代社会的可能性，从这个意义上说，它们只是对帕森斯宏大现代性社会理论的某种补充。

后现代理论试图彻底颠覆正统的现代性理论。西方社会从20世纪60年代以来发生了一系列引人注目的变化，这种变化遍布于经济、政治、社会、文化制度等各个领域，以至于人们感觉到"确实生活在新时代里，或更谨慎地说，生活在一个断裂时期"①。许多学者试图对这样的一个时期做理论上的概括，提出了一些各具特色的概念，如"后工业社会""晚期资本主义""后自由主义社会""消费社会""闲暇社会""福利社会""信息社会"，等等。其实，在这个所谓新的历史时期，最具重要意义的也许是，占据西方人心灵两百年之久的现代性理念受到强烈的质疑。西方自18世纪以来，就出现了一个与启蒙运动密切相关的著名假设：日益增进的理性有利于加强秩序与控制，且有助于张扬社会正义、推动道德进步、促进人类解放和幸福。追求秩序、崇尚科学与技术、保持对"进步"的信心等，这些都被认为是现代性的

---

① Barry Smart：《后现代性》，李衣云、林文凯、郭玉群译，巨流图书公司，1997年，第9页。

核心特质①。然而,原先被假定为现代性发展必然结果的许多利益承诺并没落实,现代性方案已经变成十分可疑的东西,由此产生了前所未有的合法性危机。所谓后现代思想家,通常是指那些对西方现代性持彻底批判态度的学者,包括那些启蒙运动以来思想的最激进、最尖锐的批评者。在他们看来,人们现在生活在一个性质完全不同于以往各个时代的后现代社会里,而且,整个西方传统文化和各种传统理论关于人类社会及其历史的观点和研究方法都是令人质疑的。换言之,后现代社会理论以持续不断的否定、摧毁,鼓吹无序、差异为特征;这与以肯定、建设,强调秩序、统一为特征的现代性社会理论(如帕森斯结构功能论)形成鲜明对照。在后现代主义者眼里,理性、自由和正义不再是可以实现的目标,而是应该批判和超越的对象。

晚近理论家的重建与综合。当代社会理论大师哈贝马斯(J. Habermas)、吉登斯、贝克(U. Beck)等则反对后现代主义的基本主张,认为现代性还没有过时,还有挖掘的潜力,否认后现代社会已经降临或后现代性转向已经形成,判定目前的西方发达国家不过是处于"晚期现代性""高度现代性""第二现代性""反身现代性""激进现代性"等阶段,而不是后现代主义宣称的与现代性彻底断裂的后现代性阶段。他们不满于后现代主义的碎片化知识,从不同的学科中汲取理论资源,尝试重建整合性的现代性社会理论。

二、奠基者的确立

了解一门学科(尤指人文社会科学)的一条重要途径是看它的奠基者们都说了什么,这些奠基者对本学科的发展有着举足轻重的影响。然而,学科的奠基者身份有时并不是那么理所当然、毋庸置疑的。随着社会的变迁及学科的发展、研究问题的更替和学术兴趣的转移,人们可能会重新评价那些学科创始阶段的代表人物,根据这些代表人物对学科建设的贡献、对学科前沿领域的推动以及对当代学者启迪作用的大小,从而将他们进行再定位:过去被忽略的可能被挖掘出来,戴上学科奠基者的桂冠;而过去被誉为主要奠基者的可能会遭遇降级,不再像以往那样被顶礼膜拜。在社会学中,一般将美国著名社会学家帕森斯看作承上启下的重要人物,他的一项引人注目的成就是对之前的古典社会理论家的思想进行了系统的梳理,进而确立了社会学这

---

① Barry Smart:《后现代性》,李衣云、林文凯、郭玉群译,巨流图书公司,1997年,第126页。

门学科最重要的奠基者。在1937年发表的名著《社会行动的结构》一书中，他推出了四位古典社会理论的大家：马歇尔（A. Marshal）、帕累托、涂尔干和韦伯。他认为这四位理论家为社会学的统一理论——"唯意愿的行动理论"（或"唯意志的行动理论"）做出了突出贡献，而"唯意愿的行动理论"乃是社会学的基础理论，是最有发展前景的理论，因此，上述四大家应该被视为社会学的真正奠基者。帕森斯的工作具有里程碑的意义，它推动了社会学史上第一次理论大综合，展示了在社会学研究中理论建构的重要价值，进而促成理论社会学作为社会学专业分支学科的诞生。正是在总结他所确立的社会学主要奠基者的思想的基础之上，帕森斯创立了长期被当作社会学正统的结构功能论。社会学的历史分期也往往以帕森斯为界：在他之前为古典时期，在他之后为当代时期，而帕森斯本人则被视为古典社会学的最后一位理论大师和当代社会学的第一位理论大师。在美国帕森斯的影响更是巨大，社会学的历史分期可依据帕森斯的名字划分为：前帕森斯时代、帕森斯时代、反帕森斯时代和后帕森斯时代。法国著名社会学家雷蒙·阿隆（R. Aron）在其代表作《社会学主要思潮》（1965年）中，着重讨论了七位社会学的奠基者：孟德斯鸠（C. Montesquieu）、孔德、马克思、托克维尔（A. Tocqueville）、涂尔干、帕累托、韦伯。显然，阿隆认可了帕森斯列出的四大家中的三位：涂尔干、帕累托和韦伯。同时补充了四位：孟德斯鸠、孔德、马克思和托克维尔。而美国著名社会学家罗伯特·尼斯比特（R. Nisbet）在其影响甚大的重要著作《社会学传统》（1967年）中，大力推介的5位创始人是：托克维尔、马克思、涂尔干、韦伯、齐美尔（G. Simmel）。而美国另一位著名社会学家刘易斯·科塞（L. Coser，又译科瑟）在《社会学思想名家》（1977年）这本传播甚广的著作中，介绍了15位重要的社会学家：孔德、马克思、斯宾塞、涂尔干、齐美尔、韦伯、凡勃伦（T. Veblen）、库利（C. Cooley）、米德（G. Mead）、帕克（R. Park）、帕累托、曼海姆（K. Mannheim）、索罗金（P. Sorokin）、托马斯（W. Thomas）、兹纳涅茨基（F. Znaniecki）。这份名单包含了7位美国社会学家，显然是受到科塞的美国国籍的影响。

英国当代著名社会学家吉登斯在其早期代表作《资本主义与现代社会理论》（1971年）中，重点考察了与现代资本主义密切相关的三大理论家：马克思、涂尔干和韦伯。他认为这三位学者分别阐述了现代性的三个重要维度：资本主义、工业主义和理性化。之后，越来越多的社会学家认同马克思、涂尔干和韦伯是现代社会学的真正奠基者，称他们为古典社会学的"三大圣人"。① 一般认为，上述三大家提出各具特色的社会学理论与方法论，从而奠定了西方社会学这门学科的大体框架与基本走向，形成了三个具有相当号召力的社会学传统或范式：以马克思为代表的批判主义、以涂尔干为代表的实证主义、以韦伯为代表的解释主义。尽管按美国社会学家瑞泽尔（G. Ritzer）的说法，社会学是一门多重范式的学科，甚至有人开玩笑说"社会学家只在社会学难以下定义这点上意见一致"，但古典三大家的确立则意味着社会学家还是存在某些基本共识。古典三大家的确立意义重大，它巩固与强化了社会学研究中的三大传统，使社会学学者拥有获取学科资源的重要途径，奠定了学科同行进行学术探讨和对话的基础，一定程度上确保了学术研究不至于蜕化为自说自话的个人秀，进而推动了学科的健康发展及学科知识的不断积累。事实上，当代社会理论的发展很大程度上就是对三大家所开创的理论不断进行批判与重建的过程。三大家的确立与当代社会理论大家哈贝马斯关于合法性知识划分的理论也是吻合的。哈贝马斯从认识旨趣的角度将合法的知识划分为三类：经验-分析型、历史-解释型、批判型。对应的三种旨趣分别是控制、实践与解放。② 不难发现，上述三种知识类型正好对应着社会学中以古典三大家为代表的三大取向：实证主义、解释主义和批判主义。由于获得了学理上的有力支持，古典三大家的地位更显坚固。

不过，随着二十世纪五六十年代西方社会的转型，各种社会思潮尤其是后现代思潮的相继涌现，另一位古典理论大家齐美尔受到越来越多的关注。许多学者认为，齐美尔是最被忽略的现代社会学的主要奠基者。之所以一直未获得应有的声誉，可能与他独特的学术旨趣、另类的研究选题、多元的分析策略、自由的表述风格以及坎坷的人生道路等有一定关系。事实上，齐美尔的思想以一种比较隐蔽的方式对社会学以及社会理论产生了广泛而深远的影响，可以说，社会学中的众多流派如符号互动论、结构功能论、社会冲突论、社会交换论、批判理论，以及当代的文化理论和后现代理论等都直接或间接地受惠于齐美尔。从某种意义上讲，齐美尔是研究现代性的第一位社会学家，他强调文化社会学的视野，开启了从内心体验来探究现代性这样一条重要思路，推动了感官和情感社会理论的发展。他广博的知识、深刻的洞察力和对现代社会问题及文化现象充满智慧的诊断，逐渐引起学界的广泛关注。鉴于齐美尔独特的研究旨趣和分析视角，带有悲剧意识和"碎片化"倾

---

① 新功能主义的主要代表人物亚历山大在其多卷本的成名作《社会学的理论逻辑》中，重点讨论的三个古典社会学大家也是马克思、涂尔干与韦伯。

② 哈贝马斯：《认识与兴趣》，郭官义、李黎译，学林出版社，1999年。

向的审美立场,不少学者视其为后现代主义的先驱。晚近以来,齐美尔的学术声誉有不断上升的趋势,以至于人们将他与马克思、涂尔干、韦伯并列为古典社会学四大家。

　　社会学的教科书在列举社会学的奠基者时,通常都少不了三大家或四大家,此外,往往还加上首创"社会学"这一名词并被誉为"社会学之父"的法国社会学家孔德①以及英国社会学家斯宾塞。随着当代女性主义、少数族裔运动的风起云涌,作为一种回应,许多当代社会学的教科书会增补女性社会学家和黑人社会学家为本学科的经典人物,如英国早期女性社会学家马蒂诺(H. Martineau)、美国黑人社会学家杜波伊斯(Du Bois)等通常会有幸入选。美国当代社会学家乔治·瑞泽尔在其影响广泛的《古典社会学理论》(1992年)第一版中,除了介绍孔德、斯宾塞、马克思、涂尔干、韦伯、齐美尔、米德、舒茨(A. Schutz)、帕森斯等男性社会学家外,还专门讨论了马蒂诺、吉尔曼(C. Gilman)、亚当斯(L. Addams)等女性社会学家的理论。在乔治·瑞泽尔主编的巨著《布莱克维尔社会理论家指南》(2000年)一书中,重点讨论了如下12位古典社会理论家:孔德、马蒂诺、斯宾塞、马克思、涂尔干、韦伯、齐美尔、吉尔曼、米德、杜波伊斯、舒茨、帕森斯。这份名单包含了两位女性社会学家。需要强调的是,诸如此类的一些改变是非常重要的。以往社会学教科书中的社会理论大师都是清一色的男性,凸显了男性中心、男性话语和男性视角,并且视之为天经地义、理所当然,缺乏自觉的反思和批判意识。而现在补充女性理论家,也就为社会理论增添了女性视角、女性话语和女性元素,从某种意义上说,这有利于克服以往社会理论的片面性和局限性,使得社会理论更具开放性、丰富性和拓展性,更富解释力、说服力和创造力。可以预见,未来社会学经典大家的名录还会发生改变,社会学奠基者的身份还可能被反复审查和重新确立。

三、四大范式的建立

　　基于社会学的基本性质、研究旨趣、理论预设、分析框架、方法选择等维度,许多学者认为可将社会学及其理论划分为不同的传统或流派,并提出了各种各样的分类方法。社会学教科书通常将社会学的理论划分为三

---

① 有学者指出,法语"社会学"(sociologie)一词并不是孔德首创的,而是借用了前人1780年的发明,但孔德无疑对该词的推广起到了极其重要的作用。参见帕特里克·瓦蒂尔:《社会学的知识》,王赟译,上海人民出版社,2022年,译者导读第1页。

大流派（或体系、板块）——功能论、冲突论和互动论，或将社会学简化为宏观社会学与微观社会学两大部分；另一种比较流行的做法是将社会学划分为实证主义和非（反）实证主义两大类（或将其划分为定量社会学和定性社会学）；而美国社会学家瑞泽尔认为社会学是一门多元范式的学科，主要包括旨在探索以社会事实、社会行为和社会释义为标志的三大范式。我国社会学家周晓虹提出可在瑞泽尔的三大范式的基础上补充社会批判这一范式，并且这四个范式正好对应宏观—微观、自然主义—人文主义这两对理想类型交互分类的结果[①]。美国社会学家布洛维（M. Burawoy）通过论证表明社会学存在四大类型（或范式）：专业社会学、政策社会学、批判社会学和公共社会学[②]。法国社会学家迪贝（F. Dubet）从对待社会学的有用性或使命的不同看法角度，将社会学划分为三大派别：批判派、合理性发展派和介入派[③]。美国后现代社会理论家塞德曼（S. Seidman）指出社会学理论存在三大类型：哲学的、科学的和道德的。并且大多数理论家都将这三种社会分析的类型融为一体[④]。当然，正如前面指出的，将社会学及其理论划分为实证主义、解释主义和批判主义三大传统或范式，这在学术界得到了更加广泛的认同。

　　本书认为后现代主义有一定潜力发展成公认的三大范式之外的一个范式。后现代主义作为一股重要的文化思潮兴起于20世纪60年代至70年代的西方，逐渐流行后不断向全球扩散。它以拒斥现代性为基本特征，其核心源自后结构主义，摈弃现代主义思想教条的哲学与理论立场。它对当代西方社会科学各个领域造成了极大的冲击，引发了众多社会研究的新探索。但后现代主义能否称得上是一种与前面三大范式并列的社会学理论范式？对此，学界存在较大争议。一个重要原因是后现代主义主要由非常松散、内部差异很大的相关话语混合而成，具有反宏大叙事、反理论化、反系统化倾向，而且其发展也存在诸多不确定性，呈现为"一系列处于不断变化的碎片"。但本书的观点是，可以将后现代主义视为一种有潜力的、不断形成的社会学理

---

① 周晓虹：《西方社会学历史与体系（第一卷）》，上海人民出版社，2002年，第32页。

② 麦克·布洛维：《公共社会学》，沈原等译，社会科学文献出版社，2007年，第19页。

③ 弗朗索瓦·迪贝：《社会学有什么用？》，陈艳译，外语教学与研究出版社，2013年，第14页。

④ 史蒂文·塞德曼：《有争议的知识——后现代时代的社会理论》，刘北成等译，中国人民大学出版社，2002年，导言。

论及研究的重要范式或准范式,理由主要有五点:其一,虽然学界关于范式的理解有很大分歧,但本书认为可在比较宽泛的意义上使用这个概念,其主要指一群研究者(或学术共同体)所拥有的相同或相似的信念、视角、研究模式及理论框架等;其二,尽管存在诸多混乱和分歧,但各种后现代主义拥有一定的共识,并表现出某些共同的旨趣和相似的特征;其三,可以在哈贝马斯的三种认识旨趣的基础上补充"解构与审美"这一种旨趣,即后现代主义也可提供一种以反思、另类为特征的合法性知识类型;其四,后现代主义着重从文化社会学的角度考察现代性,并对它提出独到、深刻的诊断和犀利的批判;其五,后现代主义确实在社会研究方面具备不同于其他三大范式的特征,蕴含值得挖掘的潜力,并可能发展出一种社会分析的新路径。另外,可将齐美尔看作社会学中后现代主义范式的早期代表或奠基者,其相关理论及研究实践所呈现的解构主义的学术旨趣、建构主义的社会观念、另类及边缘的研究选题、多元主义的方法取向、不拘一格的表述风格、与晚近后现代主义学者的家族相似等特色,为此提供了比较充分的依据。

为了更加直观地把握社会学(及理论)四大范式的主要特征和基本关系,可以用一个2×2的交互分类表对四大范式进行逻辑归类(韦伯意义上的理想类型,见表1-1),其中,两个变量维度分别是看待社会现实的基本立场(变量取值:实在论与建构论)以及针对研究伦理的态度取向(变量取值:价值中立与价值介入)。如此,实证主义就属于本体论上的实在论和方法论的价值中立型,批判主义属于本体论上的实在论和方法论的价值介入型,解释主义属于本体论上的建构论和方法论的价值中立型,后现代主义属于本体论上的建构论和方法论的价值介入型。

表 1-1 社会学理论四大范式的逻辑归类

分类	价值中立	价值介入
实在论	实证主义	批判主义
建构论	解释主义	后现代主义

首先,无论是实证主义还是批判主义都假定存在一个独立于认知者的真实世界,不过批判主义更强调一种可改变的压迫性结构的真实存在;而解释主义和后现代主义则认为社会现实是人们建构的。尽管解释主义认为社会世界充满主观意义,研究者必须去理解行动者的意图与动机,但这些具有主观色彩的内容却独立于研究者的主观意识与符号系统,与此不同的是,后现代主义否认任何独立于研究者的主观意识与符号系统的外部实在。一般来说,认同实在论的实证主义和批判主义倾向于从事宏观社会学的研究,即致力于

研究较大规模的社会模式，关注社会整体及其主要构成因素，如经济、政治、文化体系及其运作，社会分层与流动，阶级关系和冲突等，主要采取方法论的整体主义立场，其分析单位往往是群体而不是个人，强调结构脉络的关键作用。而认同建构论的解释主义和后现代主义则倾向于从事微观社会学的研究，致力于考察发生在相对较小的群体和社会情境中的社会行为，如邂逅、家庭成员的面对面互动等，主要采取方法论的个体主义的立场，其分析单位往往是个人而不是群体，强调个体意识的关键作用。

其次，实证主义和解释主义通常强调在研究过程中尽可能遵守价值中立原则，以避免研究者的价值观歪曲研究结果，努力再现研究对象的本来面貌，千方百计弱化或隐藏自己的价值观（实证主义在这方面要更加坚定），至少他们都将价值中立当作研究的理想标准要求自己，坚信客观性是社会研究的主要目标。而批判主义和后现代主义则主张放弃价值中立的原则，认为这在现实研究中是完全无法做到的。在批判主义和后现代主义看来，严格意义的客观性只是一个幻想，是一种从未实际存在过的神话。价值介入是任何研究所固有的，不但不能消除、回避，反而应该提倡、鼓励；知识和权力密切相关，并总是通过研究者的政治立场传递，一切知识的范围和内容都受制于历史行动者的价值取向。不过，批判主义坚信存在某种更加可取的价值立场，即政治上正确，它在很大程度上能保证研究的有效性与客观性。正是由于自认为拥有先进、正确的价值观，某些批判主义者往往对自己的研究局限、消极后果缺乏批判性的反思。与此不同，后现代主义则断定所有价值立场都是平等的，没有哪种立场拥有唯我独尊的特权。后现代主义者认为关键是要对介入社会研究的价值观进行批判性反思，审视价值观介入给研究过程及结果带来哪些影响。社会研究最终要回答的问题是：谁把"真理"带给我们？谁从这些"真理"中受益？简言之，后现代主义旨在提供一种反思的、另类的地方性知识。

社会学理论的四大范式在研究旨趣、本体论、认识论、方法论等方面存在明显差异，进而导致它们在研究方式及策略、具体方法与技术的选择上也有很大的不同。它们能为实际的社会研究提供有价值的指导，并可满足旨趣不同的研究者的多种需要。

第三节　社会学理论的分类与评价

一、基本类型

（一）四大范式及主要特征

社会学理论可以按照不同的标准进行分类。上一节我们将社会学理论划分为实证主义、解释主义、批判主义和后现代主义四大范式或传统，相应地各种社会学理论也可划归为四种类型。比如，结构功能论、社会冲突论和社会交换论主要归为实证主义范式；符号互动论、现象学社会学、常人方法学主要归为解释主义范式；批判理论主要归为批判主义范式；而各种后现代理论主要归为后现代主义范式。四大范式具有如下主要特征。

1. 实证主义范式

该范式旨在发现客观规律，解释与预测社会现象；认定社会世界是客观存在的、不受研究者影响的"实体"，社会结构对行动者有很强的制约作用，社会秩序及社会运行的模式是可以被发现的；强调假设与检验、逻辑推理与经验分析相结合、定量研究方法；主张社会研究应该是价值中立的。主要运用调查法和实验法，利用标准化问卷收集量化资料，注重统计分析。实证主义是社会学理论及研究的主流范式，曾在社会学理论史上长期占据主导地位，但也一直受到非常严厉的批评与责难，当今它主要以后实证主义的形态表现出来。后实证主义对实证主义进行了一定的扬弃，但仍保留实证主义的一些基本假定、研究原则和检验标准。

2. 解释主义范式

该范式旨在理解社会行动的意义，阐释社会现象的独特性；认定社会是在人际互动中不断定义和建构的；强调移情理解方法、诠释学方法、历史研究方法、各种质性研究方法；提倡从行动者的视角界定及解释人类的行动，通过"本质直观"发掘普通人前反思的自然态度，在特定情境中揭示常识理性；主张研究者与研究对象互为主体，通过设身处地、产生共情，达到视域的融合。解释主义范式在社会学理论及研究中一向是实证主义范式的主要竞争者，得到许多社会学家的拥护与支持。

3. 批判主义范式

该范式旨在揭示社会问题，致力于批判和改造社会；认定社会是在内部矛盾和冲突中不断发展和转型的；强调辩证的、历史哲学和实践哲学的方法论；提倡强价值介入，突出政治的重要性，号召以先进的价值观取代落后的价值观；主张通过戳穿社会现实的各种"神话"，揭露隐藏的真相，从而赋予人们行动的力量，帮助人们改造不合理的世界，推动社会的激进变革。批判主义也是社会学理论及研究中一种重要的范式，在社会学家中也有不少坚定的支持者。

4. 后现代主义范式

该范式旨在质疑、诘难社会秩序和知识霸权，发展自我认知和审美趣味，强调局部斗争和个体反抗；认定不存在客观的整体社会，只有断裂、区隔与差异；否认客观真理、拒绝宏大叙事，提倡地方知识、宣扬多种声音；强调解构主义的方法、话语分析和叙事的方法，重视直觉、想象力、个人经验和情感等"非理性"因素；强调多元主义的视角和相对主义价值观，断定知识渗透着权力，反对特权立场，坚信不同的价值观是平等的、并存的。后现代主义在社会学理论及研究传统中是一个相对较弱的范式，但20世纪80年代以来却发展迅猛，并产生了非常大的影响。

（二）其他分类标准及类型

根据研究需要或使用目的的不同，可以将社会学理论划分为不同的类型。下面是其他一些常用的划分理论的标准及类型。

1. 按出现的年代划分

按理论出现的年代可以将各种理论划分为不同的类型，如19世纪末的社会学理论、20世纪中叶的社会学理论等。

2. 按兴盛的国家划分

按理论兴盛的国家可以将各种理论划分为不同类型，如法国社会学理论、英国社会学理论、美国社会学理论等。

3. 按主题或核心概念划分

按理论涉及的主题或核心概念可以将各种理论划分为不同类型，如冲突理论、情感理论、闲暇理论等。

4. 按重要学者划分

按理论的代表人物可以将各种理论划分为不同类型，如涂尔干学派理论、韦伯学派理论、帕森斯学派理论等。

5. 按抽象程度划分

按理论的抽象程度可以将各种理论划分为三大类型：宏大理论（或一般理论）、中层理论和经验概括（或研究假设）。宏大理论的抽象性和概括性极强，旨在发展能够解释所有现象的普适性的一般理论，以帕森斯的理论为代表。中层理论的抽象性相对较低，它从特定领域的现象出发构建能有效指导经验研究的特定理论，默顿是社会学中层理论的主要倡导者。经验概括的抽象性最低，由于它贴近经验事实，太过具体，不少理论家否认经验概括的理论身份。

6. 按观察视角划分

按理论观察的视角可以将各种理论划分为如下三种主要类型：宏观理论、中观理论和微观理论。社会学的宏观理论致力于研究大规模的社会模式，它关注社会整体及其主要构成因素，如经济体系、政治体系、宗教体系的性质。社会学的微观理论探究那些发生于小规模社会群体中的思想和行为类型，如家庭成员之间的互动。中观理论则介于二者之间，主要探究某些社区或大型组织的运行情况。

7. 按严谨程度划分

按理论严谨程度可以将各种理论划分为广义理论与狭义理论两大类。前者指的是一系列具有内在联系范畴的体系或命题的集合，是关于特定领域或对象的系统化知识；后者指的是经过实践检验的理论，在真实性上是可靠的，与尚未得到实践检验的、不可靠的理论（即"假说"）相对。

8. 按涉及内容划分

按理论涉及的内容可以将各种理论划分为形式理论与实质理论两大类。

前者指的是系统的观念体系和逻辑架构，可以用来说明、论证并预测有关社会现象的规律；后者指的是在原始资料的基础上建立起来的、适于在特定情境中解释特定社会现象的理论。

此外，还可以按理论的性质将各种理论划分为元理论（metatheory）与非元理论两大类。元理论特指学科的基础理论，是对一门学科性质的高度理论概括。它是关于学科前提的研究，涉及学科的基本性质、本体论、认识论、方法论等方面，探讨各种理论模型的论证方式和逻辑结构，是学科研究方法的指导思想及核心原则。

二、主要议题

前面指出，社会学理论最关注的核心议题是现代性问题。此外，下面几对关系也是社会学理论经常涉及的主要问题：个人与社会的关系、能动与结构的关系、微观和宏观的关系，主观与客观的关系、理论与实践的关系、科学与人文的关系、价值中立与价值关联的关系等。不同的理论家及流派一般都不能回避上述基本问题，而对这些问题的处理与回答的不同，就产生了各具特色的社会学理论。比如结构功能论就比较注重上述关系中"社会""结构""宏观""客观""理论""科学""价值中立"等维度，而常人方法学则更加强调"个人""能动""微观""主观""实践""人文""价值关联"等维度。而以布迪厄、吉登斯为代表的晚近理论家，对社会学理论中各种二元对立十分不满，并展开了激烈的批评，进而尝试提出超越上述众多二元对立的新的综合性理论。

三、评价标准

社会学理论的评价标准，即划分具体社会学理论好坏或存在价值的尺度，是一项复杂和颇具争议性的工作。它不仅涉及社会学理论是什么及其有何效用的问题，也包括对社会学理论评价的主观视角和模式、评价的方法和技术，还涉及认识论和科学哲学的基本理论。一般来说，对理论的评价工作可以从两大主要途径展开：其一，对理论的组成部分和结构的批评，比如概念是否明确，结构是否合理，逻辑相关性如何，等等；其二，对理论与观察是否一致提出质疑。也就是说，好理论的底线标准是：概念明确，结构合理，逻辑严密，能有效地描述、解释与预测经验现实。下面简介几条公认的评价社会学理论的重要标准。

1. 逻辑强度

这是评价社会学理论基础性的要求。一个成熟的社会学理论，首先应满足基本概念清晰、推理严密、体系内无逻辑矛盾和概念冲突这样一些基本标准。这也是其他任何理论都应满足的条件。

2. 解释能力

对于社会现象，一个新的社会学理论应当比该领域内原有的理论具有更好的解释能力，即它能说明旧理论不能很好说明的各类社会事实。一个社会学理论为社会所承认，通常是从以下途径实现的：这一理论提出了一个或一组新的核心概念或核心范畴，并以此为基础，构建出一套理论体系。关注这一理论的人如果认为它具有新的理论解释力，便自然而然地成为这一理论的拥护者和追随者，并着力于在这一理论的框架内解决问题，同时在解决问题的过程中进一步展现这一理论的解释力。例如，结构功能理论、冲突理论、交换理论、互动理论，都是如此。由于任何理论都有局限性，这使得始终存在一些既有理论难以解释的"反常"社会现象；同时，社会及其对于社会的认识都是在发展的，这种"反常"社会现象也会不断增多。因此，在这些"反常"社会现象面前，新社会学理论是否具有解释力以及解释力的大小，便成为人们评价该理论价值的核心判据之一。

3. 预测能力

预测能力也是评价社会学理论的一个重要指标。社会学理论的解释能力和指导行动的能力，在相当程度上建立在对社会世界因果关系的真实把握的基础之上。社会界与自然界相比，尽管在运行机制上存在着极大的差异，但两者又有共同点，即两者都服从于一定的因果律。也就是说，与自然界一样，引起某一事实出现的条件越相似，同样的事实发生的概率就越大。社会学理论的本质，就在于揭示社会现象背后的因果关系。因此，某一社会学理论对于社会现象界的因果关系的揭示越准确、越深刻，对于社会的预测能力也就越强。当然，社会世界的"人为"性质和社会历史的不可重复性使得社会学理论（也包括其他学科的社会理论）在准确预测未来这一点上比自然科学理论要困难很多。

4. 指导功效

社会学理论不仅具有解释社会世界的功能，还应具有改造社会世界的作用，即拥有指导人们进行成功的社会实践的能力。因此，一个好的社会学理论能给各类社会行动者（从个人、群体到组织）提供有力的行动依据，继而有效地解决社会问题。从根本上说，能有效地指导实践行动的理论才是好的社会学理论。社会学理论解决实际问题的有效性，类同于自然科学理论的实验检验。一个不能指导人们解决现实社会问题的社会学理论，是难以得到人们的认同的。

除了上述四条标准，现实中学者们还比较看重如下几个衡量理论的具体标准，如抽象层次、涉及范围、检验能力、精确程度、简洁情况、启发作用、思想深度、原创成分等。当然，不同的标准之间是有一定关联的，比如解释力与预测力的相关性就比较强，而且它们都与检验能力密切相关，精确性与可检验性也呈很强的正相关。不同的学者对理论评价标准的重视程度也不同，晚近的理论家比较看重理论的启发作用、思想深度和原创成分。需要指出的是，对理论的评价存在内在批评和外在批评两大类：内在批评是就理论家自己提出的理论目标评价其理论的得失，而外在批评则是用理论家未提出的任务去要求该理论家。不少社会学家如贝尔特（P. Baert）等，就对外在批评颇有微词，认为这样的评价有失公允[①]。这就像用定量研究的标准批评定性研究或用定性研究的标准批评定量研究一样，都是不合理的。

社会学理论可以为社会管理、社会决策提供科学依据和实际帮助，更具成效地指导社会研究者领悟、分析和解决社会问题；同时有益于一般社会成员开阔视野、更新观念，更好地理解自己及周围的世界，培养和增强社会学想象力，进而改善和提升个体生活质量。

▲ 复习思考题

1. 如何理解社会学理论与社会理论的差异。
2. 社会学理论的构成要素有哪些？
3. 为什么可以将现代性作为社会学理论研究的逻辑起点？
4. 简述社会学理论的评价标准。

[①] 帕特里克·贝尔特：《二十世纪的社会理论》，瞿铁鹏译，上海译文出版社，2002年。

第二章
孔德和斯宾塞的社会学理论

奥古斯特·孔德（Auguste Comte，1798—1857）既是实证主义哲学的创始人，也是公认的西方社会学的创始人，享有社会学之父的美称。正是他最先提出和使用"社会学"一词，并试图将其建设成一门类似于自然科学的研究人类社会的实证科学。赫伯特·斯宾塞（Herbert Spencer，1820—1903）也是一位对西方社会学的创立和传播产生重要影响的哲学家和社会学家，英国社会学的奠基者，曾被誉为19世纪英国学术界的"思想泰斗""维多利亚时代英国的亚里士多德"。和孔德一样，斯宾塞主张对社会现象进行科学的实证研究，他最著名的社会学理论是社会有机体论和社会进化论，并以社会达尔文主义闻名于世，在社会领域宣扬"适者生存"的原则。本章在对孔德及斯宾塞的生平和主要理论倾向进行简介的基础上，着重介绍孔德的实证主义哲学的要义和宗教社会学观点，以及他关于社会学学科性质与方法的思想和他的社会静力学与社会动力学学说；同时着重介绍斯宾塞的个人主义社会观，尤其是社会有机体论和社会进化论的思想。

▲ 本章要点

- "实证"一词的含义
- "三阶段论"的主要思想
- 社会学的学科性质
- 社会学的研究方法
- 社会静力学的基本内容
- 斯宾塞的主要研究旨趣
- 个人主义社会观的核心内容
- 社会有机体论的基本内容
- 社会有机体和一般生物有机体的异同
- 社会进化论的主要思想
- 斯宾塞和孔德社会学观点比较

第一节　孔德的生平及理论倾向

一、生平简介

1798年孔德出生于法国南部地中海海滨的一座古城蒙贝利埃，父亲是县税务所的会计官，母亲原为流亡贵族小姐，两人均是狂热的天主教教徒。幼年的孔德体弱多病、身长腿短、眼斜个小、其貌不扬，但极聪慧好学，九岁寄宿于蒙贝利埃中学，文理两科的成绩均名列前茅，且表现出一定的反叛精神。1812年他考入著名的"巴黎综合技术学校"（法语 École Polytechnique，又译"巴黎综合理工大学"或"巴黎综合理工学院"，该校被誉为法国工程师的摇篮），因年龄太小，两年后才被正式录取。他并不安于数理科学的学习，还热情关心时事政治，广泛涉猎政治和社会理论书籍，如饥似渴地研读18世纪启蒙思想家的哲学、政治著作，以及法国当代思想家的著作。孔德的叛逆精神在这里又有所发展，他和一些同学故意蔑视校纪校规，因而经常受到校方的申斥，多次被关禁闭。1816年，他终于被校方永久地开除了。

1817年孔德经人介绍，做了著名空想社会主义思想家圣西门的秘书。起初，孔德非常尊敬比他大30多岁的圣西门，将其视为良师益友。但7年后，两人终因意见不合而分道扬镳。其间，孔德的生活一直很拮据，主要靠给人讲授数学维持生计。经过一段时间的准备，孔德决定创立一门新的哲学即实证主义哲学（简称实证哲学），这是一种源于实证科学并与形而上学哲学相对立的哲学体系。[①] 1826年，孔德在巴黎自己的住所开办"实证哲学讲座"，应邀前来听讲的有不少是当时法国科学界的名流。然而只讲了三讲，孔德便因精神分裂症住进了医院，其后又投河企图自杀被人救起。孔德在他成年时期的很长一段时间内患有严重的精神病。1829年孔德恢复了实证哲学讲座。讲座每周两次，持续了将近两年。孔德接着将讲稿整理成书，以《实证哲学教程》的书名从1830年起陆续出版，内容涉及数学、天文学、物理学、化学、生物学和社会学诸多领域，到1842年一共出齐6卷。该书是孔德最重要的著作，被视为实证主义这一哲学流派的里程碑式的文献，而且，正是在这部巨著中他首次使用社会学这一名词，并提出建立社会学这门学科的系统思想。

　　孔德一直希望能在大学谋到一个正式的教职，但未能如愿。他一生只在大学有过短暂的兼职，和学术界缺乏密切的联系，成为学术边际人，这在后期愈发明显。1844年，有过不幸婚姻生活经历的孔德，结识了遭丈夫遗弃的年轻女子克洛蒂尔德，两人柏拉图式的爱情维持了一年多以后，克洛蒂尔德不幸病故。与克洛蒂尔德的恋情对孔德的影响很大，他的观念也因而发生明显的变化。晚期的孔德在"实证"的概念中加进了"感情"的要素，并开始推崇早年极力反对的宗教。他后来甚至创立了一个旨在强调人类之爱的"人道教"，并自任教主。1851—1854年，孔德出版了晚年的代表作《实证政治体系》。如果说《实证哲学教程》强调的是自然科学的实证精神，倡导唯科学主义，那么《实证政治体系》则已改为强调以爱和同情为核心的感情因素，倡导唯感情主义，致力于建立没有神但又把"人道"神化的宗教。1857年，孔德病逝于巴黎。

二、主要理论倾向

　　孔德所处的时代正是一个大变革的时代。刚经历了大革命的法国，社会

[①] 昂惹勒·克勒默-马里埃蒂：《实证主义》，管震湖译，商务印书馆，2001年，第4页。

动荡不安，政权更迭频繁，旧的秩序已被打破，新的秩序有待建立。当时许多知识分子继承了18世纪启蒙主义的传统，乐观地相信人的理智和科学的发展为在平等自由的基础上建立一个崭新的、更开明的、更人道的社会提供了保证。孔德一方面赞同启蒙思想，反封建、反复辟；另一方面又关心社会的稳定与秩序，希望在"进步"与"秩序"之间找到平衡。虽然他声称为了"大脑卫生"，专注写作而暂停阅读，但却广泛涉猎过古今众多思想家的著作，其中，对其有较大影响的人物包括：培根、笛卡儿、霍布斯、康德、莱布尼茨、波舒哀、孔多塞、圣西门等。实际上，他将前人的许多思想，如启蒙主义、保守主义、自由主义、经验主义等，进行了创造性的综合。在政治上，孔德被认为摇摆于苍白无力的自由主义和不切实际的保守主义之间。孔德提出的著名口号是：以爱为原则，以秩序为基础，以进步为目标。

（一）统一科学观

作为实证主义哲学的创始人，孔德坚持这样一个基本理论观点：人类社会是自然的一部分，社会现象和自然现象不存在本质的不同，它们都遵循某些不变的基本规律。他据此进而认为科学是同一的，可以运用类似自然科学的实证方法来研究人类社会。在他看来，到19世纪，人们运用科学的方法来研究自然已获得巨大的成功，而关于人类社会的研究缺乏科学的手段和方法，因而进展缓慢，仍停留在形而上学的抽象思辨阶段。他所创立的社会学就是一门旨在用实证的科学方法来研究人类社会的基本特征和普遍规律的科学，它既能解释人类的历史发展，又可以预见其未来的进程，同时还能阐明在具体历史时期影响社会稳定的条件。所谓实证的科学方法，也就是自然科学那种将理论解释建立在经验证据基础上的系统方法。孔德原先将社会学称作"社会物理学"，这充分显示出他对社会学学科性质的看法和对物理科学的倾心。

孔德着重从两个方面强调了社会学的科学特性。第一，社会学属于以自然科学为起点的一个统一的科学系统，并且是整个科学序列的最高层次。他认为，科学是一个有机的整体，包括社会学在内的一切具体的科学不过是从科学整体这一树干上分蘖出来的不同分枝。这些分枝性的具体科学并非杂乱无章，而是根据研究客体的复杂度和普遍度，彼此之间形成一个有规律的序列：首先是作为一切科学研究方法之基础的数学，其次是天文学、物理学、化学、生物学，最后是社会学。第二，社会学是指导人们有效地改造社会、建立良好社会秩序的理论和知识，因而必须具备科学的、理性的特征，摈弃脱离实际的空泛议论。孔德指出，知识的科学化是社会有序化的必要条件，正像人类在改造自然界的过程中需要自然科学来指导一样，人类在改造社会的过程中也需要有社会科学理论即社会学作指导。因此，社会学应该是一门类似自然科学的科学。社会学的理想是像物理学一样，建立一种由几条基本定理组成的，高度抽象、逻辑严密同时又经得起经验事实检验的理论体系，借此各式各样的具体的社会现象得到有效的解释和说明，甚至凭借它可以预测和控制许多社会事件的发生。

（二）社会改良观

孔德十分强调实证主义社会学所具有的改造社会、推动社会发展的功能。他对当时社会的政治、道德、学术等各个领域的混乱状况极度担心和不满，希望通过倡导实证的科学来统一人们的认识，重建社会秩序。当然这种新秩序绝对不是恢复到原来的状态，而是以政治开明、道德进步、社会稳定、人民幸福为特征的新类型。他再三强调社会进步必须以社会秩序为基础，提倡渐进式的社会改良方案，反对激进的社会运动，因为激进的社会运动往往导致社会的动荡不安、人民生活没有保障。他认为由于受到旧制度和旧观念的束缚，实证主义社会学在当时尚处于建立过程之中，还没有发挥应有的作用，实证主义精神的优越性也未能充分显示出来。为此，他强烈要求在学校开设实证主义课程，并积极地举办实证主义讲习班，成立实证主义教育自由协会，热情地对普通民众、特别是工人群众进行实证主义教育，以便为精神重建奠定群众基础，为人们的精神解放创造有利条件。在他看来，上层阶级由于是既得利益者，往往力图永久维持其政治优势，因而可能敌视具有先进性的实证主义精神；反之，下层阶级更容易接受实证主义哲学的精髓，成为实证主义思想在精神上和社会上坚定的支持者[①]。因此，孔德特别注重对下层的工人群众进行免费的普及教育。

（三）社会整体观

除了倡导科学主义，强调用类似自然科学的方法来研究人类社会以外，孔德在方法论上还有强烈的整体主义倾向，并批判当时主要从个体主义角度从事研究的心理学和经济学。他借用生物学的概念，把社会比做一个有机体，认为社会各部分是相互联系的，必须将社会作为一个整体来研究。他认

---

① 奥古斯特·孔德，《论实证精神》，黄建华译，商务印书馆，1996年，第65页。

为，社会作为一个整体的性质，并不等于各个组成部分的性质简单相加之和。仅仅通过解析的方式了解和掌握各个部分内部的情况是不够的，更重要的是要弄清各个部分之间的相互关系，对整体进行综合性研究。他说，在实际中人们可以对社会进行分门别类的研究，但这种研究只有建立在对社会的总体研究基础之上，才能获得突破性的进展，"任何社会事实如果不与其他社会事实联系起来，都是没有科学意义的"①。

第二节　孔德的实证主义哲学的基本思想

一、实证哲学的含义

孔德是传统意义上的旧哲学的取消派。在他看来，哲学既没有独特的对象，也没有不同于科学方法的方法。他所创立的实证哲学是对"科学中的东西"进行科学的系统化。孔德认为自己的哲学特性，就在于用自然科学的实证精神来统一各科知识，使之成为实证的科学知识，建立有别于神学和传统哲学的实证哲学体系。所谓"实证的"，他认为主要有6个要素，即现实的、有用的、确实的、精确的、积极的、相对的，它们对立于传统神学和哲学的以下特性：空想的、无用的、不确实的、模糊的、消极的、绝对的。他认为自己创立的新哲学便具有实证的6个要素，到了晚年，他又将"同情的"作为实证概念的第7个要素。孔德的实证哲学，实际上是一个包罗万象的科学体系，其最重要的著作《实证哲学教程》便是一部百科全书式的巨著。他这样评价实证哲学的功能：第一，实证哲学的研究为人们提供了唯一合理的方法，来显示和证明智力发展的逻辑规律；第二，实证哲学将指导人们改造教育的体系；第三，实证哲学是对科学进行总括性的研究，所以它能推动各门科学的进步；第四，可以认为实证哲学是改造社会的唯一巩固的基础②。这表明，孔德把自己的实证哲学看成既是科学的方法论，又是改革教育、统一科学的科学哲学、改造社会的政治哲学，用以指导人们的社会实践活动，它包罗万象，无所不能。

---

① Auguste Comte, *La Philosophie Positive* (Ⅲ), Résumé par Émile Rigolage, Paris, Ernest Flammarion, Editeur. p. 105.

② Auguste Comte, *La Philosophie Positive* (Ⅰ), Résumé par Émile Rigolage, Paris, Ernest Flammarion, Editeur. p. 25.

二、三阶段论

孔德在他的"实证哲学讲座"上,一开始便指出,为说明实证哲学的本质和特征,首先必须研究人类精神发展的总步调。而通过对此的系统研究,他认为自己发现了一个"伟大的规律",即一切人类知识的发展都依次经历三个阶段:"神学阶段或称幻想阶段;形而上学阶段或称抽象阶段;科学阶段或称实证阶段"①。换言之,人类在各个知识领域的探索中,"相继运用了三种不同的甚至对立的方法:首先是神学方法,其次是形而上学方法,最后是实证方法"②。在前两个阶段,不管人们将宇宙的起源和目的以及事物的本质归结于超自然的神,还是归结于抽象的非人格化的实体,人们追求的都是绝对的概念和绝对的知识。这种解释世界的方式在思维过程中主观臆造、凭空想象的成分太多,不可能反映客观世界的真实情况。在第三阶段,人类认识遵循实证原则,放弃了绝对的因果观念,转而去全力追求以观察到的事实为依据的相对知识,并通过观察和推理相结合的方式,努力发现现象的实际规律。孔德断定,到19世纪人类对自然界的认识已进入第三阶段,即科学的或实证的阶段,但人类对社会现象的认识还停留在形而上学乃至神学的阶段③。他坚信自己的历史使命就是推动人类对社会的认识早日跨入科学的或实证的阶段,而建立科学的社会学正是实现这个使命的关键所在。

孔德还认为"三阶段论"是一个普遍的规律,可推广到各个领域,甚至运用到个人。从个人来说,依据该规律,他得出每个人的一生都经历这三个阶段:童年时代是神学家,青年时代是形而上学家,壮年时代是物理学家。

三、认识论的有关观点

(一)拒斥形而上学

孔德将那些探求世界一切现象的最初起源、终极本质的学说称为形而上

---

① Auguste Comte, *La Philosophie Positive* (Ⅰ), Résumé par Émile Rigolage, Paris, Ernest Flammarion, Editeur. p. 20.

② Auguste Comte, *La Philosophie Positive* (Ⅰ), Résumé par Émile Rigolage, Paris, Ernest Flammarion, Editeur. pp. 20-21.

③ Auguste Comte, *La Philosophie Positive* (Ⅰ), Résumé par Émile Rigolage, Paris, Ernest Flammarion, Editeur. p. 25.

学或"本体论",认为这类研究是不会有结果的,是没有意义的,因而必须予以拒绝。他认为,以往的一切哲学,不是神学的哲学,就是形而上学的哲学,都是企图寻求世界一切现象的最初起源、终极本质,由于这类问题缺乏经验的基础,是不可能获得有意义的实质性研究成果的。本体论上一些问题争论了几千年,仍然没有确切的结论。因此,必须坚持实证精神,反对空洞的不结果实的形而上学。孔德提出拒斥形而上学的口号,其中一个很重要的目的就是想超越唯物主义和唯心主义的争论,将谁是第一性的这个哲学的根本问题悬置起来。这一立场为后来的实证主义者所继承。

(二) 经验与理论的关系

一方面,孔德秉承经验主义传统,强调观察的重要性,指出想象必须从属于观察,将"被观察到的事实"看作科学知识赖以建立的基础,声称"在以被观察到的事实为基础的知识之外,没有真实的知识"[1]。另一方面,孔德又接受了理性主义的观点,肯定了理论的重要性。他说:"对于所有现象,即便是最简单的现象,任何观察只有经过理论的指导和解释才是有效的"[2]。他又指出:"从科学上看,一切孤立的、唯经验的观察都是无用的、不确定的;科学必须将观察同某一个规律(至少是假设的规律)联系起来。这种联系是区分学者式的观察和普通人的观察的一个准则"[3]。因此,对孔德来说,科学的观察离不开一定的理论作指导,理论和事实是相互联系的。孔德的这个观点和其后科学哲学中所强调的"任何观察都渗透着理论"的著名主张是一致的。

(三) 知识的相对性

孔德指出:"用相对观点代替绝对观点,是最能表明实证精神特征的一个贡献"[4]。在他看来,任何事物都是发展变化的,人们的认识具有相对性,

---

[1] Auguste Comte, *La Philosophie Positive* (Ⅰ), Résumé par Émile Rigolage, Paris, Ernest Flammarion, Editeur. p. 22.

[2] Auguste Comte, *La Philosophie Positive* (Ⅲ), Résumé par Émile Rigolage, Paris, Ernest Flammarion, Editeur. p. 104.

[3] Auguste Comte, *La Philosophie Positive* (Ⅲ), Résumé par Émile Rigolage, Paris, Ernest Flammarion, Editeur. p. 234.

[4] Auguste Comte, *La Philosophie Positive* (Ⅲ), Résumé par Émile Rigolage, Paris, Ernest Flammarion, Editeur. p. 79.

科学并不追求"绝对的知识",一切将知识绝对化的做法都是错误的。他分析了当时科学发展的状况,指出一些科学家将自己狭小学科领域里发现的规律或理论绝对化,轻率地推广到其他学科领域,因而产生严重谬误,阻碍了科学的发展。他进而主张将一切观念都看成是相对的[①]。他在给朋友的信中提到"一切人的知识都是世世代代发展来的,一个国家的各时代的政治与政治思想,是和该时该国的国民的知识状况相适应的。"孔德认为18世纪启蒙主义的社会政治思想只具有对封建王朝的统治进行批判的"破坏作用",是"否定的哲学";而到了法国大革命爆发之后,转向重建社会的时候,就不能再以这种否定的哲学为理论基础了,而需要用一种以"建设"为中心的理论作为精神指导。

(四) 知行统一观

对于孔德来说,实证的科学知识并不只是为了满足人们的好奇心,更重要的是它必须用来为建立新的社会秩序服务,科学应与社会的需要相统一,理论要和实践相结合。一方面,人的实践活动必须以科学知识为指导,因为"一切科学的目的在于预见",而有了正确的预见,人们才能正确地行动,即"预见来自科学,行动来自预见";另一方面,科学知识又必须依赖于实践,因为"实践的需要"又反过来"决定合理的预见之正确性与范围"。一旦人们发现了人类发展和人类秩序的各种各样的必然规律,人们就可以学会利用这些规律去实现自己的集体目标[②]。

第三节 孔德的实证主义社会学学说

社会学在孔德的实证哲学体系中占据突出的地位。他认为科学是一个统一体,没有对社会现象进行科学研究的社会学,是不完整的科学。并且他认为在统一的科学序列中,社会学位于最高层,是王冠上的宝珠,因为社会学研究的对象是最复杂、最特殊的。下面简述孔德的社会学学说。

---

① Auguste Comte, *La Philosophie Positive* (Ⅲ), Résumé par Émile Rigolage, Paris, Ernest Flammarion, Editeur. p. 105.

② Auguste Comte, *La Philosophie Positive* (Ⅳ), Résumé par Émile Rigolage, Paris, Ernest Flammarion, Editeur. pp. 254-261.

一、社会学的性质及方法

孔德将社会学看作一门实证的科学,以此区别于神学的和形而上学的关于社会和人的思辨哲学。一方面,他批判了神学观,因为神学割断了人与动物之间的连接,认为人是上帝或天意的创造物;另一方面,孔德批判了在他之前的哲学家,把他们看作创造社会乌托邦的形而上学家,谴责他们把社会理解为仅仅是人类理性的、个人理性意志的产物。孔德认为,社会学是研究社会现象的基本规律的科学,是唯一探索人的理性及其心理在社会生活的影响下如何完善起来的科学。他所勾画的社会学研究领域是十分广泛和不确定的,它包括自然科学以外的一切科学研究,相当于我们今日所说的整个社会科学。

社会学如何科学地研究极其复杂的社会现象?孔德提出必须运用四种科学的基本方法,即观察法、实验法、比较法和历史法。其中,前三种已在自然科学中成功地运用,历史法则为社会学所特有。

观察法是一切科学研究的基本方法,社会学当然也不例外。对社会现象系统而仔细的观察,是社会学成为科学的基本保证。所谓观察,它必须在一定的理论指导下进行,而不是无目的地收集杂乱事实,那些孤立的、偶然的事实,什么也说明不了,因而是毫无价值的。如果没有一定的理论作指导,观察者甚至不知道观察什么事实。孔德一再强调,只有在科学的理论指导下,才能获得有价值的观察结果。一个社会事实只有运用某种社会学理论同其他社会事实联系起来才具有科学的意义,同时,一个合格的观察者应具备良好的科学素养,摆脱非科学的偏见、盲从等的影响。此外,孔德不仅指出了直接观察的重要性,而且还指出间接观察的重要性,如研究历史的和文化的遗迹、风尚、仪式,分析和比较各种语言,也能向社会学提供进行实证研究所需的经验资料[①]。

孔德认为实验法是社会学研究的第二种重要方法。他将实验法划分为直接实验和间接实验两种方法。所谓直接实验,指在专门为研究目的而人为创造的条件的影响下对现象的变化进行观察,此法在自然科学中广为运用,但在社会学中却难以有效运用。社会学主要运用的是间接实验,即社会研究者不是在人为的条件下进行观察,而是利用社会本身的特殊状况向人们提供的

[①] 刘易斯·A. 科瑟:《社会学思想名家》,石人译,中国社会科学出版社,1990年,第 11 页。

机会来进行社会研究。比如当社会现象的正常进程受到某种确定方式的干扰时，就为人们提供了观察、研究社会病态的良好机会。在他看来，社会病态犹如个人患病一样，对社会病态的考察，可以使人们更好地认清社会现象的规律①。

孔德认为比较法是社会学研究的第三种重要方法。他指出，把人类社会和动物社会加以比较是有益的，人们可从中窥探人类社会关系的萌芽，进一步弄清人类与动物的区别。当然，对社会学来说，更重要的是在人类内部进行比较研究，通过将同时居住在世界各地的各族人民的生活加以比较，发现社会存在和发展的一般规律。在孔德看来，虽然人类总体是以某种一致的方式在进化，但不同区域的居民在发展程度上是极不平衡的。西方文明没有留下关于某些发展阶段的明确资料，对此，只有通过对现有的原始部落的比较研究，来间接地推论出西方文明的历史。而且，如果人们要研究人种或气候对人类事务的影响，比较法就更是不可缺少。孔德在高度评价比较法的同时，也指出了它的不足：比较法本质上是一种对事物的静态的思考，它不能揭示社会状态的连续性、事物发展的先后过程，而只能把它们当作同时并存的现象加以表述，因此有可能使人们形成错误的进化观念。所以，在使用比较法研究社会现象时，要求人们具有明确的社会发展总体观念②。事实上，孔德后来将广义的比较法划分为三种类型：① 人类与动物之间的比较；② 不同社会之间的比较；③ 社会不同发展阶段之间的比较。而第三种比较法也就是历史法。

孔德认为历史法是社会学研究的第四种重要方法，并将其视为社会学研究的专门方法，认为它最适合对社会现象的考察。在孔德看来，社会学完全可以以自然科学为基础，运用自然科学普遍使用的观察法、实验法、比较法等方法，但更重要的是运用历史法。因为社会学中的主要现象是代际连绵不断的相互影响，如果缺乏历史分析这一必要的方法，这种现象就不容易看出来。孔德所说的历史法，是在广泛观察社会事实的基础上，通过综合、归纳，找出各种人类生活事件在发展上的必然联系，推断哪些因素对人类文明发展产生真正的影响，以便使人们的社会感情顺乎自然地表达出来。换言之，历史法是从事物的先后顺序和连续性上考察社会现象和状态的一种方

---

① Auguste Comte, *La Philosophie Positive* (Ⅲ), Résumé par Émile Rigolage, Paris, Ernest Flammarion, Editeur. p. 107.

② Auguste Comte, *La Philosophie Positive* (Ⅲ), Résumé par Émile Rigolage, Paris, Ernest Flammarion, Editeur. pp. 109-113.

法，注重于事物的发展过程正是历史法的基本特点。孔德指出，历史法本质上也是一种比较法，只不过它们比较的是不同时空。如果说一般的比较法是相对于现有事物的一种横向和共时性的比较，那么历史法则是相对于过去事物的一种纵向的和历时性的比较。在使用历史法时，要求人们具有历史进化的理论和思想，即需要用孔德关于人类智力和社会发展的三阶段的理论作为指导，否则，历史法也同样不能有效地发挥作用①。

二、社会静力学

生物学可划分为解剖学和生理学两个部分，孔德仿此将社会学也划分为社会静力学和社会动力学两个部分。社会静力学研究社会系统的各个部分之间的关系，社会动力学考察社会系统的进化，它们分别对应于社会秩序和社会进步这两个概念。具体地说，社会静力学的目的，是从静态的角度对社会有机体进行解剖式的分析，找出社会的基本构成要素，社会生成的一般条件，以及与此对应的使诸要素和诸条件得以协调、使社会的存在得以维护的一般规律。换言之，"社会静力学就是暂时不考虑社会系统的基本运动，去研究该系统的各个组成部分的作用和反作用"，研究社会整体内各个成分之间的相互关系的平衡②。

（一）个人

在孔德看来，个人是社会的基本构成要素，其特性往往对社会的特性起着举足轻重的作用。人性中既有有利于社会秩序的一面，又有不利于社会秩序的一面。人性主要由三部分组成：感情、才智和行动，人本质上就是行动着的、活跃着的生物。需要强调的是，人的行动不是由才智支配的，抽象的思想并不是行动的决定因素；感情才是人类的灵魂、行动的动力。人类行为的推动力总是来自感情，才智永远只是一个指挥手段或控制手段。简言之，人因为感情而行动，因为行动而思考。孔德进而将感情区分为利己主义和非利己主义两大类。利己主义包括求食、性欲和母性等本能。非利己主义包括如下三种禀性：建立在平等基础上的爱慕；儿子对父亲、学生对师长的崇

---

① Auguste Comte, *La Philosophie Positive* (Ⅲ), Résumé par Émile Rigolage, Paris, Ernest Flammarion, Editeur. pp. 114-130.

② Auguste Comte, *La Philosophie Positive* (Ⅲ), Résumé par Émile Rigolage, Paris, Ernest Flammarion, Editeur. pp. 82-83.

敬；在宗教中发扬光大的仁爱。总之，孔德的观点是，人首先是利己主义的，但又并不完全是利己主义的，利他并进而发展成无私和友爱的禀性事实上也是一开始就有的。在他看来，人类生活的主要问题是，需要用利他主义来支配利己主义。他相信，随着人类社会向实证社会的逐步迈进，人类将越来越为无私的精神所推动，而越来越不为利己主义的本能所驱使，而影响人类活动的控制手段，也会在发现支配现实的实证规律的过程中，充分履行自己的职责。不过，总体上看，孔德所说的行动者是自私、软弱的，与其说他们是社会现实的创造者，不如说是社会现实的产物。

（二）家庭

孔德指出，尽管个人对社会的存在有重要影响，但组成社会的真正单位是家庭而不是个人，家庭才是社会的细胞。在他看来，个人和家庭是不同的分析单位，社会只能由与它相似的成分构成。家庭具有构成社会有机体的各种基本要素，所以家庭是社会有机体的胚胎，是个人与社会不可或缺的中间项，是社会生活的永恒基础，是其他一切人类组织的原型。正是在家庭里，基本的利己主义倾向受到约束而服务于社会利益。通过家庭，人才摆脱了单纯个人的人格，学会用另一种人格去生活，并逐步发展人的社会性，为顺利地走向社会打下基础。家庭是建立在眷恋之情基础上的具有复杂社会关系（主要包括两性关系、亲子关系、兄弟姐妹关系等）的情感群体，它从微观上为人们积累了在宏观社会中将要体会的经验，并影响到人性的发展方向。家庭体现了统治与服从、平等与合作的关系的统一，可以实现利己和非利己的禀性的和谐统一。倘若社会也能如此，那就达到理想的境界。所以，家庭能有效地养成人们服从社会秩序的必要品质。孔德认为，虽然智力上男人优于女人，但情感上女人优于男人，因而对于维护社会秩序而言，女人更重要一些。他有一句名言："人们会对办事甚至思考感到厌倦，但从不会对爱情感到厌倦。"[①]

（三）社会整合

孔德强调，社会结构各部分间的平衡与和谐的关系，是社会正常运转的基本条件，一旦这种关系遭到破坏，社会系统的运转就会产生障碍，造成社

---

① 雷蒙·阿隆：《社会学主要思潮》，葛智强等译，上海译文出版社，1988年，第111页。

会病态。社会革命和动荡就是社会病态的具体表现。孔德认为，社会这个有机体本质上是由作为"真正的元素"的家庭、作为"真正的组织"的阶级与阶层以及作为"真正的器官"的城市与乡村这三大部分所组成的。他进而指出，不同于生物有机体，社会有机体主要是靠精神因素或力量促使系统内各个部分之间的联系，实现社会整合的。其中语言、宗教和劳动分工起着极其重要的作用。首先，语言具有横向联系和纵向联系的特点：社会中人与人之间的合作，正是借助语言的中介来实现的；同时，通过语言这一载体可以把先辈的思想和文化继承下来，传给下一代。其次，宗教的作用表现在，它向人们提供共同的信仰和一致的原则，形成约束利己主义和宣扬非利己主义的重要机制。再次，劳动分工和由此引起的经济合作也是社会秩序赖以建立的基础。劳动分工越发达，人与人之间的相互依赖性就越高，就越有助于促进社会的团结。当然，过分的劳动分工也有消极的一面，它可能助长个人主义，促使社会分化为许多小集团，从而影响社会整体的团结。孔德指出，实证哲学依赖三类群体：哲学家、工人和妇女，因为他们分别提供了构建社会生活的三类至关重要的元素：知识、行动和感情。

总之，可以说孔德是对社会进行功能分析的最早的一位社会学家，他之所以非常重视语言、宗教和劳动分工等社会制度，主要不是因为对这些制度本身有什么特殊兴趣，而是因为这些制度具有维护社会秩序的广泛功能。值得注意的是，孔德的相关思想在其后的涂尔干那里得到较好的继承与发展。

（四）宗教的作用

早期的孔德是一位坚定的反宗教者，曾对圣西门的宗教倾向表示强烈不满，公开批判了宗教将道德问题和社会现实问题相割裂的做法；晚期的孔德则开始强调宗教的社会整合作用，甚至致力于创立宣扬泛爱的"人道教"，实现了由实证的道德向宗教的道德的转化。他认为，虽然具有科学思想的人不会再受传统观念的支配去相信神的启示、教会的义理或神灵，但宗教还是能满足人们的某些基本的需要，是维系社会有机体统一的精神纽带。他还认为，宗教为人们提供了共同遵守的原则，没有这一共同的基础，社会便会因个人纠纷而毁灭。宗教使人们得以克服利己主义的倾向，通过爱自己的同伴而超越自我。这是一种强大的黏合剂，它用共同的崇拜对象和共同的信仰把社会紧紧结合成一体。因此，宗教是社会秩序的根基，既是最重要的社会制度，也是使政府统治合法化的必不可少的主要手段，"每一个政府都需要用宗教来使命令和服从神圣化、规范化"[①]。说到底，没有精神力量的支撑，任何世俗的权力都无法长久存在。晚期的孔德相信，人类只有通过宗教才能获得至高无上的知识，宗教可视为社会关系的神圣表现。总之，人需要宗教是因为人需要爱高于自己的某种东西；社会也需要宗教，那是因为它需要一种能巩固和节制俗权的教权，在技术能力的等级基础上确立一个或许相反的价值等级制度。按照孔德的设想，新的实证主义社会将以爱为原则，以秩序为基础，以进步为目的，而指导这个社会的是新的实证宗教的牧师和金融界、工业界的领导者。

三、社会动力学

孔德的社会动力学旨在探讨社会发展的规律，主要是运用他提出的人类智力发展的三阶段论来解释社会历史的进化过程。在他看来，社会组织的发展、社会秩序类型的发展、社会单位的发展以及人类生活的物质条件的发展，都是与人类智力的发展相互联系的，都是与人类智力发展的三大阶段相适应的。

（一）社会发展的三阶段

孔德将智力作为社会发展的主要动力和基础，因而对应于智力发展的三阶段，他将社会发展也划分为三大阶段或历史时期：远古时代的神学阶段，中世纪的形而上学阶段和18世纪、19世纪之交开始逐步进入的实证阶段。社会的神学阶段，指远古至中世纪早期（1300年以前）这段时期。孔德把这一阶段又细分为三个具体时期：拜物教时期（或万物有灵论时期），多神教时期和一教独尊的基督教时期。在每个具体时期里都有相应的社会组织出现或社会关注的问题提出来。但大体而言，在神学阶段，祭司占据统治地位，军人治理国家，社会组织建立在军事或武力基础之上。社会的形而上学阶段是一个过渡阶段，大致从1300年至1800年，这一时期的统治者是牧师和法官，社会组织以法律为主要联系手段，该阶段为下一阶段的到来扫清了障碍。孔德认为，科学的普及、实证主义理论的创立、科学的社会作用的增长，是社会逐步进入实证阶段的标志。在这最后一个时期，社会将由工业管

---

① Auguste Comte, La Philosophie Positive（Ⅲ）, Résumé par Émile Rigolage, Paris, Ernest Flammarion, Editeur. p. 107.

理者和科学的道德指导者去统治，依靠新兴的工业秩序形成整个社会的团结。孔德相信，随着研究社会的科学——社会学的诞生，它会指导人们如何将现代工业社会建成一个具有和谐秩序的理想社会，该社会既保持了中世纪的益处，又克服了神学世界观的内在谬误①。

（二）社会发展的曲折性

孔德承认，社会由一个阶段向另一个阶段的转变，并不是与传统彻底决裂，开始一个全新的阶段。任何历史时期都在一定程度上存在上述三种形式，只不过特定时期是由某种特定的形式占据优势。而且，一种新的社会秩序通常不会平稳地从旧秩序的死亡中诞生出来。事实上，人类历史是以"有组织的"时期和"危机的"时期相互交替为特征的。在有组织的时期，呈现社会稳定与文化和谐的局面，社会各个部分处于平衡状态；危机时期则相反，原来肯定的东西被推翻了，传统遭到了破坏，社会处于不平衡状态。这种危机时期（孔德认为自己便处于这样的时期）对于渴望秩序的人们来说是不安定的、混乱的，但它却是一种新的有组织状态出现的必要前奏，而且往往过渡性混乱持续得越久，更新也就越彻底②。

孔德还指出，文明的进程就其本身而言并不是直线前进的，而是像动物的爬行那样歪歪扭扭，以平均运动为中心蜿蜒前进的。社会机体极其错综复杂，所以在许多方面它的弊病和危机要比人的机体所面对的更不可避免。但是，凭借对危机的基本性质的正确估计，以及对危机的结局的合理预见，科学可以缓和危机，并能缩短危机持续的时间。简言之，人们可以通过科学地发现社会发展的真正的规律，从而明智地干预社会的运行③。

需要指出的是，尽管孔德一再强调智力是他解释人类进步的主要依据，但他并没否定其他因素的重要性。比如人口的增长就被他看作决定社会进化速度的重要因素，劳动分工也被他视为社会进化的强大推动力④。

---

① David Ashley, David Michael, *Sociological Theory: Classical Statements*. Boston: Allyn and Bacon, 1990. p.79. 雷蒙·阿隆：《社会学主要思潮》，葛智强等译，上海译文出版社，1988年，第103页。

② 刘易斯·A. 科瑟：《社会学思想名家》，石人译，中国社会科学出版社，1990年，第7页。

③ 雷蒙·阿隆：《社会学主要思潮》，葛智强等译，上海译文出版社，1988年，第103页。

④ 刘易斯·A. 科瑟：《社会学思想名家》，石人译，中国社会科学出版社，1990年，第7-8页。

总而言之，孔德的社会静力学是一种有关社会秩序的理论，其重点是强调社会里人类生存条件的协调、和谐；社会动力学则是有关社会进步的理论，所强调的是社会的基本发展和进步。秩序和进步是相互关联的，因此必须合在一起共同研究。静态与动态的区分只是为了概念上方便理解而已，或者为了方法论与启发式研究的需要，而不是指二者为两种完全不相关的研究方法。事实上，功能分析和进化分析绝非相互矛盾的，从效果上看，它们是互为补充的。在孔德看来，他所关心的秩序与进步的状况也与他的三阶段论有关，即与社会发展的阶段有关。在神学阶段，有秩序但无进步；形而上学阶段有进步但无秩序；只有实证阶段，才能保证既有进步又有秩序。

尽管孔德公开抨击形而上学、反对抽象思辨，但他自己的社会学学说中思辨色彩仍很浓，主观臆造成分还颇多，加之他喜欢做具体的社会预测，其中不少又未能如期实现，这些都大大影响了他的声誉。故而不少社会学家认为孔德只是社会学名义上而不是实际上的创始人。但我们不应因此忽略他对社会学的如下贡献：他不仅首先提出社会学这一名称，还认定必须运用类似自然科学的实证方法来研究人类社会，使实证主义社会学成为社会学的主流并一直延续下来；他提倡社会研究的整体观，主张将特定社会现象放入更大的社会背景中，考察它与其他社会现象以及社会整体之间的关系，这一思想为社会学的重要流派结构功能论所继承；他将社会学划分为社会静力学和社会动力学，强调将对社会的结构分析和动态考察结合起来，这样的基本思路也为以后的许多社会学家所采纳。最后要说明的是，孔德的许多思想精华已被法国著名社会学家涂尔干所继承并进行了更好的阐发，这也是孔德的社会学学说在当代社会学家的眼中不那么重要的另一个原因。

第四节　斯宾塞的生平及理论倾向

一、生平简介

斯宾塞1820年4月27日出生于英格兰中部的德比，是家里九个孩子中的老大，也是其中唯一活过幼儿期的孩子。斯宾塞的父亲是个信奉新教的教师，在当地享有较高的威望。斯宾塞的母亲是一个温和而又虔诚的美以美会教徒，她与脾气暴躁的丈夫的婚姻生活似乎并不太美满，这恐怕也是成人后的斯宾塞对婚姻怀有较强戒备心理的一个原因。斯宾塞因从小体弱多病,没上过什么正规学校,主要在家里接受父亲的教育。13岁时,他离家到做牧师的叔父那里继续求学,叔父向年轻的斯宾塞传授自然科学知识、激进主义的哲学原理,以及与英国国教相背离的新教思想。斯宾塞自感不适合接受大学的正规教育,因此没有像父亲那样进入剑桥大学深造,而是另谋发展。1837年他被录用为修筑伦敦至伯明翰铁路的工程师,但1841年铁路完工后他被解雇了。

之后几年,斯宾塞试图挤进激进派报刊和激进派政治组织。他给激进派报刊写过不少文章,内容起先是关于工程方面的,但后来主要涉及社会和政治方面的问题。到了1848年,他终于时来运转,担任了英国最有名望的金融经济周刊《经济学家》的编辑,有了一份收入较高的固定工作。在该杂志供职的5年当中,斯宾塞广交了一批进步作家和著名科学家。1851年,斯宾塞出版了他的第一部学术著作《社会静力学》,且获得了激进派人士的一致好评。1852年,斯宾塞发表了《进化的假说》,在达尔文的《物种起源》一书问世之前7年,他就在拉马克的进化原理的基础上提出了强调后天特性继承观念的进化理论。

1853年斯宾塞的叔父去世,给他留下了一笔数目不小的遗产。于是他辞去《经济学家》编辑部的工作,从此过上了一种没有正式工作、不受任何公共机构限制的、独立的学者生活。这个接受过德比新教节欲教规的严格训练的清教徒终身未娶,长期居住在伦敦的公寓里,过着非常简朴的生活。35岁开始,斯宾塞患上神经官能症,失眠、注意力难以集中等痛苦长期折磨着他,且随着年龄的增长,这种情况更趋严重,他不得不经常服用大剂量的吗啡。他后期的许多著作,都是通过他口述、别人笔录这种形式完成的。疾病也是他后来逐步退出社交活动的一个重要原因。

1855年,斯宾塞出版了学术著作《心理学原理》,但社会反响不大。以后几十年间,尽管受到疾病的困扰,他还是坚定不移地构筑自己规模宏大的综合哲学体系。1862年发表了《第一原理》,1864至1867年间,完成了多卷本的《生物学原理》,1873年出版了《社会学研究》。在19世纪70至90年代期间,《社会学原理》《伦理学原理》《人与国家》等著作相继问世。1904年,即他去世一年后,他的《自传》也出版了。此外,他还和几个秘书与其他作者共同撰写了几卷随笔以及多卷本的《描述性社会学》。

1903年,斯宾塞在孤独与病痛中离开了人间,享年83岁。从30多岁起,他就逐渐成为一个富有成果的作家。他发表了大量的著作,并引起了广泛的关注。在斯宾塞的一生中，他拒绝了大学、政府和科学机构授予他的几乎所有的荣誉。他没有正式职业，也没有任何学位，但在19世纪的最后25年，他享有的国际声誉和影响几乎可与达尔文媲美。不幸的是，在生命的最后几年里，斯宾塞已亲眼看到，由于与时代的政治潮流相背，他的学说的影响力已开始走向衰落。

二、主要理论倾向

纵观斯宾塞的一生，其研究旨趣主要体现在以下三个方面：反政府干预的个人主义；自然主义进化论；实证主义统一观。其中，反政府干预的个人主义主张政府的调节和控制仅限于军事防御和保护个人权利，管得最少的政府才是最好的政府；自然主义进化论提出了关于成长和发展的一般假设；实证主义统一观则将进化论运用于无机、有机、生物、心理和社会等一切领域。在对斯宾塞影响较大的思想家中，他最推崇的是人口学的创始人马尔萨斯，其次是古典政治经济学的代表人物亚当·斯密。此外，法国博物学家拉马克、苏格兰哲学家汉密尔顿、逻辑学家穆勒、生物学家赫胥黎、生物进化论大家达尔文等，也对斯宾塞的思想产生了不容忽视的影响。值得一提的是，尽管斯宾塞曾公开否认孔德对他有何重大影响，但他的学说无疑和孔德的有许多相似之处，他曾经阅读过孔德的著作，并且他后来也承认孔德给予他不少的启发。

（一）反政府干预的个人主义

受到英国功利主义和古典政治经济学思想的熏陶，斯宾塞鼓吹一种自由放任的激进个人主义。他认为最具普遍性的原则便是，社会中的"每一个人都有权要求运用他各种机能的最充分的自由，只要与所有其他人的同样自由不发生矛盾"[①]。国家的实际任务就是维护人们的同等自由，保护个人的生命安全和私有财产不受侵犯。而政府不过是在一定时间和场合下的政治组织的特殊形式，是进行国家管理的职能机构。在他看来，国家和政府的过分干预，会限制个人的活动自由，不利于资源的优化配置，会加重人们的经济负担，阻碍社会的发展。他还反对国家兴办教育、医疗、慈善等事业，因为这些机构人为地保护"最低能的社会成员"，从而降低了整个社会的道德智力

---

① 赫伯特·斯宾塞：《社会静力学》，张雄武译，商务印书馆，1996年，第33页。

水平。基于类似的理由，斯宾塞也不赞成社会主义，认为它要么违反同等自由的原理（把物品分配给人们，不论他们有没有做出适当的努力去获得它们）；要么过于抽象而不再切实可行（不可能根据每个人帮助生产的程度按比例地分配产品）。对于政府官员的以权谋私的行为，斯宾塞表示极大的担忧，"既然承认人是自私的这一命题，我们就无法避免下面的推论：拥有权威的那些人，如果得到允许，就会为自私的目的而使用权威"[①]。

（二）自然主义进化论

在达尔文1859年发表《物种起源》时，斯宾塞已经系统阐述了他的进化论的基本思想。他虽然承认达尔文的"自然选择"概念对进化过程的重大意义，但还是倾向于接受拉马克的获得性状遗传理论。斯宾塞认为，宇宙间万物，从无机界到有机界，从自然领域到社会领域，无不受进化规律支配。而进化，就是物体的集结，集结时其运动消散，在这个过程中，物体由不确定的分散的同质状态进化到确定的、凝聚的异质状态。换言之，进化包含以下进程。一是从分散到集中。任何事物在发展的最初阶段，规模上都是小型的、分散的，随着发展，会出现聚集，使规模扩大。二是从集中到分化。随着从分散到集中过程，必然导致起初同质的事物内部结构的调整，形成功能分化。三是从不确定的、不定型的、无序的状态到确定的、定型的、有序的状态。

（三）实证主义统一观

在斯宾塞看来，进化原则既是世界万物遵循的最普遍的原则，又是指导分析一切领域的方法论工具。正如孔德将一切知识纳入他的科学分类体系一样，斯宾塞企图把一切知识纳入他的进化论之中。和孔德相同，他也从实证主义的立场出发来解释人类的知识与科学。他认为，人的知识不能超出经验的范畴，科学的任务就是描述、记录、整理主观感觉，指出它们的先后关系和相似关系。他还特别强调，社会科学应和自然科学一样，通过尽力摆脱研究者的有害偏见和不适感情，提高研究的客观性。他认为科学可分为精确科学和非精确科学两大类，前者既可从性质方面又可从数量方面认识现象间的关系，而后者从数量方面认识现象间的关系就极为困难，主要只能从性质方面描述和预测现象间的关系。社会学像地质学、生物学和心理学一样，属于

[①] 赫伯特·斯宾塞：《社会静力学》，张雄武译，商务印书馆，1996年，第91页。

非精确的科学,"它描述的现象,比其他所有现象都复杂,比其他都难以精确描述——这些现象可以进行归纳,对时间数量只能进行粗略地归纳,还有许多无法进行归纳。但只要能有归纳,只要能据此进行解释,就能有科学"①。斯宾塞坚信,一种适当的思维习惯在社会学的研究上是至关重要的,而这种思维习惯只有在对各门科学做一个大体上的研究时才能获得②。也就是说,社会学这门最复杂的科学必须建立在其他各门相对简单的具体科学基础之上,尤其是它与生命科学的关系格外密切、十分接近。作为社会学的一种训练方法,研究生命科学是必不可少的。因为,一方面这样可以使研究者的头脑更好地熟悉有关因果关系的基本概念:持续性、复杂性和偶发性,而其他具体科学不可能提供同样清晰多样的方式来实现这一目标;另一方面还可以让研究者的头脑熟悉其他具体科学根本不能提供的"多产的因果关系"这一基本概念③。事实上,斯宾塞的社会有机体论和社会进化论都与生物学紧密相关。

第五节　斯宾塞的个人主义社会观

一、社会的基本含义

总体而言,斯宾塞反对社会唯名论的观点,赞同社会唯实论的立场。在他看来,社会是一个独立存在的实体,社会成员之间的联系具有长期和牢固的性质。将社会比作一群在某个大厅听演讲的听众是不妥的,因为这些听众之间的关系只是一种暂时的和不稳固的结合。尽管社会是由参与分工的个人组成,然而在世代相继的每个社会所占有的地域范围内,这些个体经常保持一定程度的普遍相似性,这正好表明由个体组成的集合具有一定的实在性。也就是说,社会这一概念实际上是用来表示这样的状态:确定的生活已

---

① 赫伯特·斯宾塞:《社会学研究》,张洪晖、胡江波译,华夏出版社,2001年,第37页。
② 赫伯特·斯宾塞:《社会学研究》,张洪晖、胡江波译,华夏出版社,2001年,第282页。
③ 赫伯特·斯宾塞:《社会学研究》,张洪晖、胡江波译,华夏出版社,2001年,第290页。

经使社会的各个组成部分在其整体内部的分布上保持一定的稳定性。不过，斯宾塞认为社会并不是一成不变的，它不是一个僵死的产品，而是一个动态的生长物。他试图给社会下一个比较科学的定义，"社会是一个天然的结构。在这个结构中，它的所有机制，政府的，宗教的，工业的，商业的等等都在其中，且彼此互相依靠地联系着——一个具有有机意味的结构"①。

二、个人的优先性

需要强调的是，在论及社会与个人的关系时，斯宾塞是从个人主义的角度来发展他的社会观的。他认为，不仅个人决定了社会的起源和社会的性质，而且社会也应该成为个人谋取个人利益和个人幸福的工具。具体地讲，人类聚集起来的最初目的是应对险恶的生存竞争压力，而社会一旦形成就不会轻易消亡，因为保持个人之间的相互结合的共同生活，一般要比离群索居的生活更令人满意一些。理想的社会应能提供给人们最大限度的自由，从而保证最大数量的幸福。"自由是个人正常生活的先决条件，而同等自由则成为社会正常生活的先决条件"②。斯宾塞的口号是，"每个人都有做一切他愿做的事的自由，只要他不侵犯任何他人的同等自由"③。他还论证到，绝对的利他主义是不合理的，它"会使现在所有的社会组织解体"④。因为自我牺牲超过一定的限度之后，就会对做出牺牲的人和他们服务的对象都造成危害。"一个人变得无私的同时，另一个人在同样程度上变得自私。假如牺牲自己满足别人是高尚的，那么乐于这样得到满足则是可耻的；假如重复前一种行为提高了人的道德水准，那么重复后一种行为则降低了这个水准"⑤。因此，斯宾塞指出，在一定范围之内，利他的行为对施予者和接受者都有利，而超出这个范围之外，对两者都有害——伤害一个人的身体，使另一个道德败

---

① 赫伯特·斯宾塞：《国家权力与个人自由》，谭小勤等译，华夏出版社，2000年，第75页。
② 赫伯特·斯宾塞：《社会静力学》，张雄武译，商务印书馆，1996年，第42页。
③ 赫伯特·斯宾塞：《社会静力学》，张雄武译，商务印书馆，1996年，第52页。
④ 赫伯特·斯宾塞：《社会学研究》，张洪晖、胡江波译，华夏出版社，2001年，第157页。
⑤ 赫伯特·斯宾塞：《社会学研究》，张洪晖、胡江波译，华夏出版社，2001年，第159页。

坏，最终的结果是：坏人变得更坏，好人则被毁掉①。此外，绝对的利他主义也是无法普及的，在理论上是行不通的。因为"只有同一个社会里共存利他的和利己的两个部分时，才能广泛地实施绝对的利他主义"②。若所有的人都坚持利他主义原则，则利他主义行为根本无法实施。"社会里的纯粹利他主义包含的特点使纯粹利他主义不可能实现，因为可能从中受益的人并不存在"③。所以，斯宾塞得出结论："利己主义比利他主义占有一定的优势是有益的，而且实际上没有其他办法能解决问题"④。他进而指出，坚持个人权利是十分重要的，它是实现普遍幸福中一部分的个人幸福的手段，也是提高普遍幸福水平这一利他之举的手段⑤。

三、有限度的利己主义

如果以为斯宾塞宣扬利己行为而反对一切利他行为，那就错了。他实际上想将私人利益和公共利益协调起来，提倡有限度的利己主义和合理的利他主义，反对无节制的利己主义和绝对的利他主义。他说，"利己主义动机必须适当受到对别人关心之情的约束，没有这样一种人性，任何高级的社会生活都是不可能的"⑥。他再三强调，对于社会长期、连续的发展过程，利己和利他的力量是同样不可或缺的共同作用因素⑦。因此，片面地鼓吹"为自己活着"和"为别人活着"都是错误的，"合理的要求是——为自己和别人活

---

① 赫伯特·斯宾塞：《社会学研究》，张洪晖、胡江波译，华夏出版社，2001年，第159页。
② 赫伯特·斯宾塞：《社会学研究》，张洪晖、胡江波译，华夏出版社，2001年，第159页。
③ 赫伯特·斯宾塞：《社会学研究》，张洪晖、胡江波译，华夏出版社，2001年，第159页。
④ 赫伯特·斯宾塞：《社会学研究》，张洪晖、胡江波译，华夏出版社，2001年，第158页。
⑤ 赫伯特·斯宾塞：《社会学研究》，张洪晖、胡江波译，华夏出版社，2001年，第160页。
⑥ 赫伯特·斯宾塞：《社会学研究》，张洪晖、胡江波译，华夏出版社，2001年，第170页。
⑦ 赫伯特·斯宾塞：《社会学研究》，张洪晖、胡江波译，华夏出版社，2001年，第174页。

着"①。而且，随着人类文明的不断发展，利他主义精神似乎有逐渐加强的趋势，按斯宾塞的话讲，"在文明时代，恨之宗教正在缓慢减弱，而爱之宗教正在缓慢增强"。当然，斯宾塞似乎更倾向于相信，社会成员在追求个人利益的过程中，可以通过那只"看不见的手"使个人的行动不自觉和下意识地为社会整体的更高需要服务，从而将个人利益和公共利益和谐地统一起来。

四、事与愿违的政策干预

斯宾塞认为，社会行为极其复杂，要预测其具体后果几乎是不可能的；同时人性是难以控制的，看起来最合理的方法往往与期望的结果相差甚远。实际上，任何一个聚合体都是复杂的，由一件小事情所引起的后果会变得越来越混乱和无法预计，而由各种各样的聚合体组成的社会就更加复杂了，极难用一种特定的人为方法来影响它并取得预期的结果②。因此，人类社会存在大量的社会行动的非预期结果，许多社会政策都是事与愿违的，法令失败的记录可谓比比皆是。斯宾塞举例说，在奥地利，制止草率婚姻后，却出现了更多的私生子；设立收容所以减轻弃婴的痛苦，但弃婴的数量却增多了，等等。所以，国家和政府应尽可能少地干预社会，让其充分地、自然地进化，通过优胜劣汰的过程使社会的适应力不断提高，使社会越来越合理、越来越完善。反之，政府干预社会事务必然会阻碍社会对其环境的必要调适，破坏了适者生存的进化原则。以慈善事业为例，斯宾塞就对其持坚决的反对态度，认为它阻止了社会通过自然地排除低劣者来不断地净化自身的进程，它打击了优秀者而保存了低劣者，从而对社会整体造成极大的伤害③。因此，斯宾塞对济贫法进行了猛烈的抨击④。这些都反映出斯宾塞思想中浓厚的社会达尔文主义色彩。

---

① 赫伯特·斯宾塞：《社会学研究》，张洪晖、胡江波译，华夏出版社，2001年，第173页。

② 赫伯特·斯宾塞：《社会学研究》，张洪晖、胡江波译，华夏出版社，2001年，第239页。

③ 赫伯特·斯宾塞：《社会学研究》，张洪晖、胡江波译，华夏出版社，2001年，第308-309页。

④ 赫伯特·斯宾塞：《社会静力学》，张雄武译，商务印书馆，1996年，第144-147页。

五、个人主义方法论

斯宾塞的社会观不仅是个人主义的,而且还是生物还原主义的,可归属于方法论的个人主义的那个阵营。他认为,欲了解聚合体的性质,必须先了解其组成单位的性质。社会性质反映的是组成社会的个人的性质。"在每一情况中,社会科学研究的对象是社会聚集体的成长、发展、结构和功能,这些对象产生于个人的相互行为,而个人的特性有点像所有人的特性,也有点像同宗民族的特性,而又有点特别"[①]。他又说,"社会中的结构和活动是由它的单元的特质决定的,并且,没有它各单元的实质性改变,社会是不会发生实质而永久的变化的(外部的干扰除外)"[②]。这里,可看出斯宾塞和孔德的明显不同。虽然他们都认为作为生命科学的生物学同社会学关系密切,是研究社会学的先行科学,都将社会视作一个有机的整体,但前者持有还原论的观点,强调从个体的层次解释整体表现,后者则持有整体论观点,主张从整体角度解释个体行为。也正因为如此,斯宾塞不同意孔德对心理学的轻视。在他看来,如果你无法解释人类个体的活动,你就无法解释聚集起来的人类整体的活动,而心理学正是解释个体活动的最佳学科。进而言之,社会现象不是由社会本身派生的,而是由来自每一个个体的动机或来自许多个体的集合的动机决定的。因此,不了解个体或若干个体的动机或活动,我们就不能了解社会及其活动[③]。从中不难发现,斯宾塞的思想实际上还具有一定社会唯名论的倾向。

第六节　斯宾塞的社会有机体论及进化论

社会有机体论和社会进化论是贯穿斯宾塞社会学的两条主线,集中反映了他关于社会的基本理论观点。在这两个方面,他和孔德既有不少相似之处,又有许多不同的地方。

---

① 赫伯特·斯宾塞:《社会学研究》,张洪晖、胡江波译,华夏出版社,2001年,第44页。

② 赫伯特·斯宾塞:《社会学研究》,张洪晖、胡江波译,华夏出版社,2001年,第361页。

③ 周晓虹:《西方社会学历史与体系(第一卷)》,上海人民出版社,2002年,第73-74页。

一、社会有机体论

(一) 社会是个有机体

社会是一个有机体的思想虽然在孔德那里就已存在，但斯宾塞则将它更加系统化了。他明确指出，社会可看作一个有机的整体，因为它和生物有机体有许多相似之处。这主要表现在生长过程、结构进化、功能分化、整合趋势等几个方面。

1. 生长过程

社会有机体和生物有机体一样，处在不断的生长和发展之中，规模和范围不断扩大。如一个群体发展成一个社区，或一个小国演变为一个大帝国就是社会有机体的生长现象。

2. 结构进化

随着发展和扩大，社会有机体和生物有机体的结构都会由简单向复杂改变。如在现代工业社会中，就存在着比以往社会大得多的异质性和复杂得多的劳动分工。

3. 功能分化

无论是社会有机体还是生物有机体，结构的进化都伴随着功能相应的分化。如在一个原始的狩猎部落里，猎手和武士由同一部分人担任，彼此没有分别。而随着历史的发展，社会结构的进化和复杂化，社会各部分的功能也出现自然分化的现象。在定居的农业社会中，耕作者和武士的角色不再由同一部分的人担任，逐步形成相互独立的两部分人。到了现代工业社会，组织分化和专业化的趋势更加明显，角色分工也更加繁复。大量的专业组织只承担某些非常特定与单一的功能。

4. 整合趋势

伴随结构和功能的分化的同时，有机体内部各要素之间的关系日益密切，相互依赖更加显著，即执行各种不同功能的有机体各部分之间的联系与制约或功能配合不断趋强。比如在过去简单的社会中，各部分基本相同，它们可以很容易地相互替代，因而相互依赖程度较低；而在现代的复杂社会中，各部分之间的相互依赖程度较高，一个丧失功能的部分不能由其他部分随便替代。按照斯宾塞的观点，社会结构愈复杂、功能愈分化，其各部分间的功能联系和相互依赖的程度愈高，最终导致专门的社会控制系统出现，用以调节各部分间的活动，保证整体活动的正常运行。

（二）社会有机体的特殊性

虽然斯宾塞指出社会与生物有机体有许多相似之处，但他也清楚地认识到社会有机体不同于一般的生物有机体，存在不少自身的特殊性，因而可称为超有机体。社会有机体与生物有机体的差异主要体现在以下三个方面。

首先，生物有机体是一个具体的整体，它的各个部分结合紧密；而社会有机体则是一个松散的整体，组成它的个体或多或少是自由和分散的，彼此结合的程度不那么牢固。

其次，在生物有机体中，意识仅集中于有机体的某一部位，其他部位缺少感应能力；而在社会中，意识遍布于组成它的各个分子即每一个个人身上，所有个体都能体验到喜怒哀乐。

再次，在生物有机体中，组成机体的众多分子是为了整体而生存的，其意义体现为对整体的贡献；而在社会有机体中，社会整体是为了其成员的幸福而存在的，它是实现个人目标的手段与工具，社会成员并不是为了社会的幸福而生存的。

第三点突出地反映了斯宾塞的社会有机体论和孔德的社会有机体论的不同：孔德提倡集体主义，主张个人服从于社会整体；斯宾塞则宣扬个人主义，强调社会服务于个人。从理论上讲，个人主义和社会有机体论之间存在某些不一致的地方，斯宾塞则竭力将它们调和起来，认为私人利益和公共利益是基本一致的[①]。

（三）功能主义的观点

如前所述，斯宾塞强调结构的变化伴随着功能的变化，社会单位规模的增大必然引起社会活动的进步与分化。事实上，他的很多论述都是在功能的意义上分析社会机构及其变化的，其出发点往往是寻找分析对象的功能。他在分析社会机构的时候，总是联系产生它们的环境，并指出，以现代标准来看奇怪和讨厌的某些习俗，在当时是适应社会条件的，对当时的社会起着某

---

① 赫伯特·斯宾塞：《社会静力学》，张雄武译，商务印书馆，1996年，第262页。

些功能作用。在研究社会机构的时候，斯宾塞力图说明它们不是行动者的意图和动机的产物，而是功能和结构迫切需要的结果，劝告人们从机构的进化阶段以及在此阶段上发挥的功能这两个方面来研究机构。

斯宾塞站在社会有机体论的立场上，对社会功能系统做了有趣的阐述。他认为，任何生物有机体都有营养、循环、神经系统，负责摄取能源、分配能源、调节行为，即生物有机体都有完备的器官和功能系统。社会有机体也是如此。首先是支持系统，它由生产组织构成，向社会提供必要的产品，相当于生物体中的营养系统；其次是分配系统，由商业、交通、通讯、银行等组织构成，负责把产品、信息输送到社会的各个部门，相当于生物体中的循环系统；最后是调节系统，由以国家为首的社会政治组织构成，肩负计划、指挥、调控等任务，不仅在经济、政治上发挥作用，还在意识形态上发挥作用，它类似于生物体的神经系统。此外，对应于这三个系统，斯宾塞还将社会成员划分为三大阶级：劳动阶级（工人和农民）、商人阶级和工业资产阶级，他们分别承担支持系统的功能、分配系统的功能和调节系统的功能。这三个阶级各司其职，缺一不可，否则整个社会有机体就会失去均衡，社会也就难以生存。显然，斯宾塞的这一说法实际上是在为资本主义制度的合理性辩护。

二、社会进化论与社会类型说

（一）进化的基本方向

斯宾塞认为进化作为一个普遍规律同样支配社会，社会进化是一个持续的、不间断的过程，它存在于人类历史的始终，是永恒的现象。"人类曾经经历和仍在经历的各种改变，都起源于作为整个有机的天地万物之基础的一项规律"[①]。社会进化的方向是朝向更加美好和理想的境地，"社会进步的一个基本特点是生产能力的增加使公民勿须再用过去那种艰苦的方式就可以养活他们自己，……"[②]。在他看来，社会进化是从同质性社会向异质性社会的转变，这种变化在人类整个文明和在每一个民族的文明的进步中都有表现，并以不断增长的速度继续进行着。原始的社会有机体的规模很小，正像生物

---

① 赫伯特·斯宾塞：《社会静力学》，张雄武译，商务印书馆，1996年，第28页。
② 赫伯特·斯宾塞：《社会学研究》，张洪晖、胡江波译，华夏出版社，2001年，第311页。

体起源于胚胎一样，人口的增加和群体的联系导致了社会规模的扩大，而集中与分化是同一过程的两个方面，量的增加必然导致结构和功能的复杂化。在原始的社会有机体中，它的各个部分和功能很少发生分化，相互间是相似的，在那里，同一局部结构可以执行几种不同的功能。随着社会进化，社会有机体的各个部分之间的差异日趋扩大，这些不同部分开始执行不同的功能。而且这些不同部分的相互依赖程度不断增强。例如，在原始部落里，全体成员几乎都是战士、猎人、生产者和建设者。但在现代社会里，人们已被分配到不同的职业领域，不可能像原始社会那样，彼此可以互相替代工作，只能在相互依存的前提下从事高度专业化的工作。相互合作的加强，意味着进化的深入。此外，社会进化还体现在从不确定状态到确定状态的发展。比如，从原始的游牧人群到固定居住的社会；从没有领导的群体到领导及领导体系的形成。通常功能越分化，某种管理的、调节的机制的存在就越重要，因为这种机制能保证各部分结构作用的协调。管理过程也不断复杂化和分化，统治者的权力得到了宗教力量及风俗习惯力量的补充。

（二）进化的特性及影响因素

总的来说，斯宾塞断定社会进化是一个自动的、自发完成的过程，尽管这一过程可能受到各种因素的影响，但不应该用人为的方法去改造或改善它。"进步不是一种偶然，而是一种必然。文明并不是人为的，而是天性的一部分；它和一个胎儿的成长或一朵鲜花的开放是完全一样的。"[1] 他主张不干预主义，认为政府干预社会事务必然阻碍社会对其环境的必要调适。政府干预的结果通常是适得其反，致使人类更聪明、更有效地控制自然的有益进程遭受破坏，并且还会产生一个引起人类不断堕落的有害的过程。他提出首要的要求是，"每一个人都应该如此活着，既不给他人增加负担，也不去伤害他人"[2]。个人在社会进化的过程中也不是完全消极被动的，"公民必须同时既明白他的个人意愿就是社会演化的一个因素，又明白它还是各种以前的影响，包括社会影响的一个产物"[3]。确切地说，社会进化既是一个遵守自然

---

[1] 赫伯特·斯宾塞：《社会静力学》，张雄武译，商务印书馆，1996年，第27-28页。

[2] 赫伯特·斯宾塞：《社会学研究》，张洪晖、胡江波译，华夏出版社，2001年，第313页。

[3] 赫伯特·斯宾塞：《社会学研究》，张洪晖、胡江波译，华夏出版社，2001年，第373页。

法则的过程，同时又是来自公民自发努力的结果①。在斯宾塞看来，虽然社会发展总体上是不可逆转的、不能返回到先前的阶段上去，但社会进步却不是单线型的，对于某些具体社会来说，既会出现进步也会出现退步现象。他认为进化具有普遍性，全体人类都不能例外。但遇到性质不同的社会环境时，进化过程会部分地由先前社会生活所决定，部分地则受新环境的影响和制约，于是呈现进化的发散现象。不断增加的群体，总是倾向于获得新的、越来越大的社会差异，从而导致各种类型社会的产生。在这里，斯宾塞特别指出他与那些分阶段发展理论拥护者（如孔德）的不同。他认为，不应该把地球上未开化民族和文明民族所显示出的社会的不同形式，看作同一种形式的社会在进化中表现出的不同阶段；而实际上，它们像各种类型的个体有机体那样，是不同类型的社会，并不构成一个系列，它们只是一些平面进化的分散和再分散的群体。

在肯定社会进化是一个自然过程的前提下，斯宾塞也论及一些影响社会进化的因素。例如，气候、土壤、地势等自然因素决定了一个社会能从自然环境中获取的物品的数量和质量以及生态的相称性，从而影响到社会有机体中营养系统的性质和特征，甚至影响到人们的定居程度和集居规模的大小。另外，社会为适应环境和进化，会自动地形成一系列功能性机制，如工具、语言、知识和科学理论、风俗、法律、艺术等，这些机制是超有机性质的表现，它们是在进化过程中形成的。因此，各个社会所表现出来的物理特征、心理特征、智力和思维方式也是影响社会进化的因素。

（三）社会类型说

斯宾塞从他的社会有机体论和进化论出发，试图对社会进行分类。他首先按照社会进化的程度或社会结构由简单到复杂的变化趋势，将社会分为简单社会、复合社会、二次复合社会和三次复合社会。然而，他对社会更重要的、更具影响力的划分，则是以社会内部管理形式作为标准，将社会划分为军事社会和工业社会两大类，这种划分的理论依据是，一个社会的社会结构类型取决于它同邻近社会的关系。无论这种关系是友好的还是敌对的，都会影响社会及其管理系统的内部结构。当一个社会同其他社会和平相处时，其内部管理系统比较脆弱散漫，当它与其他社会处于敌对状态时，内部控制的集中性和强制性就变得更加强大。

---

① 赫伯特·斯宾塞：《社会学研究》，张洪晖、胡江波译，华夏出版社，2001年，第374页。

1. 军事社会

军事社会一般属于进化程度相对较低的类型，其显著特征是强制性。军事结构的全部特征表现在它的各个组成单位的各种联合行动都是被强制的。士兵没有支配自己意志的权利，他们在所有事务上成为长官意志的代理人。同样，在所有私人和公共事务中，平民的意志也要受政府的支配。在这种类型的社会里，社会的主要功能是为保卫和扩张而进行共同的防御和进攻活动；社会协调原则是强制性的合作，依靠命令和严密的组织实施管理；国家的结构是中央集权制，个人为国家的利益而存在，对自由、财产和流动进行限制，私人组织受到排斥；社会分层表现为等级、职业和住地的固定不变，地位靠继承；经济活动类型为自给自足、少量贸易，实行贸易保护主义；受到重视的社会品质和个人品质则是爱国主义、勇敢、权威、忠诚、服从、崇拜权威、遵守纪律等。

2. 工业社会

相比之下，工业社会则属于进化程度较高的类型，其基础是自愿合作和个人的自我控制。工业社会的特征表现为商业自由交易一样的个人自由，社会多种形式的活动所依赖的合作是自愿的合作，相对先进的控制系统在为自身获得分散而非集中的管理机构的同时，也通过从众多的阶层中取得有争议权利的手段来分散原始管理机构。在这种类型的社会里，社会的主要功能是社会成员彼此提供和平的个人服务；社会协调原则是自愿性的合作，依靠契约和正义实施管理；国家的结构是权力分散，国家为个人的利益而存在，对自由、财产和流动的限制较少，私人组织受到鼓励；社会分层表现为等级、职业和住地的可变性和开放性，地位靠争取；经济活动类型为非自给性的和平贸易，实行贸易自由；受到重视的社会品质和个人品质则是独立、尊重他人、反对强制，提倡个人的主动性、诚实、友善等。

需要指出的是，斯宾塞承认军事与工业社会的划分，仅仅近似地展现了真实社会的极端形式。所有实际存在过的社会都同时包含军事和工业的成分。不过，他似乎相信随着进化过程的不断展开，完全的工业社会迟早会到来，侵略性的军事社会终将消亡，当然这一过程将是相当缓慢、逐渐演化的。①

---

① 赫伯特·斯宾塞：《国家权力与个人自由》，谭小勤等译，华夏出版社，2000年，第 118 页。

尽管结构功能理论的大师帕森斯在他的成名作《社会行动的结构》一书的第一页就引用他人的话："现在谁还读斯宾塞的作品呢？"[①] 似乎宣判了斯宾塞的学术死刑。但帕森斯自己晚年又重读斯宾塞的著作，为其再版的著作热情写序，并完成了一部斯宾塞式的社会进化论的著作。美国当代著名社会学理论家乔纳森·特纳更是为斯宾塞摇旗呐喊，提倡社会学应该回到斯宾塞的路线上去。事实上，斯宾塞的社会有机体论是社会学重要流派功能论的主要来源之一，他的社会进化论也给其后许多社会学家以启迪，他的许多观点更是以正统的面貌融入西方主流文化之中。

三、斯宾塞和孔德的异同

斯宾塞和孔德都是社会学初创时期的主要代表人物，知识背景均为拥有较高自然科学素养的哲学家，并且都不是学院式的学者。以下就两人的社会学思想的异同进行简单概括。

（一）相同点

有机观。他们都将社会看作一个有机的整体，认为社会各个部分执行特殊的功能。

进化观。将社会看作像个人一样是不断生长的、逐步进化的。原始社会对应人类童年；现代社会对应人类成年。

强调情感的重要性。将情感看作行动的动力，道德的基础。

乐观主义。对未来充满希望。

实证的科学统一观。认为社会现象最复杂，社会学必须建立在其他学科的完善基础之上，尤其是生物学基础之上。

（二）不同点

孔德重主观，强调精神的重要性；斯宾塞重客观，强调结构的重要性。

孔德提倡集体主义；斯宾塞宣扬个人主义。

孔德认同方法论的整体主义；斯宾塞倾向于方法论的个人主义。

孔德支持国家干预；斯宾塞强调自由放任。

---

① T.帕森斯：《社会行动的结构》，译林出版社，2003年，第3页。

孔德认为社会学的一项重要功能是有效的预测；斯宾塞认为社会学不属于精确的科学，不可能做精确的预测。

孔德认为社会服从不变的规律，将社会变迁限制在较窄的领域；斯宾塞认为社会变迁的范围很大，复杂多样。孔德的进化类型比较单一；斯宾塞的进化类型更趋多样化。

复习思考题

1. 孔德实证主义哲学的基本观点是什么？
2. 在孔德看来，社会学是一门怎样的学科？它在科学分类体系中的地位如何？
3. 简述孔德提出的社会学研究的四种基本方法。
4. 孔德的社会静力学和社会动力学存在怎样的关系？
5. 斯宾塞社会研究的主要旨趣是什么？
6. 斯宾塞是如何论证他的个人主义社会观的？
7. 斯宾塞社会有机体论的基本思想有哪些？
8. 简述斯宾塞社会进化论的主要内容。
9. 试分析比较斯宾塞和孔德社会学思想的异同。

第三章
涂尔干的社会学理论

埃米尔·涂尔干（Emile Durkheim，1858—1917）是法国第一位学院式社会学家，现代社会学方法论的主要创立者，他同马克思和韦伯（见下一章）一起，并称为古典社会学的三大家，被视作现代社会学真正的奠基者。一般认为，现代社会学发展出三大范式：实证主义的，历史解释的和社会批判的，涂尔干、韦伯和马克思分别为这三种范式的早期代表和开拓者。当代西方社会学的方法论思想以及许多基本概念、观点和理论取向，都受到上述三人极大的影响。本章将依次介绍涂尔干在社会学方法论方面的重要贡献，关于现代社会分工与社会团结的精彩论述，对于自杀所做的"典范式的"经验研究，以及宗教社会学和知识社会学的基本观点。

> **本章要点**

- 涂尔干的思想渊源
- 涂尔干社会学方法论的主要思想
- 现代社会分工的原因及社会后果
- 机械团结和有机团结的比较
- 作为社会现象的自杀的基本类型及原因
- 涂尔干宗教社会学的主要思想
- 涂尔干知识社会学的基本观点

第一节 生平及主要理论倾向

一、生平简介

涂尔干（又译迪尔凯姆、杜尔克姆等）1858年出生于法国东部边缘地区的埃皮纳尔，他的父亲及好几代先辈都是犹太教教士。如果不脱离传统的道路，他也将会成为一名犹太教教士。他13岁时接受了传统的犹太教受礼仪式。不久，在一位天主教女教师的影响下，他曾有过一段短暂而神秘的经历，使他对天主教产生了兴趣。但这之后，他逐渐成为一名不可知论者，不参加任何宗教活动，虽一直保持对各种宗教现象的浓厚兴趣，但仅限于学术上而不是神学上。在遭遇两次考试失败后，涂尔干第三次终于通过了严格的考试，于1879年如愿以偿地进入著名大学巴黎高等师范学校（法语 École Normale Supérieure），该校享有法国知识精英之摇篮的美称。和涂尔干在同一所大学就读的各年级同学中，有不少人后来成为赫赫有名的人物，如哲学家亨利·柏格森、布隆代尔、戈布洛，法国社会主义领袖让·饶勒斯，心理学家皮埃尔·雅内等。大学毕业后，涂尔干在巴黎附近的一所公立中学当了几年哲学教师，其间赴德国进修一年。他并不想将传统的哲学研究作为终身的职业，认为当时的哲学严重脱离了实际，并决心从事对社会的科学研究，他对社会学、心理学、教育学等社会科学有着浓厚的兴趣，大量涉猎孔德、斯宾塞等人的著作。1887年，涂尔干被聘为波尔多大学的教师，讲授教育学和社会学，这也是社会学第一次登上法国大学的讲坛。

1893年涂尔干的博士论文《社会分工论》通过答辩并出版，1895年他发表《社会学方法的准则》，1897年又出版了《自杀论》，这三部著作使他跻身于学术界的最前列。1898年涂尔干创办重要的学术刊物《社会学年鉴》，围绕该刊物形成了一个才华横溢的年轻学者团体，这些具有不同知识背景的年轻学者在涂尔干的引导下，积极投身于社会学的研究，涂尔干和他们一起在《社会学年鉴》上发表了一系列重要的文章，一个凝聚力极强的"年鉴学派"闻名于世。1902年，涂尔干被任命为巴黎大学教育学讲座代理教授，1906年他正式担任巴黎大学文学院教育学讲座教授，同时讲授教育学和社会学，1913年他的身份变为"教育学和社会学"教授。1912年涂尔干发表生前最重要著作《宗教生活的基本形式》。第一次世界大战夺去了一批涂尔干最优秀的学生，其中包括被他视为自己学术继承人的独生儿子。沉重的打击使他心力枯竭，1917年11月15日涂尔干逝世于巴黎。

二、主要理论倾向

涂尔干思想的一个主要来源是法国启蒙主义传统，尤其是卢梭和孟德斯鸠的思想。如涂尔干对"社会团结"的强调得益于卢梭的"共同意志"的概念，他的社会整体观则受惠于孟德斯鸠关于所有社会现象和文化现象都是相互联系的观念。不过，对涂尔干影响最大的先前法国思想家当属圣西门和孔德，他曾多次公开声称自己是这两位所开创的思想的继承人。他的社会唯实论、社会整体观、实证主义科学观等明显带有孔德的痕迹。德国的康德、英国的斯宾塞等人的思想对涂尔干也有较大的影响。此外，涂尔干读大学期间的一批优秀同学以及同时代其他一些杰出思想家也对他产生了不容忽视的影响。涂尔干自称为理性主义者，主要旨趣是将科学的理性主义扩展到社会领域，用以研究和指导人们的行为，他明确拒绝别人加在他头上的唯物主义或唯心主义的称号。① 总体上看，涂尔干从事社会学研究所关注的核心问题是，如何恰当地理解和有效地解决19世纪西方发达国家在从传统的前工业社会向现代工业社会转型过程中所遭遇的各种社会危机。而为了实现上述目标，他选择的两大研究策略是：着重把握个人与社会的关系，特别强调科学方法的运用。

---

① E. 迪尔凯姆：《社会学方法的准则》，狄玉明译，商务印书馆，1995年，序言第3-4页。

(一) 社会唯实论

社会唯实论与社会唯名论在社会思想界的争执由来已久，前者主张社会是具有客观性的独立实体，社会先于个人并决定着个人的本质；后者则坚持个人存在的真实性，认为社会不具有真实性、实在性，社会研究应从了解个人的动机、目的、意识和行动入手。涂尔干指出，社会唯实论主张社会在某种程度上不依赖于个人，并不意味着社会可以完全摆脱个人，并不等于主张社会是一种超验存在物，它不过主张个人仅仅是社会实体的一部分，而不是全部。社会的实体性仅仅意味着社会具有不同于个人特征或不能完全通过个人特征加以认识的特殊实在性。"社会并不是个人相加的简单总和，而是由个人的结合而形成的体系，而这个体系则是一种具有自身属性的独特的实在"[①]。通过对斯宾塞社会观的批评，涂尔干进一步澄清了自己社会观同其他社会实体观之间的区别。在斯宾塞看来，社会等于自然人加契约，涂尔干则认为必须先有社会，社会塑造了个人并为缔结理性契约提供条件。涂尔干社会观的显著特征是赋予社会先于个人、超越个人、独立于个人和规定个人等独特意义。

(二) 社会整体观

受孟德斯鸠、圣西门尤其是孔德的影响，涂尔干持有强烈的社会整体观。此种观点的哲学基础是肯定整体不等于或大于部分之和。社会整体观注重的不是社会的组成部分，而是各部分之间的关系和联结方式，以及在这种联结方式中产生的新现象、新属性。正是这些不能由个人特征直接加以说明的新现象、新属性体现着社会的独立性和实体性（即"涌现"或"突现""突生"，emergence）。这表明社会整体观和社会唯实论之间具有密切的关系，要贯彻社会唯实论，必须坚持社会整体观。涂尔干强调，作为整体的社会，其成员之间的关系除了物质性的结合以外，更主要的是一种精神性结合。社会秩序问题、社会团结和整合问题，一直是他学术研究的轴心。在他看来，社会高于个人，社会决定个人而不是相反。涂尔干坚持社会唯实论和社会整体观的目的，乃是在个人和社会之间明确划分一条界线，认为二者分属于不同的层次，受不同性质的规律支配，必须由不同学科分别对之进行研

---

① E. 迪尔凯姆：《社会学方法的准则》，狄玉明译，商务印书馆，1995年，第119页。

究。他认为社会学的研究领域便是社会层次而不是像心理学这样的个体层次，直言之，社会学研究的对象是属于社会层次的社会事实，它不能还原为个体的心理特质。这一方面为社会学这门学科的独立和合法化打下了比较坚实的基础；另一方面又为社会学主义的兴起提供了不容忽视的动力。他所倡导的社会学主义相信，社会事实是社会研究最重要的对象，而社会事实只能通过社会事实来解释，因此社会学的存在不仅不必以其他学科的存在为前提，而且它还能为其他相关学科提供有益的帮助。

（三）社会功能论

涂尔干对功能分析的强调可看作他的社会整体观的逻辑结论。他认为社会现实继续存在的原因决定于其功能，即它对社会的用途或贡献，其中最重要的就是满足社会秩序的需要。在他看来，要对社会现象进行充分的解释，必须分别研究产生该现象的原因和它所具有的功能，这二者缺一不可。前者属于因果分析（或历史分析），它告诉我们哪些先前的社会事实决定了现在的这一现象；后者属于功能分析，它告诉我们这一特定现象会给整体社会或其组成部分的运作带来什么结果。涂尔干在他的重要著作中，提供了一系列的功能分析的范例，无论是对社会分工还是宗教的分析，他都强调了这些社会事实对社会团结和整合的功能，甚至对自杀、酗酒、犯罪等越轨行为，他也进行了独特的功能主义的分析和解释。因此，涂尔干被誉为功能主义的大师，现代功能分析的直接先驱。

（四）实证科学观

像孔德、斯宾塞一样，涂尔干也坚持实证主义的科学观。在他看来，社会学研究要追求科学的精确性和客观性，要使用类似自然科学的方法来研究人类社会。他对传统社会哲学的博而不精表示反感，对实验心理学的研究方法大加赞赏。他早年在德国进修期间，参观过实验心理学之父冯特设于莱比锡的著名心理学实验室，在那里目睹的测量的精确性和科学的严谨性给他留下了难以忘怀的深刻印象。那里进行的科学研究工作的方式、方法，似乎为他提供了在社会科学其他领域从事研究工作的典范。在其后的学术生涯中，他为社会学这门学科的科学化做出了不懈的努力，并取得了令人注目的成绩。涂尔干相信社会学对于解决处于"道德混乱""失范"和"解组"状况中的现代社会的主要问题是必不可少的，它为诊断、分析、最终解决社会问题或医治"社会疾病"提供了重要的工具。通过使用实证的科学方法，社会学能够揭示如何改进一个社会，如何结束道德混乱状况，如何推动社会发展为一个更加理想的社会。由此观之，涂尔干与孔德有着非常相似的抱负。

第二节 社会学方法论

涂尔干对社会学方法论的贡献是很显著的，他明确指出了社会学独特的研究领域和研究对象，规定了社会学研究的方向，强调了社会学研究应遵循的基本原则和方法，推动了社会学走向科学化和数量化的道路。1895年涂尔干发表《社会学方法的准则》[①]一书的时候，社会学还处于襁褓状态，即便是在社会学发源地法国，社会学也还未成为大学的正式课程，更未形成比较完善的学科体系。涂尔干撰写该书的主要目的，就是要通过阐明社会学独特的研究领域和研究对象，强调社会学研究应遵循的基本原则和方法，从而使社会学摆脱传统哲学思辨的束缚，区分于其他的社会科学（如心理学），真正成为一门独立的科学。

一、作为社会学研究对象的社会事实

在涂尔干的眼里，世界表现为许多不同层次的实在性，按复杂性由低到高的顺序依次可分为物理的、化学的、生物的、心理的和社会的这几个基本的层次。社会学的研究领域专属于社会层次，社会学的研究对象便是社会层次特有的现象——社会事实（法语 fait social，也可译作社会现象）。他对社会事实的界定是：任何对个人施以外在强制作用的、固定或不固定的行为方式，或在社会总体中普遍出现的、不依赖于个人而独立存在的任何行为方式[②]。按社会成员的结合关系的性质的不同，社会事实又可分为物质性社会事实和非物质性社会事实两大类：前者如社会群体、社会组织、社会阶级与阶层、劳动分工、人口密度、自杀率等；后者如宗教、道德、习俗、时尚、公共情感等。虽然物质性社会事实在因果关系方面具有优先性，但涂尔干在

---

① 该书目前流行的汉译本有两个：一个是华夏出版社的（《社会学研究方法论》，迪尔凯姆著，胡伟译，1988年），另一个是商务印书馆的（《社会学方法的准则》，E.迪尔凯姆著，狄玉明译，1995年），本书主要依据的是后一个版本。

② E.迪尔凯姆，《社会学方法的准则》，狄玉明译，商务印书馆，1995年，第34页。

研究中更关注非物质性的社会事实，尤其是道德、宗教、集体意识、集体表象、社会潮流等。注意，社会事实属于社会层次，它不同于纯粹个体事实，因而不能将社会生活中所有的现象均理解为社会事实，因为其中包含了大量的个体事实。实际上，社会事实正是社会的独特属性或社会层次上的突生性质，这种属性或性质原则上只存在于社会整体之中。"要有社会事实存在，就必须至少有许多个人通力合作，并使这种合作产生出新的东西"①。判断一种现象是不是社会事实，主要看这一现象的承担者属于哪个层次，只有以社会为基础和承担者的现象才算是社会事实。

具体来说，社会事实具有以下四个方面的主要特征。

1. 外在性

不同于存在于个人体内的生物现象，社会事实存在于个人身外，如法律、习俗、宗教仪式、语言符号等均先于具体个人而存在，尽管它们需通过个人表现出来，但并不依具体个人的意志为转移，并能发挥相对独立的作用，而且它们存在的时间通常比个体生命更长久。即社会事实可看作一种与物质之物表现形式不同的新型的、独特的"物"，它拥有客观实在性，是"具有存在于个人意识之外的这种明显属性的行为方式、思维方式和感觉方式"②。

2. 强制性

在涂尔干看来，外在的强制性是社会事实最基本的特征。社会事实对社会成员的行动具有约束和强制作用，不管人们是否愿意，这种强制作用都是存在的，只不过当人们试图反抗时，这种强制作用表现得更加明显，当事者将会受到直接或间接的制裁。制裁既可以是正式的，也可以是非正式的，前者如违反刑法遭受法律的严惩，后者如违背习俗受到人们的白眼。

3. 普遍性

社会事实来自一定数量的人们相互结合的行动，是超越个人的集体产物，它拥有很强的普遍性。个人的婚姻状况不是社会事实，但每个社会普遍

---

① E. 迪尔凯姆，《社会学方法的准则》，狄玉明译，商务印书馆，1995年，序言第19页。

② E. 迪尔凯姆，《社会学方法的准则》，狄玉明译，商务印书馆，1995年，第24页。

存在的结婚率、离婚率则是社会事实。社会事实的普遍性根源于社会生活的整体性，一种社会事实，"它之所以是普遍的，是因为它是集体的（即多少带点强制性的），而不是因为它是普遍的，所以它才是集体的"[①]。

4. 独立性

属于社会层次的社会事实，其性质和意义不能还原于个人事实的性质和意义，即社会事实的性质和意义不能由个人事实的性质和意义推导出来。比如集体意识并不是个人意识的简单之和，也不是所有个人意识中共有东西的集中体现，而是"个人意识之间交互影响的作用和反作用的产物"[②]。"集体意识的状态与个人意识的状态有质的不同，有其独自的表象。集体的心态并不等于个人的心态，它有其固有的规律"[③]。社会事实是用来表示一种与个体现象相脱离的综合现象，它具有独立于其组成部分的特征，一种社会事实是由先行的社会事实造成的。

需要指出的是，涂尔干认为，在上述社会事实的四个主要特征中，前面两个特征又是最基本的。

二、社会学方法论的基本原则

和孔德、斯宾塞一样，涂尔干相信社会学是一门独立的科学，必须运用类似自然科学的方法，他对此做了相当系统、详细的阐述。

（一）把社会事实看作客观事物

社会学研究方法最基本的原则（准则），是将社会事实当作客观事物来看待。与自然科学的情形类似，社会事实具有独立于观察者的客观实在性，可以看作一种特殊形式的事物，并作为科学观察、分析的对象。正像物理学研究的是自然界客观事物的规律，而不是人们关于这些事物的观念和看法一样，社会学研究的是社会事实的性质和规律，以及不同社会事实之间的关系

---

① E. 迪尔凯姆，《社会学方法的准则》，狄玉明译，商务印书馆，1995年，第30页。

② E. 迪尔凯姆，《社会学方法的准则》，狄玉明译，商务印书馆，1995年，第31页。

③ E. 迪尔凯姆，《社会学方法的准则》，狄玉明译，商务印书馆，1995年，第12-13页。

和演变情况，而不是人们关于社会事实的观念和看法。涂尔干批评道，以往社会研究的一个很大的缺点，就是不将社会事实作为客观事物认真探讨其本身的特性和规律，而是致力于考察人们对社会事实的态度和想法，这无疑是本末倒置。一句话，把社会事实看作客观事物就是提倡社会研究应运用客观法而不是主观法。具体地讲，该原则又包括以下几个子准则。

1. 研究中排除所有成见

人们的政治态度、宗教信仰、道德观念等往往会影响他们对社会事实做出客观、理性的观察和分析，他们甚至可能感情用事，拒绝对有关社会事实做科学的研究，抵制科学研究的结论。"因此，对于社会学家来说，无论是在确定自己的研究对象时，还是在进行论证的过程中，都必须绝对禁止使用科学之外的和不是为科学所需要而制造的概念。"① 要打破嵌套在人们身上的日常经验范畴的枷锁，摆脱谬误丛生的各种常识和神秘主义观念的束缚。

2. 客观观察事物的外部特征

客观的科学研究必须从感觉出发，通过观察可靠地把握事物的外部特征，努力从社会事实脱离其在个人身上的特殊表现而独立存在的侧面进行考察，如法律条款、道德准则、民间格言、俗语等。有些社会事实比较固定，有些则变化无常。应从最便于进行科学观察研究的固定事实入手，进而观察那些不固定的事实。由于社会事实多为精神结合体，不可能对其进行如自然科学那样的直接观察，涂尔干提出两种间接的观察途径：一是通过客观的表现来考察集体意识的状态，如通过法典考察社会的基本价值规范；二是充分运用统计数据，统计数据常常可以反映个人分属的那个群体的某种看不见的集体状态，可以作为集体意识的外部标志或外部象征。

3. 根据社会事实的外部共同特征给出操作定义

科学研究的前提是明确地界定所要研究的事物，以使自己和他人知道正在研究的到底是什么，并使进一步的论证和检验成为可能或是有意义的。社会学研究应根据社会事实的外部共同特征给出比较严格的定义，使其基本概念具备科学概念的明确性和客观性，使任何观察者都能在同一个意义上理解和使用同一个概念，避免因定义模糊、随意，缺乏可比性和操作性造成的歧

---

① E. 迪尔凯姆，《社会学方法的准则》，狄玉明译，商务印书馆，1995年，第51页。

义、偏差和混乱。研究之初,"只应取一组预先根据一些共同的外在特征而定义的现象作为研究的对象,并把符合这个定义的全部现象收在同一研究之中"①。

(二) 区分两类事实:正常的事实和反常的事实

在社会学研究的观察阶段,应注意区分两类十分不同的事实:一类是正常的(或规则的)事实;另一类是反常的(或不规则的)事实。可以认为,作为全部研究的出发点的定义,必须同时把这两种事实包括进去。这个区分的重要性还体现在,它和涂尔干的改良主义意图密切相关。他曾断言,社会学如果无助于社会的改造,那么它就毫无价值了。正常事实和反常事实的区别,恰恰是观察事实和提出科学结论之间的一个中间环节。如果一个事实是正常的,我们就不应该剔除它,即使它在道德上与我们格格不入;相反,如果这个事实是反常的,我们就有科学的论据,证明我们的改良计划是正确的②。需要着重指出的是,区分社会事实时不应使用主观的标准,把喜欢的、合意的称为正常的,把反感的、不合意的称为反常的,而应该用可以识别的外部指标进行区分。简单地说,如同个人身体有健康和患病之分,应该是什么就表现为什么的事实,便是正常的;而应该是什么却未有相应表现的,便是反常的。正常事实是同类事物中普遍存在的现象。判断某种现象是否正常的事实时要考虑两个因素,一是该事实存在于其中的社会类型;二是同类型社会的平均进化阶段。

在涂尔干看来,一种社会事实,当它在发展的某个阶段,以一般的方式存在于某种类型的社会时,就是一种正常的事实。举一个极端事例,犯罪在常人眼中是典型的病态,但它却可能是一种正常的事实,或更确切地说,某种犯罪率是一种正常的事实。因为犯罪普遍存在于所有类型的社会里,不论在什么地方和什么时代,总有一些人因其行为而使自身受到刑罚的镇压;只要犯罪行为没有超出某种类型社会所规定的界限,它就是正常的。犯罪还具有多种积极的作用,如有助于道德意识的进化,为必要的改革开辟广阔的道路或直接作为重要的准备,使集体感情处于为形成新的趋势所必需的可塑状态。总之,决不能将犯罪看作绝对的反社会的存在。通常正常性是由普遍性

---

① E. 迪尔凯姆,《社会学方法的准则》,狄玉明译,商务印书馆,1995年,第55页。

② 参见雷蒙·阿隆,《社会学主要思潮》,葛智强等译,上海译文出版社,1988年,第394页。

决定的，但由于社会类型并不都是相同的，不能用一种万能的抽象方法来认识现象的普遍性。凡是在社会发展的某个时期，在一种特定类型的社会里，最常遇到的事实都应当被视为正常的事实。简言之，看一种事实是否正常，其首要标志和决定性的标志就是这种事实是否经常出现，"为了使社会学真正成为一门研究事物的科学，那就必须把现象的普遍性作为衡量现象是否正常的标准"[①]。"实际上，社会学的直接目的在于研究正常类型"[②]。

（三）以社会事实解释社会事实

如果说把社会事实当作物来看待是社会学研究的"客观原则"，那么以社会事实解释社会事实就是社会学研究的"解释原则"。该原则是涂尔干的社会观在方法论领域的应用，体现了其社会学的基本精神：研究社会必须禁绝任何形式的还原论。现实可划分为不同的层次，一个现象只能通过和其同属一个层次的其他现象得到有效解释，而不能用不同层次的"另类"或"外部"现象进行解释。不同于研究个人层次的心理学，社会学专门研究社会层次的社会事实，这种社会事实只能用同属于社会层次的其他社会事实加以解释，而不能用社会层次之外的事实加以解释，也不能用建立在个体层次上的生物学和心理学做出有效解释。

前面已经论证，社会并不是个人相加的简单总和，而是由个人的结合而形成的体系，该体系是一种具有自身属性的独特的实在。实际上，社会在时间和空间上都无限地超越个人，并能将被它的权威所神圣化的行为方式与思维方式强加于个人。这表明，团体的思想、感觉和行为，与其单独的个体成员的思想、感觉和行为是全然不同的。如果我们从孤立的个人出发去研究，就不能了解团体内部发生的一切，即心理学和社会学之间，生物学和物理学、化学各科之间，存在着同样的不连续性。社会现象的原因存在于社会的内部，必须从社会本身的性质中去寻找对社会生活的理解。一句话，"一种社会事实的决定性原因，应该到先于它存在的社会事实之中去寻找，而不应到个人意识的状态之中去寻找"[③]。

---

① E. 迪尔凯姆，《社会学方法的准则》，狄玉明译，商务印书馆，1995年，第92页。

② E. 迪尔凯姆，《社会学方法的准则》，狄玉明译，商务印书馆，1995年，第91页。

③ E. 迪尔凯姆，《社会学方法的准则》，狄玉明译，商务印书馆，1995年，第125页。

需要指出的是，强调以社会事实解释社会事实的社会学研究的解释原则，并不意味着社会学可以撇开人和人的能力不谈，完全忽视个人的思想、感情和行为等，那样的话，就误解了涂尔干的意思。实际上，他曾明确提到社会学家加强心理学方面修养的重要性，只不过认为对社会事实做纯心理学的解释，必然忽略社会事实的独特属性，即社会的属性。因此，他主张社会学家在掌握了心理学的知识以后必须摆脱它的约束，并以社会学的专业知识加以完善进而超越它。总的来说，涂尔干强调社会对于个人的优势，强调整体对部分的制约。

（四）区分社会事实的起因和功能

在对社会事实的分析取向上，涂尔干指出功能分析和因果分析均是社会学所必需的，不过不能将它们混淆起来。他是第一个将功能分析和因果分析明确区分开来的著名社会学家，他对以往研究者仅仅关注社会事实所完成的功能而不去解释它为何存在和怎样存在的做法，表示了极大的不满，并提出了尖锐的批评。

涂尔干认为以功能解释代替因果解释、将功能当作原因的做法，是以非科学的目的论为基础的，最终落入心理学还原的陷阱。目的论认为，自觉的目的导向是社会现象产生的充分原因，即满足某种目的状态、需求状态（现象的功能）就是现象产生的原因。对此，涂尔干批驳到，"说明一个事实有何效用，并不等于说明这个事实是怎样产生的和为何成为现在这个样子的，因为事实产生的效用虽然要以事实的特有属性为前提，但效用本身并不能产生事实。我们对某些物的需求，并不能随心所欲地使这些物适合我们的要求，……我们对于物所呈现的效用的感觉，可以大力激励我们使这种原因发生作用和产生结果，而不能凭空造出这种结果"[①]。在他看来，要对社会现象进行充分的解释，因果分析（也即历史分析）和功能分析缺一不可。因果分析能使人们理解，为什么是这个特定事项而不是其他事项能在特定的历史背景中发挥特定的作用；而功能分析则将揭示人们思考的这个特定事项会给整个社会或其组成部分的运作带来什么结果。率先阐明功能分析的意义，并对分工、宗教等所做的杰出的功能分析，使涂尔干当之无愧地成为现代功能分析的直接先驱。

---

① E.迪尔凯姆，《社会学方法的准则》，狄玉明译，商务印书馆，1995年，第107页。

除了上述解释原则外，涂尔干还提出了求证的原则，即比较的方法。他对著名的哲学家和逻辑学家密尔提出的实验研究的四种归纳法进行了批判性分析，认为剩余法、契合法和差异法都不适合社会学研究，只有共变法经改造后可以广泛地运用于社会学之中。共变法实际上属于一种比较法，它的优越性体现在既可以在事物的内部证明事物的因果关系，又可以使资料便于选择并做更为细致的研究。涂尔干的比较法是相当严密的，两种社会现象的统计相关性只是为确立因果关系提供了重要线索，并不能保证一定存在因果关系。要确立因果关系，还必须设法证明两类社会现象之间的逻辑联系，因为观察到的统计相关性可能是某种第三类现象对它们同时产生作用的结果。大体说来，涂尔干的比较方法包括三个层次：① 历史比较法，主要比较不同社会或同一社会在不同时期的差异；② 民族学比较法，主要是对同一时期不同空间的社会进行比较；③ 社会内部的比较，即对社会内部的不同现象进行比较分析，进而确定因果关系。概言之，有关社会事实的研究或求证过程实际上应该包括三个基本步骤：假设、推测和检验，而比较则是连接这三个步骤的中介。正是在这个意义上，涂尔干认为社会学本质上又是一门比较科学。显然，涂尔干所提倡的社会学研究的基本方法与自然科学具有很强的相似性。

不过，涂尔干对自己制定的社会学研究方法的基本原则也有清醒的认识，并不认为它们是不可动摇的，他说："显而易见，我所规定的准则，实际上将来也必然要有所修正。根据我个人十分有限的实际经验，我认为这些准则将随着社会实践的不断扩大和丰富，也必然会有所发展。另外，说到方法，我们所能做到的，永远只能是暂定的，因为方法要随着科学的发展而改进"①。

第三节　社会团结和社会分工

《社会分工论》是涂尔干的博士论文，也是他的第一部重要著作。该书体现了涂尔干一生学术研究的主要兴趣：探讨个人与社会的关系问题，也即社会秩序如何形成的。为此，他提出了其社会学的核心概念：社会团结（social solidarity）。在他看来，社会团结是最基本的社会事实，影响和决定

---

① E. 迪尔凯姆，《社会学方法的准则》，狄玉明译，商务印书馆，1995年，序言第6页。

着其他社会事实。涂尔干的社会学理论正是以社会团结为主线而展开的，他的几部重要著作的主题都与社会团结有关：《社会分工论》论述了由社会分工中日益增长的复杂性和专门化派生出的对社会结构的影响，即社会形态从所谓的"机械团结"向"有机团结"的转变；《自杀论》探讨的是由社会整合的破坏而构成的对社会团结的威胁，以及社会对这些威胁的反应；最后，《宗教生活的基本形式》则论述了宗教及其仪式在何种程度上以及通过何种方式能够加强社会团结[①]。

一、社会团结的含义和基础

在涂尔干那里，社会团结具有"社会内聚力""社会整合"的含义，指的是把个体结合在一起的社会纽带，是建立在共同情感、道德、信仰或价值观基础上的个体之间以及群体之间以结合或吸引为特征的联系状态。正是靠着这种联系，社会才能完整存在并获得独立生命。

关于社会团结的基础的论述，在涂尔干之前主要有以下三种：① 卢梭的社会契约论认为，将个人联结在一起的是处于自然状态的人为了共同的利益而订立的契约；② 以孔德为代表的国家强力说认为，国家依赖其强制性的力量将其个体成员"束缚"到一起；③ 以斯宾塞为代表的自由竞争论认为，社会的每一个成员都有同等的追求个人利益的权利，而每个人的利益又只能在他人那里获得满足，这种平等的自由竞争就形成了社会。涂尔干不同意上述观点，他认为将一群个体联结成一个社会的是社会成员共同的价值观念和共同的道德规范，也即该社会的集体意识（collective consciousness）。所谓集体意识，指的是同一社会普通公民共同拥有的信仰和情操的总体。它是社会的一种心理类型，弥散在社会的每一个部分，尽管它只有通过个体意识才能存在，但它与个体意识却迥然不同，它有自己的特性、存在条件和发展模式。在涂尔干看来，人们缔结理性的契约之前显然必须对契约的约束力和效力有共同的理解；同理，国家的法律产生效力也必须以对法的共同理解为前提；而像斯宾塞所说的自由竞争，一样需要以共同的道德规范和价值观念为基础。因此，正是人们共同的价值观和道德规范（即这里所说的集体意

---

① 参见周晓虹：《西方社会学历史与体系（第一卷）》，上海人民出版社，2002年，第249页。

识）将人们联结在一起并使各种社会秩序得以确立①。

后来，有感于集体意识的概念比较空泛，涂尔干在以后的著作中改用"集体表象"（collective representation，又译集体表现）这一概念。可将集体表象视为集体意识的具体形态和基础，它是特定集体的行为规范和价值观，这里的特定集体包括家庭、职业、国家、教育与宗教制度等。总之，社会团结基于社会成员基本道德规范的一致性。而道德规范与一定社会条件相联系，并随着这些社会条件的变化而变化。对道德规范影响最大的社会条件是社会分工。

涂尔干认为，分工是社会进步的结果，是高度发达社会的特征。由于劳动生产专业化日益加强，个人不得不交换自己的活动，执行相互补充的职能，从而被迫地组成统一的整体。通过列举和分析大量的事例，涂尔干指出分工的最大作用不是提高生产率，而是凭借功能吻合及依赖的方式将社会不同的部分紧密结合起来，有效地实现了社会团结，提供了社会存在的条件，保障了社会的基本秩序。"社会的凝聚性是完全依靠，或至少主要依靠劳动分工来维持的，社会构成的本质特征也是由分工决定的"。②事实上，分工发达的高等社会呈现出一种奇特的现象：个人变得越自主，他就越来越依赖社会；在个人的意识不断膨胀的同时，他与社会的联系却越来越紧密。因此，分工具有一种道德属性，"一般而言，正因为分工需要一种秩序、和谐以及社会团结，所以它是道德的。"③简言之，分工不仅为社会提供了凝聚力，而且也为社会确定了结构特征，它具有非常广阔的发展前景。

二、机械团结和有机团结

为了从理论上认识和把握现代社会的变迁，涂尔干区分出"机械团结"和"有机团结"这两种社会结构的理想类型，而传统社会向现代社会的变迁，实质上是社会团结的方式由机械团结向有机团结的转型。

---

① 参见周晓虹：《西方社会学历史与体系（第一卷）》，上海人民出版社，2002年，第250页。

② 埃米尔·涂尔干：《社会分工论》，渠东译，生活·读书·新知三联书店，2000年，第26页。

③ 埃米尔·涂尔干：《社会分工论》，渠东译，生活·读书·新知三联书店，2000年，第27页。

(一) 机械团结

机械团结（mechanical solidarity）是这样一种社会联结纽带，它通过强烈的集体意识将同质性个体结合在一起。原始社会或传统农业社区是其典型表现。在这类社会中，由于社会分工不发达，人们的经历、活动和生活方式都十分相同，所有社会成员在宗教信仰、价值观念、行为规范、道德评价标准乃至情感反应方式上都具有高度的一致性，并形成强大的集体意识，维系着社会秩序及成员间的联系，同时将每个人的个性湮没在对集体的遵从之中。这种社会有一个非常显著的特点，也是反映机械团结的一个外部的客观标志，即其法律属于"压制性"的，它将违反和触犯集体意识的行为视为犯罪，视为对社会整体的威胁，而非对特定个人的冒犯，犯罪被视为集体的敌人。惩罚也不是基于理性的考虑，而是出自道德义愤，惩罚目的不是纠正越轨行为，而是宣泄受到伤害的集体感情[1]。

机械团结的社会凝聚力之所以能够存在，是因为所有个人意识具有某种一致性，构成了某种共同的社会心理类型，拥有共同的感情和信仰。在此条件下，所有群体成员不仅因为个人的相似而相互吸引，而且因为他们具有了集体类型的生活条件，他们已经相互结合成了社会。[2] 这种以压制法为标志的社会团结类型，"无论范围是大是小，它所具有的一般的社会整合功能显然是建立在包含着某种意识同时又受到这种共同意识规定的社会生活的基础上的。"[3] 意识越是能够使行为感受到各种不同的关系，它就越是能够把个人紧密地结合到群体中去，继而使社会凝聚力产生，而且，这些关系的数量也是与压制性规范成正比的。总之，机械团结是建立在个人相似性基础之上的，此时个人是完全社会化的，他不具备自身固有的特性，而是与其同类共同混杂在集体类型里。意识相似性所产生的法规是受压制手段辖制的，它强迫人们拥有一致的信仰并从事共同的实践。意识相似性越是明显，社会生活就越会与宗教生活完全混同，经济制度就越接近于原始共产主义制度。[4] 如

---

[1] 埃米尔·涂尔干：《社会分工论》，渠东译，生活·读书·新知三联书店，2000年，第67-72页。
[2] 埃米尔·涂尔干：《社会分工论》，渠东译，生活·读书·新知三联书店，2000年，第67页。
[3] 埃米尔·涂尔干：《社会分工论》，渠东译，生活·读书·新知三联书店，2000年，第71页。
[4] 埃米尔·涂尔干：《社会分工论》，渠东译，生活·读书·新知三联书店，2000年，第183页。

果机械团结越来越发达,那么个人也就越来越不属于自己,他简直成为社会所支配的玩物。

(二)有机团结

有机团结(organic solidarity)则是一种建立在社会成员异质性相互依赖基础上的社会联结纽带,其典型形式是现代工业社会和大都市。在这种社会里,由于存在发达的社会分工,每个人执行某种专门的职能,发挥着不同于他人的独特的能力,这使社会成员不能相互取代,而只能相互依赖,并形成彼此的相互依赖感、团结感和自己与社会的联系感。这时的个人好比人体这样的有机体的各种器官,它们各自都有专门的功能,彼此并不相似,但同样都是人体生命所必不可少的。正是那种相互依赖的意识,取代了以往集体意识维系社会团结的作用,为有机团结提供了新的基础。一方面,分工越细致,个人对他人或社会的依赖就越深入,有机团结的程度就越高;另一方面,每个人的行动越专门化,个性就越鲜明,就越能够摆脱集体意识的束缚。与机械团结的社会形成鲜明对比的是,这种社会的法律乃以"恢复性"为特征,涉及一系列复杂的以维护或恢复合作关系为目的的民法、诉讼法、行政法和宪法等。此时的法律基于审慎的理性,比较宽容,其目的主要不是惩罚,也不是集体共同情感的表达,而是旨在把分化的个人组织起来,使之有序地相处,维护个人和群体相互依赖的关系,即恢复原来的秩序,使遭到破坏的关系恢复正常状态。因而犯罪行为不再被视为对整个社会的威胁,而仅仅是对被侵害一方权利的损害,惩罚则是基于合理补偿的考虑①。

如果说机械团结是建立在个人同质性或相似性基础之上的,有机团结则是建立在个人异质性或差别性基础之上的。机械团结之所以能够存在,是因为集体人格完全吸纳了个人人格;而有机团结之所以能够存在,是因为每个人都拥有自己的行动范围,都有自己的独特人格。在有机团结的社会里,集体意识为部分个人意识留出了地盘,使得某些它自己无法控制的特殊职能得以确立,而这种自由发展的空间越广,团结所产生的凝聚力就越强。结果是劳动越分化,个人就越贴近社会;而个人的活动越专门化,个人就越具有个性。当然,个人的活动还是要受到限制,它也不可能全是独创性的。即使人们在完成本职工作的时候,也要符合法人团体共同遵循的习惯和程序。不

---

① 埃米尔·涂尔干,《社会分工论》,渠东译,生活·读书·新知三联书店,2000年,第89-92页。

过，人们此时承受的重任已经不像承受整个社会那样沉重了，社会已经给了人们更多自由活动的空间。因此，整体的个性与部分的个性得到了同步发展，社会能够更加有效地采取一致行动，而它的元素也可以更加特殊地进行自我运动。涂尔干认为，这种团结类型与人们看到的高等动物是非常相似的：当每个器官都获得了自己的特性和自由度的时候，有机体也会具有更大程度的一致性，同时它的各个部分的个性也会得到充分体现。正因为如此，涂尔干将劳动分工导致的团结称为有机团结。①

（三）社会变迁与转型

在涂尔干看来，从机械团结向有机团结的转型是现代社会变迁的主要特征②。伴随着这种转变，人们同社会维系起来的纽带，已经不再主要依靠于共同的信仰和感情了，相反，它们越来越成了劳动分工的结果。③ 下面是几个比较显著的变化指标：恢复法逐渐取代压制法的主导地位，强迫每个人遵循某种一致性的规则让位于对不同社会职能之间的特殊关系的确立和规定；那些既带有集体性又带有宗教性的强烈的集体情感和信仰逐步淡化（事实上，当共同体成员共同具有某种强烈信仰的时候，他们就不可避免地会带有某种宗教色彩，而这正是机械团结社会的特征），这意味着共同意识本身的平均强度趋于弱化；格言、谚语和警句的数目在不断减少，这进一步说明集体表象也在变得模糊不定（因为谚语等是集体观念和感情的集中表现，它们的对象常常是确定的）；个人主义逐渐盛行，个人成为崇拜的对象；决定每个人地位的也不再是或真或假的血亲关系，而是他自己所具备的职业能力。总之，随着有机团结逐渐取代机械团结，社会成员相互维系的方式发生了重要的改变，社会结构也不可避免地发生相应的改变。如果说机械团结的社会

---

① 埃米尔·涂尔干：《社会分工论》，渠东译，生活·读书·新知三联书店，2000年，第91-92页。

② 需要指出的是，涂尔干关于机械团结和有机团结的划分受到了德国同期重要社会学家滕尼斯的名著《共同体与社会》的启发，但两人对机械与有机的理解和用法则完全不同。滕尼斯认为共同体是有机的，社会是机械的，它们分别对应着传统社会和现代社会。之所以如此划分，是因为滕尼斯在很大程度上受到当时德国历史学派中浪漫主义思想家的影响。这些学者认为，任何设施和行动要么被理解为自然给定的和有机生成的，要么被理解为有意创造的和按机械的目的组织起来的。基于此，滕尼斯以自然的、有机的指称共同体，而以人为的、机械的指称社会，以此凸现这两种社会生活类型的重要区别。

③ 埃米尔·涂尔干：《社会分工论》，渠东译，生活·读书·新知三联书店，2000年，第108页。

是由同质性的大众构成的，其各个部分之间既没有差别，也没什么有意的安排，就像一条环节虫是由许多相同的环节集成的一样，那么，有机团结的社会则是完全不同的，它是各种不同机构组成的系统，其中每个机构都有自己特殊的职能，而且它们本身也都是由各种不同的部分组成的。也就是说，有机团结的社会各个要素不仅具有不同的性质，而且也具有不同的组合方式，它们相互协调、相互隶属，共同结合成一个机构，并与有机体其他机构产生相互制约、相互依赖的关系。①

一般来说，机械团结不仅无法像有机团结那样将大规模的人们紧密地结合起来，而且随着社会的不断进化，它自身的纽带也不断松弛下来。个人意识越来越多地摆脱集体意识的羁绊，而集体意识最初所具有的控制和决定行为的权力也正在消失殆尽。个人所获得的这种重要地位，不仅表现在个人的个别意识在绝对意义上有所增加，也表现在它比共同意识更加发达。② 换言之，在个人意识或个人主义抬头的同时，集体意识尽管还继续存在，但其功能尤其是对日常生活的控制和调节作用则大为减弱。因此，社会团结的转型时期既为个性解放提供了条件，又充满着紧张和危机，甚至可能出现"社会解组"的情况，即由于社会联结纽带的松弛或断裂，整体社会蜕变为一种个体相互分裂的原子式堆积状态。事实上，社会团结转型时期潜藏的一个特殊危险，就在于由社会分工推动的结构变化和道德规范的变化并不总是同步的。在旧的道德规范被摧毁，新的道德规范还没有建立起来的时期，可能出现社会道德规范的真空状态或"失范"（anomie）状态。个人主义思潮正好对这一危险前景起了推波助澜的作用。涂尔干因而主张，个性发展应有限度，不能无限推崇个性解放。他说，"利他主义注定不会成为我们社会生活的一种装饰，相反，它恰恰是社会生活的根本基础。"③ 人类如果不能谋求一致，就无法共同生活，人类如果不能相互做出牺牲，就无法求得一致，社会的延续要求其成员之间必须结成稳固而又持久的关系。因此，每个社会都是道德社会，某种意义上这在组织社会里表现得更加明显。严格说来，任何个人都不能自给自足，他所需要的一切都来自社会，他也必须为社会而劳动。

---

① 埃米尔·涂尔干：《社会分工论》，渠东译，生活·读书·新知三联书店，2000年，第135-142页。

② 埃米尔·涂尔干：《社会分工论》，渠东译，生活·读书·新知三联书店，2000年，第128页。

③ 埃米尔·涂尔干：《社会分工论》，渠东译，生活·读书·新知三联书店，2000年，第185页。

任何合作都有其固有的道德，只是在现代社会里，这种道德还没有发展到理想的程度。① 换言之，涂尔干倡导的是一种有节制的道德个人主义。

涂尔干认为，随着社会由机械团结的类型向有机团结的类型转换，出现了一种有趣的现象：不同的社会趋于相似，而不同的个人却趋于相异。这使很多人困惑不解，他们认为，社会的相似应该导致个人的相似，反过来，个人的相似应该伴随社会的相似。涂尔干则明确指出上述看法是错误的，它混淆了不同的分析单位，混淆了个人类型和集体类型。事实上，个人类型和集体类型非但没有同步产生变化，相反，集体类型差异的消失正是个人类型差异出现的必要条件。同一社会里的集体类型在数量上总是很有限的，因为社会只包含着少量的能够产生很大差异的种族和区域。另一方面，个人的差异却是无穷无尽的，所以个人类型越发达，他们之间的差异就会变得越大。举例来说，在现代社会，尽管法国人和英国人之间的差距缩小了，但法国人本身的差别却比以前大了许多。同样，尽管法国各个省份丧失了一些自己与众不同的特性，省份类别渐渐融合，但个人的特性却丰富起来，无数的个人类型不断涌现，不断分化。与此同时，各大区域的差别也在逐渐变小，但个人的差别则在逐渐变大。② 总之，涂尔干在这里提醒人们注意社会学研究的一个重要的方法论原理，不同分析单位之间是不能随意类推的，适合于一种分析单位的研究结论，不一定适合另一种分析单位。否则，极易产生"层次谬误"或"简约论"的毛病。

三、社会分工的原因和类型

（一）分工的原因

既然现代社会的结构特征是有机团结，而有机团结产生的关键在于社会分工，涂尔干于是对社会分工的原因进行了深入的探讨。这里，涂尔干的社会学方法论得到充分体现。他理所当然地将社会分工视为一种社会事实，并坚持从先于它的别的社会事实来解释其产生的原因。他已明确意识到因果分析和功能分析的不同，认为后者不能代替前者："分工的作用在于维持社会

---

① 埃米尔·涂尔干：《社会分工论》，渠东译，生活·读书·新知三联书店，2000年，第185页。
② 埃米尔·涂尔干：《社会分工论》，渠东译，生活·读书·新知三联书店，2000年，第96-97页。

的平衡，但这种预先料到的结果绝对不是分工产生的原因。"① 他将个人主义的解释排除开来，否定了社会发展的主要原因是人们的乐趣，或是对幸福的追求。他说，在现代社会中，乐趣确实不可胜数、难以捉摸，但乐趣的这种多样化是分工的结果，而不是它的原因。至于幸福，没有什么东西能够证明现代人比古代人更幸福，而现代社会较高的自杀率似乎给出了正好相反的结论。涂尔干认为，只有在社会环境的某些变化里，才能找到解释分工发展的真正原因。在他看来，社会和个人所经历的各种变化是社会环境不断变化的结果，社会才是一切存在与现象的根源，显然，这与他一贯坚持的社会学主义的基本立场是一致的。

涂尔干指出，社会分工作为一种社会事实，应该在社会环境中去寻找变化的最初条件，只能用别的社会事实对它加以解释，具体可归因于社会容量、社会物质密度和社会精神密度的结合。社会容量简单地说就是一个特定集体的个人数目，物质密度即单位面积土地上的人口数，精神密度（或道德密度）则指个人之间交往和贸易的强度。涂尔干认为，造成社会分工的主要原因是同一空间人口的增加，它决定着社会生活的集约化程度。人口增加导致社会规模和社会容量的扩大，而社会规模的扩大往往又表现为社会物质密度和精神密度的增强，并导致个人之间的社会互动频率的提高。当这一过程达到一定程度，分工也就不可避免。一方面，生存竞争的加剧促使人们提高自己的专业化水平和工作效率，以养活大量增殖的人口，在此种条件下，分工是维护和整合社会的最佳选择，避免了像动物界发生的一部分被淘汰、另一部分继续生存的残酷情况，这是建立新型社会团结、推动社会进步的唯一手段；另一方面，互动的增加、分工的发展也使相互合作和相互依赖得以加强，而这恰恰是有机团结的基础②。涂尔干批评经济学家所提出的分工的主要原因在于扩大生产的主张，在他看来事情正好相反，生产力的增加仅仅是分工的必然结果，或者说是分工现象的副作用。"我们之所以朝着专业化方向发展，不是因为我们要扩大生产，只是因为它为我们创造了新的生存条件"。③ 其实，现代文明也不过是分工的副产品而已。文明并不能解释分工的

---

① 埃米尔·涂尔干：《社会分工论》，渠东译，生活·读书·新知三联书店，2000年，第189页。
② 埃米尔·涂尔干：《社会分工论》，渠东译，生活·读书·新知三联书店，2000年，第213-220页。
③ 埃米尔·涂尔干：《社会分工论》，渠东译，生活·读书·新知三联书店，2000年，第232页。

存在和进步,因为它本身没有固有或绝对的价值;相反,只有分工本身成为一种必然存在的时候,文明才有自身存在的理由。而文明一旦形成,人们就会发现它是有用的或至少说是可用的,因此,进步的原因并不是文明的目的。①

需要指出的是,涂尔干认为对于一些拥有广阔土地资源的社会来说,单是人口的增加还不足以引起分化、产生复杂的分工,因而必须结合社会物质密度和精神密度这两个重要指标。此外,涂尔干还提出关于分工的原因和条件的复杂性问题。除了上述人口增长的主要因素以外,他还探寻了使社会分工发展加速或延缓的次要原因和限制条件,例如,科学的世俗化及其发展,传统和习俗的削弱,整个法律、道德和文化的合理性的加强,社会对个人的压制的普遍减轻,个人独立个性的增长等。它们虽然不是分工的主要原因,但却是分工有可能发展的条件。值得注意的是,社会分工和生理分工是有本质区别的。社会的专门功能不像生物功能那样非常明确、不易改变,而且,伴随劳动分工不断发展,其复杂性越来越大,弹性也越来越大。在社会中,各种工作的分配形式很容易发生变化,即使对某些刻板的组织来说,个人在其所指定的特定范围内也多少有些自由活动的余地。涂尔干还特别强调,集体生活并非产生于个人生活,相反,个人生活是从集体生活里产生的。只有在这个条件下,我们才可以解释社会单位里的个性为什么能够得以形成和发展,而不至于对社会产生破坏作用。② 这也是有机团结得以形成的原因。他批评斯宾塞关于社会生活仅仅是个人本性所带来的结果的观点,并一再强调,社会事实不仅仅是心理事实的发展,实际上正好相反,绝大部分的心理事实是社会事实在个人意识的延伸。涂尔干论证到,虽然个人意识在社会生活里是无处不在的,但是这些意识里的一切都是从社会中来的。在离群索居的情况下,人们现有的绝大多数意识都不会产生,在人们以不同的形式结合起来的时候,他们会具有一种截然不同的意识状态。总之,社会的部分形式往往是由整体形式决定的。社会并不能在个人意识里找到其现成的基础,这

---

① 埃米尔·涂尔干:《社会分工论》,渠东译,生活·读书·新知三联书店,2000年,第296页。
② 埃米尔·涂尔干:《社会分工论》,渠东译,生活·读书·新知三联书店,2000年,第236页。

些基础是它自己创造出来的。一句话,"尽管社会离不开个人,但与其说个人是社会的创造者,还不如说他是社会的产物。"①

(二) 反常的分工

涂尔干认为,要全面完整地考察社会分工,应区分正常分工和反常分工两种不同的类型。前者产生了有机团结,对社会秩序起到了维护作用;后者则损害了社会团结,对社会秩序起到了破坏作用。他具体分析了如下三种反常分工②。

第一种是速度过快的分工。这种分工摧毁了机械团结的基础,往往将社会整体层次上的传统集体意识破坏殆尽,却没有能及时提供新的价值和信仰体系,分工产生的新角色的规范还处于模糊不清的状态,由于社会对个人行为缺乏有效的法律和道德的约束,社会失范的发生也就难以避免。

第二种是强制性或不平等分工。真正有效的道德规范必须出自当事人的自愿遵从,必须为人们所内化。而强制性分工建立在社会不平等的基础上,社会的调节性规范不过是由某些人制定出来强加在另一些人身上的。此时的规范不仅不能有效地维持人们之间的和谐关系,反而会引发阶级斗争,加剧社会冲突,从而不利于有机团结的形成,威胁到社会秩序的实现。

第三种是不协调的分工。它表现为不适当的分工组织的出现。这种分工只追求纯经济或纯技术的利益,而不考虑人们的兴趣和愿望,非人性化的倾向容易造成人们的不满和厌倦情绪以及对所属群体的疏离感,使社会成员缺乏劳动的积极性,不协调的社会行动可能大量涌现,并导致社会联结纽带的松弛,削弱社会团结。

总之,涂尔干的研究表明,社会分工既可能产生比较理想的有机团结,使个人在新建的社会秩序中拥有更多的自由,又可能因缺乏合适的价值体系和道德规范,出现道德危机,损害社会团结,并导致社会失范、社会解组以及各种社会问题的滋生。在《自杀论》这部专著中,涂尔干运用经验研究的方法对此进行了深入的探讨。

---

① 埃米尔·涂尔干:《社会分工论》,渠东译,生活·读书·新知三联书店,2000年,第309页。

② 埃米尔·涂尔干:《社会分工论》,渠东译,生活·读书·新知三联书店,2000年,第313-353页。

第四节　自杀的实证研究

《自杀论》是涂尔干另一本重要著作，它充分体现了涂尔干的一贯思想和方法论的原则，在社会学的发展史上具有举足轻重的地位。

一、选题的意义

涂尔干为什么要花费那么大的精力，选择自杀这一现象进行如此详尽的研究呢？究其原因，大概主要有以下三点。

其一，反映了涂尔干对社会团结和整合的一贯理论兴趣，因为自杀率的变化是社会团结变化状态的表现形式。自杀率的上升是社会危机的征兆之一，对它的研究将帮助人们了解现代社会正经历的全面失调的原因，同时还可以开出医治的药方。涂尔干并没有将社会的团结和整合看成是社会结构的一种必然状态，相反，他认为无论在机械团结的社会还是有机团结的社会，社会团结都可能受到威胁：在前一种社会状态下，社会团结可能会受到任何违反强有力的集体意识的越轨行为的威胁；而在后一种社会状态下，与高度分工相联系的不断增长的异质性和个性，减弱了社会成员之间的共同联系，从而使社会的整合和团结受到威胁。自杀率的明显上升正反映了现代社会的危机和问题。

其二，贯彻和验证涂尔干的方法论原则，向学术界证明社会学方法的优越性，为社会学家具体考察社会事实提供一个可参照的实证研究范例。选择自杀作为研究对象，最为充分地体现了涂尔干的社会学主义精神意蕴，能更加深刻彻底地说明他的社会学命题：社会生活在很大程度上支配着个人的命运。因为再也没有什么比个人亲手结束自己的生命更加富于个人色彩了，如果能说明自杀这一现象从根本上说确实是由社会支配的，那么涂尔干就能证实自己的全部社会学出发点的正确性。

其三，当时欧洲各国拥有大量可资利用的官方统计资料，这为涂尔干的实证研究提供了技术上的条件。此外，其时涂尔干一个好友的自杀身亡可能也是一个不容忽视的诱因。

涂尔干将自杀定义为："任何由死者自己完成并知道会产生这种结果的

某种积极或消极的行动直接或间接地引起的死亡"①。虽然对自杀的研究古已有之，但涂尔干的独到之处是坚决反对将自杀视为纯粹的个人行为，拒绝仅从心理学的角度进行研究和解释。他认为只要将一定时期内发生在一定社会中的自杀现象作为一个整体来研究，那么自杀就不再显示为孤立的个人现象，就其本质来说，它具有社会性质，是一种社会现象或社会事实。实际上，涂尔干的研究对象是作为社会事实的自杀率，而不是个别人的自杀。虽然自杀率是由不同个人的自杀行为构成的，但它又是一个群体或社会才可能具有的突生现象。社会学家的任务就是研究自杀率的变化，在自杀率的变化和社会环境或其他社会事实之间建立联系。这样，涂尔干的社会学研究就与心理学和生物学的研究划清了界限。

二、自杀的社会原因和类型

以往研究者大多将自杀的原因归于精神疾病、种族、遗传、气候以及模仿等，涂尔干运用统计资料对此一一进行了批驳。在他看来，自杀这一社会事实必须用其他社会事实来解释。他进而指出，造成自杀尤其是欧洲各国、各地区以及各个时期不同自杀率的原因，是作为非物质性的社会事实的社会潮流（social currents）。社会潮流是某一集体成员共同分享的一组意义，它是不同群体的集体意识和集体表现的体现，表达了各个群体所具有的集体行动倾向。根据社会潮流的类型，涂尔干将由社会原因导致的自杀划分为如下四种基本类型。

1. 利己型自杀（egoistic suicide）

这类自杀的社会原因在于社会整合程度较低，那些盛行个人主义、个人和社会相疏离的群体和社区自杀率一般都比较高。在一个集体意识薄弱的群体或社会中，个人可以自由地追求自己的私利和兴趣，这种无限制的利己主义极可能导致严重的个人不满，并使得其中一部分人选择以自杀的方式脱离社会。确实，整合性强的群体对个人起到支持性作用，使人们感到生活更有价值和意义，因而是遏制社会成员自杀倾向的重要社会因素；相反，涣散的群体使成员与社会联系的纽带松弛，生活的价值和意义随之丧失，受到挫折时也得不到他人的安慰和支持，因而容易走向自杀之路。涂尔干从宗教信

---

① 埃米尔·迪尔凯姆：《自杀论》，冯韵文译，商务印书馆，1996年，第6页。

仰、社会群体（如家庭）和政治生活三个方面对此进行了比较详细的分析和验证。天主教和犹太教团体拥有更强的集体意识和共同情感，其社会团结性较好、整合度较高，故自杀率也较低；相反，新教批判传统的信仰体系，它对神的信仰建立在肯定个人存在意义的基础上，从而突出强调了个人的独立自由精神，这使得个人在与社会发生冲突时，容易采取自杀的方式以维护个人的尊严，因而新教徒的自杀率较高。统计资料证实，未婚者或鳏寡者与已婚者相比，具有较高的自杀率，已婚无孩者与有孩者相比，也具有较高的自杀率。这是因为婚姻生活尤其是因孩子的出现而产生的家庭生活增强了人们相互之间联系的纽带，从而降低了利己型自杀出现的可能。同样，当一个社会处于动荡和对外战争时，集体情感得到加强，也会抑制利己型自杀的动机，从而降低自杀率。这类自杀的心理特点是冷漠和忧郁。

2. 利他型自杀（altruistic suicide）

与利己型自杀正好相反，这类自杀是社会整合过于强烈所致。此时，高度的社会整合使得个性受到相当程度的压抑，个人的权利被认为是微不足道的，他们被期待完全服从群体的需要和利益，个体的生命因而也受到轻视，不管是自己的还是他人的。用涂尔干的话来说，"如果说在利他主义自杀盛行的地方人们时刻准备献出自己的生命，那么他们也不会更重视他人的生命"①。他所谓的利他型自杀实际上包括两种具体情况：一种是义务性自杀，即群体的规范要求个人牺牲自己的生命，典型事例如美国人民圣殿教的集体自杀事件，第二次世界大战期间日本空军的"神风敢死队"，以及当今巴以冲突中大量出现的与对方同归于尽的"肉弹"；第二种是负疚性自杀，它发生在群体规范所要求实现的任务难以完成的时候，如果执行者对于群体和任务的认同十分强烈，那么失败的经验会导致严重的情绪低落，使得人们可能选择自杀作为避免蒙受耻辱的方式。利他型自杀主要存在于集体意识强烈的低级社会和现代社会的军队中，其心理特点是强烈的激情和坚强的意志。

3. 失范型自杀（anomic suicide）

这类自杀又称"动乱型"自杀，主要发生在社会控制瓦解之时。"失范"意味着正常状态的丧失和解体，它尤其指旧的规范失去约束力而新的规范尚未建立起来的社会状况。涂尔干非常重视失范在自杀问题研究中的作用。在

---

① 埃米尔·迪尔凯姆：《自杀论》，冯韵文译，商务印书馆，1996年，第250页。

他看来，社会道德规范的调节可以遏制人的欲望，打消不切实际的幻想，提供生活目的和人生意义，使个人的需要和满足需要的手段大体一致。而社会急剧变化时，原有规范的约束力骤减，社会控制的机制大打折扣，个人欲望和实现愿望的手段不再和谐，挫折感的增加和生活意义的丧失，导致一些人通过自杀以寻求解脱，自杀率随之上升。涂尔干所谓的社会控制的瓦解包括两种截然不同的情况，即社会规范消极的瓦解和积极的瓦解，前者如经济危机降临，工厂关闭、工人失业、收入降低，个人被割断了与工厂和工作的规范关系；后者如经济繁荣时期，生活的改善滋生出大量不现实的奢望和要求。在上述两种情况下，人们都容易产生因愿望得不到满足后的失望或挫折，并最终选择一死了之。这类自杀的社会心理特点是愤怒和厌恶。

4. 宿命型自杀（fatalistic suicide）

对于这类自杀，涂尔干着墨不多，只是在论述失范型自杀的结尾处，以注脚的形式对之进行了简单讨论。此种自杀的发生在于集体力量对个人的超强控制和个人无法忍受过分的限制，自杀者多是被严律苛法无情断送前途、压制情欲的人们，典型如受压迫的奴隶，以及年轻的丈夫、无子女的妻子等[①]。

需要强调的是，涂尔干认为上述四种自杀类型虽然在理论上可相互区别，但在实际中却难以截然分开，几种自杀类型的特征可能会在同一起自杀中表现出来。概括涂尔干的观点，自杀率作为一种社会事实，主要由各种社会潮流或社会力量所决定，具体地说，关键受社会整合和社会道德规范（即社会控制）这两个基本社会因素的共同影响。社会整合反映着群体成员与集体的联结方式和结合状态，其实质是一种内聚力，对群体成员产生一种支持作用。社会道德规范实质是一种控制力，其作用是限制和调节社会成员的欲望和行为，帮助人们将各种欲望转化为可以实现的目标并规定了实现目标的方式和途径。一般来说，利己型自杀和失范型自杀与社会整合程度以及道德规范强度呈负相关，利他型自杀和宿命型自杀与社会整合程度以及道德规范强度呈正相关。社会整合和道德规范（社会控制）的平衡、协调状态对社会自杀倾向具有一定遏制作用。如果二者处于适度、稳定状态，社会自杀率就处于一个稳定的低水平上，一旦整合与规范超出了适度范围，无论是不足还是过度，都会引起自杀率的上升。自杀的四种基本类型就对应着四种非适度

---

① 埃米尔·迪尔凯姆：《自杀论》，冯韵文译，商务印书馆，1996年，第298页。

状况。涂尔干认为，自杀现象和稳定的自杀率是社会的正常状态，只有迅速多变的自杀率才是社会反常状态的反映，是社会危机的标志。他进而指出，现代西方自杀率的快速攀升（主要表现为利己和利他两种类型）属于病态现象，是社会危机的明显征兆，而病因主要是宗教、家庭等社会制度的整合、规范作用走向衰落，因此需要如壮大职业团体等其他制度来弥补不足、化解危机。

社会团结及其道德基础是涂尔干社会学的核心概念，把整合和规范作为解释社会自杀率的基本变量，实际上是在研究中贯彻并验证了他的社会学基本理论。

第五节　宗教和知识社会学

《宗教生活的基本形式》是涂尔干生前完成的最后一本重要著作，法国当代著名社会学家阿隆说："这一本书无疑是最重要、最深刻、最具有独创性的著作。同时，在我看来也是作者的灵感表达得最清楚的一本书"[①]。该书一方面继续贯彻了涂尔干的社会学主义的传统，但另一方面又标志着其学术生涯的重要转折。同早期的两部著作《社会分工论》和《自杀论》相比，作者的研究重心从物质性的社会事实（如法律和自杀率等）转移到非物质性社会事实即宗教上来，或者说从外在的强制性力量转向个人内部。在这部著作中，涂尔干主要运用了人类学家对于一些原始部落所做田野研究的资料。他深信，在一个简单的原始社会中，比在一个复杂的现代社会中，更易获得对宗教本质的洞悉。不过，他研究原始宗教，并不是对其本身有什么独特兴趣，他的真正目的是更好地说明现代社会中的宗教以及其他的社会现象。在《宗教生活的基本形式》的导言部分，涂尔干明确交代了全书的主题：首要的是分析研究已知的最原始、最简单的宗教，用以确定宗教生活的基本形式；其次探讨思想和范畴的基本概念的起源（其实它们都源于宗教或社会），对知识理论进行重新阐释。所谓已知的最原始的宗教，必须满足两个条件：首先，应该能在组织得最简单的社会中找到它；其次，不必借用先前宗教的任何要素便有可能对它做出解释。涂尔干指出，研究古老的宗教，绝不是为了对它的奇罕独特之处夸夸其谈，聊以自慰，而是因为它看起来比别的宗教

[①] 雷蒙·阿隆：《社会学主要思潮》，葛智强等译，上海译文出版社，1988年，第369页。

更适合理解人的宗教本性,更便于展示出人性的本质的、永恒的方面。事实上,社会学同所有实证科学一样,它所要解释的是与我们近在咫尺并能够对我们的观念和行为产生影响的现实的实在,它关心的是当今的人。① 也就是说,研究原始宗教的最终目的,还是为了理解现代社会和现代人的特征,把握当今人与社会的关系。

一、宗教的本质和起源

(一) 宗教的定义和要素

在界定宗教概念时,涂尔干主张首先摆脱所有成见,摒弃那种视宗教为对"超自然力"或神灵的信仰的错误观点。他指出,对自然和神灵的崇拜只是宗教的表现形式,宗教的根本特点和真正本质在于它将世界区分为神圣事物和世俗事物,其中神圣事物被赋予禁忌性和权威性,又是人们爱和理想的寄托;世俗事物则与人们的日常生活情感联系在一起,相对于神圣事物,它是卑下的、现实的和个人的。无论何时何地,神圣事物与凡俗事物都被人们看作互不相同的两大类别,就好比迥然不同的两个世界,在这两个不同世界发生作用的力量也是完全不同的。神圣事物不仅受到了禁忌的保护,同时也被禁忌隔离开来;凡俗事物是实施这些禁忌的对象,它们必须对神圣事物敬而远之。② 涂尔干进而给出如下定义:"宗教是一种与既与众不同、又不可冒犯的神圣事物有关的信仰与仪轨所组成的统一体系,这些信仰与仪轨将所有信奉它们的人结合在一个被称之为'教会'的道德共同体之内"③。他将神圣性视为宗教的根本属性,把与神圣事物有关的信仰和仪式视为宗教的第一构成要素。宗教信仰表达了神圣事物的性质、神圣事物之间及其与世俗事物之间的关系,仪式则规定了人们在神圣事物面前应该具有怎样的行为举止。宗教的第二个构成要素是教会,即由具有共同信仰和仪式的人所结合而成的道德共同体。它使宗教和一般巫术区分开来。构成宗教的这两个要素缺一不

---

① 爱弥尔·涂尔干:《宗教生活的基本形式》,渠东、汲喆译,上海人民出版社,1999年,第1页。
② 爱弥尔·涂尔干:《宗教生活的基本形式》,渠东、汲喆译,上海人民出版社,1999年,第45-47页。
③ 爱弥尔·涂尔干:《宗教生活的基本形式》,渠东、汲喆译,上海人民出版社,1999年,第54页。

可,"宗教观念和教会观念是不可分离的,宗教明显应该是集体的事物"①。

真正的宗教信仰总是某个特定集体的共同信仰,这个集体不仅宣称效忠于这些信仰,而且还要奉行与这些信仰有关的各种仪式。这些仪式不仅为所有集体成员逐一接受;而且完全属于该群体本身,从而使这个集体成为一个统一体。每个集体成员都能够感到,他们有着共同的信念,他们可以借助这个信念团结起来。集体成员不仅以同样的方式来思考有关神圣世界及其与凡俗世界的关系问题,而且还要把这些共同观念转变为共同的实践,从而构成了社会,即人们所谓的教会。事实上,已有历史中不存在没有教会的宗教。不管人们在什么地方观察宗教生活,都会发现有一个确定的群体作为宗教的基础。甚至某些所谓的私人膜拜,例如家族膜拜或行会膜拜,也都可以满足这个条件。宗教膜拜总是通过某个群体、家庭或行会来施行的。而且,这些特殊的宗教往往只是一种更普遍的、无所不包的宗教的特殊形式,属于某个规模较大的教会的分支。与此相比,巫术就全然不同了。虽然巫术信仰也常常带有普遍性,可能在广大民众中传播开来,拥有许多追随者,但这并没有使所有的巫术的追随者结合起来,也没有使他们联合成群体,过一种共同的生活。并不存在巫术教会。巫师与请教他的个体之间,就像这些个体之间一样,并不存在一条持续的纽带,可以使这些个体成为同一道德共同体的成员,或者使之与那些信奉同一个神、遵行同一种膜拜的道德共同体相媲美。巫师的公开活动,也没有在他与有求于他的人之间建立更正式、更持久的联系。②

(二) 宗教的本质和起源

涂尔干指出,人和自然现象本身并不具有神圣性,宗教的神圣性信仰只能来源于群体生活。当人们将原来没有什么特定意义的事物,根据它的使用价值或某种内在属性赋予其神圣性时,类似宗教的信仰便产生了。他提出了一个不同凡响的见解:宗教不仅是社会的产物,它实际上就是被神化的社会。换言之,宗教的本质是对集体力量、对社会的崇拜。涂尔干通过对澳大利亚阿兰达(Arunta)部落图腾崇拜的考察,分析了宗教的起源。图腾即用来命名氏族集体的物种,它被视作氏族非同寻常的亲属,对每一个氏族成员

---

① 爱弥尔·涂尔干:《宗教生活的基本形式》,渠东、汲喆译,上海人民出版社,1999年,第54页。

② 爱弥尔·涂尔干:《宗教生活的基本形式》,渠东、汲喆译,上海人民出版社,1999年,第50-51页。

都有特别重要的意义。人们相信图腾包含本氏族与众不同的特征，是形成各种习俗的原因。每个氏族都拥有自己独特的图腾，同一个部落内的两个不同氏族不能共用一个图腾。在绝大多数情况下，作为图腾的对象要么属于动物界，要么属于植物界，而且尤以前者为多，非生命体则十分罕见。在涂尔干看来，图腾事实上就是氏族社会的象征或符号，是氏族的旗帜与庇护者，"氏族的神、图腾本原，都只能是氏族本身而不可能是别的东西。是氏族被人格化了，并被以图腾动植物的可见形式表现在了人们的想象中"①。作为集体标签，图腾具有明显的宗教性，被用于宗教仪典的过程中，是礼拜仪式的一部分，并受到人们的膜拜。图腾就是一种典型的圣物②，且在氏族宗教生活中发挥着重要功能。

涂尔干认为，正是阿兰达的氏族组织形式和外婚制形式决定了他们独特的图腾崇拜；反过来，这种图腾崇拜又影响了他们的氏族组织和外婚制形式。在阿兰达的图腾崇拜中某些动植物被视为神圣的，是氏族的象征，在原始人的眼中常常具有超凡的力量。这些被视为图腾的动植物本身并不是图腾崇拜的来源，它们只是那个真正来源（即氏族）的象征。由于氏族是已知的最简单的社会组织，与其密切相关的图腾制度就是最原始的宗教。事实上，图腾制度不是关于动物、人或者图像的宗教，而是关于一种匿名的和非人格的力的宗教。这种力又叫宗教力，是一种在人们之外存在着支配他们同时又支持他们的力，它也是氏族集体的力，具有物质的和道德的属性。那么，具体地讲，图腾崇拜又是如何形成的？对此涂尔干做了进一步的分析。在原始社会中，人们在共同劳动和共同庆贺活动中，逐渐形成了强烈的集体意识，原始图腾和原始宗教就是从这种集体生活和集体意识中产生的。他认为当集体生活本身极度紧张，使得社会处于激动人心的状态（"集体欢腾"）时，通常社会就会去创造神或宗教。正是因为原始人对氏族的集体力量怀着恐惧和膜拜的心理，他们才会以某种动物或植物这种物质化的表象来代替氏族这个集体的精神或力量。这样，涂尔干就在他所认为的最原始的宗教——图腾崇拜和同样原始的社会组织形式——氏族之间，建立起对应关系，即原始图腾崇拜的对象不过是一种抽象力量的象征，它就是氏族社会本身。概而言之，任何宗教信仰的对象、任何神，实质上都不过是统治人的社会力量的化

---

① 爱弥尔·涂尔干：《宗教生活的基本形式》，渠东、汲喆译，上海人民出版社，1999年，第276页。

② 爱弥尔·涂尔干：《宗教生活的基本形式》，渠东、汲喆译，上海人民出版社，1999年，第146页。

身。宗教意识产生的真实根源是社会环境，所谓"神"不过是社会力量的一种人格化身。

在涂尔干看来，既然社会是宗教的来源，那么，宗教的式微就不一定预示着社会的衰落。因此，解决现代社会危机的药方不是去恢复宗教昔日的辉煌，而是正本清源，提倡以尊重社会为基础的公民道德，实现社会的团结和整合。

二、宗教的社会功能

涂尔干认为宗教和社会之间存在一种紧密的相互依赖关系。一方面，宗教的经验和神圣的观念是集体生活的产物；另一方面，宗教的信仰和仪式强化集体生活所依赖的社会联系。在早期著作中，他强调宗教、集体意识等社会事实对个人的外在强制作用，在《宗教生活的基本形式》中，他所强调的重点转移到了个人实际创造和内化社会事实（规范、价值等）的过程，承认社会其实也可以从个人的内部发挥其控制作用。他认为，宗教能将人们的活动置于一种神圣的意义体系中，把集体意识内化于个人意识中，使人们感到对社会规范的服从不是强迫性的，而是自觉自愿的，从而加强了集体意识的社会整合功能。"无论什么样的膜拜仪轨，都不是无意义的活动或无效果的姿态。作为一个事实，它们表面上的功能是强化信徒与神之间的归附关系；但既然神不过是对社会的形象表达，那么与此同时，实际上强化的就是作为社会成员的个体对其社会的归附关系。"① 在任何地方，宗教利益都不过是社会利益和道德利益的象征形式。

在涂尔干看来，相对于教义部分，宗教的集体仪式活动可能更重要一些。宗教仪式与宗教信仰、宗教教义一样是集体意识神圣性的体现，它以一种共同的目标把人们团结在统一的社会活动中，并持续地强化人们的信仰、情感和道德责任，从而促进社会的整合。涂尔干主要分析了三类宗教仪式体系：消极膜拜、积极膜拜和禳解仪式。在他眼里，宗教尤其是宗教仪式的社会功能体现在如下几个方面。① 个人最初是通过宗教仪式加入集体生活的，正是通过宗教的禁忌制度，个人习得了对自我行为的约束进而适应社会生活。② 宗教仪式有助于社区的整合与团结，维护了社会的秩序和稳定，它是社会群体有规则地自我肯定的手段，通过定期举行的聚会，群体成员的共

---

① 爱弥尔·涂尔干：《宗教生活的基本形式》，渠东、汲喆译，上海人民出版社，1999年，第296—297页。

同信仰被重新唤起并得到巩固。③ 宗教仪式能够使群体的传统代代相传，一个群体的神话就是该群体共同的信仰体系，通过记忆而形成的传统体现了社会借以体现人与世界的方式，它是一种道德体系、一种宇宙论，也是一部历史。④ 宗教仪式具有催人振奋的作用，在个人遭遇不幸和危机的时候能够给人以精神和道德上的支持，帮助他减轻痛苦。涂尔干说："宗教的功能就是促使我们去行动，帮助我们生活下去。通过与神的沟通，信仰者不仅能够看到非信仰者所忽视的新的真实，而且他也更加坚强了"[1]。⑤ 宗教产生了社会所有最本质的方面，几乎所有的重大的社会制度都起源于宗教，宗教力就是人类的力量和道德的力量，宗教生活集中表达了整个集体生活，"宗教反映着社会的所有方面，甚至是最卑鄙无耻、最令人生厌的方面，任何东西都可以从宗教中找到"[2]。⑥ 宗教意识的形成对人类思维能力的发展具有重大的促进作用。宗教通过对神圣世界的想象和神秘教义的理解，提供了抽象思维萌发的可能性。这种抽象思维发展的结果，便是概念、分类乃至科学理论的产生。"思想的基本范畴，因而也包括科学的基本范畴都起源于宗教"[3]。

三、知识社会学

在《宗教生活的基本形式》这部杰作中，涂尔干还阐述了他的知识社会学的重要思想。他明确指出，不仅宗教信仰来自社会，而且知识和思维本身都不过是社会的某种反映。不论是语言还是概念，都是社会的创造物。

（一）概念

就思维的基本概念或范畴而言，它们既不是来源于个体的经验，也非源自超验的"神启"，而是来源于人类的集体生活，并且反映社会的结构。比如，时间概念的产生以原始人的社会生活节奏为基础，空间概念来自并反映了一个特定地理区域内社会成员的空间分布，等级概念以群体内的社会分化

---

[1] 爱弥尔·涂尔干：《宗教生活的基本形式》，渠东、汲喆译，上海人民出版社，1999年，第550页。
[2] 爱弥尔·涂尔干：《宗教生活的基本形式》，渠东、汲喆译，上海人民出版社，1999年，第553页。
[3] 爱弥尔·涂尔干：《宗教生活的基本形式》，渠东、汲喆译，上海人民出版社，1999年，第552页。

为基础，力量概念也是从人们的社会生活的经验中产生的。在日常生活中，我们借以思维的概念体系都是通过我们母语中的词汇表达出来的，每个词语转达一个概念。概念既是相对不变的，同时也是普遍的，或者至少可以成为普遍的。本质上，概念是一种非个人的表现，它不带任何特殊心灵的标记，人类的智识只有通过概念才能进行沟通。个人的感觉与他的机体、他的人格紧密联系在一起，不可能从他的意识传送到别人的意识中去。概念之所以比感觉和意象更具有稳定性，是因为集体表现要比个体表现更加稳定。总之，概念具有很强的社会性，它通过社会形成和传递；它是对社会状态的转述，是属于整个社会群体的，是集体的表现。"而无可争议的是，语言及其所转达的概念体系乃集体努力的成果。语言所表达的，就是社会作为一个整体借以表现经验事实的方式。因此，形形色色的语言要素所对应的观念就是集体表现"①。涂尔干指出，概念表达了社会用以表现事物的方式，因此它是与人性相伴而生的。"一个不用概念进行思维的人，不能算作人，因为他不是社会存在。如果只剩下个人感觉的话，他与动物就没有什么区别了。"②

（二）分类

分类作为一种基本的思维形式，明显起源于集体生活和社会结构。人们是以社会的形象来认知和想象世界的，他们首先对自己及其所属群体进行分类，然后把这种划分群体的办法运用到对宇宙间一切事物的分类。涂尔干指出，在澳大利亚原始人的图腾世界观中，自然界的一切对象都是在氏族、胞族、婚姻等级之间划分而成的。"胞族就是类别（纲），而氏族则是物种。正是因为人们组织起来了，他们才能去组织事物，因为在划分事物时，他们仅限于在他们自己所形成的群体中安置这些事物"③。也就是说，类别观念是人们构想出来的思维工具，而它的形成其实是社会的产物。首要的类别是人的类别，自然界物体的分类是已建立的社会分类的延伸。所有动物和自然物体都属于一定的氏族或部落分支，属于一定的居住群体或亲属群体。分类强调将事物按一个统一的计划进行安排，那是因为社会群体是统一的，而且通过

---

① 爱弥尔·涂尔干：《宗教生活的基本形式》，渠东、汲喆译，上海人民出版社，1999年，第570页。
② 爱弥尔·涂尔干：《宗教生活的基本形式》，渠东、汲喆译，上海人民出版社，1999年，第575页。
③ 爱弥尔·涂尔干：《宗教生活的基本形式》，渠东、汲喆译，上海人民出版社，1999年，第192页。

他们的联合,形成了一个有机整体——部落。因此,最初的逻辑体系的统一性只不过是社会统一性的翻版。另外,分类是一种各个部分都依据等级进行安排的体系。而如果事先没有一种等级体系,人们根本不会想到要把他们的知识做出如此安排。因此其根源还是社会,唯有社会才会存在尊卑和平等,等级体系完全是一种社会事务。实际上,宇宙只不过是社会内在生活的一部分,只有社会才能全面意识到宇宙的存在,离开了社会的意识,宇宙便不存在了。"总体概念就是社会概念的抽象形式;社会是包容一切的整体,是包容所有其他类别的最高类别。所有原始分类都建立在这个终极原则之上,据此,各个领域的事物都像人一样,按照社会形式被安置和分类"①。

(三) 逻辑思维

由于逻辑思维是由概念组成的,既然概念是社会的产物,逻辑思维当然也不能例外,逻辑思维所具有的显著的非个人性和稳定性便是最好的佐证。另外,分类也属于一种基本的逻辑思维,而前面所述内容已经很清楚地表明分类的社会性。事实上,逻辑思维始终都不是个人的思维,在任何时代里,它都是一种"具有固定形式"的思想。只有当人们在感官经验所形成的即兴的概念上,成功地形成了作为智识的共同基础的、整个稳定的观念世界,因而超越了独特的个人感觉和经验时,逻辑思维才成为可能。逻辑思维旨在对事物提出有效的解释。所谓解释,就是要把事物彼此联系起来,使其看起来互有作用,并且按照一种基于本性的内在法则维持和谐的关系。宗教对思想最重要的贡献就是它们构建了事物之间这种可能存在的亲缘关系的最初表现,将起初看上去各不相同的观念融合起来,并通过各种宗教仪式所造就的波澜壮阔的精神欢腾促进了这一融合。当然,宗教之所以能够扮演这一角色,那完全是因为它是一种社会事务。为了给感官印象制定出法则,并用一种表现现实的新方式来代替感官印象,一种新型的思想必须建立,这就是集体思想。逻辑思维所运用的范畴的构成要素只能来源于社会,因为这些要素所表达的关系只有在社会中并通过社会才能被了解。一句话,恰恰是社会,为我们提供了充满逻辑思维的轮廓。另需指出的是,无论是今天还是从前,科学还是宗教,解释就是要表明一个事物是怎样糅合到另一个事物或另几个事物之中去的。因此,宗教思想的逻辑和科学思想的逻辑之间并不存在一条

---

① 爱弥尔·涂尔干:《宗教生活的基本形式》,渠东、汲喆译,上海人民出版社,1999年,第578页。

鸿沟，它们都是由相同的要素构成的，尽管发展的程度不同、方式各异。①

（四）因果关系

在涂尔干看来，因果关系也是社会的产物。它独立于任何个体意识，凌驾于所有特定的心灵和事件之上，它是由群体集体地表达出来的，其规律所具有的价值不取决于任何个人。因果关系概念所蕴含的第一个要素，就是效力、生成力以及作用力的观念，而力的观念的原型就是源自"曼纳""瓦坎""奥伦达""图腾本原"等的宗教力，即所有带有各式各样名称的客观化和形象化的集体力。②进而言之，科学和宗教具有相同的起源，它们都试图用理智的语言来转述现实，努力将事物联系起来，建立它们的内部关系，将它们分类，使它们系统化。其实，宗教和科学所追求的是相同的目的，只不过科学思想是宗教思想更完善的形式，在科学逐渐脱离宗教以后，便在认识和智识等方面替代了宗教的所有职能③。从科学中获得的概念与完全从集体中获得权威的概念只有程度上的差别。正因为集体表现是集体的，所以它才能保证它的客观性，如果没有充分的理由，它就不可能变得普遍化，也不可能长久地维持下去。"今天，概念只要贴上科学的标签，通常就足以赢得人们特殊的信任，这是因为我们信仰科学。但是，这种信仰与宗教信仰并没有什么本质上的不同。我们之所以认为科学有价值，是因为我们依据它的性质以及它在生活中的作用，集体地形成了这种观念；这就是说，它表达了一种舆论状态。事实上，在所有社会生活中，科学都是以舆论为基础的"④。科学的客观性就在于集体表现是集体的，正是借助集体表现，人类才能够开辟出通向稳定的、非个人的和有组织的思想的道路，以及最终通向科学的道路。

（五）非物质社会事实

最后，涂尔干强调了非物质性社会事实的重要性。他说："一个社会，

---

① 爱弥尔·涂尔干：《宗教生活的基本形式》，渠东、汲喆译，上海人民出版社，1999年，第308-310页。
② 爱弥尔·涂尔干：《宗教生活的基本形式》，渠东、汲喆译，上海人民出版社，1999年，第479页。
③ 爱弥尔·涂尔干：《宗教生活的基本形式》，渠东、汲喆译，上海人民出版社，1999年，第564-565页。
④ 爱弥尔·涂尔干：《宗教生活的基本形式》，渠东、汲喆译，上海人民出版社，1999年，第575页。

并非单纯是由组成它的大量个体，这些个体所占有的土地、所使用的东西以及所采取的行动构成的，最重要的，是社会对自身所形成的观念"[①]。集体意识不仅仅是社会物质形态的附带现象，就像个体意识不仅仅是神经系统的简单刺激反应一样。集体意识的产生，有赖于对各个特殊意识的自成一体的综合作用。这种综合能够从中分离出一个由概念、意象和情感组成的完整世界，这些概念、意象和情感一经形成，就会完全按照自己的规律行事，并且不断得到扩充，而其组合不受任何潜在的现实条件的指挥和操纵。由此产生的生活甚至享有无与伦比的独立性，有时候，它会不带任何企图、不带任何功利地放纵自己，而仅仅是为了感受自身存在的快乐。仪式活动和神话思想往往就表现为这种情况。[②] 在某种意义上，观念就是实在，与观念的上层建筑相比，用来支撑观念的对象简直微不足道。集体意识从最普通的对象中，也能制造出最有力、最神圣的东西。"这样形成的力量，虽然纯粹是观念的，但却像现实一样在起作用；它们像物质力量那样，能够实实在在地决定人的举止表现。……当战士为了保护旗帜而倒下的时候，他肯定不认为他是为了一块布而牺牲自己的。这全都是因为社会思想具有强制性的权威，因而就具有个体思想所不可能具有的效力。"[③] 显然，这已经显露出当今社会理论中非常流行的建构主义的萌芽。涂尔干还明确指出，社会生活在其所有方面，在其历史的各个时期，都只有借助庞大的符号体系才会成为可能。

涂尔干对现代社会学做出了巨大的贡献，其影响是持续而深远的。他坚持社会学拥有独特的研究对象和实证的科学方法，特别强调社会学研究中社会因素和经验方法的重要性，有力地推动了社会学获得合法的独立的学科地位；他通过对自杀的经验研究，树立了社会学进行实证的经验研究的典范，极大地推动了社会学经验研究的发展；他将经验分析与理论探讨富有成效地结合起来，为真正有深度的社会学研究指明了方向；他对功能分析所做的系统阐述和实践，成为现代功能分析的重要来源；他对社会结构所做的卓越分析，被视为法国结构主义这一重要社会理论流派的开创之作；他提出的社会团结、集体意识、道德规范、社会失范等概念和观点，已成为现代社会学的

---

① 爱弥尔·涂尔干：《宗教生活的基本形式》，渠东、汲喆译，上海人民出版社，1999年，第557页。

② 爱弥尔·涂尔干：《宗教生活的基本形式》，渠东、汲喆译，上海人民出版社，1999年，第558页。

③ 爱弥尔·涂尔干：《宗教生活的基本形式》，渠东、汲喆译，上海人民出版社，1999年，第299页。

基础；他对宗教社会学和知识社会学所做的创造性研究，厘清了象征体系在人们行动中的重要作用，使以后的研究者受益良多，当今热门的社会建构论和文化研究也从中获得不少启发。

▲ 复习思考题

1. 涂尔干主要受到哪些思想家的影响？
2. 涂尔干是如何看待社会学这门学科的性质的？
3. 涂尔干的社会学方法论的基本特征及主要内容是什么？
4. 机械团结和有机团结这两种社会类型有何不同？
5. 现代社会出现危机的主要表现和原因？
6. 涂尔干将自杀划分哪几种类型？各自的特点是什么？
7. 涂尔干认为宗教具有哪些基本的社会功能？
8. 涂尔干的知识社会学的主要观点有哪些？

第四章
韦伯的社会学理论

　　马克斯·韦伯（Max Weber，1864—1920）是著名的古典社会学三大家之一，被许多学者视为现代社会学最重要的奠基者。他对社会学的影响是巨大而深远的，他在社会学众多领域都有卓越的贡献，包括：社会学方法论、社会学基础理论、社会行动理论、政治社会学、经济社会学、法律社会学、组织社会学、宗教社会学、音乐社会学等。本章将简略介绍韦伯的社会学方法论、社会行动理论、理性化理论、政治社会学、经济社会学和宗教社会学的主要思想。

本章要点

- 韦伯关于社会学性质的观点
- 理想类型的含义与作用
- 社会行动的含义与类型
- 理性的含义、类型与作用
- 权威的三种类型
- 科层制的主要特征
- 社会分层的多元标准及其关系
- 经济行动的社会学意涵
- 新教伦理与现代资本主义诞生的关系

第一节 生平及理论倾向

一、生平简介

马克斯·韦伯 1864 年 4 月 21 日出生于德国图林根的爱尔福特市（Erfurt），当他 5 岁时全家迁至柏林。韦伯的父亲是一个法学博士，做过议员，是一名活跃的政治活动家。韦伯的母亲出生在一个教育世家，对宗教具有虔诚的信仰。韦伯是家中的长子（他有多个弟妹，其中一个弟弟叫阿尔弗雷德·韦伯，后来也成为著名的社会学家），虽然早熟，但体弱多病、孤僻、羞怯。他成长于有教养的资产阶级家庭，家中的常客包括一些著名的政治家和学者，他们的高谈阔论给他留下了深刻的印象。他对历史和哲学有着浓厚的兴趣，在 14 岁生日之前，已写出两篇历史论文。1882 年他进入海德堡大学，主攻法学，兼修经济学、历史学、哲学和神学等方面的课程。1884 年在服了一年兵役后，韦伯返回父母家中，并转到柏林大学就读（后来又去了哥廷根大学）。他越来越能理解并认同母亲崇尚禁欲的宗教价值观，而对追求享乐主义的专横父亲越来越憎恨。1889 年韦伯获得法学博士学位，1891 年又以重要论文《罗马农业史》通过教师资格论文答辩，并于次年开始担任柏林大学的讲师，他同时还兼任正式律师。这期间，他拼命工作，著述颇丰。

1893年韦伯和他的一个亲戚玛丽·安妮（她后来成为德国著名的女权主义者，曾任德国妇女联合会主席）结了婚，翌年他被任命为弗莱堡大学的经济学教授并搬了家，终于从生活上摆脱了对心理上越来越厌恶的父亲的依赖。1896年韦伯又转到海德堡大学任政治经济学教授。在勤奋地从事学术研究之余，他还积极参加各种政治和社会活动，发表各种有关时事问题的论文及文章。这为他赢得很大的声誉。1897年韦伯和父亲大吵一场，激烈地谴责父亲专横野蛮地对待母亲。一个月后，父亲去世。不久，怀有愧疚感的韦伯终于被精神压力和超负荷的工作击垮了，精神出现完全衰退。症状是多方面的：身体虚弱，精疲力竭，阵发性焦虑和持续的失眠，……韦伯夫人在回忆录中写道："他任何事情都不能做。不能看书，不能写东西，不能谈话，不能散步，也不能好好地没有痛苦地睡觉"[①]。以后这种病症多次复发，以致韦伯不得不停止大学教学工作几近二十年。直到去世前两年，韦伯才又正式接受教职，先是于1918年到维也纳出任政治经济学的讲座教授，第二年又接替著名哲学家布伦塔诺在慕尼黑大学的讲座教席。

韦伯虽然有接近20年的时间因病不能从事教学工作，而且几乎每年外出旅游、疗养，许多时候他每天只能工作两三个小时，但他却阅读了大量的文献，并创造出众多影响深远的作品，如科塞所言，他是"最后一批博学者中的一个"[②]。1900年以后，他成为德国社会学杂志《社会科学与社会政策文库》的主要编辑，并在该刊物上发表了许多重要的文献。1909年他和滕尼斯、齐美尔一起共同创建德国社会学学会，并担任学会秘书长数年，投入不少的时间和精力。第一次世界大战之前，韦伯在海德堡的家成为当时德国名气很大的思想沙龙，许多思想名流和青年才俊都曾参加过这里的聚会。如特勒尔奇、齐美尔、米歇尔斯、桑巴特、文德尔班、李凯尔特、雅斯贝斯等都是这里的常客。第一次世界大战爆发后，韦伯出于民族主义信仰自愿去服兵役。他以预备役军官的身份到海德堡预备役战地医院委员会做纪律训练官工作。1920年他因患急性肺炎不幸去世，终年56岁。

韦伯的著述数量宏大，内容庞杂。由于去世较早，他未能如愿完成自己的宏伟研究规划，不少作品都是后人整理出版的，其中涉及社会学的主要有《新教伦理与资本主义精神》（后收入《宗教社会学论文集》）、《社会学的基

---

① 迪尔克·克斯勒：《马克斯·韦伯的生平、著述及影响》，郭锋译，法律出版社，2000年，第13页。

② 刘易斯·A.科瑟：《社会学思想名家》，石人译，中国社会科学出版社，1990年，第267-274页。

本概念》（实际上是《经济与社会》的第一章，后不断单独发行）、《经济与社会》《宗教社会学论文集》《科学论文集》《政治论文集》《社会学与社会政策论文集》等。

二、主要理论倾向

韦伯阅读广泛，学识渊博。他批判地吸收了众多思想流派和思想家的思想精华，他的世界观是由自然主义、自由主义和主观主义三者相互矛盾复杂地交织成的综合体，他的社会学方法论也明显受到英法实证主义、德国浪漫主义和德国古典哲学这三种思想体系的影响。总的来说，德国的学术传统对他有更加直接的影响，这包括：德国的唯心主义的遗产，尤其是新康德主义，德国的历史主义和解释学，以及尼采和马克思的有关思想[①]。

（一）唯名论

韦伯社会学研究的一个主要旨趣是要解释现代资本主义社会为什么会在西方诞生。和涂尔干一样，他对现代社会的转型非常关注，但不同于涂尔干的社会唯实论，韦伯认为社会真实存在的是具体行动的个人，正是各种行动者的行动组合才构成了社会和各类社会组织。韦伯持有的是社会唯名论的观点。

（二）调和论

以孔德、斯宾塞、涂尔干为代表的实证主义社会学，认为自然现象和社会现象并无本质的区别，因而可以运用类似自然科学的方法来研究人类社会，社会学的主要任务就是揭示社会现象的必然规律，从而对社会现象做出因果式的解释和说明。这一思潮在德国却遭到来自历史主义和新康德主义的抵制和批评。后者认为，社会现象和自然现象存在本质的差异，因而社会研究应使用不同于自然科学的独特的方法。韦伯一方面反对实证主义的极端观点，另一方面他也不赞同将社会科学和自然科学完全地对立起来。他认为研究社会现象，既要理解行动者的主观动机，又要对行动的过程和结果做出符合逻辑的因果解释。

---

① 刘易斯·A. 科瑟：《社会学思想名家》，石人译，中国社会科学出版社，1990年，第267-274页。

(三) 理性化研究

韦伯认为，现代资本主义的发展本质上是一种理性化过程。所谓理性指的是行动者在行动过程中所赋予的明确、理智而又系统一贯的主观意向，即行动者的行动建立在对行动结果精明的算计、审慎的权衡和有效的控制的基础之上。现代资本主义的一个显著特征就是理性行动贯穿于社会的经济、政治和文化等各个领域。在韦伯看来，马克思从经济的角度对资本主义的诞生做出了杰出的解释，但经济并不是推动资本主义唯一重要的因素，宗教伦理观念为创造资本主义新生活的人们提供了不可或缺的行动动力。在这一点上，韦伯和涂尔干表现出相同的旨趣，他们都非常注重对社会的道德价值观念的研究。

第二节　社会学方法论

一、对实证主义的批判

韦伯的社会学方法论的主张，受德国的历史主义传统和新康德主义的影响很大，它们都是反实证主义的。早在19世纪中叶，德国著名历史学家德罗伊森（J. G. Droysen）就指出历史学的任务是应用理解范畴去把握历史事件内部或背后的"意义"与"本质"，而不是运用自然科学的说明方法，试图根据较早的事件去推导较晚的事件。其后，对社会学方法论影响很大的德国哲学家狄尔泰（W. Dilthey），他继承并发扬了其先辈施莱尔马赫（F. Schleiermacher）有关解释学的主要观点，坚持认为自然科学和社会科学（他称之为精神科学，包括社会学）存在本质的不同，并指出理解才是一切社会科学研究方法的真谛。狄尔泰的名言是：自然需要说明，人则必须理解。社会科学本质上是一种自我认识、自我理解的学问，它必须回答有关生活的意义问题。因此，自然科学的因果关系的解释说明方法并不适合社会科学，而理解艺术的运用才是社会科学独特的方法论基础。

按照德国学术界的习惯，科学被分作两大类：自然科学和精神科学（或文化科学或人类科学），而后者与前者在性质上被认为是根本不同的。新康德主义的主要代表人物李凯尔特（V. H. Rickert）就将科学划分为自然科学和文化科学两类,并认为两者无论在"质料"上(研究对象上)还是在"形式"上(方法上)都存在着根本的对立。从质料上看,自然科学的对象是"自生自长"的,可以不从价值的观点加以考察;而一切文化产物都必然依附着价值,都必须从价值的观点加以考察。从形式上看,自然科学的兴趣在于发现对于"无价值"事物和现象都有效的普遍联系和规律,并因此必须用"普遍化的方法";而文化科学则必须从对象的特殊性和个别性方面叙述对象的一次性发展,并因此必须使用个别化的"历史方法"[①]。

狄尔泰曾是韦伯父亲家的常客,韦伯从小就认识,新康德主义的代表人物文德尔班、李凯尔特等更是和韦伯过从甚密,频繁光顾韦伯自己的家。韦伯的思想显然受到他们的影响,反对将自然科学的方法机械地运用到社会研究领域,但他也不赞成将说明和理解、自然科学和社会科学完全对立起来的做法。在他看来,社会科学具有不同于自然科学的独特的性质,必须运用理解的方法去把握行动者的主观动机,但同时也要对行动者的行动过程和结果做出可以检验的因果解释。

二、理解的社会学

正是在批判地吸收了德国历史主义和新康德主义的主要观点的基础上,韦伯提出了他的理解社会学(或解释社会学)的著名主张。他认为,社会学是一门致力于解释性地理解社会行动并通过理解对社会行动的过程和影响做出因果说明的科学[②]。即解释性理解和因果说明是社会学的两大任务,其中前者是基础。

(一)理解的含义

在韦伯看来,社会学的研究对象就是人们的社会行动(social action,又称社会行为)[③],而人们的社会行动都是有主观意向和动机的,这是与自然科

[①] H. 李凯尔特:《文化科学和自然科学》,涂纪亮译,商务印书馆,1986年,第20页。

[②] 马克斯·韦伯:《社会学的基本概念》,胡景北译,上海人民出版社,2000年,第1页。

[③] "行动"(action)和"行为"(behaviour)是有区别的,行动可以看作一种"有主观意识"的行为。由于社会行为都具有指向他人的意向,社会行动和社会行为两个概念往往不做严格区分,常常可以互换。

学很大的不同，因此社会学研究首先要设法理解人们的社会行动，即把握行动者赋予行动的意义。"明确的理解具有的特征或者是理性的（因此是合乎逻辑或合乎数学规律的），或者是可设身处地领会的（情感的，艺术上可感受的）。"① 韦伯区分出理解（verstehen）的两种基本类型：① 直观理解（或即时理解）：通过对行动的直接观察就能理解其意义。如观察到一个人的面部表情，我们知道他发怒了；看到人们写出 2×2＝4 以及类似的简单的数学算式时，我们也能立即明白它的基本含义。② 解释性理解：根据动机把握行动者的行动意义。这是一种对行动者的动机的理性理解，试图把握行动者将手段和目标联系起来的意向内容，这也是更进一步的理解。直观的理解往往只能知晓社会行动"是什么"或"干什么"，而解释性的理解却能弄清社会行动的"为什么"，掌握行动的意义脉络。如直观的理解告诉我们某人发怒了，解释性理解告诉我们他发怒的原因：有人偷走了他心爱的东西；再如当我们看到有人写出算式：2×2＝4 时，直观理解让我们立即明白它的数学含义，而解释性理解则让我们知道他为什么写出这个算式：完成老师布置的作业或为了算账等②。

（二）因果说明

与德国历史主义和新康德主义不同，韦伯的理解社会学并没有停留在理解行动的主观意义之上，拒斥因果分析在社会科学当中的运用，而是将对社会行动的理解看作社会学的第一项任务，主张在此基础上去说明人们的信念和价值观是如何影响他们的行动及其后果的。即社会学在用解释性理解洞悉了社会现象之后，就有必要再从因果关系上说明这些现象，并从经验上加以验证。不过，韦伯所说的因果关系与实证主义者倡导的因果关系是不同的，后者强调的是不变的普遍规律。相反，韦伯的因果关系并不是必然的，而只是一种可能性或是一种机遇，是一种多元的、具体的因果关系。"因果解释意味着，按照某一多少可以估算的、在少有的理想情况下可以用数字表示的概率规则，我们可以确定，在一个特定观察事件（内心的或外在的事件）之

---

① 马克斯·韦伯：《社会学的基本概念》，胡景北译，上海人民出版社，2000 年，第 2 页。

② 马克斯·韦伯：《社会学的基本概念》，胡景北译，上海人民出版社，2000 年，第 7-8 页。

后将接着出现另一个特定事件，或者两个特定事件将同时发生。"① 在韦伯看来，对典型行为（可理解的行为类型）的正确因果说明意味着，在一定程度上它既是合意向的，又是合因果律的。用他的话来说，"社会行为的统计学规律，只有在符合社会行为的可理解的意向时，才在这里所使用的词汇意义上，成为可理解的行为模式即'社会学规则'。同时，一个从意向上可理解的行为的理性模式，只有当它至少在某种近似意义上能够在实践中被观察到，才能成为实际现象的社会学类型。"② 韦伯指出，社会研究中所谓的因果关系有两点要辨明：其一，不存在某物 A 决定另物 B 这样的绝对的因果关系，只存在某物 A 多少有助于另物 B 的出现这样的因果关系；其二，影响社会或历史的因素极其繁复，我们无法找到全部确定的因果关系。复杂的历史事件常常是许多情况和因素共同作用的产物，我们仅能洞察每一个历史时期的一些基本倾向，但无法把握全部的细节。另需指出的是，社会学研究还要特别关注人们有意识行动的非预期结果。

（三）方法论的个人主义

韦伯的理解社会学另一个显著的特征是方法论的个人主义（他自己常用的是"个人主义的方法"这个词语），即将个人及其行动作为社会学研究的基本单位和分析层次，这和涂尔干的方法论的整体主义形成鲜明的对照。不同于涂尔干的社会唯实论，韦伯持有的是社会唯名论的立场，他认为社会真实存在的是具体行动的个人，正是各种行动者的行动组合才构成了社会和各类社会组织。换言之，只有个人才是具有目标的社会行动的承担者，才能将主观意义赋予行动并成为社会行动的主体，任何社会现象都应视为个人社会行动的集合或结果，人们只能在个人及其社会行动这一层次上谈论理解。在他看来，群体、组织、社会有机体等都不能作为社会学研究的直接对象，它们仅仅是个人行动的某种组织方式或集合方式，而不是具有独立意志的主体，不具有可供理解的主观意义。如果社会学谈论"国家""民族""股份公司""家庭""军队"或类似的"组织"，它所指的一般只是实际发生的或者思维构建的个别人的社会活动的特定过程。"社会学对这些组织的理解性说明，仅仅把它们视为个别人的特定活动的过程和综合，因为只有这些个人，

---

① 马克斯·韦伯：《社会学的基本概念》，胡景北译，上海人民出版社，2000年，第12页。

② 马克斯·韦伯：《社会学的基本概念》，胡景北译，上海人民出版社，2000年，第13页。

才是社会学所理解的有意向的活动的承担者。"①据此，韦伯认为社会学在进行"社会结构"研究时不能像"有机体论"那样满足于对组成部分的功能分析，仅仅确定各种功能关系和规则（或"规律"），更重要的是理解个别参与者的行动，把握行动的意向联系。这正是社会学知识的特色，也是社会学不同于并优于自然科学的地方。需要指出的是，韦伯的个人主义方法并没有将个人当作孤立的原子化的个体，而是充分考虑到了他人对个体行动的影响，同时还会用诸如社会力量、文化及制度等因素来解释个体行动。

三、价值中立观

韦伯认为社会学和自然科学一样属于经验科学的范畴，因而必须坚持价值中立（value-free）的原则。有感于当时的社会科学界不少学者在研究中用基于伦理道德的价值判断代替严肃的逻辑分析，韦伯在经验科学和价值判断之间划分了界限。他指出，知识有两种类型：一种是"即存知识"，即关于实然的知识，回答"是什么"的问题，属于事实判断；另一种是规范的知识，即关于应然的知识，回答"该怎么做"的问题，属于价值判断。"一门经验科学不能告诉任何人应该做什么——但能告诉他能够做什么——以及在特定条件下——他想做什么"②。人们并不能从事实判断逻辑推出价值判断，因此社会学作为一门经验科学，应致力于事实判断，尽力排除价值判断。当然，社会学研究难免会涉及有关价值方面的内容，研究者也不可能完全排除自己的价值观——事实上，处于特定社会环境下的研究者，其认识世界的立场、选择问题的倾向必定受特定价值取向的影响，即存在着"价值关联"（value-relevance）。对此韦伯强调，研究者的价值观可以影响研究的选题和目的，但研究者在研究过程中和得出结论时不应掺入自己的价值观，而应该遵循客观公正的程序，坚持逻辑分析的原则③。也就是说，"价值关联性"不能损害"价值中立性"。

韦伯区分实然和应然无疑是为了在社会学这样的经验科学中驱逐道德意

---

① 马克斯·韦伯：《社会学的基本概念》，胡景北译，上海人民出版社，2000年，第15页。

② 马克斯·韦伯：《社会科学方法论》，杨富斌译，华夏出版社，1999年，第151页。

③ 马克斯·韦伯：《社会科学方法论》，杨富斌译，华夏出版社，1999年，第100-145页。

图，保持社会学在研究社会现象时的"价值中立"性质。对韦伯这样一个十分看重理解等主观性过程对解释人类社会行动的作用的学者来说，他激烈地捍卫这一点：价值中立原则除了学术考虑之外，还有很特殊的社会背景。在韦伯生活的年代，整个德国的社会科学被那些认为必须用讲演和著述捍卫德意志帝国事业的人把持着，他们进行研究的目的是增加祖国的荣誉，是所谓的"爱国主义"。这一事实使韦伯深感震惊，为了反对这种亵渎科学家天职的行为，他诉诸"价值中立"这一概念，希望能够彻底地将社会科学从为当权者服务的桎梏下解放出来。他说，"如果职业思想家还具有一点直接的责任感的话，那么，面对现时盛行的各种理想，甚至那些与王位有关的理想，都应该保持冷静的头脑，并且如果有必要的话，还得'逆时代之潮流'"①。

四、理想类型

韦伯认为在社会学研究中，运用理想类型作为分析工具是非常必要的。所谓理想类型（ideal type）或纯粹类型②，是研究者选择和强调对象的某些重要的典型特性，舍弃或忽略另一些次要的非典型特征而组合、构建的概念形式，它的建立必须有逻辑的一致性，不能违反经验的因果关系。社会学在考察具体的现实时，可通过将它与理想类型进行比较来认识它，进而把握相应行动过程的意义脉络。比如，将严格的目的理性行动（后面介绍社会行动的理想类型时会有比较详细的交代）构建为一种理想类型，并把现实的、受到各种非理性如感情、误解影响的行为，视作对在纯粹状态下预期会出现的行为的偏离，这样就非常有助于社会学在理性的基础上明确地理解这些行为。③ 需要强调的是，理想类型是在现实的基础上所做的理论抽象，是研究者依据适当的意向主观建构出来的，它不等于现实本身，现实中也找不到完全一样的对应物。事实上，韦伯认为"理想类型越是被构想得清晰和明确，也就是说，在这个意义上它们越是远离实际，它们就越能作出自己的贡献。"④ 理想类型的重要价值体现在如下几个方面：它使社会学的概念清晰明

---

① 马克斯·韦伯，《社会科学方法论》，杨富斌译，华夏出版社，1999年，第144页。
② 严格地讲，纯粹类型可视为理想类型的一个特例，它从理想类型发展而来，其建构强调目的与手段之间最有效的联系，主要运用"工具理性"的"形式理性"维度。
③ 马克斯·韦伯：《社会学的基本概念》，胡景北译，上海人民出版社，2000年，第4页。
④ 马克斯·韦伯：《社会学的基本概念》，胡景北译，上海人民出版社，2000年，第25页。

确，有利于揭示各种社会现象之间的逻辑关系；它可以凸现某些社会事物的最重要、最纯粹的特征，通过比较实际情况和理想类型的差异，达到对现象深入认识的目的；它使社会学研究可以超越个别、特殊的现象，上升到一般和普遍的高度，并使相关现象之间的比较有了参照标准，进而使比较分析成为可能①。理想类型可看作韦伯为克服德国人文主义和历史学派过度个体化和特殊化倾向而提出的一种概念工具，它使社会学区别于历史学而成为具有一定普遍性的经验科学。确实，理想类型广泛地运用于韦伯的一系列重要的社会学研究之中，并发挥着非常重要的作用。

第三节　社会行动与理性化过程

一、社会行动的定义

韦伯认为社会学的基本分析单位不是抽象的社会，而是人们的社会行动（或社会行为）。社会行动构成了社会学的核心事实，也是使其成为科学的关键所在。可以说，社会行动是韦伯理解社会学的逻辑起点。根据他给出的定义，社会行动（包括不为或容忍）是一种指向他人行为的有意行为，它以对他人行为的期待为取向。这里的关键是，社会行动一定是行动者基于对他人行为的预期，所采取的针对他人的、有主观动机的行为。因此，单纯指向客观物体的行为，即使是外显的，也并不是社会行为（如独自采野菜）；不考虑他人的宗教内省和孤寂的祈祷等，也不是社会行为。此外，并非任何方式的人与人的接触都具有社会的性质，都算是社会行为。只有自己的举止在意向上以别人的举止为取向时才具有社会的性质，才算是社会行为。比如，两个骑自行车的人相撞，纯粹是一个事件，如同一个自然界的事件一样。但是，如果他们试图躲开对方，并在相撞之后谩骂、殴打或者心平气和地协商，这就是社会行为。最后，人们的某些共同的行为、模仿的行为，也不一定是社会行为。如下雨时，大家同时打伞便不是社会行为，因为此时所有人的行为都同样以防备雨淋的欲望为取向，而不是以任何针对其他人的行为为

---

① 马克斯·韦伯：《经济与社会（上卷）》，商务印书馆，1997年，第52-54页；马克斯·韦伯：《社会科学方法论》，杨富斌译，华夏出版社，1999年，第53-56页，第185-190页。

取向；同样，某些纯粹的反应性的模仿，虽然其行为具有一定因果关系的性质，但并不具有指向他人的意向性，所以也不是社会行为。①

总之，韦伯所谓的社会行动排除了那些不涉及思想过程的单纯反应性行为，它是一种行动者针对他人而附加了主观意向的行为。而这里的"意向"，可能包括三个方面的含义：① 一个行动者在某一具体环境下主观上实际持有的意向；② 一群行动者在特定的一系列事件中平均或近似持有的主观意向；③ 在一个思维构造的纯粹状态里，被视为典型的某个或某些行动者主观持有的意向。当然，有意向的行为和单纯反应性的、无主观意向的行为之间的界限有时是模糊的，某些行为的意向恐怕只有专家才能辨认出来②。

二、社会行动的理想类型

为了更加深入地研究社会行动，韦伯按影响和决定行动的因素（行动者的意向性情况）将社会行动划分为四种理想类型。

（1）目的理性行动。即以对外界事物的状况和其他人的举止的期待为基础，并通过将这种期待作为"条件"或者"手段"，使行动者能够理性地选择自己的目的。这类行动重视对行动的可能结果的计算和预测，强调对行动的手段和目的以及派生的结果进行仔细权衡、合理考虑。

（2）价值理性行动。行动者基于伦理的、美学的、宗教的以及其他方面的信仰而采取的行动，此时行动本身就体现了价值，故不太考虑行动的结果是什么。如人们一些见义勇为的高尚之举。

（3）情感行动。由现时的情绪或情感状况所左右的行动，可能是对某种意外的刺激的不受制约的反应。

（4）传统行动。这是由约定俗成的习惯决定的行动。

在韦伯看来，上述第三行动类型受感情或一时冲动支配，不能有效地把握行动目标和取向；第四种依传统惯例行事，无须做出自主的选择和决定，它们都缺乏思考和权衡的过程，因而都不是理性（合理性）行动。事实上，这两种行动都属于社会行动的边缘类型，不过相对而言情感行动更接近理性的行动，当情感决定的行为变成有意识的情感发泄，就表明它已向理性行动

---

① 马克斯·韦伯：《社会学的基本概念》，胡景北译，上海人民出版社，2000年，第27-29页。

② 马克斯·韦伯：《社会学的基本概念》，胡景北译，上海人民出版社，2000年，第1-2页。

转化。① 而前面第一种和第二种行动类型的共同之处是，行动者自觉、明确地根据特定价值选择行动目标，主动将目标与行动结合起来，都具有思考和权衡的特征，因此它们都是理性行动。其中，价值理性行动是行动者自觉根据某种价值信仰和理想确定行动取向，体现了主体理性，但行动者并不质疑这种价值本身，也不考虑行动的后果，故这类行动的理性成分并不是太高；而目的理性行动不仅最终目标是经过理性选择的，而且对实现目标的手段也进行了反复考量和权衡，因此它是理性成分最高的社会行动。需要指出的是，情感行动和价值理性行动虽然都只在乎特定方式的行为本身，而不看重行为是否获得成就，但前者主要是满足当事人当时的报复、享受、献身、祈祷或排遣情绪的欲望，而后者的当事人则会有意识地强调行为的最终价值，并且有计划地、始终如一地以该价值为行动的指南，因而理性成分较强。② 另需指出的是，价值理性行动和目的理性行动不仅存在差异，而且在很大程度上还是两种相互对立的理性行动类型——站在其中一种立场上看，另一种理性行动可能就是非理性的。比如，从目的理性的立场出发，价值理性总是非理性的，而且，价值理性越是把当作行为指南的价值提升到绝对的高度，它就越是非理性的，因为价值理性越是无条件地考虑行为的固有价值（如纯粹的意义、纯粹的美、绝对的善、绝对的义务），它就越不顾及行为的后果③。

韦伯指出，上述行动类型的分类只是一种纯粹的形式，是为了方便分析而做的理论抽象，而且也没有包括行为指向的所有类型。在现实社会生活中，具体的社会行动极少是单纯的上述某一类型，更可能是上述类型的不同组合。当然，在不同的社会形态里，占主导地位的行动类型可能是不同的：在传统社会中，占主导地位的往往是传统的和情感的行动类型，而在现代社会中则常常是目的理性和价值理性的行动类型。人们的社会行动类型由非理性转向理性（尤其是目的理性）正是韦伯所说的现代西方社会趋于理性化（合理化）命题的一项重要内容，它是现代社会转型的基本标志，是现代性的核心特质。

---

① 马克斯·韦伯：《社会学的基本概念》，胡景北译，上海人民出版社，2000年，第32页。

② 马克斯·韦伯：《社会学的基本概念》，胡景北译，上海人民出版社，2000年，第32页。

③ 马克斯·韦伯：《社会学的基本概念》，胡景北译，上海人民出版社，2000年，第33页。

三、社会结构的基本性质

韦伯以社会行动的分析为基点,逐步将视野扩大到整个社会乃至更大的领域。虽然韦伯的方法论的主张是个人主义的,强调微观的视角,但他的大量实际的社会学研究并没有局限于微观领域,而是广泛涉及庞大的宏观领域。实际上,《经济与社会》是韦伯试图建立完整的社会学理论大厦所做的努力,而在这部鸿篇巨著(书未完成韦伯就不幸去世了)中,关于社会行动的分析只占了前面较小的篇幅,其后他将注意力放到更大的分析单位。似乎韦伯专注的焦点不是个人,而是推动行动者的集体力量。不过,韦伯对社会整体的论述始终还是以社会行动作为解释的基础。

(一) 社会关系与秩序

韦伯对社会关系的论述,构成了他从把握单个人的社会行动过渡到把握社会整体的桥梁。在韦伯看来,社会关系指的是根据行为的意向内容,若干人之间相互调整并因此而相互指向的行动。最低限度的社会关系,是两个主体之间的相互行动的关系,它算是社会关系概念的标志。社会关系的内容可谓千差万别,比如争斗、敌对、性爱、友谊、崇敬、市场交换;协议的履行、规避或终止;经济的、恋爱的或其他方面的竞争;社会等级、民族或阶级共同体等[①]。毫无疑问,社会关系的概念并不意味着在具体的场合里,行动相互指向的参与者对社会关系抱有相同的意向,或者参与者各方在内心里按照对方的看法调整自己的意向。实际上,社会关系持续的时间可长可短,只有前者才表现为双方意向符合预期的相应行为持续不断地重现。在一种社会关系中长期延续下来的意向内容,可称为"准则",当人们的社会行动平均地或近似地以准则为指南,就形成一定的社会秩序[②]。人们在相似的主观意向指导下从事的有规律的社会行动,可称为习惯和风俗,它们构成了社会秩序的基础。除习惯、风俗以外,人们的社会行动还在参与者相信存在正当秩序的约束下进行。人们遵守正当秩序的机会就是秩序的效力。秩序的效力可由内在的情感、价值理性和宗教信仰来保证,也可借助对外在效果的期待

---

① 马克斯·韦伯:《社会学的基本概念》,胡景北译,上海人民出版社,2000年,第35页。

② 马克斯·韦伯:《社会学的基本概念》,胡景北译,上海人民出版社,2000年,第38、44页。

来保证，比如惯例和法律。秩序同时为斗争提供了一定依据并影响其效果，所谓斗争也是一种普遍存在的社会关系，其中行动者的行动取向，表现为不顾其他参与者的反对而贯彻自己的意志①。最后，需要说明的是，社会关系的意向内容是可以改变的，团结一致的政治关系可转变为利益对抗的关系；而社会关系的意向内容也可以通过相互认可而成为协议，市场体制下的经济行为大多建立在协议基础之上。

（二）共同体和社会

共同体和社会是具有不同社会关系特征的两种相当重要的社会形态。韦伯的共同体与社会的概念和滕尼斯（FerdinandTonnies，1855—1936）② 的既有联系又有区别。韦伯指出，在一定场合内，平均状况下或者在纯粹模式里，如果而且只要社会行动取向的基础是参与者主观感受到的（情感的或传统的）共同属于一个整体的感觉，这时的社会关系，就应当称为"共同体"；如果而且只要社会行动取向的基础，是理性（价值理性或目的理性）驱动的利益平衡，或者理性驱动的利益联系，这时的社会关系，就应当称为"社会"③。共同体可以建立在各种形式的感情、情绪或传统基础上，其中家庭提供了最简单的共同体特征。而社会的典型基础，则是（但不仅仅是）参与者同意的理性协议。最纯粹的社会模式有：① 市场上严格目的理性的、自由协商的交易：互相对立又互相补充的交易者的现实妥协；② 自由协商的单纯的专业联合体，即从意图和手段上，纯粹追求其成员客观利益（经济利益或其他利益）的持续性行为的协议；③ 价值理性动机的信仰联合体：理性的教派，条件是它不顾及源于情感和情绪的兴趣，而仅仅打算报效"事业"。需要强调的是，大多数社会关系都部分地带有共同体的特征，部分地带有社会的特征。因此，在现实的共同体中，可能涉及某些"社会"性质的社会关系；而在社会中，也会包含"共同体"性质的社会关系。另外，韦伯指出，任何一种社会关系，只要参加者不阻碍他人的参与就是开放的，反之则是封闭的；一种社会关系可以成为普遍连带关系，也可以成为代理关系，前者表现为每个参与者的特定行为方式被归属为全体参与者的责任，后者表现为某

---

① 马克斯·韦伯：《社会学的基本概念》，胡景北译，上海人民出版社，2000年，第39-57页。

② 斐迪南·滕尼斯：《共同体与社会》，林荣远译，商务印书馆，1999年。

③ 马克斯·韦伯：《社会学的基本概念》，胡景北译，上海人民出版社，2000年，第62页。

些参与者("代表")的行为被归属为其他参与者("被代表者")的责任①。显然,代理关系产生了代表者和被代表者间的等级秩序,而一种封闭的且实行代理制的社会关系就是组织。

(三) 组织与统治

韦伯指出,如果一个管制性的对外限制或者对外封闭的社会关系,需要依靠特定的、以贯彻秩序为行动目标的人(或管理班子)来保障秩序的遵守,这一社会关系就可称作组织(或团体)。组织可划分为自治的和他治的,也可划分为自主的和他主的。自治的意味着组织的秩序由组织内部成员按照自己的特点制定(不管它是如何制定的),而他治则是由外人来制定。自主意味着组织的领导者和管理班子是按照组织自己的秩序任命的(不管它们是如何被任命的),而他主则是由外人来任命的②。建立在章程基础之上的组织秩序,可以通过自由的契约或强制与服从而产生,组织内的统治权力也可成为能够强制推行新秩序的正当权力。除了组织成员外,组织秩序还可以强加给具有某些特征的非组织成员。注意,韦伯所说的权力,指的是在一种社会关系内,自己的意志即使遇到反对也能贯彻的任何机会,而统治则意味着特定内容的命令在可指明的人中间得到服从的机会③。在韦伯看来,组织是人类社会关系的最基本形式。宏观层面的经济组织、政治组织、宗教组织等就是组织的各种不同形式。组织的维持离不开组织的行动,而组织行动主要包括两个方面:为贯彻组织秩序而由管理人员凭借其代理权的正当性而进行的行动;组织成员接受管理人员依据组织章程所指导的和组织有关的行动。显然,韦伯对社会结构、组织和制度层次的考察最终还是还原到可理解的行动,即还原到参与者个人的行动,而这正是他的理解社会学的精髓。

总之,在《经济与社会》这部巨著中,韦伯展示了他的理解社会学的基本分析构架:社会行动—社会关系—社会秩序(包括各种群体和组织),具体来说,就是从"最小的社会单位"即从个人在社会学上有重要意义的举止和行为作为理论研究的逻辑起点,然后上升到社会关系及其基本秩序,进而

---

① 马克斯·韦伯:《社会学的基本概念》,胡景北译,上海人民出版社,2000年,第72页。
② 马克斯·韦伯:《社会学的基本概念》,胡景北译,上海人民出版社,2000年,第75-77页。
③ 马克斯·韦伯:《社会学的基本概念》,胡景北译,上海人民出版社,2000年,第85页。

扩展到共同体和社会，最终到各种复杂的社会组织（尤其是政治组织，包括典型的地域统治和设有强制机构的国家）。可以说，韦伯正是从考察社会行动入手，通过对社会关系、由社会关系结成的各种社会组织的论述，进入对组织内部的权力和统治形式的分析。他由此发展出一个以理性化为主题的庞大的理论体系，内容涉及经济社会学、政治社会学、宗教社会学、法律社会学、组织社会学等广泛领域。

四、理性化过程

理性是韦伯社会学的核心概念，理性化可说是韦伯社会学最重要的主题，他的所有理论观点都可以由理性或理性化的框架加以定位，正如他自己所言："我们的当务之急就是要去找寻并从发生学上说明西方理性主义的独特性，并在这个基础上找寻并说明近代西方形态的独特性"[1]。在韦伯看来，近代欧洲文明的一切成果都是理性主义（崇尚和追求理性）的产物：只有在理性的行为方式和思维方式的支配下，才会产生出经过推理证明的数学和通过理性实验的实证自然科学，才会相应地产生出理性的法律、社会行政管理体制以及理性的社会劳动组织形式——资本主义[2]。

（一）核心概念的含义

理性在英语中有两个相应的词：reason 和 rationality，两者既有联系又有区别。前者基本上是一个哲学概念，并贯穿于整部西方思想史之中，主要指进行逻辑推理的能力和过程；后者则是韦伯及其他的一些社会科学家通常使用的理性（又译合理性）概念，主要指在社会行动以及社会形成物当中，行动者所赋予的明确、理智而又系统一贯的主观意向。而理性化（rationalization）这个概念则更强调相应的过程及趋向，在韦伯眼里，理性或合理性在西方文明的发展进程中一步步彰显的过程可称为理性化，它实质上就是社会逐渐讲求效率和可计算性，不断驱逐神秘性和去除人性化的过程。韦伯坚信，西方社会近代以来，经历了一场深刻的理性化过程，它主要表现为逐步将原先被神灵、魔鬼和超自然力量笼罩着的世界"祛魅"（disenchantment），

---

[1] 马克斯·韦伯：《新教伦理与资本主义精神》，于晓、陈维纲等译，生活·读书·新知三联书店，1987年，第15页。

[2] 苏国勋：《理性化及其限制——韦伯思想引论》，上海人民出版社，1988年，第91页。

"只要人们想知道,他任何时候都能够知道;从原则上说,再也没有什么神秘莫测、无法计算的力量在起作用,人们可以通过计算掌握一切"①。理性化不是一种物质过程,而是近代西方不可逃避的命运,它以各种方式体现于西方社会的经济劳动组织制度、生活方式、文化甚至艺术之中。

(二)理性的多维性

韦伯的理性概念具有多维性质。前面一节指出,韦伯从行动取向的角度,将理性的社会行动区分为目的理性和价值理性两大类。此外,韦伯还将理性划分为形式理性和实质理性两大类。形式理性具有事实的性质,它是关于不同事实之间的因果关系判断,主要可归结为手段和程序的可计算性,是一种客观的理性;实质理性具有价值的性质,它是关于不同价值之间的逻辑关系判断,基本属于目的和后果的价值,是一种主观的理性②。事实上,形式理性和目的理性基本是同义的,实质理性和价值理性基本是同义的。在一般哲学高度论述理性时,韦伯参照康德的纯粹理性和实践理性的划分,将理性分为目的理性和价值理性;而当论述这两种理性在社会生活中的表现时,则将其称为形式理性和实质理性。需要指出的是,在相关的论述中韦伯还区分出相对应的两种指导行动的准则:责任伦理和信念伦理。责任伦理以目的理性或形式理性为核心,强调行动者的责任是寻求达成既定目的的最为有效的手段或工具,强调行动者对行为后果负责的行动准则;信念伦理与责任伦理相对,它以价值理性为核心,强调行动者仅根据被其认定的价值信念开展行动的准则,只要行动目的正当,就应不计成本和代价去实施。

(三)理性化过程

韦伯认为,在早期传统社会中,人们的价值理性行动占主导地位,因而整个社会生活以实质理性为特征,注重人的情感、个性,提倡多元价值,强调社会生活中质的方面,即关注行动与需求之间的内在联系。近代以来,目的理性行动逐渐上升至主导地位,使得社会生活各个领域出现了形式理性化的趋势,表现为漠视人的实际需求、情感和个性,以统一的目标抑制多元价

---

① 马克斯·韦伯:《社会学的基本概念》,胡景北译,上海人民出版社,2000年,第29页。

② 苏国勋:《理性化及其限制——韦伯思想引论》,上海人民出版社,1988年,第227页。

值取向，强调社会生活中量的方面，这也是近代资本主义社会的典型特征。概言之，近代资本主义与传统社会的本质区别在于，前者的理性是目的理性与价值非理性，或形式理性与实质非理性，而所谓理性化过程实质是目的理性化或形式理性化的过程。此外，韦伯通过对世界各个文明圈的比较表明，西方基督教文明圈各个国家，在社会生活各个领域均出现明显的理性化趋势，且其理性化程度远高于其他文明圈的国家。造成这种状况的原因是什么，韦伯从宗教社会学的角度对此进行了深入的探讨（参见本章第六节）。

需要指出的是，韦伯从社会结构与社会生活的多个方面讨论了现代西方世界的理性化，其中涉及法律、经济、宗教、政治、现代城市以及艺术等领域。而无论是经济运作方法的理性化，或是社会组织管理的理性化，还是人们的价值观和社会运行模式的理性化，这一切都同时伴随着科学的社会作用的提高，而这恰恰是理性化原则最纯粹的反映。科学先是渗透到生产之中，而后渗透到管理之中，最后也渗透到日常生活之中，韦伯相信这是现代社会普遍理性化的证据之一[①]。不过，尽管韦伯企图从社会生活的各个方面审视理性化的趋势，但他最为关注的领域还是资本主义的科层制组织形式和经济制度，将它们视为理性化的两大力量。

第四节　政治社会学

政治社会学是韦伯非常关注并取得许多创造性研究成果的一个领域。韦伯一生一直对政治怀有浓厚的兴趣，只要可能便积极投入各种政治活动甚至政治斗争之中，他时常感到遗憾的是，未能实现成为一个有影响的政治家的梦想。在韦伯看来，"'政治'是一个涵盖极为广泛的概念，每一种自主的领导（leitende）活动，都算是政治。"[②] 政治和学术是两种不同的志业，对从业者有着极为不同的要求："就政治家而言，有三种性质是绝对重要的：热情、责任感、判断力。"[③] 韦伯政治社会学的基础是通过人类行为的主观意义，区别经济的本

---

① 周晓虹：《西方社会学历史与体系（第一卷）》，上海人民出版社，2002年，第373页。

② 马克斯·韦伯：《韦伯作品集（Ⅰ）学术与政治》，钱永祥等译，广西师范大学出版社，2004年，第195页。

③ 马克斯·韦伯：《韦伯作品集（Ⅰ）学术与政治》，钱永祥等译，广西师范大学出版社，2004年，第252页。

质和政治的本质，前者把满足需要作为目的，并以此确定行为的合理组织，后者的特点则是一个人或几个人对其他人的统治（或支配）。政治社会学的主题就是建立在统治基础之上的政治秩序，具体地说，就是研究统治的根源、统治关系的类型、统治的效能以及统治关系与非统治关系之间的相互作用方式。

一、统治的类型

（一）几个基本概念

韦伯对政治社会学的论述是从权力和统治等概念入手的。他是这样给权力（power）下定义的："权力意味着在一种社会关系里，自己的意志即使遇到反对也能贯彻的任何机会，而不管这些机会建立在什么基础上"[①]。在形形色色的权力关系中，有一种具体以"命令-服从"为特征的关系，韦伯称之为"统治"（domination，又译"支配"），准确地讲，"统治意味着特定内容的命令在可指明的人中间得到服从的机会"[②]。按照韦伯的观点，统治可以建立在各种基础之上，真正有效的统治需要有自愿的成分，需要人们相信统治的合法性。那些得到社会成员一致接受和认可的统治关系，便拥有合法性。合法的统治形式，就是人们日常所说的"权威"（authority）。因为权威型统治关系奠基于多数社会成员的共同信仰之上，所以它更加稳固。一种以强力为基础的统治关系，可以通过建立与之相应的信仰体系而转变为合法的权威，从而获得自身的巩固。事实上，所有统治者都会设法编造他们进行统治的优越性和天然合理的神话，竭力使自己的统治合法化。由于合法性可以建立在传统的、克里斯玛的（charismatic，又译感召的）和理性的基础之上，因此权威也可以有三种基本的理想类型，即传统权威、感召权威和法理权威。

（二）三种合法统治类型

1. 传统权威

这是一种从古代沿袭下来的风俗习惯、伦理道德中获得合法性的权威。

---

① 马克斯·韦伯：《社会学的基本概念》，胡景北译，上海人民出版社，2000年，第85页。

② 马克斯·韦伯：《社会学的基本概念》，胡景北译，上海人民出版社，2000年，第85页。

统治者的地位是依照传承下来的规则确定的，对统治者的服从是由于传统赋予统治者的固有尊严。欧洲历史上的长老制，东西方国家都出现过的家长制和世袭制全属于这类统治权威。在这种统治中，统治者通常可以终身享有权威，并将其传给后代。但行使传统权威不能违背传统，如果一再违背，统治者就有丧失合法性的危险。不过，传统规范对统治者的约束是十分有限的，它实际上赋予统治者许多任意专断的权力。在这种统治中，统治者和被统治者之间具有较强的人身依附关系。统治者不是"上司"而是"主子"，他的行政管理班子的成员不是"官员"，而是"仆从"，决定行政管理班子与主子关系的不是事务上的职务职责，而是仆从的忠诚；服从建立在仆从对主子的忠诚之上，而不是法规之上。

传统权威基于整个社会对权力的认定、对秩序的默认、对传统的遵从、对长者的尊敬，并形成对现存秩序和传统的合理性和神圣性的确信不移。传统权威既依赖传统，又维护传统，它通常抵制变革，是一种保守力量。在这样的背景下发生的革命，通常只是所谓的"传统主义的革命"，它反抗的矛头仅仅指向蔑视传统、滥用权力的统治者个人，而不是指向传统制度本身[①]。这种统治形式缺乏理性精神和契约精神，不能产生基于自由劳动的、理性的资本主义组织。

2. 感召权威

这是一种建立在某种特殊的人格品质基础上的权威。这种人格品质被认为是天赋的、超自然的、超人的、罕见的，如某些宗教领袖、政治家、军事统帅，以及当今一些受到追捧的影视明星等，就属于拥有感召权威的人物。他们具有极强的个人感召力，能将许多人吸引到自己周围成为崇拜者、追随者和忠实信徒。感召权威是领袖和群众共同创造的：当人们普遍对某一类英雄式超凡人物形成个人崇拜，受到领袖的出众才华或人格魅力吸引，从而心甘情愿服从领袖的命令时，感召权威就产生了。感召权威依赖于领袖个人的突出品质，因而其行使期限往往是终身的。此外，感召权威往往不受一般规范的约束，具有蔑视和拒绝传统秩序的特征，其领袖可通过人们对其的盲目崇拜和迷信，使人们旧有的价值观和社会行为模式发生彻底的改变。因此，从某种意义上说，这是一种革命的力量和象征，它的出现往往伴随一场破旧立新的革命运动。

---

① 马克斯·韦伯，《经济与社会（上卷）》，林荣远译，1997年，第252页。

正是因为感召权威具有一定革命性，它同时也就具有较强的不稳定性和变异性，这是一种非常态的统治形式。感召权威的寿命一般不太长，通常随着领袖人物的去世而瓦解。这类统治会面临严峻的常规化问题，因为社会不可能处于长期持续的动荡之中。而一旦完成了常规化之后，感召权威也就转换为传统权威或法理权威，所以感召权威常常是一个过渡类型。

3. 法理权威

这是较为现代的一种类型，它与"法律至上"的价值观相联系，建立在人们对理性规则的共同认可和普遍支持的基础上。其最显著的特征是非人格化，对事不对人，科层制可看作法理权威运作的纯粹类型。法理权威的行使受到预先制定的各种规则和法律的限制，人们所服从的是抽象法规而非具体个人，法规成为最高权威，任何人（包括法规执行者）都不得破坏公认的法规。在这种统治形式下，虽然也有统治者和被统治者或管理者和被管理者之分，但统治者或管理者并不具备私有的权力，他的权威来自法律条文对其所占据的职位的责权的明确规定。由于这种类型的权威与行使权威的特定个人没有特殊联系，而只与一定的职权地位相联系，因此权力的行使不是终身的或世袭的，一个人只有在任期范围内处于某一职位时才拥有相应的职权，而他离职后其职权将自动解除。

在韦伯看来，上述三种权威类型在社会发展过程中显示一定的周期性。传统权威和法理权威处于常态，相当稳定，打破这种常态需要感召权威，但感召权威因不稳定又面临常规化的问题，等到常规化完成，个人魅力的作用下降到较低水平，新的传统权威或法理权威也就建立起来。而这种新的常态发展到一定时候，又可能因魅力型人物的出现发生再次改变……不过，韦伯又指出，以往感召权威常和传统权威"相互合流"[①]，但现代世界所展示的理性化过程，却使社会变迁出现了这样的趋势：感召权威的常规化方向主要指向法理权威，而且法理权威体系日益强大，以致现代世界的变革一般不再依赖魅力型人物的出现。

二、科层制

伴随现代西方社会的理性化过程，法理权威日益取得统治地位。其中建

---

① 马克斯·韦伯：《经济与社会（下卷）》，林荣远译，商务印书馆，1997年，第458页。

立在工具理性（目的理性）基础上的科层制（bureaucracy，又译官僚制），是法理权威最纯粹、最理性的类型。科层制是以正式规则为核心的、强调分科执掌与分层负责的管理体制或管理制度。起初它仅仅指政府行政机构内部的文官体制，后来韦伯将其外延加以扩展，泛指一切社会组织中设科分层的理性管理制度。凡实行科层制的社会组织又叫科层组织，科层组织中的管理人员又叫科层人员。

（一）科层制的特点

韦伯从理想类型的角度，对科层制的特点进行了专门的研究。他总结出的理想类型的科层制具有如下基本特点（现实中科层制不一定都具备这些特点）。

1. 制定严格的规则

有意制定的、抽象的正式规则是科层制中的最高权威，人们服从统治者（管理人员），仅仅因为在由制度赋予他的、合理界限的事务管辖范围内，人们有义务服从他，即人们实际上服从的是非个人的制度。

2. 职位有明确分工

根据不同的管理任务设立某种职位和科室，明确规定各自的管理范围。与管理职位的分工相联系，管理人员必须拥有一定的专业知识和技能。

3. 权力划分层级

在科层制中，权力形成金字塔式的层级结构。处于其中的管理人员，既要接受上级的管束，又拥有对下级发布命令的权力。

4. 照章办事的原则

强调将公务关系和私人关系严格分开，在处理公务时不带个人成见和好恶，完全照章办事。员工要接受严格的、统一的职务纪律和监督。

5. 按资历和业绩升迁

科层制中的职位要求任职者具备一定的技术资格，接受过相应的专业训练。职务的升迁根据资历或业绩，或者两者同时考虑。

6. 职位荣誉感

科层制中员工将他们的职务视为唯一的或主要的职业，他们高度评价自身的资格和能力，在同其他人比较时显示较强的优越感。

7. 文字化管理

科层制中的行政活动、决策和规则都是通过文本的形式来表述和记载的，做到有章可循、有据可查。档案和员工的持续运作结合在一起，产生了办公机构的团体行为的核心。

（二）科层制的优点和弊端

科层制遍及现代社会的所有领域，是现代社会理性化的重要标志。韦伯认为理想型的科层制具有精确、迅捷、稳定、可靠、纪律严、强度大、效率高等许多优点，尤其是它排除了不确定因素的干扰，把各项组织活动纳入基于精确计算的合理轨道，因而从纯技术角度看，能够达到最高效率。韦伯将科层制视为迄今为止最高效、最合理的管理形式[1]。需要指出的是，韦伯这里说的是建立在理性的专业技术和严格培训基础上的现代科层制，它不同于前现代的世袭科层制，比如中国古代的文官制度，官员只接受文学方面的教育，而缺乏专业化方面（如行政管理）的训练[2]。

尽管韦伯对科层制非常推崇，但他对科层制的弊端也很重视，并由此对现代社会的未来深表担忧。科层制实际上体现了工具理性对价值理性的压制，或者说，形式理性对实质理性的压制。在它的管理运作中，占统治地位的就是形式化的、非人格化的、普遍主义的精神，组织活动能否满足人的需要以及满足人的何种具体需求均无关轻重、置而不论，只关心可以用数量加以计算的效率。可以说，科层制的最大弊端，就是对人性的漠视、对个人自由的扼杀。科层制的技术优势是以牺牲人的需要和价值为代价的，它强调的是个人对组织规范的绝对服从，而不是个人的主动性和创造性。科层制越是彻底地非人格化，即在执行任务时，越是彻底地排除各种个人因素，就越背离人的价值。韦伯认为，当现代社会为了追求效率而将科层制推进到人类的

---

[1] 马克斯·韦伯：《经济与社会（下卷）》，林荣远译，商务印书馆，1997年，第248页。

[2] 马克斯·韦伯：《经济与社会（下卷）》，林荣远译，商务印书馆，1997年，第753页。

一切活动领域时，实际上就给自己建造了一个无处不在而又无法逃逸的"铁笼"（iron cage），人们都成为工具理性化的牺牲品、科层制这部机器上的可悲零件。恐怖的是，人类似乎没法摆脱这种厄运，科层制一旦充分实行，"就属于最难摧毁的社会实体"[①]，无论它出现在资本主义社会还是社会主义社会都将如此。寄希望于拥有专业知识、善于解决问题的专家也于事无补，因为专家本身就是科层制的产物，对他们的依赖只会加重社会的理性化和科层制化。

三、社会分层的标准

社会分层和社会不平等是政治社会学的重要主题，韦伯对此进行了卓越的研究，并产生了巨大的影响。关于社会分层的研究公认有两大传统，一个是源于马克思的阶级论，另一个就是源于韦伯的分层论。

马克思的阶级论依据的主要是经济标准，按人们在生产关系中的不同地位，将他们划归为不同的阶级。韦伯则认为社会分层是一个多元的复杂的现象，应该运用多重标准将社会成员划分为不同的等级次序，并确立了财富、权力和声誉三个分层的基本标准，它们分别对应着经济、政治和社会三个基本方面。

1. 财富

这是社会分层的经济标准。韦伯承认经济因素对社会不平等产生重要影响，他把根据经济因素划分的社会地位叫作阶级，即阶级是由一批在经济生活的状态和变化方面相同的或类似的人构成的。但韦伯的阶级概念与马克思的并非一样，韦伯的概念不涉及人们在所有制中的地位，只是把财富（货币拥有量）上的差别作为划分阶级的标准。

2. 权力

这是社会分层的政治标准。任何社会都存在权力分层现象。在现代社会中，合法权力主要依附于科层制管理机构中的各个职权地位，可以根据是否拥有权力以及权力的大小将社会成员划分为不同的权力地位群体。

---

① 马克斯·韦伯：《经济与社会（下卷）》，林荣远译，商务印书馆，1997年，第309页。

3. 声誉

这是社会分层的社会标准。声誉地位是由人们在特定文化价值体系中的各种评价方式所确定的地位。影响人们声誉地位的主要因素有：出身门第、联姻关系、知识教养、气质风度、价值观念、生活方式等。同处一个声誉地位的人们之间具有同类意识。

在任何社会中，利、权、名对人们来说都是稀缺资源，人们总要在各个活动领域千方百计地逐利、争权、求名，由此形成三位一体的社会分层结构。韦伯认为，上述三个分层标准具有相对独立性，它们指向社会分层的三个重要的维度。按三种标准对同一人群进行划分，所得结果并不一定吻合。在强调三个分层标准的独立性的同时，韦伯又指出分层中轴原理。他认为，三个分层标准各自独立并不意味着它们在社会分层结构中的重要程度总是相同的。在不同历史条件下，三个标准的重要程度会发生变化，应根据不同的历史条件确定优先的分层标准，即确定分层中轴。社会生活的经济、文化、政治领域中，哪个领域发生了重大变化，则该领域分层标准的重要性上升到首位，而某一领域长期保持稳定不变，则导致人们在该领域地位意识的钝化和麻木。

第五节　经济社会学

经济社会学是韦伯非常重视的研究领域，他特别关注经济现象与社会因素之间的关联性，尤其关注以经济体系运作为明显特征的资本主义的产生、形成与发展过程，探索其产生的条件、动力及运行规律。

一、经济社会学的定位

韦伯从他学术生涯的早期就开始担任经济学或政治经济学教授，对于经济学有很深的造诣。但他坚持认为，应该重视经济或经济行动的社会层面，他的经济社会学就是旨在分析与探索经济行动的社会学关联性，强调从社会学的角度来审视经济行动，因为经济行动在某种意义上无非人们之间的交换行为，而这些交换行为事实上就是在一套规则（如市场）约束下的某人与他人相互交往的社会行动。值得注意的是，韦伯受经济学中历史学派和奥地利学派的影响很大，他尝试用"社会经济学"来整合双方的研究。所谓"社会经济学"是 19 世纪末出现于欧洲大陆的一个用来区别于古典政治经济学的名称，韦伯用它来表示一种以抽象经济理论为主干、内容异常丰富、吸收多学科内容的综合的经济学。他将社会经济现象分为"经济"事件、"与经济相关的事件"以及"受经济制约的现象"，实际上将社会经济学视野扩大到文化生活的全部。[①]

韦伯的社会经济学可分为经济学理论、经济史和经济社会学三部分。经济学理论即所谓"纯"经济学，是个人主义的、非政治的，主张非道德的评价，建立因果性的经济命题。此外，经济学还要一方面分析经济事件对社会现象的因果性影响，另一方面分析非经济的社会事件影响经济活动的方式，这是经济社会学与经济史的研究内容。[②] 韦伯在肯定抽象经济理论的重要性的同时，赋予社会学以更为广阔的视野和更加多样的研究路径。具体到经济现象的研究上，经济史分析具体事件的因果关联和意义关联，纯经济理论寻求有关经济行动的普遍适用的法则，而既与现实保持距离、又通过社会调查把握社会的"典型"现象的经济社会学在抽象程度上介于两者之间。[③]

在韦伯看来，经济社会学很大程度上是对抽象经济理论的有效补充。这主要体现在以下三点：首先，经济学在理性假设的基础上建构因果命题，但理性是有不同方向的，经济理性只是其中一种。在明确理性模型的局限性之后，经济社会学可以以目的理性的理想型为基准，将实际行动中"偏离"纯粹类型的部分视为非理性因素加以描述与分析。其次，经济行动的社会效果与社会结构对经济运行的影响在任何时候都不容忽视。韦伯认为，个体的生活与社会的存在可以被概念化为若干独立的领域或秩序，它们随着人类社会的发展一方面会提高自主性，同时又通过各领域的活动产生多元的因果关系，而经济社会学正可以经由经济现象及其社会构成因素、后果入手，把握整体的社会结构与运行。最后，诞生于近代西方的经济学理论不仅不能全面反映西方社会有史以来的社会经济现象，更无法直接解释西方社会以外的特殊文化类型。不同文化背景下的行动者有可能会赋予外表相似的行动以不同的主观意义，因此韦伯在西方理性社会的基础之上，全面涉猎"普世的-历

---

① 马克斯·韦伯：《经济与社会（上卷）》，林荣远译，商务印书馆，1997 年。
② 何蓉：《经济学与社会学》，格致出版社，2009 年，第 22 页。
③ 何蓉：《经济学与社会学》，格致出版社，2009 年，第 25 页。

史的范围",从"文明-分析"的视角对人类历史进行了比较的、历史的和系统的考察,深入理解人类行动的"意义"。①

二、经济行动的社会学意涵

基于此,韦伯着重从两个方面展开其经济社会学的研究:一是从概念上加以澄清与界定,深入分析经济行动所蕴含的最基本的社会学关联;二是从历史的角度考察经济行动产生的变化,探索在社会大背景下资本主义这套经济生活模式产生的动因与运行机制。

(一)经济行动

韦伯指出,人们希望有一些资源能满足其需求,这是最基本的经济概念。一种行动可以称为"经济取向",意指行动者依其主观意义指向以效用的形式来满足需求。所谓"经济行动",意味着行动者以满足效用的经济目的为主要推动力,运用和平的、有计划的方式行使对资源的控制,而理性的经济行动强调了在此目的之下进行仔细权衡、精心算计。在韦伯看来,任何经济行动都不是纯粹的心理现象。以简单地使用金钱购物为例,它已经涉及整个社会供给与需求如何搭配的关系,它一定是在一个大的经济框架下运作的,必然包含现代式的营利经济。参照桑巴特的分类法,韦伯将经济的形态划分为两类:一个是需求经济,另一个是营利经济。自然经济追求的是满足需求,有效用与用途就行了,但在营利经济的目标下,则是市场导向,物品生产出来光是功能上的实用还不行,还必须具备花色新颖、款式时尚等特点才能卖出好价钱。这便是营利经济的特色,在此价格具有调节供需之间关系的机能,这与物物交换社会中每一个物品都有其一定的交换价值存在明显不同。

(二)效用与经济机会

韦伯认为应该将经济与技术区分开来,纯粹的技术问题只追求实现特定目标的有效手段而不考虑成本因素,而经济问题必须考虑成本、供需及价格等。这里,"效用"的概念显得很关键。所谓效用,是指某种物品或服务可以满足人们的需求,人们对效用的追求是经济行动最基本的要素。韦伯进一步指出,拥有对于这些物品和服务的效用支配和处置的权力的机会,即为

---

① 何蓉:《经济学与社会学》,格致出版社,2009年,第27页。

"经济机会"，它也是韦伯经济社会学的基本概念。现代社会的市场竞争，就属于经济机会。经济机会在韦伯的考虑中也牵涉到习惯或实际利害状况，抑或传统或法律所保障的社会秩序，一个个体或企业在市场上具有多少经济机会是与上述因素结合在一起的。韦伯经济社会学的特色，即通过处置权或支配权的概念将纯粹经济行动与社会制度结合起来。不同的社会体制，呈现出经济机会的不同形态。如果要考察古代和现代经济机会的异同，则必须考察古代的经济情况允许哪些经济机会存在。

韦伯主张经济行动可划分为理性的和传统的两大类。前者主要是现代社会的产物，意指拥有一套经过精打细算、仔细权衡、讲求效用的行为模式，后者可泛指现代大工业生产方式之前的各种经济行动。韦伯认为，虽然理性的经济行动在远古时候也在一定程度上存在，人们也知道运用管理且以注重效率的方式从事经济活动，但是直到西方近现代的社会变迁与转型，克服了传统生产方式之后，才发展出真正的理性行动。这主要体现出如下四点：其一，经济行动者有计划地将现有一切可运用的资源分配给现在及未来（储蓄）；其二，将资源有计划地按其重要性分配到不同的使用领域；其三，经济行动者有计划地制造产品，并能按预期获取大于成本的收入；其四，有计划地通过与他人"结社"而扩大自己对效用的处置权，形成"股份有限公司"的基本形式。这些理性的经济行动，促使人们对资源更有效地运用，是创造人类高度文明的物质基础。[1]

三、资本主义的结构条件

（一）经济行动理性化的深入发展

韦伯认为，资本主义作为一种谋利方式是人类历史上普遍存在的一种社会经济现象，可分为理性的资本主义、政治资本主义和传统商业资本主义三大类。其中，理性的资本主义是近代西方文明的独特产物，不仅带来了人的精神状态的根本变化，而且产生了理性的科学、法律、艺术和社会组织方式。在他看来，合理的永久企业的出现是现代资本主义产生的重要因素，因为企业一经成立，就开始长久经营，而经营就需要记载盈亏的合理簿记技术，这些都随着西方社会的发展，逐步提供资本主义继续发展的组织条件，如企业的决策，或是应用一些计算的技术以及法律上的规定。当然，除了外

---

[1] 顾忠华：《韦伯学说的当代诠释》，商务印书馆，2016年，第321-327页。

部条件之外，还要补充合理的精神、处事态度的高效率、理性化及合理的经济行为。韦伯认为这些才是突破传统的根本力量。而其他的因素，如人口增长、贵金属输入等，在非西方社会中都可以找到，有些甚至条件更好，但即便如此，却只有西方产生了经济行动的理性化，突破了传统主义的阻碍，达到了现代资本主义大规模的生产及经济的理性主义。

需要指出的是，韦伯并没有一概而论经济伦理对资本主义运作上不可或缺，而只强调其对"初始条件"的重要性，即从经济理论的角度来看待资本主义起源问题。因为经济行动的理性化，早期到处笼罩在传统主义的气氛之下，如果没有一种特别的精神力量，则不足以打破传统的限制，所以韦伯特别注重加尔文新教所提供的经济伦理，认为这是一种改造世界、统治世界的特别力量。不过，经济系统一旦建立起来，就会相对独立，即使没有经济伦理，照样能运作自如。

（二）现代资本主义的系统本质

在韦伯看来，到了19世纪，早期充满了宗教意味的资本主义已经告终，并进入一个钢铁时代，此时经济已经成为一个独立的强势系统。行政方面实施的是科层制，就像工厂里面的生产线，每个环节都有精密的设计。在这个钢铁时代，经济系统是如此坚固，以宗教为支撑的经济伦理已经变得可有可无，无足轻重。韦伯认为，宗教影响到经济，这是一个历史的事实，是西方历史的一个关键因素，但是宗教本身也逐渐退出历史的舞台，它原来是一种理性化的力量，但通过它的中介作用，让经济行动逐渐理性化以后，它就功成身退，宗教此时就变成非理性的力量。科学取代了宗教，成为理性化的主要力量。这其实就是一个祛魅的世界，理性化的过程解除了人们类似宗教的理想性格。在祛魅的世界中，行为只是为了顺应系统的要求，过去新教徒渴望成为"尽天职"的职业人，而现代人则是被迫成为职业人。

第六节　宗教社会学

一、基本旨趣和基本概念

在西方学术界，宗教社会学思想虽可追溯到孔德、斯宾塞以及人类学家泰勒的宗教观点,但涂尔干和韦伯才是公认的现代西方宗教社会学的创始人。

(一) 基本旨趣

韦伯对于宗教社会学研究倾注了大量的心血,他的全部宗教社会学的主旨在于研究世界几大宗教教义的理性化程度和过程,他尤为关注基督教新教是怎样在漫长的发展过程中逐步消减巫术和迷信的成分而引发出一种普遍性的、更具理性色彩的社会伦理,以及这种伦理又是怎样影响人们的经济行为,最终导致现代资本主义在西欧的产生。他比较了犹太教、基督教、儒教、道教和佛教教规教义的差别与东西方民族不同文化背景的关系,分析了体现在不同宗教背后的精神对人们生活态度的影响,进而导致东西方民族走上不同的社会发展道路的深层原因[①]。韦伯社会学研究的一个重要目的,就是确定和解释西方文明的特点,而其名著《新教伦理与资本主义精神》实际上成为他毕生关注的这一课题的导论,是他以后着重研究的宗教观念与经济行为间相互关系的一个具体说明。[②]

韦伯关于资本主义与宗教的学说,涵盖了一个极其庞大的泛文化历史研究。有学者将这个研究之内的复杂的相互关系归纳如下。

(1) 经济力量影响基督新教。

(2) 经济力量也影响基督新教以外的宗教(如印度教、儒教和道教)。

(3) 宗教的观念体系影响个人的思想和行动,特别是经济思想和行动。

(4) 宗教观念体系的影响力遍及世界各地。

(5) 宗教的观念体系(特别是基督教新教教义)在西方曾经具有独特的影响效果,协助将经济部门以及其他各个部门理性化。

(6) 非西方的宗教观念体系,遭遇了无法抵抗的结构阻碍,限制了其理性化过程。[③]

与以往的宗教研究不同,韦伯一般不从神学和哲学的立场上谈论宗教的本质、宗教信仰的真伪以及不同宗教之间的优劣问题,他仅从宗教社会学的

---

① 苏国勋:《理性化及其限制——韦伯思想引论》,上海人民出版社,1988年,第59页。

② 莱因哈特·本迪克斯:《马克斯·韦伯思想肖像》,刘北成、刘援、吴必康等译,上海人民出版社,2002年,第52页。

③ 参见 George Ritzer, *Classical Sociological Theory*. 2nd ed. New York: The McGraw-Hill Companies, Inc. 1996, pp. 254-255.

角度把特定的宗教当作一种客观的社会现象,并从教徒的价值观念出发研究特定宗教的教会组织、教规、教义和宗教伦理,考察它与教徒日常生活行为之间的相互关系,从宗教这一特殊角度认识和研究社会。

(二) 类型划分

在韦伯看来,一切宗教的核心问题是通过信仰使人的灵魂得到拯救的问题,在这个意义上,他把宗教视为一种"救赎论"。韦伯进而将一切的宗教划分为禁欲主义和神秘主义两大类型。禁欲主义宗教,将行动的取向建立在信徒拒绝自身和世界的享乐的基础之上,它又细分为两个子类型:入世禁欲主义和出世禁欲主义,前者持介入世界的态度,借助日常生活的实际行动实现禁欲从而达到救赎;后者则持逃避世界的态度,通过隐居独处、苦身修行以达到救赎的目的。神秘主义强调的是冥思、期待、感情和情绪等因素,借助冥想默祷等进入某种神秘状态,将个人看作神的"容器"而不是"工具",不太重视积极的行动。神秘主义也可细分为两个子类:入世神秘主义和出世神秘主义,前者并不拒绝世俗生活,后者则完全拒绝世俗生活。

在韦伯看来,西方宗教主要属于禁欲主义类型,东方宗教则属于神秘主义类型。作为救赎方式的入世和出世两种态度,本质上分别与禁欲主义和神秘主义密切相关,即入世禁欲主义和出世神秘主义乃是禁欲主义和神秘主义的两个最佳典范,它们属于两个极端,基督新教和佛教可看作这两种类型的代表。而中国的儒教则属于上述两种极端之间,可称为入世神秘主义。韦伯认为,禁欲主义宗教与理性主义相联系,倾向于世俗生活和现实秩序的能动的理性构成,有助于社会的革新和动态发展;神秘主义宗教具有被动地接受现实社会秩序的趋向,往往导致社会的静态延续和停滞不前[①]。事实上,正是新教伦理观念中入世禁欲主义的倾向,成为现代资本主义在西方首先诞生的一个重要动因,而东方以神秘主义为特征的宗教观念则成为现代资本主义产生的阻碍因素。《新教伦理与资本主义精神》的主题正是从发生学的角度探讨基督教文明圈何以进入了普遍理性化的轨迹,产生了现代形态的资本主义,而他对印度教、佛教、儒教、道教等所做的比较研究,则旨在从反面说明其他文明圈(主要是东方)为什么不能在发生学意义上独立进入普遍理性化的轨迹,产生现代形态的资本主义。

---

① 苏国勋:《理性化及其限制——韦伯思想引论》,上海人民出版社,1988年,第72页。

二、《新教伦理与资本主义精神》

（一）独特的研究视角

《新教伦理与资本主义精神》是韦伯最负盛名的宗教社会学著作，它最初以论文的形式于1904年和1905年分两次发表在《社会科学与社会政策文库》，韦伯去世前将此文做了重要修订，增添了不少注释，并于1920年作为他的文化比较系列专著《宗教社会学论文集》的第一部出版。他撰写出的这套系列专著的其他部分包括：《中国宗教——儒教与道教》《印度宗教——印度教与佛教》《古代犹太教》等。《新教伦理与资本主义精神》除了前面的导论外，共分为两篇五章：上篇"问题"含三章，标题分别是"宗教派别和社会分层""资本主义精神"和"路德的'职业'概念（本书的研究任务）"；下篇"禁欲主义新教诸分支的实践伦理观"含两章，标题分别是"世俗禁欲主义的宗教基础"和"禁欲主义与资本主义精神"。纵观全书，主题明确，层次清晰，结构虽然并不复杂，资料却相当翔实。在这部篇幅不大的力作中，韦伯试图通过考察宗教观念和经济行为之间的关系，来回答和解释"为什么现代形态的资本主义仅仅出现在西方，而没有在其他文明中出现？"这样一个重大问题。在该书的第一章开头，他提醒人们关注这样一个重要的事实，即有关职业的统计资料显示，在西方任何一个宗教信仰混杂的国家里，"工商界领导人、资本占有者、近代企业中的高级技术工人、尤其受过高等技术培训和商业培训的管理人员，绝大多数都是新教徒"。[①] 韦伯指出，既然在各种情况下，较之于天主教徒，新教徒都表现出一种特别善于发扬经济理性主义的倾向，这表明仅仅用经济政治发展的结果来解释上述事实是远远不够的，而必须在相关宗教信仰的内在特征或伦理中寻求有效的解释。

可以说，韦伯事实上是从理性化的确立过程入手展开其研究的。在他看来，科学、艺术、史学、建筑、法律、政治组织等方面在西方得到理性的发展绝不是偶然的，而是有其物质支撑和精神动力的。现代资本主义的诞生不是由任何单一的因素决定的，而是在多种因素共同作用之下才实现的，其中，经济因素固然重要，但没有相应的精神因素作为重要动力，去克服传统主义的阻碍作用，现代资本主义的产生也是不可能的。其实，单从经济方面

---

① 马克斯·韦伯：《新教伦理与资本主义精神》，生活·读书·新知三联书店，1987年，第23页。

看，东方一些国家早就存在资本主义的因素，商品生产也很普遍，但劳动者缺乏现代意义上的劳动自觉性和责任感，缺乏克服"知足常乐"的传统主义心态的强大动力，因此难以发展为现代形态的理性的资本主义。韦伯还反对"对利润最大限度的追求是资本主义发展的动力"的理论解释。他认为对利润的追求以及对金钱的贪欲在任何形式的社会中都普遍存在，并不是现代资本主义特有的现象，"自从有了人，就有了对黄金的贪欲"，所以"获利的欲望、对营利、金钱（并且是最大可能数额的金钱）的追求，这本身与资本主义并不相干"①。相反，资本主义的出现在某种程度上还抑制和缓解了人们的贪欲和对财富的非理性追求，现代资本主义的形成之初需要人们勤俭节约、反对奢侈，增加积累，同时需要理性地组织生产。中国、印度及其他文明中追求利润的现象也普遍存在，但并没有出现近代意义上的理性资本主义。

韦伯把现代资本主义主要当作一种文明来理解，它是18世纪以来在欧洲的科学、技术、政治、经济、法律、艺术、宗教中占主导地位的理性主义精神的发展结果，是现代西方文明的本质体现。在社会行动层次上，可将资本主义界定为追求利润的理性化行动。资本主义经济活动具有以下三个典型特征：其一，利用交易机会以和平方式取得预期利润；其二，出现了与正规市场相联系的、自由劳动的合理资本主义组织；其三，生产过程中最重要的技术因素的可计算性。但是，资本主义并不仅仅表现在经济活动中，而且它还作为一种独特的社会劳动组织形式，作为一种文化，作为一种独特的、具有本身动因的价值体系，表现于社会生活的诸方面。换言之，资本主义经济活动具有理性特征，它是以社会生活各个领域普遍理性化为条件的。资本主义经济的出现必须具备一种整个民族普遍接受的独特精神状态或精神气质。韦伯把西方社会所独具的这种精神气质称为资本主义精神，认为把握这种精神是理解西方资本主义文明的一个关键环节。

通过引用美国著名哲学家和科学家本杰明·富兰克林（Benjamin Franklin）对青年商人的大段劝言，如"切记，时间就是金钱""切记，信用就是金钱""切记，金钱具有孳生繁衍性"等，②韦伯将资本主义精神概括为：以惜时、守信、谦恭、勤劳、节俭等态度和方式尽量赚钱，同时抑制本能的享受，即把理性地追求利润、增加自己的资本作为人生目的和道义上的责任。

---

① 马克斯·韦伯：《新教伦理与资本主义精神》，于晓、陈维纲等译，生活·读书·新知三联书店，1987年，第7页。

② 马克斯·韦伯：《新教伦理与资本主义精神》，于晓、陈维纲等译，生活·读书·新知三联书店，1987年，第33页。

将劳动当作一种绝对的自身目的、视为一项天职的观念并不是天然的产物，而是长期、艰苦的教育的结果，它对于资本主义来说是不可或缺的。资本主义精神与单纯的贪婪的区别在于，它强调追求利润的理性和节制。韦伯认为，资本主义只是在近代的欧洲、北美等地才逐渐变为一种群众性的心理态度，变成整个民族一致接受的精神状态，即上升为一种普遍的社会经济伦理。此前有这种态度的人常遭受指责、轻视，得不到理解、支持和鼓励。资本主义精神上升为经济伦理之后，持有这种态度的人获得了普遍理解和尊敬，当事人也认为遵循这一伦理的行为是美德。资本主义精神作为近代欧洲独具的价值体系，驱动着人们按照目的理性的原则进行行动，加上其他因素的配合或巧合，最终导致资本主义的产生。韦伯论证到："近代资本主义扩张的动力首先并不是用于资本主义活动的资本额的来源问题，更重要的是资本主义精神的发展问题。不管在什么地方，只要资本主义精神出现并表现出来，它就会创造出自己的资本和货币供给来作为达到自身目的的手段，相反的情况则是违背事实的"。①

（二）新教伦理与资本主义精神的亲和性

在韦伯看来，资本主义精神取代传统主义成为社会经济伦理，必须获得宏观文化中某种强大的伦理精神的支持，而宗教正是一切终极价值的源泉，可提供一切世俗伦理道德的基础。统计数字显示新教徒在经济上更加成功，这并不是偶然现象。韦伯指出，欧洲宗教改革后新教的伦理道德观与资本主义精神之间存在一种"亲和性"（affinity），它们对现代资本主义的诞生起到了重要的推动作用。西方16世纪宗教改革运动的实质是将神圣宗教世俗化，它大大削弱了教会的力量和作用，使每个信徒直接面对上帝。基督新教（简称新教，Protestantism）是基督教改革教派的总称，韦伯重点考察的是加尔文教，其次是虔信派、循道宗和浸礼宗诸派。新教和正统的基督教——天主教存在很大的差异：天主教的教义极端鄙视世俗生活，认为只有拒绝尘世生活和肉体欲望的诱惑，在修道院中过严酷的禁欲生活的教徒，才能向上帝证明自己灵魂的虔诚和洁净，才是得到上帝认可的、具有宗教道德意义的。天主教强调教会是沟通上帝和教徒的重要中介，教会中的神职人员是上帝在尘世的代理人，教徒犯了过错，可向神职人员忏悔，后者代表上帝接受忏悔，

---

① 马克斯·韦伯：《新教伦理与资本主义精神》，于晓、陈维纲等译，生活·读书·新知三联书店，1987年，第49页。

赦免、宽恕各种罪孽。天主教的组织制度把教徒组织在宗教团体之中，教徒内心比较安宁，对获救充满信心。显然，天主教的教义和教规和资本主义精神大多格格不入。与天主教相比，新教的教义则发生了很大的变化，它们和资本主义精神产生密切的契合。韦伯着重指出以下几点。

1. 天职观

作为宗教改革的领袖，马丁·路德（Martin Luther）的重要贡献之一是将圣经译成德文。在翻译 Calling（神召、蒙召、来自上帝的救赎）一词时，路德使用了一个德文词 Beruf，它的本意是指职业，是与宗教伦理无关的世俗活动，但路德却把它同上帝的召唤、救赎联系起来，变成"来自上帝的安排"，被赋予了宗教的神圣意义，于是其含义就演变为"天职"，即世俗活动是上帝安排的终身使命。"天职观"是路德宗教改革思想的最重要成分，也是所有新教教派的核心教义，它包含着对世俗活动的积极评价，把完成尘世义务尊为道德行为的最高形式，并由此拒斥了天主教的尘世观和道德观。由于天职观把世俗活动同灵魂获救联系起来，这就在很大程度上扭转了天主教出世、超然的宗教取向。不过，韦伯认为路德的天职观还没有从根本上破除传统主义，"他所谓的职业是指人不得不接受的、必须是自己适从的、神所注定的事"[①]，它还带有较浓的消极成分，"这种学说具有越来越强烈的信奉神意的色彩，把绝对地顺从上帝的意志与绝对地安于现状等同起来"[②]。真正促使宗教彻底变革、赋予世俗职业活动理性化的是加尔文教的预定论。

2. 预定论

所有基督徒最关心的是灵魂归宿问题。作为新教主要派别之一，加尔文教坚持"预定论"的教义，认为人类乃是为上帝而存在，且只有少数人的灵魂能够得救，幸运地成为上帝的选民、死后升入天堂，而是否得救乃是上帝在人们出生以前便已确定的事情，任何其他的力量都不可能改变上帝的决定，如此也就摒弃了圣礼、忏悔等一切宗教仪式，排除经由这些途径获得个人救赎的可能。表面上看，这种预定论充满消极的宿命论色彩，但它实际上却导致了加尔文教积极的入世禁欲主义伦理。由于知道上帝的选择早已确

[①] 马克斯·韦伯：《新教伦理与资本主义精神》，于晓、陈维纲等译，生活·读书·新知三联书店，1987年，第63页。

[②] 马克斯·韦伯：《新教伦理与资本主义精神》，于晓、陈维纲等译，生活·读书·新知三联书店，1987年，第63页。

定，并且不可更改，同时又担心自己不能成为上帝选民，这就使加尔文教徒的内心充满极度的孤寂、焦虑和恐惧。而该教的教义又宣扬人类是为上帝而存在的，一切造物都服务于上帝的荣耀。于是，教徒们只能遵循加尔文教的牧师提供的两条相互关联的"出路"：一是坚信自己是上帝的选民，把所有疑虑统统视为魔鬼的诱惑并与之进行不懈的斗争，因为缺乏自信乃是信仰不坚定也即恩宠不全的结果；二是以紧张的职业劳动作为获取上述自信的最佳方法，通过勤奋的工作和日常事务的成功找到了摆脱被罚入地狱的恐惧。虽然世俗生活中的成功不能成为获救的手段，但却可以是获救的象征，因为它增加了上帝的荣耀。显然，成功者更可能获得上帝的青睐，而他的成功就是得到上帝青睐的证明。毫无疑问，上帝是绝不可能将一事无成的懒汉作为他的选民的。这样，宗教的压力就给新教徒带来一种系统、严格、理性的自我控制的生活方式。

3. 禁欲主义

不同于正统天主教的出世禁欲主义，新教践行的是入世禁欲主义。由于新教徒（又称清教徒，英文为"Puritan"，取义于这些教徒"勤俭清洁"的特色）将世俗的职业当作天职，将世俗的成功、财富的积累看作上帝的荣耀，他们就把浪费时光、挥霍财富当作最大的罪恶。在新教徒看来，人不过是上帝的工具，经济活动是一种严谨的"服役"，必须以一种有规律、讲方法、重效果的态度从事职业工作。劳动既是人生的目的，也是禁欲的途径，任何游手好闲没有节制的人生享乐都是禁欲主义的仇敌。懒惰、倦怠是缺少神宠的象征，劳动是上帝指定的人生目的，任何人都应该遵守"不劳动不得食"的戒律，即便是富人也不例外，因为为上帝工作、增添上帝荣耀是没有止境的，不得有丝毫的懈怠。"这种禁欲主义的目的是使人可能过一种机敏、明智的生活；最迫切的任务是摧毁自发的冲动性享乐，最重要的方法是使教徒的行为有秩序。"① 为了灵魂得救这个超验的结局，新教徒在现世的生活彻底理性化了，完全受增添上帝的荣耀这个目的的支配。"这种世俗的新教禁欲主义与自发的财产享受强烈地对抗着；它束缚着消费，尤其是奢侈品的消费。而另一方面它又有着把获取财产从传统伦理的禁锢中解脱出来的心理效果。它不仅使获利冲动合法化，而且（在我们所讨论的意义上）把它看作上

---

① 马克斯·韦伯：《新教伦理与资本主义精神》，于晓、陈维纲等译，生活·读书·新知三联书店，1987年，第91页。

帝的直接意愿"①。韦伯指出，加尔文教的上帝要求他的信徒不是个别的善行，而是一辈子的善行，并且还要形成一个完整的体系，即人们的道德行为不能是无计划的、非系统的，全部行为必须从属于具有一致性的秩序。正是新教入世禁欲主义的伦理，造就新教徒理性、克制地行动，积极投身经济活动，热情追求世俗的成功和财富的积累。

总之，新教伦理的核心是倡导一种入世禁欲主义。天职观赋予尘世职业活动以宗教意义，使职业责任上升为一种宗教伦理；预定论削弱了个人同宗教团体的联系，发展出一种独立精神和个人主义精神。个人奋斗、追逐利润不再被视为自私、贪婪，而成为普遍接受的美德，是信仰虔诚的表现。而将禁欲主义从修道院移植到世俗领域，在一种悲壮的幻灭情绪支配下，新教徒通过紧张工作以驱散心中疑惑，用禁欲生活的训练强化自己的信仰，使紧张、系统、理性的禁欲生活成为具有宗教价值的美德。韦伯指出："强调固定职业的禁欲意义为近代的专业化劳动分工提供了道德依据；同样，以神意来解释追逐利润也为实业家们的行为提供了正当理由。对禁欲主义来说，贵族的穷奢极欲与新贵的大肆挥霍同样令人厌恶。在另一方面，它对中产阶级类型的节制有度、自我奋斗却给予了极高的道德评价"②。

新教的入世禁欲主义伦理观，一方面鼓励勤奋工作，追求最大利润；另一方面强调束缚消费，安于简朴生活，这二者的结合必然导致资本的积累。因此，新教伦理在有关尘世活动的重要问题上给资本主义精神以强大的伦理支持，使资本主义精神和经济活动获得了社会合法性，促进了现代资本主义的诞生。不过，韦伯又指出，资本主义精神只是在崛起之初，必须借助新教伦理的支持以战胜强大的传统主义。随着资本主义经济的发展，宗教的根系慢慢枯萎，最终为功利主义的世俗精神所取代，成熟的资本主义精神已不再需要宗教的支持——因为如果不按理性主义原则参与市场活动、不遵守现代资本主义的游戏规则，很快就会被残酷而激烈的竞争无情地淘汰出局。同时，还必须认识到，资本主义的诞生并不是新教徒有意行动的结果，他们并没有将资本主义作为其行动的目标，只能将此理解为新教徒无心插柳的产物。总之，《新教伦理与资本主义精神》是韦伯最著名也是最有争议的著作。在这本篇幅不大的著作中，韦伯独具匠心地选择新教伦理观念和资本主义精

---

① 马克斯·韦伯：《新教伦理与资本主义精神》，于晓、陈维纲等译，生活·读书·新知三联书店，1987年，第134页。
② 马克斯·韦伯：《新教伦理与资本主义精神》，于晓、陈维纲等译，生活·读书·新知三联书店，1987年，第128页。

神之间的"亲和"关系,来探讨、解释现代资本主义的形成问题,给后人留下很多的启示。他生动地描绘了资本主义的起源和文化特质,提醒人们注意复杂现象背后的精神动力所在;运用丰富的文献资料,论证了表面上似乎不相关的宗教观念对人类经济行为乃至社会制度的影响。通过对行动者的行动动机及后果的细腻分析,韦伯揭示出社会学微观领域与宏观领域之间的逻辑关联,同时展现了人们有意识的行动如何产生非预期的结果这一社会科学的重要课题。

尽管韦伯生前已获得很大声誉,但死后一段时间并没有赢得更大的声望,这在他的祖国(德国)尤其明显。然而,经美国著名社会学家帕森斯大力译介和宣传,第二次世界大战后的美国掀起了一股"韦伯热",不仅韦伯的著作被大量译成英文出版,研究韦伯思想的著述也大量涌现,而且这股热浪反过来影响了德国和欧洲的学术界。研读韦伯成为社会学者的必修课,甚至达到这种地步:如果一篇学术论文未引用韦伯的观点,会被认为没有什么学术价值。即使在今天,韦伯对社会学的影响仍然是巨大的。韦伯的思想博大精深,对众多社会学领域都有独到的见解。尽管他的思想也存在矛盾和模糊之处,但却充满着睿智的思想张力,给不同知识背景的学者以巨大的启迪。韦伯夯实了社会科学哲学基础,为社会学提供了一个一般的理论框架,他的解释社会学已成为社会学的主流范式之一,其宗教社会学和理性化的思想也成为当今学者研究现代社会变迁的重要的理论源泉,而他提出的一系列术语和观点,如社会行动、理解、理想类型、价值中立与价值关联、科层制、理性化等,均已成为当今社会学的核心概念和知识。当代社会学关于现代性的研究、文化研究、宗教研究、工作伦理研究等,都受到韦伯深刻而广泛的影响与启发。

复习思考题

1. 韦伯是如何看待社会学与自然科学的关系的?
2. 韦伯关于价值中立和价值关联的论述的中心思想是什么?
3. 简述理想类型的特征和作用。
4. 简述社会行动的含义和基本类型。
5. 韦伯将统治权威划分为哪几种理想类型?
6. 韦伯认为科层制的主要特征是什么?

7. 在韦伯看来，社会分层可采用哪些标准，这些标准之间存在怎样的关系？
8. 简述韦伯理性化的主要思想。
9. 韦伯是如何论述新教伦理与现代资本主义之间的关系的？
10. 试分析比较韦伯和涂尔干社会学方法论的主要观点。

第五章
齐美尔的社会学理论

格奥尔格·齐美尔（Georg Simmel，1858—1918）是一位非常独特的社会学家，尽管学术生涯很不顺利，但他以广博的知识、深刻的洞察力和对现代社会问题及文化现象充满智慧的诊断与分析，赢得了广泛的声誉，而且晚近以来，其声誉有越来越高的趋势，以至于有人将他与马克思、韦伯、涂尔干并列为经典社会学四大家。

▲ 本章要点

- 齐美尔的思想渊源
- 齐美尔的社会观
- 社会研究的方法论
- 形式社会学的主要内容
- 群体规模和社会交往的关系
- 关于社会冲突的基本思想
- 现代社会的文化矛盾

第一节　生平及理论倾向

一、生平及著作

齐美尔（又译西美尔）1858年出生于柏林市中心一个犹太富商家庭，他是7个孩子中最小的，但与"专横跋扈的母亲"的关系并不亲密。16岁那年，经商的父亲不幸去世，家中一个在音乐出版社工作的好友成为齐美尔的监护人。1876年齐美尔进入柏林大学，在一些名师的指导下学习历史、心理学和哲学。一开始，他拜著名史学家蒙森（T. Mommsen）为师，之后又转投著名民俗心理学家拉扎鲁斯（M. Lazarus）门下，接着师从民族学家巴施蒂安（A. Bastian），最后在哲学家泽勒（E. Zeller）和哈姆斯（F. Harms）的指导下攻读哲学。从年轻时候起，齐美尔就表现出对众多领域抱有浓厚的学术兴趣。1880年，齐美尔提交了一篇申请博士学位的论文，标题是《关于音乐起源的心理学和民族志研究》。不过，这篇不乏创意的独特论文未获通过，原因据说主要有两个：一是论文选题有点另类，研究对象不同寻常；二是研究方法不太严谨，没有深入引证资料，同时还存在不少拼写和格式错误。一年后，齐美尔提交了另外一篇以前得过学术奖的论文，这次终于顺利过关，如愿以偿地拿到了哲学博士学位。齐美尔第二次提交的论文标题是

《从康德物质单子论看物质的本质》，显然这与第一次论文的研究内容迥异。在学术生涯早期，齐美尔就显示出在不同学科和视角之间迅速转换的非凡能力。

从1885年开始，齐美尔成为柏林大学的一名校方不付工资、全凭选课学生缴费而获取收入的编外讲师。这个职位处于大学等级制度的底层，令人惊讶的是齐美尔在这个职位工作了15年，直到1901年他43岁时才被勉强聘为副教授，这恐怕还主要得益于他在头一年出版了引起很大反响的著作《货币哲学》。其实，齐美尔是一位非常优秀的教师和杰出的学者。他的授课非常受欢迎，不仅对校内学生而且对校外各界人士都具有巨大的吸引力，以至于成为柏林文化界一道亮丽的风景线。他的学术研究也成绩斐然，出版了有影响的著作和大量的论文，其中不少被译为多种文字广为传播，并常常受到韦伯这样的大学者的褒扬。早在1890年，齐美尔就出版了自己第一部社会理论的专著《论社会分化》，1892年又出版了涉及诸多社会科学方法论的专著《历史哲学问题》，同年及下一年他还出版了两卷本的《伦理学导论》。在1900年之前，齐美尔已出版了六部著作并发表了70多篇文章，其中不乏影响很大的名篇。这样一位才华横溢的知名学者，之所以在学术阶梯上晋升缓慢、长期受到排挤，主要原因可能有以下三条：其一，他是一位犹太人，而当时德国的反犹太主义已比较盛行，严重地影响并损害了社会公正和学术公正；其二，齐美尔广博的知识和兴趣，独特的风格和才智，使他在众多领域纵横捭阖，不受学界陈规陋习的限制，这引起同行和上司的嫉恨和不满，他们认为只有对具体问题进行持续不断的探讨才能被称为学术研究；其三，齐美尔在为社会学争取学术地位而努力的那个年代，社会学在德国还没有获得正式承认，研究社会学甚至有点犯忌，容易被人误解为鼓吹社会主义，因此，齐美尔以社会学家的身份申请大学教席很难成功①。要知道大名鼎鼎的马克斯·韦伯开始获得的是国民经济学的教授职位，在1900年之后，他才逐步转向社会学的研究。可能是因为社会学的研究让齐美尔在学术职位的晋升屡遭不幸，他后来从事社会学研究的热情逐步降温，并将他旺盛的精力转

---

① 其实，在自我认同上，齐美尔更多地把自己看成哲学家而不是社会学家，他将社会学研究看作自己的副业。他曾向朋友抱怨，在国外人们往往把他当作社会学家而不是哲学家。他之所以那么看重自己的哲学家身份，可能也与社会学在当时的德国学术界没有地位有关。

向其他领域，尤其是对生命哲学的探索。①

　　幸运的是齐美尔的监护人给他留下了一大笔财产，使他不必为生活而四处奔波。他于1890年结婚，妻子也是一位有才华的哲学家（她原先是位小有名气的年轻画家，婚后放弃绘画改行当了作家）。他们的家成为当时著名的学术沙龙，文化界的名人雅士经常到此聚会。齐美尔与当时文艺界最活跃的探索者们保持着密切的联系，结交了大量才华横溢、思想开放的朋友，著名诗人里克尔（R. M. Rilke）、格奥尔格（S. George）就是他的至交。齐美尔周围还有一批非常优秀的学生，日后他们都成为思想界和文化界的精英，比如知识社会学的奠基者舍勒（M. Scheler）、曼海姆（K. Mannheim），西方马克思主义的开拓者卢卡奇（G. Lukacs）、布洛赫（E. Bloch），文学表现主义的创始人希勒（K. Hiller），以及激进女权主义的重要代表施托克尔（H. Stocker），等等。齐美尔是19世纪到20世纪之交德国思想文化界最重要的知识分子之一，至少有10年之久，他被普遍视为当时柏林大学最具批判精神的社会理论家②，成为理解德国现代主义思想文化勃兴的关键人物，并对激进女权主义、争取同性恋合法权益运动、文学表现主义、政治激进主义、西方马克思主义等产生了不容忽视的影响。齐美尔是德国最早在大学讲授社会学的学者之一，也是德国学界第一位将社会学作为书名的作者，他还和韦伯、滕尼斯等著名学者一起于1909年共同创建了德国社会学学会。鉴于他对社会学所做出的杰出贡献，不少朋友推荐他担任德国社会学会第一任主席，但遭到他的婉言拒绝。那时，他的学术探索兴趣已经不再聚焦于社会学上了。③ 为了获得与自己相称的学术荣誉，齐美尔多次向名牌大学空缺的教授席位提出申请，同时还得到韦伯等著名学者的大力举荐，但每次都以失败而告终。直到1914年，齐美尔才在远离柏林的斯特拉斯堡大学谋到一个正教授职务，这是一所省立大学，位于德法交界处。不久，第一次世界大战的爆发使大学的运转陷入瘫痪。1918年战争结束前，齐美尔因肝癌去世，享年60岁。

---

　　① 按照Tenbruck的说法，《货币哲学》的出版标志着齐美尔对社会学的兴趣达到鼎盛时期，其后热情减弱，1908年《社会学》的出版只是一个更加明确的"了清欠债"的标志。该书可看作齐美尔对之前所做的社会学探索的一个总结，它主要由作者在过去已经发表的文章的基础上通过增补、编辑而成。

　　② 参见 Ralph M. Leck, *Georg Simmel and Avant-Garde Sociology: The Birth of Modernity*, 1880 to 1920, New York: Humanity Books, 2000, p. 210.

　　③ 德国社会学会的会长一职最后由著名社会学家滕尼斯担任，而且他一直担任此职直到1933年受到纳粹政府迫害而被解职。

齐美尔著述等身，一共出版了31部著作和文集，发表了300多篇文章，内容涉及哲学、历史、美学、艺术、社会学、政治学等众多领域。其中，既有对于特别深奥的康德认识论的专题研究，又有关于气味社会学、食品社会学以及时装社会学等方面的学术小品文，真可谓包罗万象，无所不及。有人形象地将他比作一个哲学松鼠，从一只坚果跳到另一只坚果，并不抱住一只坚果啃个没完。齐美尔是个多面体，他恐怕是社会学家中获得各种不同标签最多的一个，这些形形色色的标签包括："形式社会学家""微观社会学家""互动论者""唯美主义者""印象主义者""社会学的漫游者""过程社会学家""时代的诊断家""社会网络理论的鼻祖""第一位研究现代性的社会学家""早熟的解构主义者""后现代主义的早期代表"，等等。有人说"并不存在本质上的齐美尔，只有站在当代话语形态中的不同立场上解读出来的不同齐美尔"[①]。齐美尔是一个有着无穷创新思想的人，对哲学和社会学等领域的影响是广泛而深远的。在齐美尔撰写的大量学术著作中，涉及社会学的主要有：《论社会分化》《历史哲学问题》《货币哲学》《社会学：关于社会交往形式的探讨》（简称《社会学》）《社会学的基本问题》《哲学文化》等。

二、主要的理论倾向

齐美尔的思想渊源非常复杂，一般认为，他一生所受的学术影响大体上可划分为三个相互重叠的时期。早期深受法国和英国实证主义思想以及达尔文和斯宾塞的进化论的影响；中期当他撰写自己最重要的社会学著作时，则转向康德和新康德学派，并从马克思那里获得启发；晚期他又想借助尼采、叔本华和柏格森的思想建立一门生命哲学。需要指出的是，上述齐美尔思想发展的三个时期的划分，只是为了方便的权宜之举，其实是非常粗略的，而且三个时期存在不少交叉重叠的部分。比如，即便过了早期，斯宾塞对齐美尔的影响仍然存在，而生命哲学、活力论的观点也早在《生命直观》之前的一些著作中就已经出现过。也就是说，齐美尔一生的思想虽有明显的发展变化，但也存在一定的连续性。概括地说，齐美尔的社会学理论具有如下几大特色：视角论、建构论、关系论、形式论、文化论。

[①] Deena Weinstein and Michael A. Weinstein, *Postmodern（ized）Simmel*, London: Routledge, 1993, p. 55.

(一) 反对泛社会学化

齐美尔反对当时比较流行的一种泛社会学化观点，此观点从孔德和斯宾塞那里一直延续下来，即认为社会学是有关社会的一般科学，它无所不包，伦理学、人口学、历史学、政治学、民族学均可囊括其中。齐美尔指出，人的行动全部发生在社会之中，并不表明社会学就应该是一门包揽一切的社会科学或成为社会科学之王。就像物理学、化学、植物学等都必须通过人的意识才能进行研究，但不能说这些学科都是心理学的子学科。其实，就社会学同现存学科的关系而言，它更主要的是一种研究手段，一种探索这些学科的主题的新途径。任何科学都是从一个侧面，以一种特定的视角来考察给定事物的总体性，而没有一种科学能够完全把握这种总体性。社会学提供了一种全新的思维方式，一种独特的视角，它认为人的全部本质和所有表现，都取决于同他人的互动[①]。考察社会互动（或社会交往），确切地说考察社会互动的形式，乃是社会学研究的重心。

(二) 超越唯实论和唯名论的建构论

齐美尔的社会观是对社会唯实论和社会唯名论的批判性综合，他认为这两种观点都有失之偏颇的地方。社会唯实论的错误在于，简单地认为社会是不依赖于个人并且决定着个人的独立实体，过分夸大了社会的独立性和既存性，没有看到社会对个人的依赖性和社会本身的生成性。个人是社会生活的主体，正是通过个人之间的相互作用，人们之间才形成了真实的关系，即社会赖以存在的形式。社会唯名论的错误则在于只承认作为社会构成要素的个人的真实性，而否定了作为综合体的社会的真实性。综合体不同于集合体，后者只是无关要素的简单堆积，而前者却具有把各个要素统一起来，使各个要素相互联系成为一个整体的特定形式。社会由于具有将个人联系起来的特定形式，因而是一个真实存在的综合体。齐美尔指出，必须同时承认个人和社会的真实性。他的社会观可以概括为，社会不是定型的或已完成的实体，而是由个人之间相互作用不断复制、重塑和改造的持续生成的、具有真实性的综合体，强调了社会的二重性和过程性。社会学要研究的是个人形成了群

[①] 参见成伯清：《格奥尔格·齐美尔：现代性的诊断》，杭州大学出版社，1999年，第 25-27 页。

体,同时又被群体所决定这样一个事实①。

(三) 突出形式社会学的知识分类

齐美尔在后期代表作《社会学的基本问题》中,将社会学的知识领域(问题领域)划分为抽象程度不同的三个层次:一般社会学、纯粹社会学和哲学社会学,并认为这三个层次彼此相关,共同组成了完整的社会学知识体系,其中纯粹社会学又是社会学研究的重点。

1. 一般社会学

一般社会学以社会历史生活以及社会生活中的具体事例为研究对象。一般社会学虽然涵盖了人类存在的几乎所有领域,但这并不意味着它可以取代别的社会科学的研究,它只是企图以一种全新的视角来解读人类的历史生活,即将社会变迁视为社会形式的变迁。涉及的主要内容包括:历史发展的阶段问题;群体的权力问题;集体和个体的行为、行动和思想之间的价值关系问题。

2. 纯粹社会学

纯粹社会学即形式社会学,它研究社会交往的纯粹形式,是社会学研究中最重要的部分。形式社会学将社会交往中的心理现象和文化价值等具体内容统统舍弃,只研究社会交往的纯粹形式,这种形式实际上是对交往的纯粹要素的一种抽象。面对纷繁复杂的社会生活,齐美尔意识到要对自然现象不同的、具有唯一性的社会历史事件进行有效的研究,就只能抛开这些事件的特殊性,而去关注构成这些事件的同一性即它们的外在形式。这种形式就是我们用来思考社会生活的一种有效范畴。齐美尔认为形式社会学和几何学非常相似,因而也可称为"社会几何学"。

3. 哲学社会学

它主要揭示社会学研究的前提、条件以及基本范畴,研究社会学的认识论和形而上学问题。齐美尔认为,当哲学社会学作为一种认识论时,它能够为我们研究其他社会科学提供各种概念、假设、公理和预设,使我们能够将

---

① 刘易斯·A. 科瑟,《社会学思想名家》,石人译,中国社会科学出版社,1990年,第 200 页。

社会领域中无数零碎的知识整合成一幅完整的社会图景;而当哲学社会学作为一种形而上学时,我们就能够超越日常经验的有限性,克服个别事件的不连续性和异质性,进而呈现出事件的意义。

上述三种社会学知识之间的逻辑联系表现为:哲学社会学为社会学研究奠定基础,提供哲学认识论和方法论前提;形式社会学在哲学社会学的指导下,对交往形式进行抽象、系统的研究,而不涉及交往过程的具体内容;一般社会学则把形式社会学得出的一般性原理同具体的社会生活、历史事件联系起来,对社会生活进行详细阐述。

(四)强调关系取向的文化论

齐美尔社会研究的一大特色是强调联系与关系的取向,其主要分析单位既不是个人,也不是群体,而是关系——他真正感兴趣的是那些创造性的互动,致力于将现代人置入相互作用的复杂的社会网络中进行考察与探究。他是当之无愧的方法论关系主义的主要代表。同时,齐美尔的研究旨趣相当另类独特,他开启了一条从内心体验来探讨现代性的社会研究思路,关注个体在现代社会挣扎的命运,探索生命感觉萎缩的出路,重视文化社会学的议题。在社会研究的选题上,齐美尔非常有特色的地方就是有意回避与"元叙事"相关的大问题,致力于探索主流社会学不屑一顾的琐碎的、边缘的小问题。齐美尔的社会研究议题极其宽广和庞杂,大多涉及日常生活中文化意义丰富的微观互动,提供了充满洞识的"微观叙事"或"局部知识"。他着力从个体的内心体验来考察现代性,创造性地分析消费文化的诸多面向,虽然这些现在已成为社会研究的热门,但在当时却是非主流的、遭排斥的。齐美尔在研究选题上的取舍深得后现代主义者的青睐。

第二节 社会学方法论

一、建构主义的社会观

对社会的根本看法、对核心问题的预设等都会影响社会研究的基本路径、具体方法,甚至研究结论。因此,考察社会学家的社会观就是一桩很重要的事情。

（一）社会的二重性

齐美尔的社会观具有浓厚的建构主义（constructionism）色彩。某种意义上，他的社会观是对社会唯实论和社会唯名论的批判性超越。在他看来，社会既不是一个独立的封闭实体，也不仅仅是个体聚合的名称而已。在很大程度上，他将社会视为一种通过元素的相互作用，而突现或涌现成具有自身特质的形式：它具有不为个别社会参与者所具备的新生性，不能只是还原成对人类个体行为（或其心理及生理）的研究，而且这种突现特质是复杂的、非线性的和难以预测的[①]。齐美尔认为，社会与个体并不是完全对立的，而是互赖共存的关系：现实中不存在没有个体的社会，也不存在没有社会的个体[②]。社会是个体之间持续地相互作用、相互影响的结果，是各种社会关系不断形成、改变的动态过程。齐美尔曾给社会下过一个非常宽泛的定义："社会存在于若干个人有着相互影响的地方。这种相互影响总是产生于某些特定的本能欲望，或者为了某些特定的目的"[③]。

可以说，个体与社会之间的辩证关系贯穿于齐美尔的全部社会学思想。在他看来，个人同时是社会的产物和成员：作为社会的产物，个人面对的是一个来自过去的社会形式；作为社会的成员，个人又编织进现时的社会存在中[④]。"在人、群体、形成物相互交织的复杂关系中，到处都存在着二重性：个体要求成为整体，而它属于更大的整体的从属性只能让它担任部分的角色"[⑤]。显然，齐美尔十分强调社会与个人所具有的二重性特征，主张个人与社会之间是相依共存、难以分割的关系，一切社会现实都不可避免地具有二重性。这样的观点得到了不少晚近社会理论家的认可。看起来，齐美尔提出了一个带有一定循环性解释的观点：经历社会化的个体既是原因又是结果。一方面，个体是互动的动力来源；另一方面，他又是互动产生的社会结构和制度的结果。这为理解能动和结构之间的关系这个社会学的难题做出了有价

---

① 郑作彧：《齐美尔社会学理论中的突现论意涵》，《广东社会科学》2019年，第6期。
② G. 齐美尔：《桥与门——齐美尔随笔集》，涯鸿、宇声等译，生活·读书·新知三联书店上海分店，1991年，第244页。
③ 西美尔：《社会学——关于社会化形式的研究》，林荣远译，华夏出版社，2002年，第4页。
④ 参见尼格尔·多德：《社会理论与现代性》，陶传进译，社会科学文献出版社，2002年，第32页。
⑤ G. 齐美尔：《桥与门——齐美尔随笔集》，涯鸿、宇声等译，生活·读书·新知三联书店上海分店，1991年，第162页。

值的尝试，并体现了社会学的基本旨趣：关注我们的行动如何塑造了我们周围的世界、我们又是如何被我们所生活其中的世界所塑造①。

（二）社会的过程性

齐美尔将社会视为由人们持续互动形成的不断变化的动态关系网络，将其看作建构性的、创造性的存在。社会不是静止的，它是一个永恒的过程。社会只要存在，社会化（即社会交往或社会相互作用）就不会停止。"在人当中，社会化一再结合着、重组着和重新结合着，成为一条链锁着个人的永恒的长流和搏动，哪怕在社会的生活没有上升为真正的组织的地方也是如此。"② 齐美尔的社会观十分强调社会的流动性和过程性。个体生命充满着创造性的活力，社会生活也是丰富多彩、变动不居的。"社会历史在冲突、妥协、调和之中发展，渐渐地获得，迅速地失去，在适应社会群体与个性提升之间显现。"③

需要指出的是，齐美尔一般被贴上"形式社会学家"的标签，似乎他只重视社会的形式而不是内容或过程。事实上，齐美尔非常看重社会的过程性、生成性和变化性，他之所以提出社会学要分析研究社会形式，是希望用相对稳定的形式去把握丰富多彩、变动不居的过程。也就是说，分析形式只是一种策略或手段，目的则是更好地认识过程。总之，齐美尔将社会视为人们相互作用的动态过程，而作为社会互动产物的社会形式又具有一定相对独立性及物化趋向，即它会逐步发展出某种自主功能逻辑的性质。因此，个体一方面是互动过程的积极的创造者，另一方面又要受到社会形式的影响与约束。在齐美尔看来，社会的过程性就体现在个体化和社会化同时进行、相辅相成：人们在个体化实践中获得了社会性，同时又在社会化的活动中发展了个性。

（三）社会事实的建构

在齐美尔看来，社会事实不是给定的，不是客观存在的事物，而是在人

---

① 乔恩·威特：《社会学的邀请》，林聚任等译，北京大学出版社，2008年，序言第11页。

② 西美尔：《社会学——关于社会化形式的研究》，林荣远译，华夏出版社，2002年，第13页。

③ 齐奥尔特·西美尔：《时尚的哲学》，费勇、吴蓓译，文化艺术出版社，2001年，第70页。

际互动过程中不断定义和建构的产物,是行动者积极参与的结果。社会生活并不独立于人们获得经验的方式之外,社会成员一定会与共同体中的他人分享经验与认识,而经验事实也只有纳入社会生活的总体中才能得到理解。人们通过解释经验并赋予其意义的方式创造出了他们的社会世界。"人们可以从艺术角度出发去认识世界,也可以从宗教角度去理解世界;人们可从实践出发认识世界,也可从科学出发理解世界。同一内容在不同范畴下每次总可形成性质完全不同的宇宙观"[1]。齐美尔进而指出,受偶然性动机的激发,人们可以建构出各种不同的世界面目,但不可能形成一个理想所追求的完整的世界面目[2]。因此,社会世界实际上是具有多重性(或多维性)的。进而言之,并不存在完全客观的事实,不同时间、不同环境下的不同个人,运用不同的观测方式会对事物有不同的看法,而这些不同的看法可能都是有效的。科学研究实际上也是对社会的一种重构,认识的主体与客体是相互依存的。"客体由认识的主体确立,主体由被认识的客体确立。两者互为条件:一方停止之处,就是另一方起始之处,两者存亡与共。"[3] 社会世界是一个充满意义的世界,它并不是由存在于社会成员的主观经验之外的实体组成的。人们根据意义来观察、解释和体验世界,从而能动地建构自己的社会现实。重要的是,意义并不是外部社会所强加的,而是行动者在社会互动过程中不断创立和重建起来的。人们就生活在由自己创造的充满意义的符号世界里。社会结构不是独立的、外在于行动者的,它并不是刚性的,人们也并不是被动地遵循一系列的社会规则,行动者参与了社会结构的生成,而社会结构也不能完全决定行动者的观念与行动。社会成员是社会事件的创造性解释者,他们通过自己的行动和解释赋予世界意义。

现实中的人们是依据他们对事物的理解与解释而采取行动的,这些理解与解释是否"真实""正确"并不重要,只要行动者相信是真实的,就会做出相应的行动选择。这也是著名的"托马斯定理"[4] 所阐明的原理。在齐美

---

[1] G. 齐美尔:《桥与门——齐美尔随笔集》,涯鸿、宇声等译,生活·读书·新知三联书店上海分店,1991年,第157页。

[2] G. 齐美尔:《桥与门——齐美尔随笔集》,涯鸿、宇声等译,生活·读书·新知三联书店上海分店,1991年,第157页。

[3] 格奥尔格·西美尔:《叔本华与尼采——一组演讲》,莫光华译,上海译文出版社,2006年,第20页。

[4] 又称情境定义,由美国社会学家 W. I. Thomas 和 D. S. Thomas 于 1928 年提出,意指一个人对情境的主观解释(或定义)会直接影响他的行为,"如果人们把某种情境定义为真实的,那么这种情境就会造成真实的影响。"

尔看来，社会成员的内心世界及其相互作用建构起人们生活于其中的社会世界，"如果对社会的概念作最通俗的理解，那么，社会就是个人之间心灵上的交互作用"①。正因为如此，现代性问题很大程度上就是个人内心世界的改变过程，即是说，个体主观性在其中发挥着非常重要的作用。不像物质世界的客体可以相对独立于人们的影响与作用，社会事实全都渗透着人们的互动和反应，它们具有很强的社会建构的成分。这从齐美尔对穷人的分析中可以看得比较清楚，他说："穷人作为社会学的范畴，不是由于某种特定程度的短缺和匮乏而产生的，而是因为他得到救济或者根据社会的准则应该得到救济而产生的"②。显然，在齐美尔的眼里，在很大程度上"穷人"不是一种独立于社会规范的"客观实在"，而是一种社会产物——强烈依赖于人们对待他或她的态度，或者说"穷人"是人们运用一定符号系统建构出来的。循着这样的思路，各种社会问题在一定程度上都可以看作社会建构的产物。齐美尔的宗教社会学的研究也体现了类似的特点。与其他理论家不同，他特别注重探讨"宗教性"，即一种普遍存在的社会精神结构，主要特征是个人与集体的关系表现为"融升华、献身、神圣、忠诚于一体"。他认为宗教并不存在于社会的彼岸，而是存在于社会关系之中，他的名言是"不是宗教创造了宗教虔诚，而是宗教虔诚创造了宗教"③。齐美尔的宗教观开启了彼得·伯格的宗教社会学的论题以及托马斯·勒克曼的"无形宗教"的论题，而后面两位还合作撰写了社会建构论的开创之作《现实的社会建构》。④ 总之，在齐美尔看来，不存在纯粹中性的观察，也不存在完全客观的事实。任何事实都有主观因素的参与，它在很大程度上依赖于人们之间达成的共识，说到底，社会现实不过是人们运用一定的符号系统建构出来的。

二、批判的认识论立场

齐美尔受康德认识论的影响很大，持有同新康德主义者相似的学术趣

---

① G. 齐美尔：《桥与门——齐美尔随笔集》，涯鸿、宇声等译，生活·读书·新知三联书店上海分店，1991年，第239页。

② 西美尔：《社会学——关于社会化形式的研究》，林荣远译，华夏出版社，2002年，第363页。

③ 西美尔：《现代人与宗教》（第二版），曹卫东等译，中国人民大学出版社，2003年，第95页。

④ 彼得·伯格、托马斯·卢克曼《现实的社会建构》，汪涌译，北京大学出版社，2009年。

味,即要像康德一样对科学的前提进行批判,要对社会和社会学何以可能的前提进行严肃探究,要揭示社会学研究背后隐含的"哲学任务",要澄清社会学知识的性质与特征。而这种带有较浓批判色彩的认识论思考,又对齐美尔自己的社会理论与方法论产生了很大影响。

(一) 挑战传统真理观

齐美尔认为,并不存在绝对的真理,真理都是相对的,衡量真理的标准也不是一成不变的,它不过是一种功能关系而已[①]。在他看来,所谓"真"的东西既不以客观的确定性为基础,也不以主观的自我认定为基础,而是以关系为最重要的基础。比如事物的"真实"形象就取决于观察者的空间距离,不同距离的观察者会发现不同的"真实"[②]。这表明客观事物的真最终涉及的是认识主体和认识对象之间的关系。科学知识不是对外部世界的摹写或复制,不是一个简单的再现问题,它是人类创造性活动的产物。"世界虽然决定了,什么应该是我们的认识内容,但认识却先此决定世界对我们来说能是什么样的"[③]。科学知识很大程度上依赖创造它的人,而不是仅仅取决于作为对象的客体,与此相应,人的局限当然也会限制科学的运用范围。同时,科学的对象依赖于研究者依据一定理论框架的选择或建构。任何事物都具有无数的方面和属性,而科学只是聚焦于其中的某些方面或某些属性。同样的物体,在基于不同旨趣的学科框架中会呈现出不同的性质。

齐美尔确信真理是相对的,科学知识提供的也是一种相对的真理。是否存在知识的绝对基础是值得怀疑的,至少人类目前还未能一劳永逸地找到这个基础。在齐美尔看来,根本不需要教条地相信存在一个无法证明的唯一真理,"真理就像重量一样是一个相对的概念。我们关于世界的想象是飘浮在空中的。这是十分可以接受的,因为世界自己本来就是这样的。"[④] 齐美尔断定真理正因为是相对的才是有效的。多种不同的、看似冲突的探究问题的视角,可能各自都揭示了问题的某一方面的属性,从而整体上具有一定的互补

---

① 格奥尔格·西美尔:《历史哲学问题——认识论随笔》,陈志夏译,上海译文出版社,2006年,第240页。

② G.齐美尔《桥与门——齐美尔随笔集》,涯鸿、宇声等译,生活·读书·新知三联书店上海分店,1991年,第238页。

③ G.齐美尔《桥与门——齐美尔随笔集》,涯鸿、宇声等译,生活·读书·新知三联书店上海分店,1991年,第16页。

④ 西美尔:《货币哲学》,陈戎女等译,华夏出版社,2002年,第44页。

性。每种视角在其自身限度内发挥着有效性，但并不排斥、否认其他视角在其自身限度内的有效性。所以，应该提倡视角多元主义，反对将问题的答案单一化、凝固化的做法。可以看出，齐美尔具有较强的反基础主义的倾向，其认识论带有明显的怀疑主义和批判主义成分。在认识论上，齐美尔对非此即彼、非黑即白的二元思维方式也给予了严厉批判。他认为局限于是非两个选项的思维方式或逻辑概念是非常狭隘与不合适的，是令人痛心的哲学危机的一种表现，应该积极探索可能的第三种解释途径，"要飞跃，要突破，要寻找新的形式"①。

（二）质疑科学知识的性质

科学知识是不断发展的，并具有一定的约定成分。齐美尔认为，科学的发展是一个由笼统逐步趋于精确的过程。科学探究始于宽泛的概念和一般的思考，起初会建立一些相当一般的规范和非常综合的法则，利用少量高度抽象的概念来理解存在的整体；之后，科学致力于对部分及其相互关系的深入探讨，分析复杂的概念和现象。事实上，科学知识带有假设与约定的性质，它不是固定不变的，而是会随着社会的变迁、时代的更替、精神的发展、认识的提高等，发生较大的改变。"科学假定，组织的、心理的、伦理的与社会的形式不是绝对稳定的，而是不断发展的，……"②。在齐美尔看来，科学探究的过程是无止境的，它没有任何有限的可以到达的终点。

齐美尔同意这样的观点：人的认识是从实践的必然性发展起来的，因为知晓真理是生存斗争中的一种武器。但他又认为，人的认识一旦发展起来就具有一定的独立性，不再仅仅是生存斗争实践的直接产物。它可能已经由一种为了达到行为本身的目的所采用的单纯的手段，演变为一种最终的目的。结果是，认识与实践成为一种既相互独立又相互作用的关系。即是说，认识的发展一方面要受到社会实践、社会需求的极大影响，另一方面又有自己内在的发展逻辑③。社会学的产生与发展符合上述原理。"社会学的科学一般提出的要求是在理论上继续和反映19世纪群众对于个人的利益所达到的实际

---

① G. 齐美尔《桥与门——齐美尔随笔集》，涯鸿、宇声等译，生活·读书·新知三联书店上海分店，1991年，第107页。
② 西美尔：《货币哲学》，陈戎女等译，华夏出版社，2002年，第41页。
③ 西美尔：《社会学——关于社会化形式的研究》，林荣远译，华夏出版社，2002年，第1页。

力量"①。社会学是大众权力增加的产物,也是大众文化的反映。很大程度上,社会学的产生与发展是和现代社会中产阶级的诞生与崛起密切相关的。可以说,正统的社会学更多反映的是西方白人男性中产阶级的观点与利益。

(三) 批判历史实在论

基于建构主义的社会观,齐美尔旗帜鲜明地批驳了那种所谓的历史实在论——该派认为历史科学就是"如其实际发生地"展现各个事件。他有时也把历史实在论称为"自然主义"或"历史经验主义"。齐美尔认为,历史实在论那种看似有理的复制论、反映论实际上是站不住脚的。首先,现代自然科学的成就已经表明"认识论的实在论"是错误的:它把真理解释成思维与其对象之间——从一个镜像的意义上讲——的一种符合,而这个对象必然外在于它所对应的思维。"根据数学公式或各种原子、根据机械论或物力论对真实事件的描述只是一套符号,即由心理范畴所构建的一个建构。它只是描述认识对象的符号系统。我们容易看到无论从何种意义上讲,这种描述都不是对象本身的精确复制"②。换言之,真理符合论是不成立的,科学知识无非一种语言符号的建构。其次,在齐美尔看来,任何对社会世界的描述当然也不是,也不可能是对其的精确复制,而是一种心智活动的创造物,是一种运用符号的建构。人们必须明白,每种认识形式都描述了从直接给定的材料到一种有其固有的形式、范畴和要求的新语言的转换③。在齐美尔看来,并非历史事件规定人必须怎样开展对某一历史事件的认识,而是人自身的感官体验、知性范畴和理性推理主动建构了自身对某一历史事件的认识。

齐美尔指出,"不存在任何历史:存在的只有各种历史学。既然任何历史都够不上一种复制,那么,一种历史仅能描述将一个特异的问题结构应用到实在的原始材料上的一个实例"④。其实,历史都是由不同的历史学或不同的历史学家借助一定的语言符号呈现出来的。齐美尔的观点非常明确:历史

---

① 西美尔:《社会学——关于社会化形式的研究》,林荣远译,华夏出版社,2002年,第1页。
② 格奥尔格·西美尔:《历史哲学问题——认识论随笔》,陈志夏译,上海译文出版社,2006年,第90页。
③ 格奥尔格·西美尔:《历史哲学问题——认识论随笔》,陈志夏译,上海译文出版社,2006年,第90-91页。
④ 参见格奥尔格·西美尔《历史哲学问题——认识论随笔》,陈志夏译,上海译文出版社,2006年,盖伊·奥克斯所撰写的导论,第19页。

真理不是单纯的复制,它更多的是一种心智的创造性活动。历史需要揭示原始材料的含意和价值,而"这些含意和价值以产生一个新的建构的方式构成过去,即符合我们所强加的标准的一个建构"①。即是说,历史是在某种理论的指导下,按照一定的方式或原则组织或建构起来的。显然,齐美尔的观点突出了社会世界、社会事实、科学知识以及历史的建构性面向。

既然历史学不是对历史事件的简单复制,社会学当然也不是对现实的简单复制。社会学是社会学家对社会现实创造性重构的产物。在齐美尔看来,不管是社会学还是历史学的主要原理,都不是来自对经验事实的简单归纳。因果关系的确立,很大程度上依赖理论的建构。齐美尔认为社会现实与历史都是非常复杂的,各种因素盘根错节地缠绕在一起,因此,那种单因单果的解释模式以及各种决定论的主张都是难以接受的。他对历史唯物主义提出了批判的质疑,因为他断定历史唯物主义是一种经济决定论,错误地将社会生活这样一个多维度综合性过程中的局域现象夸大成涵盖一切的单一内容②。显然,齐美尔不信任决定论的解释模式,认为这是过分简单化的做法,他相信各种社会因素是相互影响和相互作用的,是很难将它们严格区分开来的,并且因果关系可以是对称的、循环的和相互转化的。

需要强调的是,齐美尔像韦伯一样,并没有无视经济因素的重要性,相反,他充分认识到了这一点,并说,"不管个人可能如何摒弃经济利益,对于大众群体,在绝大多数情况下,这却是一个决定性的因素"③。齐美尔真正反对的是将经济因素的作用过分夸大或绝对化的倾向,即齐美尔批判的矛头指向的是历史唯物主义的庸俗化解释,或某种极端的经济决定论的观点④。齐美尔认为经济实际上是嵌入社会之中的,经济形式的改变只是社会形式变迁的一部分而已,而所谓历史本身作用的改变可能就是社会形式的改变,个

---

① 格奥尔格·西美尔:《历史哲学问题——认识论随笔》,陈志夏译,上海译文出版社,2006年,第91页。

② 齐奥尔特·西美尔:《时尚的哲学》,费勇、吴蕾译,文化艺术出版社,2001年,第57页。

③ 格奥尔格·西美尔:《宗教社会学》,曹卫东译,上海人民出版社,2003年,第232页。

④ 在反思马克思与恩格斯的经济基础与上层建筑的模式时,阿尔都塞借鉴了弗洛伊德的"多元决定论"(overdetermination)这个概念。所谓多元决定论指的是组成社会形式的一系列复杂元素和关系,经济也许是这些复杂生活形式的最终决定者,但是它不会也不能独自发挥作用,它必须与社会生活中的其他元素互动,并将自己融入其中,成为多元决定模块中的一部分。

人、价值、积累、特权等在作为群体的各社会成分中如何分布与转移,也许是真正具有划时代意义的大事。看起来,齐美尔倾向于认为经济形式是更广泛的社会形式或社会结构的一部分,而各种社会形式是相互作用、相互影响的,有时这个因素强劲一些,有时那个因素强劲一些,它们共同决定了社会的变化过程。

三、另类边缘的研究选题

(一) 探索现代人的内心体验

对现代性的考察是现代社会学乃至整个现代社会科学一个核心问题。古典社会学的三大家(马克思、涂尔干、韦伯)的名气很大程度上来自他们对现代性的三个重要维度——资本主义、工业主义和理性化进行了卓有成效的研究。与三大家不同,齐美尔开启了一条从内心体验来探讨现代性的社会研究思路,即通过对现代城市生活各个片段、瞬间、细节以及现代人丰富的内心体验的考察,来描绘、揭示现代社会的特性。法国著名作家、诗人波德莱尔(C. Baudelaire)曾将现代社会刻画为"过渡的、短暂的、偶然的"[1],而齐美尔对现代性的考察与诊断正反映了这样的特征。从这个意义上讲,齐美尔也许是第一位研究现代性的社会学家[2]。他尤其关注人们感受和体验现代社会剧变所产生的社会和历史存在的新的方式,通过考察社会现实的"偶然性碎片"来揭示现代性的特征。以内心体验的独特性、易变性、多样性,来揭示现代社会的流动性、复杂性、不确定性。齐美尔指出:"现代性的本质是心理主义,是根据我们内在生活的反应(甚至当作一个内心世界)来体验和解释世界,是固定内容在易变的心灵成分中的消解,一切实质性的东西都被心灵过滤掉,而心灵形式只不过是变动的形式而已"[3]。正是因为齐美尔将现代性看作经验世界向内心世界的转化,所以他不仅去追寻现代互动形式的"纤细、无形的丝线",而且还专注于感官和情感社会理论的发展。这样,内

---

[1] 波德莱尔:《波德莱尔美学论文选》,郭宏安译,人民文学出版社2008年,第439-440页。

[2] 戴维·弗里斯比:《现代性的碎片》,卢晖临、周怡、李林艳译,商务印书馆,2003年,第6页。

[3] 戴维·弗里斯比:《现代性的碎片》,卢晖临、周怡、李林艳译,商务印书馆,2003年,第51页。

心体验本身变成了社会研究的主题①。而这样的思路也反映了齐美尔极其关注的一个关键问题：个体在现代社会抗争的命运以及生命感觉萎缩的出路。

确实，内心体验应该成为现代性的一个重要维度，现代性应该包含与现代社会生活相应的个人的心智素质或独特体验。现代社会的变迁给人的身心带来巨大的冲击，它完全改造了日常生活的实质，影响了人们经历中最为个人化的那些方面，个人的生活方式、价值理想、自我认同、亲密关系、行动模式等都发生了重要的转变。对齐美尔来说，现代性的社会经验，在日益扩张的都市中、在一种由成熟的货币经济造就的疏离感之中，尤其可以被强烈地体会到。他相信理解这些体验的最佳方式或途径就是深入到个人内心生活中去，由此，齐美尔提出了一种分析诊断现代性的新思路，拓宽了人们对自己经验的理解，赋予了人们的日常生活一种新的广度和深度。

（二）研究日常生活的琐碎现象

在社会研究的选题上，齐美尔非常有特色的地方就是有意拒绝"宏大叙事"或"元叙事"，致力于类似后现代主义理论家利奥塔所倡导的"局部叙事"或"微观叙事"。齐美尔无意追求庞大、完整、高度形式化的理论体系，也不太关注宏观、重大的系统问题，而是醉心于探索主流社会学不屑一顾的琐碎的、边缘的小问题②。齐美尔的社会研究不是整体上的社会分析和系统的历史分析，不属于那种对社会系统所做的结构性或制度性的探究。他并不从社会整体、社会制度、宏观结构等入手开展研究，而是将社会现实所呈现的众多"偶然性碎片"作为研究的起点。在研究对象的选择上，他舍弃宏观的组织和系统，如国家、教会、社区等，而着眼于看似微不足道的关系形式和互动类型，以及与现代城市日常生活密切相关的其他零散现象，所涉及的议题之宽广和庞杂，在现代社会学家中恐无人能及。如对桥与门、眼与耳、面孔、椅子、把手、食品、气味、时尚、风格、景观、服饰、香水、聘礼、罚金、贿赂、卖淫、调情、羞耻、感谢、秘密、冒险等进行的社会分析，非常细腻和犀利，体现出丰富的社会学的想象力，但这些都是一般社会学家不太关注的"琐事"，难登大雅之堂，基本不入主流社会学家的法眼。然而，

---

① 戴维·弗里斯比：《现代性的碎片》，卢晖临、周怡、李林艳译，商务印书馆，2003年，第360页。

② 显然，这与旨在提出"终结所有理论的理论"的现代社会理论大家帕森斯大异其趣。帕森斯在其系统总结古典社会学大家的代表作《社会行动的结构》一书中，未将齐美尔列入重点人物进行讨论是可以理解的。

在齐美尔看来，正是这些日常生活中的"琐事"，充分展示了社会互动无所不在的特征，同时折射出社会整体的性质，反映了现代性的风貌，能为社会现实的根本方面提供有价值的答案，"生活的细节、表象，是有可能与它最深奥的、最本质的运动联系起来的"①。他认为社会生活的每一个碎片、每一个快照，都包含着昭示整个世界的总体意义的可能性。

齐美尔社会研究的一大特色和惯常做法是，从分析社会生活中某些看似最琐屑的具体现象的意义入手，通过这种分析及形而上的思考，实现自己更为一般性的目标。在齐美尔那里，探索社会整体的意义，只是社会研究形而上的目标，但研究的出发点却不是社会整体，而是看似碎片化的部分。强调研究社会生活的偶然性碎片，也是因为现代人本身就是碎片化的，"我们大家都是一些残缺碎块，不仅是一般人的残缺碎块，而且也是我们自己的残缺碎块"②。因此，注重从碎片化的具体现象与细节入手，应该是社会研究的出发点与有效途径。

（三）分析复杂的微观互动

齐美尔认为社会在很大程度上表现为人们之间的互动，而社会学的一项重要任务就是分析人们之间复杂的微观互动。在他看来，人们互动的基本过程是社会的动力所在，是社会整合的基础，也是社会生活纷繁复杂内容的载体，因此应该成为社会学研究的重要议题。对微观互动的强调，使齐美尔获得了洞察社会的显微镜，而通过这种社会学的显微镜，社会细胞的细致入微的相互作用得以清晰地呈现出来。"社会的各种原子之间的、只有心理学的显微镜才能企及的相互作用就存在于此，社会的原子支撑着社会的这种如此一清二楚和如此谜一般的生活的整个的坚韧性和灵活性、整个的五光十色和统一性"③。齐美尔相信，研究这些微观互动，比研究社会的主要结构和制度，更能产生对社会的"更深刻更准确"的理解④。那些看似不起眼的人与

---

① 参见戴维·弗里斯比：《现代性的碎片》，卢晖临、周怡、李林艳译，商务印书馆，2003年，第65页。
② 西美尔：《社会学——关于社会化形式的研究》，林荣远译，华夏出版社，2002年，第22页。
③ 西美尔：《社会学——关于社会化形式的研究》，林荣远译，华夏出版社，2002年，第13页。
④ 参见戴维·弗里斯比：《现代性的碎片》，卢晖临、周怡、李林艳译，商务印书馆，2003年，第74页。

人之间的互动，形塑了社会统一体的结构，造就了社会的稳定性。

齐美尔的形式社会学涉及许多复杂互动的议题：群体规模与互动形式、统治与服从、竞争与合作、冲突与凝聚、社会交换、群体关系及个人自由等，本章第三节会做重点介绍。

（四）考察消费文化的诸多面向

与马克思强调生产在现代社会中的重要作用不同，齐美尔特别注重消费对现代人的心理影响及其社会效应。他对首饰、香水等消费品以及时尚、风格、闲暇等做了富有洞察力的社会学分析，而且格外重视文化符号在现代社会中的重要意义。这些研究与分析具有很强的预见性，因为消费及文化分析已成为当今社会研究的重要议题。事实上，随着社会物质财富的增加和物质生活水平的提高，现代社会逐步过渡到"丰裕的社会"，在一定意义上，消费也就成为比生产更重要的问题[①]。换言之，消费而非工作，已成为"生活世界运转的轴心"，此时最重要的生产就是生产消费者。在19世纪末和20世纪初，对消费问题的关注还不是社会理论界的热点，从事相关研究的社会理论家也很少，而齐美尔恐怕是其中最重要的一位。齐美尔对与消费有关的各种现象——时尚、闲暇、进餐、奢侈品、卖淫、风格、冒险、博览会、展销会等，做了深刻的分析和研究，其成果是具有开创性的。毋庸置疑，消费已成为齐美尔社会研究的一个非常重要的主题。他清楚地意识到，现代消费的一个重要特征是任何事物都可以消费。现代消费主义努力将消费从过去那种以生存为目的的工具性和功能性纽带中解放出来，转变成一种能被无限建构的新的可塑性"需求"——变化无常、永无止境的欲望[②]。

齐美尔对现代生活中的时尚做了鞭辟入里的剖析。他认为追逐时尚是现代社会的重要特征，它满足了社会的某些基本的需要，同时它伴随着大量的消费行为。在齐美尔看来，时尚是社会分层的产物。时尚象征着某个社会阶级的特征，具有内在的统一性和外在的排他性。它具有某种双重的作用：一方面使既定的社会各界和谐共处；另一方面又使其相互分离，同化和异化同时进行。上层阶级通过制造新的时尚排斥其他阶级，而下层阶级则以模仿来

[①] 鲍德里亚将现代社会称为消费社会，强调现代社会的消费逻辑，但他并不认同"丰裕社会"的提法。参见鲍德里亚：《消费社会》，刘成富、全志钢译，南京大学出版社，2000年。

[②] 齐格蒙特·鲍曼：《被围困的社会》，郇建立译，江苏人民出版社，2005年，第190页。

消除和上层阶级之间的距离。按照齐美尔的观点，时尚不仅是阶级分化的产物，它还履行并强化了阶级分化的功能。追逐时尚也与一定的文化品位和消费能力密切相关。时尚的辩证法表明，当一种时尚极度流行时也就意味着它的死期来临。"时尚的发展壮大导致的是它自己的死亡，因为它的发展壮大即它的广泛流行抵消了它的独特性[①]"。一旦一种时尚被广泛地接受，成为大多数人的共同方式时，它就不再时髦，人们也就不再把它当作时尚了。齐美尔认为，对那些天性不够独立但又想使自己变得有点卓尔不凡、引人注意的个体而言，时尚是真正的运动场。另外，时尚可以提升不重要的个体，使他们获得一定的满足感[②]。这可以部分解释处于社会弱势地位的女性为什么特别热衷于时尚[③]。通过对时尚的考察与分析，齐美尔还发现中产阶级是社会生活中许多真正变化的制造者。对于齐美尔来说，时尚还具有审美的功能，它是社会生活的娱乐方式。时尚带来新奇，新奇的魅力就是一种纯粹的审美上的愉悦。对时尚的研究可以帮助人们更好地了解审美上的愉悦在日常生活中的大体作用。在货币经济主宰的现代社会，时尚的另一个功能是帮助人们至少尝试性地处理平等原则与差别需求之间的紧张关系，或者处理社会约束与个人独立之间的紧张关系。

四、多元主义的方法取向

齐美尔在社会研究方法论上持鲜明的多元主义立场。他提倡跨学科的视角，反对唯我独尊的单一方法，将关系作为重要的分析单位，强调多因素交互作用的分析原则，并积极探索审美观察与解释在社会研究中的运用。在他看来，并不存在某种万能的方法，只需照搬借用，就可以获得社会研究的丰硕成果。他也无意像他的同龄人涂尔干那样，提出一套系统的社会研究方法论的具体规则。

[①] 齐奥尔特·西美尔：《时尚的哲学》，费勇、吴蕾译，文化艺术出版社，2001年，第77页。

[②] 齐奥尔特·西美尔：《时尚的哲学》，费勇、吴蕾译，文化艺术出版社，2001年，第78页。

[③] 齐奥尔特·西美尔：《时尚的哲学》，费勇、吴蕾译，文化艺术出版社，2001年，第81页。

(一) 主张跨学科的视角

在齐美尔看来,社会现实具有无限的方面与属性,任何学科及方法都存在局限性,都不可能有效把握社会现实的所有方面与属性。反过来,同一个社会现象从不同的学科视角进行探究会得到不同的发现,可能产生出人意料的收获。因理论目标不同、学科旨趣相异,相同的事物在不同的学科框架中会呈现不同的性质与意义①。齐美尔认为任何单一学科都难以把握社会现实的整体,都只能认识社会整体的某一方面或某一部分。"每一门科学都是在该门科学的明确的概念导引下从全部现象或直接的经验现象中分离出一系列或一个方面的现象的,社会学也与其它科学差不多"②。确实,每门学科都有一个基本的预设前提,它是这门学科的知识得以发展的基础,同时它也制约了该学科看待问题的视角。齐美尔指出,社会学的一项重要贡献就是为社会研究提供了新的视角和新的方法,从而可以采用不同以往的途径去探索和认识社会领域中哪怕为其他社会科学所涉足过的各种现象③。实际上,齐美尔提倡一种跨学科的视角和多元化的研究方法。他认为对于研究者来说,清醒地意识到自己学科视角的局限,批判地反思本学科的不足之处,努力探索跨学科的途径与方法是非常重要的。

(二) 反对唯我独尊的方法

齐美尔在社会研究中提倡一种开放式的取向,反对"为方法而方法",拒绝运用唯一的、标准化的、程式化的方法,不管它怎样贴上"科学的""权威的"之类的标签。对于流行于社会科学中的仿效自然科学的实证主义方法,他当然持批判的态度,认为那是作茧自缚,不利于知识的增长和学术的发展④。"已经在自然科学中得到彰显的实证主义趋势变得十分普遍化了,

---

① 格奥尔格·西美尔:《历史哲学问题——认识论随笔》,陈志夏译,上海译文出版社 2006 年,第 135-136 页。
② G. 齐美尔:《桥与门——齐美尔随笔集》,涯鸿、宇声等译,生活·读书·新知三联书店上海分店,1991 年,第 242-243 页。
③ 西美尔:《社会学——关于社会化形式的研究》,林荣远译,华夏出版社,2002 年,第 2 页。
④ 齐美尔反对机械地照搬自然科学的方法,但并不反对借鉴自然科学的有用成果和思路。比如,他大力提倡的微观互动的分析,就得益于生物科学运用显微镜所进行的细胞分析与研究。而且,他毫不讳言,自己的研究受到现代生物学的启发。他的纯粹社会学,显然受到几何学的启发,而且他也做了相关的类比。

这种趋势只将呈现于我们感官面前的物质性的东西当作智识活动的正确对象，而拒斥通过反思或更深邃的精神加工抵达事物的深层含义"[1]。在齐美尔看来，这种被误认为唯一合理的观念，又可称为"自然主义"，它已经不适当地扩张到了社会研究领域。对"真实"的迷恋开始流行，似乎如果不是作为个别的、可被直接观测的现象，就不可能是真实的。齐美尔指出，理论概括、抽象思辨、辩证分析等是任何严肃的研究都不可或缺的。科学知识离不开形而上学的假定和理论的抽象，有时必须从具体的现象中主动撤离，进行批判性反思、理论的提炼，才能从更高的层次上获得更丰富、更深邃的真实。

齐美尔认为从事社会研究，不能落入"唯方法至上"或"方法拜物教"的陷阱，要警惕手段对目的的殖民。方法是为研究目标服务的，是实现研究目标的工具或手段，如果极度沉溺于方法之中，过分追求方法的精细与技巧，就会误入歧途，忘却研究的最终目的。在齐美尔看来，手段对目的的殖民是现代社会一个非常普遍的弊端，它与占据现代生活主导地位的货币经济有很强的关系。事实上，"人的文明程度愈高，他实现其目的的间接性就愈甚"[2]，他就越容易沉溺于手段之中而遗忘最终的目的。质言之，社会研究中比较流行的神化方法或"为方法而方法"的做法，其实是现代社会技术至上论的一种流毒及反映。

齐美尔坚决反对盲目追求所谓完美精致的单一方法，反对将某种方法置于至高无上的地位。研究者必须充分认识到各种方法的局限性以及它们所适用的范围或场合，并要充分意识到不同方法之间的互补性。虽然齐美尔自己青睐社会研究中的直观审美的方式，并因此被誉为"印象主义哲学家""唯美主义社会学家"，但他并不认为该方式是唯一有效的社会研究方式。他坚决反对统一的方法，拒绝提供社会研究方法的具体规则。不过，从齐美尔的理论观点和研究实践来看，他所主张的社会研究的指导性原则是：运用辩证性思维和直观性审美，注重联系与比较的路径，努力将经验观察与理性思考相结合，将分析与综合相结合，将主观主义和客观主义相结合。总之，在齐美尔的社会研究中，主观想象、抽象思辨、理性分析、审美直观、内心体验、深切感受、突然顿悟等，都发挥着重要作用。在他看来，社会研究是一

---

[1] 格奥尔格·西美尔：《宗教社会学》，曹卫东译，上海人民出版社，2003年，第225页。

[2] 格奥尔格·西美尔：《叔本华与尼采——一组演讲》，莫光华译，上海译文出版社，2006年，第1页。

项创造性的、不可简单重复的劳动，它绝不该蜕化为程序化的机械操作，并不存在一种万能的方法，只需照搬借用，就可一劳永逸地获得社会研究的丰硕成果。

（三）重视关系主义的取向

齐美尔社会研究的一个特点是关系主义取向，将关系作为主要的分析单位。为了更好地考察现代人面对社会巨变的种种反应，齐美尔将现代人置入相互作用的复杂的社会网络之中，这是一个个人和群体在其中相互交叉的社会迷宫。"人与人之间的关系是一切旨趣的源头，由各种矛盾力量所支撑着，并且表现出十分丰富的形式"①。他反对孤立地研究个人，提倡通过联系与比较的路径，去考察人们相互作用的关系及其网络。"真正的社会实践问题是指社会力量和社会形式与社会个体的独特生活之间的关系"②。他明确指出：孤立地看，没有任何句子是真的，没有任何事物是有价值的，没有任何存在者是客观的，所有这一切都在相互联系之中保障着世界的内容③。齐美尔认为，社会学的基础就是关系理论，社会现实由动态的关系构成，所有元素处于不断相互作用的过程中④。全部的社会生活的关键就是产生关系，建立相互连接，进而形成社会的统一体——说到底，一切事物最终都是相互联系的⑤。确实，人们是通过对话、谈判、协议、比较等各种协调方式来理解世界的，从这点来看，关系先于所有可理解的事物而存在。"对我们来说，直到有了关系，物质世界和人的世界才变得可以理解"⑥。在齐美尔的全部著作中，他并没有孤立地研究个人的社会行动，而是着重阐述行动者与其他个人

---

① 格奥尔格·西美尔：《宗教社会学》，曹卫东译，上海人民出版社，2003年，第27页。

② 格奥尔格·西美尔：《宗教社会学》，曹卫东译，上海人民出版社，2003年，第128页。

③ 格奥尔格·西美尔：《叔本华与尼采——一组演讲》，莫光华译，上海译文出版社，2006年，第24页。

④ Olli Pyyhtinen, *Simmel and "the Social"*, New York: Palgrave Macmillan, 2010, p.43.

⑤ 研究表明，与其他哺乳类动物相比，灵长类动物尤其能够娴熟地处理关系范畴。即是说，理解关系范畴是一种极其重要的认知技能，是衡量动物认知水平的重要尺度。参见迈克尔·托马塞洛：《人类认知的文化起源》，张敦敏译，中国社会科学出版社，2011年，第17页。

⑥ 肯尼思·格根：《社会构建的邀请》，许婧译，北京大学出版社，2011年，第9页。

的行动的联系,以及与特殊的社会结构或过程的联系。他认为人在其整个的本质和一切表现里,都是由他生活在与其他人的相互作用下这一事实决定的,这一观点正是社会学为人文社会科学贡献的"一种新的观察方式"①,同时也是方法论关系主义的基础。齐美尔在著名的《论统治和服从》一文中指出,控制并不是统治者单方面地把自己意志强加于被统治者,而是一种相互的行动。由于互动双方是相互依存的,人们只能通过一方的行动去分析研究另一方的行动。齐美尔反对那种不作任何联系,就试图分析社会行动的做法,他把这种做法称为"分隔的谬误"②。因此,齐美尔社会研究的一大特色是强调联系与关系的取向,其主要分析单位既不是个人,也不是群体,而是关系——他真正感兴趣的是那些创造性的互动。所以,称他为方法论的关系主义者更加合适。

值得注意的是,齐美尔在社会研究中虽然也重视参与社会互动的人们的心理反应及其特征,但他绝不是一个心理还原论者。他更关注的是社会互动的形式(关系模式)及过程,关注这些由人们创造出来的形式如何反过来影响、约束参与互动的个人。而且,他认为互动的形式是不能从个体的社会行动中直接推导出来的。齐美尔也不会赞同将社会研究的分析单位还原到分子、原子的水平上。齐美尔虽然也注意到不同层次分析单位之间的差异,以及跨越不同层次分析单位进行分析可能产生的谬误,但他又认为真正完整有效的研究应该是跨层次的,仅仅只局限于一个层次的研究是偏狭的。他曾明确指出:"单纯依靠内部条件,无法解释清楚内在事实,只有外部现实才能说明内在原因"③。显然,齐美尔主张事物的内在因素与外在因素是相对的,不同层次分析单位之间并不是相互独立和封闭的,而是相互作用、相互影响的。

最后需要指出的是,齐美尔的关系主义取向,不仅意味着将关系作为主要的分析单位,它还代表着一种分析的基本原则。该原则强调考察事物之间的动态关系,考察不同因素之间是如何持续不断地相互影响的:即 A 影响 B,B 又影响 A,这个过程不断重复,以至无穷,但每次都有新的变化、增

---

① 齐美尔:《社会是如何可能的》,林荣远编译,广西师范大学出版社,2002年,第5页。
② 参见刘易斯·A. 科瑟:《社会学思想名家》,石人译,中国社会科学出版社,1990年,第204页。
③ 格奥尔格·西美尔:《宗教社会学》,曹卫东译,上海人民出版社,2003年,第30页。

添新的内容。在齐美尔看来，社会因素之间的相互影响是持续不断的，因果关系具有对称、循环的性质，甚至可以相互转化，此时的因可以成为彼时的果，反之亦然。主因和次因也不是绝对的，会随着时空的不同而发生改变。齐美尔反对用简单的因果关系去解释社会现象，主张多因素之间持续不断的交互作用这一解释原则。

（四）提倡审美观察与解释

齐美尔社会研究的独特之处是开创了一种审美的视角，即运用审美观察与解释来进行社会分析。他认为现代性的本质特征在于对外部世界的体验，关注现代个体的命运及其内心体验乃是社会研究的重要目标。而为了有效地把握个体独特性的反应，仅用逻辑理性的方法是不够的，还需要运用审美观察和解释的方法，培育一种对事物有差异的魅力的细腻感受能力，以发现和感受事物的微妙差别和独特性质。他坚信："社会问题不仅是一个伦理学的问题，而且也是一个美学问题"①。在齐美尔眼里，艺术是形式的再现，由于一切社会互动都内含社会交往的形式，也就都蕴含着审美旨趣。形式化与审美性的同一体现了齐美尔形式社会学及其社会研究方式的特征。事实上，他认为可以将社会视为一件艺术品，并大力倡导运用审美印象主义的眼光，从艺术的角度来审视和观照社会，通过审美体验式语言来阐释社会的意义。齐美尔指出，这种审美观察和解释的本质在于以下事实：典型是在独特的事物中发现的，法则是在偶然性的事物中发现的，事物的本质和意义是在表面化和过渡性现象中发现的②。齐美尔认为，从审美的角度从事社会研究，需要以一种一视同仁的态度对待每一个社会生活的细节和碎片，要善于发现和体验平凡事物的独特价值和意义。他在日记中写道，宇宙的伦理应该是：不仅将每个人，而且将每件物都看作有自己的目的③。社会研究者应该具备敏锐的目光和细腻的感受力，因为社会世界的任何一点都潜藏着释放绝对美学价值的可能性。需要强调的是，审美的理解以一种独特的方式实现自己的目标：通过特殊化来实现一般化。这种审美的理解不同于归纳逻辑，后者借助

---

① G. 齐美尔：《桥与门——齐美尔随笔集》，涯鸿、宇声等译，生活·读书·新知三联书店上海分店，1991年，第221页。

② 参见戴维·弗里斯比：《现代性的碎片》，卢晖临、周怡、李林艳译，商务印书馆，2003年，第76页。

③ 参见 Georg Simmel, *The Sociology of Georg Simmel*, ed. and trans. by K. H. Wolff, New York: The Free Press, 1950, introduction, ⅩⅩ.

中介由个别一步一步到达一般，而审美理解则跨越了中间环节，直接由个别达到一般，从而使由抽象获得的形式得以充分展示出来[①]。在齐美尔看来，运用审美方法需要与客体保持一定的距离，既要进得去，又要出得来，既不做完全的局内人，又不做完全的局外人，从而守卫某种客观冷静的立场和反思批判的精神。所谓旁观者清，研究者要以一定的观赏者的姿态从事研究，努力发现各种事物的隐蔽联系，体会事物之间的和谐之美。

齐美尔指出，社会制度并不是单纯缘于实用目的而被建构起来的，在人们选择某种社会制度的背后隐含着一定潜在的审美动机和对某种独特的审美形式的偏好，体现出极为重要的审美理念，满足了人们心理上内在的审美需求。例如，社会主义就具有很强的美学意义，社会主义者所提供的未来理想图景，本质上是一种最高程度的理性设想：极端的中央集权、供需各方精心计算下的相互适配、竞争的排除、权利义务的平等，等等[②]。在社会主义社会，组织上是统一的，布局上是对称的，活动上是协调的。因此，社会主义的主张体现出非常明显的审美旨趣。在齐美尔看来，一切合理的社会组织（如果不考虑其成员个人的感觉）都具有很强的美学魅力，它们要把整体生活变成艺术品。由于终极目的、绝对生活理念的缺失，生活在破碎、迷茫、孤独、抑郁中的现代人渴望拥有某种囊括了所有生活细节的确定价值，而社会主义正好提供了能满足这种需求并带有浓厚审美色彩的社会改革方案。另外，齐美尔之所以看重审美观察和解释的方法，很大程度上也缘于他把艺术看作克服现代性矛盾的一种方式，相信人类总体上可能会趋向美学世界。他认为现代人应该努力摆脱形式的束缚，在艺术中寻求意义甚至德性[③]。总之，齐美尔的社会理论及方法论彰显了一个审美批判的向度。

五、自由随意的表述风格

社会研究的成果最终需要以一定的方式展示出来，齐美尔与其他众多学者不同之处是，他的研究发现很少以规范的学术论文的形式表述出来，而主要以更加自由、开放的学术散文的形式呈现出来。

[①] Murray S. Davis, "Georg Simmel and Aesthetics of Social Reality", *Social Forces*, 51 (3), 1973.

[②] 格奥尔格·西美尔：《宗教社会学》，曹卫东译，上海人民出版社，2003年，第189页。

[③] 大卫·莱昂：《后现代性》，郭为桂译，吉林人民出版社，2004年，第21页。

(一) 不拘一格的学术散文

齐美尔主要运用学术散文（essay，又译论说文、小品文或随笔等）的形式展示他的社会研究的重要发现。总体上看，他的表述自由开放、随心所欲，不太在意规范格式和形式逻辑。打破常规是齐美尔著述的一大特色，在研究视角和表述方式上他都追求新颖、独特，极具试验性和探索性。齐美尔非常注重表述的个体化风格，并将自己视为社会学的艺术家[①]。在他看来，社会在某种程度上就是一件艺术品，社会研究因而不可避免地带有一定文学评论的色彩，应该鼓励自由、开放的表述风格。进而言之，作为社会研究成果的文本，也应该是一件独特的、具有美学价值的艺术品，而不是可大量复制的、千篇一律的工业产品。齐美尔的写作突出了景观角度和"碎片化"的风格。一方面，他关注的是现代社会文化的碎片，日常生活中的各种琐事；另一方面，他对现代社会及文化的分析与表述也存在着某种碎片性："他一会儿从这个角度去分析社会现实，一会儿又从另一角度去分析，每次只关注某一社会现象、类型或过程。在这种做法中，齐美尔作品中的实在，以如此众多的生活断片和信息碎片的形式出现"[②]。齐美尔致力于揭示社会生活的各种偶然性碎片，试图通过细致入微的观察与分析，以及形而上的思考与判断，实现如下目标：从碎片中发现总体，从偶然中寻找必然，从瞬间中探索永恒，从平凡中获取美感。

在齐美尔看来，学术散文能更好地表达他的思想。即便是他最具系统性的大部头专著《货币哲学》，也像他的其他著作一样，是在多篇原有文章的基础上扩充而成的。而且，该书保持了作者的一贯作风，不受流行的学术规范的约束，书中竟然没有一个注释，也极少正式征引他人的著作。某种意义上，齐美尔的文章就像是诗歌，是不需要任何注释的。虽然《货币哲学》视野开阔、内容充实、资料丰富、见解深刻，但却是以一种看似随意的方式展示出来的。而且该书的立意并不是单一的，也没有按照某一特定学科的体系来组织材料，充分体现了齐美尔跨学科的社会研究特色。这种学术散文的表述方式，与齐美尔倡导的多元主义方法论是相适应的，它可以更加自如地展示他对社会现实的观察与思考的结果，同时也可以让更多的普通读者接触和

[①] Ralph M. Leck, *Georg Simmel and Avant-Garde Sociology: The Birth of Modernity, 1880 to 1920*, New York: Humanity Books, 2000, p.37.

[②] 齐格蒙特·鲍曼：《现代性与矛盾性》，邵迎生译，商务印书馆，2003年，第282页。

领会他的深刻见解。齐美尔并不将社会看作一个外在于个人的实体化的系统，因而他的写作也不想突出社会现实的系统化特征，也无意强调统领其他或超越其他的中心点。他没有提出关于社会的高度概括性的理论模型，而是运用某些抽象的概念去分析现代社会中复杂多样、变动不居的互动形式。系统概括的方法倾向于突出共性而忽视特殊性，而碎片抽象的方法则可以在不排斥共性的情况下突出特殊性。对齐美尔来说，能够理解作为总体的社会的某个方面就是一项成就，而系统的形式所具有的呆板的封闭性，则可能阻碍对相关问题的深入探究[1]。

（二）解构主义的文本策略

解构主义（deconstructionism）兴起于 20 世纪 60 年代，它的创始人是法国思想家雅克·德里达（Jacque Derrida）。解构主义旨在打破现有的一元化秩序，颠覆固定的等级权威，极力创造出各种支离破碎和不确定感。它最大的特点就是反中心，反统一，反二元对立，反非黑即白的理论，十分强调开放性和无终止性，坚信所有文本都是脆弱的、不确定的，意义是不可能被封闭的。而齐美尔的表述风格就与解构主义的文本策略极其相似。

齐美尔的作品时常呈现出一种未完成的状态。很多时候作者似乎都是点到为止，有所保留。在他的作品中，总是不断地转换话题，甚至改变推理的思路，游走于不同的位置，有时会让人应接不暇，难以忍受。齐美尔的作品还具有一种模糊的、不确定的特色。齐美尔又被称为"可能的"哲学家，因为在他的表述中往往不下定论，惯用不确定的"可能""也许"等词，这增加了论述的模棱两可性。齐美尔在著述中喜欢运用各种隐喻，这进一步加重了他的作品的模糊性和不确定性，因为隐喻可以有多重理解，其含义并不是固定的。齐美尔擅长将熟悉的事物陌生化，揭示习以为常、理所当然的隐蔽点，关注表面上次要的及边缘性部分，旁敲侧击、迂回进攻，在文本中突出差异、裂缝和冲突等，所有这些与解构主义的策略都是极其相似的。总之，齐美尔的文本展示出解构主义式的表述风格，凸显了开放性、碎片性、反总体性、去中心性、未完成性、模糊性、修辞性、个体性等另类特色。有学者指出，齐美尔的解构是一种通过突出边缘和反中心的或并列中心的操作，将自己的作品构建成一种文本的网络游戏。

---

[1] 西美尔：《哲学的主要问题》，钱敏汝译，上海译文出版社，2006 年，第 4-5 页。

第三节　形式社会学

在齐美尔看来，社会学研究的独特视角，就是对社会交往形式的考察，这也是社会学研究最重要的内容。他认为人们之间的交往是社会生成的基础，是人们之间建立社会联系的重要过程。齐美尔还继承了康德的思想，指出形式是思维对事物内部相互关系即事物本质的抽象，是区别于现象的稳定的、重复的、基础性的东西。科学研究就是通过思维抽象而将对象的稳定形式分离出来，从而了解事物本质，再回到原始对象中。正如几何学只研究事物的空间形式，语言学只研究语法规则一样，社会学也舍弃对象的具体内容，只研究社会交往的形式。齐美尔形式社会学的主要研究题目有：群体规模与互动形式、统治与服从、竞争与合作、社会冲突与凝聚、社会交换、群体关系及个人自由等。下面仅简略介绍对社会学影响较大的有关群体规模、社会冲突和社会交换的思想。

一、群体规模

齐美尔认为成员的纯粹数目是群体最抽象的特征之一，它作为一种结构形式对群体的性质和成员交往的状况有着非常重要的影响。

（一）两人群体和三人群体

两人群体又称"一对"，严格地讲，它只是一个过渡形式，一个准群体，因为这种群体只存在两个人，成员面对的仅仅是另一个个人而不是群体。两人群体的存在取决于双方，它的生存需要双方维系，只要一方退出，群体就解体了。两人群体的关系具有唯一的、独特的、密切的和脆弱的等特征[①]。在两人群体基础上增加一人，就变为三人群体。虽然只增加一人，但性质则发生很大的变化。此时，每个人所面对的是群体，而不是单独的个人，这表明三人群体已经是完整意义上的群体了，当然是最简单的一种。三人群体中的关系也变得复杂多样，这可以从第三者所扮演的角色来说明。当三人群体

---

① 西美尔：《社会学——关于社会化形式的研究》，林荣远译，华夏出版社，2002年，第55—59页。

中有两方意见不合、发生冲突时，第三者可以扮演诸如"调解人""渔利者""离间者"等不同的角色。此外，三人群体的社会结构还可以约束其成员去实现共同的目标，其中两人通过结盟，可把自己的意志强加于另一个人身上①。总之，三人群体的互动变得更加复杂多样，它提供了社会行动的某些新途径，同时又限制了另外一些机会——比如个性的表达。为了强调成员数量对互动的影响，齐美尔特意引用了一条古老的谚语："谁若有一个孩子，他就是孩子的奴隶，若是有几个孩子，他就是他们的主人"②。齐美尔指出，这些关于社会互动的纯粹形式的分析，既适用于家庭成员的情况，也适用于国与国之间的关系。

（二）小群体与大群体

齐美尔认为社会成员之间的互动与交往明显受到群体规模的影响，人们在小群体中的表现就与大群体中的表现存在较大差异。小群体的成员数较少，能保证每个成员可同其他所有成员进行直接的交往，上面讨论的两人群体与三人群体都属于小群体；而大群体的成员数较多，以至于不能保证所有成员之间的直接交往，如大型组织或游行队伍。在小群体中，成员之间进行相当个性化的直接交往，形成各种人际关系，以及一定的地位、角色、行动规范和目标。直接交往是小群体最基本的特征，而群体规模一旦超过某个临界线，直接交往不再可能，就会变为一个大群体。在大群体中，为了控制由于人数增加而日益复杂的关系，克服群体成员离心的倾向，通常会发展出专门的整合机制：一是内部分工，形成子群体间的相互依赖；二是正式结构，确立正式地位及规章制度以维持大群体的正常运转，将人们间的相互交往纳入一定轨道。"大的团体要求制订和允许严格的和客观的规范化，结晶为法的规范化，这是与它的各种要素的更大的自由、活动性和个体化息息相关的"③。一般来说，群体越小，其成员的参与程度越高，相互作用的程度也就越深入全面，群体的凝聚力也越强；而群体越大，成员之间的相互接触越受局限、流于表面，成员关系越可能趋向疏远和冷漠，群体凝聚力越弱。需要

---

① 西美尔：《社会学——关于社会化形式的研究》，林荣远译，华夏出版社，2002年，第69-71页。

② 西美尔：《社会学——关于社会化形式的研究》，林荣远译，华夏出版社，2002年，第67页。

③ 西美尔：《社会学——关于社会化形式的研究》，林荣远译，北京：华夏出版社2002年，第43页。

指出的是，虽然从形式上看，大群体对个人是疏远和异己的力量，但由于它把个人之间的距离拉大了，从而使个人可能具有独立于群体的自由[①]。

不过，齐美尔认为小群体与大群体的划分具有一定的模糊性，并不存在一个精确的数字，超过它小群体就一定变成了大群体。"显而易见，大的团体和小的团体这两个概念在科学上异常粗糙，很不确定和模糊不清，本来仅仅是一般地说明一个群体的社会学的形式特点取决于其量的规定，才能应用它们，而不是要在某种程度上更加准确地指出存在于前者与后者之间的确实的比例"[②]。尽管如此，齐美尔对小群体与大群体的社会互动特征的分析还是具有很大的启发性，美国早期社会学家库利的初级社会群体与次级社会群体的划分，显然受到了齐美尔的影响。

二、社会冲突

齐美尔对社会冲突进行了卓有成效的研究，并成为现代社会冲突论的重要思想来源，刘易斯·科塞所提出的功能冲突论（或冲突功能论），就是建立在对齐美尔冲突论思想的系统总结与阐释基础之上的[③]。

（一）冲突的含义

齐美尔把冲突视为一种主要的、正常的社会互动与交往形式，它是以互动各方的不一致、差异、分歧、对立、敌意为前提的。冲突是社会互动中的固有部分，不存在不包含冲突因素的互动。稳定的互动关系意味着在冲突与协调两种倾向之间建立了平衡，而不在于它排除了冲突倾向。社会互动既需要结合，也需要对立、排斥。一定程度的冲突是群体形成和群体生活持续下去的基本要素。因为，一方面冲突能起到划清界限，帮助互动各方保持自身特点的作用；另一方面，冲突可以宣泄敌对情绪而使互动关系得以维持。

[①] 西美尔：《社会学——关于社会化形式的研究》，林荣远译，北京：华夏出版社2002年，第43页。

[②] 西美尔：《社会学——关于社会化形式的研究》，林荣远译，北京：华夏出版社2002年，第44页。

[③] 据说科塞上个世纪50年代在哥伦比亚大学撰写博士论文时，原先想系统的梳理与总结齐美尔的社会学思想，导师默顿认为齐美尔的思想太庞杂，建议他集中探讨其中某一方面的思想。科塞最后决定系统地挖掘齐美尔的冲突论的思想。

(二) 冲突的类型

齐美尔在给冲突进行分类时主要采取了如下两种方式：一种把冲突划分为手段型冲突和目的型冲突，另一种把冲突划分为个人冲突和超个人冲突。手段型冲突是针对特定目标的，它的理性色彩较强，感情色彩较弱。手段型冲突可以用其他非冲突性互动形式代替，但其互动对象却始终不变。目的型冲突不针对任何特定目标，单纯为了宣泄敌对情绪，具有强烈感情色彩，不可能用其他非冲突手段替代，然而互动对象却易于改变或转换。所谓个人冲突是行动者单纯为了自己而进行斗争，超个人冲突是指行动者作为某一集体的代表而参与冲突。由于剔除了个人因素，超个人冲突往往更加深刻、更加激烈，更具有不可妥协性。

(三) 冲突的功能

与当时流行的看法相反，齐美尔不认为冲突是一种"病态"的、破坏社会结合的现象。在他看来，与社会结合相对立的概念不是冲突，而是冷漠、疏离、不介入。冲突实际上是和结合密切相关的。概而言之，冲突具有如下的社会结合（即社会整合）功能。其一，冲突促进共同规范的产生与维持。其二，冲突推动了各方组织化的发展。在冲突中，一方的组织化将刺激和推动对方的组织化。其三，冲突通过各自实力的显示和较量而有助于和解。和解的前提是冲突各方意识到各自的实力，然后达成相互妥协，而冲突正可以通过展示实力以增加双方对实力的认识。其四，冲突创造了联合。冲突是促使那些共同利益较少、异质性较强的社会成员相互结合的重要因素[①]。

三、社会交换

齐美尔对微观的互动过程及其结构怀有浓厚的兴趣并做了出色的研究，休斯因而称其为社会分析的弗洛伊德[②]，他的研究取向对社会学中的符号互

---

① 西美尔：《社会学——关于社会化形式的研究》，林荣远译，华夏出版社，2002年。

② 参见 Robert Nisbet, *The Sociological Tradition*, New York: Basic Books, 1967, p.98.

动论和社会交换论有很大的影响。齐美尔指出,"人与人之间绝大部分关系都可以作为交换的方式去理解。交换是最纯粹与最充分发展了的交互作用,当它寻求获得物质与内容时它规范了人们的生活"①。可以说,交换是一种独特的社会学现象,它是一种原初的社会形式并履行着基本的社会生活功能。在齐美尔看来,虽然交流的概念更加宽泛一些,但在人与人的关系中交流在绝大多数情况下都可以被解释为交换。"每一种交流都必须被看作是一种交换:每一次交谈、每一回情感(即使它被拒绝了)、每一项运动、每一眼对他人的注视"②。因此,交换的概念可广泛地适用于社会生活的许多领域以及大多数的社会关系。通过把一个对象与另一个对象进行交换,对象的价值被客观化了,它超越了单个的主体,获得了普遍的认同。在货币出现之前,商品生产和交换只能以"以物易物"的形式存在。而货币的出现为各种不同的商品提供了一种共同的度量标准,一种普遍的价值尺度,从而极大地推动了商品的生产和交换,扩展了交换的深度和广度。总之,货币只是可交换性的纯粹形式,它具体体现了那种事物据之成为经济事物的要素或功能,"货币是人与人之间交换活动的物化,是一种纯粹功能的具体化。"③

在齐美尔看来,货币交换完全是一种社会学现象,是人类互动的一种基本形式,货币的发展是一种深刻的文化趋势中一个重要的组成部分。在文化较低级阶段,符号体系经常意味着误导和浪费精力;而在文化较高级阶段,它则更多意味着合算和节省精力。现代生活要求在综合的符号中有一种凝缩,以保证在使用这些符号时所引出的结果等同于所有具体细节都被考虑在内之后的结果。在现代社会,价值操作日益通过符号来实现,这些符号越来越失去与其所在领域中的特定现象之间的物质关系,从而成为单纯的符号,人们对符号与象征的认识与体验也随之不断深入。因此,理智能力和抽象思维的发展成为现代社会的特征,人与人之间互动的感情成分降低了,理性计算的交换成分增加了。总之,交换成为现代社会中人们互动的主要形式,并渗透到社会生活的各个角落。

---

① 西美尔:《货币哲学》,陈戎女等译,华夏出版社,2002年,第23页。
② 西美尔:《货币哲学》,陈戎女等译,华夏出版社,2002年,第23页。
③ 西美尔:《货币哲学》,陈戎女等译,华夏出版社,2002年,第109页。

第四节 文化社会学

齐美尔像所有经典社会学理论家一样,特别关心传统社会向现代社会转变所带来的后果,关注现代性的问题。然而,齐美尔的研究视角却与其他理论家有所不同,他始终将注意焦点集中在资本主义的文化上,竭力探讨现代生活状况对个体人格的完善有何影响。可以说,这是一种研究范式的转移,即由政治经济学的观点,转换为文化社会学的视角。

一、客观文化和主观文化

齐美尔将文化划分为客观文化和主观文化两大类,它们之间的关系决定了一个社会共同体的整体社会生活风格。客观文化也称客体文化,指人类在历史进程中创造出的各种文化因素,如宗教、哲学、组织、团体等;主观文化又称主体文化或个体文化,指人们生产、吸收和控制各种外在文化因素的能力与倾向,是已经内化了的各种文化因素在行动者中的综合体现。根据齐美尔的观点,两种文化不可等量齐观,主观文化应该是最高目标,它是"衡量灵魂生活过程参与各种财富和完善程度的尺度"[①];客观文化的意义就在于为个体所内化,其价值就在于促进人类的自我完善。在理想情境中,主观文化影响塑造着客观文化,同时也接受客观文化的影响,此时客观文化和主观文化相辅相成,两者达到和谐统一。然而,在现代社会的条件下,客观文化和主观文化之间的理想关系难以实现。

在现代社会中,随着货币经济逐渐占据统治地位,客观文化越来越朝着自主的方向发展,变为一个自成体系的王国。它具有自身的内在逻辑,沿着专门分工的标准不断繁衍下去;而且,它具有极强的累积能力,在数量上的增长永无止境。社会越是向前发展,这种累积过程越是迅速。但是,主观文化却不能以同样的速度和规模发展,无法吸收和"消费"巨量的客观文化的产物。因为单一个体的接受能力总是有限的,这不仅指个体生命的时间和精力是有限的,还指个体对客观文化一定是有所取舍、有所选择的。齐美尔认为,现代人真正缺乏文化的原因在于,客观文化内容在明确性与明智性方面

[①] G. 齐美尔:《桥与门——齐美尔随笔集》,涯鸿、宇声等译,生活·读书·新知三联书店上海分店 1991 年,第 93 页。

跟主观文化极不相称，主观文化对客观文化感到陌生，感到勉强，对它的进步速度感到无能为力①。主观文化与客观文化之间的鸿沟越来越大成为现代文化问题的根源。主观文化和客观文化极不平衡的发展的后果，造成个体生活的很大困惑："他被文化的洪流冲击得昏头转向，既无法吸收同化，又不能简单拒绝，因为它们从根本上说，全都存在于他所属的文化领域之内"②。面对客观文化的霸权，现代人的选择能力变得麻木，他不断地从客观文化中接收到的刺激，让他产生无能感和无助感，无法让他将它们用于自身人格的培养。因此，现代人不是变为优雅的有教养的绅士，而是变成丧失能力、遭到异化的怪物。总之，文化产品如同经济产品一样，越来越陷入悖论之中，尽管它们是由个体且为个体创造的，但它们却根据自己内在的逻辑而发展，远离它们的起源和目的③。齐美尔将这种状况称为文化危机或文化悲剧。

在齐美尔看来，文化危机是普遍存在的，只不过在现代社会中问题更为严重而已，不管人们是否意识到，这是每一个灵魂的危机④。因为，富有创造性的生命总是不断地生产出一些与自己相对抗甚至会摧毁自己的形式，而没有这些相对独立的形式，生命又无法表达自身。所以这是一个难以摆脱的悖论，是文化危机无法根除的深层原因⑤。齐美尔进而认为，马克思指出的资本主义社会的异化问题，不过是更为普遍的文化危机的一个特例而已。可以说，对现代生活以及这种生活引发的后果所具有的内在意义的探究，对文化机体的灵魂的探究，必须寻求解答像大都市这样的结构形式在生活的个人性因素与超个人性因素之间所建立起来的平衡问题，而这样的探究必须回答在适应外部压力的过程中个体如何调节自身的重要问题。⑥

---

① G. 齐美尔：《桥与门——齐美尔随笔集》，涯鸿、宇声等译，生活·读书·新知三联书店上海分店1991年，第96页。

② 齐奥尔特·西美尔：《时尚的哲学》，费勇、吴䓍译，文化艺术出版社，2001年，第172-173页。

③ 参见成伯清，《格奥尔格·齐美尔：现代性的诊断》，杭州大学出版社，1999年，第102-106页。

④ 齐奥尔特·西美尔：《时尚的哲学》，费勇、吴䓍译，文化艺术出版社，2001年，第185页。

⑤ 齐奥尔特·西美尔：《时尚的哲学》，费勇、吴䓍译，文化艺术出版社，2001年，第175页。

⑥ 齐奥尔特·西美尔：《时尚的哲学》，费勇、吴䓍译，文化艺术出版社，2001年，第186页．

二、都市生活

齐美尔认为，现代性展示得最充分也是个体感受现代性最强烈的地方，莫过于现代大都市。尽管城市是一种独特的社会空间，对于发生于其中的社会互动有着根本性的影响，但齐美尔明确主张，城市不是一种带有社会学后果的空间实体，而是在空间上形成的社会学实体。在他看来，货币经济支配下的现代城市生活，最充分地展示了现代性的特征，而典型的都市人的心态，即是现代性在个体身上的折射。他再三强调，"现代生活最深层次的问题来源于个人在社会压力、传统习惯、外来文化、生活方式面前保持个人的独立和个性的要求"①。面对大都市不断形成的强大而复杂的社会-技术机制，为了不至于被耗尽和毁灭，个体必须做出抗争和调适。通过细致观察和深入分析，齐美尔总结出都市人心态的如下几个主要特征。②

1. 理智至上

造成都市人个性特点的心理基础是神经刺激的增多和精神生活的紧张。为了应付瞬息万变的都市生活，大都市的人是用脑而不是用心来做出反应。理智成为现代都市人心理能量中最有价值的部分。货币在现代社会中占据主导地位，而它所具有的中性的、客观的、"无个性"的本质特别有助于从人际关系中去除个人的因素、驱逐感情的作用，结果行动者只剩下纯粹的金钱兴趣，一切均以理智的方式、按追求货币价值最大化的原则行事，并因而常常表现出冷酷无情的特征。③

2. 计算性格

齐美尔认为，现代心灵变得越来越带有计算性。都市经济是一种货币经济，它具有将一切予以量化的特征，给人们的实践生活甚至理论生活带来了数字的理念。数学的思维方式成为适合于货币经济的特定理智形式。货币经济讲求准确、精密、严格、可靠等，这自然会渗透到生活中的其他方面，影

---

① 齐奥尔特·西美尔：《时尚的哲学》，费勇、吴蕾译，文化艺术出版社，2001年，第186页。

② 参见成伯清，《格奥尔格·齐美尔：现代性的诊断》，杭州大学出版社1999年，第81-90页。

③ 西美尔：《货币哲学》，陈戎女等译，华夏出版社，2002年，第347页。

响人们之间的各种关系，使得现代都市人整天忙于估量、权衡、计算、讨价还价，根据数字做出决定，将定性的价值还原为定量的价值。① 总之，都市的特性迫使人们在生活中分秒必争，精打细算，讲究准确，追求效率。

3. 傲慢冷漠

对于都市来说，最独特的心理现象莫过于"腻烦态度"（blasé attitude）或厌世态度了。而货币经济就是产生这种态度的一个重要的心理根源。一般来说，获取越是以一种机械的和冷漠的方式完成，目标就越是乏味和无趣。由于货币是不带任何色彩的中立之物，因此，凡是货币沾染过的任何事物，都是一样的沉闷和阴郁，不值得为之激动。在货币交换大行其道的都市，一切都可以成为买卖的对象，没有什么是神圣的、崇高的，这就不可避免地诱发了玩世不恭、傲慢冷漠的态度。这种态度原本是个体适应都市生活强烈刺激的防卫手段，但如此也就不能不以贬低整个客观世界乃至个人人格为代价。事实上，现代人在金钱的驱使下一方面投入残酷激烈的市场竞争，另一方面又无休无止地追求物质享受和感官刺激，其结果是穷于应对、筋疲力尽，腻烦之感油然而生，并对一切都提不起精神，从而在外表上流露出傲慢冷漠的神情。另外，货币经济使得生产者和消费者之间隔着许多中间环节，主体与其产品日益疏远，使主体性遭到很大破坏，这进一步加剧了冷漠和匿名性的肆虐。与此相对应，现代都市人的感情生活也趋于波澜不惊、平淡无奇。

4. 矜持保留

都市生活作为由货币经济导致的社会关系客观化的一种极端形式，要求个体与其社会环境保持某种距离，要求人与人之间树立一道内在的屏障。害怕深入接触（患上所谓"畏触病"），保持一定距离，漠然地处置一切，渗透到都市生活的每一个细节，甚至影响到人的感受方式②。换言之，由于生活在大都市不得不和大量的人（其中许多是陌生人）打交道，如果每次接触都做出热诚的内在反应，心理是吃不消的，因此个体必须有所保留。另外，都市生活中人与人的关系主要是建立在金钱基础上的利益关系，社会互动多为萍水相逢的接触，个体自然会有所防范，不会轻信他人。总之，虽然大都市表现为人口的高度集中，人们的身体距离很近，但人们的心理距离却很

---

① 西美尔：《货币哲学》，陈戎女等译，华夏出版社，2002年，第359页。
② 西美尔：《货币哲学》，陈戎女等译，华夏出版社，2002年，第388页。

远，鲜少拥有志趣相同、情投意合的知心朋友，大家相互都成了不知根底、难以信赖的"陌生人"，从来没有人像现代都市人那样感到孤独和迷茫。

5. 自我表现

随着货币经济的兴盛和现代都市的扩展，任何个体都无法控制整个局面，但作为这种兴盛和扩展的逻辑与历史的补充，个体获得了更大的自由，人们可以追求独特性和不可比性，并将其表现在一种生活方式之中。现代性摧毁了传统社会的单一性，"它一方面使个性得以自立生存，并给予其无可比拟的肉体与精神的活动自由。另一方面，它又赋予生活的实际内容至高无上的客观性"[①]。换言之，现代性很大程度上促使主观与客观都互相独立于对方，以使它们都可以纯粹而完全地进行自我发展。追求自我实现或自我满足是现代人的理想，也是现代文化的主导原则[②]。与传统人相比，现代人更希望展示和证明不同于他人的独特的价值，追逐时尚就是一个极好的例子：通过赶时髦，区别于一般的大众，显示一定的优越性并获得某种满足感，而大众都开始模仿时，就需要创造新的时尚。当然，时尚也是货币经济下商业运作的产物，通过引导人们追求所谓的特殊的同一性，争取贴上各种诱惑人的标签，不断地刺激人们的消费欲望，使之成为消费社会自鸣得意的奴隶。显然，大都市的生活状况和专业化的分工，为个体之间的分化提供了结构性要求和条件。而都市人普遍缺乏内在的安全感和确定感，所以需要通过不停地追逐新的感官刺激和外部活动来达到暂时的满足。时尚的风行和潮流的日益短命化，最能体现都市人的性格。然而，不断地在表现自我的方式上推陈出新的结果，却可能使人们迷失自我，不再拥有内在的自由，找不到真正的归宿。人们感到缺乏最终的目标，缺乏一种应该支配整个生活的理想，这便是现代都市人面临的最根本的难题。

三、货币哲学

1. 主要内容

《货币哲学》发表于1900年，它不仅是齐美尔自身思想的一个里程碑，

[①] 齐奥尔特·西美尔：《时尚的哲学》，费勇、吴蓓译，文化艺术出版社，2001年，第94页。

[②] 丹尼尔·贝尔：《资本主义文化矛盾》，赵一凡、蒲隆、任晓晋译，生活·读书·新知三联书店1989年，第42页。

而且对 20 世纪社会理论的发展也举足轻重。该书深受马克思《资本论》的影响，有人甚至认为该书的某些段落不过是将马克思的经济学讨论转化成心理学语言，而更多的人认为该书是对马克思著作的一种重要补充。《货币哲学》既不是单纯的经济学著作，也不是单纯的哲学或社会学著作。有一种含混的说法，称该书方法是形而上学，内容是经济学的，论述人与人的关系的大框架是社会学的①。可以这么认为，与马克思《资本论》和韦伯的《经济与社会》一样，《货币哲学》主要也阐释自近代以来的货币经济现象以及与它相关的社会文化现象，它不仅从社会学角度关注货币经济对社会及文化生活产生的作用，而且显示出建立一套文化哲学、乃至生命形而上学的努力②。在齐美尔看来，货币不仅是经济现象，更是重要的文化事件。因此，他分析货币的重点不是货币的社会经济机制，而是货币及其制度化的现代发展对文化生活的影响，尤其是对人的内在生活、精神品质的影响。

《货币哲学》是齐美尔少有的大部头的专著，全书分为"分析卷"和"综合卷"两大部分。前者从社会生活入手剖析货币的本质，剖析产生货币的需求以及货币所满足的需求；后者则综合考察货币对整体的人类生活的影响，"对个体的生命情感、对个体命运的链结、对一般文化的影响"③。他的独特之处在于，没有将货币仅仅视为一种经济交换的手段，而是将货币和整个经济交换都看作人类社会互动的一种形式，着重分析以货币为媒介的交换关系所衍生的社会后果，揭示货币对社会关系的形成所产生的影响。在《货币哲学》中，齐美尔分析了许多琐碎的、与货币相关联的社会精神和文化现象，诸如贪财、吝啬、奢侈、贿赂、罚金、嫁妆、卖淫等，以及现代都市生活的独特风格和都市人的种种心态。因为他相信，从生活的任何细节之中均存在寻求全部生活意义的可能性，并试图从生命的每一个别现象中挖掘其整体意义。

2. 货币与价值的关系

齐美尔首先考察了货币与价值的关系。在他看来，价值存在于主客体的分离之中，即事物的价值在于它与我们之间的相对距离之中，如果距离太近、太容易得到，或者太远、太难得到，那它就没有什么价值。因此，最有价值的事物，其距离既非太近也非太远。在货币出现之前，商品生产和交换

---

① 西美尔：《货币哲学》，陈戎女等译，华夏出版社，2002 年，译者导言第 3 页。
② 西美尔：《货币哲学》，陈戎女等译，华夏出版社，2002 年，译者导言第 3 页。
③ 西美尔：《货币哲学》，陈戎女等译，华夏出版社，2002 年，译者导言第 2 页。

只能以"以物易物"的形式存在。而货币的出现为各种不同的商品提供了一种共同的度量标准和普遍的价值尺度。货币作为一种价值尺度，有一个从珍贵品，如贝、帛、金、银、铜，到纸币的发展过程，但重要的是，货币作为衡量处于交换关系中的两种商品价值的第三种中介商品，日益脱离自身的表面价值或作为实物的价值，而转化为一种单纯的价值符号，其"功能"作用越来越凸现出来。这样，人们之间的大量互动与交换就借助货币符号来进行，并深刻地影响了人们的社会关系和心理。货币成为展示了抽象的经济价值的代表，作为交换关系自主的呈现，"它将被需要的对象化为经济对象，并且建立了对象的可替代性。"① 由于货币是交换的可分（份额）的对象，它的单位是与每一个不可分对象的价值单位同一的，因而它促使抽象价值从它的特殊、具体的内容中分离出来。另外，货币定位于个别对象之间并且与每一个都保持着相等的关系，因而它就必须是完全中立的，无特质性或无个体性就成为它的内在属性。

3. 货币的社会作用

在现代经济中，货币不但创造了与物体之间的距离，同时提供方法以克服它的限制。一方面，货币价值附着于物体之后，将物体与人类之间的距离扩大，以致人们若没有金钱就无法获得这些物体；另一方面，若人们拥有足够的金钱，就可以克服一切人类与物体之间的距离限制。总之，随着货币的出现及其在社会生活中作用的加强，导致了一个日益物化的世界的诞生。同时，货币又通过两个途径增进了我们这个世界的理性。其一，正是货币的出现使得社会对量的计算超过了对质的强调，或者说正是货币的广泛使用使得世界开始具有量化的倾向，造就了生活于其间的人们的计算性格；其二，货币经济的发展，还促进了人们的思维方式的拓展，因为现代经济中的许多货币交换和转换行为，都需要有更为复杂的心理过程为基础。货币消除了物与物之间、人与人之间质的差异，为传统的礼俗社会向现代的法理社会的过渡铺平了道路。齐美尔还指出，现代生活的碎片化与货币可以划分为很小的单位密切相关：人们兜里揣着小面值的零钱，可以随时购买一时兴起想买的各式各样的小物件。换言之，货币单位的最小化助长了外部事物的琐碎风格，同时还助长了人们用来布置生活的日益增长的平凡性。

---

① 西美尔：《货币哲学》，华夏出版社，2002年，第56页。

4. 货币的消极作用

当然，货币也产生了许多消极的影响。这首先表现在个人的没落，因为在一个社会里，如果将所有事物贬抑夷平成一个共同分母——金钱时，必然导致犬儒主义态度，认为每件事物都有个价码，可以在市场上随意交易买卖；同时，这又导致玩世不恭的态度，使人完全丧失辨别所购买物品的价值差异的能力，只看重量的区分而忽视质的不同。货币经济另一个负面影响，是日益强化人们之间的非人格关系。我们交往的不再是活生生的、有名有姓的具体个人，而是一些占据特定社会位置的各种抽象的角色：邮差、司机、面包师等。这正是货币经济下社会分工所导致的一种悖谬情境：一方面，我们日益依赖其他人的地位而生存，可是另一方面，我们对占据这个位置的人了解得越来越少。填充在特定位置的具体个人逐渐变得不重要，人格特征消失了，其他许多人都可填充这一位置，人变成可以相互替换的了。与此相关，货币经济和现代文明一方面将人从过去所依附的各种小圈子中解放出来，使人们获得更多的自由；另一方面则又使得现代社会变成囚禁个人的铁笼。现代社会的人虽然可以只是为了特定的协议和安排而聚集一起，除此可自行其事，但他却变得孤立和原子化，独立面对不断扩张的外在强制的客观文化。其实，相当程度上个人是被他加入的组织视为某种物而吸收进来的，他只是组织实现自身目的的工具，因此个性是多余的，自发的行为和自然的情感都是不必要的。总之，现代世界的个人，虽然解除了小团体的控制，但同时也遭受到大众的客观文化的奴役。

越来越多的学者认为，齐美尔是最被忽略的现代社会学的主要奠基者。他的形式社会学和对社会交往的卓越研究，无疑对美国芝加哥学派的重要成员帕克等产生极大影响，有人将他称作符号互动论的关键创建者之一；在结构功能论的代表人物默顿关于参照群体和角色理论等研究中，也能明显发现齐美尔的影子；社会冲突论的代表人物科塞的冲突论思想更是直接得益于齐美尔的有关论述；齐美尔对批判理论代表人物卢卡奇也产生了不容忽视的影响；而齐美尔对现代社会诸多领域富有成效的考察，尤其是对各种文化现象极具洞察力的分析，启发了众多社会学家的心智，推动了晚近文化研究的蓬勃发展。鉴于齐美尔独特的研究旨趣和研究视角，带有悲剧意识和"碎片化"倾向的审美立场，不少学者视其为后现代主义的先驱。齐美尔的批评者指责他的研究工作是非系统的、印象主义的、非学科式的、非持续的、非决定性的、非承诺的，如果以正统的学院式规范为标准，这些批评与指责都是合理的。但如果以后现代主义的观点来衡量，则上述齐美尔的缺点，可能正是他的优点，是值得肯定与提倡的面向。英国著名艺术史家贡布里希评论道："我发现一般来说，从那些以强烈的个人方式对时代问题做出反应的人身上，我们可以学到的东西远远超过我们从那些与时代一致的人身上可能学到的东西"①。齐美尔无疑属于贡布里希所说的前一种人，他那"强烈的个人方式"带给后人的启发与影响必将是深刻与持久的。对于自己的学术贡献，齐美尔在去世那一年的日记中写得很清楚："我知道我将在没有学术继承人的情况下死去，也该如此。我的遗产就像是现金，分给许多继承人，每个都按自己的天性将所得到的一份派上用场，而从中将不再能够看出是继承自这一遗产"。实际情况是，齐美尔的思想确实以一种比较隐蔽的方式对社会学以及社会理论产生了广泛而深远的影响，可以说，社会学中的众多流派以及当代的文化理论和后现代理论等都直接或间接地受惠于齐美尔。诚如齐美尔的学生皮兹瓦拉指出的，齐美尔学说"飘到四方，消散于他人思想之中"，并成为"今天人们可以不冒泉眼被人发现之危险而悄悄从中汲水的井泉"。②

复习思考题

1. 如何理解和评价齐美尔的社会观？
2. 齐美尔的社会研究方法论有什么特色？
3. 齐美尔的形式社会学涉及哪些内容？
4. 群体规模和社会交往存在怎样的关系？
5. 简述齐美尔关于社会冲突的基本思想。
6. 齐美尔认为现代社会的文化危机是什么？

---

① 贡布里希：《游戏的高度严肃性》，杨思梁等译，见赫伊津哈：《游戏的人》（附录），中国美术学院出版社，1996年，第275页。
② 皮兹瓦拉：《齐美尔、胡塞尔、舍勒散论》，宋健飞译，载王岳川等编：《东西方文化评论》（第四辑），北京大学出版社，1992年，第255-256页。

第六章
欧洲大陆其他社会学家的理论

在西方社会学形成阶段，欧洲大陆涌现了一大批非常著名的社会学家，除了前面介绍的涂尔干、韦伯以外，其他的一些社会学家也对现代社会学的发展做出了重要贡献，即使在当今社会学中仍然可以发现他们留下的印记，其理论遗产还在发挥不容忽视的作用。本章依次介绍其中三位有代表性的社会学家的主要思想，他们是：意大利的帕雷托、德国的滕尼斯和曼海姆。

> **本章要点**

- 帕雷托关于社会行动的分类
- 帕雷托所谓"剩余物"和"派生物"的含义和作用
- 帕雷托精英循环论的主要内容
- 滕尼斯所提出的"共同体"与"社会"的含义与差异
- 滕尼斯所谓"本质意志"与"选择意志"的含义与差异
- 曼海姆知识社会学的主要观点
- 曼海姆提出的"意识形态"与"乌托邦"的特殊含义及认识功能

第一节 帕雷托的社会学理论

维尔弗雷多·帕雷托（Vilfredo Pareto，又译帕累托，1848—1923）是著名的经济学家和社会学家，帕森斯在名著《社会行动的结构》中对他作了重点介绍，和涂尔干、韦伯并列一起。尽管帕雷托关于社会学学科性质的讨论、社会行动的研究以及精英循环论的思想等，对后世社会学产生了不小的影响，但他在当今社会学中的地位已经远远不及涂尔干和韦伯。

一、生平及著作

帕雷托1848年7月出生于法国的巴黎。母亲是法国人，父亲原是意大利热那亚的贵族家庭的一员，因追随马志尼的自由主义事业受到当局迫害，故而流亡巴黎。几年后帕雷托随家人迁回意大利。在接受了要求严格的意大利中学的纯粹古典式教育之后，帕雷托进入都灵综合技术学校深造，以便将来成为父亲那样的土木工程师。以优异的成绩从学校毕业后，他先后做过工程师和公司经理；也曾尝试从政，竞选议员，但未获成功。1889年他与一位俄国姑娘结婚，并将家从佛罗伦萨迁往菲耶索莱城郊的一所别墅，过起了半隐居的生活。其间，帕雷托疯狂读书，撰写了大量文章，极力宣扬自己的自由贸易和旧自由主义的思想，对政府的政策提出尖锐的批评。同时，他还和意大利的一批自由主义经济学家和政论家保持密切的联系。

1893年，帕雷托去瑞士的洛桑大学接替著名经济学家瓦尔拉的教职，正式开始了自己的学术生涯。作为一名经济学家，帕雷托因提出供需均衡模型和收入分配曲线而享有盛誉，甚至被人们称为"数量经济学之父"。1898年帕雷托继承了伯父的一大笔遗产，在日内瓦的塞利购置了一座乡间别墅。1901年，他的妻子携30箱细软同家中的厨师私奔。此事使个性孤僻的他更加愤世嫉俗、玩世不恭。他开始转向马基雅维利主义，反对其父追求了一生的马志尼思想，开始怀疑人类理性的力量和人性的可完善性。他清高自负、言辞犀利，对各种理论观点，从人道主义到法西斯主义，从民主到专制等无一例外地进行过批判。他也因此遭到很多人的指责。1909年以后，他将研究的重心放到社会学上。1916年他出版了社会学巨著《普通社会学通论》（几年后又出版了该书的缩减本《普通社会学纲要》）。帕雷托的社会精英理论受到法西斯主义的青睐。墨索里尼（这位法西斯头目曾听过帕雷托的两门课）1922年上台后，让帕雷托出任意大利政府驻国联代表，1923年又任命他为意大利国王参议员。但帕雷托最终没能活着看到法西斯统治的鼎盛时期和灭亡过程，他于1923年8月15日永远地离开了人世。

帕雷托的思想受到多方面的影响。比较重要的有马基雅维利式的意大利传统社会科学理论，以孔德为代表的实证主义，以斯宾塞为代表的社会达尔文主义，以及马克思和莫斯卡的影响。他一生著述颇丰，先后发表的主要著作有：《社会主义体制》（1902）、《政治经济学手册》（1907）、《伦理主义的神话和不朽文学》（1911）、《普通社会学通论》（1916）、《事实与理论》（1920）、《民主制的变革》（1921）。

二、社会学的性质和非逻辑行为

（一）社会学的性质

帕雷托将社会学看作一门科学，他一再强调，他所谈论的是"一种如同化学、物理学以及类似科学的纯粹实验的社会学"[①]。显然，他和社会学早期创始人孔德、斯宾塞等一样，具有比较强烈的实证主义倾向。他甚至批评孔

---

① 维尔弗雷多·帕累托：《普通社会学纲要》，田时纲译，生活·读书·新知三联书店，2001年，第2页。

德、斯宾塞的学说中形而上学的成分太多，未能有效地贯穿实证主义的原则。帕雷托认为，科学的基本特征是逻辑与经验。"逻辑"意味着从下的定义或从观察到的关系出发演绎出源自前提的结论是合适的；"经验"指狭义上的观察和实验，即科学的命题应能接受事实的检验。他特别强调，这里的经验和观察两个概念要在自然科学所具有的意义上理解，而不是指宗教体验之类的内省经验。在帕雷托看来，社会学研究的要素是各种各样的社会事实，研究的目的是通过将它们分类，发现它们之间关系的一致性即规律①。这似乎表明他和社会学形成时期的另一位社会学大师涂尔干有着相同的旨趣，但实际上两人对社会学的意义的理解存在很大的差异。涂尔干认为，如果社会学不能改善社会，就毫无价值。帕雷托则认为社会学的目的是发现"真理"，它和社会效用并不是一回事。在他看来，绝不能将一个理论的经验（科学）真理和它的社会效用弄混淆。一个荒谬的理论可以有很好的社会效用，而一个经验真实的理论可能有非常有害的社会效用。在《普通社会学纲要》的导论中，帕雷托宣称："我不准备以任何方式提供药方和箴言，以谋得人类的幸福、利益和福利，或者它们之中的一部分。我的唯一目的是研究社会的一致性（规律），并在本书展示此种研究的结果"②。

　　帕雷托晚年在总结当初写作《普通社会学通论》的动机时，如此说道："正是受到必须对政治经济学研究加以补充的愿望所驱使，受到自然科学范例的激励，我决心动手撰写《普通社会学通论》。其唯一的目的（我认为并坚持这点）是通过将在物理学、化学、天文学、生物学以及其他诸如此类的科学中被证实的方法，运用于社会科学，去探索经验事实"③。这意味着社会学的方法具有价值中立的特点，注重事实判断而不是价值判断。一种社会行为是不是道德的或正义的，在帕雷托看来这不是社会学要解决的问题，而人们如何以及为什么将一种社会行为赋予道德的含义，则是社会学要研究的课题。他通过剖析形而上学的、宗教的和道德的体系，得出它们与科学理论都毫无共同之处的结论。诸如"自由""平等""进步""公共意志"这类概念，都与野蛮人用以使自己行为合理化的神话、魔幻的咒语一样，是虚构的、无

---

　　① 维尔弗雷多·帕累托：《普通社会学纲要》，田时纲译，生活·读书·新知三联书店，2001年，第16页。

　　② 维尔弗雷多·帕累托：《普通社会学纲要》，田时纲译，生活·读书·新知三联书店，2001年，第17页。

　　③ 参见周晓虹：《西方社会学历史与体系（第一卷）》，上海人民出版社，2002年，第211页。

法证实的。虽然帕雷托不否认这些虚构有时会影响人们的行动,但他仍把主要精力放在揭露它们虚假的一面上,并将此作为社会学家的主要任务之一。

(二) 非逻辑行为

帕雷托在将研究重心转向社会学时,已经是非常著名的经济学家了。他之所以这么做,很大程度上是因为在他看来人类行为极其复杂,经济学只能解释其中一小部分。他认为人是一种常有无理性的行为但又能进行理性思维的动物,人很少合乎逻辑地行事,但又总是希望他人相信其行为是合乎逻辑的。经济学主要研究人们的逻辑行为,社会学则主要研究人们的非逻辑行为,后者涉及更加广阔的人类生活领域。

所谓逻辑行为,就是指那些在主观上和客观上将手段和目的合理地(合逻辑地)联系起来的行为,换言之,即手段与目的的主观关系同手段与目的的客观关系相一致的行为。以工程师的行为为例。工程师在建桥时对自己要达到的目的是清楚的。他研究过材料的抗力,能够预先考虑到手段和目的之间的关系,而且在他所想象的手段与目的的关系和客观上的手段与目的的关系之间具有一致性。再以投机商的行为为例。投机商的目标十分明确,即赚钱。他通过低价买进、高价卖出的手段,达到使资本增值的目的,他实际上在两者之间确定了一种逻辑关系。如果事情正如预料的那样,事态的发展就会客观地反映出行为者事先在意识中构思的手段和目的的结果。至于说非逻辑行为,则是指那些不能归于逻辑行为的行为,即在主观上或客观上没有逻辑联系的行为,人类行为的大部分都属于这类。帕雷托指出,非逻辑行为并不一定意味着是反逻辑的,只不过其行为结果最终无法达到预期的目标而已。非逻辑行为的分类如表 6-1[①]所示。

第一类非逻辑行为,指在主观和实际上手段与目的都没有联系在一起的行为。在帕雷托看来,除了一些出于礼貌和习惯不得已的行为外,这类非逻辑行为是极为罕见的,因为人能进行理性思考,不管行为多么荒谬,行为者总要尽力使它具有一种目的。

第二类非逻辑行为,指行为与引起的结果之间没有逻辑上的联系,但行为者却误以为他采用的手段能够导致他所希望的结果。如祭天求雨、拜神治病等一些宗教仪式或迷信活动就属于这一类。这也是现实生活中出现最多的

---

① 维尔弗雷多·帕雷托:《普通社会学纲要》,田时纲译,生活·读书·新知三联书店,2001 年,第 19 页。

一种非逻辑行为，凡是行为者个人并不知道现象之间的真正客观联系，而主观上将手段与目的虚幻地联系起来的，都表现为这种类型。

第三类非逻辑行为，指行为的手段与其客观结果之间存在逻辑的联系，但行为者自己在主观上并未认识或想象过这种联系。动物的大量行为可归入此类，人类的某些生理反应也属于此类。当灰尘将要落入眼睛时闭上眼睛，这个行为在客观上是合乎逻辑的，但在主观上行为者事先并没有想到他要运用的手段和要达到的目的之间有什么关系。

表 6-1　帕雷托关于逻辑行为与非逻辑行为的细分表

种与类	行为有逻辑目的吗？	
	客观地	主观地
第一种　逻辑行为：客观目的与主观目的的统一	有	有
第二种　非逻辑行为：客观目的与主观目的相异		
第一类	无	无
第二类	无	有
第三类	有	无
第四类	有	有

第四类非逻辑行为，指行为结果与所运用的手段之间有逻辑的联系，行为者主观上也设想过手段和目的之间的某种关系，但客观结果并不符合主观愿望。帕雷托举了无产阶级革命的例子。革命本是为了保障人民的自由，但无产阶级一旦运用暴力完成了夺取政权的革命，他们又被一种不可抗拒的力量推向建立一种专制的制度。即人们运用的手段逻辑地导致某种结果，但主观的后果和客观的后果是不同的。帕雷托还举了经济生活方面的例子。生产者降低成本是为了获得更大的利润，但这一做法又可能无意中导致售价的下降、利润减少的结果。这一类的非逻辑行为比较多，帕雷托又将其进一步划分成若干子类。

帕雷托总结到，"第一类和第三类行为缺乏主观目的，对人类毫不重要。人们特别喜欢给自己的行为涂上一层逻辑油彩；于是几乎所有此种行为都成了第二类和第四类"①。在他看来，人类行为和动物行为之间的一个重要的区别在于，人们仅从外部观察动物的行为，但往往根据行为者对自己行为的判断、根据这些行为对他们产生的印象、根据他们主观想象或杜撰的引起这些行为的动因来认识人类的行为。因此，本来属于第一类和第三类的行为就过渡到第二类和第四类了②。

帕雷托实际上是从逻辑推理的角度来考察手段与目的之间的客观关系和主观关系的一致性状况的。逻辑行为一定是由推理引起的行为，行为者思考过他想做的事和他要达到的目的之间的联系，这种逻辑推理就是他的行为动机。而非逻辑行为或多或少包含着感情冲动，为逻辑推理以外的精神状态所支配。"逻辑行为，至少就其主要部分来说，均为推理的结果；非逻辑行为首先源于一种确定的心理状态：情感、潜意识等等"③。根据帕雷托的分析，在动物中，行为 B（这是人们唯一能观察的活动）同假设的心理状态 A 有联系，见图 6-1（Ⅰ）。在人类那里，这种心理状态不仅通过行为 B 得以表现，而且借助情感 C（这些情感往往在道德、宗教以及类似的理论中得到发展）来表现，见图 6-1（Ⅱ）。人们特别倾向于将非逻辑行为变为逻辑行为，通过创造理论 C，使人相信行为 B 不过是"动因"C 的结果。这样就确立了直接关系 CB，而不是 AB、AC 两种联系表现出的间接关系。而实际上理论 C 可能是错误的，关系 CB 可能是虚假的④。正是基于以上的分析，帕雷托得出他从事社会学研究的两个基本结论：一是所有的人都想使没有逻辑实质的行为具有一种逻辑的外表；二是社会学的目的是向人们指出他们的行为是非逻辑的。

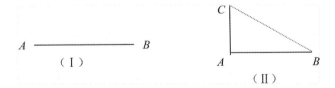

图 6-1　行为和心理状态以及情感之间的关系

---

①　维尔弗雷多·帕累托：《普通社会学纲要》，田时纲译，生活·读书·新知三联书店，2001 年，第 19 页。

②　维尔弗雷多·帕累托：《普通社会学纲要》，田时纲译，生活·读书·新知三联书店，2001 年，第 25 页。

③　维尔弗雷多·帕累托：《普通社会学纲要》，田时纲译，生活·读书·新知三联书店，2001 年，第 26 页。

④　维尔弗雷多·帕累托：《普通社会学纲要》，田时纲译，生活·读书·新知三联书店，2001 年，第 26 页。

三、剩余物和派生物

帕雷托在分析和研究大量的非逻辑行为过程中，发现变化多端的感情或感情冲动的背后常常隐藏着某种稳定不变的东西，他称之为"剩余物"（或"剩遗物"，residues）；与此同时，人们为这种不变的东西又提出种种可变的解释，这就是所谓的"派生物"（或"衍生物"，derivations）。剩余物和派生物是帕雷托进行社会学研究、分析非逻辑行为的重要理论工具，他认为这两个概念及相关学说的提出，也是他对社会学思想的最重要的贡献。

（一）剩余物

其实，剩余物的概念有些模糊不清。从帕雷托的多处表述来看，剩余物是人类也是社会生活中基本的、相对持久的恒量因素，是一种积淀尤其是心理积淀。理解这一概念要注意两点：其一，剩余物不是感情或精神状态 A，而是人们没能直接认识，甚至不能间接认识的感情与表情或行为，即 C 和 B 之间的中介物；其二，剩余物与人的本能有关，但远没有反应或包括所有的本能，主要涉及那些能够导致推理的本能。帕雷托还强调他的剩余物的概念是供社会学家而不是心理学家进行分析时使用的。他对剩余物进行了仔细的划分，主要可归结为以下六类。

1. 组合的本能

这是一种在观念和事物之间建立关系、从提出的原则中得出结论的倾向。正是因为有了它，人才成为人，才会具备行为、表现、推理、论证的能力。在帕雷托看来，这是人类的一种十分强大的力量，可能也是至今存在的人类文明最重要的因素之一。它的重要性不仅表现在它是人类智力进步和文明发展的根源，而且表现在它的多寡会对一个社会产生直接的政治后果。组合本能又可分为一般组合、相似或对立事物的组合、某些事物和某些行为的神秘运作、将剩余物统一的需要、逻辑发展的需要、迷信组合的功效 6 个子类[①]。

[①] 维尔弗雷多·帕累托，《普通社会学纲要》，田时纲译，生活·读书·新知三联书店，2001 年，第 132-133 页。

2. 集合体的持续性（群体的持续性）

指人类试图维持已经形成的组合、拒绝变化，忠实地接受命令的倾向，它也可划分为某人同他人及地方的关系的持久性、生者与死者关系的持久性等八个子类①。这第二种剩余物和第一种剩余物形成两个对立的范畴：组合的本能可以增强人们的创造性和灵活性，促进知识的发展和信仰的更新；群体的持续性则和机械的惰性相类似，旨在维护已经形成组合的稳定性和持续性。简言之，前者推动变化和革新，后者崇尚传统和保守，它们和孔德提出的进步与秩序这两个因素一样，都是社会发展所不可或缺的。当然，不同时期两者的强弱对比程度是不一样的。

3. 用外在行为表现感情的需要

人类具有通过外显的行为来宣泄内在感情的需要，古往今来，无不如此。表现情感的行为强化了情感，还可以使缺少此情感者产生此情感。这又具体可分为两类：一是通过在组合中做某些事情来表达自己的需要，如当今流行的政治示威或体育表演活动；二是各种宗教狂热②。

4. 与社会性有关的剩余物

这种剩余物与建构社会和群体有关，具体包括如下一些子类：① 特殊社会，即人们倾向于过某种群体生活；② 一致性的需求，即迫使他人遵从的倾向；③ 怜悯和残酷，以一种适度态度对待他人的痛苦和境遇，保持社会的平衡；④ 为了他人利益而自我牺牲，这往往是社会合作所必需的；⑤ 社会等级的意识，可调节社会成员之间的关系；⑥ 禁欲主义，即限制自己的欲望，但过分是有害的③。

5. 个人及其附属物的完整性

这是人们具有的保持个人独立、保持个人的社会地位及其所有物的一种

---

① 维尔弗雷多·帕累托，《普通社会学纲要》，田时纲译，生活·读书·新知三联书店，2001年，第133-134页。

② 维尔弗雷多·帕累托，《普通社会学纲要》，田时纲译，生活·读书·新知三联书店，2001年，第134、148页。

③ 维尔弗雷多·帕累托，《普通社会学纲要》，田时纲译，生活·读书·新知三联书店，2001年，第134-135页。

倾向。人们为了实现自己的利益，获得最大限度的满足，会合理地组合各种手段，逻辑地运用各种方法。这种剩余物和第 4 种剩余物也具有互补的性质①。

6. 性的剩余物

即与性的本能相关的一些倾向。纯粹本能处于剩余物的范围以外，不属于社会学家的分析领域，社会学家的兴趣只在某些与性的剩余物有联系的行为。帕雷托发现，性的剩余物和产生这一剩余物的感情在大量现象中都存在，但它们常常被掩盖了，这在现代人中间尤其突出②。

(二) 派生物

派生物是人类用来掩饰情感或赋予一些本没有理性的主张或行为以理性的外表的辩解性知识体系，通常情况下它们就是作为意识形态的各种理论。帕雷托用这个词，是为了强调它们的衍生性、第二位性，具有来源于人类情绪的性质，属于相对易变的成分。动物没有派生物，它们不进行推理并仅有本能行为，而人需要推理并掩饰其本能与情感。他指出，在研究社会时，过于相信人们所讲的东西是非常危险的，只有经过仔细的思考，找到隐藏在哲学和思想中的真正含义之后，才能做出正确的判断。他将派生物划分为以下四大类。

1. 断言

这种派生物包括简单的叙述、对某事件的肯定，以及同情感一致的断言（以绝对、公理、学说的方式表达）。在帕雷托看来，尽管这种生硬的断言极少或根本没有论证的价值，但有时它具有强大的说服力。在以情感或特定关系来维系的人际关系中，人们常使用这种方式，如母亲对幼儿的教育。

2. 权威

诉诸权威也是人们进行论证和说服时常用方式。根据权威的不同来源，又可具体分为如下三类：个人或某些人的权威；传统、习惯和风俗的权威；

---

① 维尔弗雷多·帕累托，《普通社会学纲要》，田时纲译，生活·读书·新知三联书店，2001 年，第 156 页。
② 维尔弗雷多·帕累托，《普通社会学纲要》，田时纲译，生活·读书·新知三联书店，2001 年，第 132-179 页。

神谕和人格化的权威。例如，人们可以用教师来说服学生，也可用习俗来约束个人，还可以用上帝或佛祖的旨意来教导他人。

3. 与情感或原则一致

派生物可以依赖或求助不同的情感或原则来获得说服力，它涉及以下一些子类：情感、个人利益、集体利益、法律实体、形而上学实体、超自然实体。派生物激发感情、表明命题与既存利益之间的和谐一致，或依赖某种抽象的实体或超自然存在物假设的意志，使断言、命令和禁戒具有说服力。

4. 口头证据

这种口头派生物，可以通过使用不确定的、令人疑惑的、模棱两可的和与现实不相符合的词汇来获得。动人的政治口号、大量的说教和宣传都属于这类派生物，而它们影响和说服听众的主要方式就是无休止的重复。对此，帕雷托精辟地指出，重复虽然没有丝毫逻辑-经验的效力，但它比最好的逻辑-经验论证更为有效。他还论述到，一件事是否符合理性和逻辑并不重要，重要的是给人留下在做推理的印象。可以说，帕雷托的派生物理论是对政治领域中人际关系和团体间关系心理学的一大贡献[①]。

四、社会系统与精英循环论

（一）关于社会系统的思想

帕雷托认为，社会是一个系统，组成这个系统的各种要素之间是相互依赖、相互作用的，由此维护了社会的基本平衡和秩序。系统的一个部分发生变化，会引起整个系统的变化。"机构的形式决定生活的性质，生活性质反过来又作用于机构"[②]。人类的情感或剩余物不应过分背离生存条件，而是必须与之保持一个最小限度的适应。如果人们的思维和感觉方式与集体生活的要求不相容，社会就无法延续。可以抽象地构思出社会的两种"极端类型"：一是完全由情感支配的社会，没有任何类型的推理，动物的社会很可能非常

---

① 维尔弗雷多·帕累托，《普通社会学纲要》，田时纲译，生活·读书·新知三联书店，2001年，186-227。

② 维尔弗雷多·帕累托，《普通社会学纲要》，田时纲译，生活·读书·新知三联书店，2001年，305。

接近这个类型；二是完全由逻辑-经验的推理支配的社会。在帕雷托看来，实际的人类社会介于上述两种类型之间。它的形式不仅受外部局势，也受情感、利益、以情感满足为目标的逻辑-经验推理，以及附带地受证明情感与利益的在某种情况下作为宣传手段的派生物的支配①。

社会系统的理想状况是实现了集体效用的最大化，但这是难以达到的。在一个集体中，只要还有可能增加某些人的效用而又不缩减其他任何人的效用，最佳状态就没有达到，继续努力就是合理的。问题是效用是根据个人特有的偏好等级和满足状况来确定的，不同的人对所谓对自己有好处或对他人有利的观念是五花八门的，无法统一。这表明，集体的最大效用永远只是一种任意确定的对象，而不能成为逻辑-经验确定的对象，即逻辑-经验思维无力把握社会的最终目标。因此，帕雷托指出，一个完全由逻辑-经验行为构成的社会是无法设想的，换言之，完全由理性决定的社会是不存在的并且也不可能存在。

帕雷托反对社会进化论，他认为人类社会必定会沿着同样的轨迹周而复始地永远循环，具有连续转换但最终取得不变均势的特点。进言之，社会运行所经过的盛衰是各成一体的三个子系统同步循环和相互影响的结果。这三个循环的子系统是：社会情绪的循环、经济生产的循环和政治组织的循环。自由时期过了是专制时期，专制时期过了是自由时期；经济繁荣过后是经济萧条，经济萧条过后又是经济繁荣；政治集权之后是权力分散，权力分散过后重新回到集权时期。帕雷托发现，三种循环似乎同步起伏交替运行。自由情绪增长、经济膨胀和政治权力分散几乎同时出现；自由情绪低落、经济紧缩和政治集权也往往同时发生。社会情绪、经济生产和政治组织三个循环动力系统协同作用，波澜起伏地发展。这些循环同步运行和相互依赖的特征，说明每一种循环又与其他循环相联系。帕雷托的普通社会学就是要探索这三种系统各自循环及其相互作用构成的社会综合系统循环②。

（二）精英与精英循环

帕雷托在强调社会的系统性的同时，还特别注重对社会异质性的研究。他认为，正如人们在身体上存在差异一样，人们在智力和精神上也是大不相

---

① 参见雷蒙·阿隆：《社会学主要思潮》，葛智强等译，上海译文出版社，1988年，第480页。

② 贾春增：《外国社会学史（修订本）》，中国人民大学出版社，2000年，第177页。

同的。总的看来，在全社会或某一特定阶层或群体中，某些人具有更高的天赋。在任何特定群体中，才能最高者就是精英。可以采用十分制的方式，按其能力的大小，给从事不同人类活动的每个人打个分数。比如，给最高等级的律师 10 分，给找不到委托人的律师 1 分，而将 0 分留给十足的白痴；对熟悉如何欺诈而又逍遥法外的机智流氓，按其诈骗的多少，给 8 分、9 分甚至 10 分，对从餐厅饭桌上顺手偷走一件银餐具又撞上警察的小偷，只给 1 分。显然，帕雷托所用的精英这个词，与道德名誉没有任何关系，它仅仅表示那些在自己活动圈子中具备最高才能从而拥有最高得分的人。精英又可进一步分为统治精英（狭义的精英）和非统治精英（广义的精英），前者由在政府中直接或间接发挥重要作用的人所组成，后者则由余下的精英所组成。帕雷托研究的重点是统治精英。

根据帕雷托的研究，社会生活中的人们可划分为两个基本阶层：一是低级阶层，又称下层或非精英阶层，由普通群众构成；二是高级阶层，又称上层或精英阶层，由精英群体构成。精英阶层又包括统治精英和非统治精英两个部分。需要指出的是，精英的分布不是恒定不变。精英也有来自下层的代表，其中最有天赋的人会通过各种渠道，暴力的或非暴力的手段晋升上来，补充或替换上层统治阶层，而上层统治阶层的成员也会因退化而降级下去，沦为平民百姓。帕雷托热情地宣扬最大限度的社会流动，鼓吹职业向任何人开放，以避免精英的名不符实和退化衰落。在他看来，如果统治精英或非统治精英试图拒绝来自公众的更新更具才华的成分输入，精英的流通被阻塞，那么就会破坏社会均衡，导致社会秩序紊乱。纠正这种状况的办法是开拓新的流动渠道，或新的善于统治的人用暴力推翻过时的、无能的统治精英。

社会的特点是由精英尤其是统治精英的性质决定的，而统治精英的性质又是由占主导地位的情绪即剩余物决定的。像其他人类群体一样，统治精英也由两种人组成：一种是拥有丰富的第一类剩余物的人，他们聪明、狡诈，擅长吸收下层精英，用阴谋诡计和圆滑的手段进行统治；另一种是拥有丰富的第二类剩余物的人，他们惯于用赤裸裸的、无所顾忌的暴力进行统治。帕雷托称前者为"狐狸"型领袖人物，意味着狡猾、阴险、欺诈，但相对软弱；称后者为"狮子"型领袖人物，意味着顽强、有力、不妥协、勇敢，而且相对强大。理想的统治阶级应由狮子和狐狸（果敢的铁腕人物和富于想象、朝气蓬勃的革新者）明智地结合组成。如果统治精英在流通上的缺陷阻碍着这种结合的产生，政权则将坠入死板僵化、没有适应能力和复兴可能的官僚统治，或蜕化成争执不休而缺乏果断和有力行动的律师和雄辩家的懦弱统治。实际上，一个政权存在的时间越长，第二类剩余物在统治集团中就越趋向于减少，而在下层群众中相对保留较多。第一类剩余物丰富的统治者一方面会变得更加贪婪、腐化、堕落，引起群众的普遍不满；另一方面会变得软弱无能，不善于运用暴力进行统治。这种情况的最终结果是，旧的精英被消灭了，新的精英登上舞台，又一轮的循环开始。

总之，帕雷托的精英循环论认为，政治变化的形式就是一种类型的精英取代另一种类型的精英，"历史是贵族的墓地"，历史是"英雄"创造的，它不过是少数精英轮回变换的舞台。此外，在社会发展问题上，帕雷托是一个悲观主义者，他既不相信社会主义的发展前景，也不对资本主义抱有希望。尽管他受到意大利法西斯主义分子的推崇，甚至有人称其为"法西斯主义的卡尔·马克思"。但实际上他和法西斯主义的联系是非常有限的，他本人并不是法西斯分子，他对法西斯主义的一些做法也持一定的批判态度。准确地说，他只不过是一位社会科学家，一位愤世嫉俗的自由主义者。

第二节　滕尼斯的社会学理论

斐迪南·滕尼斯（Ferdinand Tonnies，1855—1936）也是社会学形成时期的著名社会学家，他是德国现代社会学的缔造者之一，曾长期担任德国社会学学会的主席。他的社会学著述，尤其是成名作《共同体与社会》对社会学界产生了深远的影响。

一、生平及著述

滕尼斯出生于当时隶属于丹麦王国的一个小城毫巴尔格。他自幼天资聪明、刻苦好学，16岁就开始上大学。10年间，他先后就读过斯特拉斯堡大学、耶拿大学、莱比锡大学和波恩大学，最后在杜宾根大学获得古典哲学博士学位。1881年他在基尔大学获得教职，主要讲授柏拉图、休谟、康德、叔本华等人的学说。但他的教师生涯并不顺利，第一次任教仅仅维持了三年。其后，他游学英国，开始对社会学产生浓厚兴趣，研读了大量的相关著作，并于1887年出版了被誉为社会学历史上划时代的著作《共同体与社会》。1909年他和韦伯、齐美尔、桑巴特等人一起创立了德国社会学学会，并被推举为学会第一任主席，且在此位置上一直工作到 1933 年①。尽管学术成就斐然、声名远扬，但由于当时社会学在德国的学术界没什么地位，加上滕尼斯在政治上比较激进，对待社会问题的立场和态度往往有悖于当局的旨意和政策，他重返大学的道路非常坎坷。到 1913 年，他才在基尔大学得到一个国民经济学和统计学的正教授的教席。三年后他又辞去教职，直到 1923 年才再次返回基尔大学。1933 年他被刚上台的纳粹政权解除教职，德国社会学学会主席的职务也随着该学会的被取缔而自动解除。1936 年 4 月 6 日，滕尼斯在基尔逝世，享年 81 岁。

滕尼斯的社会学思想受到德国浪漫主义传统和历史主义思潮的很大影响，此外，还受到许多其他思想家、理论家的影响，其中比较主要的有：霍布斯的自然法学说、孔德和斯宾塞的实证主义社会学、叔本华的意志哲学、马克思的社会思想、摩尔根和巴霍芬为代表的一般进化论，以及梅因的法社会学思想。滕尼斯一生写了大量的社会学著作，除了极负盛名的《共同体与社会》外，其他比较重要的社会学著作还有：《社会问题的发展》（1907 年），《马克思的生平与学说》（1921 年），《公共舆论批评》（1922 年），《社会学研究与批判》（三卷本，1925，1926，1929），《社会学导论》（1931 年），《近代的精神》（1935 年）。

二、社会学体系

在 20 世纪初德国那场著名的关于社会科学方法论的争论中，滕尼斯明确地指出，应该克服理性主义和历史主义各自的偏狭性。在他看来，一个概念的系统是任何科学所必需的，但包括纯粹社会学在内的这种概念系统又得接受经验的检验和核查，不断重新修改其概念，因为被批判地纯化了的经验是所有实际认识的唯一源泉②。滕尼斯指出，"社会学作为研究社会生活的科学，在其整个意义上，在最近 80 年的过程中，显得越来越重要。"③ 他从社会学研究人类共同生活这一理解出发，认为社会学的知识体系应包括两个基本类别：一般社会学和专门社会学，而后者又包括纯粹社会学、应用社会学和经验社会学三个部分。

---

① 滕尼斯还是霍布斯研究专家，他曾长期担任德国霍布斯研究学会的会长一职。
② 贾春增：《外国社会学史（修订本）》，中国人民大学出版社，2000 年，第 65 页。
③ 斐迪南·滕尼斯：《社会学引论》，林荣远译，中国人民大学出版社，2016 年，第 321 页。

（一）一般社会学

一般社会学也就是广义的社会学，是关于纯粹共同生活的学说，涵盖了多门具体的社会科学。按照滕尼斯的观点，可以有三种途径去研究人的社会生活，由此形成了三门独立的学科：社会生物学，即人类学；社会心理学；社会学。一般社会学包括社会生物学和社会心理学的事实：因为它涉及作为自然现象的人类生活，如人口的再生产、种族的划分、生存斗争等；同时它又涉及所有从内部的、心理的或主观的方面成为生理学观察的对象，它既涉及关于个别人的精神生活方面，也涉及有关一般精神（如民族精神）的生活方面，换言之，个人与集体的精神状态都是它所在意的对象。与此不同，就一般意义和首要因素而言，社会学研究关注的是滕尼斯称之为交互肯定的社会事实，并分析它们的动因。实际上，滕尼斯的主要兴趣，集中在专门社会学而不是一般社会学上。

（二）专门社会学

前面已提到，滕尼斯所谓的专门社会学包含纯粹社会学、应用社会学和经验社会学三部分。其中纯粹社会学是他的社会学体系的出发点，也是他最费心血的部分。在他看来，无论是经验水平上的社会纪实，还是理论水平上的应用社会学，都离不开一个概念体系。这种概念体系类似于"理想类型"，或可称为标准概念，滕尼斯提出的"共同体"和"社会"就是这种纯粹社会学标准概念的典型。除此之外，纯粹社会学的内容还包括社会实体、社会价值、社会规范和社会相关物。

应用社会学的任务在于利用纯粹社会学的基本概念来理解当前的状况和历史的变迁，并最终理解人类社会的发展。在滕尼斯看来，应用社会学不局限于笼统的历史阐述，它更注重对当前不断变化的社会生活进行根本的分析，而这是单纯的历史研究所不能胜任的。需要指出的是，尽管滕尼斯对纯粹社会学和应用社会学做出了区分，但无论在理论上还是在他自己的实际研究中，这两者存在着密切的联系。按他的说法，纯粹社会学思考的，是作为静态的即处于平衡状态的社会实体；而应用社会学则必须处理社会实体的现实状况，即它们的动力学，或它们的发展。简言之，纯粹社会学属于静态研究，应用社会学则是动态研究。比如，共同体和社会既是纯粹社会学的基本概念，也是历史地形成和存在的两种形态。共同体和社会在应用社会学中表现为历史发展的两个阶段。滕尼斯认为，整个人类社会的基本进程，特别是自中世纪直到近代以来人类文化的发展，是一个从共同体到社会的过程。总之，滕尼斯的应用社会学的范围有些类似于应用数学，即它可以根据纯粹社会学的某些最基本原理，来推演社会的各个方面[1]。

经验社会学主要涉及的是人们之间的消极关系和所有社会病态现象。滕尼斯实际上非常重视经验社会学的研究，他和韦伯一样，不但不拒斥实证方法在社会学中的运用，反而在德国社会学界率先从事大量的经验社会研究。有人统计，在超过40年的时间里，滕尼斯发表了大约30篇经验研究论文，涉及的主题包括犯罪、自杀、婚姻、选举、农村社会结构、码头工人罢工、商船上的海员以及统计技术等。滕尼斯对社会调查、人口统计和其他经验社会研究的兴趣是终身的，他将这些研究统称为社会纪实，或经验社会学。他对社会统计和经验社会研究的兴趣，还在相当程度上促进了德国社会学和统计学的联姻[2]。1911年，在德国社会学学会成立两年之后，在滕尼斯的积极倡导下，德国统计学会作为社会学学会的一个分会正式成立。

总之，滕尼斯关于纯粹社会学的划分，体现了他对社会学这门学科的深刻认识和系统把握，他对纯粹社会学三个部分的卓有成效的研究，给后人带来不少启发。实际上，他的这种划分是从研究方法的角度考虑的，基于他对科学研究过程的洞察。在他看来，纯粹社会学的三个部分是相互关联的，它们对应于科学研究的三种推理和论证过程：首先是在高度抽象的概念体系上发展起来的纯理论；其次是演绎系统，在这个系统中基本原理得到有效应用；再次是通过观察和实验对应用进行归纳检验。

三、共同体与社会

《共同体与社会》是滕尼斯最重要的著作，在他生前就再版了七次。在这本不朽的著作中，他深刻地阐明了人类群体生活中的两种结合类型，并用一对二分概念——共同体和社会，抽象地概括出这两种类型。共同体和社会的德文是 gemeinschaft 和 gesellschaft，英文对应的是 community 和 society，

---

[1] 参见周晓虹：《西方社会学历史与体系（第一卷）》，上海人民出版社，2002年，第289页。

[2] 斐迪南·滕尼斯：《社会学引论》，林荣远译，中国人民大学出版社，2016年，第317-322页。

也有人将共同体译作中文的社区、公社等①,费孝通先生曾将这对概念译作礼俗社会和法理社会。

(一) 共同体

滕尼斯认为,共同体的类型主要表现为建立在自然的基础之上的群体(家庭、宗族),此外,它也可能在较小的、历史形成的联合体(友谊、师徒关系等)里实现。在共同体里,人们的相互关系是建立在亲密的、不分你我的私人关系基础上的,是以血缘、感情和伦理团结为纽带的,其主要形式有亲属、邻里、友谊。在滕尼斯看来,"共同体是一种持久的和真正的共同生活",是一种原始的或者天然状态的人的意志的完善的统一体②,充分体现了有关人员的中意状况或习惯制约的适应或与思想有关的共同的记忆。在这里,个人总是感到与整体处于亲密的联系之中,而又不感到在其中丧失了自身,因此它是一种富有人情味的活生生的有机体。

(二) 社会

与共同体形成鲜明对照的是,社会产生于众多的个人的思想和行为的有计划的协调。个人预计共同实现某一种特定的目的会于己有利,因而聚合一起共同行动,即社会中人们的相互关系建立在目的、利益及以此为条件的人们之间保持一定距离的基础上,这是一种目的的联合体,是一种表现为成员之间相互陌生、基本分离、甚至充满敌意的生活共同体。即是说,社会建立在相当自私的个人主义基础之上,"在这里,人人为己,人人都处于同一切其他人的紧张状态之中。他们的活动和权力的领域相互之间有严格的界限,任何人都抗拒着他人的触动和进入,触动和进入立即被视为敌意"③。这里我们可以清楚地看到霍布斯关于人与人之间是敌人的主张的影响。滕尼斯明确指出,社会的产生晚于共同体,"共同体是古老的,社会是新的,不管是作为事实还是作为名称,皆如此"④。他还强调说,"在共同体里,尽管有种种

---

① 参见周晓虹:《西方社会学历史与体系(第一卷)》,上海人民出版社,2002年,第291页。
② 斐迪南·滕尼斯:《共同体与社会》,林荣远译,商务印书馆,1999年,第58页。
③ 斐迪南·滕尼斯:《共同体与社会》,林荣远译,商务印书馆,1999年,第95页。
④ 斐迪南·滕尼斯:《共同体与社会》,林荣远译,商务印书馆,1999年,第53-54页。

的分离，仍然保持着结合；在社会里，尽管有种种的结合，仍然保持着分离"[①]。所以，他认为"社会应该被理解为一种机械的聚合和人工制品"，因为它不是基于生活的统一性原则，而是基于个人、个人的思想和意志；不是自然的产物，而是人为的产物；不是充满情感的，而是遍布冷漠的。

需要注意的是，滕尼斯认为共同体是有机的，社会是机械的，这与涂尔干的用法似乎正好相反。涂尔干也使用二分法，按社会联结纽带的不同，将社会划分为机械团结的社会和有机团结的社会两种基本类型，前者为传统的社会，后者为现代社会。涂尔干之所以称现代社会为有机的社会，是因为这种类型的社会建立在复杂的社会分工基础上，社会成员一方面存在很大的异质性，另一方面则存在很强的相互依赖性。而传统社会不存在复杂的社会分工，社会成员一方面存在很大的同质性，另一方面社会成员的相互依赖性较弱，即人们的自给自足性较强，因而人们的联系纽带是机械的、简单相加的。显然，滕尼斯和涂尔干是在不同的意义上使用有机和机械这两个概念。滕尼斯在很大程度上受到当时历史学派中浪漫主义思想家的影响。这些学者认为，任何设施和行动要么被理解为自然给定的和有机生成的，要么被理解为有意创造的和按机械的目的组织起来的。基于此，滕尼斯以自然的、有机的指称共同体，而以人为的、机械的指称社会，从而凸现了这两种社会生活类型的重要区别。

（三）两种意志类型

滕尼斯认为，所有的社会群体都是人的意志的创造物，共同体和社会这两种人类共同生活的类型，实际上是以人的两种不同的意志类型为前提的。意志不仅是行动的动力，它还是社会关系的缔造者。他将人的意志划分为两种基本类型：本质意志和选择意志。前者主要基于情感动机，指人们在传统的和自然的感情纽带基础上的一致性和相互融洽；后者则主要基于思想动机，指人们那种尽量排除感情因素的纯理智思维、个人目的性打算及人与人之间利益关系的考虑。在本质意志中，行动的目的和手段完全统一、自然地结合在一起，彼此之间没有分别。针对某些特定物品、活动或个人，本质意志存在三种基本的实现方式和表现形式：本能的中意、习惯和记忆，它们非常类似于韦伯的情感行动、传统行动和价值理性行动这三种理想行动类型。在选择意志中，行动的目的和手段则是分离的，此时思维特别关注手段对实现目的的有用性。针对某些特定的物品、活动或个人，选择意志存在三种基

[①] 斐迪南·滕尼斯：《共同体与社会》，林荣远译，商务印书馆，1999年，第95页。

本的实现方式和表现形式：深思熟虑、决定和概念，它们类似于韦伯的目的理性的理想行动类型。滕尼斯明确指出，本质意志是共同体的来源，选择意志是社会的来源；而且同时，本质意志又打上共同体的烙印，选择意志又打上社会的烙印。本质意志必须理解为一种现实的或者自然的统一，选择意志必须理解为一种思想的或者人为的统一①。

（四）共同体和社会的本质特征及其关系

滕尼斯认为，共同体的意志形式，具体表现为信仰，整体表现为宗教；社会的意志形式，具体表现为学说，整体表现为公众舆论②。概括起来，共同体的特点有：以本质意志为基础，强调自我和整体的统一，共同占有和享受，依附土地，重视家庭；社会的特点则是：以选择意志为基础，强调个人主义，商品的交换和财富的占有，依赖货币，重视契约和债务法③。在共同体时代，家庭生活和家族经济为其主基调；而在之后的社会时代，商业和大城市生活是其主基调④。随着大城市的兴起，"共同体的生活方式作为唯一的、现实的生活方式，还继续持久地存在于社会的生活方式内部，尽管日益枯萎，甚至日益消亡"⑤。虽然，从理智上看，滕尼斯认为社会取代共同体乃是现代社会生活的基本趋势，但是从感情上看，他更倾心于共同体这种类型的共同生活。他还认为社会这种共同生活类型会带来许多的社会问题，而且，共同体的一些要素也不会完全消失，甚至赢得新的表现形式和推动力量，由此构成一种辩证的运动，使文明展示出交替曲折的特征。

需要指出的是，滕尼斯认为共同体和社会的划分只是一种理论的抽象，它们只是代表两种纯粹的类型或理想的类型，现实的人类共同生活则介于两种纯粹类型之间。对于人类社会发展的一般模式或基本倾向，他是这么理解的："从原始的（简单的、家庭的）共产主义和从中产生的、建立在此基础之上的（村庄的-城市的）个人主义，走向独立的（大城市的-普遍的）个人主义和由此确定的（国家的和国际的）社会主义"⑥。在滕尼斯看来，随着社

---

① 斐迪南·滕尼斯：《共同体与社会》，林荣远译，商务印书馆，1999年，第146页。
② 斐迪南·滕尼斯：《共同体与社会》，林荣远译，商务印书馆，1999年，第321-322页。
③ 斐迪南·滕尼斯：《共同体与社会》，林荣远译，商务印书馆，1999年，第262页。
④ 斐迪南·滕尼斯：《共同体与社会》，林荣远译，商务印书馆，1999年，第341页。
⑤ 斐迪南·滕尼斯：《共同体与社会》，林荣远译，商务印书馆，1999年，第333页。
⑥ 斐迪南·滕尼斯：《共同体与社会》，林荣远译，商务印书馆，1999年，第344页。

会的概念出现，社会主义就存在了。起初，它可能仅仅采取一切资本主义的力量和国家的实际相互联系的形式，保持和促进交往的秩序；但其后，它逐渐地转入试图要通过国家的机制，自己来统一指挥交往和劳动，而实现这些企图可能意味着取消整个社会及其文明①。

第三节 曼海姆的社会学理论

卡尔·曼海姆（Karl Mannheim，1893—1947）是德籍匈牙利裔哲学家和社会学家，虽然他在社会学许多领域都有建树，但一般认为他关于知识社会学的论述是他全部著作中最有价值和最不朽的部分，其代表作《意识形态与乌托邦》已成为社会学的经典名篇。

一、生平及著作

曼海姆1893年出生于匈牙利首都布达佩斯的一个中产阶级家庭，父亲是匈牙利犹太人，母亲是德国犹太人。中学毕业后，他先在布达佩斯大学攻读哲学，不久赴德求学，于1912年至1913年间入柏林大学师从著名社会学家齐美尔。在第一次世界大战爆发前夕，曼海姆返回匈牙利。早熟的曼海姆很快成为布达佩斯一个由青年知识分子组成的社团"社会科学学会"的活跃分子，其后又加入以卢卡奇为中心的一个新的青年知识分子社团"卢卡奇小组"。1919年匈牙利苏维埃政权成立以后，卢卡奇出任教育部长，曼海姆则被任命为布达佩斯大学的教授。几个月后，这个短命的共产党政权垮台，曼海姆不得已流亡德国。在海德堡大学，曼海姆先后受到新康德主义的李凯尔特、现象学大师胡塞尔（E. Husserl）以及黑格尔和马克思等人思想的影响。1922年他完成了博士论文《认识论的结构分析》，此时他的主要学术兴趣还是哲学分析。但不久，由于受到阿尔弗雷德·韦伯和马克斯·舍勒的强烈影响，他开始转向社会学。五年后发表的教授资格论文《保守思潮》，已是一篇地地道道的社会学论文，而两年后出版的《意识形态与乌托邦》更是社会学的经典之作。

1925年曼海姆被聘为海德堡大学讲师，同年与心理学家尤利斯卡·朗格结婚。两年后，他又接替奥本海默担任法兰克福大学的社会学和经济学教

---

① 斐迪南·滕尼斯：《共同体与社会》，林荣远译，商务印书馆，1999年，第344页。

授。这期间,他主要致力于建构他的知识社会学大厦。1933年,为躲避纳粹的迫害,曼海姆移居英国,在伦敦大学执教,直至1947年去世。在英国期间,他一改过去固守学术领域不太过问政治的习惯,积极投身于各种政治社会活动之中,并且,几乎完全放弃知识社会学的建构工作,转而致力于社会计划和社会重建的社会学探索之中。后期的代表作为《重建时代的人与社会:现代社会结构的研究》。

二、知识社会学

知识社会学又可称为思想社会学,主要是研究知识或思想过程与社会文化中其他存在因素之间的关系。或者,更确切地说,知识社会学的任务即详细追溯其他的社会文化因素如何影响知识或思想过程,以及影响的程度如何。因为在认知或理论思考的过程中,必定有某些非认知的或理论之外的因素存在,这些因素可能会自觉地或不自觉地影响到知识的性质。在此,"知识"一词指涉的范围极广,包括观念、意识形态、法学观与伦理观、哲学、科学、工艺技术等。虽然,古典社会学的三大家马克思、涂尔干和韦伯可看作知识社会学的先驱,马克斯·舍勒最早从哲学的层面对知识社会学做了比较全面的论述,但一般认为,曼海姆才是知识社会学真正的缔造者。因为正是他使这一领域学科化,并使该学科从德语学界走向英语学界,他是古典知识社会学的集大成者,为这门学科构筑了相当坚固的基本框架。

(一)知识社会学的性质

曼海姆将知识社会学定义为研究思想的社会条件或存在条件的理论及方法。"知识社会学是社会学最年轻的一个分支;作为一种理论,它试图分析知识与存在之间的关系,作为历史社会学的研究,它试图追溯这种关系在人类思想发展中所具有的表现形式"[1]。作为理论,知识社会学可以采取两种形式:一是纯经验的调查,即通过描绘和结构分析的方法,调查社会关系是以什么方式实际影响思想的;二是变成一种认识论的调查,意在了解这种相互关系与有效性问题的关联[2]。作为一种历史社会学的研究方法,知识社会学

---

[1] 卡尔·曼海姆:《意识形态与乌托邦》,黎鸣、李书崇译,商务印书馆,2000年,第269页。

[2] 卡尔·曼海姆:《意识形态与乌托邦》,黎鸣、李书崇译,商务印书馆,2000年,第271页。

的基本研究任务在于确定思想史上逐步出现的、处于不断变化中的各种观念，而这又包括两个层次：第一个层次处理一般的解释性问题，即重建单一的和分散的表述背后的统一思想类型与研究视角；第二个层次是通过这些思想类型来重建经验事实，考察这些思想类型在现实中是在何种程度上实现的。运用此种方法，曼海姆考察了保守主义、自由主义、历史主义和法西斯主义等思想类型。总之，曼海姆认为知识社会学既是一种理论，也是一种研究方法。作为一种"理论"，它致力于分析知识与存在之间的关系；若当作一种历史社会学的"研究方法"，则致力于探讨在人类思想发展中，此种关系（即上述知识与存在之关系）的形式。

（二）知识的社会决定论

知识社会学一个基本假定就是：知识或思想过程必定受社会文化因素的影响，至于影响的程度及层面有待经验研究来确定。换言之，知识绝不是凭空产生的，必定有其存在的基础。曼海姆认为除了"精确科学"（exact science）与"形式知识"（formal knowledge）不受社会存在之影响①，其他如"历史的、政治的、社会科学，以及日常生活的思想"都受到社会存在的制约。曼海姆的知识社会学实际上强调的是"知识的社会决定论"。他在《意识形态与乌托邦》这部名著中，开门见山地指出："本书探讨人如何实际进行思考的问题。这些探讨的宗旨不在于研究思想如何以逻辑形式在教科书中表现出来，而在于它在社会生活和政治活动中如何作为集体行动的工具实际发挥作用"②。在他看来，思想的发展主要不是由内在的逻辑因素决定的，而是由外在的社会因素决定的，换言之，所有知识和思想都不可避免地在某种程度上是某个社会结构或历史进程的产物。在一个时期，某个群体也许较其他群体对某种社会现象有更透彻的理解，但没有一个社会群体可以全部地解释这一社会现象。思想是其倡导者在不同历史阶段和社会结构中所创造的。因此，它们便无可争辩地体现着倡导者的观点③。而且，社会存在因素不仅

---

① 即是说，曼海姆将数学（形式科学）以及其他自然科学（精确科学）排除在他的知识社会学的考察范围之外，而当代的科学知识社会学（SSK）则突破了这样的限制，认定即便是自然科学知识也要受到社会文化因素的影响，是社会建构的产物。

② 卡尔·曼海姆：《意识形态与乌托邦》，黎鸣、李书崇译，商务印书馆，2000年，第1页。

③ 参见刘易斯·A. 科瑟：《社会学思想名家》，石人译，中国社会科学出版社，1990年，第477页。

对知识的产生起到一般的作用，它们还渗透进知识的形式和内容，决定了人们观察与经验的范围和深度，影响主体的视角。受到马克思的影响，曼海姆十分重视社会地位尤其是阶级地位对思想倡导者的作用，但他又没有被马克思的阶级分析方法所束缚，认为决定知识和思想的社会因素还有很多，比如地位群体、职业群体、同代群体等。尤其是他对于代际差异对知识和思想的作用的分析，具有重要的启发价值。曼海姆指出，同属某一阶级、时代或年龄组就使一些人处于相同的社会地位及历史进程，从而使他们限定在特殊的潜在经验的范畴之内，使他们与某些特殊的思想模式、经验和某些与历史相关的特殊行动相隔绝。即是说，不同代的群体具有不同的思维模式和行为模式。不仅如此，同一时代的各种群体又由于用不同的方式对待共同经验，进一步分裂成独立的代单位，他们对同一历史事件也会做出不同的思想和社会反应[1]。

（三）知识社会学的产生前提

曼海姆认为，知识社会学在某种意义上是现代社会的产物。在前现代时期，人们生活在相对封闭的社会里，由于各种社会群体彼此隔离，很容易将局部的、地方性的知识和思想绝对化，而不去反思这种知识和思想的前提和局限性。到了现代时期，人们生活在越来越开放的社会里，不同的社会群体相互沟通交往，人们发现面对同一世界，不同群体的人可以有完全不同的解释和理解，因而极少有人还能轻易地保持"自足、自满的想当然状态"。可以说，集体无意识动机变成有意识的过程，并不是一切时代都可能发生的，而对思想的社会基础和活动基础的反思也只有在现代社会才有可能。"只有在面临大量根本分歧的定义，对关于事物和情境的概念做出直接的和延伸的详细阐述变得不可能时，人们才从对事物的直接观察转向对思维方式的思考，至此我们可以比一般的和形式的分析更明确地指出，正是在那种社会和理性环境中，才可能使人们的注意力从各种事物转向分析的观点，再由此转向无意识的思想动机"[2]。从社会学的观点看，与中世纪的情况对照，现时代决定性的事实是，由教士特权等级把持的对于世界的牧师式解释的垄断权已经被打破，取代一个严密且彻底组织起来的知识分子阶层的是一个已经兴起

---

[1] 刘易斯·A. 科瑟：《社会学思想名家》，石人译，中国社会科学出版社，1990年，第480页。

[2] 卡尔·曼海姆：《意识形态与乌托邦》，黎鸣、李书崇译，商务印书馆，2000年，第6页。

的自由的知识界。它的主要特征是，它正越来越多地从不断变化的社会阶层和生活条件中补充人员，它的思想模式不再受到一个类似等级组织的管理的支配，新型的知识分子允许表达各自的思维方式和经验方式，以在其他阶层的更广阔的世界中获得公开的彼此竞争。随着知识分子从教会的严格组织中解放出来，对思想的根本质疑才真正开始，那种只存在一种思维方式的知识分子的错觉消失了，其他解释世界的方式日益获得承认[①]。曼海姆对现代自由知识阶层抱有较高的期望，相信通过适当的教育，这些"自由漂移的""与社会疏离的"知识分子能够提出超然的、不带偏见的思想，保持价值中立，成为"漫漫长夜中的守夜人"。

（四）意识形态与乌托邦

"意识形态"与"乌托邦"是曼海姆知识社会学的两个核心概念。在他看来，知识社会学是进行意识形态分析和考察的逻辑结果。"意识形态"一词原来系指为了集团利益而隐瞒、歪曲社会真相的观念或思想，这种观念或思想只是用来维护或促进集团利益的一种工具而已，因而受到历史社会情境的局限或制约特别严重。曼海姆区分出两种不同的意识形态：一种是特殊含义的，一种是总体含义。特殊含义的意识形态常常用于表示我们对我们的论敌所提出的观点和陈述的怀疑，这些观点和陈述被看作对某一状况的真实性有意或无意的歪曲（包括从有意或无意的谎言到半意识和无意识的伪装，从处心积虑愚弄他人到自我欺骗），而真正认识到其真实性并不符合论敌的利益。至于总体含义的意识形态，指的是某个时代或某个具体的历史-社会集团（如阶级）的意识形态，此时我们关心的是这一时代或这一集团的整体思维结构的特征和组成[②]。曼海姆认为意识形态和乌托邦都是历史发展的结果，是政治冲突的产物。他发现所有的思想都与人们的现实利益有着密切的联系，或者说本身就是现实利益的反映。他将"意识形态"用来特指统治集团的思想类型，认为该概念反映了来自政治冲突的一个发现，即统治集团可以在思维中变得如此强烈地把利益与形势密切联系在一起，以致它们不再能看清某些事实，这些事实可能削弱它们的支配感。在意识形态一词中内含着一种洞悉，即在一定的条件下，某些群体的集体无意识既对其本身，也对其

---

① 卡尔·曼海姆：《意识形态与乌托邦》，黎鸣、李书崇译，商务印书馆，2000年，第12-13页。

② 卡尔·曼海姆：《意识形态与乌托邦》，黎鸣、李书崇译，商务印书馆，2000年，第56-57页。

他方面遮掩了真实的社会状况，从而使集体无意识得到稳定。与此相应，曼海姆用"乌托邦"特指被统治集团的思想类型，认为该概念反映了政治斗争中相反的发现，即某些受压迫的群体在理智上如此强烈地对摧毁和改变特定的社会条件感兴趣，以致他们自觉地在局势中仅仅看到那些倾向于否定它的因素。他们的思维没有能力正确地判断现存的社会条件。在乌托邦思想中，被怀着愿望的想象和行动的意愿所引导的集体无意识，掩盖了现实的某些方面，它无视一切可能动摇其信念或麻痹其改变事物的愿望的东西①。

曼海姆指出，"在一定的情况下，什么表现为乌托邦，什么表现为意识形态，本质上取决于人们运用这种标准来衡量的现实的阶段和程度"②。显然，那些代表了占主导地位的社会秩序与思想体系的阶层，会把他们所具有的那种关系结构感受为现实，而被迫反对现存秩序的集团则对他们力争的和通过他们而可能实现的社会秩序感到真实可信③。在一定意义上可以说，乌托邦与现存秩序之间的关系是一种辩证的关系：每个时代都允许不同地位的社会集团提出一些观点和价值，它们以概括的形式包含了代表每一时代需要的未被实现和未被满足的倾向。这些思想因素然后变成打破现存秩序局限的爆破材料。"现存秩序产生出乌托邦，乌托邦反过来又打破现存秩序的纽带，使它得以沿着下一个现存秩序的方向自由发展"④。在曼海姆看来，无论是意识形态还是乌托邦都是一种历史现象，它们不可避免地会有终结的那一天。但是，意识形态的衰落其实只对某些阶层来说代表着一种危机，而揭露意识形态的真相所获得的客观性总是对整个社会表现为自我澄清。乌托邦成分从人类思想和行动中的完全消失，则可能意味着人类的本性和人类的发展会呈现出全新的特征。"乌托邦的消失带来事物的静态，在静态中，人本身变成了不过是物。于是我们将面临可以想象的最大的自相矛盾的状态，即：达到了理性支配存在的最高程度的人已没有任何理想，变成了不过是有冲动的生

---

① 卡尔·曼海姆：《意识形态与乌托邦》，黎鸣、李书崇译，商务印书馆，2000年，第41-42页。

② 卡尔·曼海姆：《意识形态与乌托邦》，黎鸣、李书崇译，商务印书馆，2000年，第200页。

③ 卡尔·曼海姆：《意识形态与乌托邦》，黎鸣、李书崇译，商务印书馆，2000年，第200页。

④ 卡尔·曼海姆：《意识形态与乌托邦》，黎鸣、李书崇译，商务印书馆，2000年，第203页。

物而已"①。简言之,乌托邦被摒弃时,"人便可能丧失其塑造历史的意志,从而丧失其理解历史的能力"②。

三、社会计划与重建

在被迫移居英国以后,曼海姆的学术方向和研究计划发生了巨大的变化。他基本上放弃了以往在知识社会学方面的长期研究,而将全部精力投入到对"我们时代的诊断"和关于社会计划和社会重建的社会学研究中去。眼见人类文明在法西斯主义的挑战下摇摇欲坠,曼海姆感到自己再也不能安于学术的象牙塔之中,必须为人类社会的发展和重建做一些实际工作。从某种意义上讲,他这时的研究已由过去的纯学术性的研究转向应用性的研究。

(一) 社会学的作用

曼海姆认为社会学在社会计划和重建的过程中应该并且能够发挥重要的作用。他说,"我们必须把人类和社会历史的其他现象变为功能与结构分析的术语",并指出,其他那些分支学科如心理学、美学、法学等,如果不能将其个别结论转变为社会学术语,它们便忽视了这些学科的最重要的方面之一。"今天,对宗教、艺术或法律进行系统和历史的研究而不考虑其社会含意,或研究心理和精神生活的历史而不把个人在对付其对手时的心灵反应同整个社会情境联系起来,是不可能的"③。曼海姆批评到,以往的专门化的社会科学是见树不见林,专注于细枝末节,忽略了重大的基本问题,因而一方面它们可以成为某些生活领域的专家能手,另一方面它们会成为获得完全和适当的社会知识的绊脚石,并将解决重大社会问题的任务拱手让给政治上的教条主义者、文学随笔作家以及其他未受过科学训练的、不负责任的门外汉。"如果社会科学家希望获得真正的知识,他们就必须像思考科学的专门

---

① 卡尔·曼海姆:《意识形态与乌托邦》,黎鸣、李书崇译,商务印书馆,2000年,第268页。
② 卡尔·曼海姆:《意识形态与乌托邦》,黎鸣、李书崇译,商务印书馆,2000年,第268页。
③ 卡尔·曼海姆:《重建时代的人与社会:现代社会结构的研究》,张旅平译,生活·读书·新知三联书店,2002年,第23页。

化问题一样彻底地思考科学整合的问题"①。这里，注重整体视角的社会学扮演了一个重要的角色，它可以对社会变迁的性质和趋向这类重大的社会问题进行综合的、系统的研究，从而避免其他一些专门学科的狭隘性和局限性。

（二）当代社会的危机

曼海姆关于时代的诊断基于这样一个论点：当代的文明危机归根结底是一个"彻底民主化"过程的问题。过去，统治者完全剥夺了人民群众在政治事务中的有效参与，而今天，越来越多的社会集团力争他们在社会和文化控制中的一席地位，要求保证他们各自的利益。这些由有文化的群众组成的社会群体对那些原来试图把群众的文化压制在最低水平的统治者构成一种威胁。但是，这种群众的崛起不仅仅威胁着统治者，由于驱使他们走上政治舞台的动力往往是由非理性支配的感情，他们对整个社会也构成一种威胁。如果不采取新的手段引导和阻止这些来自底层社会群众的非理性运动，这个社会必然会为无组织、非理性的群众运动所瓦解。于是，一个尖锐的问题出现了：一方面旧的统治者丧失了他们的统治权，不再具备领导能力；另一方面，由于社会的相互依赖性日益加强，理性化和组织化程度不断提高，对强有力的领导的需求显得愈发迫切了。

曼海姆认为，在现代工业化社会里，能够把各种活动有效地并有预测性地组织在一起的"功能理性"得到长足发展，但能够揭示事件相互关系的"实体性理性"则有所下降。结果，功能理性越盛行，社会组织越严密，则同时发生实体性非理性行为的机会也越多，因为人们实际上非常希望摆脱非人性的、高度组织和理性化的生活节奏。这个功能理性化的复杂的现代社会对一般人来说是陌生的、难以捉摸的，尤其是发生"社会生活理性机制崩溃"危机的时刻，人们完全陷入孤立无援的境地。曼海姆进而指出，旧统治者发明的镇静剂不再能够减轻人民群众的焦虑和恐惧，因此，拯救西方文明的唯一途径是彻底地重建社会制度。新的制度将依靠个人自觉的计划，而不是凭借市场机制来实现对个人不协调活动的控制。

（三）计划和重建的方向

当今的危机需要发展一种崭新的社会思想，使人们在处理日常事务时基

---

① 卡尔·曼海姆：《重建时代的人与社会：现代社会结构的研究》，张旅平译，生活·读书·新知三联书店，2002年，第28页。

本依赖于理性。只有在"计划思维"的支配下，整个社会才能处于民主政体的有序控制之下。人类思想和人类意愿迫切需要彻底地重建，唯有民主计划才能帮助我们摆脱当前的困境。"现在大家都认识到战后我们不可能再回到以前那种自由放任的社会秩序中去了，战争导致了一场无声的革命，为我们开辟了通向新计划秩序的道路"[①]。

在曼海姆看来，民主计划不仅仅是经济计划，尽管后者是前者的重要组成部分。民主计划应该推动整个社会的重建，尤其是促进人们重新组成有意义的群体。计划的范围不仅包括未来公民的物质生活，也包括他们的精神生活。曼海姆认为道德价值观衰退是放任自流社会的产物，它极大地伤害了社会的基本秩序，威胁到社会的生存和发展。所以，社会学家应充分认识到，利用精神力量来团结人们，势在必行。为此，曼海姆主张宗教复兴，希望基督教会能够承担起挽救道德价值观衰退的重任。此外，任何有利于联合人民、有利于挽救濒于崩溃的秩序的事务都需要重新提倡，如教育、宣传、社会工作等。各种社会群体都会产生各自不同的价值观，重要的是要通过合作和价值协调来弥补分歧，这就需要有共同协议的价值政策作为保证。

至于未来的计划社会中领袖的选择，曼海姆认为不能是随意的，而应该采用科学的方式，严格地根据功绩和能力去挑选。他再三强调，那些当选的包括社会计划家、新型社会学家和道德领袖在内的科学领导阶层必须注重其他社会成员的意愿，不应该受诱惑而把自己的意志强加于社会。曼海姆将权力分为专制权力和功能权力两种，并断言在未来良性社会中，专制权力必然消失。他说，"我们的问题在于如何控制那些形形色色的专制中心，如何调节它们，使它们结成一个完整的模式，以及如何制约他们，使他们逐渐转向为社会服务"[②]。总之，曼海姆的抱负是企图将计划和民主观点、操纵和承担责任，以及科学领导和自我调节的观点综合为一体。

虽然，曼海姆的社会计划和社会重建的思想给人们留下不少的启发，也丰富了社会学的想象力，但他最重要的学术贡献还是体现在他关于知识社会学的论述中。他的知识社会学试图在自我欺骗的绝对主义和自我毁灭的相对主义之间寻求妥协，通过一种小心翼翼的历史学的尝试，努力将思想模式与独特的社会位置和代际更替联系起来，进而探讨实现视角"综合"的可能性

---

① 刘易斯·A. 科瑟：《社会学思想名家》，石人译，中国社会科学出版社，1990年，第485页。

② 刘易斯·A. 科瑟：《社会学思想名家》，石人译，中国社会科学出版社，1990年，第487页。

和方式，并且指出知识分子独特的"漂移"社会位置使其能更自由地在各种立场间游离，获得相对较大的自由度，等等①。所有这些富有活力和创造力的观点，使曼海姆跻身于经典社会学名家的行列。

本章介绍了帕雷托、滕尼斯、曼海姆这三位古典四大家之外的著名社会学家的理论观点，其实，在社会学形成阶段的欧洲大陆还涌现了一大批才华横溢、成就不凡的杰出社会学家，如法国的塔尔德、勒普雷、勒邦、沃姆斯，英国的马蒂诺、霍布豪斯等，他们对社会学理论的发展都做出了不容忽视的贡献。

复习思考题

1. 帕雷托将社会行动划分为哪些基本类型？
2. 简述帕雷托所谓"剩余物"和"派生物"的含义和作用。
3. 帕雷托的精英循环论包括哪些主要内容？
4. 简述滕尼斯所提出的"共同体"与"社会"的含义与差异。
5. 滕尼斯所谓"本质意志"与"选择意志"的含义与差异是什么？
6. 曼海姆知识社会学的主要观点有哪些？
7. 曼海姆提出"意识形态"与"乌托邦"这两个概念的基本意图是什么？

---

① 参见卡尔·曼海姆：《卡尔·曼海姆精粹》，徐彬译，南京大学出版社，2002年，译序第5页。

第七章
结构功能理论

　　结构功能理论是社会学中形成最早、持续最久的一个理论，它对于社会学的发展具有举足轻重的意义，在长达半个多世纪的时间里，该理论占据着社会学主流思想的统治地位。虽然结构功能分析的方法和观点早已存在，但真正成为一种系统的、完整的理论，是与塔尔科特·帕森斯这一名字分不开的。

🔺 本章要点

- 帕森斯的社会行动概念
- 帕森斯的模式变项
- 帕森斯的 AGIL 功能分析系统
- 默顿对传统功能主义基本假设的修正
- 默顿的反功能、潜功能、显功能、功能替代
- 默顿的中层理论概念及特征
- 默顿的越轨理论
- 新功能主义的主要观点

第一节　理论渊源及主要观点

一、理论的渊源

结构功能论（structural functionalism）在社会学中有着极强的渊源。社会学的创始人孔德、斯宾塞、涂尔干等都具有浓厚的功能论思想。另外，著名人类学家马林诺夫斯基（B. Malinowski，1884—1942）以及布朗（Radcliffe Brown，1881—1955）的功能论思想也对社会学产生了很大影响。

马林诺夫斯基认为功能的概念基本上是描述性的，人类学家应该利用这个概念来观察分析社会文化的共同特征，进而发现社会法则。他特别强调人们生理上的需求对文化影响的重要性，正是为了满足生理上的需求人们创造出各种社会组织和符号体系（或系统，system）。事实上，不同社会制度的产生和发展就是为了满足人们生理上、心理上、社会上和文化上的基本需求，这些需求如果得不到有效的满足，社会就难以为继。他认为每一种风俗、概念、物质、思想、信仰都具有很重要的功能，是社会整体不可或缺的一部分。

马林诺夫斯基相信，经由社会制度的功能分类，可以分析社会制度的结构，并且可以从社会结构需求和符号需求的差异来分析探讨人类社会的结构

和思想意识上的不同。布朗坚信人与人之间的社会关系是造成社会世界与自然世界不同的最大特征，因此社会研究的任务就在于发掘安排规范社会关系的基本法则。社会结构乃是特定时间内个人的全部社会关系的总和，家族关系就是其中一个典型例子。他认为功能分析法的主要工作是描述社会制度和社会需求之间的关系。社会需求乃是社会生存的必备条件，而功能是指社会制度对社会需求的贡献。①

二、概念与观点

英语功能（function）一词具有多层含义（数学上指"函数"），即便在功能论理论家那里也没有达成统一认识。归纳起来，该词主要有下列含义：有用的活动；适当的活动；维持系统均衡的活动；社会行动所造成的效果；体系内结构与过程的生存后果。帕森斯就认为功能是指有关体系内结构与过程的生存后果，或者是指控制体系内结构与过程运行的一些条件，而这些条件影响到体系的生存、持续与稳定。在许多功能理论家看来，结构制造效果，结构拥有功能，结构与功能密切相关，因此他们经常将这两个概念合在一起使用。

总的来讲，功能论特别强调社会各部门之间的相互关联性，而且这种相互关联形成了功能体系，并满足如下几个命题：① 每一个体系内的各部门在功能上是相互关联的，某一部门的运行需要其他部门的配合，当某一部门发生不正常问题时，其他部门可以弥补修正；② 每一体系内的组成或单位通常是有助于该体系的持续运行的；③ 既然大多数的体系对其他体系都有所影响，则它们可以被视为整个有机体的子体系；④ 通常体系是稳定和谐的，不容易发生改变。

第二节　　帕森斯的规范功能理论

一、生平及著述

塔尔科特·帕森斯（Talcott Parsons），1902 年 12 月出生于美国科罗拉

---

① 参见蔡文辉：《社会学理论》，三民书局，1984 年，第 71-73 页。

多州斯普林斯的一个中产阶级家庭。其父亲是美国圣公理会的一个牧师，曾担任俄亥俄州玛丽埃塔学院院长。1920年帕森斯进入阿姆斯特大学，主修生物学，在这期间对经济学思想和社会学思想发生了浓厚的兴趣。1924年获文学学士以后转入英国伦敦经济学院深造，师从著名人类学家马林诺夫斯基，这一经历对他的思想发展产生了极其重大的影响。一年以后，帕森斯转入德国海德堡大学学习，接触到韦伯和马克思的理论，尤其是韦伯的《新教伦理和资本主义精神》一书给他留下了深刻的印象。1927年获得海德堡大学的哲学博士学位。回到美国后，帕森斯先去了自己的母校阿姆斯特大学任教，不久就转入哈佛大学经济系任教，并在那里工作了4年。后来帕森斯又转入哈佛大学新成立的社会学系，成为该系第一批教员。之后帕森斯一直待在哈佛大学，在那里度过了长达40余年的教学学术生涯。帕森斯曾先后担任过哈佛大学社会学系主任（他后来将社会学系改为社会关系系）、美国东部社会学学会主席、美国社会学学会主席、美国艺术和科学研究院院长。1979年5月，帕森斯溘逝于德国。

帕森斯在社会学理论界是一个承上启下的重要人物，对社会学主流范式的形成起到了巨大作用，他开创了一个新的时代，极大地推动了美国社会学的发展，甚至被誉为美国社会学界的教皇。他的理论思想主要体现在以下著作中：《社会行动的结构》(1937)、《社会体系》(1951)、《迈向一般的行动理论》(1951)、《经济与社会》(1956)、《家庭、社会化与互动过程》(1956)、《现代社会的结构和过程》(1960)、《社会：进化与比较的观点》(1966)、《现代社会体系》(1971)。

二、主要理论倾向

（一）对古典社会行动理论、实证主义与理想主义行动理论的扬弃

帕森斯认为，实证主义学派仅仅把行动同一定环境状态相联系，并假设状态对行动具有某种决定关系，忽视影响行动的一个重要因素——规范取向，由此忽略了行动者最终目标的来源、性质及差异。而理想主义学派则单纯强调价值规范的作用，忽略环境状态对表达特定文化价值的影响。

帕森斯则认为，状态与规范是影响行动的两个同等重要的因素，在行动过程中，人们在确定目标和手段时有一定的选择自由，但这种自由受两方面制约，社会文化中的价值规范对这种选择进行指导和调节，环境状态则为行动提供机会或障碍。

(二) 帕森斯的社会进化观和社会变迁理论是对早期功能主义理论家涂尔干的进化论的直接继承和发展

有人曾经指出,"从帕森斯的研究来看,他是站在涂尔干这位理论大师的双肩之上"。[①] 涂尔干在《社会分工论》一书中指出,社会的进化是从原始社会未曾分化的结构(其特征是"机械团结")向现代社会结构(其特征是"有机团结")的转化。从帕森斯的"分化→适应能力上升→容纳→价值通则化"模型中可以看出涂尔干进化模型的印迹。帕森斯对社会秩序的重视与涂尔干对社会整合的关注,其倾向几乎一致。

三、社会行动的基本单位

帕森斯的行动理论是在梳理总结古典理论大家思想基础上提炼出来的。在《社会行动的结构》这部巨著中,他重点分析了四位古典理论家的思想,他们是马歇尔、帕雷托、涂尔干和韦伯。他认为这四位理论家的思想精华都指向社会学的真正基础及核心问题,一个统一的社会学的基础理论,即他所谓的"唯意愿的行动理论"。正因为如此,上述四大家可算是社会学真正的奠基人。帕森斯的这部著作是一部开创之作,具有元社会学理论的性质,在社会学理论史上具有里程碑的意义。诚如当代社会理论大家哈贝马斯所评论的:"在社会理论家中,还没有像帕森斯在本书中那样不辞劳苦,以如此孜孜不倦的精神,来讨论社会理论的经典作家,并把自己的理论与传统联系起来。今天,没有一种社会理论的构建可以不认真吸收和考虑至少与帕森斯有关的学说。我们应该把帕森斯的示范,即对巨大理论传统的收集以及与这些传统的一致性,作为自身理论命题的真实性的经验标准"。

帕森斯有意识地使用"行动"概念以表示同流行的行为主义心理学的"行为"概念之间的区别。行为主义把行为定义为对刺激的反应,忽视了主体意识在这一过程中的作用,从而抹杀了人与动物的区别。帕森斯认为,行动的最基本特征是具有意志性和目标导向。帕森斯认为,社会行动的基本单位是"基本行动"(或单位行动,unit action),"基本行动"包括以下结构要素。

---

① Ruth A. Wallace, Alison Wolf. *Contemporary Sociological Theory: Expanding the Classical Tradition*. Boston: Prentice Hall, 1985, p. 53.

(1) 行动者。主要特征是"自我"而不是人的身体，是主观的观点。

(2) 目的。它是假设事物的未来情况，由行动者的主观方面决定。

(3) 情境。它是行动的"外部环境"，包括条件和手段，一般是可以脱离目的而发展的。行动者能够通过那些可以控制的因素（手段）来控制情境，但要受到那些行动者不能予以改变的因素（条件）的限制。

(4) 规范。行动者被允许的行动方式与范围。

帕森斯像韦伯一样，把对社会行动的研究作为其全部理论研究的出发点，从社会行动入手来研究社会，而行动是行动者就实现目标的手段做出的一切主观决定，它受规范观念和情境条件的制约。[①] 需要指出的是，早期的帕森斯还比较重视行动者选择行动的自由，但后来的他越来越强调社会规范及价值观对行动者的制约作用。

四、社会系统

帕森斯没有停留在对行动者个人的分析上，系统概念是帕森斯功能主义理论的核心。他说过："行动领域的系统概念如同其他领域一样很早就成为我的思想当中的主要部分。"[②] 行动系统共涉及四个相关子系统：文化系统、社会系统、人格系统及行为有机体系统。由此，帕森斯从对单个行动者的社会行动分析进入对这四个子系统如何相互联系、相互制约的认识，这些系统构成了一个整体的行动体系。在对该体系的分析中行动主体可以是个人，也可以是系统、组织、国家、社会，即任何层次上的有意义的人类行动。

帕森斯的行动系统的第一层次是文化系统，基本分析单位是"意义"或"符号系统"。如宗教信仰、语言和民族的价值观都是符号系统。帕森斯强调共同分享的价值观。当全社会的价值观被全社会成员所内化，就产生了"社会化"，社会化是一种维持社会控制和保证社会团结的极为强大的聚合力。文化系统在帕森斯的理论中占有相当突出的位置。

行动系统的第二层次是社会系统，该系统的基本单位是"角色互动"。帕森斯曾对社会系统的定义做了如下表述："社会系统存在于一定情境中的单个行动者相互作用的复数形式。这一情境至少具有物质的或环境的部分并具有按一种'满足最优化'的趋向为动机的行动者。这些行动者与其所处的

---

① 参见乔纳森·H. 特纳：《社会学理论的结构》，吴曲辉等译，浙江人民出版社，1987年，第71页。

② 何景熙、王建民：《西方社会学说史纲》，四川大学出版社，1995年，第254页。

情境的相互关系是根据文化构成的、共同分享的符号系统来定义和传达的。"这里的复数意味着两个或更多的东西,而行动者既可以是人也可以是集体,社会系统也就可大可小。

行动系统的第三层次是人格系统,该系统的基本单位是单个的行动者——人。帕森斯对这一层次的研究主要集中在个人的需要、动机、态度上。

行动系统的第四层次是行为有机体系统,基本单位是具备生物特征的人类,即人的自然层面,包括有机体及其赖以生存的自然环境。关于这一系统,帕森斯提出了有机体的中枢神经系统和机械运动。

帕森斯通过论述社会化阐述了这四个系统是如何相互关联的。人们刚出生时,只是行为有机体,随着个体的发展,人们获得了个人认同,经过一个社会价值观的内化过程,即他们通过从社会系统中的其他行动者那里学习自己期望的东西使社会文化系统成为自己的东西。也就是说,人们学会了"角色期望"并由此而成为完全的参与者。按照该理论,价值出自文化系统,个人的认同出自人格系统,生物的素质则出自有机体系统。

帕森斯认为,行动并不是单独发生的,而是社会行动的一环。自我与他人代表两个行动者,两个行动者之间的互动形成一个简单的社会体系。互动在一定的情境中进行,行动者的动机是带有价值判断的,都是为一定的目的而发生行动。因此,行动者一方面寻求妥当的途径,利用文化规范所允许的范围增加获取一定目的的机会,另一方面也会避免困扰,减少阻碍。帕森斯认为,行动者有五种可能的行动途径,行动者在完成行动时就已经做了选择。这些可能的途径,帕森斯称之为"模式变项"。

帕森斯提出的模式变项有五种类型。按照他所下的定义,每一种类型的模式变项都是成对出现的,行动者必须在确定情境的意义且同情境一致之前选择模式变项的某一端。换句话说,他的每一模式变项都代表在行动发生之前须由行动者解决的一个问题或摆脱的一种困境,五类模式变项分别涉及地位、义务、情绪、规范和利益五个方面,如表7-1所示。

表7-1 帕森斯的模式变项

表意性的变项	器具性的变项
(滕尼斯的社区)	(滕尼斯的社会)
1. 先赋性	1. 自致性
2. 广泛性	2. 专门性
3. 情感性	3. 情感中立性
4. 特殊性	4. 普遍性
5. 集体性	5. 自利性

行动者的第一种选择（第一类模式变项）是在先赋性和自致性之间进行的，它涉及地位方面。这两者又分别称为"特性"和"作为"。焦点在于人们自我选择的取向是以先天赋予的特性（如性别、年龄、种族、民族）为基准，还是以人们的作为和成就为基准。例如，一个科学家依靠自己的成就受人称道、与他人互动，则是自致性的；一个人依靠其先天的特质与他人互动，则是先赋性的。

第二类模式变项是广泛性和专门性。它主要指向关系所要求的范围，它涉及义务方面。如果这种要求或责任的数量、范围很多很宽广，那么这就是一种广泛的关系；如果要求或责任的数量、范围很少很有限，那么这种关系在功能上是专门的。举例来说，夫妻之间的互动涉及双方生活与人格的一切，因而是广泛性的；牙医与病人之间的互动仅仅涉及牙齿病痛与如何治疗的问题，因而是专门性的。

第三类模式变项要求做出的选择是情感性的还是情感中立性的，它涉及情绪方面，指互动中行动者表达较多情感还是无须表达情感。一对夫妇自然期望在情感上相通，但人们也期望高中教师能对所有的学生保持情感中立。

第四类模式变项是选择的特殊性或普遍性，它涉及规范方面。对这一类变项的选择实际上是以一般规范为基准的行动还是以与行动者或特定的群体成员有特殊关系为基准的行动。例如，在现代社会，人们期待教师平等地对待每一个学生，即按照世人公认的标准来对待学生。但是，对于有自己的子女或亲属在自己所教的班级里念书的教师，要做到这一点也许就比较困难。一个好的图书馆管理员也可能会遇上类似的情况，人们期望图书管理员不要因为自己的亲友借书超期而不予罚款。

第五类模式变项是关于集体性与自利性取向的选择，它涉及利益方面。这种选择主要在于或者满足私人的利益或者完成集体的义务和责任。在商业化社会里，自利已经完全制度化了，人们追求利润的动机是合法的。同时，人们又期望文职人员按公众的最大利益来行使职责，其角色行为的取向是集体的而不是自利性的。20世纪50年代初，帕森斯倾向于将这一变项从模式变项中删掉，认为该取向应处于比其他四种层次更为抽象的层次上。

上述帕森斯所构造的各个模式变项有相同或相似之处。比如第一类变项先赋性—自致性与第四类变项特殊性—普遍性便有某些相似之处，普遍性与成就、作为就较为相同，而特殊性又与先赋性较为相似。他认为在系统层次内模式变项之间并不是相互排斥的，相反，特定社会或情境一般是以相互关联的模式变项为其特征的。

帕森斯认为，行动的五组"模式变项"把社会行动中任何可能产生的二者择一的选择都包含了。"普遍性—特殊性""情感中立性—情感性""自利性—集体性"这三组选择，反映行动者的取向方式；"自致性—先赋性""专门性—广泛性"反映社会客体本身的状况。行动者的动机取向，在"情感中立性—情感性""专门性—广泛性""自利性—集体性"等变项中抉择；价值取向在"普遍性—特殊性""自致性—先赋性""自利性—集体性"等变项中抉择。从动机转向价值标准，再转向社会客体，社会行动始终要在一整套变项中选择；由于任何社会行动都必须采用模式变项，人格系统、文化系统、社会系统等社会行动子系统集合成一个统一的整体。

五、功能系统

人格系统、文化系统、社会系统这些不同层次之间有一种最低限度的一致性，否则整个行动体系就不能持续。帕森斯在说明人格系统的一致性时使用的关键词是"内化"。内化是文化价值取向与角色期待实际被人格系统吸收的过程。在这个过程中，个人需求意向受文化价值取向与角色期待的引导与塑造。内化是一种社会化的机制。

帕森斯说明社会系统的一致性时使用的关键词是"制度化"。被内化的价值等因素使行动者发生符合角色期待的行动，人们在这些价值等因素引导下行动，这就是制度化。制度化是一种社会控制机制。

帕森斯在说明文化系统与社会系统的一致性时，使用的关键词是"互动"。他认为，文化要素是互动可以发生的必要资源。语言等文化要素通过向所有行动者提供共同的符号资源，而使互动成为可能。同时，价值等文化要素通过向行动者提供共同的立场，而使互动发生与发展。

功能对维持社会均衡是适当的、有用的，是控制系统内结构与过程之运行的条件。相互关联的功能构成"功能系统"。帕森斯提出的"功能系统"包括四种功能子系统，即适应（A）、目标达到（G）、整合（I）、模式维持（L）。AGIL 图式如图 7-1 所示。

A（adaptation 适应） 经济	G（goal attainment 目标达到） 政治
L（latant pattern 模式维持） 教育、宗教、家庭	I（integration 整合） 法律

图 7-1　AGIL 图式

适应，指从环境中获得足够的设备和工具，以及在整个系统中进行分配的活动；系统或者消极地顺应环境强加给它的"现实要求"，或者积极地操纵某种能达到目的的手段来控制环境。

目标达到，指确立目标的优先顺序，并调动系统的资源来实现这些目标，以政治及其功能为中心。

整合，即协调系统各部分之间的关系。行动体系是由多个子系统组成的，每个子系统又可以由更小的子系统组成，要使系统作为一个整体有效地发挥作用，就必须协调系统内的各个部分，减少矛盾，避免导致分裂的冲突，在各个部分之间建立起基本的一致和团结。该子系统以制度规范为中心。

模式维持，指行动者之间的互动、系统各组成部分之间的关系都是按照一定的规范模式进行的，系统必须确保系统内行动者、各子系统表现适当，并可以处理行动者内外部的紧张。这个子系统以价值为中心。

帕森斯认为，AGIL代表着社会的四个基本的功能要求，也就是四个基本的生存条件。一个社会能否生存与稳定，就在于是否实行AGIL功能。行动系统的每一个子系统都可以作为一个独立行动系统来看待，因而它也面临着同样的AGIL功能，其内部也会分化出相应的更小的子系统与之相对应。AGIL功能分析模式适合于分析各种层次的人类行动系统。

六、社会进化模型

帕森斯认为，社会的结构分化包括四个基本过程。第一步是分化（differentiation），即一个系统或单位分解成两个（或更多）系统或单位的过程。新的单位或系统的结构及其功能，同原有的结构及其功能有所不同。第二步是适应能力上升（adaptive upgrading）。适应能力指一个社会克服环境的种种困难而达到各种目标的能力。社会结构分化的结果，使社会单位的资源增加，束缚减少，从而增加了适应能力。第三步是容纳（inclusion），即把以个人地位背景为标准的社会组织扩大为接纳各种各样人的社会组织。一个社会如果能够容纳新的单位与系统，则其基础会更稳定、其效率也会提升。第四步是价值通则化（value generalization），即社会对新分化出来的单位或系统加以承认与肯定，也就是所谓"合法化"。

帕森斯把人类社会看作一个由简单到复杂、由下向上的进化过程。其进化论有三个基本假设。

第一个假设，人类社会的发展不是随机的，而是有方向的，这个方向就是向上进步。在帕森斯看来，人类社会的进化分三个阶段。第一阶段是初等社会，由一群有同等声望、资源、信仰、权势的人组成，特别是由亲属团体发展而来的社会阶层的出现，是初等社会最重要的特征。第二个阶段是中等社会，文字语言的使用是初等社会进化到中等社会的一个重要的突破，因为语言文字的使用创造了一个特殊的团体——宗教团体。第三个阶段是高等社会。以色列和希腊为高等社会形成提供了两种要素：基督教伦理与民主政治。从以色列的犹太教发展而来的基督教伦理把欧洲的世俗社会联结成一体；希腊强调公民权的平等，允许政治的多元性。

第二个假设，现代社会只有一个单一的来源，即西方社会体系。帕森斯认为，现代社会体系产生于17世纪的一种社区意识。英国、荷兰与法国是现代化最早开始的国家，因为这些国家的社区有几项重要的发展，而且那些发展对国家的整合做出了贡献。

第三个假设，美国是人类社会最进化的社会。帕森斯认为，美国把工业革命与民主革命紧密地结合在一起，因而美国代表第二阶段的现代化。帕森斯把美国看作现代资本主义社会的典范，也看作人类社会的典范。在他看来，现代化的关键成就包括如下内容：社会分层系统的出现、文化合法性系统的出现、语言文字的出现、官僚权威的制度化、市场经济的制度化、普遍主义法律系统的出现、民主政体的出现等。

帕森斯是一位有着远大抱负的社会学家，他称自己是"不可救药的理论家"，旨在提出一套终结所有理论的理论，这样的一个统一的宏大的社会学理论，可以解释所有社会行动、所有社会现象、所有社会问题和所有社会变迁。他在哈佛大学培养了一大批非常优秀的学生，这些学生后来都成为社会学界的精英或大咖，并成功使得功能理论成为社会学的主流范式，占据统治地位很长一段时间。另需指出的是，帕森斯虽然是一位宏大的理论家，但他对一些具体制度、组织、群体和问题（如学校、医院、家庭等）也做了非常出色的分析，给后人的相关研究带来很大启发。

第三节　默顿的中层功能理论

一、生平及著述

罗伯特·金·默顿（Robert King Merton），1910年7月5日出生于美国费城贫民区的一个斯拉夫犹太裔移民家庭，其父曾先后做过木匠和卡车司机。默顿自幼学习勤奋刻苦，以优异成绩考入坦普尔大学，依靠奖学金完成学业。大学期间选修G.E.辛普森教授主讲的社会学入门而对社会学产生兴趣。1931年，默顿进入刚刚建立的哈佛大学社会学系学习，成为该系第一批研究生。哈佛大学社会学系主任索罗金、青年教师帕森斯以及科学史大家萨顿等人对默顿的思想有很大影响，上述三人均可算是默顿的指导老师。

1936年在哈佛大学完成社会学博士论文《十七世纪英格兰的科学、技术与社会》后，留校任教。1947年转任哥伦比亚大学社会学教授，1979年以哥伦比亚大学终身教授退休。默顿毕生从事社会学的教学和研究工作，在现代功能主义理论方面有很高的建树。他一生著述众多，主要的代表著作有《社会理论与社会结构》（1949）、《社会研究的连续性》（1950）、《当代社会问题》（1961）、《论理论社会学》（1967）、《社会理论与功能分析》（1969）、《科学社会学》（1973）。

二、对传统功能理论的三个基本假设的修正

作为一个功能论者，默顿与帕森斯一样，把社会设想成一个互相关联的部分组成的体系，然后根据文化结构与其他结构的整合的优劣来分析这一体系。不过，默顿为了解决帕森斯理论解释力不足的局限，对传统功能理论中受人类学影响很大的三个基本假设进行了修正。

首先，传统功能理论的基本假设之一是社会的功能统一性假设，即认为社会中各种社会活动与文化项目都和谐地相互联系着，并且对整个社会整合与运行做出贡献。对于这个假设，默顿从功能接受者的角度提出了批评。

我们在说明某一现象具有功能时，必须指出究竟对谁有功能，是对个人

还是对群体？是对部分还是对整体？因为存在这种情况，对于某些个人、群体或部分有功能的事物，对于其他个人、群体或部分就可能是无功能的，甚至是反功能的。例如，宗教曾经被社会学创始人看作社会的一个重要组成部分，也有大量的实例证明它对社会有凝聚作用；但是，也有例子说明宗教具有反整合效果，特别是对于一个多宗教的社会来讲，宗教常常是引起冲突的原因。所以，一个社会系统是不是整合的，是不是一个功能统一体，不应该成为我们从事研究的前提，不能把这个本来需要从经验上加以研究的东西作为预设的前提肯定下来。如果一开始就假设这个前提是存在的，就会使研究者不去注意被分析研究对象的所在范围，不去发现功能的真正接受者是谁，不去分析一个社会的整合实际上是靠什么途径实现的等一系列重要的问题。

其次，传统功能理论的基本假设之二是功能普遍性假设，即认为所有标准化了的社会的或文化的形式都具有积极功能。就是说，一种制度化的行动、一种仪式、一种结构，只要它存在着或曾经存在过，它就肯定在完成或完成过某种对社会有益的功能。对于这一假设，默顿也提出了自己的看法。

默顿指出，只要从经验的立场出发就会发现，各项社会形式或文化形式不但有积极功能，还可能有消极功能，即具有造成系统非均衡状态或减少系统的适应能力。对功能性质的分析还应该与一定的时间框架相联系，一项在短时间内可能具有积极功能的事件，在长时间内则可能具有消极功能。正是因为这样，默顿指出要发展一种评估各种功能结果净平衡的原则，那些只是根据部分功能后果所做的研究难免会犯一些错误，也不会有什么大的价值。

最后，传统功能理论的基本假设之三是功能不可或缺性假设，即认为"在任何形态的文明中，任何风俗、物件、观念与信仰都履行某种重要的功能，必须完成某种任务，因而是整体中不可或缺的部分。"[①] 同样，默顿质疑这一假设并进行了修正。

默顿认为，这一假设混淆了功能与提供功能的单位，如果"不可或缺"是指功能的不可或缺，那么这是一个需要用经验来证明的东西，不可以预先设定它是系统不可缺少的先决条件；如果"不可或缺"是指提供功能的单位不可或缺，那就意味着说，一种功能只能由一种形式的功能单位来满足，但事实上，就像一个行动可以有多种功能一样，一种功能也可以由多种单位来满足，满足同一种功能的结构可以是不同的。所以，在进行功能分析时，不仅要考虑已有的单位，还要考虑同样能够满足功能要求的其他单位，从中发

---

① 罗伯特·金·默顿：《论理论社会学》，何凡兴、李卫红、王丽娟译，华夏出版社，1990 年，第 115 页。

现为什么是该单位而不是其他单位被系统作为满足功能的要素。把功能和提供功能的单位区别开来对于功能分析是十分重要的,它可以帮助研究者避免简单地从某种功能的不可或缺来说明正在提供此项功能的单位也是不可缺少的。

在对以上三个基本假设提出批评的基础上,默顿认为:① 我们不能假设社会是完全整合的;② 我们必须承认一个文化项目的正功能和反功能的双重后果;③ 功能替代的可能性必须在功能分析中加以考虑。

除了对传统功能理论的三个基本假设提出批评之外,默顿还认为,传统功能理论混淆了"主观动机"与"客观后果"。在他看来,社会学注重的不是"主观动机",而是"客观后果",二者之间并不具有必然的联系。功能的发挥是不以个人的主观动机为转移的,虽然有些功能后果是与人的主观动机相一致的,是行动者一开始就追求的,但也有一些功能后果是没有被参与活动的人意识到的,是"潜在的""隐性的",这种"潜在的""隐性的"功能对社会的协调可能有利,也可能不利。只研究明显的功能,而忽视潜在的功能,只能误入歧途。有许多例子表明,对于明显功能的认识远不如对潜在的结果的讨论那样具有社会学意义。比如,凡勃伦关于炫耀性消费的理论就证明了认识潜功能的重要性,虽然购买汽车的显功能是为了上下班,但购买豪华"奔驰"汽车则具有了一种潜在的功能,即显示自己的财富和社会地位。

三、功能分析理论

(一) 一组功能分析的新概念

默顿通过以上对传统功能理论的批评,提出了一组新的功能分析概念,强化了功能主义分析的某些部分,并修改、填补了原有理论的不足。新的概念包括:① 反功能(dyfunctions);② 显功能和潜功能(manifest and latent functions);③ 功能替代物(functions substitutes)。

首先,默顿对"功能"概念做了新的理解。在帕森斯那里,"功能"是指某一结构要素或某一行动对社会协调做出的贡献。而在默顿看来,"功能"是一个中性概念,是指"可以观察到的客观后果",这种后果依照其对社会所起的作用性质不同可分为"正功能"和"反功能"。"正功能"概念的含义与帕森斯的"功能"概念含义相同,"反功能"概念是指会导致社会协调性和适应性下降,或者导致功能紊乱的后果,它包括两个相互补充但又相互区别的论点:其一是某些事物可以有普遍的反功能后果,即某物可以有减少系统适应的或调整的后果；其二是这些后果可以随讨论它们的人而变化，即正功能和反功能要看是针对谁而言的。

其次，默顿提出了"显功能"和"潜功能"的概念。所谓"显功能"是指人们能观察到或能预期效果的功能；"潜功能"则是指人们既不能认识也不能预期其效果的功能。如果说，帕森斯侧重于研究社会行为的显功能，那么默顿则特别注意对事物潜功能的研究。默顿认为，通过揭示事物的潜功能可以增加对社会进行功能分析的深度。

默顿用潜功能概念来分析西方国家政治机器也是一个成功的社会学分析范例。一般认为，西方政治机构的显功能，特别就政客操纵选区的政治而言，似乎是某些人以贿赂等违法手段来飞黄腾达的一种途径，因而被认为是具有反功能的，就是说，它阻碍了民主进程，对地方政府起到了消极作用。这在显功能的意义上确实如此，但这样的分析却忽视了潜在的功能。政客游说的选区政治扎根于社区和邻里，它对新移民等非获利团体是有很强的潜功能的，因为它可以通过一些福利事业来维持家庭的和谐，并打破移民团体的孤立状态，特别是在 20 世纪 30 年代，它为受到经济危机沉重打击的人们提供服务，当时由这些政治机构提供的许多服务，在如今是由福利机构提供的。在这个例子中，潜功能比明显的反功能更具有社会学意义。一种正确的功能分析，将不仅仅看到正功能和反功能，还应当分清显功能和潜功能。

最后，默顿提出了"功能替代物"的概念，描述那些可以用来履行同一功能的多种结构或单位。在默顿看来，社会结构并不是一成不变的"圣物"，相反可能存在范围广泛、被称作功能替代或功能替代物的东西，它可以完成同样的任务。

默顿的功能替代概念的提出对深化他的功能分析有重要的意义，因为功能替代明确地否定了现存制度是必不可少的、良好的等观点，促使社会学家以功能主义的观点质疑现存社会结构的不可或缺性。举例来说，宗教保持并反复灌输了对群体至关重要的规范和价值观，由此便可克服引起社会解体、个人不幸的失范状态；但默顿认为，宗教的这一功能可以由非组织的迷信团体来实现，他指出美国的很多地方有一些星相学团体、江湖术士在活动，可以将其看成宗教的功能替代物。

（二）功能分析的基本范式

默顿对功能理论的贡献不仅仅是修改了某些假设，提出了新的分析概念，还在于他制定了一个更适合于经验研究和进行中层理论抽象的理论范式。

默顿的这个范式通过提出一些在分析中要回答的问题来对功能主义者进行指导，问题的具体内容如下。

（1）所分析的系统的性质是什么？它是一个特殊的文化群体还是种族群体，它是一个小群体（如朋友群体、家庭），还是一个较大组织（如科层组织）？这对于我们确定什么对一个群体的需要是有功能的而对另一个群体的需要是没有功能的非常重要。

（2）存在不存在可以按照结果净平衡加以分析的潜功能和显功能？正如我们在默顿关于政治结构的例子中所看到的，功能并非总是人们事先所期望的，也不一定必须为那些系统参与者所承认。

（3）我们怎样才能确定一种"功能需要"是否只是由于某一特殊群体而存在？默顿反对假定所有的系统都有一套必须加以满足的功能需要，以保证系统的延续。在提出这样的问题时，默顿提醒功能分析者注意功能替代的重要性。

（4）功能主义者对秩序问题的兴趣会妨碍他们对不均衡的研究吗？在提出正功能和反功能概念的时候，默顿忠告功能主义者，当文化活动和规范与社会系统相矛盾时，社会变迁就是可能的。有些项目并不仅仅是反功能的，它们也会导致所研究的群体的变迁。

默顿强调，为了回答这些问题，功能主义者必须记住，对一个群体有正功能的东西，对另一个群体则可能是反功能的。因此，社会学家必须留意那些容易被忽略的潜功能，而不要被特别明显的显功能所迷惑。在分析社会活动的功能性的时候，调查者必须注意一种规范具有多种功能的可能性。文化活动不可能是完全整合的，也不可能是完全非整合的，因此，必须按照结果的净平衡来估计其功能性。

默顿的分析范式是对功能分析的高度概括和精致化，但默顿并不认为它是绝对的、不变的。相反，他认为这个范式应不断地修正，否则，它就会使人们思想懒惰，成为社会学发展的障碍物。

四、默顿的中层理论及其分析范例

（一）默顿的中层理论

在社会学理论研究方面，默顿放弃了类似帕森斯的那种寻求建立一种包罗万象的"大型理论"的企图，而选择一种被他称为研究"中层理论"（middle-range theory）的途径。默顿要建立的是这样一种理论，即它是具备一系列构想的理论,从理论中提出假设并加以经验性的检验。在默顿看来,他的中层理论并不与帕森斯的理论相左,而是在所谓原始的经验主义(也称为"远洋探险"式的研究,即那种只罗列大量资料而无理论框架予以指导的研究)与帕森斯的大型的、包罗万象的理论之间填补空白,中层理论最终可以纳入更具普遍性的理论当中去。

默顿指出,中层理论具有以下八种基本特征。

(1) 中层理论由有限的几组假定组成,通过逻辑推导可以从这些假定中产生能接受经验调查证实的具体假设。

(2) 这些理论并非互不相关,而是综合于更庞大的理论网络。

(3) 这些理论的抽象概括足以应用于社会行为和社会结构的不同领域,因为它们超越了纯粹描述或经验概括的范围。

(4) 这一理论划清了微观和宏观社会学问题的界限,前者如小群体研究,后者如社会流动与组织形式的比较研究。

(5) 整体社会学理论体系,如帕森斯的社会系统理论、索罗金的整体社会学,只代表综合理论倾向,而不是物理学在探索综合理论时所设想的那样严谨的统一体系。

(6) 许多中层理论与各种社会学思想体系是一致的。

(7) 中层理论是传统理论研究的直接继续,早期社会学家的著作提出了可供追随的观点,示范了建立理论的策略,并提供了选择问题时可遵循的模式,以指导我们如何根据他们的观点提出理论问题。

(8) 中层倾向指明了研究中的未知数。这一理论没有自命通晓实际上未知的事物,而是公开承认建立知识体系还有待研究的问题,没有认定自己可以对当今一切紧迫的实际问题提供理论解决的办法,而承认只能解决现有知识可以澄清的问题。[1]

(二) 中层理论分析的范例——越轨理论研究

作为"中层理论"的倡导者,默顿发展了一系列论述种种主题的中层理论,简要地了解这些理论对于深入认识他的理论观点和分析方法是非常有用的。

越轨理论研究是默顿中层理论中较有代表性的一个研究。1938 年默顿发

---

[1] 罗伯特·金·默顿:《论理论社会学》,何凡兴、李卫红、王丽娟译,华夏出版社,1990 年,第 92—93 页。

表了题为《社会结构与失范状态》一文,运用涂尔干的失范概念探索越轨行为,把越轨行为视为社会结构解体的结果。这篇关于越轨的论文,使他一举成为社会学界的名人。文中指出,美国社会文化规定的一个重要目标是成功,而成功的标准主要是金钱。同时,美国社会也为人们达到这种目标提供手段,例如读书、工作、机会等。默顿认为,这是从社会角度看问题,如果改变一下视角,从个人的角度看问题,那么就会发现,社会提供的目标与手段是外在的,各个人适应的情况并不一样。默顿研究了文化所诱发的过高愿望同阻止这些愿望实现的结构性障碍之间的断裂,官方认可的关于成功的文化目标同达到这些目标的合法的制度化手段之间的断裂,并指出行动者可能采取的五种不同的适应方式:遵从、创新、仪式主义、逃避主义、反叛。

第一种适应方式——遵从:既接受社会倡导的目标,也采取合法的制度化手段。如果没有这种方式,任何社会都不能生存。默顿举例说这种方式对于那些因工作卖力又受过良好教育而发财致富的人是适用的,这些人也是美国大多数人效法的典范。默顿曾将遵从分为"关于行动的遵从"和"关于态度的遵从"。前者指个人不管主观意向如何,总是按照社会规范去行动,后者指个人按照社会规范行动时,承认制度性的价值与规范的合法性。

第二种适应方式——创新:只接受社会倡导的目标,拒绝采用制度化手段。那些为了买一辆新赛车和购置华丽服装而从事非法买卖的下层青年、盗用公款的会计等,都是"创新"的例子。

第三种适应方式——仪式主义:采用制度化的手段,但拒绝社会倡导的目标。例如,唯命是从的官僚。

第四种适应方式——逃避主义:对社会倡导的目标与制度化手段一概加以拒绝。具体表现为一些人酗酒成癖或看破红尘等。

第五种适应方式——反叛:对现存目标与手段均予以否定或拒绝,并发起积极挑战,以全新的目标与手段取而代之。例如,试图建立一个全新社会的革命者。

默顿越轨理论表解如表 7-2 所示。

表 7-2 默顿越轨理论表解

X(失范)↓ Y(越轨)	文化的目标	＋	＋	－	－	±
	制度化的手段	＋	－	＋	－	±
	适应的方式	遵从	创新	仪式主义	逃避主义	反叛

默顿认为,文化产生目标,社会结构决定达到这些目标的手段。达到目标的合法机会并不能同等地分配给每一个人。如果接受了社会倡导的目标,

但又缺乏达标的合法手段,结果就会产生失范,发生各种各样的越轨行为。美国的文化鼓励所有成员获得职业并致富,而不管其社会与经济背景,获得金钱的成就在美国受到高度重视,但许多人缺乏达到这一目标的合法手段。只要社会能为各人获得文化上的目标提供制度化的手段,人们就会处于普遍的遵从之中。但是,社会并不能做到这一点,因而失范与越轨就必然发生。默顿指出,社会结构对社会中某些个人施加一种确定的压力,使其成为不遵从者,而不是成为遵从者。默顿越轨理论的基本主张是,提醒人们在现存社会结构和现存社会条件许可的范围内,提出目标和实现这些目标。

有社会学家评论说,这一经过经验性论述的理论对其他社会学家们有重要的指导意义。也有人在默顿发表关于越轨理论的文章后,宣称他"一劳永逸地成了社会学的主角"。默顿的越轨理论对欧美社会学界的影响经久不衰,社会学家赖特在 1977 年仍然盛赞默顿的理论。"至今仍是解释为什么出自不同人种和民族的美国少数民族总是不成比例地卷入非法行业的正宗社会学理论。"[1]

第四节　相关批评与新功能主义

一、对功能论的批评

以帕森斯和默顿为代表的结构功能理论在第二次世界大战后逐渐发展成西方社会学界尤其是美国社会学界的主流理论,并奠定社会学理论论战的基本格局,那些参与竞争的社会学理论往往通过向占据主导地位的功能论挑战,揭露功能论的不足并予以弥补,从而给自己的理论进行定位。下面列举一些比较流行的对功能论的批评。

(1) 某些概念含混。比如许多功能论者就在不同的意义上使用功能论的核心概念"功能"。对此,很多社会学理论流派的代表都提出了批评。

(2) 忽视社会微观层面。尤其是批评帕森斯的宏大理论,不能就社会的微观层面如人际互动做出有效的解释。主要批评者包括社会交换论、符号互动论、现象学社会学和常人方法学等。

---

[1] 何景熙、王建民:《西方社会学说史纲》,四川大学出版社,1995 年,第 299 页。

（3）目的论的解释方式。功能论的解释模式不符合因果解释模式，具有用行动的后果解释行动原因的倾向，且在功能解释中有循环论证的嫌疑。主要批评者来自社会交换论。

（4）过分追求抽象化、形式化。比如帕森斯的 AGIL 模型就是高度抽象与形式化的，试图以此解释所有社会现象甚至整个宇宙的演化。很多社会学理论流派的代表都对此提出了批评。

（5）价值一致学说难以成立。社会成员不可能共享共同的价值观，社会是分层的，不同成员持有不同的甚至是对立的价值观。主要批评者包括社会冲突论与批判理论。

（6）忽略人的能动性。功能论过分强调了社会系统与结构的强制性与约束力，相对忽视了行动者的能动性。主要批评者包括符号互动论、现象学社会学和常人方法学等。

（7）对现实的肯定，保守主义。功能论倾向于认为凡现实的都是合理的，哪怕是贫穷和腐败等明显具有反功能的案例，也可能具有潜在的正功能。主要批判者来自批判理论。

（8）倾向于否认压制与冲突，忽略变迁。功能论强调社会是一个各组成部分相互依赖、和平共处的有机系统，过分注重社会的和谐、稳定、均衡、适配等。主要批评者来自社会冲突论和批判理论。

当代著名社会理论大家吉登斯就对社会学中的功能论提出激烈批评。"我要说，功能主义，至少是涂尔干和帕森斯提出的功能主义在四个重要方面存在着本质的缺陷。有一点是我早就提及的：它将人的能动行为化约为'价值的内化'。第二，随之而来的失败是没有将社会生活看作其成员行为的积极建构。第三，它将权力看作附属现象（secondary phenomenon），并将处于孤立状态的规范或'价值'看作社会活动的、社会理论的最基本特征。第四，当面对社会中关于不同的和冲突的利益的有差别的、对立的'解释'时，它没有从概念上重视规范的可协商性。"① 吉登斯认为"功能"这一术语对于社会科学或者历史来说毫无用途，应该从根本上取缔这一术语或者类似的技术性术语。他说，我反对功能主义主要出于如下几个方面的理由：它建立在动态与静态、共时与历时的错误划分的基础上；通过对系统需要的强调，功能主义者没有把人类当作理性的行动者，对自己所从事的社会行为具有大量的知识；与功能主义者一直强调的不同，系统根本就不存在需要，因

---

① 安东尼·吉登斯：《社会学方法的新规则——一种对解释社会学的建设性批判》，田佑中、刘江涛译，社会科学文献出版社，2003 年，第 82-83 页。

此，发现"系统的需要"根本就不可能解释任何事情：没有哪一方面可以被看作"功能主义的解释"。[①]

二、新功能主义的兴起

从20世纪70年代后期起，帕森斯理论中强烈的综合意识又重新引起社会学界的兴趣，各种理论内部开始出现试图进行新的综合的种种尝试。新功能主义（neo-functionalism）正是力图以批判地继承帕森斯理论遗产，开辟一条新的综合之路而产生的。新功能主义尚未具备统一的理论形态。被归在它名下的社会学家，老一辈的有贝拉（R. Bellah）、英克尔斯（A. Inkles）、斯梅尔塞（N. Smelser）等人，新一代的有亚历山大（J. Alexander）、艾森施塔特（S. Eisenstadt）、卢曼（N. Luhmann）、芒奇（Much）、施卢赫特（W. Schluchter）等。他们除了具有共同的理论传统外，在许多问题上持有不同甚至对立的观点。新功能主义只能说是以超越战后社会学发展之第一阶段和建立新的综合理论为目标的尝试。

新功能主义对帕森斯理论传统持批判继承态度，既强调与帕森斯结构功能主义的承续关系，又强调从内部批判帕森斯理论的必要性。其中，亚历山大批判了帕森斯理论的实证主义认识论基础，主张在"后实证主义"科学观的基础上重建融合宏观与微观视角、多维度的理论框架。新功能主义者还重新解释了帕森斯理论，放弃了帕森斯对于现代性过分乐观的倾向，以此矫正反功能主义的偏颇。他们致力于重新发现或重建帕森斯功能主义的冲突取向、互动取向、批判取向或变迁取向等，力图在坚持功能主义上述基本特征的基础上，总结吸收其他理论传统的思想，使这些思想最终以一种功能主义的方式被结合起来。新功能主义对20世纪70年代的各种反帕森斯理论流派持开放态度，力图在功能主义理论传统基础上整合上述理论。针对符号互动论、社会交换论、常人方法学等理论的微观分析，新功能主义力图通过重建帕森斯的行动理论来综合其理论洞见，并探索微观个体行动和宏观社会结构及制度的连接环节。对于宏观社会学领域的冲突理论，新功能主义主张在保持帕森斯"规范秩序"的前提下，强调对权力、战争、强制、冲突等问题的分析，并把社会变迁分析纳入帕森斯的"分化"理论中。"新功能主义"还打破帕森斯曾为社会学划定的只研究社会系统问题的界限，对20世纪80年

---

① 安东尼·吉登斯：《历史唯物主义的当代批判：权力、财产与国家》，郭忠华译，上海译文出版社，2010年，第15-16页。

代以来盛行的"文化社会学"给予高度的重视，并力图在功能主义框架内解决文化与社会及人格系统的关系问题。

复习思考题

1. 如何理解帕森斯的社会行动？
2. 举例说明帕森斯的模式变项。
3. 论述帕森斯的 AGIL 功能分析系统。
4. 简述帕森斯关于社会进化的观点。
5. 默顿对传统的功能理论的假设进行了哪些修正？进而提出了哪些新的功能分析概念？
6. 什么是默顿所说的中层理论？评述这一理论的贡献和影响。
7. 默顿的越轨理论主要内容是什么？
8. 简述功能论遭受的主要批评。
9. 简述新功能主义的主要观点。

第八章
社会冲突论

20世纪60年代以来,社会冲突越来越多地受到西方社会学家的关注,并成为他们分析社会变迁和社会进步的主要论据。西方社会思想中一直保存着研究冲突的理论传统,社会学家也不例外,其中德国社会学家齐美尔在20世纪初就认为冲突与对抗是正常现象,并且把冲突列为互动的基本形式之一,这是西方社会学理论的一个新的转折。对现代冲突理论影响比较大的还有马克斯·韦伯的社会分层理论,卡尔·马克思的阶级划分与阶级斗争理论。社会冲突理论最初作为功能理论的补充角色出现,经过科塞、达伦多夫的发展,逐渐形成自己的流派,并成为功能理论之外最有影响的社会学理论之一。

本章要点

- 科塞的社会冲突的基本含义
- 科塞关于冲突的起因
- 科塞社会冲突功能分析的尺度
- 科塞社会冲突的类型
- 科塞关于社会安全阀制度的思想
- 达伦多夫对结构功能理论的批判
- 达伦多夫的"强制性协作组合"
- 达伦多夫关于冲突的"强度"和"烈度"的观点

第一节　理论渊源及主要观点

一、理论渊源

西方社会思想中一直保存着研究冲突的理论传统,古典社会学的理论大家马克思、齐美尔、韦伯等对社会学中的冲突论的贡献尤其明显。此外,奥地利早期经济学家和社会学家龚普洛维奇以及美国早期社会学家华德(又译为沃德)的贡献也不容忽视。

龚普洛维奇(Ludwig Gumplowicz,1838—1909)是奥地利经济学家、社会学家,社会达尔文主义的主要代表人物之一。他把社会看作相互之间为争夺统治地位而无情斗争的各群体的总和,用历史上各个时期由壮大、完善直至衰亡、崩溃的过程,来解释群体和社会的演化过程,并试图以彼此冲突的群体间的相互作用来理解社会过程。他认为,各种社会群体之间连绵不断的和残酷无情的斗争构成了社会生活的主要因素。文化发展的历史就是各种不同群体之间永无休止的斗争。这些思想对社会群体理论产生了很大影响,也为现代冲突理论奠定了基础。他还强调社会学作为一门科学的独特性,并力图把社会学从一切相邻的社会科学中划分出来,找出其固有的研究领域,并归纳出社会学的法则。龚普洛维奇的思想启发并影响了一大批社会学家。

其代表作有：《种族和国家》《种族斗争》《社会学原理》《社会学史纲要》《国家学说史》和《社会哲学纲要》等。

莱斯特·弗兰克·华德（Lester F. Ward，又译沃德，1841—1913）是美国社会学家、植物学家和古生物学家。曾担任美国社会学协会首任主席，享有美国社会学之父的美称。作为功能主义的最初倡导者之一，华德一方面继承了孔德、斯宾塞的实证主义传统，认为社会发展是宇宙发展的一部分，每一个后续阶段都是前一阶段成就的积聚；另一方面，他突出强调人的意识在社会发展过程中的重要作用，批驳斯宾塞所信奉的精英商业阶层的自由放任主义理论，提出"有目的进化"的口号，强调社会学的基础应该是心理学。华德的《动态社会学》是一篇关于如何减少社会中的冲突和竞争，从而优化人类进步的扩展论文。在最基本的层面上，华德看到人性本身在自我膨胀与利他主义、情感与理智、男性与女性之间存在着深刻的冲突。这些冲突随后会反映到社会中，而形成文明的各种"社会力量"之间存在着"持久而有力的斗争"。他比马克思和龚普洛维奇更加乐观，认为借助社会学分析可以在现有社会结构的基础上进行卓有成效的建设和改革。其主要著作有：《动态社会学》（1883）、《文明的心理因素》（1893）、《社会学大纲》（1898）、《纯粹社会学》（1903）、《实用社会学》（1906）等。

二、主要观点

虽然冲突论的思想在社会学中早已有之，但现代社会冲突论的发展完善，在很大程度上则是缘于对功能论的不满并在向其挑战的过程中实现的。批判和弥补功能论的不足、与功能论进行理论对话成为现代冲突论的一大特色，进而提出了一些基础性的观点。以科塞为代表的社会学家受齐美尔的影响更大，所持的观点相对比较温和：① 社会是由相互联系的不同部分组成的系统；② 所有系统其相互联系的各部分之间都存在着利益不平衡、紧张与冲突；③ 系统各组成部分内部及相互间的各种作用过程，在不同条件下起着维护、改变、增加或减少系统的整合与适应性的作用；④ 许多被视为典型地对系统起破坏性作用的过程，如暴力、异端、越轨行为等，在特定条件下也可以被看作既能加强系统的整合基础又能加强系统对环境的适应力。而以达伦多夫为代表的社会学家受马克思的影响更大，所持的观点相对比较激进：① 社会变迁是普遍存在的现象；② 凡有社会生活的地方就有冲突；③ 社会每一元素都可能促进社会变迁、破坏社会整合；④ 每个社会都以其内部一部分成员压制另一部分成员为基础。

第二节　科塞的功能冲突理论

刘易斯·科塞（Lewis Coser，又译科瑟，1913—2003）出生于柏林的犹太人家庭。1934年至1938年在德国的邦索大学学习，1954年在美国的哥伦比亚大学社会学系获得博士学位。从1948年开始，科塞在美国的大学中任教，先后在芝加哥大学、布兰代斯大学、纽约州立大学石溪分校讲授社会学。1975年当选为美国社会学会主席。科塞是默顿的学生，他的冲突论源于对社会学古典大家齐美尔冲突论思想的系统梳理与总结，而且非常强调冲突所具有的正功能，因此他的冲突论带有较强的功能主义取向，学界称之为功能主义倾向的冲突论，甚至干脆称之为注重冲突因素的功能论，即冲突功能论。

科塞的主要代表作有：《社会冲突的功能》（1956）、《社会冲突研究续篇》（1967）、《社会学思想名家》（1971）、《贪婪的组织》（1974）、《结构与冲突》（1975）。

一、社会冲突的起因

（一）什么是社会冲突

科塞认为"可以权且将冲突看作是有关价值、对稀有地位的要求、权力和资源的斗争，在这种斗争中，对立双方的目的是要破坏以至伤害对方。"[①]它包含了两个基本观点：第一，冲突是一方与另一方的一种互动，离开了任何一方，冲突都不存在；第二，冲突是一种对各种资源的争夺而引起的行为，不是一种动机和心理倾向。

（二）冲突的起因

科塞从三个层面来分析冲突的起因。

第一个层面，科塞接受了齐美尔的观点，认为人都有某种与爱并存的恨的本能，有一种"敌对的冲动"。这是一种最深层的、潜在的动因。

[①] L·科塞：《社会冲突的功能》，孙立平等译，华夏出版社，1989年，前言。

第二个层面，科塞认为，用本能来解释冲突这种社会现象是不够的，作为一种社会行动的冲突只能在互动模式中得到解释。"憎恨恰如爱一样需要对象。只有在主体与客体的互动中，冲突才可能发生；它总是以某种关系为先决条件"。① 这里的条件就是财富、权力的不平等分配关系或者价值、信仰的对立关系。

第三个层面，敌对的冲动、财富和权力的不平等分配关系、价值和信仰的对立关系并不一定直接导致冲突行为，而只是导致一种"敌对情绪"，一种心理倾向。敌对情绪是否真的引起冲突行为，需要一个重要的中介变量，这就是对现有社会结构的合法性认识。比如，不平等的分配关系是不是被互动双方都接受和认同，如果承认这种分配关系是合法的，愿意遵从它，那么即使是不平等的，也不会导致冲突。

通过系统梳理和深入挖掘齐美尔冲突论思想，科塞总结出冲突起因的基本命题。②

命题一 不平等系统中的下层成员越怀疑现存的稀缺资源分配方式的合法性，他们就越有可能起来斗争。

（1）缓解下层成员对稀有资源分配不满的渠道越少，则他们越有可能怀疑其合法性。

① 能够转移下层不满情绪的内部组织越少，下层发泄不满情绪的选择性就越小，则怀疑现存合法性的倾向越强。

② 那些缺乏发泄不满的渠道的人，其自我被剥夺感越强，则越有可能怀疑现存分配方式的合法性。

（2）下层越想成为特权集团的成员且允许的流动性越小，则下层越有可能取消合法性。

命题二 下层越是被从绝对剥夺转为相对剥夺，他们的不公平感则越强，因而越有可能起来斗争。

（1）下层经由社会化而产生的自我内部约束程度越低，他们就越有可能体验到相对剥夺感。

（2）对下层的外部限制越少，他们就越有可能体验到相对剥夺感。

科塞在命题一中强调对现有社会结构的不平等缺乏合法性的认识是冲突的首要前提。在这个问题上，达伦多夫更倾向于将冲突的起因归结为"矛

---

① L·科塞：《社会冲突的功能》，孙立平等译，华夏出版社，1989年，第47页。
② 乔纳森·H. 特纳：《社会学理论的结构》，吴曲辉等译，浙江人民出版社，1987年，第199页。

盾"或"利益的争夺",由于下层成员意识到自己的利益被剥夺,他们就要进行斗争。科塞则认为,利益争夺只有当被剥夺者不再认可其合法性之后才有可能发生。在他看来,社会秩序的维持在某种程度上是以对现存制度的认可为基础的,由冲突引起的社会动荡是在出现了使这种合法性减少的条件之后才发生的。科塞列举古典的印度种姓制度,认为在这种不平等的种姓制度中,冲突很少发生的主要原因是,不论上等种姓还是下等种姓,他们都接受这种划分并且不打算改变它。命题一的(1)和(2)列出了两个条件。

命题二表明,缺乏合法性认识本身并不一定引起冲突,人们必须首先被激起一种不公平感,一种敌对情绪。因此,社会学研究的任务就是要说明,在什么样的条件下取消合法性的行动能够转变为冲突行为,而不是其他情感状态,如淡漠和屈从。

二、社会冲突的功能性质

社会冲突的功能后果分析是科塞社会冲突理论的焦点。科塞认为,帕森斯强调社会系统静态的均衡,把冲突看作对社会有破坏性和分裂性的现象。科塞承认某些社会冲突会破坏群体的团结和导致社会结构的解体,但他坚决反对把社会冲突看作仅仅只起分裂作用的消极因素,声称要改变对冲突的积极后果分析不足的状况,强调冲突在社会系统中的正面功能,即建设性的功能、有益的功能。

既然社会冲突具有积极和消极两个方面的功能,那我们在判定社会冲突的功能时必须确立恰当的分析标准。

科塞认为对于外部冲突来讲,判定其功能性质的尺度有两个。

第一,该群体是否已经建立起维护自己结构的核心价值并取得全体成员起码的认同。如果是,那么外部冲突就会促使该群体的成员意识到自己的独立性,加强与外部群体的分离感,增强对核心价值的认同,从而达到提高群体整合程度的功能后果;相反,如果在外部冲突发生时,群体还没有建立起自己的核心价值或者没有就这一价值取得普遍的认同,那么群体在冲突面前就缺乏唤起其成员参与的核心或力量,群体成员对该冲突的反应要么是冷漠的,要么是加速原有的分歧,甚至导致群体的瓦解。

第二,该群体的成员是否有这样一种认识,即外部冲突造成的威胁是针对整个群体的,而不是仅仅只针对群体的某一部分。如果有这种认识,即使有内部分歧存在,也不会妨碍对外部群体的一致行动;相反,如果群体的一部分成员把外部威胁看成是对"他们"的,而不是对"我们"的,那么外部冲突就会破坏群体的整合。

对于内部冲突来讲,判定其功能性质的尺度有三个。

第一,冲突的目标是否涉及维护现有结构的核心价值。如果是,冲突就会导致群体分裂为两个有着根本对立的阵营,瓦解原有的结构;如果不是,冲突只是在一些枝节问题、表层问题上展开,那么冲突的功能后果就是积极的。因为不涉及核心价值的冲突可以促使群体对体系和结构进行调整,通过渐变的改良增强其适应力,达到保持和巩固已有的核心价值的作用。

第二,产生冲突的群体结构是富有弹性的还是僵化的。富有弹性的结构对冲突持一种宽容的态度,允许其成员表达不同的意见和看法,这就使得由各种紧张和不满产生的敌对能量随时得到宣泄,人们也不会因为受到结构的压抑而把冲突目标转向维持结构的核心价值;相反,如果群体结构是僵化的,对各种分歧和冲突都采取压抑的态度,那就会使敌对的能量积蓄起来,敌对目标由枝节、表层问题转向核心价值,冲突一旦爆发,其破坏力是相当大的。

第三,产生冲突的群体关系是亲密的还是非亲密的。一般来讲,关系越亲密,群体成员的人格投入程度就越高,情感色彩就越浓烈。正因为如此,人们一般都倾向于抑制亲密关系中冲突的表达,但是,关系越亲密,互动就越频繁,产生冲突的机会也就越多,受到压抑的能量对群体形成一种潜在的、毁灭的威胁。在亲密关系中,冲突一旦爆发,就会比在其他关系中更激烈,更容易动感情,从而使冲突扩大化和非理性化。所以,在关系亲密的群体中,冲突实际产生的频率可能要低于关系一般的群体,但冲突的消极意义要远远大于其他关系的群体。

三、社会冲突的类型及功能分析

(一)现实性冲突和非现实性冲突

科塞以当事人是把冲突作为达到目的的手段还是目的本身为标准,将社会冲突划分为两种基本类型:现实性冲突和非现实性冲突。

现实性冲突是一种作为手段的冲突,这种冲突有着明显的目标指向,而且指向的是真正的冲突对象。因而,达到这个目标就可能消除冲突的潜在原因。例如,工人为增加工资举行的罢工、法庭上为了财产的继承权发生的诉讼。在现实性冲突中,冲突只是为了达到目的而选择的一种手段,只要有机会使用其他手段更有效地达到目的,当事人就有可能放弃冲突,做出其他选择。例如,如果谈判能更有效地达到增加工资的目的,工人可以选择谈判而不是罢工这种冲突形式。

现实性冲突的激烈性程度,同具体目标达成的可能性以及对冲突代价的评估有关。群体越是在现实的问题上发生争端他们就越有可能寻求实现自己利益的折中方案,因此冲突的激烈性就越小。

非现实性冲突是把冲突作为目的的一种冲突,这种冲突不是指向真正的冲突对象,而是选择某种替代对象,表现为寻找"替罪羊"。当事人不是为了获取某种真实的"占有",而是为了发泄敌对情绪,释放紧张。例如,由于自己拥戴的球队失利,球迷们对沿路的行人或物品进行攻击。非现实性冲突并不是凭空产生的,它是建立在现实的思想和利益冲突基础上的。"非现实冲突产生于剥夺和受挫,这种剥夺和受挫则产生于社会化过程及后来的成年角色义务或其结果,也有的是由原初的不允许表达的现实性冲突转化而来。"[①]

非现实性冲突的激烈性程度,同下列因素有关:① 引起冲突的问题的非现实性程度,该程度越高,激起的感情与介入的程度就越强,冲突就越激烈;② 引起冲突的问题接近核心价值的程度,越是接近核心价值,非现实性冲突就越有可能发生;③ 现实性冲突的持久程度,现实性冲突越是持久,就越有可能转移为非现实性冲突。

科塞认为,在具体的社会现实中,现实性冲突与非现实性冲突往往交织在一起。例如,一次针对雇主的罢工之所以表现出很深的敌意,可能并不仅仅是由于雇主与工人关系紧张,很可能还由于对其他权威性人物的敌意得不到发泄。由此可以看到,在其他相互作用过程中产生的攻击性能量积累起来,而在某一次的冲突过程中释放出来,是完全可能的。

(二) 内部冲突和外部冲突

科塞还将冲突按照发生的范围区分为内部冲突和外部冲突。一个社会系统与其外部的矛盾和对抗,称为外部冲突;一个社会系统内群体之间的紧张和敌意,称为内部冲突。

一般地说,外部冲突有助于明确群体之间的界限,加强群体内部的整合。科塞更强调以下一些功能:① 它是确立群体认同感的基础,是形成群

---

① L·科塞:《社会冲突的功能》,孙立平等译,华夏出版社,1989年,第41页。

体的必要因素；② 它还能使群体发展壮大，更加坚强。不过，这一作用也有限定条件，如果冲突发生以前该群体内聚力很弱，那么冲突只能加速该群体的解体。

内部冲突可以增强群体生存、整合及稳定，尤其是当冲突能提供给人们更安稳的价值、能重建平衡或重新整合失序了的社会时，就更是如此。社会群体可由此获得更高的生命力、内聚力和稳定性。具体说来：① 群体内部冲突可以重整群体的和谐和团结，但科塞也指出，如果冲突在某种关系中涉及群体的核心价值时，就很难创造新的和谐，反而导致群体解体；② 内部冲突可以使得群体在一定的压力状态下，通过排除反对者来避免群体的解体，因此内部冲突同时也是社会群体一种重要的安全阀机制。

（三）个人性冲突与非个人性冲突

科塞还把社会冲突分为个人性与非个人性两类。个人性冲突追求的是个人利益，非个人性冲突追求的是"超个人"的群体或党派的利益以及它们的理想、价值系统。在科塞看来，个人性冲突具有主观性，而非客观性。这种客观性是指，冲突的当事人是作为群体、政党或某种思想的代表进入冲突的，他的行为不受个人利益和个人性冲突中"自我克制"这一规范的约束。在非个人性冲突中，当事人有一种为群体和理想"献身"的高尚感，而且这种冲突能动员起更大的能量，因此，非个人性冲突往往比个人性冲突更为剧烈、冷酷无情和毫不妥协。不过，科塞并不认为个人利益与群体利益在任何时候都是绝对对立的。

四、社会冲突的安全阀机制

科塞认为，任何社会系统都会在运转过程中产生敌对情绪，形成有可能破坏系统的张力，当这种敌对情绪超过系统的耐压能力时，就会导致系统的瓦解。所以，每个社会都需要使用某种方式来处理这一问题，而冲突正是表达不满、发泄敌对情绪的最主要方式。一个社会越是能以某种认可的方式允许冲突存在，冲突越制度化，就越有可能把某种具有破坏性的冲突置于自己的控制之下。

科塞指出，社会系统要想在敌对情绪发泄和原有关系不变这二者之间寻求两全，就必须提供冲突的替代目标，把对原初对象的敌对情绪引向替代目标。非现实性冲突能够起到这种作用，因为它仅以发泄敌对情绪、释放紧张为目的，对象是否真实并不重要。社会系统也可以通过政治幽默、戏剧等方式来替代冲突，作为发泄敌对情绪的手段。科塞把以上提供替代目标和替代手段的制度称为安全阀制度。

"我们使用'安全阀制度'这个术语是用以表示将敌对感情引向替代对象的制度（或为这种转移提供替代手段的制度），而不是指这种制度可以使冲突表现出来。"① 一个社会系统越是僵化，越不允许人们直接地、公开地表达敌对情绪，就越需要安全阀制度。

科塞的安全阀制度理论，包括以下主要观点。

（1）社会安全阀可以充当发泄敌对情绪的出口，以维护群体的稳定关系。如果没有发泄相互之间的敌意和发表不同意见的渠道，群体成员就会感到不堪重负，也许会用逃避的手段做出反应。例如，政治笑话、讽刺等，都属于敌对情绪的发泄，它们还不是冲突，统治者往往容忍或允许它们的存在。一个学生社团、一个教师福利委员会可以成为大学里的安全阀，为学生与教师提供表达不满的手段，而不至于破坏大学这个体系。

（2）社会结构越僵化，安全阀就越重要。僵化的社会不允许有冲突，如果再取消敌对情绪的发泄，那么对社会结构的威胁就更大了。

（3）安全阀可以发泄敌对情绪，转移目标，但它不能解决问题，只能缓和矛盾。

（4）安全阀制度有助于维护社会系统，也意味着要付出代价。"这些制度提供敌对情绪的替代目标以及发泄的手段。通过这些安全阀，敌意不至于指向原初的目标。但是，这种替代也要由社会系统和个人付出代价；它会减轻迫使系统发生变动以适应变化了的条件的压力，并使紧张由于阻塞而在个人中积聚起来，这样就造成了毁灭性爆炸的潜在性。"②

（5）当相互对立的利益或相互敌对的情绪受到压制的时候，产生的结果之一是把敌对情绪从真正的根源中转移出来，从其他渠道发泄；结果之二是导致相互关系的终结。渐渐积累起来的紧张与敌意一旦爆发，冲突将会是异常的暴烈。在这种情况下，突然发生的事件本身可能是微不足道的，但该事件发生的背景即长期积累起来的敌对情绪，却是关键性的。西方学者称该事件本身为"压倒骆驼的稻草"，我们一般称其为"导火索"。

（6）没有安全阀制度和安全阀制度不完备的社会结构，都是僵化的社会

---

① L·科塞：《社会冲突的功能》，孙立平等译，华夏出版社，1989年，第31页。
② L·科塞：《社会冲突的功能》，孙立平等译，华夏出版社，1989年，第33-34页。

结构，因而也是潜伏危机的社会结构。科塞认为，僵化的社会结构比灵活的社会结构更容易引起为了非个人利益而发生的冲突。在个人因素不能作为缓冲因素被引入进来的时候，将个人因素排除在外会使冲突更加尖锐。

值得注意的是，科塞并不是同等看待"直接指向原初对象"与"引向替代目标"这两种冲突方式在减轻社会系统压力方面的作用的。他认为"直接对目标发生的冲突比通过安全阀制度将攻击引开对社会系统具有的反功能要小"。[①] 其心理学的基础为，公开的攻击会比不公开的攻击获得更多的满足。

五、简要评价

科塞的冲突理论，重点在于探讨社会冲突的正功能，其理论目的不是否定功能理论，而是试图完善功能理论。功能理论强调冲突的反功能，科塞则强调冲突的正功能，并以此来补充功能理论的不足。

科塞强调冲突的功能，并没有改变其理论的保守性质。科塞关于社会安全阀机制等的探讨，是为资产阶级统治者稳定社会统治服务的。科塞虽然谈到冲突有引起社会系统变化的可能性，但是他仍然将冲突看作促进社会整合与适应性的过程；同时，他所讲的社会变迁，也是改良性的局部的社会调整，不是社会革命，并不涉及资本主义社会制度的根本性的变革的可能性。

科塞关于冲突对新的社会规范、价值观和社会制度，以及新的群体结构与社会的建立，具有激发功能的观点，虽然不是他的核心思想，但却是很有生命力的思想。

第三节　达伦多夫的辩证冲突理论

拉尔夫·G. 达伦多夫（Ralf Gustav Dahrendorf，1929—2009）出生于德国的汉堡，1947—1952 年在德国汉堡大学学习哲学，1952—1954 年在英国伦敦经济学院学习社会学。从 1958 年起，先后执教于汉堡大学、图宾根大学和康斯坦茨大学。1974 年任伦敦经济学院院长。

达伦多夫的主要著作有：《工业经济学和企业社会学》（1956）、《工业社会的阶级和阶级冲突》（1957）、《走出乌托邦》（1967）、《社会理论文集》

[①] L·科塞：《社会冲突的功能》，孙立平等译，华夏出版社，1989 年，第 31 页。

(1968)、《冲突与自由》(1972)、《民主、变迁和组织》(1973)、《新自由》(1974)、《生活机遇》(1979)。

一、达伦多夫功能分析的出发点

达伦多夫把批判结构功能理论作为自己理论的出发点。他认为，一个社会不仅有它整合、协调、稳定的一面，还有它冲突、不均衡、变迁的一面，这两个方面是无法分离的。结构功能理论把"冲突"范畴排除在分析之外，设想每个社会都是相对持久的、整合良好的诸要素的构造体；设想它是建立在其成员合意的基础上的；设想每一种要素都对社会具有功能作用。这种理论是与现实不相符的，只会把人们引入"乌托邦"式的理论取向。

他认为，结构功能理论与其他乌托邦式的理论一样，具有以下几个特征：① 不承认社会变迁，所设想的理想社会是没有过去和未来的；② 整个社会对于流行的价值和制度持有普遍的共识；③ 强调结构的和谐与稳定，不承认结构会导致冲突；④ 社会的活动过程是复杂的，只会强化和支持社会的既有形态；⑤ 社会系统是自我封闭的。

为了走出乌托邦，达伦多夫提出建立一种新的理论去纠正结构功能理论的偏差，这就是社会冲突理论，该理论关于社会模式的假设是与结构功能理论相对立的，它所要回答的问题是"什么驱使社会前进"，而不是"什么使社会整合在一起"，结构功能理论中的"剩余范畴"正是该理论分析的出发点。

二、社会冲突的起因

与结构功能理论一样，"社会结构"这一概念在达伦多夫的理论中也占有十分重要的地位。不同的是，结构功能理论把处在不同结构地位上的人的共同价值看作结构得以存在的关键，而达伦多夫则把处在不同结构地位上的人与人之间的权力关系看作结构得以存在的关键。一个社会之所以能够把不同的群体整合到同一结构中，依靠的不是共同价值，而是权威的强制。

达伦多夫把社会冲突的起因首先归结为权力分配不均。在此，他借鉴韦伯的相关概念界定，把"权力"解释为不顾对方反对而把意志强加于他人的能力，而"权威"是指期待他人屈从的合法化的权力。权威具备以下五个特点：① 权威的关系永远是一种上下主从关系；② 任何权威关系的存在，都是由于社会期望居于上层者来控制位于下层者的行为,并采取规定、命令、警告与禁止等方式;③ 这种期望比较依附于个人的社会地位,而不是依附于个人的性格;④ 权威永远清楚地表明哪些人必须接受控制,以及允许控制的范围;权威不同于权力,它绝对不是一种随意控制他人的关系;⑤ 权威是一种合法的关系,因而对权威命令的不服从会受到制裁。

对于具有一定权威结构的群体,达伦多夫称为"强制性协作组合"(ICA,imperatively coordinated association),它是达伦多夫进行社会分析的基本单位。权力和权威都是稀缺资源,社会组织中的权力与权威的分配都存在着差别。这种差别性分配将转变成社会对立的决定因素,即导致某一"强制性协作组合"中各部分之间的竞争与搏斗。这是制度化冲突和变迁的主要根源。

达伦多夫还把社会冲突的起因归结为角色的强制性安排,这是社会冲突在社会结构上的根源。依据权威关系,任何特定的"强制性协作组合"中的角色,都可以划分为统治与服从这两种基本角色类型。一类拥有权威,处在支配地位上,该角色对维持现状感兴趣;一类没有权威,处在被支配地位上,该角色热衷于权力和职权的重新分配。群体不过是一部分人使用其权威强制另一部分人服从的"强制性协作组合",它与"共同意识""共同价值"没有关系。地位的差别造成了利益的差别,拥有权威的人要求维持已有结构,而没有权威的人则要求撤销已有结构的合法性,改变原来的权威关系。所以无论何时,只要角色存在,社会对立就必然存在。

三、社会冲突的形成

相互冲突的群体是怎样形成的?达伦多夫给出了如下的形成机制:① 任何一个群体或组织都是一个ICA,某些位置上拥有更多的权力,可划分为统治与服从(支配和受支配)两类角色。不平等的权力关系乃是冲突的结构基础。最重要的冲突是权力、权威的分配,而不是资本的占有;② 统治与服从两类角色形成针锋相对的准群体,继而组织形成利害关系分明的利益群体,各自拥有自己的方针、计划和意识;③ 不同利益群体处于不断纷争中,但冲突的形式和严重性因实际状况和条件有所差异;④ 利益群体的冲突导致权力统治关系的重新分配与改变,进而改变社会关系的基本结构。

这里的关键是,达伦多夫使用潜在利益与显现利益来说明利益群体的形成,解释社会冲突的形成。他认为,利益有两种形式:潜在利益与显现利益。潜在利益是一种人们没有意识到的、客观的利益，也即角色利益。它是为某一角色位置的延续而事先就决定了的，独立于个人意识的，是个人行为的潜在倾向。具有潜在利益的人们构成准群体。显现利益是为人们所意识到的、被自觉地当作目标来追求的利益。显现利益是形成群体的基础，以显现利益为基础的群体是利益群体。如果准群体中的人们产生出共同的阶级意识，并组织起来追求这些利益，其结果就是利益群体的出现，社会结构内部固有的利益冲突此时就会公开化。

从准群体中产生出利益群体，必须具备一些条件：① 社会条件，指准群体成员之间沟通的情况，以及社会结构模式的变化，如果准群体成员之间缺乏联系和沟通，缺乏结构上的正式程序来吸收新成员，利益群体就无法形成与存在；② 政治条件，即政治容忍性、政治的自由度，具体说来，指在既定的权威结构中，有没有政治上结社、联盟的自由，典型的极权社会不允许多元性的利益群体的存在；③ 技术条件，包括领导者与统一的意识形态，在以上三个条件中，意识形态是十分重要的，它能唤起人们对潜在利益的认同，意识形态越系统化、理论化，群体就越组织化。

同时，利益群体的形成还需要社会心理方面的条件，即潜在利益向显现利益转变的心理过程。在这个过程中，个人"向上流动的可能性的信念"是十分重要的心理因素。被统治阶级中的人们如果有着较多的向上流动的信念，就不能产生被统治阶级的"阶级意识"。因为他们认同统治阶级的角色利益，维护现存权威结果的合法性。利益群体形成所需要的社会心理条件，实质是准群体成员对他们客观的利益的自觉意识。准群体成员越是意识到他们的客观利益，越可能形成冲突性的利益群体。

四、社会冲突的程度

社会冲突是社会结构的产物，社会冲突的程度受到一系列结构变量的影响。达伦多夫使用了"强度"和"烈度"两个概念来表述社会冲突的程度。

（一）冲突的强度

"强度"是指各冲突方面的能量消耗以及它们卷入冲突的程度，涉及是否完全投入以及为达到冲突目标而付出的代价。冲突的强度也受到社会地位的重叠程度和社会流动程度的影响，同时还受到权威分配关系与其他资源分配关系一致性程度的影响。

关于社会地位的重叠程度，一般说来，地位的重叠程度越高，冲突的强度也就越高。在一个社会中，每个人都处在多种权威关系中，所谓地位的重叠，也就是说人们在多种"强制性协作群体"中具有相同的角色地位，即在某群体中占统治地位的人在另一些群体中也占统治地位，在某群体中处于被统治地位的人在另一些群体中也处在被统治地位。在这种情况下，由权威差别引起的社会冲突的重叠程度很高，冲突的能量会随着这种重叠程度的增加不断积累起来。如果在各个群体中的地位分布是完全重叠的，人们投入到不同群体中去的冲突能量就聚合到一起，整个社会被分裂为两个对立的利益集团，他们在各个不同的群体背景中对抗。

达伦多夫认为，冲突不仅体现在权威分配关系中，而且还体现在经济资源或其他社会资源的分配关系中。权威分配与其他社会资源的分配没有必然的内在关系，在有些社会中，权威关系与经济报酬、社会报酬有较高的重叠性，而在有些社会中，它们之间没有重叠性。一个社会的权威关系与其他资源分配关系的重叠程度越大，对抗结构就会越强，冲突的强度就会越厉害。不过，权威是按有无两极分化的，而经济资源或其他资源往往有一个从少到多的序列，只要这个序列没有明显的断裂，就不能把社会简单地划分为两大阶级。

关于社会流动程度，在达伦多夫那里，主要是指人们在权威地位和非权威地位之间的流动程度，它表现了社会结构的封闭性和开放性。在一个群体中，处在被统治地位的人如果缺乏向上流动的机会，就会增加冲突的强度；如果有较多的流动机会，本来用于两个利益集团间对抗的能量，就会有一部分转移到同一利益集团内部为争夺流动机会的竞争中，冲突的强度因此而减弱。

（二）冲突的烈度

"烈度"是指冲突各方用来追求自身利益的手段是和平的还是暴力的。冲突烈度受到社会经济剥夺程度和冲突调节程度的影响。

社会经济的剥夺有两种形式：一是相对剥夺，二是绝对剥夺。从纯经济的角度来讲，绝对剥夺指生活下降到最低水平，相对剥夺指生活虽然并不贫困，但与富有的人相比又有明显差距。从多重地位关系来讲，绝对剥夺是指在所有权威关系和资源关系中都处在剥夺状态，相对剥夺是指在所有权威关系和资源关系不完全重叠情况下的状态，即在一种关系中的剥夺可以通过另一种关系中的占有来得到补偿。绝对剥夺既会增加社会冲突的强度，也会增加社会冲突的烈度,相对剥夺虽然不一定会减弱社会冲突的强度,但不会使烈度升高,不会发生暴力冲突。

五、冲突的调节方式

所谓冲突的调节,指的是冲突表现的控制方式。按照达伦多夫的观点,社会冲突根植于权威结构之中,尽管占据统治地位的人可以阻止冲突性利益群体的形成,但冲突本身是无法消除的,它的能量在积累到一定程度时总会爆发出来,而且会采用高烈度的冲突形式。相反,一个社会如果能够明确承认冲突利益的存在并在正式的结构中提供调节冲突的途径和方法,就可以使冲突的烈度下降。

冲突的调节需要三个条件:① 冲突双方的利益都得到承认;② 已经形成调节冲突的公共机构;③ 冲突双方同意共同遵守一些正式的解决冲突的规范。社会调节程度越高,通过协商解决冲突的机会就越多,暴力形式就越不会被采用。一旦上述条件具备,即可以采用许多不同的方式来对冲突进行调节。达伦多夫认为通常使用较多的冲突调节方式主要有:协商和解、调停和仲裁。

协商和解即通过一定的协商机构,如议会或类似议会的机构,采取和谐和定型化的形式化解矛盾,最终达到和解的效果。但是,这种议会式机构只有在具备了以下四个前提时才会发生效用:① 它必须是独立自主的机构,在达成协议时无须再请示外面的机构;② 它们必须是唯一的这类机构;③ 它们的角色必须是有约束力的,使得利益群体发生冲突时必须送到这里来调节,同时也使得它们达成的协议能为利益群体及其成员所遵守;④ 它们必须是民主的,以便保证双方在达成决议之前都能充分发表意见。

调停,即由冲突双方之外的某个第三者出面,来提出调节冲突的建议。调停者的建议对双方并无约束力,但经验证明这种方法却经常是最有效的方法。相比而言,调停至少有五个优点:降低不合理性、排除非理性、试探解决方法、有助于全身而退、提高冲突的价值。

仲裁,即由某个事先双方都表示接受其判决的第三者,来判断是非,做出调节冲突的决定。仲裁的结果一般说来对双方具有一定程度的强制力,但它也可能导致压制冲突的情况出现。

实际生活中调节冲突的方法会有很多,但大多是上述三种方式的修改或合并而已。这三种方法是减少冲突烈度最显著的方法。通过有效的冲突调节，即使冲突强度不变，冲突烈度也可以控制在一定的水平之上，从而使冲突成为一个连续变迁社会中的规律现象之一。达伦多夫最后指出，协商和解、调停和仲裁可以连续运用在冲突调节的过程之中，也可以个别地用到特定的冲突情境中去。

六、社会冲突的结果

达伦多夫认为，社会冲突与社会变迁是紧密联系的，一般来讲，社会冲突的强度越大，社会变迁的程度就越大，就越有可能导致根本性的结构变迁；社会冲突的烈度越大，变迁的突发性越大，变迁的速度越快。

社会结构的变迁有三种形式：① 居于统治地位上的人全部或近乎全部被替换，这是最突发的一种形式，即革命变迁；② 统治地位上的人部分被替换，这是一种改革变迁；③ 统治者和被统治者的地位关系不发生变化，但是被统治者的利益结合到统治者的政策中去，这种方式的结果变迁是最低层次的革新，它可以使一个统治阶级维持相当长久的权威合法性。达伦多夫认为，第一、第二两种形式的结构变迁通常会增加第三种形式的结构变迁的可能性；统治阶级越是按照第三种形式操作，前两种变迁发生的可能性越小。

达伦多夫指出，社会结构变迁具有两个方面的量度特征：① 根本性，即结构变迁的程度，它涉及统治阶级的人员、统治阶级的政策或阶级间的全部基本关系；② 突发性，即结构变迁的速度，它涉及变迁的快慢。使用这两种量度，可以把社会结构变迁的具体形式区别为以下四种类型：根本性的突发变迁、根本性的缓慢变迁、非根本性的突发变迁、非根本性的缓慢变迁。

达伦多夫认为，社会结构的变迁和重组并不意味着权威分配不平等的消除，只不过是用一种新的不平等的权威分配来取代原有的不平等分配。无论变迁采取何种方式，也无论变迁的激烈性程度和突发性程度如何，社会变迁的结果总是从一种压制性的权威结构走向另一种压制性的权威结构。在新的压制性权威结构中，又会产生新的社会冲突（其冲突的形式、强度和烈度当然会发生变化），这些新的社会冲突又会导致新的社会变迁……如此循环往复，使社会不断地处于冲突和变迁之中。设想会产生一个没有任何冲突的社会是不可能的，没有了任何冲突的社会同时也就是个没有了任何变迁的社会，这样的社会只能是个乌托邦。

在达伦多夫看来，冲突不光是阶级斗争，还包括种族、国际、性别、宗教等，而且各个强制性协调组合的权威结构之间可以形成复杂的多元关系。现代的社会冲突是一种应得权利和供给、政治和经济、公民权利和经济增长的对抗，而"冲突是迈向文明和最后迈向世界公民社会的进步源泉"。

七、简要评价

达伦多夫自称"冲突理论家"，受到马克思阶级斗争理论的影响很大，但他对马克思的阶级斗争理论采取了修正主义的态度，部分批评、部分接受并加以修正。达伦多夫所说的"阶级"与"阶级冲突"，实质是指非阶级的群体与群体的冲突。达伦多夫强调工业社会的冲突，目的并不是鼓励被统治阶级反抗统治阶级，而是为统治阶级寻找调节冲突的途径与方法，以巩固现存的社会结构。他的关于通过有效的制度化来调节冲突而不是压制冲突的观点，是对资产阶级统治者的一种改良主义的劝告。

第四节　其他冲突论者的思想

除了科塞和达伦多夫，还有不少社会学家对现代社会冲突论做出了重要贡献，如米尔斯（W. Mills）[①]、洛克伍德（D. Lockwood）、本迪克斯（R. Bendix）、雷克斯（J. Rex）、柯林斯（R. Collins）等。下面扼要介绍雷克斯和柯林斯这两位社会学家的冲突论思想。

一、雷克斯的冲突论思想

英国社会学家雷克斯于1961年出版了其代表作《社会学理论的关键问题》，该书被亚历山大誉为"纯粹意义上的冲突理论的典范"[②]。雷克斯批评帕森斯的结构功能论把全部注意力放到社会秩序上，而且其设想的社会秩序完全依赖于价值的内化。因此，在雷克斯眼里，帕森斯是一个忽略了社会冲突的只关心稳定性、整合性、一致性和规范性的秩序论者和稳定论者。雷克

[①] 米尔斯往往又被视为社会批判理论的代表人物，参见本书第十二章第三节。
[②] 杰弗里·亚历山大：《社会学二十讲：二战以来的理论发展》，贾春增、董天民等译，华夏出版社，2000年，第94页。

斯希望创立一个社会学理论分支，其主要旨趣是研究冲突而不是秩序。他坚持认为冲突是每一个社会的中心，即使秩序存在，它也必须被视为各种社会冲突的结果。雷克斯把资源分配看作最古老和最有影响的社会过程，坚信分配先于整合，整合是分配的结果，并且资源分配中存在着森严的等级制度和极大的社会不平等。社会秩序实际上是为统治阶级的利益服务的，它是由控制分配的群体自觉维护其权力的结果。而社会系统则是被独立的、谋求自身利益的社会单位所支配。雷克斯强调，资本主义社会的宗旨是不同群体和阶级相互之间争夺的结果，而不是像帕森斯说的那样，是共享价值所导致的。他将冲突界定为针对其他方的抵抗所展开的行动；把"规范"重新解释成冲突的结果，进而也解构了交换理论。他指出，表面上"互惠的（市场）交换"实际上却突出地表现了"强迫和剥削的成分，之所以看起来是规范性的只不过是因为被压迫和被剥削的各方没有权力加以抵抗"。在雷克斯看来，稳定秩序和规范模式，其本身也是权力情境的表现，而对于某些私有财产秩序的正当性的信仰，很大程度上是权力冲突的长期制度化的结果。因此，从权力平衡处理利益冲突的角度来进行分析研究，比一开始就假设规范的存在要更加有效可靠[1]。雷克斯还指出，现实可能存在三种基本的社会状态：冲突状态、休战状态和革命状态，其中每一个都是互动的过程，属于理性的类型。[2]

二、柯林斯的微观冲突论

受现象学和常人方法学的影响，美国社会学家柯林斯则从更加微观的角度探讨冲突问题，致力于发展一种从微观分析入手的综合性的冲突理论。柯林斯明确表示他并不是从意识形态的角度去分析冲突，即不会从政治立场出发来决定冲突的好坏，而是基于现实的理由将冲突作为理论的焦点，将冲突视为社会生活最基本的核心过程。柯林斯认为社会结构不能脱离行动者而独立存在，因为行动者建构了结构，而且行动者的互动模式即为结构的本质。换言之，柯林斯倾向于将社会结构看成互动模式，而非外在的、强制性的独立实体，他"尤其想要揭示的是，分层和组织是如何以日常生活中的互动为

---

[1] John Rex, *Key Problems of Sociological Theory*. London: Routledge, 1961, p.116.

[2] 杰弗里·亚历山大：《社会学二十讲：二战以来的理论发展》，贾春增、董天民等译，华夏出版社，2000年，第106页。

基础而进行建构的。①"他的冲突理论以社会阶层作为研究的焦点，其主要观点可化约为三个基本原则：① 人们是生活在一个自我建构的主观世界中；② 某人可能拥有权力而影响或控制他人的主观经验；③ 某些人经常试图控制另外一些人，而后者将会反抗，其结果可能造成人际间的冲突。柯林斯主张社会分层研究应着眼于现实的日常生活，而不应仅限于关注宏观的结构因素，因为社会分层涉及社会生活不平等的许多特征，包括"财富、政治、职业、家庭、俱乐部、社区和生活方式等"②。他进而提出冲突分析的五项原则，并认为这些原则不仅可以应用于社会分层，而且可以应用于社会生活的任何领域。这五项原则是：① 关注从抽象表达到现实生活的互动事例；② 探讨影响互动的物质配置，如地理位置、沟通方式、武器供应、决定公众印象的设备、工具和物品；③ 断定控制资源的群体很可能利用不平等去剥削资源匮乏的群体；④ 相信拥有资源并进而掌握权力的群体，很可能将他们自己的思想观念强加于整个社会；⑤ 提倡实证研究和比较研究，理论假设应得到具体阐述并接受经验检验③。需要指出的是，柯林斯虽然从微观个体层面入手探讨冲突问题，但他明确表示冲突理论离开了社会宏观层面的分析也是行不通的。而且，柯林斯的冲突社会学理论并不仅仅是一种关于冲突的理论，而是一种关于社会、人与群体的行为的组织的理论。他试图解释的是结构为何能在不同的历史时期以及具体的环境中得以形成，何种形式的变迁得以发生以及是如何发生的。④

复习思考题

1. 科塞从哪几个方面来论述冲突的起因？
2. 论述并分析科塞关于判定功能性质的尺度。
3. 在科塞看来，冲突有哪些不同的类型？如何看待各自的功能？
4. 什么是社会安全阀？举例说明其功能。

---

① 乔治·瑞泽尔：《现代社会学理论（第七版）》，任敏、邓锁、张茂元译，上海文化出版社，2022，第132页。

② Randall Collins, *Conflict Sociology：Toward an Explanatory Science*. New York：Academic Press，1975，p. 49.

③ Randall Collins, *Conflict Sociology：Toward an Explanatory Science*. New York：Academic Press，1975，pp. 60-61.

④ 林聚任：《社会理论》，中国人民大学出版社，2016，第84页。

5. 如何理解达伦多夫的"强制性协作组合"?
6. 在达伦多夫看来,从准群体向利益群体转变需要具备哪些条件?
7. 达伦多夫分析社会冲突的程度的时候,使用了"强度"和"烈度"的概念,简述其具体内容。

第九章
社会交换理论

社会交换理论是第二次世界大战后首先在美国随后在整个西方社会学界逐渐流行的一种社会学理论。主要理论根源是心理学的行为主义、经济学的功能主义以及社会学的结构主义。前二者对霍曼斯的交换论影响较大，后二者对布劳的交换论影响较大。社会交换理论作为社会学的理论流派之一，给社会学的发展提供了新的研究视角，具有非常重要的意义。

交换理论的基本出发点是：（1）任何事物（无论是物质或非物质的东西）均有自身的价值；（2）"人与人之间的一切交往均根据取予等量的交换形式"[①]。社会交换理论者认为，分析、理解人际间大多数行为的最佳方法是将行为当作一种有形或者无形的商品和服务来交换。这些商品和服务既包括食品、住房等有形之物，也包括社会认同、同情、怜悯之类的无形之物。人们都是在权衡了行动过程之利弊得失并选择最有吸引力的东西之后才有所行动的，也就是说人在交换这种互动过程之中是"理性"的。

---

① Georg Simmel, *The Sociology of Georg Simmel*, ed. and trans. by K. H. Wolff, New York：The Free Press，1950, p.60.

本章要点

- 社会交换理论的思想渊源
- 霍曼斯对功能主义的批评
- 霍曼斯交换理论的基本命题
- 布劳社会交换的概念
- 布劳微观结构中的社会交换
- 布劳从微观社会结构向宏观社会结构的过渡
- 爱默森的社会交换网络分析

第一节　社会交换理论的思想渊源

社会交换理论（social exchange theory）是在广泛地吸收其他学科思想的基础上形成的，其中最主要的思想来源是古典政治经济学、人类学和行为心理学。

古典政治经济学的代表亚当·斯密的思想具有明显的功利主义理论取向。在他看来，交换是人类一切社会形态、所有历史阶段都普遍存在的现象。"互通有无、物之交换、互相交易"，每个人都期望从相互交换中得到报酬。这种现象是人类的一种"开发倾向"，是人类的本性。这种倾向为人类所共有，为人类所特有，在其他各种动物中是找不到的。同时该思想认为人是富有理性的，人在行动时，总是精心计算，对行动的成本和利润加以权衡，尽量选择那种付出较小成本获得较大利润的行动方案。社会交换论者吸收了以上关于成本、报酬、利润等概念，在他们看来，经济学对商品交换的分析不仅适合于经济领域，也适合于社会领域。

西方人类学对初民社会的研究成果也是社会交换理论的思想来源。在弗雷泽、马林诺夫斯基、莫斯、列维-斯特劳斯等人类学家的研究成果中，交换被作为一种社会整合的要素受到关注。其中主要成果有：英国人类学家弗雷泽用经济动机来解释澳大利亚土著居民中的姑表联姻模式；马林诺夫斯基对特罗布里恩德群岛居民的"库拉圈"（Kula Ring）交换制度的研究；马塞尔·莫斯认为人们进行交换的力量不是来自个体而是来自社会或群体，这一思想把功利主义的交换与社会结构分析紧密地联系起来，对社会学的交换理论形成是有意义的；列维-斯特劳斯明确提出了交换对等原则，即任何交换都必须是得到的与提供的相等，这种对等可以是两个人之间的直接行为，也可以是通过许多人产生的间接行为，只有对等，交换关系才能继续存在下去。

心理学家，尤其是行为主义心理学家对社会交换理论的影响也很大。以伯勒斯·斯金纳为代表。他通过对动物的实验观察，认为一切行为都可以用"刺激—反应"的公式来表示，不论是动物行为还是人类行为，都将遵守以下原则。

第一，在任何特定的场合，有机体都将发出那些能得到较大报酬和最少惩罚的行为。

第二，有机体将重复那些已经证明能得到报酬的行为。

第三，若目前的刺激与过去要得到奖励的刺激一样，有机体会重复过去的行为。

第四，若目前的行为情景与过去曾受到奖励的行为情景相似，有机体会重复过去的行为。

第五，只要行为能继续得到奖励，该行为就会重复出现。

第六，当以前曾被奖励的行为在同样或类似的情景中突然被中断奖励时，有机体会表现出某种情绪。

第七，有机体从某一特定行为中得到的奖励越多，该行为的奖励价值就越小，有机体更愿意采取替代行为以寻求其他奖励。

现代社会交换理论的奠基人是美国的霍曼斯，其他主要代表人物有布劳和爱默森两位美国社会学家。其中霍曼斯的交换理论着眼于个人层次上对个人行为的解释，一般称为行为主义交换论；布劳的理论侧重于探索从人际互动的交换过程到支配社区与社会复杂结构的交换过程，可称为社会结构交换论；爱默森把网络分析技术应用于交换理论，一般称为社会交换网理论或社会交换网络分析。

第二节　霍曼斯的行为主义交换理论

乔治·C. 霍曼斯（George Casper Homans，1910—1989）出生于美国的波士顿，1932年在哈佛大学获文学学士学位。1934年他与查尔斯·柯蒂斯合著的《帕累托理论介绍》一书的出版使他一鸣惊人，给他在社会学界带来了声誉。霍曼斯绝大部分时间在哈佛大学教授社会学，1953年晋升为社会学教授，出任过哈佛大学社会学系主任，曾任美国社会学会主席，是美国科学院和美国艺术和科学研究院院士。

霍曼斯的早期理论受帕森斯、默顿的影响较多，对功能主义理论兴趣较大，关注社会学领域的"小群体研究"以及对人类活动最基本原则的研究，著有《人类群体》（1950）；其后期的思想较多受到哈佛大学动物心理学教授斯金纳的影响，其理论研究的兴趣转向交换论，著有《社会行为：它的基本形式》（1961）、《返回到人》（1964）、《社会交换的性质》（1967）。

一、对功能主义的批评

在霍曼斯看来，功能主义理论缺乏解释力，这可以从以下几个方面来说明。

第一，功能理论是从对规范的研究开始的，尤其是对被称为规范的角色和角色丛的制度感兴趣，但他们从来不问人们为什么要遵从这些规范，他们只是说人们已将规范"内化"。而"内化"不是一种解释，当人们真正试图去回答这一问题时就会发现，其命题不是功能性的，而是类似心理学的。

第二，功能理论对各种角色、各种制度之间的关系感兴趣。但是，科学工作者不是只指出关系，而是要解释为什么是这种关系。在霍曼斯看来，任何科学都有两件事情要做，这就是发现和解释。通过前者，我们来判断它是否是一门科学，通过后者，我们可以判断这门科学成功的程度如何。因此，功能主义代表了发现和描述的努力，但它却不能进行解释。

第三，功能理论对制度的后果感兴趣，尤其是各种制度对作为一个整体的社会体系的后果，对它们如何帮助体系维持均衡感兴趣，但他们从来不问为什么这样一个体系从一开始就存在。一些功能论者用"突生"来解释整体性现象，但"突生"又是怎样产生的呢？

霍曼斯最初是一个有批判倾向的功能主义者。他认为，结构功能理论太抽象、太空洞，忽视了对社会中人的研究，把个人简单地看作占据一种社会地位、履行一定社会期望的角色。功能主义代表了一种纯粹的社会学，一种和社会心理学相对立的社会学，但是它忽视了社会中作为行为者的人的重要性。他提出，应该回到最明确的事实中去，最明确的事实是人的行为，要使人回到社会学分析中去。《人类群体》一书，是他使用重视人的新的功能分析方法的范例。

二、交换理论的基本概念

霍曼斯社会交换理论的基本概念和原则是从行为主义心理学、经济学中引入的，其主要的概念如下。

（1）行动。行动者个体的行为，旨在追求报酬，避免惩罚。

（2）互动。人与人之间的相互交往、相互作用，只有通过它人们才能把自己的行动变成追求报酬、避免惩罚的行动。

（3）情感。在群体中，个人之间所具有的内部兴致，如好感、反感、赞同、反对等。情感也是一种可以用来交换的社会资源。

（4）刺激。环境中的暗示，能指引个体做出行动上的反应。

（5）报酬，又称为奖励。指能够满足个体某种需要的对象。它可以是物质的，如金钱；也可以是非物质的，如声誉、赞扬。

（6）成本，又称为代价。有两种含义，一是指进行某行动同时失去的机会和报酬，如为了考试获得好成绩放弃了与朋友的约会；二是指进行某行动过程中蒙受的痛苦、受到的惩罚等，如为了争得冠军，带伤忍痛进行高强度训练。

（7）投资。投资是指"与某特定的社会遭遇有关的个人的全部特征和经验"。投资与成本的概念极为相似。

（8）利润。指在一项行动结果中，报酬减去成本所剩下的纯粹奖励。

（9）剥夺。指某人在得到某一特定奖励后所经历的时间长度。

（10）满足。指一个人在刚刚过去的时间里得到的报酬已足以使他不再马上需要更多的报酬。

（11）价值。是指某一具体行动获得报酬或受惩罚的程度。

（12）惩罚。刺激所具有的伤害或阻止需求得到满足的能力。

（13）期望。报酬、惩罚或代价的程度，个体把这些报酬、惩罚或代价与某一特定刺激联想起来。

以上概念是构成霍曼斯社会交换理论的基石，它们相互结合，形成一系列命题。

三、交换理论的基本命题

（一）成功命题

"对于人们所采取的所有行动，某人的特定行动越是常受到奖励，则该人就越可能采取该行动。"① 霍曼斯在这一命题中指出,如果一个人曾经成功地获得某种报酬或避免某种惩罚,他就倾向于重复这种行动。该命题描述了人的行动总是倾向于追求报酬或逃避惩罚,涉及获得报酬的频率对行动的影响。人们在所有能带来报酬的行动中,总是选择那个获得报酬频率最高的。例如,微笑的表情可以得到他人热情的欢迎,于是人们就会待人和气。但是,在现实生活中,并不是每个人相互见面都面带微笑,因此,成功命题只有部分是正确的,不能完全通过经验的检验。

(二) 刺激命题

"假如在过去某一特定的刺激或刺激集的出现一直伴随着对某人行动的奖励,则现在的刺激越是与过去的刺激相似,该人现在越有可能采取该行动或相类似的行动。"② 该命题涉及以往的行动经验与现在的行动情景之间的关系。如果现在产生的刺激行动情景与曾经取得成功的行动情景相类似,人们就会重复以往的行动。它强调一个人在若干行动中,总是选择曾给他带来并有希望再次给他带来报酬的行动。比如某个顾客在商场以往举办的节日促销活动中,购买到令他满意的价廉物美的商品,那么当商场又一次举办类似的活动时,他就很可能坚定地前往购买。

(三) 价值命题

"某人行动的结果对他越有价值,则他越有可能采取该行动。"③ 该命题涉及行动结果的价值水平对行动的影响,强调一个人在若干个能带来报酬或逃避惩罚的行动结果中,总是选择价值最大的行动。让我们假设某学生有一个机会在音乐会上认识一位有名的音乐家,同时,他就不得不把今晚的学习放到一边去。再假设他的时间表是这样的,明天上午就要面临课程考试,再也没有其他时间可以利用。这个问题就成了一个价值问题:对于这个学生,好的考试成绩比参加音乐会的享受更有价值吗?霍曼斯的命题假设这个学生将采取那个能给他带来希望的报酬的行动。

---

① 乔纳森·H. 特纳,《社会学理论的结构》,吴曲辉等译,浙江人民出版社,1987年,第295页。
② 同上。
③ 同上。

（四）剥夺—满足命题

"某人在近期越是经常得到某一特定报酬，该报酬的任何追加单位对他来说就越没有价值。"① 该命题是对前几个命题的某种限定。在成功命题、刺激命题、价值命题中，霍曼斯指出人们总是从事那些能经常带来较高价值报酬的行动，但这个结论是有条件的，必须把时间作为一个尺度来考虑。如果一个人在近期内获得某类报酬的次数越多，时间间隔越短，该报酬对他来讲价值就越小，从中获得的满足感也不高。继续讨论价值命题的例子。价值命题并没有详细说明这个学生为什么觉得参加一个音乐会比得到好的考试成绩更有价值，霍曼斯认为，某个特殊报酬被剥夺或被满足是解释的关键。该学生可能已经在这门课程的期中考试和平时成绩中得了高分，感到再得到一个高分与参加音乐会这个难得的机会的报酬不一样，于是他觉得参加音乐会比拿一个高分提供的报酬更大。但如果这是他进入大学的第一次考试，那么一个好成绩可能比参加音乐会更被他所期望。

（五）攻击—赞同命题

"当某人的行动没有得到他预期的报酬或得到他料想不及的惩罚，他将被激怒并越有可能采取攻击行为，这一行为的结果对他来说就越有价值。当某人的行动获得期望的报酬，特别是报酬比预期的大，或者没有受到料想中的惩罚，他就会高兴并越可能采取赞同行为，该行为的结果对他来说就变得越有价值。"② 该命题注意到人类行动中的情感因素，积极的情感会导致赞同性行动，消极的情感会带来攻击性行动。我们假设该学生决定参加音乐会，放弃考试前的复习，但是等他来到音乐厅，得知他预订的门票已经被出售，而且再也没有当场票。结果是，该学生没有得到他希望参加音乐会的报酬，受到挫折并迁怒于售票员。继续这个例子，可以说明该命题的第二部分。也许该学生并没有料到他与售票员的争吵会让他得到参加音乐会的机会，在他发怒时正好遇到音乐厅的经理，经理为了安抚学生把他安排到贵宾席。显然，这一结果使该学生感到高兴。于是学生感到发泄愤怒的感情可以带来好

---

① 乔纳森·H. 特纳：《社会学理论的结构》，吴曲辉等译，浙江人民出版社，1987年，第295页。

② 乔纳森·H. 特纳：《社会学理论的结构》，吴曲辉等译，浙江人民出版社，1987年，第295页。

的结果,最有可能的是,在以后遇到类似的受挫折的情况时,会毫不犹豫地发泄他的愤怒。

(六) 理性命题

"在选择各种行动时,某人会选择当时他所认识到的结果乘以得到结果的概率乘积较大的一种行动。"[①] 该命题是对成功命题、刺激命题、价值命题的综合,同时也是对它们的限定。人们在选择采取何种行动时,很在意甚至计算各种行动可能产生的报酬的价值,同时也考虑到获得该报酬的可能性。报酬价值大但得到的概率小,会降低他们行动的可能性;相反,报酬的价值小但概率大,会提高他们行动的可能性。即,行动(可能性)=价值(报酬)×(获得此报酬的)概率。

霍曼斯指出,这些命题是互相联系的一个整体,单个命题只能对人类行为做出部分解释,整个命题系统却可以全面解释社会结构。我们的社会制度和社会本身的存在,是基于以上命题分析的社会交换。可以说,政府以保证社会成员的幸福生存来换取它的权力;教士花费时间去忠告教民、看望病人来换取管理他的教区并获得一个谋生的职位;教育体系为保证教职员的职业,用它的服务来换取学生的学费,这些学费又成为工资支票。虽然这些例子中的各种报酬都是物质的,但霍曼斯认为报酬既可以是物质的,也可以是非物质的。一个人选择教师的职业,可能不仅仅是为了获得一个谋生的职业(其他的职业可能得到更多的薪水),同时还为了得到与年轻人在一起的内在报酬及其带来的满足。对于霍曼斯来讲,最制度性的社会行为和最不制度性的社会行为都可以通过以上的命题的运用和分析来解释。

四、社会交换中的公平分配原则

公平分配也是霍曼斯交换理论的一个基本概念。在霍曼斯看来,人们在交换中,要对成本和报酬、投资和利润的具体分配比例做出判断,在投资相同的情况下,总是希望得到的利润与付出的投资成正比,任何一方都不会自愿地、长久地进行"赔本"的交换。这就是所谓的公平分配原则。

---

① 乔纳森·H. 特纳:《社会学理论的结构》,吴曲辉等译,浙江人民出版社,1987年,第 295 页。

(一) 公平分配原则的标准

公平分配这一原则是借助于社会交换的参与者的主观判断得以实现的。霍曼斯提出了确定这种主观判断的两条标准,即经验性标准和比较性标准。

1. 经验性标准

经验性标准是指人们在判断交换是否公平时,主要是根据个人以往的经验。在相类似的行动中,一个人总是以过去成功地从事这一行动时的成本与报酬、投资和利润的比例为尺度来衡量眼前的或将来的行动,并根据个人投资的增加而提高标准。如果在眼前的或将来的行动中,报酬和利润比过去下降了,行动者就会认为这种减少是不公平的。

2. 比较性标准

比较性标准是指人们在交换中衡量公平与否时,把自己的所得与在某些方面跟自己类似的别人的所得进行比较。这种比较依据对象和情景的不同而转移。一般而言,人们总是倾向于与那些和自己联系紧密的人进行比较。比如,在调整工资时,人们总是与那些有同样资历、学历、同一单位的人进行比较。因此,当一个人从事的具体工作与别人相同,并且与别人受过同样的训练而且具有近似的资历时,如果这个人在交换中获得的报酬少,那么他将会感到这是不公平的。

(二) 权力与强制性不公平交换

霍曼斯认为,社会交换从根本上讲,应该是公平的,如果不这样,社会就会发生混乱。虽然霍曼斯也承认社会中存在一个权力不等的分层体系,但从其交换命题出发,他认为这种分层是合理的、公平的。那些被赋予较高权力地位的人拥有其他人没有而又非常需要的报酬,只要一个人在交换中向他人提供报酬的能力大于对方向自己提供报酬的能力,他就能获得交换中的权力,而且这种权力差别也会得到承认。比如,面对一家濒临破产的公司,谁能提供一笔资金挽救公司,谁就对公司的活动拥有了决定权。在霍曼斯看来,那种强制性的不公平交换虽然存在,但绝不是人类关系的法则。

霍曼斯的所有命题都是关于个人之间的交换行为,但他认为,这些命题同样能对社会做出解释。一种社会制度只有在它能满足人们的一组基本需要时,才能把人们从其他的报酬中吸引过去,当它失去了提供报酬的能力时就难以维持，新的制度将随之产生，社会组织也是在这种交换中形成的，即随着交换关系的复杂化、间接化，交换物会趋向一般化并产生调节交换的规范，从而逐步形成社会组织。

第三节　布劳的结构交换理论

彼得·布劳（Peter Blau，1918—2002），组织社会学和社会交换论的代表人物。1918年2月出生于奥地利维也纳的一个犹太人家庭。21岁时随父母移居美国。1939年至1942年，布劳受难民奖学金资助在伊利诺伊州的埃尔姆赫斯特学院（Elmhurst College）学习社会学。1945年到哥伦比亚大学社会学系，在默顿的指导下就读，1952年获得博士学位。他先后在芝加哥大学（1953—1970）、哥伦比亚大学（1970—1988）任教。1973—1974年任美国社会学学会主席，1980年膺选为美国科学院院士。

布劳的理论最初与社会交换理论并无关系。在为《社会生活中的交换与权力》第二版撰写的引言中，布劳指出，为了博士论文，他当时从事了一项对政府公务员的个案研究。这项研究很大程度上基于对两个公共机构的非参与性观察。从对所研究的一个法律执行机构进行观察伊始，布劳注意到同事们经常就职责问题相互咨询。尽管官方规定要求，遇到问题的执法官应该向主管咨询建议而不是向同事咨询，但是在工作的大办公室中总是看到他们成双结对地忙于讨论所碰到的问题。布劳把这种交易概念化为社会交换，每个人从中获得某些东西的同时也支付一个价格。一个官员在没有将他或她的困难暴露给主管的情况下获得了帮助，他给予咨询者以尊敬作为回报，这隐含在对建议的请求中。反复出现的这种情况提高了另一个人的非正式地位，其代价是花费时间和精力给他人提供建议。

研究的结果后来以《科层制的动力学》（1955）为名出版，霍曼斯在对该书的评论中指出，这本书的标题是令人误解的，因为它与其说是关于科层制的，不如说是关于工作群体中的非正式关系的。当时，霍曼斯在芝加哥大学开设客座讲座，他把布劳关于咨询的讨论作为其分析的基础。这个评论影响了布劳随后几年的研究方向，重新点燃了布劳对社会交换研究的兴趣。

《社会生活中的交换与权力》（1964）是布劳关于现代交换理论的最主要的代表作。布劳认为，社会交换概念是一种社会现象的原型，因此是一个非常适合于社会学研究的基本过程或者说是社会生活的质点（particle）。交换的观念本身适合于发展像经济学理论模型所显示的那样的严密理论。布劳希望它能连接微观社会学分析和宏观社会学分析。

布劳后来意识到，他在对交换的微观社会学分析上比在向宏观社会学理论的过渡上更为成功。这导致其理论取向从试图在微观社会学理论基础上建立宏观社会学理论转变为在微观社会学理论和宏观社会学理论上采用不同的视角。

这种变化首先发生在布劳的经验研究中，比如，大量涉及正式组织的经验研究工作，随后体现在他的理论分析中。布劳所发展的宏观社会学理论探索的主题是诸如整个社会或社区这样的大型人口的社会结构。这个理论的目标是根据结构，而不是根据文化或心理来解释社会关系的模式（或结构），而不是解释个体行为。《不平等和异质性》（1977）是布劳宏观社会结构理论的主要代表作。

布劳指出，社会交换的理论视角与宏观社会学理论的视角是相当不同的。这种视角上的差异并没有使这两种理论相互矛盾，而是相互补充。根据默顿的论点，一个学科内的多种理论有助于知识的进步，这两种不同理论视角可以相互丰富对方。在一个学科发展的早期阶段尤其如此。[①]

布劳的著作主要有：《科层制的动力学》（1955）、《社会整合理论》（1960）、《社会生活中的交换与权力》（1964）、《互动：社会交换》（1968）、《社会交换中的公平性》（1971）、《社会结构研究的途径》（1975）、《不平等和异质性》（1977）、《关于社会结构的宏观社会学理论》（1977）、《比较理论的观点》（1984）、《相互关联的社会属性》（1984）、《我的宏观社会理论与实证性研究》（1987）等。

一、社会交换理论的基本概念

1. 社会交换

布劳把追求报酬的交换看作人类生活中最基本的动机和社会得以形成的基础。他认为，"社会交换可以被看成是下列事物的基础：群体之间的关系和个体之间的关系、权力的分化和同辈群体关系、对抗力量之间的冲突和合作、亲密的依恋和一个没有直接社会接触的社区中的关系疏远的成员之间的

---

① 参见彼得·M. 布劳：《社会生活中的交换与权力》，李国武译，商务印书馆，2008年，第1-10页。

联系。"①

布劳指出，"并不是所有的人类行为都受到交换的考虑的指引。……为了使行为导致社会交换，必须要满足两个条件：一个是它必须要指向只有通过和他人的互动才能获得的目标，另一个是它必须试图使手段适合促进这些目标的实现。"② 该条件把没有目标取向的、由无理性的情绪冲动所引起的行为排除在社会交换之外，例如，一个女孩子在约会时的无理举动，这一举动由她与其父亲的无意识的冲突所引发。另外，这些行为视来自他人的报酬反应而定，当这些预期的反应并没有马上发生时行为便停止了。

"交换的概念可以通过指出两个限定情况加以限定"，一是"把肉体强制的结果从'交换'一词所包含的社会行为中排除出去"，即把非自愿的交换排除在外；二是"把遵从内在化的规范从社会交换概念的范围中排除出去"，即把不图回报的社会行为排除在外。③

2. 报酬

报酬是每个参与交换的人力求得到的利益，按照不同的标准可以对报酬做出不同的区分。

第一，报酬可不可以在交换中直接易手。建立在自发反应基础上的报酬是不能易手的，如一个人在交往过程中表现出来的内在吸引力、尊敬等；经过计算而付出的报酬是可以易手的，如工具性的服务、服从等。

第二，通过报酬获得的满足是对关系本身的满足还是对关系以外的利益的满足。如果是对交往本身的满足，这种报酬就是内在性的，如情人的约会，其满足的产生并不在于约会时做了什么，而在于约会而相聚这一事实本身。如果交往只是达到某种利益的手段，那么报酬就是外在性的。一个服务员之所以主动热情地为顾客服务纯粹是为了拿奖金、得小费。布劳指出，在现实生活中，许多报酬的性质是混合的，同时许多内在的东西是从外在的因

---

① 参见彼得·M. 布劳：《社会生活中的交换与权力》，李国武译，商务印书馆，2008年，第37页。
② 参见彼得·M. 布劳：《社会生活中的交换与权力》，李国武译，商务印书馆，2008年，第38页。
③ 参见彼得·M. 布劳：《社会生活中的交换与权力》，李国武译，商务印书馆，2008年，第146页。

素开始的,例如恋人之间的交往常常是从外部形象、家庭背景的评价开始的。①

第三,报酬是相互的还是单方面的。工具性服务、社会赞同、个人吸引力、社会承认等报酬可以是相互的,对高声望者的尊重、对权力的服从等则是单向的。布劳认为,在社会交换中,金钱作为报酬的交换价值最小,而且不适合大多数社会交换场合;尊重与服从作为报酬的交换价值最大,一个人只有在不得已的情况下,才会以服从作为交换的报酬。

布劳指出,就社会交换参与者的行动受到报酬期待的影响而言,社会交换领域也呈现出经济人理性选择的特点。同时,经济学中的边际效益递减规律也适用于社会交换领域,即人们得到特定的报酬越多,这一报酬的追加部分具有的价值就越低。

3. 基本交换原理

社会交换中人们的选择受到社会规范的制约,最基本的规范是互惠规范和公平规范。布劳认为,一个向他人提供有酬服务的人使他人负有了义务。为了偿还这一义务,第二个人一定要反过来向第一个人提供利益。这里考虑的是外在利益,基本上不是内在于交往本身的报酬,尽管所交换的社会"商品"的意义从来没有完全独立于交换伙伴之间的人际关系。②

期望是指人们对社会交换所能带给他们报酬的预先估计。人们能否从社会交往中获得满足,取决于他们的期望大小以及实际得到的利益多少之比较。公平规范是对既定的交换关系中报酬与代价的比例所做的规定,它直接制约着人们对报酬的期待程度。布劳认为,群体中的共享经验促使成员们认为他们的投入是相似的,并期望得到相似的回报,结果,群体成员获得的平均回报就成为支配着报酬价值的期望标准。在一个社区中提供处于需求的各种服务所要求的长期投入导致社会规范的产生,这种规范决定着什么是提供

---

① 布劳认为,为了使一种恋爱关系发展成一种持久的相互依恋,责任必须与之相适应。如果一个恋人比另一个恋人卷入得更深,那么他承担更大的责任就会招致剥削性的利用或激起陷入圈套的情感,这两者都会使爱情消失。参见彼得·M. 布劳:《社会生活中的交换与权力》,李国武译,商务印书馆,2008 年,第 137—138 页。

② 布劳指出,一个给予别人贵重礼物或者为他们提供重要服务的人,通过使他们感激于他而提出对高等地位的要求。如果他们回报以充分地履行其义务的利益,那么他们就会否决他对优越地位的要求;如果他们的回报过量,他们会反过来要求优越于他的地位。参见彼得·M. 布劳:《社会生活中的交换与权力》,李国武译,商务印书馆,2008 年,第 144 页,第 167 页。

这些服务的一种公平回报。在社会交易中，某些人违反这些共同的公平规范利用其他人，对他们而言，对他们的社会谴责就是一种代价，这种代价会阻止这样的行为。①

二、微观结构中的社会交换

在《社会生活中的交换与权力》导言中，布劳指出了其社会交换理论的宗旨："要从遍布于个体之间的日常交往和他们的人际关系的较为简单的过程推导出支配社区和社会的复杂结构的社会过程。本书试图为日常社会生活的研究——以乔治·齐美尔和欧文·戈夫曼的著作为代表——和社会的一般理论——比如马克斯·韦伯和塔尔科特·帕森斯的著作——之间提供一个连接的纽带。"因此，"社会交换的概念将注意力引向人际关系和社会互动中的突生属性。""交换被认为是一个在社会生活中极其重要的社会过程，它从较为简单的过程中推导出来。"因此，社会交往的结构需要"概述较为复杂的社会过程如何从较为简单的社会过程中演化出来，以及这些复杂的社会过程如何在心理倾向上有其最终根源，并且指出社会生活中的相互性和不平衡性之间的内在冲突。""社会吸引过程——没有它，人们之间的交往便不会发生——引起了交换过程。"②

1. 吸引

人际间的社会交换开始于社会吸引。社会吸引指的是与他人交往的倾向。"如果一个人预期与他人的交往是有益的，特别是，如果他预期在既定时间和地点与这些人的交往要比他能做的其他选择更有益，那么这个人就受到了其他人的吸引。"③而要使对方承认自己，愿意与自己交往，就必须向对方证明自己也是一个有吸引力的人，力争给对方留下印象，表明与自己交往也能从中得到报酬。假如他成功了，对方接受了他，交往就会随之发生。进一步，假如双方都从这种交往中得到了期望的报酬，相互的利益就会加强相

---

① 参见彼得·M. 布劳：《社会生活中的交换与权力》，李国武译，商务印书馆，2008年，第238—239页。

② 布劳认为，指向理想和绝对价值的表达性社会行为，类似于表达受压迫者之怨恨的政治反抗也可以从交换的观点中推导出来。参见彼得·M. 布劳：《社会生活中的交换与权力》，李国武译，商务印书馆，2008年，第38—39页。

③ 参见彼得·M. 布劳：《社会生活中的交换与权力》，李国武译，商务印书馆，2008年，第74页。

互的吸引。当不断的吸引使双方建立了能使他们的社会交往稳定化的共同纽带时，某个群体就形成了。

2. 竞争

在群体形成的场合中交往不是唯一的，许多个体的交往导致了相互间的竞争，每个人都希望自己能给别人带来印象。但是，在个人与个人、群体与群体之间，用来给别人留下印象的策略差异很大，将取决于价值观和才能。"价值观将决定群体成员们认为什么东西给他们的印象最深，而才智限定了一个个体怎样给他们留下印象。"① 在存在价值差异的群体中，共同的价值观能为彼此的看法提供社会支援，这种支援能使交往变得具有吸引力；在价值完全相同的群体中，要想成为一个特别有吸引力的人，则必须有不同的意见和看法。同时，在不同的群体中，能产生吸引力的才能也是不同的，运动才能、艺术才能、语言才能、专业技术才能等，都可以成为特定群体中产生吸引力的东西。对于一个新成立的群体或群体中的新成员来讲，最初的竞争是时间，首先要使别人愿意花时间与他交往，然后才转向争取肯定的评价、社会支援、尊敬和服从。

3. 分化

交换发生之初，交换关系与竞争关系是同一的，一个能产生极大吸引力的人一定是因为他能提供给别人无法从其他地方得到的报酬。随着竞争的发展，人与人之间开始出现地位分化，一些人处在吸引他人、被人尊敬的地位，另一些人处在被人吸引、表示尊敬的地位。这时，"交换关系与竞争关系分化开来，同时伴随着在竞争过程中出现的社会地位分化。"② 那些处在被人尊敬地位上的人继续为权力或领导地位竞争，而那些表示尊敬的人失去了竞争机会，他们不得不以尊敬来换取别人提供的报酬。同时，要在一个群体

---

① 作为整合的悖论，承担一个令人印象深刻的自我形象要承担某些风险。反过来说，冒风险本身也是一种给别人留下印象的方法。这也会引起群体中的其他人担心自己被拒绝的恐惧。所以，上级常常贬低他们自己的能力。布劳认为，这是许多社会生活动力学的来源。参见彼得·M. 布劳：《社会生活中的交换与权力》，李国武译，商务印书馆，2008年，第80-81页，第85页，第103-104页。

② 布劳指出，整个共同体的分层系统——它由分了等的阶级而不是分了等的个体所构成——表现了社会地位建立在反映社会结构的公众共识基础之上的另一种方式，有组织的权威等级体系也是如此。参见彼得·M. 布劳：《社会生活中的交换与权力》，李国武译，商务印书馆2008年，第190页，193页。

中赢得或保持高地位，不仅需要杰出的能力以给别人留下印象，还要实际运用这些能力来为群体或他人实现目标做出贡献。如果不做出贡献，那些低地位者提供的尊敬的成本就没有回报，他们就会收回成本，而没有低地位者的支持，高地位者也不能获得权力和领导地位。

4. 整合①

互惠是交换固有的特性。当一个人能向对方提供某种必需的、其他地方又无法得到的报酬，同时还不依赖于对方的回报时，他就有可能获得权力，因为在仅靠表示敬意已不能诱使对方提供报酬时，就不得不向对方表示服从，从而导致一个权力分层的体系形成。

因此，权力的定义应该被扩展为，通过威慑——以撤销有规律地提供的报酬的形式，或以惩罚的形式，因为事实上前者和后者都构成了一种消极的制裁——人或群体不顾他人反抗，将其意志强加给他人的能力。②

布劳认为，一个人要想不让别人在自己身上获得权力，保持自己的社会独立性，必须具备以下四个条件之一。

第一，战略性资源增进了独立性。具体说来，一个人如果拥有所有必要的资源，这些资源可作为使其他人提供给他所需要的服务和利益的有效诱因，那么他就免于依赖于任何人。③ 在这方面，金钱财富是很重要的资源，但是并不是一种最完美的社会独立性的保护物，有许多利益都不能用金钱去换取，如名声和爱情。

第二，存在可以获得所必需之服务的替代性来源。也就是说，不只是依靠唯一的一个交换对象而能从多个对象那里有选择地获得期望的报酬。一般来说，一个人向其他人提供的利益与他们能从别处获得的利益之间的差别越

---

① 一方面，权力结构在交往中具有整合群体的作用，另一方面，权力结构也有可能产生导致群体冲突的负功能。如果群体内部的报酬结构发生变化或群体成员对报酬的期待结构发生变化或其他原因，都可能使得某些参与交换的群体成员产生被剥夺意识，并逐渐瓦解合法权威赖以存在的基础。群体内部的关系也就转成暗中或公开的冲突。参见谢立中：《西方社会学名著提要》，江西人民出版社，1998年，第279页。

② 举例来说，布劳认为，人们已经发现改造不可救药的罪犯是不可能的事，但坐牢确实可以防止他打扰社区的生活和秩序。具有特殊重要性的事实是，受到其他人威胁的群体和社会倾向于试图通过准备反对潜在侵犯者的惩罚性措施防止危险，这些措施对于可疑的侵犯者是一种威胁。参见彼得·M. 布劳：《社会生活中的交换与权力》，李国武译，商务印书馆，2008年，第178页，第309—310页。

③ 参见彼得·M. 布劳：《社会生活中的交换与权力》，李国武译，商务印书馆，2008年，第181页。

大,他对他们的权力可能就越大。①

第三,运用强制力量迫使别人给予必要的利益或服务的能力。布劳指出,也有不能使用强制力量的情况,或由于软弱或由于受到禁止使用武力规范的限制,或者基于下述事实:如果是在强制之下得到,那么想要的利益也会失去它的意义,爱情和社会赞同的情况就是如此。

第四,缺乏对各种服务的需要。一个人的要求和需要越少,为满足它们而产生的对别人的依赖也就越少。②

一个人要获得对其他人的权力,必须防止其他人选择以上四个条件中的任何一个。

首先,他对他们能提供给他作为交换的利益保持冷淡。这种保持冷淡的权力战略,包括拒绝其他人接近那些对于一个群体或个体的福利至关重要的资源。例如,保证必需的利益来自外部而不是来自下级,一个团伙领袖不会从他的较为富有的追随者那里借钱。

其次,通过切断接近这些服务的替代提供者的通道,确保其他人总是依赖必须某人提供的服务。③ 对于必需报酬的垄断就是达到这个目标的典型手段。布劳举例说,镇上唯一能够提供工作的商行,街道上唯一拥有自行车的孩子……这些因它们对重要利益的垄断而具有权力。

再次,防止其他人为实现他们的需求而诉诸强制力量的能力。策略之一是,阻止在下级中形成联盟,因为联盟可能使他们获得所需之物;对于保卫那种以拥有重要资源为基础的权力来说,最重要的策略是维护法律和秩序以及反对在政治上控制交换过程。

最后,权力依赖于人们对当权者不得不提供的利益的需要。处于有权地位上的群体和个人与有助于永久保存和传播相关社会价值以及反对贬低这些价值的对立意识形态利害攸关。④ 实物主义价值观认为钱和可以买到的东西具有极其重要的意义,因此可以加强雇主们的权力;爱国主义理想可以使人民拥护自己的国家在战争与和平中的成功,它加强了政府的权力;宗教的信

---

① 参见彼得·M.布劳:《社会生活中的交换与权力》,李国武译,商务印书馆,2008年,第181-182页。
② 参见彼得·M.布劳:《社会生活中的交换与权力》,李国武译,商务印书馆,2008年,第182-183页。
③ 参见彼得·M.布劳:《社会生活中的交换与权力》,李国武译,商务印书馆,2008年,第183-184页。
④ 参见彼得·M.布劳:《社会生活中的交换与权力》,李国武译,商务印书馆,2008年,第184-185页。

念使得教徒的祷告及教义的劝导成为极有特色的报酬，它加强了教会上层人士的权力。

权威的显著特征是，被下级集体所承认和执行的社会规范迫使它的个体成员服从上级的指示。遵从建议和命令的压力不是来自提供建议和下发命令的上级，而是来自下级的集体。因此，在一个社会中，要让下级心甘情愿地服从，必须使权力转化为权威。当权者能否使权力转化为权威，取决于他能否按公平性和互惠原则与下级实现交换。如果他能使下级获得的报酬大于他们的期望，下级就会认为这种隶属是有利的，就会对当权者表示合法性赞同。共同的忠诚感和群体规范就会出现，权威由此产生。

三、宏观结构中的社会交换

宏观结构是由若干群体组成的结构，其分析单位不是个人，而是群体。布劳认为，群体之间的交往与个人之间的交往就其基本过程而言是一致的，群体之间的交往受到追求报酬的欲望的支配，也经历了"吸引、竞争、分化、整合"的过程，但是宏观过程会出现一些无法还原为微观过程的突生性质。在微观结构中，人与人的交往是直接的，在宏观结构中，人与人的交往大量的是间接的，成本与报酬的联系往往是远距离的，需要某种机制来传递人与人之间的关系结构。布劳认为，共同价值提供了这一机制或者说媒介，共同价值为宏观结构中复杂的间接交换提供了一套共有的标准，使参与的各方能以统一的情景定义进行交换。如果说个人能提供的报酬是微观结构中产生吸引的基础，那么，共同价值在宏观结构中也起着基础的作用，没有它，超越个人之间面对面互动的交换就根本不可能。

1. 共同价值是间接交换的媒介

以社会规范为中介的间接交换替代个体之间的直接交换，是宏观社会结构的基本机制。社会规范禁止个体通过损害集团共同利益而获得自我利益的行动。集体成员也不能在缺少社会规范的情况下实现他们的自我利益。遵从规范的结果，使集体与它的成员之间的交换取代了个体之间的直接交换。

布劳指出，囚徒困境说明了这种情况，即在缺乏社会规范的情况下，双方都不能实现他们自己的利益。这种社会规范通过阻止看似最理性的选择本身保护了他们的利益。民主制度下的投票的例子更为典型，因为除非公民至少通过投票参与政治，否则民主制度都不能维持。①

布劳认为，社会价值可划分为下列四种类型：特殊主义价值、普遍主义价值、合法化价值和反抗理想。

（1）特殊主义价值。特殊主义的社会价值是社会整合和社会团结的媒介。他们共享的与众不同的价值将一个集体的成员统一起来，形成了共同的社会团结，并把整合纽带的范围扩展至远远超出个人吸引情感的界线之外。这些文化的或亚文化的信念成为群体认同的符号，它们规定了内群体和外群体之间的边界。

（2）普遍主义价值。这种社会价值是社会交换与分化的媒介。它们把交换的范围扩大到直接社会互动的界线之外。社会生活中的间接交换需要一种"一般等价物"，不然用于交换的东西就不能进行价值比较。普遍主义的价值标准，可以成为社会生活中交换的媒介。②

（3）合法化价值。使权威合法化的社会价值是组织的媒介，它们扩展了有组织的社会控制的范围。一个集体中的共同价值和规范可以使一个政府或领导的权威合法化并加强对其命令的服从，这些价值和规范构成了一种有组织权力的媒介。合法化的权威能够栖息在非人格的原则和职位中，这使得它独立于行使这些原则和占据这些职位的个体。它们使一个政府或行政部门的组织权力独立于个人影响或它的成员们能够建立的义务。

（4）反抗理想。这是社会变化与重组的媒介。革命的意识形态把对于现存权力的反抗范围扩大化了，使反抗运动的领袖们以及他们的组织权力合法化，并因此产生了一种对于社会中牢固地建立起来的权力和现存制度的抵消力量。布劳说过："马克思的纲领在全世界的影响就是一个显著的例子。"革命的变化或基本的改革，只有在人们受到了激进理想启发的条件下才能在一

---

① 参见彼得·M. 布劳：《社会生活中的交换与权力》，李国武译，商务印书馆，2008年，第348页，350页。

② 以专业服务为例，布劳指出，专业服务包含着一种集体之间以及集体和它们的个体成员之间的更为复杂的交换模式，它取代了被规范标准所禁止的个体之间的直接交换交易。尽管自由的专业人员为了他们的生计依赖于从顾客那里得到的酬金，但专业人员的伦理规范要求他们不让这个事实影响他们的决定，还要求这些经济交易不影响向顾客提供专业服务的社会互动。专业人员必须克制自己不要从事与顾客的互惠性的社会交换，以免决定受到交换的影响，而不是只按职业标准做出最好的判断。布劳指出，向顾客提供服务的科层制官员们的情况类似于专业人员的情况。人们期望一个科层机构中的官员们根据正式规则以一种客观超然的方式对待顾客，这要求官员们避免与顾客的交换关系。参见彼得·M. 布劳：《社会生活中的交换与权力》，李国武译，商务印书馆，2008年，第354-355页，第357页。

个社会中发生，为了激进理想他们愿意牺牲他们的物质利益。①

2. 宏观社会结构的制度化

布劳认为，共同价值促进了宏观结构的间接交换，但它只为宏观交换关系的形成提供了可能性，要使宏观交换关系得以维持、稳定并发展，则必然需要有一个制度化的过程。

制度化的核心是在共同价值的基础上提出一套涉及各种具体交换关系的并且是稳定的、普遍的规范，以调整各个社会单位之间间接和复杂的交换关系模式。为了社会结构的诸方面被制度化，即一代一代地永远存在下去，必须要满足三个条件：有组织的共同体生活的模式必须要被形式化并成为持续存在的历史条件的一部分；使这些模式合法化的社会价值必须要在社会化的过程中被传递；该社会的统治群体一定要对这些模式的存活特别感兴趣。没有合法化价值的持续承认，这些历史形式就成为空壳；没有制度形式的文化价值就是有待实现的理想；为了维持制度，二者都需要，也需要有权力群体对它们的支持。②

布劳运用他的社会价值分类观点，对社会制度进行了分类。首先，整合性制度使特殊主义价值存在，维持社会团结，以及保存使该社会结构与其他社会结构区分开来的显著特征和个性，包括亲属制度和宗教制度；制度的第二个重要类型的功能是保存那些为了必需的社会设施、贡献和各种类型报酬的生产和分配而发展起来的社会安排，包括经济制度、教育制度、分层制度；第三套主要的制度可以用来使得在追求社会目标时动员资源和协调集体努力所必需的权威和组织永远存在。其原型是一个社会持久的政治组织，不仅包括政府的形式和各种特定的政治制度，比如立法机构，而且还包括随之而来的组织，比如维持法律和秩序的司法部门、保护国家安全和力量的军队以及实施政府决定的行政机构；③最后，一个社会的文化遗产包含着可能被

---

① 参见彼得·M. 布劳：《社会生活中的交换与权力》，李国武译，商务印书馆，2008年，第362-367页。

② 参见彼得·M. 布劳：《社会生活中的交换与权力》，李国武译，商务印书馆，2008年，第373页。

③ 特纳指出，对于布劳来说，宏观结构的动力在于，子结构内部和子结构之间社会力量的多方面相互依赖。通过将组织化的集体，尤其是政治组织假定为分析宏观结构最重要的子结构，布劳就将研究子结构复杂的分析任务简单化了。这样，对宏观组织中复杂交换系统的理论分析就要求首先关注各类复杂组织之间的吸引、竞争、分化、整合和对立的关系。参见乔纳森·H. 特纳：《社会学理论的结构（第七版）》，邱泽奇、张茂元等译，华夏出版社，2006年，第287页。

称为"反制度的成分",它们由那些尚未被实现的以及尚未在明确的制度形式中表现出来的基本价值和理想构成,这些价值和理想是社会变迁的最终源泉。[①]

第四节 爱默森的社会交换网络分析

爱默森(Richard M. Emerson,1925—1982)于1950年毕业于美国犹他州立大学,1955年在明尼苏达大学获得博士学位。1955—1964年,在辛辛那提大学教社会心理学,并在精神医学系担任研究职位。其后到华盛顿大学社会学系执教,并兼任系主任。

主要论文及著作有:《权力—依赖关系》(Power-Dependence Relations)(1962,《美国社会学评论》(American Sociological Review)上发表);《交换网络中的权力,衡平和承诺》(Power, Equity and Commitment in Exchange Networks)(1978,和 Karen S. Cook 联合在《美国社会学评论》上发表);《社会交换理论》(Social Exchange Theory)(1981,在他人合编的《社会心理学:社会学的观点》(Social Psychology: Sociological Perspectives)中发表。

爱默森把交换理论与网络分析结合起来,采用成熟的交换理论,分析社会网络中的不平等与权力。虽然他的理论也建立在行为主义心理学的基础上,试图以心理学的某些基本概念和原则来分析复杂的社会结构,从小型个人单位的交换过程分析推演到大型社会结构,但是爱默森对研究单位的看法却与其他交换论者有所不同。如果说霍曼斯将他的交换分析集中在二人互动的层次,那么,爱默森的重大进展就是超出二人互动模式来探索交换理论。他主张社会交换理论的研究单位应该是个人与个人之间的关系,而非交换者本身。交换的对象可以是个人,也可以是团体、社会,甚至国家。交换理论所注重的不是这些个体,而是它们之间的交换关系形态。为了提高分析层次,爱默森成功地引入交换网络的概念用于社会交换分析,用严谨的理论结构和概念讨论社会交换过程的形态,从而开辟了一条新的研究路径。

[①] 参见彼得·M. 布劳:《社会生活中的交换与权力》,李国武译,商务印书馆,2008年,第375-377页。

一、基本交换概念

爱默森从操作心理学中抽出对分析复杂社会模式有用的基本概念和原理。其交换网络分析的主要概念如下。

行动者：指一个个人或集体单位，能够接受环境所给予的强化；

强化：能够给行动者带来报酬的环境特征；

行为：行动者对环境做出的行动或运动；

交换：行动者自环境中提取强化的行为；

报酬：某一特定强化形态上所附有的价值；

选择性：行动者所处的环境中财富的数目，这一环境能够提供特定类型的强化物；

代价：某一类报酬的大小和数目，这种报酬渴望得到另一类报酬；

交换关系：行动者与其他行动者间持续性的来往机会行为；

依赖：行动者的强化依靠在他人行动时的状况；

均衡：行动者双方所获得的报酬相等；

权力：交换者的一方迫使他方多付代价的程度；

资源：某一行动者在交换过程中用以给予的报酬。

从以上概念的解释可以看出，行动者、强化、交换、报酬、代价和资源是相互定义的，但是它们并不被单独用于分析交换关系之外的关系，而是要解释社会结构，这样就避免了循环论证。由于强调的是交换关系的结构，而不是行动者的特征，依赖、权力、均衡就成为中心概念。

爱默森的交换关系涉及两个或两个以上的行动者，并经由下述三个步骤形成：第一步，一个行动者注意到交换机会的存在；第二步，主动交换；第三步，交换行为是相互有利的来往。因此，当一个行动者主动交换而得不到强化或反应时，则交换关系就无法成立。

当交换的一方的强化或报酬高度依赖于交换的另一方时，权力便产生了。权力运用的结果是交换对方所付出的成本的增加，这样就形成交换关系的不均衡。但爱默森相信未来均衡终将达成。

二、爱默森的社会交换网络理论

爱默森提出交换网（exchange network）的概念来说明交换关系的形态，

并以图示的形式说明。他提出了一些定义，关键的有两个。(1) 行动者。某一关系网络中的结点 A、B、C……N。不同的字母代表拥有不同交换资源的行动者，相同的字母，如 A1、A2、A3 等代表拥有相似资源的行动者。(2) 交换关系。A—B、A—B—C、A1—A2，以及其他能把不同的行动者相互联系起来、构成一个关系网的模式。

在爱默森的社会交换网络理论中，重点讨论了以下五种网络形式，具体如图 9-1 至图 9-8 所示。

1. 单方垄断式交换关系

在这种网络交换关系里，行动者 A 的报酬来源是多方面的，他可以从 B1、B2、B3 中的任何一个那里获得报酬。相反，行动者 B1、B2、B3 却只能从 A 那里得到报酬。这种交换关系是垄断的，是不均衡的，因此其结构是不稳定的，容易被改变。如果 B1、B2、B3 能找到另外一个 A1 或者 A2，则该交换网的结构就会被改变。或者 B1、B2、B3 能沟通往来，则 B1、B2、B3 可能会联合起来，组成一个团体单位与 A 互动以获取交换均衡。

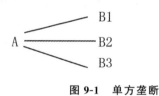

图 9-1　单方垄断

2. 分工式交换关系

分工式交换关系是作为使单方垄断式交换关系达到均衡的其中一种方式而出现的。在单方垄断式交换关系中，B1、B2、B3 所能给予 A 的报酬是一样的或类似的。假如每一个 B 所提供给 A 的报酬各不相同，则 A 与 B1 的交换关系就不同于 A 与 B2、A 与 B3 的交换关系。在分工式交换关系里，每个人对 A 的价值与报酬是不同的，因此它们对 A 的交换形式也不相同，这就降低了 A 的权力优势并确立一种新的网络形式。

图 9-2　分工式

如果与单方垄断式交换关系相比较，则在分工式交换关系里，B1、B2、B3分别变成三个新的行动者C、D、E，如图9-3所示。

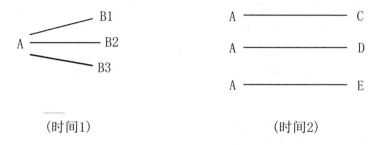

（时间1）　　　　　　　　　　　　　（时间2）

图9-3　由单方垄断转化为劳动分工

在两个不同时间里，B1、B2、B3所提供给A的报酬不同，并各自形成新的行动者C、D、E，交换关系也因此由单方垄断式交换关系演变为分工式交换关系。这种转变的单位可以是个人，也可以是集体行动者。

3. 社交圈

爱默森指出，交换的媒介可以是同类物，也可以是异类物。例如以金钱换取金钱、以实物换取实物、以感情换取感情等都是同类物交换；但以金钱换取实物、以意见换取声望、以香烟换取酒类则是异类物交换。如果交换关系是同类物的交换，那么交换关系就是封闭的。封闭关系有两种：一种是圈形的，另一种是网状的。

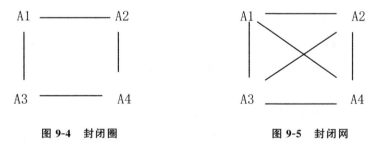

图9-4　封闭圈　　　　　　　　　**图9-5　封闭网**

A1、A2、A3、A4分别代表四位拥有同类资源的行动者。封闭网里的交换关系是均衡的，因为每一个行动者都与其他行动者有交换行为。爱默森以打网球为例来说明：如果两个球艺相当的人在一起打网球，就是同类物性质的交换，是均衡的；但是如果有新的第三者加入，则这种均衡关系就被破坏了（如图9-6）。在这种情况下，关系是不均衡的，因为A2、A3都要和A1打球。但是如果能找到另外一个球员A4，那么新的均衡就能再出现，形成上图所示的封闭圈或均衡网络。任何新添的球员都将破坏这种封闭式的均衡。当然，这一网络也能应用于军事同盟或共同体国家等其他集体单位。

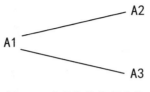

图 9-6　非均衡的类间交换

4. 分层网络式交换关系

封闭式社交圈构成了均衡关系，但是假设 A1、A2、A3、A4 四位球员的球艺不同，A1 和 A2 球艺比 A3 和 A4 高。起初，这四个人可能会在一起打球而毫无隔离，形成一个初始圈。然而时间一长，A1 和 A2 就会觉得他们两人一起打球比较有意思，而 A3 和 A4 也觉得总输给 A1 和 A2 没意思。由于 A1 和 A3 的关系是不均衡的，A3 将不得不提供更多的资源——支付网球场费用、赞扬对方、尊敬对方、贬低自己，这样他们就会出现分化，从而产生了分层式关系。

又假设 A1 与 A2 再找到新的同等球艺的球员 A5 与 A6 后，则新的封闭式网络关系又重新形成，同样的情形也可能发生在 A3 与 A4 上。

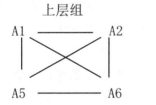
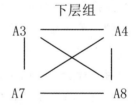

图 9-7　分层与交换的封闭

爱默森指出，这种分层网络式交换关系可以用来解释社会阶级的形成及其结构。

5. 中心网络交换关系

"趋中性"是网络分析的一个重要概念。事实上，它被认为是一个网络最关键的性质之一。趋中性由各种不同的测量所决定。这些测量各不相同，但总的思路是：在某种意义上，一个点（行动者）是中心，它连接很多点（行动者），或者处于某些点之间，或者接近某些点。在图 9-8 所示的社会交换网络中，行动者 A2 是中心，它连接很多点。

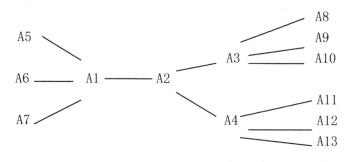

图 9-8 中心网络

综合以上几种不同的网络交换关系的分析可以看出，爱默森社会交换网络分析的重点在于提供一个结构严谨的理论，特纳评价说："爱默森以列举操作心理学的基本命题开始，然后，他从这些命题的推论中派生出一系列定理，以说明不同社会模式的运行。在发展命题、推论、定理集的过程中，时而引入一些新概念，并形成推论和定理"①。"在从基本操作命题进行推论，以及从这些命题和推论发展出定理时，爱默森从未玩弄逻辑游戏，可是比起霍曼斯，爱默森的学说更为有力。……社会学理论极少达到如此严格的程度"②。这种理论不仅能应用于小型单位的分析上，而且也能解释大型复杂的社会结构，同时也巧妙地回避了微观和宏观的关系问题。

社会交换理论是第二次世界大战后首先在美国随后在整个西方社会学界逐渐流行的一种社会学理论，它给社会学的发展提供了新的研究视角，启发了许多社会学家进行各种有益的探索，并取得了不少非常有意义的成果。不过，学界对于社会交换论尤其是霍曼斯的交换论也有很多批评，主要集中在以下几点：概念含糊不清，价值、报酬、成本等难于测量；心理还原论对人格的贬抑；难以超越两人互动水平，不能解释统治、一般化价值等社会过程；只是对琐碎事情的概念化，忽略复杂的宏观社会结构。

复习思考题

1. 霍曼斯是从哪几个方面批评功能主义缺乏解释力的？
2. 论述霍曼斯交换理论的主要命题，并举例说明。

---

① 乔纳森·H. 特纳：《社会学理论的结构》，吴曲辉等译，浙江人民出版社，1987年，第 348 页。
② 同上。

3. 霍曼斯的"公平分配原则"的标准是什么？
4. 布劳是如何阐述社会交换这个概念的？
5. 试比较社会交换与经济交换的异同。
6. 布劳认为，微观结构中的社会交换经历了哪些阶段？
7. 在布劳看来，在交换中想保持个人独立性，需要哪些条件？
8. 爱默森的社会交换网络理论使用了哪些基本概念？
9. 简述爱默森的社会交换网络形式。

第十章
符号互动理论

19世纪末20世纪初,欧洲社会学的研究重心明显是宏观的,它集中在广泛的社会事件和过程上,如分化、整合等,忽略个体的特征和具体的互动过程,关注社会结构的特征。然而,在美国进行社会学本土化以来,就有一批学者系统地考察个体的特征和变动中的社会形态是如何关联的,具体的互动机制是如何使社会构成一个现实的实体的等微观课题。

在某种意义上说,互动论是一种反实证的主观社会学,它研究人们面对面的相互交往与作用,以及引起或改变这些活动与过程的主观反应。互动论贯穿主观主义原则,强调个人的主观理解,认为社会结构是许许多多的个人理解与行动的结果,社会过程是人把主观的意义赋予客体并做出反应的过程。

赫伯特·布鲁默首先提出了"符号互动论"这一名称,并在结构功能主义盛行的时代,继承和发挥了米德的思想,声称要做主流社会学的"忠实的反对派"。欧文·戈夫曼对人们在日常生活中的自我表演做了精辟的分析,提出了拟剧论。本章将对以上三位互动论者做较为详细的介绍。

▲ 本章要点

- 米德的心智、自我与社会
- 布鲁默关于符号互动论的理论前提
- 布鲁默的"自我指示"
- 布鲁默的"敏感性概念"
- 戈夫曼的剧组、剧情、前台和后台
- 戈夫曼的印象管理

第一节 理论渊源和核心概念

一、理论渊源

美国是最早创办社会学刊物和成立社会学学会和社会学系的国家之一,并确立了社会学作为独立学科和专业的地位。美国早期的社会学者大多数都曾在欧洲留学,因而在理论上深受欧洲社会学的影响。美国对欧洲社会学思想的引进,有以下几种途径:第一,派往欧洲留学,直接师承名家,特别是到德国学习其社会学思想;第二,大量阅读母语国家的出版物。作为美国社会学的开创者,萨姆纳、华德(沃德)、斯莫尔、吉登斯、托马斯、兹纳涅茨基、米德、帕克等做出了重大贡献。芝加哥大学于1892年建校的时候就同时创立了社会学系,这要早于欧洲大陆的许多名校。芝加哥大学社会学系的首任系主任是曾留学德国并深受齐美尔影响的斯莫尔,他还于1895年创办美国著名的社会学期刊《美国社会学杂志》(*American Journal of Sociology*)。芝加哥大学社会学系培养了一大批非常杰出的社会学家,完成了许多非常重要的研究成果,并成为享有盛誉的符号互动论的发源地,被誉为符号互动论奠基者的米德就长期执教于芝加哥大学哲学系,其开设的社会心理学课程影响了一大批社会学系的学生,如首创"符号互动论"提法的布鲁默。

其实,古典社会学大家韦伯、齐美尔的思想中就包含许多符号互动论的关键元素。而著名经济学家亚当·斯密,哲学家休谟、弗格森、杜威、詹姆斯等就相关议题也做过非常精彩的论述，而社会心理学家鲍德温，美国早期社会学家库利、托马斯、帕克等更是对符号互动论有直接的贡献。库利的"镜中我"、托马斯的"情境定义"、帕克的"边缘人"等概念都成为符号互动论中非常具有启发价值的重要概念。

二、核心概念

符号（symbol）：用来代表、指示或表达他物的任何姿势、人造物、标志或概念。简言之，被人赋予意义的形象或标志。

符号互动论（symbolic interaction theory）：研究自我和社会的关系，将其作为社会行动者之间符号沟通的过程。该派认为，人类创造并使用符号来表示周围的世界，人们借助符号进行有效的相互作用。其研究重点是个人与个人之间的互动过程。涉及四项彼此交织的主题：符号、象征的世界；变化、流动、突生、过程；互动；经验的、日常生活领域。

镜中我（looking glass self）：他人是自我概念的重要来源，是认识自我的镜子。个体对自我的看法基于他人对自己的反应和知觉所产生，尤其受到重要的他人的影响。换言之，通过从别人对我们的态度与行为以及想象别人对我们的看法，我们获得了自我的概念。

情境定义（definition of situation）：人们对所处的客观环境做出的主观判断。人们不是直接对客观的物理刺激做出机械的反应，而是通过对这种刺激做出主观判断后，再做出相应的反应。

第二节　米德的基本思想

从理论渊源来说，符号互动理论来自很多美国学者的思想，他们来自多个学科领域，分别在各自的哲学、心理学、社会心理学和社会学研究中提出了一些很有价值的概念和思想，直接促成了符号互动理论的诞生。其中包括威廉·詹姆斯、杜威、库利、威廉姆·托马斯、罗伯特·帕克、乔治·米德等人。这些学者从欧洲思想家那里获取了不少灵感，同时结合美国这样的多元、开放、宽容的社会环境，形成了早期符号互动理论的观点，其中米德的研究比较系统。本节主要介绍一下米德的思想。

乔治·米德（George Mead，1863—1931）出生于马萨诸塞州的南哈德利，7岁时随父举家迁至俄亥俄州。1887年毕业于奥柏林学院，1887年—1891年间先后在哈佛大学、德国莱比锡大学、柏林大学攻读学位。1891年米德回到美国，受聘任教于密执安大学哲学和心理学系，结识杜威、库利等著名学者。1894年米德转入芝加哥大学哲学系执教直到他1931年逝世。

米德生前发表的著作不多，他的思想集中体现在他去世后由其学生整理出版的《心智、自我与社会》（1934）一书中。其他代表作有：《当代哲学》（1932）、《十九世纪的思想运动》（1936）、《行动哲学》（1938）。

米德的理论深受实用主义哲学和心理学行为主义的影响。实用主义对米德发展社会学取向有三个重要启发：① 焦点关注行动者与这个世界的互动；② 主张行动者与这个世界均为动态的过程，而非静态的结构；③ 赋予行动者诠释社会的能力。行为主义的"刺激-反应"观点对米德的学说形成起了重要的作用。早期的社会心理学都从个人的心理出发来解释社会，而米德提出应该以社会为出发点，至少应以作为社会秩序基础的交流为出发点，来阐释个人经验。

米德的社会心理学虽受行为主义的影响，但与华生的行为主义不同，他将社会学取向引进了行为主义，建构了"社会行为主义"。莫里斯（G. Morris）在为《心智、自我与社会》一书所写的导言中，列举了米德与华生的三个差别：① 华生将行为从社会脉络中抽离出来；② 华生不愿了解行动者的意识和心智过程；③ 华生不承认心智，从而使行动者成为被动的木偶。

依照乔纳森·H. 特纳的观点，米德的理论似乎是基于以下两个基本假设：① 人类有机体在生理上的脆弱迫使他们在群体中相互合作，以求得生存；② 存在于有机体内部或有机体之间的有利于合作因而最终也有利于生存与适应的行为将被保存下来。从这些假设出发，米德重新组织他人的概念，用以揭示心智（mind，又译心灵）、自我和社会是怎样通过互动而产生和发展的。

一、人类的心智能力

米德的互动理论的最基本假定是心智、自我与社会通过互动而产生与发展。心智不是一种事物或一种实体，而是一种社会过程。米德指出，人类的心智能力包括两个方面。

第一，理解象征符号的能力。米德同意冯特的看法，认为有机体发出的姿势能起着彼此传递信息的作用。米德举例说，狗A发出吠声，对狗B是一种刺激,狗 B 必然要对此做出反应,做出或逃跑或迎战的姿势。假如狗 B 做出逃跑的反应,狗 A 就会调整其反应,或继续追击狗 B,或到别处寻衅。在这里,狗发出的姿势已起着彼此传递信息的作用,是一种"姿势对话"。

但是,姿势只是最简单的互动手段,因为它还没有获得固定的社会意义。米德区分了无意义的(非自我意识的)姿势与有意义的(自我意识的)姿势,前者就像格斗中的狗发出的那种姿势,后者正是人类交往活动的主要特征。狗在做出准备格斗的姿势时,并未自觉意识到其意义,它只是对其他个体的姿势做出了本能的反应;相类似地,作为人类个体成长早期阶段的初生婴儿,其发出的哭叫也不能表明他需要的究竟是水、食物,还是温暖、抚摸,他只是简单地发出姿势,并不能给姿势确立固定的意义。米德认为这种姿势是没有效率和缺乏适应性的。

只有当一种姿势在它的发出者和接受者身上引起共同的反应时,他才获得了社会意义。也就是说,如果双方都理解这种姿势的意义,就会引起共同的反应,这种姿势也就是一种有意义的姿势。通过感知和理解姿势,人就可以了解他人的思想。有意义的姿势是人际沟通中的象征符号,如紧握拳头是愤怒、攻击和敌意的象征符号。

人类用于沟通的象征符号不仅仅限于身体姿势,还包括语词,即具有共同或标准化意义的语言符号。米德认为,有声符号既能刺激他人,也能刺激自身,因为人们可以像他人那样体验到自己的发声。人类使用有声符号的能力,使人类沟通不只是局限于直接沟通,还可以扩展到时空相距甚远的目标与行动之中进行间接的沟通,并使人与人的沟通更加精致与巧妙。

第二,运用象征符号的能力。对于人类个体而言,当他掌握了一定的语言能力时,思维就出现了。杜威在其《心理学》和《人性与人类行为》中将思维过程定义为:运用符号确定环境中的客体,设想各种路线,预期每一条行动路线可能带来的后果,抑制那些不利于协调和合作的行动路线,最后选择一条最适应环境和能够带来最大满足的行动路线。米德把这一运用符号的过程称为"想象性预演",通过想象性预演,个体得以调节和控制自己的行动,以谋求彼此间的最佳适应。想象性预演将扮演他人的角色,把自己置于他人的地位,设想那些与之合作的他人的态度,从他人的角度来定义和解释周围环境中的客体,米德把这一过程称为"承担他人角色或角色承担"。米德指出,如果一个个体发展了理解常规姿势的能力,运用这一姿势去扮演他人角色的能力、想象性预演各种行动方案的能力,那么这一个体就具有心智。

二、自我的产生

与米德同时期的詹姆斯和库利曾对自我做了许多有价值的探讨。詹姆斯提出了"社会我"的概念，指出人具有把自己当作客体来看待的能力，特别强调自我产生于跟他人的交往中。库利将詹姆斯的这一思想发展为"镜中我"的概念，按照库利的说法，"镜中我"包含三个成分：对他人心目中关于自己印象的想象、对他人关于这一印象的判断和评价的想象、由此带来的某种自我感觉，如骄傲、耻辱等。米德借鉴了上述思想，他也认为，人类既能用符号定义环境中的客体，也能用符号来定义自己，从而把自己视为客体，像他人对待自己一样和自己发生关系，通过与他人的交往来领会和把握自己。但是，米德却不同意詹姆斯和库利对自我所做的内省的解释，如库利坚持"人和社会必须在想象中进行研究"①。米德认为内省的办法不可能完全说明自我是如何在社会中产生的这一事实，为此他进行了深入的研究。

米德通过对儿童玩耍和游戏的分析来探讨自我的产生机制。他认为人从孩提时期开始就具有一种扮演他人的角色并从他人的角度来观察自身的能力，这种能力处于不断发展的过程中，而人的意识和自我就产生于这一过程。

米德认为自我发展分三个阶段。最初的阶段称为玩耍阶段。依照米德的观点，只有当一个人对符号的理解同他人的理解相一致时，人类的交流才成为可能。幼小的孩子还不具有这种使用有意义的符号的能力，处在该阶段的孩子在玩耍时的行为与在一起嬉闹的小狗颇为相似，随着年龄增长，他们在玩耍中逐渐学会扮演他人的角色，如扮成一位父亲或母亲、一名教师、一名医生或一名警察。这种角色扮演使儿童逐渐学会把自己置于他人的地位，即承担他人角色；再长大一点，他不仅能在玩耍中扮演这些角色，还能在想象中扮演他们。此时的儿童在面对别人出示一幅图画时，已经开始把图画背向自己拿着，而不再像以前那样面向自己拿着，以为这样他的伙伴就能看到他所看到的东西。这一转变是儿童社会发展过程的一个重要阶段。

一个学会在想象中把自己置于伙伴的地位的儿童，仍不能在心目中把自身以外的人所扮演的各种角色相互联系起来，他虽然能理解妈妈或爸爸与自己的关系，但不能理解他自己的妈妈并非他爸爸的妈妈。随着年龄的继续增

---

① 查尔斯·霍顿·库利：《人类本性与社会秩序》，包凡一、王源译，第 77 页，华夏出版社，1989 年。

长、社会经验的积累，一个儿童渐渐具有进行复杂的有组织的游戏的能力，进入自我发展的第二阶段，即游戏阶段。

复杂游戏和简单玩耍的根本区别在于：在简单玩耍中，游戏伙伴总共只有两种类型；在复杂游戏中，儿童必须承担所有其他游戏参与者的角色，这些参与者的态度构成一个有组织的单位，控制着儿童的行为反应。比较一下捉迷藏与棒球游戏。在玩捉迷藏时，除了那个藏起来的人，其余的人都无一例外地作为正在找人的人，也就是说，所有参加捉迷藏的人，不是一个被找的人，就是一个找人的人，两者必居其一。而在一个有许多人参加并包含各种不同角色的棒球游戏中，情况就不同了，每一个球手都必须知道其他球手的期待和实际行为。一个正在扮演某个角色的儿童，必须随时准备扮演其他任何一个伙伴扮演的角色。

玩耍和游戏的区别还在于参加人数的不同和规则的有无。玩耍是无规则的，而游戏是有规则的。在游戏中，参加的人数增加，相应地需要设立一套规则来调节、控制个体的行为，以保证游戏的正常进行及其目标的实现。米德认为，当人们用规则这种带有普遍性的非人格化的角色来控制他们的行为时，便标志着自我发展进入最后阶段——"概化的他人"。

"概化的他人"由一般的期待和标准构成，它同特定的人的期望是不一样的。有多人参加的游戏要求游戏者扮演"概化的他人"的角色，即每一个游戏者都必须理解其他所有参加游戏的人彼此之间以及他们自身的行为。米德指出，当个人扮演"概化的他人"角色，即采取整个社区的态度时儿童成人化过程的最后阶段就来到了。

在米德看来，自我的产生的过程就是社会关系不断扩大的和社会交往能力不断增强的过程。一方面，他人总体在增加；另一方面个体的角色承担能力在提高，导致每一自我的独特的个性是那个形成"概化的他人"的其他人态度的独特联合。因此，个性的不同可以由"概化的他人"的构成的差异来解释。

三、"主我"和"宾我"

米德关于心智与自我的产生的论述存在两个内在矛盾：第一，认为自我是在承担他人角色的实践中产生的，其实质是个体自身的内部对话，这就假定了自我的先在性，显然与他所强调的自我的社会性相矛盾；第二，在关于自我的产生的论述中，似乎过分强调了自我仅仅是社会态度的空洞的组合体，这与他从功利主义、进化论、行为主义、实用主义原则出发所得出的理性的、积极的、能动的人的形象是不一致的。为了解决这两个矛盾，米德引入关于自我两要素的探讨。

米德把自我区别为两个部分、方面或阶段，即"主我"和"宾我"。主我和宾我都必须与社会经验相联系。但是，主我是主体的非反思的、自生的、冲动的，是对情境刺激的直接响应，是个体在行动的顷刻之间考虑到当前的计划时，对情境要求所做的即时的行为反应，它赋予个人自由感和独创性。宾我则存在于意识状态中，它把自身视为客体，是对主我发出的行为的回忆，并且从他人的角度来评价自身的行为，对自身的行为进行反思。宾我体现了法律、道德以及社区的组织规范和期望。自我是主我和宾我的相互作用过程，两者是辩证的统一：一方面，宾我规范和制约着主我的行为；另一方面，主我的外在行为常常表达了宾我的期望。

四、"组织化自我"——社会

米德认为，社会与制度代表着个体之间有组织的、模式化的互动。这种互动组织也依赖心智的存在，没有扮演他人角色和想象性预演各种行动方案的心智能力，个体之间就不能协调他们的行动。

社会依赖于自我的能力，特别是依赖于从"概化的他人"的观点来评价自身的过程。没有这种把自己当作客体并用群体的观念来观察自己、评价自己的能力，那么社会控制就只能通过在与具体的、直接在场的他人交往中所产生的自我评价来得以实施。若真是如此的话，规模较大的群体内部各种活动的协调就会变得异常困难。

米德认为社会是动荡不定和不断发生潜在变化的，他人角色扮演与想象性预演是一切互动状态中参与者之间的一个永不停息的运动过程。主我和宾我之间也经常出现不一致的情形。尽管主我的公开行为常常受到宾我的影响，主我却不只是对宾我的被动反应，其行为并不完全由宾我来决定。米德强调，主我永远不会被完全预测，它总是存在某些和情境要求不一致的东西。导致主我和宾我不一致的因素很多，比如：个体在行动之前设计好的行动计划在现实的环境发生未曾预料的变化时显得不适应了；社会价值观和规范等因素本身模糊不清或个体对之内化不够；个体在行动中犯错误或不具备实施计划的能力；个体试图在创造性的活动中出现奇迹等。因此，个体的行为总是不确定的，个体的每一次行动都有可能包含了他的创造性活动。

主我对宾我的每次偏离可能很小，但逐渐积累后就会导致宾我的改变，从而促使个体修改其自我概念。米德对主我的创造性的强调为社会动态过程和社会变迁找到了根据。他反对那种僵硬、压抑的社会组织模式，将社会看作一种被构造的现象，是从个体之间相互调节互动的过程中产生的。米德很重视社会个体对社会变迁的普遍参与，认为个体的偶尔越轨会对社会的动态过程产生重大影响。

综上所述，米德是符号互动论最重要的奠基人，当代符号互动论的许多关键概念和思想都已在米德的著作中得到了系统的阐述。他强调心智、自我的社会性、语言对思维的作用以及自我的辩证性等等，在一定意义上都是值得肯定的。他的关于玩耍和游戏活动在儿童自我产生中的作用的观点，也为现代发展心理学的研究成果所证明。

但是，米德的理论也存在严重的缺点和局限性。依照乔纳森·H. 特纳的观点，米德的理论并没有解释清楚一些非常重要的学术问题。他没有清楚地指出社会组织或社会的本质，关于社会与个人之间具体怎样联系的思想也非常模糊。米德把社会看作受"概化的他人"支配的有组织的活动，个体在这种活动中调整自己并与他人合作。依赖心智与自我的能力，调整与合作才成为可能。心智与自我是从社会组织的现有模式中产生的，社会的持续与变化反映了心智与自我发展的过程。虽然米德所提出的这些概念涉及社会与个体的互动关系，心智与自我的概念也揭示出社会与个体相互依赖的关键过程，但这种理论并没有分析社会组织中各种模式的变异以及个体参与这些模式所采取的不同方式，而是仅仅指出了社会是一种协调活动，它的持续和发展都是由个体的角色扮演与自我评价过程决定的。该理论只是很粗略地描绘了社会与个人之间的关系，并没有指出不同类型的社会组织与不同属性的心智和自我是如何相互作用的。特纳指出，米德提出了一个简单的然而在当时却是十分深刻的论点，即他强调社会塑造了心智与自我，而心智与自我又反过来影响社会，但是，这一结论无疑是需要补充的。

第三节　布鲁默的符号互动理论

赫伯特·布鲁默（Herbert George Blumer），1900 年出生于美国密苏里州圣路易市，1922 年在密苏里大学获社会学硕士学位，1928 年在芝加哥大学获博士学位。他曾在芝加哥大学任教，自 1952 年起受聘于加州大学伯克利分校,曾担任过该校社会学系主任、《美国社会学杂志》主编、美国社会学学会主席,于1987年去世。

布鲁默在芝加哥大学期间,曾受业于早期互动理论家托马斯、库利、米德等人,深受他们的思想影响,其中尤以米德的影响最大。布鲁默是在米德去世以后继承其符号互动思想并使之更加系统化的社会学家,同时也是第一位在著作中最先提出"符号互动论"名称的理论家。社会学理论界往往把现代符号互动论与他的名字联系在一起。

布鲁默的学术生涯主要侧重于社会学理论的教学,著述不多。1969年出版的《符号互动论:观点和方法》是他最有代表性的理论著作。其他著作有:《工业关系中的社会理论》(1947)、《工业化与传统秩序》(1964)。

一、符号互动论的理论前提与基本原则

布鲁默综合了米德等人的思想,建立了符号互动论的基本框架。结构功能理论假设一种受社会结构约束着的被动的人;符号互动论假设一种能动的人,强调人的主观认识与主观选择性。

1. 符号互动论的理论前提

布鲁默的符号互动论的理论前提,涉及人类行动意义之重要性、意义的来源以及意义在解释中的作用等三个方面。

第一个前提,个人对事物采取的行动取决于该事物对他的意义。布鲁默认为,人类在理解有意义的行动中,意识乃是最关键的因素,"人类所意识到的任何事物乃是向其自身指示的那些事物——滴滴答答的钟声、敲门声、友人的出现、一位同事的提醒、突然觉察到自己感冒了……指示某些事物就是将它从其所处的环境中分辨出来,将其分开,赋予它意义。在无数行动当中的任何行动——小到如穿衣之类的事,大到组织自己进入某一职业生涯——个人对自身指定了各种不同的对象,赋予它们以意义,判断它们对自身行动的适应性并根据此种判断作出决策,这便是以符号为基础的解释或行动所赋予的意义。"[①]

第二个前提,该意义产生于人们之间的社会互动中。布鲁默认为,意义乃是社会的产物,意义是被创造出来的而不是事物所固有的,意义产生于人

---

① Herbert George Blumer, *Symbolic Interactionism: Perspective and Method*. Englewood Cliffs, New Jersey: University of California Press, 1969, p.80.

与人之间的互动过程中,它不是固定不变的东西。"事物对于某人的意义产生于其他人对这个人采取的与此事相关的行动过程当中。他们的行动致使确定了事物对某人的意义。"①

第三个前提,该意义不是固定的,而是通过解释过程来予以把握和修正的。布鲁默认为,一个人其实是经过一种"自我对话"的过程来把握和交流意义的。比如,一个正在向别人倾诉个人忧虑、苦衷的人其实是正在向他(或她)自身解释是什么东西给他(或她)带来烦恼,正是在这一"自我指示"的过程中某人达到了陈述的目的。

从以上的前提中可以看出,布鲁默认为事物的意义不会是一成不变的,而是在解释的过程中随时加以修正的,行动者总是根据其特定的"情境"来选择、审查、修正事物的意义。因此,意义、解释并非事先就存在,而是有一个形成的过程,人们总是根据经验来评价事物,赋予事物以意义,确定自己的行动目标,做出决策进而通过对方的反应来了解自己的行为是否合适并随时加以修正。

2. 符号互动论的基本原则

布鲁默曾经试图列举符号互动论的基本原则,这些原则有以下七项。

(1) 人类具有思想的能力。

(2) 思想的能力是由社会互动所塑造形成的。

(3) 在社会互动中,人们习得了意义与象征符号,从而得以运用人类独特的思想能力。

(4) 意义与象征符号的运用使人们得以发生人类行动与互动。

(5) 在行动与互动中,人们能够以其对情境的诠释为基础来修改或改变意义与象征符号。

(6) 人们之所以能够进行上述的修正与改变,部分是因为具有与自我互动的能力,能检验他们可能的行动过程、评估其相对利弊得失,然后加以选择。

(7) 交织的行动与互动模式,构成了团体与社会。

---

① Herbert George Blumer, *Symbolic Interactionism: Perspective and Method*. Englewood Cliffs, New Jersey: University of California Press, 1969, p. 4.

二、符号互动论的基本概念

1. 解释（interpretation）

布鲁默对"解释"的论述基本上是米德有关论述的进一步条理化、系统化。从行动者的观点来理解事物是符号互动论的基本观点，布鲁默与米德一样指出在人类互动的科学解释中包含了主观经验，强调不显露的行为与可观察的行为之间的必然联系。

在布鲁默看来，互动包含了比简单的"刺激-反应"更多的意义，为弥补"刺激-反应"概念的不足，应当在"刺激"和"反应"之间插进"解释"一词，成为"刺激-解释-反应"。布鲁默对此说明如下："A 行动，B 觉察到这种行动并谋求确定其意义，即谋求确定 A 的意图；B 根据他已经附加于 A 的行动之上的意义或解释来作出反应；同样 A 也根据在场的反应中所理解的意义作出反应。"① 由此看出，布鲁默认为刺激不能单独说明 B 的行动或 A 对于 B 行动的反应。事实上，只有米德试图通过解释行为来理解人类、人类行为和人类交往。这对理解人类群体生活如此重要，布鲁默认为，必须把它们讲出来。②

2. 自我指示（self-indication）

作为理解"解释"的一个必不可少的概念，布鲁默对它做了说明，"自我指示过程不能被归属于一种被设想为利用个体去产生行为的力量之下，无论这种力量来自内部还是外部。"③ 在自我指示的过程当中，个人向自己指出了某些刺激，然后又向自己解释这些刺激的出现与表达。如人们会意识到正在同自己所蔑视的人一道进餐。人是主动者而非被动者，"通过把这些事物指示给自己，他（指个人）将自己完全置于它们（指事物）相对立的地位并能够反作用于它们，认可它们、拒绝它们，或者根据它们的定义或解释来改造它们。"④

---

① 何景熙、王建敏：《西方社会学说史纲》，四川大学出版社，1995 年，第 381 页。
② Herbert George Blumer, *Symbolic Interactionism : Perspective and Method*. Englewood Cliffs, New Jersey：University of California Press, 1969, pp. 78-79.
③ Herbert George Blumer, *Symbolic Interactionism : Perspective and Method*. Englewood Cliffs, New Jersey：University of California Press , 1969, p. 81.
④ 同上。

三、符号互动论的基本观点

1. 符号是社会相互作用的中介

布鲁默与其他一些符号互动论者一样,认为人不仅生存在自然环境中,而且还生活在"符号环境"中。人具有创造与运用符号的能力,并依赖该能力来适应环境以求得生存。布鲁默在行为主义心理学的"刺激-反应"公式中添加了一个中介,即符号。

2. 人们通过对符号的定义与理解进行互动

其中定义就是指对待客体的方式,理解就是确定客体的意义。对客体的理解包括希望、愿望、目标以及为实现目标而使用的手段,自己的行动及对他人行动的参与,他关于他自己的形象、特定行动的结构等。

3. 符号互动是能动的与可变的过程

布鲁默继承了米德的思想,认为"自我"是无止境地进行反思、同自己进行对话的过程;"自我"要求能动的活动,而不是简单地对环境做出反应。"自我"让个体不仅意识到他人的举动,还意识到自己的举动以及设计自己的行动,把自己也当作一个客体。客体是可以加以处理的事物,并不具有固定的意义,意义则在符号互动过程中形成与变化。客体有三类:物质客体,如矿石、树木、汽车、电脑芯片等;社会客体,如婴孩、朋友、妈妈、教师等;抽象客体,如自由、平等、价值等。

针对特定的客体群以及这些客体具有的特定的行动意向,每个行动者都得出一种情境定义,该定义提供了一个总的参考框架,行动者根据这一框架对具体行动方案的结果进行评估。一个行动完成后,行动者又对情境重新定义,在对他人的反应进行解释之后,可能还要重新制定新的行动方案。行动者不是由社会与心理力量所推动的被动者,而是他们与之反应的世界的积极创造者。

4. 符号互动创造、维持、变革社会组织、结构与制度

社会是由处于符号互动过程中的人类构成的,拥有共同的对符号的定义与理解,是社会组织存在的先决条件。群体成员重复的、稳定的共同行动构成"文化"和"社会秩序"。由于行动者的行为经常变化,迫使互动的双方

不断地进行调整，社会结构也总是处于重新排列、重新改组的过程之中。社会制度不能离开人们的主观定义而保持它们的作用。当人们的主观定义和解释在大范围内变化时，就会使社会制度发生变化。例如，科层组织的规章并不自动地限制科层组织自身，相反，人们在一定的情境下可能考虑或确认这些规章是否适宜，或者这些规章会被重新加以解释，甚至被遗忘，故意不加理睬。

四、社会学研究的方法论原则

布鲁默对符号互动论另一项重要的贡献是他在社会学方法论方面的创见，其理论建构方法是非实证的。下面简单介绍一下布鲁默运用的一些具体的方法。

（一）归纳法

布鲁默强调指出归纳法是符号互动论用于理解人类行为的主要手段。在他看来，归纳法是全面熟悉资料数据的调查研究者从这些资料数据"归纳"出理解或解释。符号互动论与功能主义的不同之处正在于它不是一种以一组假定为研究开端的理论，符号互动论从其理论特性出发，主张研究方法应尊重经验现实的特性，以适当的方法论促进直接的和无偏见的观察。符号互动论之所以正确，是因为它考察的是互动过程，在此过程中个人既从内心来定义世界同时又认同其客观世界。

布鲁默反对使用当时社会学界流行的演绎法，认为它既未进行严格的命题推导也没有认真探寻那些有可能驳倒命题的、相反的经验事实。布鲁默认为演绎法最根本的缺陷在于演绎性的理论仍然处于与经验世界相分离的状态，因而无法纠正其理论陈述的错误。要克服这一缺陷，就必须使社会学理论与经验世界中的事实重新结合。所以，没有这样归纳性的综合，社会学理论就会仍然停留在自我实现的理论预言阶段并与它所研究的对象保持很少的联系。

（二）调查研究方法

布鲁默为符号互动论制定了两种调查研究方式：探索（exploration）和检验（inspection）。认为探索和检验可以对经验社会世界进行直接的、自然主义的考察，研究者就能够更接近于经验社会世界并对其进行深入的发掘。

1. 探索

布鲁默认为探索阶段有双重的目的：其一，为从事社会科学研究的人提供一种对他所不熟悉因而不了解的社会生活领域的切近的、综合性的认识；其二，开发。集中、强化研究者的调查研究以便使研究的问题能以经验世界为基础。这些研究的问题包括应当重视什么、忽略什么，什么东西可以被认为是数据，如何来解释、分析数据等。

在探索阶段动用的各种技术，包括直接的观察，对人进行深入的访谈，听取对话，收看广播电视，查阅当地报刊资料，获取生活史资料，阅读信札日记，翻阅公开的记录，等等。除了以上的各项技术之外，布鲁默认为另一项重要的调查研究技术就是安排少数专家或调查的直接参与者举行小组讨论会，因为"他们都是生活环境的观察者和提供信息的人"，此种方式的价值"远远超过任何代表性样本的若干倍"。①

2. 检验

"所谓'检验'，是指用于分析目的的一种对于无论什么可分解的成分的经验内容的高度集中之检索，以及对这些成分之间关系的经验性质的同样类型之检查。"②

为说明这一检验阶段，布鲁默引入一个新的词汇"敏感性概念"（sensitizing concepts），对应于"确定性概念"（definitive concepts）。前者缺乏特别属性，因而不能让使用这一概念的人直接进入实例及其内容，而只能给使用者在研究经验型实例过程当中提供一般性的、参考的、指导的意识。后者是属性极为明确并认同一组客体的个别特征的概念。

符号互动论的方法强调对社会现象进行直接观察，主张使用"敏感性概念"，认为它们都"依赖于关于相关事物的一般意义"，它不同于按照实证方法论建构的"确定性概念"。③

布鲁默认为，在理论建构的过程中，社会学家们都希望通过运用更多的"确定性概念"来讨论各种被精确定义的事件，但是经验时间的性质使这一

---

① Herbert George Blumer, *Symbolic Interactionism*: *Perspective and Method*. Englewood Cliffs, New Jersey: University of California Press, 1969, p. 41.
② 何景熙、王建敏：《西方社会学说史纲》，四川大学出版社，1995年，第398页。
③ Herbert George Blumer, *Symbolic Interactionism*: *Perspective and Method*. Englewood Cliffs, New Jersey: University of California Press, 1969, p. 147.

愿望无法实现。原因有两个：第一，经验时间是由不同情境中的行动者之间不断变化的符号互动过程所组成的，因而那些只能在某种情境中分析某些事件的概念，不可能把握经验时间的整体关联性；第二，社会现实最终是由个体之间的符号互动过程建立起来的，因而由概念所提示的实际情况处于变动之中，不可能运用严格的操作定义进行简单的分类。

于是，布鲁默寻找另外的社会学理论建构方法。他认为，经验性社会是由人类以及他们的日常生活所构成，对于这样亲密行为的认识，只有通过第一手观察和参加一个群体才能获得。而确定性概念仅提供了看得见的规定，敏感性概念则暗示了观察所应遵循的大致方向，两者在检验阶段各有不同的应用。敏感性概念对研究者显得特别重要，它在研究经验实例方面给予研究者一般性指导，反过来研究者的经验性发现又可以使它更为精确。

3. 定性分析

符号互动论社会学家在研究活动中主要采用定性而非定量的分析方法。布鲁默认为，从社会现象或社会事实的质的方面进行分析就是定性分析方法。依照这一说明，我们可以认为上述调查研究的两个阶段——探索和检验都是纯粹的定性分析。

第四节　戈夫曼的拟剧理论

一、学术生涯及主要著作

1922年6月11日，欧文·戈夫曼（Erving Goffman）出生于加拿大阿尔伯塔省（Alberta）中部的曼恩维尔市（Mannville）一个来自乌克兰的犹太移民家庭。[①] 父亲马克斯·戈夫曼（Max Goffman）一直经营着一家服装店，凭着经营才能，生意日渐兴隆，经济状况明显好转。年轻的戈夫曼从小就耳闻目睹形形色色的人们进行的"印象管理"，这段经历对他后来的学术研究具有一定的影响。

[①] 戈夫曼的生平参见王晴锋：《欧文·戈夫曼：自我书写的民族志学者》，《文化与传播》，2018年第3期。

1939年，戈夫曼高中毕业，随后进入曼尼托巴大学艺术与科学院攻读化学专业，并研修数学、物理等自然科学。在1939—1942年间，戈夫曼的学习兴趣逐渐从自然科学转向了社会科学。

1943年，戈夫曼前往渥太华的加拿大国家电影局工作，工作期间他遇到了社会学家丹尼斯·朗（Dennis Wrong）。丹尼斯·朗激发了戈夫曼对社会学的浓厚兴趣，并建议他去多伦多大学重新开始他中断的学业。

1944年初，戈夫曼进入多伦多大学继续他的本科生涯，主要学习社会学课程。1945年，戈夫曼从多伦多大学本科毕业，获得社会学和人类学学士学位。同年秋天，戈夫曼南下前往美国芝加哥，并正式注册为芝加哥大学社会学系的研究生。

在芝加哥大学，戈夫曼的指导老师中最主要的两位分别为休斯（Everett C. Hughes）和沃纳（Lloyd Warner）。休斯继承米德的学术遗产，发展了职业社会学和都市民族志。戈夫曼深受休斯的影响，他认为自己是"休斯式的民族志学者"。沃纳积极倡导人类学家对自身所在的社会进行人类学考察，他也是戈夫曼的硕士论文和博士论文的主要指导者。

1949年10月，戈夫曼在爱丁堡大学开始从事访学工作。同年底，经过沃纳的努力，戈夫曼前往英国北部高纬度地区的设特兰岛为他的博士论文搜集经验材料。从1949年12月到1951年5月，戈夫曼对设特兰岛上的农场社区进行了人类学调查。尽管戈夫曼运用了人类学的民族志方法，但他的主要兴趣在于互动实践的普遍性特征。设特兰岛是戈夫曼学术生涯的发祥地，他从中发现了日常生活的沟通规则和行动秩序，发现了作为"互动秩序"的戈夫曼之谜。这也是戈夫曼社会学理论的核心主题。1953年，戈夫曼最终完成了他的博士论文《一个岛屿社区的沟通行为》。

特纳认为，戈夫曼一度将面对面的互动定义为互动秩序（interaction order）。互动"并不是任何简单意义上结构安排的表达，至多是考虑到结构安排的一种表达。社会结构并未决定互动仪式的文化标准，只不过是帮助互动从可资利用的指称系统中进行选择"。这样，"在互动实践和社会结构之间"只存在"松散的耦合"，"更广阔的结构及其展开（互动种类）之间存在的是一种断裂，而这些种类自身并不与结构世界中的任何东西一一对应"。这样就有了"一套转换原则和大量的选择——在互动中管理大量的外部相应的社会特性"。然而，这种转换远非无关紧要的现象。当个体在不同的情景中彼此应对时，这种转换能在人们实践的基础上，升腾起社会世界"为真"的感觉来。虽然单一的聚集与互动情节不具社会显著性，但是，"通过走到一起来，我们的社会生活就组织起来了"。①

戈夫曼博士毕业之后，由于一时难以找到理想的教职，在 1952 年至 1954 年间，他继续留在芝加哥大学的社会科学部，担任研究助理。在此期间，戈夫曼在博士论文的基础上修改完成了他的第一部著作《日常生活中的自我呈现》，并于 1956 年由爱丁堡大学出版。在此书中，戈夫曼将戏剧比拟引入社会学分析，使用戏剧和舞台的比喻来描述个人的行为，由此诞生了拟剧论（dramaturgy）。

拟剧论揭示了隐含在社会生活中的戏剧成分，但是，拟剧论仅是一种类比、修辞或策略。② 戈夫曼真正关心的是社会交往的结构，当社会生活中的人们彼此共同在场时，便呈现出这些实体性结构，该过程的关键性要素是维持一致的情境定义。在拟剧论中，戈夫曼更多是从舞台表演的角度阐述作为能动者的自我，这种自我还可以从不同的维度进行细分，诸如道德性的自我和非道德性的自我，等等。拟剧论的许多批评者往往只关注非道德性维度，这主要体现在面对面互动过程中行动者的尔虞我诈、钩心斗角、两面三刀，诸如此类。对他人的深度怀疑同时也导致自我的分裂与疏离，精神病人甚至还可能遭遇亲人与专家之间达成的共谋。自我概念的复杂性，似乎预示了戈夫曼进一步的研究方向。在这种意义上，拟剧论和自我分析是一种现代性的批判路径。

1954 年秋，戈夫曼被任命为马里兰州贝塞斯达（Bethesda）国家精神卫生研究院的访问科学家，他在那里一直工作到 1957 年。在这三年研究期间，戈夫曼对位于华盛顿特区的圣伊丽莎白医院的医护人员和住院病人的行为进行了参与式观察，并根据这些实地研究材料撰写成《收容所》（1961 年），详细论述了住院病人主观体验的机构化世界。③

1958 年初，受赫伯特·布鲁默之邀，戈夫曼执教于加州大学伯克利分校社会学系。1959 年，经过仔细修改和扩展后的《日常生活中的自我呈现》在美国重新出版。1963 年分别出版了《公共场所的行为》与《污名》。在伯

---

① 参见乔纳森·H. 特纳：《社会学理论的结构（第七版）》，邱泽奇、张茂元等译，华夏出版社，2006 年，第 372—373 页。

② 戈夫曼认为，在技术的、政治的、结构的、文化的观点之外，拟剧论可以确立为第五种观点。参见欧文·戈夫曼：《日常生活中的自我呈现》，黄爱华、冯钢译，浙江人民出版社，1989 年，第 231 页。

③ 戈夫曼关于精神病机构的批判性研究在当时美国社会试图改变精神病治疗方式（即"去机构化"）的浪潮中起到重要的助推作用。在戈夫曼造访后的 20 年里，圣伊丽莎白医院也从一家传统的精神病院转变成社区精神康复中心。

克利期间,戈夫曼曾在内华达州的一些赌场进行田野调查,这些参与式观察和实地研究最终并没有写成系统性的专著,主要是体现在《行动的位置》这一篇论文中,但这些研究对戈夫曼后来从博弈论的视角探讨社会生活产生了重要影响。

1966年至1967年,戈夫曼前往哈佛大学进修,出版了《互动仪式》(1967年)。在哈佛大学进修期间,他与博弈论学者托马斯·谢林(Thomas C. Schelling)有过思想上的交流与合作。这主要体现在他的《策略性互动》(1969年)一书中。

1968年,戈夫曼辞掉了加州伯克利分校的教职前往宾夕法尼亚大学任教。1974年,戈夫曼耗费十年心血写成的《框架分析》出版。

戈夫曼的框架观念在很大程度上基于威廉·托马斯和舒茨的思想,尤其是托马斯"情境定义",即"如果人们假定某种情境是真实的,那它就会产生真实的效果"。这里,框架是一种阐释图式,个体运用它理解当下正在发生的事情(经验组织),即对行动片段进行"定位、感知、辨识和标签"。戈夫曼将最根本性的框架称为"初级框架"。简单而言,若某种框架的存在及其意义先于它阐释的事件存在,那么这种框架是初级框架。例如,亚伯拉罕·林肯被刺这一事件本身是初级框架,当它被转录或改编成舞台剧、电影时,这就是次级框架。初级框架之所以是"原始的",因为它是个体理解日常生活中各类活动的基本阐释图式。

《框架分析》以戈夫曼之前的著作为基础,系统性地重构了从20世纪50年代初以来他一直关注的问题,而此后的《性别之间的设置》(1977)、《性别广告》(1979)以及《谈话形式》(1981)等则进一步阐述和深化了《框架分析》的核心思想。所以,菲利普·曼宁(Philip Manning)认为,《框架分析》是另一个版本的《日常生活中的自我呈现》,它们探讨的是同一个主题,只是戈夫曼在《框架分析》中放弃了拟剧论的视角,不再借用任何隐喻手法。[①]

终其一生,戈夫曼以敏锐的洞察力和尖刻的笔调描画与嘲讽各类谋求私欲的人类行为,道破了人际互动真相。当美国社会学协会宣布戈夫曼担任新的轮值主席(1981—1982)一职时,他甚至婉拒刊登自己的照片。或许,对于深谙舞台表演艺术的戈夫曼而言,这种非表演本身亦是另一种形式的表演,对此他早已了如指掌。

---

① 参见王晴锋:《框架分析:作为一种社会研究方法》,《湖南社会科学》,2020年,第3期。

1982年8月，戈夫曼原本安排在美国社会学协会的年度会议上发表主席演讲，但由于癌症病情迅速恶化，最终他未能如愿。在戈夫曼逝世之后，他的演讲稿发表于次年的《美国社会学评论》，题目为《互动秩序》（1983）。在这篇主席演讲稿里，戈夫曼将他毕生从事的科研事业归结为"互动秩序"，而他正是这一新领域的真正发现者与积极探索者。①

二、表演框架

戈夫曼把戏剧比拟引入社会学，开创了社会学理论中戏剧分析的范例，因而他的理论一般被称为拟剧论。戈夫曼指出，"本报告所使用的观点是戏剧表演的观点，其原理是从舞台演出艺术原理引申而来。我将讨论个体在普通工作情景中向他人呈现他自己和他的活动的方式。"这么做的根源在于，"当一个人出现在其他人面前时，后者通常总想了解该个体的情况，或动用已有的信息。"② 因此，关于自我表演的思想在戈夫曼的拟剧论中占据核心地位。戈夫曼指出，人们以多种方式向他人表现自己，这些方式都旨在影响别人从他那里得到的印象。戈夫曼在自己的第一部著作《日常生活中的自我呈现》里提出了拟剧论的模型，并为以后的一系列著作提供了框架。

1. 剧本期望

戈夫曼认为，自我是社会情境的产物，在个人行动的背后隐藏着强有力的"剧作家"，他不允许个人离开剧本而表演。这个"剧作家"就是社会体系。人们的社会行动受社会体系预先写好的"剧本"的限定。"剧本期望"是指社会规范对各种社会位置上的角色的限定。对于个人而言，除此之外，还要受到其他个人期望的影响，包括其他演员期望和观众期望等。社会即由剧本、演员与观众及其期望构成。

2. 剧情

表演就是在某种社会情境中人们为了给他人某种印象而做出的所有活动。在戈夫曼看来，每一个人都在社会生活舞台上扮演着角色，都是表现剧

---

① 参见王晴锋：《欧文·戈夫曼：微观社会学的探索》，中央民族大学出版社，2018年，第240页。

② 参见欧文·戈夫曼：《日常生活中的自我呈现》，黄爱华、冯钢译，浙江人民出版社，1989年，序言：第1页，引言：第1页。

情的人，即剧情表演者。剧情是"表演期间所显示出来的预先建立的行动模式，它在人们互相接触时表现出来，或者由人们来表演"。① 表演一般需要有一个表演者、观众、共同参与者、纯粹的观察者。表演是表演者做给观众看的活动，而不是给观察者看的；共同参与者是协助表演者表演的人。表演的目的是要表达某种意义。例如，一个女大学生周末接到男朋友约她去看电影的电话，接电话时故意大声说话，该表演所表达的意义是告诉同寝室的其他女同学"有人约我去看电影"。

当个体扮演一种角色时，他便不言而喻地要求观察者认真对待在他们面前建立起来的印象，要求他们相信，他们所看见的这位人物实际拥有他好像拥有的品性。② 戈夫曼认为，表演者可能很真诚地相信他所表演的行为，也可能不相信自己所表演的行为。前者抱持真诚的态度，后者抱持犬儒主义的态度，明明知道自己的表演并不可信，是做给别人看的。这两种态度可以互相转变，起初并不相信自己的表演，扮演时间久了，可能会相信自己的表演。戈夫曼举例说，设特兰岛上的居民很穷，为了招揽游客，他们也穿戴得好一些，由于经常如此穿戴，久而久之他们的态度也就从玩世不恭转变为虔诚，慢慢地把中产阶级游客的生活方式变成自己的习惯。

3. 剧组

表演主要被用来表达表演工作的特征，而非表演者的特征。比如，旅馆经营人员实现了给人以中产阶级服务的总印象，他们把中产阶级的旅馆老板和女老板的角色分派给自己，把佣人的角色分派给雇工——尽管按当地的阶层结构来看，充当女仆的女子的身份略高于雇用她们的旅馆所有者。当旅客不在时，女仆们可以对女仆-女主人的身份差别抱较为随便的态度。③

戈夫曼用剧组"来表示任何一组在上演单一常规程序中协作配合的个体"。④ 它是为了维持某种特定的情境定义而保持密切合作的成员的集合体，可以是医生与其所接待病人，也可以是总统和他的顾问班子。戈夫曼将这种

---

① 参见欧文·戈夫曼：《日常生活中的自我呈现》，黄爱华、冯钢译，浙江人民出版社，1989年，第16页。
② 参见欧文·戈夫曼：《日常生活中的自我呈现》，黄爱华、冯钢译，浙江人民出版社，1989年，第17页。
③ 参见欧文·戈夫曼：《日常生活中的自我呈现》，黄爱华、冯钢译，浙江人民出版社，1989年，第76页。
④ 参见欧文·戈夫曼：《日常生活中的自我呈现》，黄爱华、冯钢译，浙江人民出版社，1989年，第77页。

水平上的一致性称为"运作一致"(working consensus)。戈夫曼提出了剧组表演中的两个基本要素：第一，在剧组表演正在进行的时候，剧组中的每一个成员都具有采取不适宜的行为而使演出走样或中断的力量。每个成员都依赖于同伴的合适的行为，同样，这些同伴也要依赖于他。这种剧组成员的相互依赖性，甚至会超越社会分层的界限。第二，剧组中所有成员都了解他们正在上演同一幕剧，都了解舞台演出技巧中的秘密，即都是"知情人"。剧组成员彼此熟悉，相互之间的社会距离相对小些，他们共同保守剧组的秘密。因此，戈夫曼把剧组称为"秘密社会"，并指出，在剧组里，"表演者经历了行动诡秘的同谋生涯"。①

戈夫曼指出，保证剧组演出不出错的基本特质有三个方面：戏剧忠实、戏剧素养、戏剧缜密。戏剧忠实意味着剧组同伴们承担了某些道德责任。无论从自身利益、原则还是缺乏自主权来看，他们都不能在表演之间泄露剧组秘密。戏剧素养意味着剧组每一成员都拥有戏剧素养并在自己的角色表演中贯彻之。戏剧缜密意味着剧组成员预先深谋远虑和加以筹划，以决定如何上演节目为上策。②

4. 表演区域

表演有两个区域：前台和后台。前台是个人按一种一般性的固定方式进行表演并为观众规定的特定情景的舞台部分，它能让观众看到，可以使观众从中获得一定的意义。前台包括布景和个人门面。布景指演员表演所必需的场景，缺少它就无法演出。如外科医生所必需的经过特殊装备的手术室。个人门面包括个人外表与举止。个人外表"可以用来指谓在此刻起到告诉我们表演者的社会身份之作用的那些促进因素"，如身上一件白大褂、脖子上一个听诊器，就是医生同其他人员区别开来的标志。举止"可以用来指谓此刻起到预告人们表演者希望在即将来临的情境中扮演什么互动角色之作用的那些促进因素"。③ 如医生在接待病人时，自信、不动感情以及镇静等特征。

前台倾向于被选择，而不是由演员去创造。当行动者扮演某种既定的

---

① 参见欧文·戈夫曼：《日常生活中的自我呈现》，黄爱华、冯钢译，浙江人民出版社，1989年，第9页，第101页。

② 参见欧文·戈夫曼：《日常生活中的自我呈现》，黄爱华、冯钢译，浙江人民出版社，1989年，第205-210页。

③ 参见欧文·戈夫曼：《日常生活中的自我呈现》，黄爱华、冯钢译，浙江人民出版社，1989年，第24页。

社会角色时,通常会发现一种特定的前台已经设计好了。而后台是不让观众看到的、限制观众与局外人进入的舞台部分,表演者可以不关注外表与形象上的限制,所有在前台中隐藏的事实或是各种非正式的举止都会出现,例如,医生在后台可以同护士开玩笑,病人是看不到的;在前台则不适宜如此。

后台与前台是相对的。服务人员将不让观众靠近后台的权力视为当然。[①] 如果有观众闯入后台,那后台就会变成前台,成为另一场不同演出的前台。戈夫曼指出,观察印象管理的最有趣的时机之一就是前台和后台转变的那一时刻,因为在此刻,人们能看到戴上角色面具和卸去角色面具的精彩场面。地位越高的人,后台的同伴越少,因为同伴总是在同一级上。

三、印象管理

印象管理是指如何在他人心目中塑造一个自己所希望的形象的一套策略,或者说是当人们观察自己时,应如何表现自己。

1. 理想化表演

理想化表演是掩饰那些与社会公认的价值、规范、标准不一致的行动,而表现出与社会公认的价值、规范、标准相一致的行动。显示理想化的面孔,首先意味着一定程度的掩饰。[②] 戈夫曼指出,表演者会掩饰或部分地掩饰与他自己理想的形象不一致的活动、事实和动机。例如,美国有些大公司在招收雇员时往往招一些有关系的人,但也会挑选几个能力较高的人,以掩盖从后门招工的事实。

2. 误解表演

作为观众成员,我们自会感到,表演者所试图造成的印象,或许是真实的或许是虚假的,或许是真诚的或许是骗人的。[③] 使别人产生错觉,即得到

---

① 参见欧文·戈夫曼:《日常生活中的自我呈现》,黄爱华、冯钢译,浙江人民出版社,1989年,第110页。

② 戈夫曼认为,表演突出了它所发生于其中的社会的公认准则,在这种意义上,我们也可以把它看成是一种礼仪。参见欧文·戈夫曼:《日常生活中的自我呈现》,黄爱华、冯钢译,浙江人民出版社,1989年,第35页。

③ 参见欧文·戈夫曼:《日常生活中的自我呈现》,黄爱华、冯刚译,浙江人民出版社,1989年,第57页。

假印象的表演，叫"误解表演"。比如，一个人实际上比较富有却极力装穷。误解表演有两种类型的目的：一种是为了获得利益，比如没有学问的人装得很有学问，是为了获得社会尊重或社会地位；另一种是为了满足某种虚荣心，比如有生理缺陷的人掩饰自己的缺陷。在日常生活中，人们常常做出努力使他人对某一项具体的活动产生误解，这种欺骗有时是善意的，有时是恶意的。

3. 神秘化表演

与别人保持一定的距离，使别人产生一种崇敬心理的表演，叫"神秘化表演"。比如，在西方一些国家的军队中，军官与士兵不在同一个食堂就餐，以防止相互之间过于熟悉，避免作战时士兵可能会不听军官的话。在戈夫曼看来，对一个人越熟悉，就越容易轻视他。亲戚最好不要在同一个单位工作，因为相互能看到各自的后台行动。①

4. 补救表演

印象管理也会用来应付一些未预期的意外行动，如无意动作、失礼、当众吵闹等，它们都会导致表演的不协调。

戈夫曼指出，如果剧组要安然无恙地进行表演，剧组成员通过标准的防卫技术，便能顾全他们自己的演出。这些通用的保护技术包括两个方面。

首先，应该理解，进入表演的后台区域与前台区域，不仅受表演者的控制，而且还受其他人的控制。观众或局外人用以帮助表演者补救其表演的保护性措施，其中最主要的保护措施是老练，包括避免进入后台、对表演者的疏忽视而不见、对新手的宽容等。

其次，表演者还要采取一些措施，以使观众和局外人能为了表演者而使用那些保护性措施，即如果观众运用老练或保护性措施来为了表演者而保护表演的话，表演者就必须按同一种方式行事，这样才能收到老练的结果，这就是所谓"老练对老练"。戈夫曼举了一个例子，即一个秘书用了一个手段，

---

① 戈夫曼认为，观众由于敬畏表演者而不理会的事情，可能是那种倘若泄露他便会感到羞愧的事情。正如里茨勒所说的那样，我们有一枚社会硬币，一面是敬畏，一面是羞愧。观众感到表演背后的神秘性和威力，而表演者感到他的主要秘密是微不足道的秘密。神秘背后的真正秘密，实际上根本不神秘；真正的问题是不让观众也知道这点。参见欧文·戈夫曼：《日常生活中的自我呈现》，黄爱华、冯钢译，浙江人民出版社，1989年，第68页。

告诉一个来访者她的老板不在家。对于来访者来说,明智的做法是从接待室中退出来,避免听到老板在电话中对秘书的讲话。①

四、表演中的矛盾

任何剧组都有一个总体目标,那就是维持其表演所建立的情景定义。要达到这个目标,总是需要对一些事实加以渲染,对另一些事实加以掩饰。假使由表演而得以戏剧化的现实脆弱易毁,同时它又要求有表达上的一致性,通常总存在一些会使表演所造成的印象发生动摇、崩溃和失效的事实。② 比如,人们期望医生实际上就是医生,而不仅仅是被当成医生。这一论述包含了这样的思想:通过故意演戏而形成的现实,并不是人们所期望的现实,人们期望的是自然与真实的行动而形成的现实。

1. 表演与预定角色不符

可能存在两种具体情况:一是表演者在演出中忘了台词或说错了台词,或忘了原来计划好的一部分"动作程式";二是为了应付意外问题,表演者需要临时"编造台词"。出现任何一种情况,都可能分散表演者的注意力,影响他们预设的逼真而又自然的效果。

2. 观众进入后台

观众进入了后台,表演者发现后,会使后台转变为前台,表演者立即停止后台行动,开始做出专门给观众看的行动;当表演者未发现观众进入后台,并且继续对观众进行否定性评价时,就会引起观众对表演者的不满。

3. 冒充的表演者

既有假表演者,又有假观众。假表演者用装扮成剧组成员的方法,获得接近剧组后台的机会,了解剧组的秘密,目的往往是把这些秘密告诉观众,使观众怀疑表演者的表演。间谍就是这样的假表演者。假观众装扮成观众中的一个成员,观看表演者的表演,并且进行故意渲染的评价,目的往往是引

---

① 参见欧文·戈夫曼:《日常生活中的自我呈现》,黄爱华、冯钢译,浙江人民出版社,1989年,第220—225页。
② 参见欧文·戈夫曼:《日常生活中的自我呈现》,黄爱华、冯钢译,浙江人民出版社,1989年,第135页。

导观众对演出进行肯定的评价。①

戈夫曼认为，表演所需要的一致性指出了在我们太人性的自我与我们社会化了的自我之间的一个关键差异。作为人，我们也许是带着时刻都在发生变化的情景与能量的各种冲动的创造物。然而，作为为观众表演的角色，我们必须保持相对稳定的状态。社会化过程，不仅是理想化，也是固定化。②

针对社会是一个大舞台的断言，戈夫曼在《日常生活中的自我呈现》的结语部分中指出，在提出本报告所使用的概念框架的过程中，我们使用了某种舞台语言。但这种强行类比的尝试，部分地是一种修辞，一种技巧。本报告关心的是社会遭遇的结构——社会生活中那些只要人们彼此直接相遇就会存在的东西的结构。这一结构的关键要素是维持单一的情景定义。戈夫曼指出，舞台语言与面具将要弃去，脚手架毕竟是用于建造他物的东西，支竖它们应该着眼于拆卸。③

符号互动理论试图解释人们用什么方式定义、理解与处理他们所处的情境，并对社会结构的形成与变化发挥作用，符号互动论的核心观点是，人类创造与运用符号；人类通过识别他人使用的符号，运用符号进行自我认识；对情境进行理解并做出反应，发生人与人之间的行动以及这些行动的稳定模式与结构。简言之，人们对情境的反应，人们之间的互动，对社会结构的作用，都依赖表达共同意义的符号及其应用能力。社会活动是符号相互作用的过程。它只强调人们活动的符号方面，而不谈符号所标记的客观内容，也没有研究符号如何正确反映客观内容，因而，符号互动理论只能给人一种主观主义或相对主义的指导。

符号互动理论是一种形式化的微观理论。它对于解释符号在人类社会活动中的作用，具有一定的价值；对于个人社会化、人际关系、越轨行为等微观社会过程，提出了一些有意义的见解。但是，符号互动论具有明显的形式化倾向，它建立在脱离社会现实的基础上，缺乏操作性。它不能说明情境本

---

① 戈夫曼指出服务专家也是能拥有表演信息的人。在这些服务专家中，戈夫曼指出，正如那些过于重视同行关系的人会造成障碍一样，过于轻视同行关系的人也会造成麻烦。从非常狭隘的意义上说，每当有非同行获准称为密友，便一定有人有朝一日称为叛逆者。参见欧文·戈夫曼：《日常生活中的自我呈现》，黄爱华、冯钢译，浙江人民出版社，1989年，第144-145页，158页。

② 参见欧文·戈夫曼：《日常生活中的自我呈现》，黄爱华、冯钢译，浙江人民出版社，1989年，第54-55页。

③ 参见欧文·戈夫曼：《日常生活中的自我呈现》，黄爱华、冯钢译，浙江人民出版社，1989年，第244页。

身、情境对互动的具体影响以及社会结构的形成机制。

符号互动理论试图说明宏观社会,但是它没有解决微观向宏观的过渡,不能解释宏观社会现象的产生、持续和改变。

符号互动理论过分强调自我意识与主观因素,忽视社会结构对人们之间的互动过程的影响,忽视情绪因素甚至潜意识对人们社会生活的影响。

复习思考题

1. 简述米德的心智、自我与社会的本质和内容。
2. 米德所说的心智能力是什么?
3. 简述布鲁默关于符号互动论的理论前提。
4. 简述布鲁默关于符号互动论的基本原则。
5. 如何理解布鲁默的"自我指示"?
6. 论述布鲁默符号互动论的基本观点。
7. 简述布鲁默方法论中"敏感性概念"。
8. 简述戈夫曼拟剧论中"剧情""剧组""前台""后台"的概念。
9. 论述戈夫曼印象管理的主要内容。
10. 戈夫曼是如何解释表演出的现实与真实的现实之间的矛盾的?
11. 评述符号互动论的理论贡献与局限。

第十一章
现象学社会学与常人方法学

本章要介绍的是现象学社会学与常人方法学两个理论流派各自的创立者的主要理论观点。一般来说，这两个理论流派总是一起被讨论，不仅仅因为他们共同受益于胡塞尔的哲学思想，还因为舒茨与加芬克尔之间的师生关系。舒茨的理论是在继承和批判韦伯有关社会学方法的基础上建立起来的。他在为诠释社会学寻找更为坚实的基础时发现，胡塞尔的现象学提供了较韦伯运用的新康德主义更加优越的武器，可以用来分析社会行动的意义问题。在关注生活世界的主体间性的过程中，以詹姆斯为代表的美国实用主义为舒茨对社会现实问题的研究提供了重要的参照。加芬克尔的理论研究是在继承舒茨对日常生活世界实践活动的研究基础上进行的。他认为，常人方法学在分析日常生活活动时，将其看作是社会成员的方法，成员用这些方法来使日常生活看起来是理性的，并且出于各种实践目的，使行动是可以说明的。无论是职业科学家还是常人，在处理日常生活实践中，其表现都是相同的。从行动出发，加芬克尔发现了日常生活世界秩序得以建构和解释的机制。

本章要点

- 社会世界的意义基础
- 生活世界
- 社会世界的科学研究
- 日常生活实践活动
- 常人方法学无差异

当代社会学界里,现象学社会学(Phenomenological Sociology)和常人方法学(Ethnomethodology)这两派经常被一起讨论。无论现象学社会学还是常人方法学,其当代的主流传人都声称,他们的思想渊源应追溯至现象学的奠基人,德国哲学家胡塞尔(Edmund Husserl)的哲学学说。舒茨(Alfred Schutz)承袭了胡塞尔的思想,将其引进社会学里,奠定了现象学社会学与常人方法学的基础。加芬克尔(Harold Garfinkel)从学于舒茨,开创了常人方法学。

尽管这两个学派之间存在种种相似之处,但是两派理论的拥护者希望将他们之间的差异最好还是区别出来。一般来说,现象学社会学研究者倾向于忠实保留其哲学根源,致力于撰写概念论述和从事思想实验,极少从事调查或观察研究。反之,常人方法学涵盖了现象学和社会学的要素,另外也受语言学、人类学甚至主流社会学的影响,它已将现象学与其他理论渊源彼此融合,产生一个不能再化约为现象学的理论取向。在方法论上常人方法学的研究表现出了高度的经验取向,研究范例包括句子结构、电话交谈、地图报纸、报告、法庭程序等。

第一节 舒茨的现象学社会学

一、学术生涯及主要著作

1899年4月13日,阿尔弗雷德·舒茨生于奥地利维也纳的一个银行世家。他是一个遗腹子,母亲后来嫁给他的叔父奥托·舒茨。继父在银行担任高级职员，性格文静。他的母亲则精力充沛，意志坚强，对舒茨关怀备至，对他的一生影响颇大。

1917年，舒茨以优异的成绩从文科高中毕业，后应征入伍，作为奥匈帝国军人在意大利前线参加了第一次世界大战。1918年10月，正当他回家度假期间，奥匈帝国由于军事失利而迅速解体，不久第一次世界大战结束。尽管舒茨对投身学术很感兴趣，但他还是听从了讲究实用的母亲的建议，于该年底进入维也纳大学攻读法律。在维也纳大学求学时期，舒茨研究的是法律和社会科学，对他影响最大的老师中包括了当时奥地利经济学派的核心人物：米塞斯（Ludwig von Mises）和维塞尔（Friedrich von Wieser）。[①] 奥地利学派的主观价值理论和先验范畴论都对舒茨的思想产生了重要的影响，是舒茨最初理解韦伯社会学思想的桥梁之一。不过到后来舒茨与奥地利经济学派的思想联系就日益模糊了。

1921年12月，舒茨以优异成绩毕业。之后，他成为雷特勒银行的法律顾问，开始在维也纳，后来在纽约。直至他去世前三年，舒茨的职业身份一直是银行家。

在舒茨进入维也纳大学前不久，韦伯（Marx Weber）曾到维也纳大学授课。舒茨尽管没有机会直接聆听，但许多同学向他介绍了韦伯讲学的情况。舒茨开始着手收集韦伯的作品，业余时间从事社会学研究。正如瓦格纳（Helmut Wagner）所描述的，舒茨尤其被韦伯1922年出版的《经济与社会》的开篇章所吸引。[②] 他对韦伯意图为社会科学建立严谨一致的方法论基础尤感兴趣。在舒茨看来，韦伯研究取向的形成主要是根据"意义"（meaning）概念，而这个核心概念被认为是人类行动的特性，以区别于反射性行为。韦伯进一步假定，社会学者可以对它们进行理解（understanding）。但舒茨发现这个观念和所有其他赖以成立的概念有所矛盾。

为了寻找一个严谨的意义理论，舒茨以胡塞尔的思想为基础，将其意义概念应用到行动上，进而重建了诠释社会学的基础。虽然胡塞尔思想是舒茨的理论的主要来源，但他也大量借用了伯格森（Henri Bergson）对意识流的

[①] 奥地利经济学派主张从主观价值的角度来理解边际效用乃至所有类型的人的行动。该学派强调各种独特的历史事件本身具有人的行动特征，可以利用分析人的行动的理念类型来把握历史事件的意义，主张从先验范畴出发，逐渐剥离历史事件的特殊性，分析其中体现的"不易变动的每个人的行为范畴"。参见杨善华：《当代西方社会学理论》，北京大学出版社，1999年，第4-5页。

[②] 参见乔治·瑞泽尔：《布莱克维尔社会理论家指南》，凌琪、刘仲翔、王修晓等译，江苏人民出版社，2009年，第383-384页。

相关分析。① 在此基础上，舒茨撰写了《社会世界的意义构造》（1932 年），（1967 年此书译成英文，改名为《社会世界的现象学》）（*The Phenomenology of Social World*）为韦伯的诠释社会学提供了一个现象学的基础。

舒茨把他的著作奉献给他当时尚未见过面的胡塞尔。胡塞尔于 1932 年 5 月 3 日回信道："我很渴望见到这个思想严谨、见解透彻的现象学家，他是触及我的生活著作之意义核心的极少数人中的一个，不幸的是，要接近这种核心是极其困难的；他答应把它作为真正'稳固不变的哲学'的代表继续研究下去，只有这种哲学能够成为哲学的未来。"舒茨接受了胡塞尔的邀请，前往德国弗莱堡参加了由胡塞尔的追随者和助手组成的讨论小组的一些活动。虽然直到胡塞尔去世，舒茨一直和他保持着联系，但舒茨由于需要继续进行商贸活动以及对胡塞尔某些结论不满等原因，婉言谢绝了做胡塞尔的学术助手的要求。

1937 年，由于纳粹的占领和犹太人的身份，舒茨将全家接到了法国。但他们在法国仅仅停留了一年多，1939 年 7 月又移民至美国纽约，从此在新大陆定居下来。

到了美国之后，舒茨发现自己面临着新的广阔的研究视野：社会学理论研究在这里不仅远比欧洲大陆兴旺，而且具有更浓的经验色彩、实用色彩和心理学色彩。他广泛阅读了美国的哲学和社会学的著作，对实用主义进行了相当深入的研究。他发现，利用实用主义的经验一元论，可以摆脱胡塞尔现象学的唯我论和超验主义哲学的片面性，从而使他的分析社会世界的现象学发展为现象学社会学。②

舒茨一方面担任多家银行的法律顾问，另一方面就任纽约社会研究新学校的客座教授职位，著述和教授现象学社会学的课程。同时，舒茨还担任了《哲学与现象学研究》（*Philosophy and Phenomenological Research*）期刊的编辑。

舒茨兼职的学术工作使他更容易接触到一些如塔尔科特·帕森斯和罗伯特·麦克斐（Robert MacIver）这样的学术界的同代人，并使他与一些如彼得·L. 伯格（Peter L. Berger）、托马斯·卢克曼（Thomas Luckmann），以及纳坦逊（Maurice Natanson）、瓦格纳（Helmut Wagner）等学生建立起联系。

---

① 参见舒兹：《社会世界的现象学》，卢岚兰译，桂冠图书股份有限公司，1991 年，英译序：第 14 页。

② 参见刘少杰：《国外社会学理论》，高等教育出版社，2006 年，第 228 页。

随着舒茨日益认识到胡塞尔的超验哲学问题，他开始关注胡塞尔晚年探讨的"生活世界"（life-world），希望运用社会学方法分析生活世界的结构，以揭示超验性本身的生活世界基础。舒茨这方面的探索成果主要反映在由卢克曼在舒茨去世后利用他的手稿撰写的《生活世界的结构》（The Structure of the Life-world）一书，这为超验现象学找到了一个生活世界的社会学基础。

1956年，舒茨终于辞去了他在银行担任的职务，担任纽约社会研究新学校的全职教授，专心从事社会学的研究事业。但是，长期紧张劳累的生活使得其身体不堪重负，1959年5月20日，舒茨在纽约病逝。

除了早年以德文发表的《社会世界的意义构造》以外，舒茨生前没有再出版任何著作，只是在各种杂志上发表了数十篇文章，其中大多收录在他去世之后陆续出版的四卷本《舒茨文集》（Collected Papers）中。瓦格纳还编撰了出版了《论现象学与社会关系》（On Phenomenology and Social Relations）。除了上文提到的《生活世界的结构》外，舒茨的一些手稿分别以《生活形式与意义结构》（Life Forms and Meaning Structure）和《对关联问题的反思》（Reflection on the problem of Relevance）为名出版。①

二、思想渊源

1. 韦伯的诠释社会学

舒茨的整个理论是在继承和批判韦伯有关社会学方法的论述的基础上建构起来的。他接受了韦伯为社会科学所设立的价值中立前提条件，还接受了韦伯个体主义方法论的立场和社会现象只有通过理想型（ideal type）才能把握的方法途径；他接受并强调社会学研究的逻辑起点只能是社会行动。但是舒茨和韦伯的思想风格存在根本上的差异，他几乎是沿着韦伯根本想象不到的方向发展了其观点。所以舒茨在韦伯著作里发现的那些问题，也许在韦伯眼里并非什么实质性的问题。舒茨认为，由于韦伯"过于偏爱处理具体问题"，只是在迫不得已时才去考虑认识论问题，所以韦伯开创的诠释社会学的一项紧迫任务，就是重新细致地考察社会行动的意义问题，为诠释社会学奠定一个坚实深厚的基础。

---

① 参见杨善华：《当代西方社会学理论》，北京大学出版社，1999年，第8-9页。

2. 胡塞尔的现象学

现象学是以现象为研究对象的学问。现象学家所理解的现象就是事物本身。感官只能认识事物的外表或者某一侧面，意识却能认识事物本身或本质。现象学所说的现象既是显现场所，又是显现过程，还是显现对象，它们都是在意识中发生的。胡塞尔所建立起的高度复杂的现象学与社会学并无直接关系，但舒茨在为诠释社会学寻找更为坚实的基础时发现，胡塞尔的现象学提供了较韦伯运用的新康德主义更加优越的武器，可以用来分析社会行动的意义问题。

胡塞尔认为，自然的立场，或所谓的"自然态度"（natural attitude），乃是发掘现象学过程的障碍。现象学家必须能够将自然态度摆在一旁（也就是所谓放入括弧），如此才能获得意识的最基本的面向。傅利曼（Freeman）认为，这个观点就是舒茨与胡塞尔分离的重要的分水岭。自然态度对胡塞尔来说是障碍限制，舒茨则不这么认为，他主张此乃现象学探究的基本问题。[①]

到了美国之后，随着舒茨对生活世界问题的深入研究，他开始逐渐摆脱胡塞尔哲学中的唯我论思想，用舒茨本人的话来说就是，"比起事情的本来情况来说，'正确的'，也就是正统的胡塞尔诠释只是次要的问题。"在舒茨笔下，许多胡塞尔学说中的重要概念，如主体间性（inter-subjectivity）[②]、生活世界，不再从超验主体角度出发，而被他用来从具体的社会互动出发进行经验的分析和探讨。

3. 美国实用主义

如果说胡塞尔帮助舒茨找到了对社会行动的意义进行构成分析的工具，促使舒茨关注生活世界中的主体间性问题，那么，以威廉·詹姆斯为代表的美国实用主义对舒茨加强社会现实问题的研究起到了很强的推动作用。实用主义关注的是人们经验活动的实在世界，关注由经验构成的或创造的实在世界，即最后的事物、收获、效果与事实，从而超越了传统的经验论与实证论，实现了对经验过程的视角转换。

[①] 参见 George Ritzer：《社会学理论（下册）》，马康庄、陈信木译，美商麦格罗·希尔公司，1995年，第 577-578 页。

[②] "主体间性"是胡塞尔现象学的一个术语，指的是我经验着的这个世界不是作为我私人的综合组成，而是作为不只是我自己的、实际上对每一个人都存在的，其对象对每一个人都可理解的，一个主体间的世界去加以经验的。

詹姆斯在其代表作《心理学原理》(*Principles of Psychology*) 中分析了我们对实在的感觉。他指出，全部实在的起源都是主观的，无论激发出我们兴趣的东西是什么，它都是真实的。说一个事物是真实的，意味着这个事物处在与我们自己的某种关系之中。这里也许存在着数量无限多的实在秩序，其中的每一种实在秩序都具有它自己特殊且独立的实存风格。詹姆斯称这些实在秩序为"次级宇宙"(sub-universe)，并把感觉到的世界或者各种物理事物构成的世界，科学的世界，各种理想关系的世界，等等，作为相关的例子来论述。舒茨认为，一般人的心灵都以或多或少不联系的方式来设想这些次级世界（sub-world）。[①] 这对舒茨分析生活世界是一个具有多重实在（multiple reality）的世界有重要的意义。

除了詹姆斯以外，米德的影响也不可低估。舒茨认为，米德对身体行为的分析，无疑是舒茨分析日常生活中人体可直接触及部分的重要意义时借助的一个主要思想。[②] 这也为舒茨的现象学社会学增添了不少互动论的色彩。

三、主要理论观点

1. 社会世界的意义基础

舒茨对社会世界的意义问题的理解是以对行动的意义分析为出发点，而对行动的意义问题的探讨则建立在对韦伯的细读和批判的基础上。

在韦伯看来，"社会学是一门致力于解释性地理解社会行动并通过对社会行动的过程和影响做出因果说明的科学。""'社会'的行动应该是这样一种行动，根据行动者或行动者们所认为的行动的意向，它关联着别人的举止，并在行动的过程中以此为取向。"韦伯将意义区分为主观意义和客观意义：前者即一个行动相对于行动者而言的意义；后者则是相对于观察者而言的意义。韦伯指出，当观察者试图把握一个行动的意义时，可以通过两种方式：一是借助直接观察进行的理解，一是通过考察动机进行解释性理解。

舒茨认为，韦伯的理论限制显而易见。当他分析社会世界时，他往往只要达到他自认为社会现象不能再化约的基本元素时，他就停止了分析。韦伯的假定错了，他认为个体的意义行为是基本的，但刚刚相反，它只是一个高

---

① 参见阿尔弗雷德·许茨：《社会实在问题（修订版）》，霍桂桓译，浙江大学出版社，2011年，第219页。

② 参见杨善华：《当代西方社会学理论》，北京大学出版社，1999年，第7页。

度复杂与分歧之领域的标志而已,仍有进一步分析的必要。[①]

舒茨考察了韦伯的意义行动概念。韦伯以意义作为标准,进而区别了行动和仅仅只是反应性的行为。舒茨在此列出了意义的不同层次:从完全不考虑他人到理解他人的行动。但是韦伯对此并没有加以考虑。

在对韦伯的"主观意义"和"客观意义"的区分的分析中,舒茨举例说,"假定 X 行动者在 A 行动上赋予了 M_1 意义,而 A 行动是经由 X 的某些身体动作而呈现出来。又假定 X 的 F 朋友与 S 社会学者正在观察 A,……以 F 他自己的实际经验为基础,来诠释外在行动 A,并赋予 M_2 意义。而 S 则会以诠释社会学的理想型概念赋予 A 行动第三种意义 M_3。事实上,M_2 只是和 F 有关的客观意义,而 M_3 只是和 S 有关的客观意义。因此认为 M_2 与 M_3 具有客观意义内容,其实也只是认为它们不同于 M_1 而已。即使在最佳解释条件下,M_2、M_3 绝不可能与 M_1 完全一致。"

舒茨对韦伯提出的行动意义"观察的"理解与"动机的"理解也进行了批判。韦伯对这两种理解的区分是,"第一种是对既有行动之主观意义的直接观察理解(direct observational understanding),包括口语表达。我们可以透过直接观察了解其意义,我们亦可经由面部表情、嘶喊或非理性动作等来理解暴发的愤怒。我们可以用相同的观察方式来理解伐木者行动,或某人抓上门把甩上门,或以枪瞄准一支动物。然而理解可能是另一种方式,也就是解释性理解(explanatory understanding),……特定行动被基于一种可理解的动机序列里,这种理解可视为一种对行动实际过程的说明。"舒茨认为,当我们要对行动进行观察、理解时,我们会面临一个两难困境。韦伯认为我们可以直接观察一个人的行动意义而得到理解,例如,"砍树","手握门把关门"等等,但是这些行动在被称之为"砍树""手握门把关门"的同时,它们就被理解和解释。至于对动机的理解,单以观察为基础时不可能拥有动机理解。因此,凭借其他资料就变得相当重要了。动机的理解需要对行动者的过去与未来有一定认识。一般所谓的动机包括了两种含义:一种是"我这样做是为了(in order to)……"目的动机,或"我这样做是因为(because)……"原因动机。韦伯对此并没有清楚的认识。

那么意义经验是如何构成的呢?

[①] 参见舒兹:《社会世界的现象学》,卢岚兰译,桂冠图书股份有限公司,1991年,第3-4页。

舒茨依照伯格森（Henri Bergson）的生命哲学"绵延"（duration）① 和胡塞尔现象学有关意识建构的分析，回答了意义的起源问题。舒茨指出，人的行为具有两个方面：一方面可以看作是持续的意识过程，是有时间性的，另一方面也可以看作是已经完成的所作所为，是已经冻结的、空间化的。行动的核心特征是筹划（project）。韦伯所说的行动实际上可指正在发生、正在进行的过程，也可指业已完成的状态。舒茨认为前者可称之为行动（action），而后者则是行事（act）。② 当我们处于行动的状态时，实际上我们沉浸在绵延的时间流里。内在绵延之流具有不断形成与消逝的异质性。在纯粹绵延中，并无并列性，没有互斥性，也无分割性，所有的只是一股持续不断的流，一种意识状态的流。当我沉浸到意识流或绵延内时，我并不会发现任何清晰分化的经验。所有的经验都在刹那间形成与消逝。如果我们只是单纯的沉浸在绵延之流内，那我们面对的只是未分化的经验，它们和流动的连续带混合一起。而唯有靠着反省的行为，我才能掌握到注意修改过去的片段，

---

① 伯格森把构成意识的材料分为两类：表象性感觉和情绪性感觉。感觉是神经系统的运动，对某个特定刺激的特定反应产生了表象性感觉，而多种刺激引起的神经系统内持续多变的运动是情绪性感觉。按照强度能否被量化来衡量，有两种意识材料不同的连接方式。可被量化的表象性感觉被安排成数字的系列，异质的意识材料不能被想象为前后持续的直线序列。意识材料的两种连接方式是两种不同的时间观念。连接和量化的意识材料的方式正是传统哲学家把时间想象成前后相连的点组成的一条直线的观念。而连接异质的意识材料的方式则是伯格森所谓的绵延。绵延是意识材料不可分割的连续的流动状态，在绵延状态中，分别不出前后彼此的界线，连续出现的每一个状态都相互渗透，每个当下发生的状态都包含了过去，预示着未来，而与另外状态有质的差异。意识的这种绵延状态就是时间之流。参见赵敦华：《现代西方哲学新编（第二版）》，北京大学出版社，2014年，第48-49页。

② 参见杨善华：《当代西方社会学理论》，北京大学出版社，1999年，第12页。另外，在韦伯那里，行为（behavior）一词的含义要比行动（action）的含义宽泛得多，即"行为"包括"行动"。

这诚如胡塞尔说的,我生活在自己的行为内,意向性①把我从现在带往下一个现在。我借由反省行为可以将注意转向自己的经验。此时,我不再处于绵延之流之内,此时我的经验被理解、被区别开来、被凸显出来。从而使持续的意识流转化为冻结的、空间化的完成状态,将"行动"构成"行事",最后构成行动的意义。②

自我意义的确立过程,与对他人的经验的理解涉及的是两种完全不同的经验与解释图式。我对他人的行动的理解,只有在日常生活中,通过主体间的交流、沟通才能实现。只有在主体间性的关系中才能理解他人行动的意义,主体间性的理解涉及两种状况,一种是没有沟通意图的理解,一种是具有沟通意图,使用符号进行理解。但不管通过沟通还是不通过沟通,获得的意义都处在纯粹的客观意义与绝对的主观意义之间,因为一方面我们不可能完全达到对行动者的主观意义的同等理解;另一方面我们也不可能通过客观意义对行动达到真正的理解,只有触及他人的主体经验的意义理解,才是真正的理解。要实现这一点,我们就只有在主体间关系中来实现。③

2. 生活世界

生活世界是舒茨后期思想的主要着眼点。在介绍舒茨生活世界概念之前,先介绍胡塞尔的生活世界概念。④

---

① "意向性"(intentionality)是表示意识活动与意识对象之间必然的、结构性关系的概念。判断认识对象是否是事物本身,就是要看这些对象是否是事物自身的显示。这里"纯粹"的标准是不掺入个人意见的明证性,"不纯粹"的意识内容属于个人心理范围,不能成为知识的对象。为了达到纯粹的意识,我们可以运用"排除法",把属于个人心理的因素——排除在意识之外,排除不了的剩余就是纯粹的意识。如果把与个人心理有关的意识内容都排除之后,剩下的"纯粹"意识没有什么实际的内容,只是意识的基本结构——意向性。张祥龙认为,意向性的一个很重要的特点是它是内在的,另一个特点是,它是分层的,一层是意向活动,另外一层是被呈现、被意指的那个东西。可以把这整个意向活动的意向性结构比喻成老式的"放电影"过程,在电影屏幕上投影出的东西,相当于意向活动投影在我们意识屏幕上的意向对象。我们看到的是马在跑,但里面有感觉材料的参与,意向活动对它进行激活和统编。参见张祥龙:《现象学导论七讲:从原著阐发原意(修订新版)》,中国人民大学出版社,2011年,第61页,第64页。

② 参见杨善华:《当代西方社会学理论》,北京大学出版社,1999年,第12页。

③ 参见刘少杰:《国外社会学理论》,高等教育出版社,2006年,第235页。

④ 胡塞尔发生的现象学关注经验发生的视域(horizons)结构,以及主体间性、生活世界等问题。参见张祥龙:《现象学导论七讲:从原著阐发原意(修订新版)》,中国人民大学出版社,2010年,第170-178页,第185-186页。

胡塞尔对生活世界的解释的出发点是一个类似于波普尔的"三个世界"的理论——科学和哲学的观念世界，实践活动的生活世界，纯粹自我和纯粹意识的世界。他企图首先把科学和哲学的观念世界还原为实践活动的生活世界，即指出科学和哲学的观念是生活世界中的理论的和技术的实践活动的产物；然后再把实践活动的生活世界还原为纯粹自我和纯粹意识的世界，即指出生活世界是纯粹自我的意识活动的产物。严格地说，胡塞尔反对"三个世界"的理论，因为还原的结果表明只存在一个世界，即实践活动的生活世界。科学和哲学的观念世界只是人们在实践活动中创造出来的一件生活世界的"理念的衣服"。纯粹自我和纯粹意识是作为超越生活世界而存在的，本身不是世界，而世界是由纯粹自我通过它的意识活动构成的。①

舒茨在使用胡塞尔的生活世界时，放弃了其超验性的一面，但仍然认为它具有预先给定性，即它存在于社会个体对它进行任何理论反思和理论研究之前。它是指人们在其中生存并进行各种日常活动的具体社会环境。它在我们出生以前就存在着，具有自己的历史，而且是以一种有组织的方式呈现给我们的。按莫里斯·纳坦森（Maurice Natanson）的说法，"他（舒茨）的学术生命的主导线索是一种对日常生活世界，对这个每天运转不息的世界的意义结构的关注，……理解常识生活的最高实在是理解舒茨的著作的线索。"②

处在生活世界中的人，其基本特点就是自然态度，是指人们在其普通的日常生活中自然而然具有的态度，即人们对生活所持有的最初的、朴素的、未经批判反思的态度。它使人们认为生活世界是不言自明的现实，生活世界对普通人来说是毋庸置疑的，甚至在许多时候都是不可置疑的。尽管生活世界是以普遍有效性的历史形式和文化形式呈现给我们所有人的，但是个体在其生活中解释这些历史形式和文化形式的方式却取决于他在他的具体存在过程中积累起来的经验总和。我的生平情境（biographical situation）限定了我确定行动解释方式。因此"这个世界"被我根据我的生平情境的关联转化为我的世界。

舒茨认为，这只不过是故事的一半。虽然个体从他自己的视角出发限定他的世界，但他却是一种社会存在，植根于一种主体间性的实在之中。舒茨把胡塞尔的"主体间性"概念引入社会生活并赋予它两种作用：第一，自我与他人的立场可相互交换性；第二，相关系统的一致性。他指出，我们所体

---

① 参见刘放桐等：《新编现代西方哲学》，人民出版社，2000年，第324-325页。
② 参见阿尔弗雷德·许茨：《社会实在问题（修订版）》，霍桂桓译，浙江大学出版社，2011年，第2页。

验的这个世界从一开始就是一个主体间性的文化世界，我和同我发生互动的他人共同分享它。因此我具有的关于它的知识也不是我个人的事，从一开始就是主体间性的事。如果把我的身体作为标绘我的世界的坐标原点，那么我就可以说，我的身体的位置与一个作为"彼在"的同伴身体的关系中构成了我的"此在"。我发现改变我的位置，并且由"此在"移动到"彼在"是可能的。

在我经验的外部世界的各种成分之中，不仅有各种物理客体，而且有生命和有自我意识的同伴。认识后者不仅与认识物理客体不同，而且与认识自我也不同，舒茨称这种作为认识对象的他人主观世界为"变形自我"（alter ego），它是指个体通过与他人的意识活动同时进行的意识活动所把握的，存在于个体自我之中又不同于个体自我的他人意识流。这种通过生动的同时性而体验他人的意识流现象称为"关于变形自我实存的一般论题"。在舒茨看来，这种生动的同时性就是主体间性的本质。

同伴这个词包含了广阔的变形自我领域。一群伙伴共享一个时空共同体，舒茨称这种共同体为"面对面情境"，参加互动的人会有意识地考虑他面对的人，这种针对他人的态度，舒茨称之为"你们取向"（thou-orientation），而由这种取向所形成的关系则被称为"你们关系"（thou-relationship）。如果参与者彼此知觉，无论时间的长短与否，都彼此参加到彼此的生活里，那么也可称为纯粹的"我们关系"（we-relationship）。一旦我们从直接社会经验过渡到间接的社会经验，那么此时的时空是间接的。此时这种关系为"他们关系"（they-relationship）。

由此，舒茨划分出四个不同的社会世界：前人世界、后人世界、直接经验的社会世界、间接经验的社会世界。在前两种世界里，同伴或是生存在较早年代，或是尚未出生，我们只有想象可得。在直接经验的社会世界，同伴是直接面对面接触的人。而在间接经验的社会世界里，同伴是我知觉到他与我在同一个时空中存在，但并没有立即经验到的变形自我，其特点是间接性和非人格性。

3. 生活世界的知识问题

舒茨认为，作为社会科学分析对象的普通人，当他们面对外在世界、理解世界时，并不仅仅是在进行感知的活动。他们和科学家一样，也是运用了一套极为复杂的抽象构造来理解这些对象，舒茨称这些构造为"手头库存知识"（stock of knowledge at hand），普通人正是通过这些库存知识来理解世界的。

那么，这些所谓的"手头库存知识"是怎样"上手"的呢？舒茨认为，这些知识是普通人在主体间性的世界中逐渐形成的，正是这些以往的主观经验构成了一个普通人面对情境时可以利用的手头库存知识。

舒茨强调指出了手头库存知识的特征。他认为，人们的现实是他们的手头库存知识。对社会成员来说，手头库存知识组成了一种"最高的现实"——一种建构和引导所有社会事件的绝对现实的感觉。知识储备社会化习得性，以及促进"视域交汇"的能力，所有这些都在一定情境下给行动者以这样一种感觉或预设，即世界对所有人而言都是一样，并向所有人显示了同样的特征。①

这种手头库存知识是由常识世界的各种类型化（typification）构成的。人们从一开始就是从类型的角度，通过一个熟悉的视界察觉这些存在和客体的。人们之所以把新的、不同的东西当作不寻常的东西来认识，是因为它是对照着平常的东西构成的背景表现出来的。舒茨将类型化定义为存在于整个社会文化的行动"秘方"（recipes）。当人们社会化时，他们习得这些秘方和应对典型情境的典型行动，然后将这所习得的秘方选取适用者应用至情境之中。从童年时代起，个体就开始持续不断地积累大量的"秘方"，这些"秘方"成为他们后来理解——或者至少说"控制"——他的各种体验方面的技巧。不过，类型化不是针对特定的个人，而是针对某一类型的人。比如，我们并不需要知道是哪位特定的人在分发和处理邮件，就可以放心地交付邮件让他们投递。我们有足够的知识知道从事这项工作的人们的类型。这种类型化是我们在充满陌生人的世界里建立熟悉性（familiarity）的关键。

在当代世界里，文化的类型化是经常稳定的，但我们时常会遭遇一些不寻常的情境，或是可能发现这些可靠和真实的"秘方"无法应用到某些既定的情境里。按舒茨的分析，这涉及"关联性"（relevance）的问题。在日常生活中，所有的经验和行为都是基于关联结构，普通人则是根据关联性来组织自己的库存知识的。这里所说的关联性，就是指在一个情境中，什么问题会成为我关注的焦点，考虑的主题（theme），我会对什么问题感兴趣等。一般情况下，面对始终处于变动中的社会世界，行动者往往会将其转变为典型情况来处理，但是，当行动者确实关注某种变化时，新的事件的非关联性才会显现出来。例如，我们可能预期邮局的员工必须会正确地分类邮件，可是如果我们经常收到错误的信件，那么就不得不修正类型化了。

---

① 参见乔纳森·H. 特纳：《社会学理论的结构（第七版）》，邱泽奇、张茂元等译，华夏出版社，2006年，第344页。

在此还需说明的是舒茨对手头库存知识和科学知识的区分。舒茨在詹姆斯的次级宇宙概念基础上，进一步分析得出，生活世界是一个多重现实的世界，从意义的角度看，次级宇宙即为"有限意义域"（finite provinces of meaning）。每种有限意义域都具有各自不同的认知风格。① 科学世界也是生活世界中的一个"有限意义域"。行动者的手头库存知识是从生活世界而来，这就是普通人有关世界的构造，是一阶构造（first order constructs），科学知识却是从科学推理中衍生而来，所有的科学构造在原则上都要超越于常识的构造。社会科学家眼前的事实和事件同一阶构造相比具有完全不同的结构，它们具有特定意义结构和关联结构。属于二阶构造（second order constructs），是对社会行动者构造的构造。这个区分对理解舒茨的社会学方法论中的价值中立有着重要的意义。

4. 社会世界的科学模型②

在《社会世界的现象学》中，"生活世界"与"社会世界"这两个概念往往是等同的，指的都是一种具体的社会实在。③

舒茨将社会世界的面向区分为那些以哲学方式分析者以及适合科学的社会学探索两者，并且尝试将两者关联在一起。但对舒茨来说，却面临一个矛盾的立场。一方面，他企图在韦伯传统之下发展一个主体的社会学，另一方面也面临了严格科学概念的需求。对他来说，"我们需不厌其烦地重述韦伯社会学的方法是理性的"，④ 问题是"如何可能以客观的知识体系掌握主观的意义结构呢？"

可以从舒茨的变形自我概念入手来分析。在我与同伴的三种关系即我们关系、你们关系、他们关系中，我们关系和你们关系是由高度亲密程度所界定。尽管在其中可以学到秘方，使用秘方，但舒茨认为它不是科学社会学的

---

① 参见阿尔弗雷德·许茨：《社会实在问题（修订版）》，霍桂桓译，浙江大学出版社，2011年，第245-247页。

② 参见阿尔弗雷德·许茨：《社会实在问题（修订版）》，霍桂桓译，浙江大学出版社，2011年，第42页。

③ 舒茨后来认识到胡塞尔的生活世界与社会世界是有区别的，胡塞尔的社会世界指的是远离日常生活的社会现象，包括科学世界与生产世界，具有超验性，而生活世界则是常人世界，是一种人们所经验的主体间性的世界。参见刘少杰：《国外社会学理论》，高等教育出版社，，第236页。

④ 参见舒兹：《社会世界的现象学》，卢岚兰译，桂冠图书股份有限公司，1991年，第275页。

题材。因为它们是不可预测的,相反他们关系却是可以被科学研究的,因为他们关系是与非人格的当代人互动表现出来的,而不是与伙伴互动表现的。在他们关系中,人们的思想与行动乃是由匿名的类型化所支配。因此一个类型化的科学,在他们关系中是可能的。

按照此思路,我们对社会世界逐一进行分析。

后人世界与前人世界:后人世界在舒茨的学说中是个完全自由和不能决定的世界,不为任何科学的法则所支配。前人世界是部分的适合科学的分析。那些生存于前人世界的人们的行动是完全确定的,其中并无任何自由的元素。可是,对一个主体的社会学来说,研究过去的前人世界是困难的,原因在于我们没法使用当时盛行的思维范畴去诠释历史中的行动。

直接经验的社会世界:在此领域里,行动者具有相当可观的自由程度和创造力,因此不可以成为社会学的科学的一部分。

间接经验的社会世界:在此领域中,人们通常是在处理那些人们的类型,或是较大的社会结构,而不是实际的行动者。随着人们之间匿名性程度(degree of anonymity)的提高,则它越适合进行科学的研究。[1]

那么,社会科学家如何进行科学研究?

首先,研究者必须建立科学的态度,要价值中立。其次,要建构社会行为的理想型。社会科学只是处理个人理想型。在理想型的建构过程中,主观意义脉络已渐由一系列客观意义脉络所取代。[2]

社会科学所进行的二阶构造中的理想型必须符合下列标准:逻辑一贯性假定、主观解释的假定、适当性假定及相容性假定,从而保证其科学性。[3]

此时由社会科学家创造出来的人格模型被舒茨称为"侏儒",它既没有出生,也不会死亡,它的知识不会超过社会科学家加诸其身上的典型知识。简言之,这个"侏儒"是类型化所决定的。

四、对舒茨理论的评价

虽然舒茨最重要的著作在 1932 年就出版了,但是直到 1967 年此书才有

---

[1] 参见 George Ritzer:《社会学理论(上册)》,马康庄、陈信木译,美商麦格罗·希尔公司,1995 年,第 359-364 页。

[2] 参舒兹:《社会世界的现象学》,卢岚兰译,桂冠图书股份有限公司,1991 年,第 276 页。

[3] 参见侯均生:《西方社会学理论教程(第四版)》,南开大学出版社,2017 年,第 282-283 页。

英译本，也是直到近年来舒茨的声誉才在社会学中扩散开来。他之所以会默默无闻，部分是因为其研究的结果——他高度不寻常地专注于现象学——但更为重要的原因乃是他非比寻常的社会学生涯，即他所谓的"双重生活"（double life 或 split existence）。这使得他在生前一直停留在社会学领域的外围。许多学者对舒茨学说中的一些问题进行了批评，其中最主要的是"舒茨在多大程度上克服了现象学与社会学之间的内在紧张？"

希普和罗斯（Heap and Roth）指出，众多在胡塞尔传统下从事研究的当代现象学社会学家严重地伤害了胡氏原初的取向观点。目前，学者们并不加以讨论的问题，乃是那些使用胡塞尔的术语的社会学家，是以日常语言对话的角度来理解这些术语，并非如胡塞尔所意指或严格的现象学所使用的内涵。①

其实这个问题可以用另一个角度思考，即现象学社会学家们在多大程度上继承了现象学的思想？在胡塞尔看来，现象学：它标志着一门科学，一门诸科学学科之间的联系；但现象学同时并且首先标志着一种方法和思维态度。②

弗格森认为，经验是社会学与哲学共同的基础，优先于其他任何学科思考，二者都想在某种程度上证明它们在这个基础上充分把握了本学科。但是，每次理解加深的同时也使双方更为不同和疏离，这是一种关于经验的特定视角。惊异也是现象本身的一部分。现象首先是非凡的，某种令人惊异的事物。好奇心在现代重生为惊异，不过是作为非凡的现实/实在的重生。③

舒茨的理论直接导致了现象学社会学的诞生，同时也催化了常人方法学的诞生，对戈夫曼晚期的一些著作也有相当的影响。舒茨的理论对主流社会学的影响也十分深远，比如英国的吉登斯和德国的哈贝马斯就曾受益于舒茨的理论，舒茨的著作已成为社会理论的经典文本，产生着持久的影响力。

---

① 参见 George Ritzer：《社会学理论（下册）》，马康庄、陈信木译，美商麦格罗·希尔公司，1995年，580页。
② 参见张祥龙：《现象学导论七讲：从原著阐发原意（修订新版）》，中国人民大学出版社，2010年，第26页。
③ 参见哈维·弗格森（Harvie Ferguson）：《现象学社会学》，刘聪慧、郭之天、张琦译，北京大学出版社，2010年，第9页，第18页。

第二节　加芬克尔的常人方法学

一、学术生涯及主要著作

1949年12月5日，正在美国纽约社会研究新学校执教的，当时还默默无闻的现象学社会学家舒茨收到了一封来自帕森斯的一个学生的信。这个学生在信中说自己深受舒茨理论的启发，正力图通过"系统地破坏"人们用来维持日常行为的"意义结构"来分析普通人在社会关系中的自然态度和经验。舒茨回信鼓励他，希望他能够成为"这一未被发现的宝岛的探索者之一"。这位学生并未辜负舒茨的期望，几年后，他开创了战后社会学界最有争议的流派——常人方法学（ethnomethodology）。这个帕森斯的学生就是哈罗德·加芬克尔。[①]

加芬克尔（1917—2011），1917年出生于美国新泽西州。1946年，加芬克尔进入哈佛大学刚刚建立的社会关系系就读。此时，正是该系系主任帕森斯（Talcott Parsons）所创立的结构功能理论的鼎盛时期。帕森斯对社会秩序的探讨是加芬克尔关注的核心问题之一。加芬克尔认为帕森斯所讨论的行动是理性的、公式化的、被动的、决定论的行动，完全忽视了行动者是从日常世界的秩序出发进行考虑和判断的，这促使他试图从舒茨的有关意义、生活世界等理论中去寻找对社会秩序新的分析思路。

1952年，加芬克尔完成了题为《对于他人的洞察》（*The Perception of the Other*）的博士论文，获得哲学博士学位。

1952—1954年间，加芬克尔在俄亥俄州立大学短期执教。1954年，他参加了芝加哥大学法学院赞助的一项对陪审团决策问题的研究。这项研究通过窃听陪审团做决定的过程来分析陪审团的工作方式。加芬克尔发现，与理论所规定的陪审员应该做什么、应该如何判断推理不同，现实中的陪审员似乎只是"理论机器上一些有缺陷的齿轮"，陪审团十分重视应使用什么方法来权衡各种相互冲突的证据，以重建对社会现实的完整统一的认识。但是当陪审团一旦做出决定后，他们又按照事先准备好的规则来为其决定进行解

---

① 参见李猛：《常人方法学四十年：1954—1994》，《国外社会学》，1997年，第2期，第11页。

释。他们完成工作的实践方法完全不符合社会学教科书的规定。加芬克尔决定致力于这方面的研究。

据加芬克尔本人的回忆，"常人方法学"这个词是他在1954年"发明"的。"ethno"指的是普通人（everyone），而"ethnomethod"指普通人用的方法，即常人方法。他说，"我用常人方法学一词来指涉对作为日常生活之各种有组织的、人为的、实践的、权宜的和不断发展的完成的索引性表达和其他实践行动所具有的理性属性的研究。"①

1955年，加芬克尔到加利福尼亚大学洛杉矶分校（University of California at Los Angels）任教，他的常人方法学的理论观点也在这儿逐渐形成。在他的同事及学生们的共同努力下，加州大学的洛杉矶分校和伯克利分校成了常人方法学的思想中心。加芬克尔在这期间为常人方法学创造了许多独具特色的研究方式，其中最著名的即"破坏性实验"（breaching experiment）。在实验中，正常的互动程序被有意地打破，迫使行动者在情境破坏之后积极的重构现实。

1967年加芬克尔出版了《常人方法学研究》。加芬克尔指出，这本书里的文章源于他对帕森斯、舒茨、古德维奇（Aron Gurwitsch）以及胡塞尔作品的研究。② 这本书既是加芬克尔的成名之作，也是常人方法学的基本理论纲要，为常人方法学下一步研究预设了方向。

1970年，加芬克尔与自己的学生萨克斯（H. Sacks）合写了《实践行动的形式结构》，进一步阐发了常人方法学的理论观点。

1975—1976年，加芬克尔在斯坦福大学"行为科学高级研究中心"从事研究工作。

自常人方法学诞生以来，很多学者不断加入了常人方法学研究的行列。除了工作研究（study of work）、谈话分析（conversation analysis）外，研究主题还包括行动、秩序、对话、制度、权力、认知、科学研究等。从表面看来，对这些专业性领域的研究似乎是对常人方法学的一种背离，但实际上它的研究主题与以前的常人方法学有共同之处，关注的是专业领域中想当然的行动中的理性与情景理性的方法。

1982年，加芬克尔将诸多常人方法学追随者以及他本人的论点加以编

---

① 参见 H. Garfinkel, *Studies in Ethnomethodology*, Polity Press & Blackwell Publishers Ltd., 1984, p. 11.

② 参见 H. Garfinkel, *Studies in Ethnomethodology*, Polity Press & Blackwell Publishers Ltd., 1984, preface ix.

辑，出版了《自然状态下组织的日常活动研究手册》（三册），分别包括了《给新手的导读》《关于发现科学工作的常人方法学研究》《对工作的常人方法学研究》。

1988年，加芬克尔从加利福尼亚大学洛杉矶分校退休。

加芬克尔著述结集出版的并不多，除了上面介绍过的《常人方法学研究》和《实践行动的形式结构》外，还有《作为稳定的协同行动的条件的信任：概念与实验》（1963），以及编著的《常人方法学的工作研究》（1986）等。

二、主要理论观点

1. 日常生活实践活动

在普通人看来，社会学是一门研究社会生活中"显而易见"（obvious）的事实的学科，与这种想法恰恰相反，传统的社会学研究对此明显采取了忽视态度。那么，加芬克尔缘何如此关注日常生活实践活动呢？

在《常人方法学研究》开篇，加芬克尔明确提出，普通人和职业人员都在从事社会学的活动，在进行这些活动的时候，他们所涉及的"现实世界"实际上就是指"日常生活中的组织化活动"。这里所谓的组织化并不是指社会学一般意义的实体性社会组织，而是指普通人对社会活动进行的组织过程——即使这些活动成为可以理解的社会活动的过程。用加芬克尔的话来说，"常人方法学的研究在分析日常生活活动时，将其看作是（社会）成员的方法，成员用这些方法使日常生活看起来是理性的，并且出于各种实践目的，使行动是'可以述说'的（reportable），也就是'可以说明的'（accountable）……"。无论是职业科学家，还是常人，在处理日常生活实践活动中，其表现都是相同的。正是这些预设的明显与不明显的方法，而不是价值、规范、共同定义和互通有无将社会凝聚在了一起。

（1）行动的权宜性（contingency）。加芬克尔关于日常生活实践的第一个发现就是行动的权宜性。也就是说日常生活的实践活动是行动者依照复杂的技术、方法完成的，并非可以凭借规则一劳永逸的解决，加芬克尔称普通人的行动是一项"成就"（achievement）。但是，由于受到"想当然性"的影响，普通人把这些为了维持行动所进行的努力、方法和过程都视为"理所当然"，见怪不怪。社会学家要想使这些"普通行动"成为"可见的"，就必须采用一些特殊的方法，来有系统的破坏这些"想当然性"，在社会生活的实践局部中引起"混乱",造成"局部失范",只有这样才能发现社会行动的内在组织过程,这就是加芬克尔著名的"破坏实验"。

比如,加芬克尔报道了一系列的对话,进行实验的学生对被试的任何陈述都提出刁难,其结果就是如下所示的模式所展现的一系列对话。

受试者与实验者同为一个俱乐部的成员,他跟实验者谈起前一天上班时他的车胎瘪了这件事。

受试者:我的轮胎瘪了。

实验者:你的轮胎瘪了,什么意思?

受试者:(经过一时的困惑之后,用一种满含敌意的强调回答)"什么意思"是什么意思?轮胎瘪了就是轮胎瘪了,我的意思就是这样,没有别的。你是不是疯了?[1]

在这种情境中,实验者显然是破坏了互动的规则,从而导致了被试的不满,还招来了"你是不是疯了"的回击,反映出在情境破坏之后行动者积极再构现实的过程。

上述"破坏实验"仍有一定的局限性。加芬克尔承认,就其实质意义而言,这些并非真正的实验,最好能够称之为"破坏性证明"(breaching demonstration)。他因而研究了大量的"自然"的活动,比如关于自杀的研究,分析自杀中心的验尸官如何为死者死亡原因归类,从而验证了他所说的行动的权宜性也存在于人类现实生活之中。

(2) 行动的可说明性(accountability)。加芬克尔认为,社会成员用于产生和管理有组织的日常生活事件的各种环境的活动与成员使这些环境成为可说明的程序相一致。在日常生活的实践中,行动和说明是密不可分的,说明是行动的内在组成部分。

所谓说明,是指行动者解释特定情境的方式。实践行动的可说明性并不意味着在行动规则和规范预先决定的情况下一劳永逸地对实践活动进行全面描述和理解,相反,只能作局部的描述和理解。规则和规范对实践行动而言,与其说是本质的,不如说是认识性的,规则和规范的唯一作用或许是使实践行动成为可认识与说明的。维特根斯坦(L. Wittgenstein)指出,"语言游戏"中必须有一定规则,否则词与句子的意义就没有依循,因而失去意义。但在语言游戏中,规则不是决定性的,就像在棋类游戏中,规则无法决

---

[1] 参见 H. Garfinkel, *Studies in Ethnomethodology*, Polity Press & Blackwell Publishers Ltd., 1984, p. 42.

定我们下一步会走哪一步棋。加芬克尔认为,规则并非决定性的,它只具有认知意义,也就是使行动成为可以说明的。这类似于物理实验报告中的程序说明,人们可以借此了解实验的情况,但实验的进程并不按照报告进行,报告总是在实验之后才制作出来。

(3) 行动的索引性（或索引性表达）(indexical expression)。"索引性"源自语言学,主要研究语句可能在不同语境中有不同意义。胡塞尔指出,以往的认识论只注重研究认识与对象之间的关系,但忽视了认识与表达之间的关系。在常人方法学中,"索引性"指人的行动和场景之外的社会结构之间存在复杂的关联。受此启示,加芬克尔将人们的表达方式分为两种,一种是索引性表达,它是日常生活领域的表达形式;一种是客观性表达,它是科学领域的表达形式。对索引性表达而言,它是与事物的特殊性、唯一性相联系的,是参照特定的场合和情境做出的,是受具体关系限制的,其表达不要求精确。对客观性表达而言,它要描述的是事物的普遍特征,这些特征使事物成为典型的一类,从而使它不受具体关系的限制。举例而言,假如一个人问另一个人他上次看电影是什么时候,他如果做索引性表达则会说,"大约是一个月以前吧。"并不精确到哪一天哪一个时刻。若做客观性表达,那么他会说,"我上次看电影是今年的 1 月 23 日,那天是星期五,电影于晚上 9 时开始,11 时 12 分结束"。

由于索引性表达依赖对意义的共同完成且未经申明 (unstated) 的假设和共享知识,一项表达只有依赖其他表达才能得以理解。因此,这种表达的特点是无尽的索引性。

下面是一段实验记录。在实验中,加芬克尔要求学生们尽可能记下日常谈话中使双方谈话得以进行但未言明的背景。但是,学生们却发现这一任务是难以完成的,因为索引性永无尽头。

谈话内容	实际背景
丈夫：达纳今天不用人帮助就成功地往停车计时器中放入一个便士。	今天下午,我把我们四岁的儿子达纳从幼儿园接回家。当我在停车计时器旁停车时,他爬了上去,放了一个便士。以前,他要爬那么高,总要有人帮助才行。

妻子：你带他上音响商店了？	由于达纳在停车计时器里放入一个便士，这说明你停车时，他和你在一起。我猜想，你在接达纳回家的路上，也许在音响店停车了？因为音响商店门口有停车计时器。
丈夫：没有，到修鞋店去了。	我没有带达纳去音响商店。我在去接他的路上去了音响商店。在接了他回家的路上，我带他去了修鞋店。
妻子：为什么？	我知道你去修鞋店是有原因的，但不知道你去干什么？
丈夫：我给我的鞋买了一副新鞋带。	你记得，有一天我的棕色便鞋上的一根鞋带坏了，我这次去修鞋店买了一副新鞋带。
妻子：你那双平底鞋也该换一双新后跟了。	你说的这件事我想起来了。但你也应该修一下那双平底便鞋，换一个新的后跟，你最好让人把它尽快修好。①

在日常生活中上述对话之所以能够井井有条地进行，显然是由于对话的双方对对话的言外之意有共同的理解和假定，且对话的双方都心照不宣地遵守着某些规则和假定。

（4）行动的反身性（reflexivity）。加芬克尔认为，"反身性"是社会过程最基本的性质，人们在理解、描述社会互动的结构的过程中形成社会互动的结构，这种现象就是反身性现象。行动的反身性即行动与说明和场景之间的不可分性。许多人类的互动都是反身性的，人们以一种支持特定现实观的方式来解释彼此之间的暗示、姿态、言词和其他信息，即使是相反的证据也以反身性的方式来解释，以维持信仰和知识的体系。例如，针对神的仪式行

---

① 参见 H. Garfinkel, *Studies in Ethnomethodology*, Polity Press & Blackwell Publishers Ltd., 1984, p. 25-26.

为支撑着这样一种现实观：神影响着万事万物。当热切的祈祷和仪式行为并未从神那里带来所愿的干涉，他们会更加虔诚，而不是从此反对这一信念；并宣称，这可能是因为他们祈祷的不够，或者是神另有其宏图大略。

加芬克尔做了大量经验研究来说明实践行动的这种反身性。例如，加芬克尔曾邀请了十名大学生参加名为"精神心理治疗法"的实验。实验者谎称是受过专门训练的学生顾问为被试者提供咨询。基本过程是首先要求被试者谈一下他咨询问题的背景资料，然后提供一些只能用"是"或"否"来回答的问题，而顾问选择"是"或"否"完全是实验者根据随机抽样的原则决定的，与问题本身毫无关系，但学生不知道这一点。咨询双方被隔开，彼此看不到对方的反应。

下面是这个咨询实验的一部分。

被试：我恰好是个犹太教徒，我一直与一个异教徒的女孩子约会……我爸爸没有直接反对……但是，他说了一些挖苦的话，使我感到很不舒服……我的问题是……你认为我应该与这个女孩继续约会吗？

顾问：我的答复是"否"。

被试：否？这倒有点意思……我想，大概是当局者迷，旁观者清吧……我想问的第二个问题……我应该与我爸爸再商量这个与异教徒女孩约会的问题吗？

顾问：我的答复是"是"。

被试：对，我认为这样也合理……我想我们应该以将来的可能性和他对这个问题的看法为基础讨论一下，现在他可能不会坚决反对了，因为我们只不过约会而已。但是他可能估计到了未来的复杂性，他的确很想在这个时候说个痛快，现在我已准备好第三个问题。如果……我爸……说……你继续跟她约会吧。但是……他实际上不愿意我去与她约会，不过，他只是为了做个好父亲才这样说的。我还应该……跟这个女孩约会吧？

顾问：我的答复是"是"。

被试：嗯，我对这个答复实在感到惊讶……即使他早先就说，去吧，去与她约会吧；但是当我知道他实际上不愿我与她继续约会时，我也许会感到内疚的。尽管我不知道这实际上有什么用……现在我已准备好第四个问题……如果我请我妈跟我爸好好谈谈，以便对我爸在这个问题上的意见能得到一个较为真实的反应,你以为合适吗?

顾问:我的答复是"是"。

被试:嗯,这看来对我比较合适。我以为他或许会把他对这个问题的看法比较如实地跟母亲说……她对这类问题比较开明……至少,我感到我们多少有点进展。我现在已准备第五个问题……你认为我应该告诉与我约会的女孩,关于她的宗教问题使我遇到的麻烦吗?

顾问:我的答复是"否"。

被试:……真出乎我的意料。当然,这可能取决于你对这个女孩关心的程度……我……觉得……唯一正确的方法是告诉她……如果她认为这是一个障碍,那么,我认为或许事情就此结束……我已准备好第六个问题。如果我们希望结婚……你认为我应该要求她改变宗教信仰吗?

顾问:我的答复是"否"。

被试:……哎哟,这可使我为难了。不……不幸的是,我从来没有见过一个在宗教上分裂的家庭,真正能够善始善终……我想我还是让她改变宗教信仰好。不过,说老实话,我认为我做不到。我已准备好第七个问题。我认为……如果我们用一种中间的宗教,而不是我们俩信仰的那两种宗教教育我们的孩子,情况会好些吗?

顾问:我的答复是"是"。

被试:对,这也许是个解决问题的办法。如果我们能找到一种把我们的两种信仰在一定程度上结合起来的宗教……我想我应该沿着这个方向再走走,看究竟会发生什么事情。现在我已准备好第八个问题。要是我们结了婚,是不是最好住到一个新的社区去?在那里,如果由于宗教信仰的不同而受到家庭的很大压力,我们就可以不跟父母联系。

顾问:我的答复是"否"。

被试:嗯,这个答复我倒是有点同意。我感到回避问题不会有什么太多的好处……所以最好我留在那里,并想办法去解决。我已准备好第九个问题。如果我们真的结了婚……我们是否就用这种新宗教教育他们(孩子们)……就是我们刚才所说的那种,让他们相信我们原来所信仰的东西?

顾问：我的答复是"否"。

被试：……如果孩子们发现我们在宗教信仰上是不同的，他们会认为我们不光明正大……这也不是解决问题的最好办法……我已准备好第十个问题。你是否认为我们的孩子……会因为……我们的困难……而在宗教信仰方面发生问题？

顾问：我的答复是"否"。

被试：唉，我真不知道我是同意还是不同意好……我认为，如果他们的宗教信仰是健康的，能满足他们在宗教信仰方面的需要，那他们就不会有什么问题……现在我的评论完了。

咨询实验就这样结束了。于是要求被试对他所受到的劝告发表意见，下面是他所发表的意见中的一部分。

被试：当我们进行商讨时，我所得到的答复多半意识到了当时的情况……这些答复对我是意味深长的……总的说来，这些答复是有益的……他（顾问）完全了解我们当前的一切情况……我认为这些回答很有见解，很有意义。①

加芬克尔指出，在整个咨询过程中，顾问的意义实际上是学生自己反射出来的，构造出来的，由学生反射出来的这些意义构成了整个咨询过程的主要内容。整个咨询就是在他们的理解和解释过程中进行的。在加芬克尔看来，上述实验所表现出来的特征也是构造一切实际活动的特征，它们是一切实践活动的形式属性，而与内容无关。

加芬克尔追随曼海姆将这一反身性的建构过程称之为"文献诠释法"（documentary method of interpretation）。他认为，绝大多数社会成员，包括职业社会学家和一般成员都是用这种方法来感受和说明社会世界的，这种解释的基本特点就是：把一种实际现象当作一种预设假定的基本模式的"证据""说明"和"代表"。一方面这个基本模式是由它的个别纪实证据引申而来的；另一方面，这些个别纪实证据反过来又在对基本模式"所具有的了解"的基础上加以解释的。

2. 从民俗科学（folk science）到常人方法学

加芬克尔对当时以帕森斯理论为主导的传统社会学进行了激烈的批判和

---

① 参见 H. Garfinkel, *Studies in Ethnomethodology*, Polity Press & Blackwell Publishers Ltd., 1984, p. 80-85.

反思。他认为传统社会学只是一种民俗科学，而常人方法学与传统社会学之不同之处在于它通过彻底地反思摆脱了后者的素朴性。

加芬克尔认为，在帕森斯的理论中，行动者只不过是一个判断傀儡（judgment dope），它有两种表现，一种是文化傀儡，一种是心理学傀儡。前者指的是社会学意义上的社会人，他们由于按照共同文化所提供的行动的预设性与合法性选择而行动，从而产生一种稳定的特征。而后者是心理学意义上的社会人，这种稳定的社会特征是通过各种心理因素内在地影响行动者而实现的。但是这种人类模型（model of man）完全忽视了日常生活社会行为复杂的组织过程和行动者所从事的大量的权宜性的工作，并不能真正说明行动者如何赋予行动以意义的。因此，建立在这样的人类模型基础上的社会行动的规则秩序，以及对社会现实的传统社会学的描述方式实质上扭曲了社会现实本身。

下面将从加芬克尔的社会事实观和对科学理性与日常生活理性态度上的区别两方面来介绍论证过程。

在介绍"行动的权宜性"时，已经提到了加芬克尔对自杀的分析。加芬克尔本人曾经在洛杉矶自杀预防中心工作了一年。他对许多自杀案例的甄别和认定做了大量详尽的调查。他发现，验尸官们都有一种关于自杀的"常识理论"或"模式"，如果某些死亡符合这一理论或模式，他们就把这些死亡认定为自杀。例如，验尸官们通常要考虑这样一些证据：第一，死者是否留有遗书，遗书是否为真。第二，死者生前是否有轻生的暗示。第三，死亡的方式是服毒、投水、吊死、触电还是其他形式？第四，死亡的场所是死在家中还是暴尸街头？第五，验尸官们也特别注意自杀的动机和自杀的心理压力，如死者的精神病史、事业上的严重受挫、家庭破裂等。这些也常常是验尸官们认定自杀的佐证。

自从涂尔干的《自杀论》发表以来，人们注意到涂尔干所使用的官方统计资料的确有明显的偏颇和误差。例如，天主教地区的自杀率之所以大大低于新教地区的自杀率，可能是因为天主教对自杀的指责更为强烈，从而导致自杀者的亲友及其当局故意掩盖死亡的真正原因，而涂尔干似乎并没有注意到这一点。

加芬克尔得出的结论是：自杀绝不是一种客观事实，被认定为自杀的那些死亡，可能全然没有什么共同之处。它们只不过是验尸官们根据一定的假设、一定的模式、一定的推理程序把它们归之于一类。所谓的自杀实际上只是验尸官们对某些非正常死亡的解释。

在此，加芬克尔秉承了胡塞尔、韦伯、舒茨一以贯之的观点：社会科学与自然科学研究对象是不同的，人是有意义的存在，人总是能动地构造自己的社会现实，人们在解释和说明世界的同时，实际上也在构造着社会现实。

加芬克尔指出，人们对社会生活的分析可以从两个方面来看：一是科学的兴趣（scientific interest），另一个是实践的兴趣（practical interest）。科学的兴趣亦指理论上的兴趣，研究者从科学或理论的立场系统地整理归类客观的自然现象和人类行为。实践的兴趣指的是人们在日常生活现实里对行为的普通常识性的理解。由此，加芬克尔区分了日常理性和科学理性两种不同的理性。在某些标准上，它们是重合的——在科学中也能找到加芬克尔所谓的日常理性。任何一种在日常生活中将科学理性付诸实践的企图都将导致破坏。例如，如果你期待每个人都应该精确界定所使用的术语的意义，那么日常对话就不可能进行下去。[①] 而这都源于索引性表达和客观性表达之间的不匹配性。因为日常生活模式并不是按科学研究的模式展开的，如果对使用索引性表达的日常生活世界却使用客观性表达来反映，这种表达可行吗？科学理性是否能够研究原本不具备科学理性特征的、日常生活态度支配的实践？传统社会学长期以来孜孜以求的，就是要力图最终避免索引性表达和行动，借助其他一些东西来解决索引性带来的"无穷无尽的链条"，但是这种"修补"或"疗救"（repair 或 remedy）是无济于事的。所谓客观的社会之所以是客观的，是因为我们仅仅用了客观的术语来表达它们，但是没有客观内容之实。

以"律师-当事人"为例，我们是从许多不同的律师和不同的当事人之间的许多不同关系中发现许多共同的东西，然后用这些共同的东西来描述"律师-当事人"关系。社会学家和普通人在此使用的都是文献诠释法。这是由实践行动的反身性所决定的。加芬克尔和萨克斯提出了"常人方法学无差异"（ethnomethodological indifference）的重要概念，认为常人方法学在分析社会现象时，无论是普通人的实践推理，还是社会学家的职业实践，都"一视同仁"的对待，把二者都看作建立在索引性表达之上的实践。[②]

因此，加芬克尔在其《常人方法学研究》中指出：

> 这篇文章的目的就是提出这样一个假设，即在受日常生活中的成见支配的行动中，科学理性只能被作为一种无效的理想来使用。

---

① 参见马尔科姆·沃特斯：《现代社会学理论》，杨善华等译，华夏出版社，2000年，第42页。

② 参见杨善华：《当代西方社会学理论》，北京大学出版社，1999年，第65-66页。

科学理性既不是稳定的特征,也不是日常例行事务中的值得认可的理想,如果试图将这些性质固定化,或是强迫人们在日常的行为中和它们相一致。就会夸大那种无意义的个人行为环境的特点,并使互动系统解体的状况大大加强。①

尽管传统社会学以科学理性的研究态度自居,但是加芬克尔指出,传统的社会学研究并未遵循科学理性的态度和程序,在表面的科学程序之下运用的是和日常实践一样的假设、态度和推理过程。传统社会学这种自认为优越于日常生活的,基于科学理性的理论建构实际上恰恰暴露出社会学与日常生活实践的共同特性——素朴性,缺乏反思意识。所以传统的社会学只是一种"民俗科学"而已。

基于这些事实,常人方法学家把自己视作范式的拯救者。他们认为自己提出了一种全新的范式,对现存的社会现实的概念——从功能主义到符号互动主义——提出了挑战,这种现实是任何现存的理论流派都不能概念化的。

加芬克尔提出的解决方案就是建立常人方法学,借此,一方面替代假设中很严密的实证主义和量化经验主义;另一方面扩展有关结构的宏大理论。

那么如何进行具体的研究呢?要想概括常人方法学的方法论,最适当的莫过于胡塞尔的主张——回到事情本身。方法论上的第一个要求便是"方法的独特适当性"(unique adequacy)。正如加芬克尔所说的,"我们的兴趣不在于预先发明——而且事实上我们也不指引——严格的方法学探索,只有当我们使用一种方法能够使我的思考获得实践推理过程的特征时,我们才使用这一方法。"这体现了其具体研究方法上的灵活性。因此,常人方法学家采用了各种各样的方法,如实地研究、个案研究,等等。方法论上的另一个要求是"描述性研究"取向。它要求研究者直接观察。为了使现象成为可以观测的,就有必要使现象陌生化或者进行系统的破坏等方式进行。正是在这些原则和方针的指引下,一代又一代的常人方法学家进行了大量的经验研究,其中的谈话分析、工作研究已越来越成为社会学具有魅力的新的研究领域。

三、对加芬克尔的理论评价

常人方法学在其早期创立时期很少受到重视,到 20 世纪 60 年代以后才

---

① 参见 H. Garfinkel, *Studies in Ethnomethodology*, Polity Press & Blackwell Publishers Ltd., 1984, p. 283.

步入黄金年代。它所具有的强烈的宗派性，以及彻底的反传统性，因此在社会学界引起了巨大的争议。比如有学者就对其通过破坏性实验来揭示社会秩序的脆弱性提出疑问。认为"他几乎肯定低估了社会现实加在个体身上的权力和约束。如果常人方法学的调查者继续实践破坏实验，他们对共享现实定义的冲犯就会沦为物质制裁和生理制裁。常人方法学正确地认为，社会现实在互动层面是脆弱的，但要打破其在集体层面和一般过程中的力量则要困难得多。"[①] 科尔曼（James S. Coleman）则发明了"常人方法学灾难"（ethnomethodological disaster）来描述加芬克尔的《常人方法学研究》带给他的难以忍受的不快。

常人方法学从彻底的经验一元论出发，为我们描绘了一幅关于社会的全新图像。在这幅图像中个人与社会、宏观结构与微观行动、生活世界与制度性的工作场景、专门的科学知识与常人的知识等等之间的对立不再如以前那样两极对立了。这也促使主流社会学逐渐接受认可常人方法学，其强调过程而不是结果，强调形成而非形态的结构观等思想符合了社会学理论晚近的发展趋势，因而成为许多强调构成性的社会学理论的源泉。

第三节　社会建构论的基本观点

无论是舒茨的现象学社会学还是加芬克尔的常人方法学，其核心观点都凸显出一种浓厚的社会建构论（social constructionism）的思想，并对当代人文社会科学领域里流行的建构主义主张产生了很大的影响。事实上，舒茨的两位杰出学生彼得·伯格和托马斯·勒克曼于1966年出版的名著《现实的社会建构》，被誉为社会建构论的圣经。

一、社会建构论的核心主张

建构论或建构主义在当代人文社会科学领域正掀起一场声势浩大的运动，旨在摆脱和重构逻辑实证主义和逻辑经验主义关于科学知识的再现论（representationalism）和原子论（atomistism），重新将历史的、文化的和社会的维度纳入社会科学知识的范畴之中，并将认识的重点转向实践和实践中

[①] 参见马尔科姆·沃特斯：《现代社会学理论》，杨善华等译，华夏出版社，2000年，第44页。

的相互主体性（intersubjectivity）。这场运动在多个学科、多种理论流派中形成一种思潮，对社会科学的方法论及研究方法产生了较大影响。社会建构论旨在揭示个人或群体参与建构社会现实的方式，其核心观点是：社会世界（包括知识、事实等）不是给定的，而是人们在一定约束条件下创造出来的。换言之，某些领域的知识是我们的社会实践和社会制度的产物，或者说是我们建构起来的。这里可以发现，社会建构和个人建构还是有一定区别的。尽管存在不少相同之处，但构成主义者（constructivist）更愿相信意义存在于个人的头脑中，而社会建构论者（constructionist）则认为意义来源于各种关系之中。

在建构论那里，社会现实被理解为个人和集体行动者历史的和日常的建构（construction）。这个错综复杂的个体和集体的多元建构，并不必然来自明确的意志，它倾向于逃避在场的各种行动者的控制。建构这个词既指向以前的制造物（elaboration）的产物（或持久或暂时），又指向重组的进程。一些学者认为，建构主义是实在论的新形式，不过它与实证主义的传统形式不同，因为它对"先在"（given）提出疑问，并给现实的多元化留下了空间，应当思考这些不同的现实之间的关系。建构论关注的基本问题是科学知识是怎样获得的，因而与科学知识社会学密切相关，不过归根到底这一问题还是哲学上的认识论问题。建构论所要建立的认识论，其出发点和基础不是客体的世界，而是由客体转向主体。

二、社会建构论的发展概况

在社会学中，社会建构论的思想早在古典社会学大师齐美尔、晚年的涂尔干等人那里就有明显体现，以后通过符号互动论、现象学社会学、常人方法学、科学知识社会学等得到进一步发展，之后与后现代主义、女性主义等相结合，形成具有更大影响的社会思潮和理论范式。一般认为，该术语的正式提出源自伯格与勒克曼的名著《现实的社会建构》（1966年）。安德烈·库克拉（A. Kukla）指出社会建构论汇合了知识社会学和科学社会学这两股社会学的历史潮流。前一种以马克思、涂尔干和曼海姆（K. Mannheim）三人为代表，强调社会因素在形成个人信念中的主导作用；后者为默顿及其追随者所提倡，他们研究了科学制度是怎样组织起来的，并试图说明科学活动的社会作用。

事实上，除了社会学，社会建构论的"史前时期"可以追溯到更悠久的哲学思想。首先，苏格拉底著名的"助产术"和柏拉图的理论中，包含了知识来自人类思维建构的观念。① 苏格拉底认为通过辩论和思维的诱导，可以让本来不清晰的思想展现出来，这里的辩论过程就是在互动中不断构建思想的过程；② 柏拉图认为，宇宙中存在着两个世界：一个叫作物质世界，一个叫作理念世界，物质世界是虚假的，理念世界是真实的，物质世界是理念世界的阴影和摹写，理念世界是物质世界的原型。其次，近代西方哲学中的认识论转向和启蒙运动，诱发建构主义思想在哲学中的萌芽，被当代建构主义尊奉为先驱的主要有维科、康德与黑格尔、皮尔士等思想家。事实上，我们可以在康德、黑格尔和皮尔士那里看到建构论的种种影子，而当今的社会建构论确能从这三位先驱那里获得认识论的、本体论和方法论的资源。再次，19世纪末的学科分化，建构主义思想被携带到多个学科领域，心理学、社会学、历史学、教育学等领域都出现了不同形式的建构主义。到20世纪二三十年代，建构主义这一名称正式出现，发端于认识论领域的建构主义认为，知识与外部世界没有必然联系而是来源于思维活动。最后，20世纪60年代，建构主义思潮在社会学的延伸在不同的研究取向中体现出来（知识社会学、科学社会学、符号互动论、现象社会学、常人方法学等），尤其是20世纪80年代以后，建构论和后现代主义相结合（解构主义可视为建构主义的极端形式），建构论开始成为社会科学的重要方法论。一般认为，下面一些当代理论家对社会建构论的发展产生了重要影响：胡塞尔、米德、舒茨、加芬克尔、伯格、勒克曼、戈夫曼、福柯、哈贝马斯、吉登斯、列维纳斯（E. Levinas）、海德格尔（M. Heidegger）、维特根斯坦（L. Wittgenstein）、梅洛-庞蒂（M. Merleau-Ponty）、伽达默尔（H. Gadamer）、里克尔（P. Ricoeur）、巴赫金（M. Bakhtin）、维果斯基（Lev Vygotsky）、贝特森（G. Bateson）、格根（K. Gergen）、哈瑞（R. Harre）、肖特（J. Shotter）等。

三、社会建构论的基本观点

建构论的目标之一显然就是要批判再现论或反映论的认识论的机械化和教条化。因为，再现论几乎完全忽视了认识主体的能动性，将认识主体当成了类似于镜子或其他工具的东西，这在建构论看来是极为幼稚的。建构论认为，关于社会世界的知识实际上离不开平常的、互动的实践，而且人的心智活动必然参与其中，所以，人们获得关于社会世界的知识的过程并不外在于或独立于这个世界,而是嵌入社会世界的实践之中,不可避免带有行动者的价值和理解。视角观是建构主义认识论的基本观点之一,它属于弱建构论。弱建构论者主要倡导在社会认识中加入意识形态的、文化的、历史的和社会的视角,而对再现论关于知识的客观性、真实性的观点并未予以否定和批判,而只是强调知识在建构过程中不可避免受社会与文化因素的影响。

与弱建构论不同,强建构论在批判再现论的同时,在认识论方面走向曼海姆所说的另一极端,即向主体一极的偏向。在它看来,人们只能在特定的情境中才能理解和认识世界,因此,用来描述和解释的语言的意义,其实是相对于解释者的所在情境而言的。在对再现论的实在论加以否定的同时,建构论认识论却朝着知识相对论的另一极迈进。在强建构论看来,知识与其说是人们从世界中发现的,不如说是人们在世界中建构起来的,是人们发明创造的产物。建构论认识论的主观和相对主义倾向,还表现在对真理普遍性和效度的态度上。建构论否认存在着永恒不变的衡量真理的普遍标准,也不认为存在检验知识真实性和有效性的客观基础。在建构论中,真理或知识的效度是社会互动、交流、对话和协商的结果。人们通过参与话语争论而对真理或知识效度加以交流和检验,并最终在一定历史的、文化的和社会的情境或条件下接受真理和知识的叙述。在这个意义上,真理或知识其实就是主观认同的结果,或者是社会建构的产物,而没有绝对客观的、永远不变的真实基础。也就是说,知识不仅是人们建构起来的,而且社会世界或社会现实也会按照人们所建构的方式在运动变化。所谓事实间的联系可能也包含人们主观的虚构或情境定义成分。

总体上看,社会建构论的基本观点包含在否定性主张和肯定性主张两大方面。前者强调:① 反经验主义和实证主义;② 反本质主义;③ 反基础主义;④ 反个体主义等。后者则倡导如下观点:① 知识是建构的,罗蒂说过,自然科学本身是"不自然"的,在社会建构论者看来,科学技术无法提供一条从自然直接通往关于自然的观念的路径,知识不是一种有待我们去发现的实在,它更像是我们的发明,是主动构建出来的东西;② 人格、态度、情绪等心理现象并不存在于人的内部,而是存在于人与人之间,是文化历史的产物,是社会建构的结果;③ 语言并非具有确定意义的透明的媒介,也并非表达思维内容的中性工具,相反,语言是先在的,规定了思维的方式,为思维提供了基础;④ 没有超越历史和文化的普遍性知识,我们对于心理现象的理解是受时间、地域、历史、文化和社会风俗等制约的,换句话说,知识是相对的,其正确与否并没有一个绝对的标准,而是相对于具体的历史和文化；⑤ 在方法论上主要提倡四个方面，包括诠释性理解、实践取向、方法的反思性（reflexivity）、话语分析（即研究者应该关注话语的作用）。①

▲ 复习思考题

1. 如何看待胡塞尔、舒茨、加芬克尔三者之研究兴趣和研究思路上的联系？
2. 怎样理解知识在舒茨的生活世界理论体系中的地位？
3. 为什么常人方法学家把自己视为范式的拯救者？
4. 如何看待常识与科学知识之间的差异与联系？
5. 简述社会建构论的主要观点。

---

① 参见肯尼思·格根：《社会构建的邀请》，许婧译，北京大学出版社，2011 年；肯尼斯·J. 格根：《语境中的社会建构》，郭慧玲、张颖、罗涛译，中国人民大学出版社，2011 年。

第十二章
社会批判理论

作为西方社会学理论基本取向之一的批判理论，其理论先驱可追溯到马克思。早期代表人物包括霍克海默、阿多诺等人。批判理论尽管因法兰克福学派而得名，但具有批判理论特质的理论早已超越了法兰克福学派的界限。本章首先介绍批判理论的一般性的理论取向，随后介绍其中的两位代表人物——马尔库塞、米尔斯的生平及其主要理论观点。

本章要点

- 批判理论
- 爱欲与文明
- 单向度
- 权力问题
- 社会学的想象力

第一节　批判理论简介

自社会学诞生以来，经过一百多年的发展，西方社会学理论确立和形成了实证主义、诠释学和批判理论三种基本的社会取向或构思。[①] 孔德、斯宾塞、涂尔干等人的努力为实证主义社会学确立了所追求的目标及社会学研究的基本准则。韦伯、舒茨等人则从区分自然过程和社会过程入手，指出社会学家要了解社会现象，就必须了解这些现象得以构成的个人行动，了解行动所含的主观意义，这需要通过诠释学的方法才能实现。批判理论家们则认为，理论会不可避免地支持现状，并假设这就是社会世界的运作方式，而不是去探寻其他替代理论。人类存在的终极目的就是人的自主。因此，任何人道社会里的核心事业都是解放。凡是威胁到人类自由的文化发展都可诉诸批判。[②]

如何看待这三种研究取向呢？

哈贝马斯（Jürgen Habermas）认为，认识兴趣决定了科学活动，而每一种科学活动又有它自己特殊的认识兴趣。兴趣分为三种：技术的兴趣，它为自然科学奠定了基础；实践的兴趣，历史的解释学的科学包含了实践的认识兴趣，旨在给人类历史的解释；解放的兴趣，旨在把主体从依附于对象化

[①] 参见谢立中：《西方社会学名著提要》，江西人民出版社，1998年，导论：第1—9页。

[②] 参见马尔科姆·沃特斯：《现代社会学理论》，杨善华等译，华夏出版社，2000年，第200页。

的力量中解放出来。这为实证、诠释和批判三种研究取向的和平共处确立了合法性。

黑格尔（George Wilhelm Hegel）的辩证思想是批判理论（Critical Theory）的重要思想资源。黑格尔认为思想对于现实应该具有批判性：思想本质上是对我们当前之事态的否定。

批判理论的诞生与法兰克福学派（The Frankfurt School）紧紧联系在一起。1923年2月3日，具有犹太血统的赫尔曼·威尔（H. Weil）致信法兰克福市市长，表示对反犹主义的反感，并因目睹德国对"犹太人的压迫、驱逐、抢劫"而决定捐赠"人道主义费用"，用于战争伤亡抚恤、建立孤儿院和其他社会救助；还准备成立由他儿子弗里克斯·威尔（Felix Weil）担任监管人的"赫尔曼·威尔基金会"，支持创立形式上隶属法兰克福大学、实质上相对独立的社会研究所。这一天也因此被当作社会研究所的成立日。

1924年6月22日，在威尔的积极倡导下，由他与霍克海默（M. Horkheimer）、波洛克（Friedrich Pollock）等筹建起来的法兰克福社会研究所正式开始工作，并邀请维也纳大学法学、国家学教授格林贝格（Carl Gruenberg）出任所长。格林贝格在所长就职演说中宣布他是马克思主义的拥护者和现行社会经济制度的反对者，规定社会研究所专门从事社会主义与工人运动史方面的研究，出版《社会主义和工人运动史文库》，并加强与莫斯科马克思恩格斯研究院的联系，共同编辑出版《马克思恩格斯全集》历史考证版。

1930年，霍克海默接任所长。他对研究工作做了如下重大改革：其一，侧重于哲学、社会学，而不再是历史学、经济学；其二，引入弗洛伊德的精神分析学；其三，把文化与意识形态的研究和批判作为一个重要主题。研究所工作由此转向社会—哲学方面，吸引了包括阿多诺（Theodor Adorno）、本雅明（Benjamin）、弗罗姆（Frich Fromm）、马尔库塞（Herbert Marcuse）等人加入研究所工作。1932年6月，社会研究所创办《社会研究杂志》，并先后在法兰克福和巴黎用德文出版。从此，社会研究所开创了一个新时期，法兰克福学派（Frankfurt School）诞生了。

霍克海默是批判理论的创始人,西方马克思主义思潮中的重要人物。①早在1932年为《社会研究杂志》创刊号所写的前言中,霍克海默就提出要开创一种新型理论。但在开始时,他们并未使用"批判理论"这个名词,而是以"唯物主义"代之。1937年,《社会研究杂志》发表霍克海默的《传统理论和批判理论》与马尔库塞的《哲学和批判的理论》,开始把他们的理论称之为"批判的理论"。②对霍克海默来说,批判理论首先是一种立场,其次才是一种特定的理论。他对"批判的理论"的历史背景、目标、使命、方法、功能和特征做了充分阐述。由此,霍克海默明确了批判理论基本纲领,并要求通过市民社会批判、启蒙精神批判、工具理性批判推动批判理论进一步发展。体现这方面重大成就的,是霍克海默与阿多诺合写的论文集《启蒙的辩证法》(1947),标志着法兰克福学派创立了具有自己特色的社会理论。

纳粹夺取政权后,社会研究所作为一个公开的马克思主义研究组织,其成员又大多是犹太血统,他们首当其冲地成为法西斯主义的迫害对象。霍克海默意识到即将到来的危险,上任之初就准备移居国外。1933年,纳粹政权以"敌视国家的倾向"的罪名封闭了研究所。霍克海默将研究所迁往日内瓦,后又迁往巴黎。德国纳粹占领巴黎后,研究所又迁到美国,在哥伦比亚大学重建,不久后又迁往美国南部加利福尼亚大学伯克利分校。

面对法西斯主义在欧洲的崛起与横行,社会研究所从20世纪30年代中期开始以批判法西斯主义为首要任务。在美国犹太人委员会和犹太行动者委员会的资助下,法兰克福学派成员们写下大量相关著作。其中,霍克海默的《独裁主义国家》(1940),从政治上揭示了这类国家实行的是中央集权的官僚和警察统治,具有极权主义压制性的特点。弗洛姆的《逃避自由》(1941)

---

① 从19世纪末到20世纪30年代初,第二国际内的修正主义开创了"超越"正统马克思主义的先例,列宁领导的"十月革命"宣告了第二国际正统的"经济决定论"的马克思主义诠释路线的破产。这无疑为批判第二国际的实证主义倾向做好了准备。西欧、中欧的无产阶级复制俄国革命的努力遭受失败,进一步触发了西方社会探索革命道路的实践冲动。在这样的历史背景下,卢卡奇、柯尔施和葛兰西作为西方马克思主义的创始人登场了,他们奠定了主体性、实践的总体性历史哲学的逻辑基调。在西方马克思主义内部存在着"弗洛伊德主义的马克思主义""存在主义的马克思主义""结构主义的马克思主义"、法兰克福学派的"批判理论"等不同的流派。20世纪70年代开始,西方马克思主义在理论逻辑和实践上都走向了终结,这个概念不足以涵盖20世纪80年代以来的左派激进思潮。参见张一兵:《当代国外马克思主义哲学思潮(上卷)》,江苏人民出版社,2010年,第10页,第180页。

② 参见徐崇温:《法兰克福学派述评》,生活·读书·新知三联书店,1980年,第21页。

着重分析了法西斯主义兴起的心理机制、阶级背景和社会基础。马尔库塞的《理性与革命》(1941)从哲学社会学角度批判了法西斯主义和实证主义,是他将马克思主义同黑格尔主义进行综合的代表作。阿多诺等人的《独裁主义人格》(1950)研究了极权制度所特有的态度、信仰和神话根源。

1950年,应西德政府的邀请,霍克海默、阿多诺和波洛克回到了西德,在法兰克福恢复了社会研究所。马尔库塞等人则留在了美国。

20世纪50年代,"法兰克福学派"成为表征正统马克思主义与自由民主主义的批判者形象的名词,并于20世纪60年代起流行起来,成为西方哲学和社会学思潮主要流派之一,在美国与西欧的左派青年中产生较为广泛的影响。这一时期,法兰克福学派在理论上的重大建树主要表现为以下三点:第一,批判资本主义的非人道现象,寻求未来理想社会的模式及其实现途径。弗洛姆的《健全的社会》(1955)与马尔库塞的《单向度的人》(1964),就是这方面的重要代表作;第二,马尔库塞的《爱欲与文明——对弗洛伊德思想的哲学探讨》(1955)和弗洛姆的《在幻想锁链的彼岸——我所理解的马克思和弗洛伊德》(1962)的发表标志着法兰克福学派完成了"弗洛伊德马克思主义"的建构工作;第三,1966年,阿多诺发表了《否定的辩证法》一书,使法兰克福学派的否定的辩证法理论得以完善。这本富于思辨、晦涩难读的著作,为法兰克福学派对现代社会进行全面批判、否定的激进主义的政治理论提供了哲学论证。

20世纪60年代末,随着第一代法兰克福学派的主要代表人物相继退出历史舞台,出现了新一代的法兰克福学派代表人物,其中包括施密特(Alfred Schmidt)和哈贝马斯。不过,由于新一代法兰克福学派内部政治分歧过大,特别是1971年哈贝马斯离开法兰克福大学,就任设在慕尼黑的马克斯·普朗克学会科学与技术世界生活条件研究所所长,当时法兰克福的报纸宣称,哈贝马斯的离开意味着"法兰克福学派的终结"。[1]

总的来说,法兰克福学派是20世纪非常重要的学术现象,它不仅在哲学、政治学、法学、史学和文学、美学等领域产生了重大影响,而且在马克思主义发展史上也具有突出的重要地位。法兰克福学派成员纷纷以马克思主义者自居,尤其重视早期马克思的思想理论,他们根据马克思的一些基本观点对西方社会问题开展了深入而丰富的批判研究,形成了至今对各种学术领域仍然产生广泛影响的社会批判理论,在马克思主义社会学发展史上留下了

---

[1] 参见何景熙、王建敏:《西方社会学说史纲》,四川大学出版社,1995年,第183页。

许多重要篇章。①

然而,无产阶级发动的革命并没有如批判论者预言的那样开展起来,资本主义社会的发展没有崩溃,反而有了相应的转机。特纳认为,马克思试图在《德意志意识形态》一书中消除"青年黑格尔派"的影响。但是他们反而以不同的形式和外表又回去了,并在 20 世纪不断地影响着批判理论。因此,我们不难想象马克思和恩格斯会对 20 世纪后期发展起来的批判理论进行批判了,特别是当批判理论开始与后现代主义融合时。不论如何,无论是物资的批判理论还是文化的批判理论都已经成为社会学中相当重要的理论取向。②

第二节　马尔库塞对工业社会的批判

一、学术生涯及主要著作

1898 年,马尔库塞出生于柏林一个犹太资产阶级家庭。1916 年,马尔库塞应征入伍,因视力不佳而被留在柏林驻守部队。在柏林服兵役期间,马尔库塞投身于正在蓬勃兴起的社会主义革命。为了更准确地理解资本主义和帝国主义的动力以及德国革命,马尔库塞开始认真研究起了马克思主义。

第一次世界大战结束后,马尔库塞重新开始了被战争中断的学习生活。1919 年,马尔库塞进入柏林洪堡大学,两年后转到弗莱堡大学。在弗莱堡大学期间,马尔库塞主修现代德国文学史,同时学习哲学和政治经济学。1922 年,马尔库塞在文学教授怀特考卜指导下完成题为《德国艺术家的小说》的博士论文,获弗莱堡大学哲学博士学位。毕业后,马尔库塞离开弗莱堡返回柏林,从事了几年的目录研究和编纂工作,在此期间,马尔库塞出版了他的首部作品,一本附有简要注释的席勒资料目录集。

马尔库塞在回忆这段经历时说:"在弗莱堡,我过着完全非政治的生活。后来我再次回到柏林的时候,……我却变得越来越政治化了。很明显,法西斯主义正在步步逼近,正因为如此,我对马克思和黑格尔做了深入细致的研

---

① 参见郑杭生、刘少杰:《马克思主义社会学史》,高等教育出版社,2006 年,第 238 页。

② 参见乔纳森·H. 特纳:《社会学理论的结构(第七版)》,邱泽奇、张茂元等译,华夏出版社,2006 年,第 194 页。

究。而对弗洛伊德的研究来得稍微晚一些。我做这一切都是为了理解该问题，即在真正革命的条件准备就绪的时候，革命为什么轰然崩溃、被打败了，旧势力为什么重新夺回了政权，以及整个事业为什么会以这样退化的形式重新开始。"①

1927 年，海德格尔（Martin Heidegger）《存在与时间》出版，马尔库塞决定重返弗莱堡。由于对重要思潮及其发展极为敏感，马尔库塞成了海德格尔《存在与时间》第一批主要的阐释者与批评者之一。他同时研修了胡塞尔和海德格尔的课程。马尔库塞最初发表的论文《历史唯物主义现象学论稿》（1928）目的是整合现象学、存在主义和马克思主义等哲学视角，其最主要的动机是他终其一生都厌恶粗糙的唯物主义与经济还原主义。② 他发表于柏林《社会》杂志上的《历史唯物主义基础的新材料》（1932），表达了他对刚刚问世的马克思的《1844 年经济学哲学手稿》的独特看法，最早提出了有两个马克思，并要求回到作为一个人道主义者的青年马克思的观点。③ 由于与海德格尔的政见相左，马尔库塞撰写的申请讲课资格论文《黑格尔的本体论与历史性理性的基础》未获通过。更重要的是，马尔库塞意识到，"海德格尔的具体过程不过是一个幻影，一种虚假的具体。事实上，他的哲学不仅抽象空洞，而且远离现实，甚至逃避现实。"④ 于是他离开了弗莱堡。

马尔库塞转向对马克思早期思想的研究，尤其对《1844 年经济学哲学手稿》⑤ 倾注了极大的热情。这部手稿把马克思的基本范畴的本义揭示了出来，因此，这使通过参考后期批判工作的起源来修正当前对晚年马克思的解释成为必要。

1933 年，马尔库塞事业转折点出现了。首先，阿多诺发表了一篇书评，对《黑格尔的本体论和历史性理性的基础》一书大加褒奖，马尔库塞作为一

---

① 参见赫伯特·马尔库塞：《马克思主义、革命与乌托邦》，高海清、连杰、陶锋译，人民出版社，2019 年，第 15-16 页。
② 参见赫伯特·马尔库塞：《马克思主义、革命与乌托邦》，高海清、连杰、陶锋译，人民出版社，2019 年，第 24 页。
③ 法国结构主义马克思主义代表人物阿尔都塞（Louis Althusser）也提出了存在两个马克思的观点。详细情况可参见阿尔都塞：《保卫马克思》，顾良译，商务印书馆，1984 年。
④ 参见赫伯特·马尔库塞：《哲学、精神分析与解放》，黄晓伟、高海清译，人民出版社，2019 年，第 24 页。
⑤ 马克思的《1844 年经济学哲学手稿》1844 年完成于巴黎，但直到 1932 年才首次出版。

位青年理论家引起了社会的关注。其次，胡塞尔把他推荐给法兰克福大学董事里泽尔，而里泽尔又把他推荐给霍克海默。霍克海默此时已接任法兰克福社会研究所所长，于是邀请马尔库塞加入法兰克福社会研究所。

1933年希特勒（A. Hitler）上台执政，马尔库塞随社会研究所也走上了迁移之路。1934年，马尔库塞到社会研究所设在日内瓦的分部供职，不久又转到巴黎分部，1935年迁至美国。1940年起，马尔库塞定居美国。

加入法兰克福社会研究所是马尔库塞思想发展史的一个重要转折点。1934年到1941年期间，马尔库塞同法兰克福学派的霍克海默、波洛克、阿多诺等人一起致力于发展一种"社会批判理论"。以《理性和革命》的出版为标志，马尔库塞从黑格尔哲学中找到马克思主义诞生的"真正出生地和秘密"。他强调了黑格尔的理性主义与纳粹的非理性主义之间的对立。黑格尔哲学在现代的真正继承者不是纳粹主义，而是马克思主义的社会理论。否定性，即对现实持批判态度是黑格尔哲学区别于实证哲学的基本精神。按麦金太尔（Alasdair Macintyre）的说法，马尔库塞对待黑格尔的态度既不是黑格尔本人的，也不是马克思的，马尔库塞应该被化为左派或青年黑格尔派。①

第二次世界大战期间，社会研究所的资助出现了问题。马尔库塞不得不考虑开始在美国政府谋职的可能性。他曾在美国国务院情报研究部门任职，并当过该所东欧部负责人。② 这段经历成了人们攻击他的口实。马尔库塞反驳说："在战略服务处中我所在的那个部门是一个研究单位，是研究卷入战争的各国的政治形势的……如果因为这个而责备我，那么只能说明这些人无知透顶。"③

1951年至1954年，马尔库塞在哥伦比亚大学俄国研究所和哈佛大学俄国研究中心的赞助下进行研究和教学工作。马尔库塞1952年—1953年和1955年—1956年期间对苏联马克思主义进行了研究。他指出，马克思所设想的社会主义的公有制，是要求直接生产者能够控制生产资料和产品的分配，要求发挥无产阶级"来自下面"的主动；但在苏联社会，社会主义的国

---

① 参见阿拉斯代尔·麦金太尔：《马尔库塞》，邵一诞译，中国社会科学出版社，1989年，第49页。

② 当时，马尔库塞及其同事为战略情报局的研究和分析处撰写了许多报告，目的是把德国的纳粹与反纳粹的团体和个人确定下来，他们还草拟了一份《德国民政事务手册》，用来解决去纳粹化的问题。参见赫伯特·马尔库塞著：《技术、战争与法西斯主义》，高海清、冯波译，人民出版社，2019年，第18-19页，第25页。

③ 参见苏国勋：《当代西方著名哲学家评传——第十卷：社会哲学》，山东人民出版社，1996年，第215页。

有化和工业化，只不过是一种更为有效的统治工具，利用国家机器，强制性地加速工业化。国家体系行使压抑性的经济、政治和教育的职能。这与马克思原来的思想相去甚远。① 不过，该书不仅批判官僚共产主义的压迫性，也赞赏苏联制度的社会进步潜能。②

1954年至1965年，马尔库塞受聘于勃兰第斯大学哲学系。当他准备从勃兰第斯大学退休时，又被加利福尼亚大学圣地亚哥分校聘请在该校哲学系主讲马克思主义，1970年以"名誉教授"的称号退休。

马尔库塞后期的关注点是工业社会。马尔库塞意识到，在最近一百年间发生的戏剧性变化，已经不再是贫困问题，而是让越来越多的人过上更加舒适的生活的高标准问题，资本主义社会出现了工业文明以前所没有出现过的内部团结和凝聚力。③ 马克思学说在解释资本主义社会现实的过程中遇到了巨大的障碍。当马克思设想从资本主义向社会主义的转变阶段时，他似乎预言了两个并行不悖的进程。一个是资本主义制度经济的崩溃，另一个进程是工人阶级政治意识的日益增强。马克思曾设想工人们在工厂企业中的高度集中及对工资增长的限制是这种政治意识增长的必要条件，但他没有说明工人们为什么或怎样学习和吸收马克思主义努力要教给他们的真理。马克思理论中出现了社会心理学的空白。马克思主义所勾画出的这幕世界戏剧需要欧洲工人阶级作为历史变革的动力出现时，工人阶级却无声无息，无所作为。④ 这也成了马尔库塞之所以利用弗洛伊德的精神分析理论来补充马克思主义的动机。这方面最突出的成果体现在《爱欲与文明》里。

马尔库塞认为，同原先的社会相比较，已经变化的是技术的力量，技术上的需要决定着经济的组织，提供了政治生活的目标，决定了政治言论的性质，也决定了文化生活的内容和形式。因此，马尔库塞对资本主义和社会主义谈得较少，而更多提到的是"先进的工业社会"。《单向度的人》代表了马尔库塞在此方面的研究进展。

1967年起，马尔库塞成了大学里最重要和最有影响的人物。他并没有囿

---

① 参见赫伯特·马尔库塞：《苏联的马克思主义——一种批判的分析》，张翼星、万俊人译，中国人民大学出版社，2012年，译者序言：第2-3页。
② 参见赫伯特·马尔库塞：《马克思主义、革命与乌托邦》，高海清、连杰、陶锋译，人民出版社，2019年，第44页。
③ 参见杰弗里·亚历山大：《社会学二十讲：二战以来的理论发展》，贾春增、董天民等译，华夏出版社，2000年，第263-264页。
④ 参见阿拉斯代尔·麦金太尔：《马尔库塞》，邵一诞译，中国社会科学出版社，1989年，第52页。

于书斋，而是积极干预现实，特别是对 60 年代末在西方出现的那场既不满意资本主义社会，又反对十月革命道路的学生造反运动倾注了巨大的热情。因此，他被公认为这场运动的"精神领袖"，甚至被与马克思、毛泽东相提并论，与他们并称为"三 M"。

继《单向度的人》之后，马尔库塞日益关注超越性的社会力量，对 60 年代末、70 年代初的学生运动他也需要做一个理论上的总结。马尔库塞在《反革命与造反》中对此做了回答，马尔库塞把希望寄托于年轻的激进左派身上，但也必须限制自己，应该学习，重新组织起来，重新制订策略，要经受得住漫长的教育过程的考验。[①]

在最后一部著作《审美的向度》中，马尔库塞探讨了艺术与革命这一主题。他认为，哲学主流适应了当代的现实，所以，文化的任何其他方面已丧失了批判的力量，只有艺术在维护人类解放与幸福的形象。

1979 年 7 月 29 日，马尔库塞病逝于慕尼黑附近的施塔贝恩克，终年 81 岁。

马尔库塞著作很多。具有代表性的著作包括：《理性和革命》（1941），《爱欲与文明：对弗洛伊德思想的哲学探讨》（1955），《当代工业社会的攻击性》（1956），《苏联的马克思主义》（1958），《单向度的人：发达工业社会意识形态研究》（1964），《纯粹容忍批判》（1967），《否定》（1968），《论解放的论文》（1969），《反革命与造反》（1972），《审美的向度》（1977）。

二、主要理论观点

1. 文明发展的辩证法

马尔库塞对文明的探讨是以弗洛伊德的文明观为切入点的。在马尔库塞看来，弗洛伊德的精神分析理论从本质上说是批判的，它是一种反抗极权主义和批判发达工业社会的武器。马尔库塞指出，他的任务是：正确地阐释弗洛伊德的心理学和社会哲学，并将之与马克思的学说相结合，论述人类文明发展的辩证法。也就是从压抑文明到非压抑文明的辩证法。

弗洛伊德早期的精神分析理论认为，人的一切行为动力都和性本能冲动有关，性的后面是一种叫力比多（libido）的性潜力，它常驱使人去追求快

[①] 参见赫伯特·马尔库塞：《工业社会和新左派》，任立编译，商务印书馆，1982 年，第 185-189 页。

感。人在婴儿期是服从快乐原则的。本能欲望常不为社会习俗、习惯、道德、法律所容，因为必须去适应现实，服从现实原则。欲望从而与规范发生冲突，前者常被压抑，成为被遗忘的"无意识"或称为"潜意识"。意识是人类理智的作用。前意识是意识和无意识之间的一个边缘部分，其特点是在前意识中存在着无意识的冲动、愿望和感情，但它们可能很容易转到意识系统中去。

弗洛伊德后来对他的理论做了改进。[①] 他认为人有指向生命的生长和增长的性本能和自我保存的本能。随后，弗洛伊德又将人的本能区别为生命本能和死亡本能两种形式，生命本能即是爱欲（eros）。它不仅仅指两性生理的性欲，而是指一切引起肉体快感的过程。死亡本能的作用是保证有机体自然地走向死亡，而避开一切可能回到无机生命的道路。生命本能遵循的是快乐原则，死亡本能遵循的是涅槃原则。在此基础上，弗洛伊德将他的本能理论发展成为一种新的人格理论，将心理结构主要层次分为本我、自我和超我。在正常情况下，三者处于相对的平衡之中，个人会采取恰如其分的行动。

弗洛伊德的"压抑文明论"正是建立在本能学说的基础上的。本能遵循的是快乐的原则。但是本能的发泄有一个强度问题，超过一定的限度，满足就会瓦解，快乐就会变成痛苦。压抑的力量来自三个方面：自我、超我及社会。因此，人们不得不超越快乐原则而服从现实原则和道德。人随之由生物的人变为社会的人。

从理论上讲，文明的诞生仅仅只谈到个体而忽视属系是不够的。问题是：文明的个体心理学基础和集体心理学基础是不是一回事？

马尔库塞认为个体心理学与集体心理学是存在关联的。成熟个体的行为

---

① 马尔库塞认为，弗洛伊德在其理论发展的最早阶段，核心是性本能（力比多）与自我（自我保存）本能之间的对抗，自我保存的本能的功能就是保证有机体自然地走向死亡，而避开一切可能回到无机生命的道路。在其理论发展的后期阶段，核心是生命本能（爱欲）与死亡本能之间的冲突。生命本能（爱欲）压倒了死亡本能。生命本能不断地反抗和推迟"向死亡的堕落"。弗洛伊德元心理学的基础乃是一种本质上全新的本能概念：规定本能的，不再是它的起源及其有机功能，而是给生命过程以确定方向的决定力量，即"生命原则"。死亡本能的破坏性不是为它自己，而是为了解除张力。向死亡退却也就是在无意识地逃离痛苦和缺乏，它表现了反痛苦、反压抑的永恒斗争。在现实原则下导致的本能变化既影响生命本能，也影响死亡本能。但只有根据生命本能的发展，根据压抑性的性欲组织的发展，才可以充分理解死亡本能的发展。这也是马尔库塞在本书中重点讨论生命本能（爱欲），而不是死亡本能的原因。参见赫伯特·马尔库塞：《爱欲与文明：对弗洛伊德思想的哲学探讨》，黄勇、薛民译，上海译文出版社，2012年，第13-30页。

不过是对童年经验和反应的重复，这种在现实作用下受挫的童年经验是前个体的、属系的。文明依然是由其古代传统所决定的，并如弗洛伊德所断言，这种传说包括的不仅是前辈的气质，还有其观念的内容和经验的记忆痕迹。因此，就个体本身依然与他的种处于一种原始的原一性之中而言，个体心理学本身就是集体心理学。①

弗洛伊德探讨了人类文明的起源。他认为文明乃起源于杀父行为的负罪感。他说，史前时代的人生活在按父权制组织的部落里。在那里残酷而嫉妒成性的父亲把全部妇女都霸占为己有，儿子们长大了就被赶走。有一天，被赶走的兄弟们联合起来，杀掉并吃了自己的父亲。于是，父权制就结束了。杀掉父亲的儿子们由此产生了一种负罪感，并且他们意识到，未来同样的命运在等待着他们。因此，他们就缔结条约，禁止种族内部通婚，禁止乱伦，并把杀死的父亲当作上帝来崇拜，这便是最初道德和宗教的起源，也就是文明的起源。②

马尔库塞没有停留在对弗洛伊德压抑文明论的解释上。他认为，弗洛伊德的术语没有在本能的生物变迁与社会历史变迁之间作出恰当的区分。因此，对他的这些术语，现在必须配以相应的表示特定的社会—历史成分的术语。③

第一，在基本压抑之外，增加了额外压抑学说。所谓额外压抑，它是为使人类在文明中永久生存下去而对本能所做的必要变更。额外压抑的必要性产生于人类需要之间的矛盾。快乐原则与现实原则发生冲突，本能就被迫接受一种压制性的管制。这种管制就是按特定方式将缺乏组织起来，使之不是按个体的需要而是作集体的分配，这就产生了统治的合理性：我们需要一个统治机构甚至暴力机构。统治虽然为社会和个人所必须，但也改变了人的本能，造成了新的缺乏和压抑，人类为此付出了沉重的代价。

第二，在现实原则之外，马尔库塞又增加了操作原则。这是现实原则的现行历史形式。在这个原则下，劳动分工成为最显著的特征。个体为了满足自己的需要，必须进行生产劳动。在劳动中进行分工合作，这样就会把个体

---

① 参见赫伯特·马尔库塞：《爱欲与文明：对弗洛伊德思想的哲学探讨》，黄勇、薛民译，上海译文出版社，2012年，第45页

② 参见王守昌的《新思潮：西方非理性主义述评》，东方出版社，1998年，第198-199页。

③ 参见赫伯特·马尔库塞：《爱欲与文明：对弗洛伊德思想的哲学探讨》，黄勇、薛民译，上海译文出版社，2012年，第25页。

分为各种集团和阶层加以控制，政治就会变得越来越合理。如同马尔库塞所说，"经过漫长的历史发展，统治利益和整体利益汇合了，因为对生产设施的合理使用满足了个体的需要和机能。对大多数人来说，满足的规模和方式受制于其自己的劳动。然而，他们却是在为某种设施而劳动，并对这种设施无法进行控制，这是一种个体若想生存就必须屈从于它的独立力量。"①

这也解释了马克思所提到的异化（alienation）劳动现象。在操作原则下，人们不是在过自己的生活，而是在履行某种事先确立的功能。虽然他们在工作，却不能满足自己的需要和发挥自己的作用。装配线的整套技巧、政府机关的日常事务以及买卖仪式，都已与人的潜能完全无关。工作关系变成了作为科学活动和效率专家的处理对象，成了可以互相替换的人与人之间的关系。事实上个性在名义上只存在于类的特殊表达中（如卖淫妇，主妇，硬汉，女强人，上进的年轻夫妇等等）②。压抑以技术与设备的形式变得更加严格、更加残酷了。

马尔库塞对弗洛伊德学说的贡献，不仅在于他重新解释了压抑文明的产生和本质，更重要的是他通过阐释文明发展的辩证法，论述了非压抑文明产生的可能性。

马尔库塞的分析是以一项提问开始的。他说，"前面的分析想努力分辨文明的本能结构中的某些基本趋向，特别是想努力确定一直支配着西方文明进步的特定现实原则。我们称这种现实原则为操作原则，并企图表明，现行劳动和社会组织所产生的统治和异化，在很大程度上决定着这一现实原则对本能的要求。于是产生了这样的问题：是否必须把这种作为唯一的现实原则的操作原则的连续统治视为当然？"③

压抑性文明既是对爱欲的利用，又是对爱欲的限制，这是压抑性文明的症结所在。④ 发达工业社会的文明是压抑文明发展的最高形式，但它也创造了非压抑文明产生的前提。马尔库塞认为，文明的发展上经历了一个否定之否定的历程：第一个环节是肯定快乐原则；第二个环节是超越快乐原则而走

---

① 参见赫伯特·马尔库塞：《爱欲与文明：对弗洛伊德思想的哲学探讨》，黄勇、薛民译，上海译文出版社，2012年，第34页。
② 参见赫伯特·马尔库塞：《爱欲与文明：对弗洛伊德思想的哲学探讨》，黄勇、薛民译，上海译文出版社，2012年，第89页。
③ 参见赫伯特·马尔库塞：《爱欲与文明：对弗洛伊德思想的哲学探讨》，黄勇、薛民译，上海译文出版社，2012年，第115页。
④ 参见郑杭生、刘少杰：《马克思主义社会学史》，高等教育出版社，2006年，第256页。

向现实原则;第三个环节是超越现实原则而走向新的快乐原则。这就是文明发展的辩证法。最后的环节也就是非压抑文明的诞生。而所谓非压抑文明乃是快乐原则和现实原则的和解,它既是快乐的,又是现实的文明,也就是清除了额外压抑、操作原则、异化状态的文明。①

建立非压抑性文明的条件是,在消除额外压抑和操作原则的同时,从数量、质量、内容等方面去改善性本能。性欲原来是体现在身体各部位的,表现为多种功能的、对自然、对自我的多方面爱欲。但到后来性欲集中于生殖功能,这是现实原则对性欲的压抑和扭曲。把性本能变成爱欲,就是前生殖器多形态性欲的苏醒和性器官至高无上的削弱,整个身体都变成了力比多关注的对象,成为可以享受的东西,成为快乐的工作。② 性欲向爱欲的转变及其向持久的力比多工作关系的扩展的前提是,对巨大工业设施和高度专门化的社会劳动分工的合理组织,对具有巨大破坏作用的能力的充分利用以及广大民众的通力合作。劳动因此失去异化的性质,成为满足个体自由发展的需要,又重新获得快乐的性质。

2. 单向度的人

"能够毁灭人类的核灾难的威胁,不也能够保护使核灾难的危险永恒化的那些势力吗?防止这一灾难的种种努力掩盖了对它在当代工业社会中的潜在原因的探究。"③

马尔库塞对发达工业社会的研究包括三个方面:单向度的社会、单向度的思想与进行替代性选择的机会。马尔库塞认为,当代工业社会是一个新型的极权主义社会,因为它成功地压抑了这个社会中的反对派和反对意见,压制了人们内心中的否定性、批判性和超越性的向度,从而使生活在其中的人成了单向度的人。

---

① 参见王守昌:《新思潮:西方非理性主义述评》,东方出版社,1998年,第204页。

② 马尔库塞认为,死亡本能根据涅槃原则而起作用,它将趋向于得到一种毫无张力、毫无欲望的持久满足。这种本能趋向意味着,随着死亡本能接近这样一种状态,它的破坏性表现也将降到最低限度。如果这种本能的基本目标是不终止生命而是终止痛苦和消除张力,那么在本能方面有点奇怪的是,生命越接近于满足状态,生死冲突就越缓和。于是快乐原则和涅槃原则便汇聚了。参见赫伯特·马尔库塞:《爱欲与文明:对弗洛伊德思想的哲学探讨》,黄勇、薛民译,上海译文出版社,2012年,第216页。

③ 参见马尔库塞:《单向度的人:发达工业社会意识形态研究》,刘继译,上海译文出版社,2016年,导言:第1页。

单向度的人起源于控制的新形式。在这种统治下，个性在社会必要的但却令人厌烦的机械化劳动过程中受到压制，个体企业集中为生产效率更高的大公司。权利和自由在工业社会的形成时期和早期阶段曾是十分关键的因素，但现在它们正在丧失其传统的理论基础和内容，服从于这个社会的更高阶段。政治权力的运用突出地表现为它对机器生产程序和国家机构技术组织的操纵。只有当他们能够成功地动员、组织和利用工业社会的现有技术、科学和机械生产率，才能维持并巩固自己。这些表明，当代工业文明已达到了这样一个阶段：自由社会已经不能够用经济自由、政治自由和思想自由这样一些传统概念来说明。因此，需要有符合新的社会能力的新的表达方式。①

"单向度的社会"是"单向度的"的思想和意识形态的根基。私人生活和公共生活、个人需要和社会需要之间的对立消除了。人们生存的二维空间被压缩成一维空间。②

在这种新的控制形式下，政治领域、文化领域及语言交流领域里单向度的社会的特征尤为突出。

马尔库塞首先提到的是政治领域的封闭。他说，"在政治领域内，这种趋势通过对立派别明显的一致或趋同而清楚地显示出来。在国际共产主义的威胁下，外交政策上的两党合作跨越了竞争性的集团利益；两党合作也扩展到国内政策方面，各大党的政纲变得越来越难以分割，甚至在其伪善程度和陈腐气味也是如此。……从工会自身的角度看，所发生的事情是工会已变得与公司没有区别可言。我们看到，今天的工会和公司有了联合游说活动。"③

在工业文明的发达地区，劳动阶级正经历着一个决定性的转变，造成这一转变的主要因素包括有：① 机械化不断地降低着在劳动所耗费的体力的数量和强度。这种演变对马克思主义关于工人阶级的概念有着重大的影响；② 同化的趋势进而表现在职业的层次中，在重要的工业结构里，蓝领工作队伍朝着与白领成分有关的方向转化，非生产型工人的数量增加，现在，自

---

① 经济自由因而意味着摆脱经济的自由——摆脱经济力量和经济关系的控制，意味着免于日常的生存斗争、免于谋生的自由。政治自由意味着个人从他们无法有效控制的政治中解放出来。同样，思想自由意味着恢复被宣传工具和思想灌输所同化了的个人思想，意味着把"社会舆论"连同制造者一起取消。参见马尔库塞：《单向度的人：发达工业社会意识形态研究》，刘继译，上海译文出版社，2016年，第5页。
② 参见马尔库塞：《单向度的人：发达工业社会意识形态研究》，刘继译，上海译文出版社，2016年，中文版简序：第10-11页。
③ 参见马尔库塞：《单向度的人：发达工业社会意识形态研究》，刘继译，上海译文出版社，2016年，第18-19页。

动化已从根本上改变着死劳动和活劳动的关系，这种变化似乎取消了马克思主义有关资本有机构成的概念，及其有关剩余价值的创造的理论；③ 劳动特点和生产工具的这些变化改变了劳动者的态度和意识，在工作中形成了机械共同体的技术组织，同样也使工人与工厂形成更为紧密的依存关系，工人们渴望参与生产问题的决定，渴望在技术的或适应于用技术来解决的生产问题上，积极发挥他们的才智；④ 新的技术工作世界，因而强行削弱了工人的否定地位，工人阶级似乎不再与已确立的社会相矛盾，这一趋势同时又在另一方面即管理和指导方面为生产技术组织的作用所加强，统治转化为管理。

继政治领域的封闭之后，马尔库塞指出，在文化领域中也存在一体化，技术和理性的进步正在清除高层文化中的对立因素和超越性因素，而他们事实上屈从于流行在当代工业社会发达地区的俗化趋势。新极权统治通过以艺术的商品化消除了艺术中的忧患意识。艺术的商品化使艺术从与现实对立的高层降入与现实合流的低层，艺术不再是社会不合理的否定因素，而是作为现实罪恶的肯定因素。在马尔库塞看来，高层文化已失去了合法性，人们所赞美的自主性人格，人道主义以及带有悲剧色彩和浪漫色彩的爱情似乎都是发展的落后阶段才具有的理想。

在语言交流领域，马尔库塞深入批判了极权社会把语言僵化为操作化的管理工具。在他看来，作为社会交往的媒介，语言理应是社会成员认识事物、评价对象、思考真理、否定邪恶的思想工具。极权社会为了维持自身的稳定，通过社会宣传、官方认同等途径，把语言的批判性思维功能弱化，使语言仅仅成为社会控制的操作性工具。而当竞选领袖和政治家在电视、电台和舞台上，说出自由、完善这些伟大的字眼的时候，这种字眼就变成了毫无意义的声音，他们只有在宣传商业训练和消遣中，才能获得意义。功能性交流只是处于单向度领域的外层，在这一领域中人们受到忘记过去的训练——把否定事物转移为肯定事物的训练，以便能够在已经退化但又十分适应和健全的情况下继续发挥作用。

"单向度的思想"在近代哲学中获得了典型的形式，具体地说，"单向度的思想"就是近代哲学的思维方式。这种思维方式与辩证法是根本对立的。社会控制的现行形式在新的意义上是技术的形式。假如我们要确定一个东西的长度，我们就必须要进行某种物理操作。当测量长度的操作完成后，长度的概念就确定了。换句话说，概念是等同于一套相应的操作的。但是，如果我们采用了操作主义的观点，那么我们就不会再容许思想概念里把我们不能用操作来充分说明的东西当作工具使用。马尔库塞说,这正是实证主义所起的作用。技术的统治与这种思潮的发展是相关的。新的科学合理性在其抽象性和纯粹性方面完全是操作性的,因为它是在工具主义视界内发展的。……我的目的是阐明它内在的工具主义特征,从这一特征来看,科学是一种先验的技术学和专门技术学的先验方法,是作为社会控制和统治形式的技术学。①

以超越为己任的批判理论在单向度的社会中应该发挥什么作用呢?马尔库塞指出,批判理论有其存在的历史根据。批判理论在其起源时期曾经就面对过在已确立的社会中出现的实际力量,那已确立的社会通过废除已成为进步障碍的现存体制向更合理、更自由的体制迈进。这些体制是批判理论得以建立的经验根据,批判理论从这些经验根据引出了具有内在可能性的解放观念。

不过,马尔库塞同时也认为,单向度社会使抗议的传统方式失去了作用。因为,其中的人民,原先是社会变革的力量,现在却成了社会团结的力量。而在保守的公众基础下面的是生活在底层的流浪汉和局外人,不同种族、不同肤色的被剥削者和被迫害者,失业者和不能就业者。他们的反击是革命性的。马尔库塞转引了本杰明的话说,"只是因为有了那些不抱希望的人,希望才赐予了我们。"②

3. 反革命与造反

马尔库塞对反革命和造反的分析是通过对比资本主义社会和社会主义社会进行的。

首先说资本主义社会的特征。马尔库塞认为,当代资本主义生产力已经达到了相当高的程度。马克思所规定的建设社会主义社会所必需的生产水平在技术最先进的资本主义国家早已达到,尽管资本主义并不能使其生产关系和它的技术能力相一致,但是资本主义能够不断提高劳动生产率,扩大了其居民的依赖性。马克思所曾预言的革命的主力——无产阶级,其绝大部分被资本主义社会所同化,这并不是一种表面现象,而是扎根于基础,扎根于垄断资本的政治经济之中的:宗主国的工人阶级从超额利润,从新殖民主义的

---

① 参见马尔库塞:《单向度的人:发达工业社会意识形态研究》,刘继译,上海译文出版社,2016年,第136页。

② 参见马尔库塞:《单向度的人:发达工业社会意识形态研究》,刘继译,上海译文出版社,2016年,第218页。

剥削，从军火和政府的巨额津贴中分得好处。①

激进左派的社会主义思想与以往的社会主义思想不同，在他们看来，社会主义世界同时是一个道德和美的世界。社会主义必须增加物质和服务的数量，以消灭贫困；但同时社会主义的生产又必须改变需要和满足的性质。到那时道德的、心理的、美学的和智慧的能力可能成为物质生产本身的基本要素。

于是，在这样一种情况下，资本主义国家革命的性质可能不同于以往失败了的革命。没有这种可怕的竞争，社会主义就可能克服对"生产力"的崇拜。社会主义就可能在慢慢地缩小人对劳动机器的屈从程度，重新组织以消灭异化劳动为目标的生产，放弃资本主义消费社会的穷奢极欲，奴化剥削。

那么，若把"从议会民主到警察国家，直到公开的专制统治"②视为不同形式的反革命，那么革命又是指什么呢？

马尔库塞认为，马克思建立在早期资本主义异化劳动基础上的社会革命论已不适用于发达工业社会。他指出，18世纪和19世纪，由资本和劳动的关系而造成的基础在发达工业社会已经不存在。马克思关于资本主义制度即将来临的危机和无产阶级贫困化的理论已经过时。因为自由资本主义危机形成和存在的条件已经消逝。自由资本主义的生产无政府状态、生产过剩、无产阶级的贫困化都是经济发展过程本身带来的危机。它们的存在的条件是没有技术统治和没有国家管理，而是建立在自由竞争和等价交换基础上的。在当前技术理性统治社会的情况下，由此产生的革命，当然不同于劳动异化所要产生的革命。如果说劳动异化所要求的革命是政治革命，那么技术异化所要求的革命是文化革命。在发达工业社会，启蒙理性已被技术理性所取代，它已成为压抑人的感性的力量，已造成人与自然，人与社会的全面对立。文化革命是为了解放人，特别是解放人的感性，而解放自然是解放人的手段。因为人的感性之所以受技术理性的压抑，主要是因为人要通过技术理性征服自然，满足人的需要。在征服自然的过程中，人的感性，人追求快乐的本能，也服从技术理性的支配。③

---

① 参见马尔库塞：《工业社会和新左派》，任立编译，商务印书馆，1982年，第84页。

② 参见马尔库塞：《工业社会和新左派》，任立编译，商务印书馆，1982年，第81页。

③ 参见王守昌：《新思潮：西方非理性主义述评》，东方出版社，1998年，第234-237页。

那么谁将成为革命的主体？

马尔库塞认为，在大多数工人阶级的身上，我们看到的是不革命的，甚至是反革命的意识占着统治地位。革命的强大的新的动力即新左派，它包括了以下几种社会集团。

（1）知识分子和大学生：马尔库塞要求人们不要把大学生只看成知识分子。

（2）少数民族：大学和少数民族隔离区，成了等级制度的第一个真正的内在威胁。

（3）妇女：妇女解放运动将成为一支激进力量。①

在回首20世纪60年代末、70年代初的学生运动时，马尔库塞委婉地提出了批评意见。认为，"造反所针对的理性，不仅是资本主义的理性，不仅是资产阶级社会的理性，而且也是针对理性本身。反对在大学里为统治集团培养干部的斗争确实是一项十分紧迫的任务，但却变成了反对大学的斗争，同样，摧毁美学形式的斗争也变成了摧毁艺术的斗争。这两个精神文明领域和现存现实的隔离及异化必然导致'象牙塔'式的行为。"②

三、对马尔库塞理论的评价

在新左派运动和学生运动之前，马尔库塞在社会舆论界并不十分知名。在此之后，尽管他的观点遭到了一些人的非议，但也为学生运动和新左派运动提供了理论支持。亚历山大认为，"正是马尔库塞为新左派提出了第一个，也是最重要的马克思主义理论模式。"③ 他的名声由此跨越了国界，并直接影响了一代人。

马尔库塞一生都在致力于将某些哲学思潮同马克思主义结合起来。比如在《爱欲与文明》中，就根据弗洛伊德的精神分析理论来修正马克思主义。麦金太尔认为，在马尔库塞追随弗洛伊德所思考的将人的发展理论运用到艺术、宗教和政治上，"这是一个真理和谬误的标准必然难以适用的领域。"④

---

① 参见宋林飞：《西方社会学理论》，南京大学出版社，1997年，第420-421页。
② 参见马尔库塞：《工业社会和新左派》，任立编译，商务印书馆，1982年，第185页。
③ 参见杰弗里·亚历山大：《社会学二十讲：二战以来的理论发展》，贾春增、董天民等译，华夏出版社，2000年，第261页。
④ 参见阿拉斯代尔·麦金太尔：《马尔库塞》，邵一诞译，中国社会科学出版社，1989年，第52页。

就马尔库塞所分析的问题而言，确实较客观地反映了当代资本主义社会现实，也提出了一些值得思考的问题。他想在批判理论中引入马克思的无产阶级革命的观点，但囿于文化批判的局限性，他所主张的无产阶级革命不过是文化革命，由此即可见，批判理论对发达工业社会的批判是不彻底的。①从某种程度上说，由马尔库塞提出来所引发的问题，比他所解决的问题还多。

第三节　米尔斯对美国文明的批判

一、学术生涯及主要著作

作为二战后美国的主要批评家和社会科学领域最具争议性人物，米尔斯无疑是自凡勃仑（Thorstein Veblen）之后最有影响力的美国激进社会理论家。米尔斯（Charles Wright Mills）1916年出生于美国得克萨斯州韦科的一个中等阶级家庭，这个家庭有着英国、爱尔兰和法国血统，他是家中唯一的儿子。米尔斯年幼时，他的家庭在得克萨斯州多次搬家。这可能部分地解释了为什么他自视为"外来者"的原因。直到他工作后，这种影响仍持续存在。一个是得克萨斯乡下牛仔的世界，一个是纽约大都市知识分子的世界，但他从来没有完全属于这两个世界。

米尔斯先在家乡的得克萨斯农工大学（Texas A & M University，TAMU）就读工程专业，在阅读帕克（Robert E. Park）及伯吉斯（Ernest W. Burgess）的社会学著作后，促使他开始严肃地自我反思。在大二学年开始时，米尔斯转到了位于奥斯丁（Austin）的得克萨斯大学（UT），并最终获得硕士学位，决定从事社会学研究。1939年，米尔斯来到威斯康星大学社会学系攻读博士学位，师从H.格斯（Hans H. Gerth）和H.贝克尔（Howard P. Becker）等人，并于1941年获得哲学与人类学博士学位。

米尔斯的批判理论来源于不同的知识领域：从经典的欧洲传统到经典的美国传统，从社会心理学到社会结构分析，从新马基雅维利派的精英理论到马克思主义的激进理论。对于凡勃仑，米尔斯钦佩他的愤世嫉俗、讥讽的世

---

① 参见马尔库塞：《单向度的人：发达工业社会意识形态研究》，刘继译，上海译文出版社，2016年，中文版简评第18—19页。

界观以及对美国的"休闲"阶层("leisure"class)的分析。实用主义者的影响体现在米尔斯将性格和社会结构结合起来的社会制度的心理学分析上。作为曼海姆(Karl Mannheim)的学生,格斯曾在法兰克福大学学习过哲学与社会学,他向米尔斯介绍了来自欧洲的社会思想。从1940年代初开始,米尔斯就受到了法兰克福学派,特别是阿多诺、霍克海默、马尔库塞等人作品的影响。因此,米尔斯的思想被形象地称为智力沙拉(intellectual salad)。[1]

博士毕业后,米尔斯曾到马里兰大学短期任教,1946年起,米尔斯开始了他在哥伦比亚大学的执教生涯。1962年3月20日,米尔斯因心脏病在纽约州去世,年仅46岁。

米尔斯的学术研究分为三个阶段[2]。

最初,他主要从事对马克思和韦伯的研究。他的宏观社会学理论主要受马克思和韦伯的影响。他与格斯合作编译的《马克斯·韦伯社会学论文选》(1946),以及《新的当权者:美国劳工领袖们》(1948)是他这一阶段的代表作。《新的当权者:美国劳工领袖们》讨论的对象是处于社会最底层的广大劳工。米尔斯承认了30年代工人阶级的反抗力量,但否定了第二次世界大战后工人阶级的革命性。他认为,今天美国的劳工领袖作为既得利益者,其主要作用是控制工人的越轨倾向。工人阶级的革命性已经失去了。今后对社会进行根本变革的将是青年人。

随后,米尔斯转向经验研究。他借助工作在哥伦比亚大学应用社会科学处之便,在拉扎斯菲尔德的社会研究方法影响下,大量收集材料,先后写成了多部专著。在《白领:美国的中产阶级》(1951)一书中,米尔斯指出,白领阶层的形成和出现是20世纪以来工业化进程中最重要的变化。只有在这个白领世界中,才能找到20世纪生活的主要特征,成为理解美国特性的钥匙。米尔斯的结论是:白领饱受有权的幻觉之苦,但是实际上一无所有。位于权力顶层的是权力精英们。在《权力精英》(1956)里,米尔斯指出,20世纪以来,社会的政治、经济、军事三大支配力量规模不断增长,权力日益扩大和集中,作出重要决定的国家权力主要集中在企业领导人、政治家和军事领袖手里。社会中所有其他的制度,如宗教、教育等均处于边缘地带。同时期的其他著作还包括,《波多黎各人的历程:纽约最新的移居者》

---

[1] Treviño, A. Javier, *The Social Thought of C. Wright Mills*, California:Pine Forge Press, 2012, pp.8-15.

[2] 参见贾春增:《外国社会学史(第三版重排本)》,中国人民大学出版社,2018年,第192-193页。

(1950，与西尼尔和戈德森合作)、《性格与社会结构：社会制度的心理学》(1953，与葛斯合作)等。

在这一阶段米尔斯的著作里，除经验研究之外，还发展了他研究的另一种倾向，即越来越明显地表现出他对宏观社会的社会变迁问题的兴趣。这种兴趣在20世纪50年代中后期居于主导地位，在此之后进入了他研究的第三阶段。米尔斯注意到，白领阶层权力上的无能，权力精英们的日益团结和协调，这种趋势将导致一种极权主义倾向，那么一种可能被接受的形式将是军事管制。在1958年出版的《第三次世界大战起因》中，米尔斯指出，历史上可能发生的事正在把我们引向一种新的战争的前沿——这种战争以与大工业促进的高效率的生产大致相同的方式促进了非人格性的东西和效应。比如道德上的麻木。我们时代的暴行是作为社会机构的功能由人干出来的。那些暴行完全不动感情的，而在技术上又是正确的。这种动力主要来自我们对环境现实的看法。这种对现实的看法实质上是一种"疯人的现实主义"。比如，认为战争是人类和国家的本性，假定形势是充满战争危险和可能毁灭性的才是现实主义的。准备战争比准备和平更简单和更现实。靠诉诸军事强迫制裁力量来解决人类的问题是更现实主义的，等等。① 这种疯人现实主义的一般产物就必将是一个缓慢地走向第三次世界大战的运动。这一阶段除编辑《关于人的幻想：社会学思考的典型传统》(1960)一书外，还包括《美国佬听着：古巴在革命》(1960)和他的最后一部著作《马克思主义者们》(1962)，都明确表现出他对社会结构和社会变迁问题的浓厚兴趣。

米尔斯指出，社会学家必须永远不要忘记我们对人类所承担的义务，决不允许在自己身上也存有这种道德上的麻木。社会学思想的重要性在于它不是仅限于社会学教授或美国大学里的现代课程中的东西，相反，它是一种现在所有的人都必须设法多少取得一点成绩的训练。1959年，米尔斯出版了《社会学的想象力》。社会学应该帮助人们了解他们所处的位置，他们能够到达的地方，以及他们能够做什么。由此，米尔斯经常被人看作是改革取向的社会学再生之父。②

---

① 参见雷蒙德·保罗·库佐尔特、艾迪斯·W.金：《二十世纪社会思潮》，张向东等译，中国人民大学出版社，1991年，第284-285页。

② 参见玛格丽特·波珞玛：《当代社会学理论》，孙立平译，华夏出版社，1989年，第254页，第258页。

二、主要理论观点

1. 白领阶层

正如米尔斯本人所说的，白领职业者已悄无声息地步入了现代社会。在美国，白领职业者已占到美国中产阶级的总体的一半以上。他们是由经理、领薪水的雇员、专业职员、售货员以及各种办公室的办事员构成的。在这么一个职业构成广泛，收入差距巨大的群体中，其收入可以从最低工资到6位数的高工资，（他们）可以从事使人精疲力竭的体力劳动，或脑力和体力要求都不很高的工作。

白领一词对美国文化来说有着重要的意义。比如那些到美国来的移民，把白领看作是他们子女的希望之所在。由于数量上日益表现出来的重要性，白领职业者已推翻了19世纪认为社会应由企业主和工资劳动者两部分人组成的预测。他们传递和体验着许多具有我们这个时代特征的心理问题。按米尔斯的说法，"他们是一群新型的表演者，他们上演的是20世纪我们这个社会的常规剧目。"[①]

在美国，中产阶级的早期历史，是小业主即老式中产阶级的自由民如何步入其黄金时代的历史。在这个世界里，没有分配物资和指派人从事具体工作的中央权威，其历史进程是诸多分散而自由行动的意志无意识的结果。正是大小资产之间裂隙的扩大，彻底摧毁了小业主的世界。他们地位下降的原因与整个现代工业社会的推进和震荡密切相关。在农业人口内部，市场机制和社会变迁的技术动力削减了其中自由企业家的比例。对原材料、资金和全国性市场的销路的需要，很快就导致独立生产者对大资本家的依赖。20世纪，技术继续获得了快速发展，但市场的拓展却要缓慢得多，实业界领袖为了稳定事态，开始团结起来，这样，在他们的激烈竞争之外出现了非个人的垄断。[②] 于是，小企业家的代表在竞争的过程中，随着财产的转移，已慢慢退出了美国舞台的核心。

[①] 参见 C. 莱特·米尔斯：《白领：美国的中产阶级》，周晓虹译，南京大学出版社，2006年，导言：第1页。

[②] 参见 C. 莱特·米尔斯：《白领：美国的中产阶级》，周晓虹译，南京大学出版社，2006年，第17页。

工业结构的变化导致造就新的中产阶级的各种专门职业的出现。20 世纪的白领既没有农场主曾有过的那种独立性，也没有早先商人们的那种发财梦想。他们总是从属于他人。[①] 米尔斯形象地将其称之为"作为劳动力的一部分，处理各种事情的个人越来越少，而管理人和符号的却越来越多。"这直接导致了白领数量上的增加，老式中产阶级的比例必然下降。

米尔斯随后分析了 20 世纪以来形成的白领阶层。他认为，职业是划分中产阶级的标准。作为收入的来源，职业和阶级地位相互联系着。由于它们在正常情况下都具有某种限度的预期的威望，在工作和工作以外，它们都和阶层相互关联着。它们也包含着对他人的某种程度的权力。

米尔斯认为，我们需要凭借更多的心理学术语，去刻画 20 世纪中叶美国社会的特征。

米尔斯对白领阶层的分析自始至终贯穿了他早年就开始信奉的德国两种经典社会理论，即马克思的异化（alienation）理论和韦伯有关科层制（bureaucracy）的理论。他把马克思和韦伯的思想巧妙地融合在一起，构成了一种独特的分析批判立场。马克思的异化理论认为，劳动把人从动物界分离出来，人们通过作为一个农民、铁匠、医生或一个店员的劳动，表现出他们的人性。但资本主义所刺激起来的现代工业则使得以劳动表达人性日益困难，资本主义制度下的工业化正在创造越来越多的无意义的工作，从事这些工作的人被剥夺了以劳动表达某人性的基本方式。

为了便于说明米尔斯所理解的异化观，我们从分析白领的生活方式入手。

米尔斯拿手工业的理想模式与白领做对比，手工业作为一种完全理想化的工作满足模式，其日常工作的细节是有意义的，因为，在人心里，它们并没有和产品分离。工人们自己控制自己的活动，这样他们可以在工作中进行学习，并且不断使用和提高从事这项工作的能力和技术，工作和消遣是一体的。但是，从小企业主的乡村社会向独立雇员的城市社会的全面转变为异化创造了条件。工人们不占有产品和生产工具，在劳动合同中，他出卖他的时间、精力和技术供别人支配。而工作的异化则意味着一个人牺牲生命中最好的时光去挣活下去的钱。

白领阶层表现出来的是一种中间状态。"无论他们有怎样的共同利益，这利益都未能将他们结成一个整体；无论他们有怎样的未来，这未来都不是

[①] 参见 C. 莱特·米尔斯：《白领：美国的中产阶级》，周晓虹译，南京大学出版社，2006 年，导言：第 3 页。

经由他们自己之手缔造的。就其内心而言，他们是分裂的和离破碎的；而从外部来看，他们则依附于更强大的势力。即使他们获得了行动的意愿，由于缺乏组织性，他们的行动与其说是一场运动，不如说是由互不关联的竞争酿就的纠葛。"①

米尔斯的结论来自这样一个事实状态：白领处在独立雇主和普通工人之间的"中间地位"，这是他们的社会标志，在自我意识和社会评价的基础上确立了他们的社会性格。白领工作比普通工作更需要动脑子而少花费体力，这成为要求名望的一个标准的、历史性的依据。而学习白领工作要求的技能所花的时间和学会这些技能的途径是白领要求名望的第二个依据。事实上，白领阶层的名望是借用来的。比如从企业主、管理集团的上层借用声望。比如借用商号、公司本身的名望。即使是售货员，也经常企图通过和顾客的接触来增加自己的声望，并在同事和从事其他工作的朋友中间炫耀。

在美国，"成功"一词一直是一个普遍的事实，是一种迷人的形象、一种强烈的动力和一种生活方式。到了20世纪中叶，这种情况已经风光不再。作为一种生活方式，已经令人感到失望。现在，市场开始趋向封闭，而人们也开始受制于各种限制。人们越来越企图通过考试和咨询去指导就业，而专业协会、工会以及国家的执照颁发系统也渐渐控制了各种职业市场。② 这进一步表明了白领的声望来自他们依附的更强大的势力。

米尔斯对白领关注的落脚点体现在白领的权力的行使方式上。

首先值得关注的是，白领阶层在社会结构中的地位和普通工人是越来越相似了。两者都没有财产，收入也越来越接近。那么，这是否意味着白领阶层会向普通工人看齐，或者像普通工人一样加入自己的工会组织，从而成为一种政治力量呢？米尔斯认为，在"美国这样以个人和金钱为标准，为个人和金钱而活动占据统治地位的社会里，对政治漠不关心倒应该是一个意料之中的心理现象。"举例子来说，农场主要求更高的保护性关税和更多的价格补贴；白领职员则要求廉价消费品；政府雇员要求增加薪水；小店主却要求降低税收。中产阶级已经大大分化了，他们之间没有形成共同政治运动的现实基础。如果说他们有自己的政治运动方向，那就是跟着看上去最有可能取胜的集团和运动。按米尔斯的说法，"他们在政治上也许容易激动，但是却

---

① 参见 C. 莱特·米尔斯：《白领：美国的中产阶级》，周晓虹译，南京大学出版社，2006年，导言：第1页。

② 参见 C. 莱特·米尔斯：《白领：美国的中产阶级》，周晓虹译，南京大学出版社，2006年，第205页，第224页。

缺乏政治热情。……在美国社会的政治市场上，新中产阶级正在高声叫卖自己；任何看上去足够体面、足够强大的人都可能占有他们。"①

2. 权力精英

权力问题始终是米尔斯关注的中心，也是米尔斯对社会进行研究的切入点。他认为，尽管人们是自由地形成历史的，但在实际上，一些人比另一些人要更自由。因为这样的自由要求拥有决策的手段和权力，正是通过这些决策和权力，历史才得以形成。②

权力精英是由这样一批人组成的：他们的地位使其能够超越普通人所处的一般环境，他们的地位可以使他们作出具有重大影响的决策。理解美国精英权力，既不能只从历史层面理解，也不能仅接受公开决策人的个人知识，在精英和历史事件的背后，并使这两者产生关联的，是现代社会的主要制度。政府、企业和军队的等级制度构成了权力手段。在经济的最上层，在公司富豪中间是行政长官；在政治秩序的顶层是政治领袖；在军事机构的顶端是围绕在参谋长联席会议和军方高层周围的身兼军职的政治家精英，他们共同组成美国的权力精英。

权力精英统治者不是千篇一律的，谋士、顾问、发言人和意见领袖往往是他们更高层次构思和决策的引领者。紧挨着权力精英之下的是权力中层的职业政客，他们分布在议会、施压团体以及地方政府的新旧上流阶层中。权力中层形成了半组织化的相持状态。

家庭、宗教、大学和劳动都处于边缘地带，它们可能对国家的政策制定做出反应，但却不能影响国家的政策的制定。权力底层则出现了大众社会（the mass society）。③

要了解权力精英，就必须把握三个重要的关键问题：第一，这些权力精英的结合具有心理学的和社会的基础，因为他们具有相似的社会特征，这些特征使他们易于连成一体；第二，必须注意这种心理的和社会的结合的背后

---

① 参见 C. 莱特·米尔斯：《白领：美国的中产阶级》，周晓虹译，南京大学出版社，2006年，第281页。
② 参见玛格丽特·波洛玛：《当代社会学理论》，孙立平译，华夏出版社，1989年，第257页。
③ 参见 C. 赖特·米尔斯：《权力精英》，尹宏毅、法磊译，新华出版社，2017年，第2-4页，第23页。

的、现在由政府首脑、公司领导和高级将领所控制的那些机构等级的结构和机制；第三，权力精英的联合，不只是建立在心理一致和社会结合的基础上，也不完全依赖于领导地位和利益的结构性的一致，有时它更明显的表现为合作。这种合作并非长期性的和连续性的，它实际上是机构之间的相互牵制所造成的后果。

米尔斯从企业、文官政府及军方三个方面探讨了权力精英的发展过程。

企业是有产阶级的有组织的权力中心。在全国性企业中占有重要位置，已经成为身份需求的主要基础。崛起进入超级富豪阶层意味着进入了一条经济轨道，它有两个关键特征：奋起一跃以及资产的积累。[①] 现代企业的巨大规模不可能用效率提高来解释。美国的大企业似乎更像是"国中之国"，而不仅仅是私人企业。因此，在企业界的高层中，职业生涯既不是官僚式的，也不是创业性的，它们是各种利益的综合体。[②]

美国早期历史的事件和地点完全有利于建立和维持文官政府，使可能会占据上风的这种军事野心完全保持在臣服状态。20世纪，在世界各个工业发达国家，文官兴盛一时的、短暂而不稳固的统治开始动摇。在美国，军界领袖也正在大踏步地迈进政治真空地带。自珍珠港事件以来，掌握美国扩充的暴力手段的人们在其政治与经济同僚们当中，逐渐地不仅拥有了很大的影响力，而且还有了相当大的自主权。军事机构的扩大，其高级成员已经直接进入外交界和政界。军方的崛起和外交的衰落发生时，恰逢国际问题在美国历史上第一次真正处于最重要的国家决策的核心。企业经济与军事官僚机构之

[①] 米尔斯指出，要了解超级富豪，我们必须首先了解他们变得非常富有时所在的这个国家的经济和政治结构。他认为，仅仅通过孜孜不倦地管理大企业而成为超级富豪的人几乎没有。资产积累通常需要将企业与企业之间进行战略合并，直到形成一个大型"托拉斯"集团。操纵证券市场、建立法律体系是这种上层企业家们成功的关键点。由于公司所有权在有限程度上是分散的，超级富豪与大公司高管们控制所有权的事实，形成了有产阶级的一种联合，通过各种法律工具对企业的这种控制已经排除了较小的有产利益方。参见 C. 赖特·米尔斯：《权力精英》，尹宏毅、法磊译，新华出版社，2017年，第71页，第96页，第102页。

[②] 米尔斯以杜邦先生1945年在对通用汽车一名高管建议任命乔治·卡特莱特·马歇尔将军为董事会成员一事而写的一封信为例，揭示了"高管与企业顶层的距离越近，在塑造其企业职业生涯的过程中的有产派系和政治影响越来越重要"这一事实和盛行的吸纳标准。参见 C. 赖特·米尔斯：《权力精英》，尹宏毅、法磊译，新华出版社，2017年，第105页，113页。

间的合并获得了当今举足轻重的地位。①

米尔斯认为，传统的平衡理论是一种"神话"。这种理论认为，美国政府是一种自治的结构，由利益竞争所造成的平衡来调节。这种平衡反映在美国政府最高层，就是所谓的议会监督总统，最高法院对分立的三权做最后的平衡。但是，它并没有区分权力顶层、中层和底层之间的区别。米尔斯指出，权力平衡理论是一种狭隘的美国政治观点。人们可以用它解释一个政党或其他政党内部暂时的联盟。它在实践范围的选择上也是狭隘的，人们感兴趣的时间段越短，权力平衡看起来就越可用。事实上，大部分"政治新闻"都是关于中层问题和冲突的新闻和八卦。大学内外的评论家和分析家就聚焦于权力中层以及他们的平衡上。

平衡理论的焦点主要在美国国会，并且它的主演是国会议员们。他们代表的是那些年龄较大、在美国出生、信奉基督教的有着特权的人。他们受过高等教育，社会地位上至少属于中上等级。一般来说，他们不受雇佣，也没有干过薪水很低的工作。总之，他们是本地的新老上层阶级。大部分职业政客都代表实现巧妙均衡的各种地方利益方，事实上，他们只能获得相当小的政治决策自由。

职业政客是一种政党政客，但美国的两大政党都不是全国性的集中组织，而是与各种利益集团结合在一起的本地组织组成的集群。在全国性事务方面，两党之间的差异是非常小的。只有总统和副总统才是全国性的。②

从历史上看，美国权力结构的变迁已经历了四个阶段，开始进入第五个阶段。第一个阶段起始于美国革命，在美国革命后就立即产生了一个相当集中的权力结构，掌握国家权力的精英来自各行各业，那时的权力结构所控制的范围相当有限。第二个阶段开始于19世纪上半期，随着美国疆域的迅速扩张，杰克逊时代民主观念的出现，引起了权力精英统一体的部分解体和分散系统的出现。这个时期经济结构由小商人和农民组成，这两者都未能形成整体而对整个社会制度产生重要影响。这是一个自由放任的系统，政治权力极为有限和高度分散，联邦政府权力扩张受到抵制。军事机构也只得到最低限度的发展。美国南北战争之后，这个支离分散的权力结构开始在经济部门发生变化，由此也进入了第三阶段，经济部门中分散的权力结构开始集中

---

① 参见 C. 赖特·米尔斯：《权力精英》，尹宏毅、法磊译，新华出版社，2017年，第173页，第176页，第181页。

② 参见 C. 赖特·米尔斯：《权力精英》，尹宏毅、法磊译，新华出版社，2017年，第208-215页。

19世纪后半期,工业头目操纵的大规模商业公司开始发展,许多小商业组织在竞争中被挤垮。工业头目在扩张自己的经济实力的同时也强化着自身的经济统治。20世纪头几年,联邦政府也相应发展起来,在三十年代爆发的经济崩溃和经济大萧条促使中央政府变本加厉地膨胀和扩大,其结果是与罗斯福新政有联系的各种政府纲领的产生。从此,政府不再扮演起初那种中立的角色,导致了联邦政府的规模和影响的极度扩大和它的权力的集中和巩固,这标志着权力结构进入了第四阶段。战时军事体制的空前扩张,不可避免地使军事权力机构达到政治和经济权力机构相互平等的地位。而军事机构和大量军备物资企业之间的联盟,使"军事—工业"这个复合体能够对美国的政治方针产生压制一切的影响。战后,作为第五个发展阶段,军事建制没有随战争的结束而撤销,特别是"冷战"政策的推行,军事机构的影响进一步加强和扩大,军事领导人在最高决策中有了更大的发言权,当前所有政治经济活动都须根据军事意义而做出判断。

美国权力结构在战后的迅速变革,不仅导致了军事精英地位的提升,军事和政治精英的联合,而且还推动了所谓的大众社会的发展。与权力精英对国家权力的直接控制相反,这个大众社会却是由那些占人口多数的、处于无权状态的社会最底层所构成。米尔斯在此从交流模式的角度对民众(the public)和大众(the mass)进行了区分。在民众社团中,讨论是交流的主要形式。在大众社会里,所有的交流类型都是正式媒体。这个大众传媒并不是帮助公众进行信息交流,而仅仅有助于信息的单向流通。公众仅成为媒体市场(media markets),所有人暴露在大众传媒的内容前面。由此,那些置身于权力结构中的人们趁机利用传媒技术的便利,把大众传媒当作灌输和劝导的手段。这样他们就可以使自己的决策和行动以一种看上去同民主原则和美国传统相一致,并且是以合理的姿态显示在大众面前,这就使得社会政治现状合理和合法化。另外,大众传媒还通过各种各样的回避现实的娱乐活动来充塞人们对政治问题的关注,大众也因此丧失了对政治自主性的要求,处于一种对政治生活麻木不仁的状态之中。

3. 社会学的想象力

现如今,人们往往觉得,自己的私人生活就是一道又一道的陷阱。在日常世界里,他们觉得自己无法克服这些困扰。米尔斯认为,他们所需要的并不只是信息,也不仅仅是理性思考的技能。他们所需要的,以及他们感到他们所需要的,是一种特定的心智品质,我们不妨称之为社会学的想象力。①

这种想象力的第一个成果即个人只能通过置身于所处的时代之中,才能理解他自己的经历并把握自身的命运,他只有变得通晓他所身处的环境中所有个人的生活机遇,才能明了他自己的生活机遇。其次,社会学的想象力可以让我们理解历史与个人的生活历程,以及在社会中二者间的关系。

米尔斯指出,或许运用社会学的想象力所做的最有成果的区分是"环境中的个人困扰"和"社会结构中的公众论题"。举例来说,当10万人口的城市只有一个人失业时,那么这是他个人的困扰,为了救济他,我们最好要了解这个人的性格,还有他的技能和目前存在的各种机遇。但是,如果一个有5000万就业人口的国家,却有1500万人失业,这就是个公众论题,我们也许不能指望在某个人所能获得的机遇范围找出解决办法。我们要考虑的是社会的经济和政治制度,而不仅仅是零星散布的个人处境和品行。

米尔斯由此进一步论述了公众的主要论题是什么,以及为什么要将社会学的想象力作为学术的共同尺度问题。

米尔斯说,我们的时代是焦虑和淡漠的时代,但尚未以合适的方式表达明确,以使理性和感受力发生作用。社会科学家首要的政治和学术使命是搞清当代焦虑和淡漠的要素。这是社会学的想象力成为学术的共同尺度的前提。学术的共同尺度的内在含义是,人们借此来表达他们最为坚实的信念。社会学想象力已成为学术探索和文化理解的核心特征。

继提出"社会学的想象力"之后,米尔斯指出,被认为社会学研究的东西存在下列不良趋势。

趋势一:趋向一种历史理论。例如,在孔德笔下,就像在马克思、斯宾塞和韦伯那里一样,社会学是一种百科全书式的努力,关注人的整个社会生活。关于人类历史的理论一不小心就会被扭曲成一件跨历史的紧身衣,在这件紧身衣中,人类历史的各种素材都会被强塞进去,有关未来的先知预言般的观点则会被从中硬拽出来。阿诺德·汤因比(Arnold Toynbee)与奥斯瓦尔德·斯宾格勒(Oswald Spengler)的研究就是广为人知的例子。

趋势二:趋向一种有关"人与社会的本质"的系统理论。比如,在形式论者的研究中,尤其是在齐美尔(Simmel)和冯·维泽(Von Wieser)的著

---

① 米尔斯由此还指出,读过这部书稿的政治学家建议用"政治学的想象力",而人类学家提议用"人类学的想象力",如此等等。他认为,历史地看,经典社会学家比其他社会科学家更频繁也更鲜活地展示出了这种心智品质。参见 C. 赖特·米尔斯:《社会学的想象力》,李康译,北京师范大学出版社,2017 年,第 1—4 页,第 24 页。

述中，社会学开始处理一些特别的观念，旨在将所有社会关系逐一归类，并洞察它们据说普遍一致的特征。简言之，这种理论注重在非常高的概括层次上，以相当静态和抽象的眼光，来看待社会结构诸要素。塔尔科特·帕森斯（Talcott Parsons）的研究就是美国社会学在当代最典型的例证。

趋势三：趋向针对当代社会事实和社会问题的经验研究。有关当代事实的研究很容易沦为罗列有关情境的一系列事实，彼此互不关联，往往也无关紧要。社会学家往往会成为适用于几乎任何事物的研究方法的专家。乔治·伦德伯格（George Lundberg）、萨缪尔·斯托弗（Samuel Stouffer）、斯图亚特·多德（Stuart Dodd）、保罗·F. 拉扎斯菲尔德（Paul F. Lazarsfeld）等人的大部分研究都是当前的榜样。①

人的多样性是社会科学研究的题中应有之义，人们过去、现在和未来生活的所有社会世界都有这个特点。所有经典社会科学家都很关注他们所处时代的显著特征，以及历史如何在其中被塑造出来的问题，他们都关注"人性的本质"，以及他们所处的时代开始盛行的个体多样性。在20世纪下半叶，这些关注成为挥之不去的困扰，在我们有关人的研究的文化取向中占据重要位置。

要梳理任何问题，都要求说明我们说清楚将涉及哪些价值，这些价值又会遭受怎样的问题。这是因为，正是这些对备受珍视的价值——如自由和理性这样的价值——所构成的显著威胁，才是社会探究的一切重要问题所必须具备的道德要旨，也是一切公共议题和私人困扰的道德要旨。②

米尔斯结合社会学想象力谈了其治学之道。第一，要提醒初学者的是，选择做一名学者，既是选择了职业，同时也是选择了一种生活方式。务必建立一个学术档案，用社会学家的话说，即记日记。许多富有创新精神的著作者笃行于此。

第二，维护这样一种档案本身就是学术生产。它就是在持续不断地积累各种事实和想法，从极其模糊到渐趋完善。米尔斯以分层研究为例，他说，他做的头一件事情就是列出所希望了解的各种人物类型，并在此基础上草拟提纲。究竟为何以及打算如何做这样一项研究。但这还算不上"课题"浮现出来的"真正"方式。真正发生的事情是：① 从档案中浮现出相关想法和

---

① 参见C. 赖特·米尔斯：《社会学的想象力》，李康译，北京师范大学出版社，2017年，第29-31页。

② 参见C. 赖特·米尔斯：《社会学的想象力》，李康译，北京师范大学出版社，2017年，第176页。

计划，因为所有的课题都是始于档案而终于档案，专著也无非是围绕不断汇入档案的工作的零散成果组织起来的；②经过一段时间，相关的一整套问题开始萦绕在脑海中。拟完了粗略提纲，又将整份档案检视一遍，不仅检视了其中明显与研究话题有关的部分，而且检视了乍看起来似乎毫无关系的内容。把那些此前完全孤立分散的条目搁到一块儿，找寻预料之外的关联，往往能成功地激发出想象力。可以在档案中为这批特别的问题专设新的单元，当然，这也会导致档案中其他部分的新布局。一旦重新安排整个档案体系，往往会发现，自己似乎正在释放想象力。

第三，要成为最出色的学术工作者，其中肯定有一条：周遭有一群愿意倾听、愿意交流的人，有时他们不得不是我们想象中的人物。当今出色的社会科学研究并不只是由一项边界分明的经验"研究"构成的，通常也不可能如此。研究进程中有一个阶段，是通读其他的书。不管你想从中读到些什么，都记在笔记和摘要里。而在这些笔记的旁注和另设的档案里，记下供经验研究用的想法。

第四，米尔斯提到，社会学的想象力相当程度上就在于有能力从一种视角转换成另一种视角，并在此过程中培养起对于整个社会及其组成要素的充分观照。当然，正是这种想象力使社会科学家有别于单纯的技术专家。只需短短数年，就可以训练出合格的技术专家。社会学的想象力可以培养，当然，要是没有经过大量的，往往也是例行常规的工作，也很少能实现这一点。①

三、对米尔斯理论的评价

米尔斯的工作从若干比较客观和实证的研究开始，然后迈步走向他的事业的顶峰。他对美国文化，对越南战争的历史动向的谴责为他赢得了"愤怒的社会学家"的名声，或许正是这使他成为20世纪50年代知识分子的偶像。米尔斯去世后，他被誉为"当代美国文明最重要的批评家之一"，美国社会学会将该会评审认定的优秀社会学专著以"米尔斯"奖名义颁发，这可算是美国社会学界对他的学术生涯的最好评价。

正如库左尔特和艾迪斯·W.金所谈的，如果米尔斯错了，错在他相信道德方面，他是站得住脚的。社会学家被卷入了他们正在记述，并企图加以

---

① 参见C.赖特·米尔斯：《社会学的想象力》，李康译，北京师范大学出版社，2017年，第272-306页。

探索的那个体系中去。于是,他们把米尔斯比成了气象学家,预报暴风雨时最好说暴风雨即将来临,而事实可能没有。若当暴风雨向我们袭来的时候,如果我们断言不会有,我们就会使自己处于毫无防备的境地。①

复习思考题

1. 比较批判理论与马克思主义对资本主义社会在概念、命题及其解释等方面的异同。
2. 如何理解马尔库塞的单向度概念?
3. 结合米尔斯所谈的社会学想象力的观点,谈谈我们在生活中如何培养这种能力?

---

① 参见雷蒙德·保罗·库佐尔特、艾迪斯·W. 金:《二十世纪社会思潮》,张向东等译,中国人民大学出版社,1991年,第289页。

第十三章
后现代社会理论

后现代主义是 20 世纪 60—70 年代在西方兴起的一股重要的社会文化思潮,并不断向全球扩散,在 20 世纪 80 年代中后期达到高峰。它拒斥现代性,对以现代主义为核心的西方主流文化提出了激烈批评,并对当代西方社会科学的各个领域造成了极大的冲击,关于后现代的社会理论也成为异常热门的话题。本章将介绍后现代理论的源起,一些相关的基本概念,后现代理论的特征,以及以福柯为代表的几位后现代理论家的主要思想。

本章要点

- 现代性与社会学的关系
- 后现代理论的基本特征
- 福柯的知识考古学
- 福柯的权力谱系学
- 福柯的自我伦理学
- 布西亚的符号统治理论
- 利奥塔对元叙事的批评
- 德里达的解构主义观点
- 詹明信关于后现代主义的阐释

第一节 后现代社会理论的源起

一、现代性与社会学

作为一门独立的、自觉的社会科学,社会学得以创立,这与用一套概念系统去认识和把握兴起于西欧并逐渐向全球扩散的现代工业社会的企图分不开。作为启蒙思想的继承者,古典社会学家大多坚信借助理性可以发现适合现代社会的系统理论和实践规范,进而推动社会进步。而追求秩序和控制、崇尚理性和技术、相信进步和完美等,正是现代性的核心特质,是所谓"现代性规划"(modernity project)的关键内容。古典思想家大多致力于发展关于社会的一般性理论模型,并努力为上述"现代性规划"作辩护。

美国社会学家帕森斯是古典社会学转向当代社会学的一位重要的中介性人物。帕森斯毕生研究的核心,便是从理论上回答现代社会秩序是如何形成的,为此他努力发展一套普遍化的概念系统,并提出了以西方社会学正统形象呈现的结构功能理论。该理论具有一种跨学科的性质,在社会科学各个领域均有较大影响,成为现代性宏大理论的一个重要标志,使社会学理论成为整个现代性事业的一个重要组成部分。可以说,帕森斯是一位处于当代社会学中心地位的现代性宏观理论家或系统理论家，他创立了战后西方社会学论战的基本框架。当代西方大多数社会学理论都以帕森斯的理论作为竞争对手和挑战对象，试图通过批判帕森斯的学说而发展自己的理论，为自己的理论定位。

尽管结构功能论自诞生之日起，就有人提出批评，但当时这些批评之声大多很微弱，掀不起大浪。只有到了20世纪60年代，对结构功能论的批评才逐步汇聚成一股洪流，最终动摇了该理论在西方尤其是美国社会学界的主导地位，促使社会学理论进入所谓的"反帕森斯时代"及"后帕森斯时代"。西方社会发展到60年代，各种社会矛盾和冲突渐渐凸现和激化起来，并且开始呈现出一些新的特征。结构功能论与社会实际不相吻合及其理论的内在缺陷，越来越引起众多具有批判意识的学者的不满，他们从不同的角度对功能论提出激烈的批评，重新阅读、解释、评价经典理论家的著作，以挖掘曾被忽略或误解的思想精华，寻找适合自己的哲学基础，进而发展出各具特色的社会学理论，为当代西方社会学领域诸多流派纷争的"繁荣"局面的出现做出重要贡献。需要指出的是，前面几章介绍的社会冲突论、社会交换论、符号互动论等几个在当代社会学中有较大影响的流派并没有从根本上抛弃现代性的基本假定、放弃对社会进步的追求，它们程度不等地自命为理性的代言人，相信不断提高理解和控制现代社会的可能性。从这个意义上说，它们只是对结构功能论这一宏大现代性社会理论的某种修正与补充，同属一个广阔的理论阵营。

二、后现代转向

其实，针对西方社会从20世纪60年代以来遍布于经济、政治、社会、文化制度等各个领域所发生的一系列引人注目的变化，许多学者试图对这样的一个时期进行理论上的概括，提出了一些各具特色的概念，如"后工业社会""晚期资本主义""后自由主义社会""消费社会""闲暇社会""福利社会""信息社会"，等等。一些更加激进的思想家则认为，现代社会已经终结，我们正在步入一个与现代社会彻底决裂的后现代社会。那些发生在社会生活、艺术、科学与理论方面的剧烈变化可称为后现代转向，它指向一种考察世界、解释世界的新范式，也包括政治、经济、社会的新形态以及文化与技术的新格局①。在这个新的后现代时期，最具重要意义的也许是，占据西方人心灵两百年之久的现代性理念受到彻底质疑和抛弃。西方自18世纪以来，就出现了一个与启蒙运动密切相关的著名假定：日益增进的理性有利于加强秩序与控制，且有助于张扬社会正义、推动道德进步、促进人类解放和幸福。然而，原先被假定为现代性发展必然结果的许多利益承诺并没落实，20世纪的战争、大屠杀、恐怖事件、各种人为灾害的大量涌现，已使人们丧失了对现代性规划的信心，18世纪的希望演变为20世纪的绝望。

所谓后现代思想家（后现代主义者），通常是指那些对西方现代性持彻底批判态度的学者，包括那些启蒙运动以来思想的最激进、最尖锐的批评者。现代性是作为一种许诺，作为一股把人类从愚昧和非理性状况中解放出来的进步力量进入历史舞台的。后现代思想家则从消极面上来反省现代性，并且不放过现代性犯下的每一个过失和罪恶。他们抨击现代性造就的一切，认为现代性已经不再是一种解放力量，相反变成了奴役、压迫和压制的根源。在他们看来，人们现在生活在一个其性质完全不同于以往各个时代的后现代社会里，而且，整个西方传统文化和各种传统理论对于人类社会及其历史的总观点和研究方法都是令人质疑的。因此，后现代社会理论以持续不断的否定、摧毁，鼓吹无序、差异、多元为特征；这与以肯定、建设，强调秩序、统合、一元为特征的现代性社会理论（如帕森斯结构功能论）形成鲜明对照。在后现代主义者眼里，理性、自由和正义不再是可以实现的目标，而是应该批判和超越的对象。虽然后现代理论与批判理论具有不少共性，都对现代性及其社会控制和理性化形式持批判态度，但后者通常试图划分并维护某种界限、某些范畴，并没放弃现代性的所有基本信条，继续使用一些现代性色彩很浓的概念，而这些都是前者所坚决反对的。一般来说，后现代理论家试图比批判理论家更进一步地、更彻底地颠覆所有传统哲学和社会理论，他们拒绝任何元叙事和普遍标准，将一切倡导统一、同一的主张均看作偏执狂和法西斯主义，并致力于开创全新的理论和政治视角。

后现代理论的一个重要源头是后结构主义，后者乃是兴起于20世纪60年代末期法国的，旨在批判和超越结构主义的一场思想运动：它继承了尼采与海德格尔的遗产，强调差异的重要性高于统一、同一，主张意义应该发散

---

① 斯蒂芬·贝斯特、道格拉斯·科尔纳：《后现代转向》，陈刚等译，南京大学出版社，2002年，序言，致谢第3页。

而非封锁于总体化、集中化的理论或系统之中。其代表人物包括福柯、拉康、巴尔特、德里达等，他们直接促成了认识论、美学和政治语境中"再现危机"，揭露了语言再现功能的脆弱性和话语与事物不相关联性，打破了认同是一种固定而一致现象的观念等①。而流行于20世纪50—60年代法国的结构主义，则是对二战后统治法国的萨特存在主义和现象学的反动，主要代表人物包括人类学家列维-斯特劳斯、哲学家阿尔都塞，以及前面提到的福柯、拉康、巴尔特等。结构主义试图揭示支撑人类活动的那些一般结构，它相信不可观察的、隐蔽的社会结构决定了可观察的社会现象。

后现代理论运用了后结构主义对现代理论的批判，并将这些批判激进化，且扩展到新的理论领域。许多后结构主义者，如福柯、拉康、巴尔特、德里达、布西亚、德勒兹、瓜塔里、利奥塔等，同时又被看作后现代理论家。与后现代主义相比，后结构主义更加抽象、更加哲学化和更少政治化，更加关注语言领域。罗斯诺认为，后结构主义和后现代主义的主要差异是着重点的差异，而不是本质方面的差异：后者更倾向于文化批判，涉及更加广泛的领域②。

第二节 相关概念的辨析

虽然后现代话语一度成为晚近的时尚，但有关后现代的大量词汇却没有固定的含义，人们众说纷纭，莫衷一是，以至于"后现代"一词被学者们视作当代最被滥用和最具混乱性的理论术语之一③。事实上，后现代主义就是一个缺乏确定性的概念，这一方面是由于它自身就是一个复杂的、矛盾的、令人迷茫和困惑的多面体；另一方面，后现代主义者的一个重要策略是将熟悉的东西陌生化、清楚的东西模糊化、简单的东西复杂化，这进一步加剧了问题的严重性。尽管后现代思想家大多反对运用现代理论方法对他们的思想进行系统的阐述、对相关的概念作明晰的界定和分析，他们甚至拒绝任何理

---

① Barry Smart：《后现代性》，李衣云、林文凯、郭玉群译，巨流图书公司，1997年，第18-19页。

② 波林·罗斯诺：《后现代主义与社会科学》，张国清译，上海译文出版社，1998年，第2页。

③ 道格拉斯·凯尔纳：《媒体文化——介于现代与后现代之间的文化研究、认同性与政治》，丁宁译，商务印书馆，2004年，第74页。

论，也不希望自己的话语被提升为规范的理论或宏大的叙事，但是，为了对后现代话语有个比较清晰的把握，本书还是依据现代学术研究的基本逻辑，通过总结前人的研究成果，尝试对某些经常被混乱（或交叉）使用的、与后现代主义密切相关的核心概念做一些梳理和辨析工作。

一、现代和后现代

（一）现代

英语"现代"（modern）一词源于兼做名词和形容词的拉丁语"modernus"，后者是在公元5世纪根据"modo"（意思是"最近、刚才"）一词创造出来的，指的是"在我们时代的，新的，当前的……"，它的主要反义词是"古的，老的，旧的……"[①]。当代社会理论大师哈贝马斯（J. Habermas）说过，现代这个概念乃是被用来表达"一种要与过去相连的时代意识……视其自身为新旧过渡期的产物"[②]。事实上，英语"现代"（modern）一词主要演变出两种用法，一是意味着"当代、当今"，另一用法则添加了这样的含义——在现代时期，世界已经不同于古典的和中世纪的世界，对古典的盲目崇拜不再流行，以"现代性的教养"为标志的新的生活方式受到普遍欢迎[③]。而且，后一用法逐渐凸现社会的根本转型以及与传统的生活方式更为精致的对立[④]，强调新颖性尤其是"求新意志"——基于对传统的彻底批判来进行革新和提高的计划[⑤]。相应的，西方现代社会科学，主要考察的是区别于传

[①] 马泰·卡林内斯库：《现代性的五副面孔》，顾爱彬、李瑞华译，商务印书馆，2002年，第18-19页。

[②] Barry Smart：《后现代性》，李衣云、林文凯、郭玉群译，巨流图书公司，1997年，第10页。

[③] B. Smart, "Modernity, Postmodernity and the Present", in B. Turner (ed.), *Theories of Modernity and Postmodernity*, London: Sage, 1990, p. 4.

[④] 大卫·库尔珀：《纯粹现代性批判——黑格尔、海德格尔及其以后》，臧佩洪译，商务印书馆2004年，第21-22页。

[⑤] 马泰·卡林内斯库：《现代性的五副面孔》，顾爱彬、李瑞华译，商务印书馆，2002年，中译本序言。

统封建时期的，以城市工业社会的兴起为标志的"现代"西方社会。①

（二）后现代

关于"后现代"（postmodern）②的提法也早已有之。比如1870年前后，英国画家约翰·瓦特金斯·查普曼（J. W. Chapman）曾使用"后现代绘画"一词，用来指称那些据说比法国印象主义绘画还要现代和前卫的绘画作品。1917年德国学者鲁道夫·潘诺维兹（R. Pannowitz）在《欧洲文化的危机》一书中，用"后现代"一词来描绘当时欧洲文化的虚无主义和价值崩溃的状况③。1954年英国著名历史学家汤因比（A. Toynbee）在新版的《历史研究》中，用"后现代时期"表示西方文明发展的第四个阶段，即从1875年开始的、以理性主义和启蒙精神之崩溃为特征的"动乱时代"④。1959年美国著名社会学家米尔斯（C. W. Mills）在《社会学的想象力》一书中宣称："我们正处于所谓的现代时期的终结点上。……如今，现代时期正在被一个后现代时期所取代"。他认为许多过去的期待和想象，以及思想和情感的运用范畴已不再适用⑤。

---

① "现代"究竟从什么时候开始存在很大的争议。有的历史学家认为，现代世界是从1789年的法国革命开始的，另外的历史学家则指出，现代欧洲开始于文艺复兴和宗教改革，还有的历史学家表示，所谓的"现代"是在20世纪才出现的。在15世纪末期，很多日子被认为是"现代"的开始。……对"现代"的另外一种解读是，其实从14世纪而非16世纪起，欧洲就出现了具有"现代"思维方式和理解世界方式的某些特征。参见玛丽·伊万丝：《社会简史：现代世界的诞生》，曹德骏、张荣建、徐永安译，复旦大学出版社，2010年，第3页。

② 有学者指出，书写方式的不同——"后现代"（postmodern）还是"后-现代"（post-modern）——也表明了某个立场、某种偏见。前者含有对后现代主义抱着一定同情或承认其合理性的意思，而后者则表示一种批判的态度。当然这种划分也不是绝对的（参见波林·罗斯诺：《后现代主义与社会科学》，张国清译，上海译文出版社，1998年，第24页）。一般来说，加上连字符强调了特殊、具体、断裂和怪异，去掉连字符则表示广泛性、综合性、同时性和一致性（参见史蒂文·康纳：《后现代主义——当代理论导引》，严忠志译，商务印书馆，2002年，第二版前言）。

③ 道格拉斯·凯尔纳、斯蒂文·贝斯特：《后现代理论——批判性的质疑》，张志斌译，中央编译出版社，1999年，第7页。

④ 阿诺德·汤因比：《历史研究（上卷、下卷）》，郭小凌等译，上海人民出版社，2010年。

⑤ C. Wright Mills, *The Sociological Imagination*, New York: Oxford University Press, 1959, pp. 165-166.

尽管在20世纪的40—50年代，后现代一词曾被偶尔用来描述新的建筑或诗歌形式，但是一直到20世纪60—70年代，它才被广泛地引入文化理论领域，并逐渐扩散到政治、经济、社会等其他学术领域。到了80年代，关于后现代的话语急剧增加，爆发了同现代性、现代主义和现代理论决裂的激烈论战。

一般来说，现代和后现代主要涉及一种时间概念，但确切的边界在哪里并不是一清二楚的，还存在很大的争议。"后现代"通常指的是继"现代"而来，或是与现代的断裂，它更多是强调对现代的否定，消解了"现代"的一些确凿无疑的特征[①]。不少学者用它来指称西方"二战"以后出现的后工业社会或信息社会。也有学者反对将现代与后现代对立起来的做法，主张将两者结合起来[②]。需要指出的是，"现代"常常被用来作为与它相关的一系列概念（所谓"现代"概念家族）如现代性、现代主义、现代理论等的通称；相应的，"后现代"则被用来作为与它相关的一系列概念如后现代性、后现代主义、后现代理论等的通称。

二、现代性和后现代性

（一）现代性

现代性（modernity）通常指现代时期所展现出来的特质，它强调的是现代社会的组织原则、社会秩序和知识话语。根据凯尔纳、贝斯特的观点，现代性是一个历史断代的术语，指接踵中世纪或封建制度而来的新纪元，涉及各种经济的、政治的、社会的以及文化的转型[③]。其实，现代性可能包括四层不同的含义：历史分期，社会性质，价值理念和个人体验[④]，但在社会理论中，现代性更多的是指社会组织方式和社会状态，强调从社会和文化的意义上来把握现时代人类文明中较为定型的实质性因素，诚如阿多诺所言，

---

① 迈克·费瑟斯通：《消费文化与后现代主义》，刘精明译，译林出版社，2000年，第4页。
② 沃尔夫冈·韦尔施：《我们的后现代的现代》，洪天富译，商务印书馆，2004年。
③ 道格拉斯·凯尔纳、斯蒂文·贝斯特：《后现代理论——批判性的质疑》，张志斌译，中央编译出版社1999年，第2-3页。
④ 参见张小山：《论现代性的四层含义》，《理论探讨》，2005年，第6期。

"现代性是质的范畴,而不是年代学的范畴"①。哈贝马斯(J. Habermas)则将现代性视作18世纪启蒙运动以来的一个尚未完成的宏大规划,它追求客观的科学、普遍的道德(与法律)、自主的艺术,并以此为基础来影响和控制社会变迁,合理地安排人们的日常生活②。确实,自启蒙时代以来,关于现代性的话语大多奉理性为最高的权威,视其为知识、真理和社会进步的根源和基础。

当代著名社会理论家吉登斯明确指出,现代性是社会学关注的核心问题,它可粗略地定义为17世纪前后出现在欧洲并逐步向全世界蔓延的那种社会生活方式和社会组织方式③。通过现代艺术、消费社会的产品、新技术以及新的交通运输和通信方式的传播,现代性进入了人们的日常生活当中。现代性的实现过程可称之为"现代化"(modernization),它标志着个体化、世俗化、工业化、文化分化、商品化、城市化、科层化和理性化等过程④。在某种特殊意义上,现代化被视作经济学家所说的"发展"在社会学上的对等物,而且往往成为非西方或反西方国家趋向西方式工业化的一种委婉措辞⑤。

需要指出的是,虽然我们可以将现代性比较明确地界定为:17世纪左右依照启蒙运动的精神与原则而首先在西方产生和建构起来然后逐渐扩散到世界其他地方的一种社会文化模式。但实际上,现代性这个概念非常复杂多义,存在着模糊、矛盾甚至尴尬的成分,充斥着对立与冲突的内容。"现代性的含义不是唯一的,因为现代性本身是对含义的寻求"⑥。鲍曼(Z. Bauman)指出了现代性的变异性和流动性,强调现代性的文化与社会现实之间的紧张⑦;艾森斯塔特(S. N. Eisenstadt)论证了现代性在具体制度和文化

---

① 参见彼得·奥斯本:《时间的政治——现代性与先锋》,王志宏译,商务印书馆,2004年,第23页。
② Juren Habermas, "Modernity—An Incomplete Project", in Wook-Dong Kim (ed.), *Postmodernism: An International Anthology*, Seoul: Hanshin, 1991, p. 262.
③ 安东尼·吉登斯:《现代性的后果》,田禾译,译林出版社,2000年,第11页。
④ 道格拉斯·凯尔纳、斯蒂文·贝斯特:《后现代理论——批判性的质疑》,张志斌译,中央编译出版社,1999年,第3页。
⑤ 马泰·卡林内斯库:《现代性的五副面孔》,顾爱彬、李瑞华译,商务印书馆,2002年,第252—253页。
⑥ 参见米歇尔·瓦卡卢利斯:《后现代资本主义:社会学批判纲要》,贺慧玲、马胜利译,社会科学文献出版社,2012年,第4页。
⑦ 参见齐格蒙特·鲍曼:《流动的现代性》,欧阳景根译,上海三联书店,2002年。

模式上的多元性①；柯拉柯夫斯基（L. Kolakowski）声称现代性处于永无止境的试验之中②，维尔默（A. Wellmer）阐述了启蒙现代性和浪漫现代性的不同与对立③；卡林内斯库（M. Calinescu）则区分出现代性的五副面孔：现代主义、先锋派、颓废、媚俗艺术、后现代主义④。此外，有些学者认为现代性包括现代化和现代主义两个基本部分⑤，另有学者则将现代性界定为"现代主义""现代"和"现代化"的总和⑥。

（二）后现代性

后现代性（postmodernity）指现代时代以后的一个历史时期所展现出来的特质，它强调的是后现代新的组织原则以及社会秩序与知识话语的转型，尤指不同于现代性的独特的思维方式，运用不同于现代性的话语。后现代性代表了一个超越了现代性的新阶段，在这个所谓的后现代时期（postmodern era），社会发生了重大改变——转向以文化、文化消费、媒体与信息技术为核心的后工业经济⑦。斯马特（B. Smart）指出："后现代性这个概念指的是我们和现代思维、现代情境和现代生活形式（或一言以蔽之，现代性）的关系和经验的修正和改变"⑧。

在20世纪80年代以前的西方相关文献中，后现代性一词主要指的是一

---

① 参见 S.N. 艾森斯塔特：《反思现代性》，旷新年、王爱松译，生活·读书·新知三联书店，2006年。

② 参见 L. Kolakowski, *Modernity on Endless Trial*, Chicago: University of Chicago Press, 1990.

③ 参见阿尔布莱希特·维尔默：《论现代和后现代的辩证法——遵循阿多诺的理性批判》，钦文译，商务印书馆，2003年。

④ 参见马泰·卡林内斯库：《现代性的五副面孔》，顾爱彬、李瑞华译，商务印书馆，2002年。

⑤ 夏光：《后结构主义思潮与后现代社会理论》，社会科学文献出版社，2003年，第5页。

⑥ 玛格丽特·A·罗斯：《后现代与后工业——评论性分析》，张月译，辽宁教育出版社，2002年，第1页。

⑦ 菲利普·史密斯：《文化理论——导论》，张鲲译，商务印书馆，2008年，第325页。

⑧ Barry Smart：《后现代性》，李衣云、林文凯、郭玉群译，巨流图书公司，1997年，第46页。

种其内在精神与传统的现代文化十分不同的"后现代文化"[①]。然而从20世纪90年代开始,越来越多的学者用后现代性一词指称不同于现代社会的新的社会状态,几乎成为"后现代社会"(postmodern society)的同义词。德兰蒂(G. Delanty)认为,现代性与后现代性之分模糊了现代本身的激进性,后现代并非通常所认为的那样是与现代的彻底断裂。后现代性深深植根于现代性文化之中,正如现代性本身也是植根于前现代世界观之中[②]。也有学者使用"后现代化"(post-modernization)这一概念,意指与现代化相对的一个动态过程,即推动现代性向后现代性转向的社会变化过程,它强调的是"现代"之后的新的社会秩序正在实现的过程及其程度。另外,20世纪80年代以后,关于后现代性的话语显示有一定衰落的趋势,以至于有人开始附和后-后现代性(post-postmodernity)的提法,认为后现代是一个已经过去的时代,后现代不再新奇、不再风行,而仅仅只是一项每个人都在做的无聊东西。

三、现代主义和后现代主义

(一)现代主义

现代主义(modernism)可以看作主要是对现代性作辩护并不断张扬它的文化思潮。有学者指出,可将培根、笛卡儿和洛克看作现代规划的设计师,他们大力倡导对自然的支配(掠夺性的现实主义)、方法的首要性(方法论的普遍主义)和个人的独立自主性(意义含混的个人主义),主张摧毁枯朽的中世纪社会结构,重建新的社会秩序,从而奠定了现代主义的理论基础[③]。从19世纪开始,现代主义作为艺术(包括绘画、诗歌、文学、音乐、建筑等)中各种革新和反传统的新趋势逐渐形成并引起很大反响,以至于狭义的现代主义专指19世纪末期至20世纪50年代西方社会中追求新奇的艺术运动。艺术中的现代主义紧跟着现代性的基本过程——这个过程包括对陈旧形式的否定和对新形式的创造,这在生活的所有领域生产出持续的创造力

[①] 谢立中、阮新邦:《现代性、后现代性社会理论:诠释与评论》,北京大学出版社,2004年,第14页。

[②] 杰拉德·德兰蒂:《现代性与后现代性:知识,权力与自我》,李瑞华译,商务印书馆,2012年,第5页。

[③] 艾尔伯特·鲍尔格曼:《跨越后现代的分界线》,孟庆时译,商务印书馆,2003年,第6页,第27-28页。

以及"创造性的解构"。在某种意义上，现代主义对永不止歇的变化和发展的需求中包含着对资本主义气质的信奉①。

可以说，现代主义是现代性的文化产物，它通过各种方式和手段直接或间接地反映了现代社会的基本价值、特征与问题。一方面，它以宣传现代性的理念、彰显现代性的成就为己任，竭力为现代性做辩护；另一方面，它也会对现代性的消极后果提出批评和质疑，有时可能还是非常激烈的批评和相当尖锐的质疑。因此，现代主义本身蕴涵着一定后现代的成分，孕育着后现代主义的产生。但总体上，现代主义还是以肯定、捍卫和维护现代性为主，更注重传播理性、真理、控制、秩序、进步和解放等现代性话语。

（二）后现代主义

后现代主义（postmodernism）主要是指以拒斥现代性、张扬后现代性为基本特征的、不同于现代主义的文化产物，体现在文学、美术、建筑、电影、哲学和其他社会科学等领域。它既指一种拒绝接受现代主义符码的美学艺术风格，也指源自后结构主义的、摈弃现代主义思想教条的哲学与理论立场。虽然，根据美国后现代理论家哈桑（Ihab Hassan）的考证，奥尼斯（F. Onis）于1934年编辑出版的一部诗选中，率先采用了后现代主义一词。但作为一场消解性、批判性的文化运动，它真正崛起于20世纪60年代的欧洲大陆（主要是在法国），在政治上是对西方60年代激进政治运动失败的反应。70年代末80年代初它开始风行西方世界，80年代末90年代初其影响开始波及第三世界国家。后现代主义首先意味着对于现代性的摒弃。它从各个角度揭示了现代性自身存在的内在矛盾和缺陷，抨击现代性造就的一切，断定现代性已经不再是一种解放的力量，相反地变成了奴役、压迫和压制的根源。后现代主义的兴起表明了一部分人对现代性的失望甚至绝望，它似乎要从根本上改变人们对于周围世界的原有经验和解释，不再相信任何宏大叙事或理论。

美国著名理论家詹明信（F. Jameson，又译杰姆逊）认为，后现代主义乃是当今处于晚期阶段的资本主义所衍生出来的文化逻辑②。也有学者认为

---

① 道格拉斯·科尔纳、斯蒂芬·贝斯特：《后现代转向》，陈刚等译，南京大学出版社，2002年，第159-162页。
② 詹明信：《晚期资本主义的文化逻辑》，陈清侨等译，生活·读书·新知三联书店1997年，第484-485页。

后现代主义无非是后期现代主义的另一个称谓而已①。美国著名社会学家丹尼尔·贝尔（D. Bell）就将后现代主义看作现代主义的极端形式，"它把现代主义逻辑推到了极端"②。美国另一位理论家查尔斯·詹克斯也将后现代主义视为"一种处于自我批判阶段的现代主义"，并且会和现代主义一起持续存在下去③。不过，本书认为，尽管后现代主义与现代主义存在一定连续性，但也出现了明显的断裂。虽然后现代思想家的观点并不统一，甚至相互间存在着异常激烈的争论，而且不同领域的后现代主义的差异也非常显著，但概括起来，后现代主义还是具有如下几个比较一致的特征：谴责现代性的逻辑及后果，用建构论取代实在论，否认客观真理、批判科技理性，反对整体化、元叙事的倾向，注重另类、边缘的议题，鼓吹多元主义的视角及方法，强调话语分析的重要性，提倡表述上的开放性，等等。

四、后现代社会理论和后现代社会学

（一）后现代社会理论

后现代社会理论（postmodern social theory）可以说是解释后现代性的理论尝试，是用后现代主义的观点解释后现代社会的理论成果，同时它也包括那些以后现代主义的立场和视角考察、质疑现代性的理论探讨，其重心集中在对现代理论的批判和对理论上的后现代转向的论证。现代理论——从笛卡儿的哲学设计，经由启蒙运动，一直到孔德、涂尔干、韦伯及其他人的社会理论——因为试图找出知识的基础，傲慢地宣称能够提供绝对真理，致力于对普遍化和总体化的追求，同时因为它所拥有的被认为是虚妄骗人的理性主义的特征，从而受到激烈批评④。后现代理论家宣称，当代计算机和媒体技术、新知识形式以及社会经济制度的变化等，正在产生着一个新的、后现代社会。面对崭新的社会文化形式，以往的概念和理论已经完全不能适用，

---

① 金·莱文《后现代的转型——西方当代艺术批评》，常宁生、邢莉、李宏编译，江苏教育出版社，2006年，第30页。
② 丹尼尔·贝尔：《资本主义文化矛盾》，赵一凡、蒲隆、任晓晋译，生活·读书·新知三联书店，1989年，第98页。
③ 查尔斯·詹克斯：《现代主义的临界点：后现代主义向何处去？》，丁宁、许春阳、章华等译，北京大学出版社，2011年，第22-23页。
④ 道格拉斯·凯尔纳、斯蒂文·贝斯特：《后现代理论——批判性的质疑》，张志斌译，中央编译出版社，1999年，第5页。

必须运用新的概念和理论去阐述。后现代社会理论的诞生正适应了这样的理论需要,并跻身于当代理论探索的前沿。

不过,目前人们往往是在更加宽泛的意义上使用后现代社会理论这一概念,它除了主要指上面提到的从后现代的角度来反思与探讨现代性和后现代性的理论外,有时还指那些从现代的角度反思、批判后现代性的相关理论。

(二) 后现代社会学

后现代理论基本上是在社会学和社会学理论之外发展起来的[①]。但随着后现代话语在社会各个领域的迅速扩散,以关注现代性为核心的社会学也做出了一定的回应,并产生了许多分歧很大的观点。如美国社会学家塞德曼(S. Seidman)就坚决拥护后现代主义的主张,并宣告现代"社会学理论的终结"[②],英国社会学家鲍曼也对后现代性的提法抱以同情的态度,倡导一种"后现代性的社会学"[③];但当代社会理论大师哈贝马斯、吉登斯、贝克(U. Beck)等则反对后现代主义的基本主张,认为现代性还没有过时,还有挖掘的潜力,否认后现代社会已经降临或后现代性转向已经形成,判定目前的西方发达国家不过是处于"晚期现代性"、"高度现代性"或"第二现代性""反身现代性""激进现代性"等阶段,而不是后现代主义宣称的与现代性彻底断裂的后现代性阶段[④]。为了能够更清晰地把握各式各样的有关后现代的社会学的讨论,下面尝试区分三个容易弄混的基本概念。

后现代主义社会学(postmodernist sociology):用后现代主义的观点研究社会现象,其对象可以是现代社会也可以是后现代社会。汉语"后现代主义社会学"这个概念(sociology of postmodernism)又指从社会学的角度来研究后现代主义。

---

① 虽然后现代元素在古典社会学大家如齐美尔那里就有比较丰富的存在,但在社会学理论的发展中只是很边缘的部分。

② 史蒂文·塞德曼:《后现代转向》,吴世雄等译,辽宁教育出版社,2001年,第159页。

③ Zygmunt Bauman, *Intimations of Postmodernity*, London and New York: Routledge, 1992, p. 23.

④ 我国著名学者郑杭生、杨敏区分出两种不同类型的现代性:一种以西方发达国家为代表的建立在自然和社会的双重代价基础之上的旧式现代性;另一种是以晚近中国为代表的追求以人为本、人和自然共存、人和社会双赢,并将自然代价和社会代价减少到最低限度的新型现代性。参见郑杭生、杨敏:《社会互构论的提出——对社会学学术传统的审视和快速转型期经验现实的反思》,《中国人民大学学报》,2003年,第4期。

后现代性社会学（sociology of postmodernity）：研究对象是后现代社会，其观点可以是现代主义的也可以是后现代主义的。不过该概念常常指从现代社会学的角度研究后现代社会。

后现代社会学（postmodern sociology）：用后现代主义的观点研究后现代社会。有时该概念也泛指从社会学的角度研究关于后现代的议题。

为了进一步区分不同理论家的研究取向，以下用一个 2×2 的交互分类表来定位四类相关的理论家。两个维度分别是研究的对象和研究的视角，而吉登斯、鲍曼、福柯（M. Foucault）、布西亚（J. Baudrillard，又译鲍德里亚、波德里亚）可看作四类理论家的典型代表。即是说，吉登斯和鲍曼主要依据是现代主义的视角或观点，不过，前者的研究对象主要是现代社会，而后者的研究对象则主要是后现代社会；福柯和布西亚主要依据的是后现代主义的视角或观点，不过，前者的研究对象主要是现代社会，而后者的研究对象则主要是后现代社会。严格意义上的后现代理论家，应该专指"后现代主义理论家"，即那些认同后现代主义基本观点、运用后现代主义视角或思维的理论家（如福柯与布西亚）。换言之，"后现代理论家"无非是"后现代主义理论家"的简称而已。若稍加留意就可以发现，现实中往往存在两种误用"后现代理论家"标签的情况。一种是将后现代当作一个纯粹的时间概念，因而把那些活跃于晚近的理论家统统视为后现代理论家（如吉登斯），其实，他们当中很多人并不是真正的后现代理论家，称呼他们为"后现代时期"理论家（如果承认目前世界已经进入后现代时期）会更加准确，不易产生歧义；另一种是把那些对后现代议题感兴趣、关注后现代社会、参与相关争论的理论家，也一概看作后现代理论家，而他们当中许多人对后现代主义是持否定态度的，严格地说，称呼他们为关注后现代议题的理论家或"后现代性理论家"可能更合适一些（如鲍曼）。具体分类如表 13-1 所示。

表 13-1 按不同研究取向归类的理论家

分类	现代主义	后现代主义
现代性	吉登斯	福柯
后现代性	鲍曼	布西亚

以上对异常混乱和复杂的与后现代主义相关的概念进行了简要的梳理和辨析，当然这类工作是不受后现代主义者欢迎的。尽管后现代主义有些走极端，包含不少消极因素，但它告诫人们不要盲目相信现代性，必须深刻反思现代性的逻辑和后果，提醒人们关注当今社会与文化出现的新变化、新特

点、新问题，努力运用新思维、新视角、新方法，而这些还是非常有价值、有意义的。

第三节　后现代理论的基本特征

作为当代西方具有重大影响的思想运动，后现代主义既是一种文化思潮，也是一种思维方式，其影响范围已经超出西方世界，波及全球。随着后现代思潮在社会各个领域的扩散，产生了一系列的"后学"：后现代文学、后现代艺术、后现代文化、后现代哲学、后现代经济、后现代政治、后现代教育、后现代宗教、后现代科学等等。然而，关于后现代的话语极其复杂、混乱，充满着晦涩的术语和矛盾的陈述，根本就不存在统一的后现代理论。甚至可以说，有多少个后现代主义者，就可能有多少种后现代主义的形式[1]。斯马特区分出后现代理论家的三种不同的基本立场：极端的、温和的和共存的。其中，极端的立场认为存在着一种激进的断裂，现代社会已经被一种新的后现代社会所取代；温和的立场认为尽管一场变迁已经发生，但后现代是产生自现代并且仍将继续与现代共存；共存的立场认为现代和后现代并不是前后相继的不同时期，而是可供选择的两种不同的视角，它们是一对处于长远结合关系中的两方，而后现代持续不断地指出现代所具有的限制[2]。

罗斯诺则从各种各样后现代声明中，勾画出两种主要的一般性倾向：怀疑论的后现代主义和肯定论的后现代主义。前者持有某种悲观、消极和沮丧的立场，主张后现代时代是一个片段、解体、抑郁不安、无意义、含糊不清的时代，甚至是一个缺乏道德准则、社会秩序紊乱的时代；而后者虽然赞同前者对现代性的批判，但是他们对后现代时代持有一种更有希望的、更为乐观的观点。类似地，有学者提出要划分出建设性后现代主义（支持以意识形态为目的的哲学）和极端的批判性后现代主义两大类；也有学者提出"冷漠的"后现代主义和"热情的"后现代主义两类；还有学者提出"解构的或消

---

[1] 波林·罗斯诺：《后现代主义与社会科学》，张国清译，上海译文出版社，1998年，第18页。

[2] Barry Smart：《后现代性》，李衣云、林文凯、郭玉群译，巨流图书公司，1997年。

亡的"后现代主义和"建构的或修正的"后现代主义，等等①。尽管存在诸多混乱和分歧，但各式各样的后现代主义在批判现代性方面还是相当一致的。因此，下面主要从后现代理论所反对的东西入手，勉力就其基本特征做一个概括。

一、谴责现代性的逻辑及后果

拒斥现代性、谴责现代性的逻辑及后果是后现代主义的一个重要特征，也是其社会研究的基本立场。后现代主义将20世纪的各种悲剧：世界大战、纳粹兴起、集中营、种族灭绝、广岛原子弹、各类现代战争、生态环境的破坏以及世界范围的经济萧条和日益扩大的贫富差距等，均归罪为现代性的恶果，虽然其中有些并不是出于现代性规划的本意。人类行动存在大量非预期的结果，社会计划往往导致事与愿违的后果。追求进步、憧憬未来实际上是十分可疑的事情；现在未必优于过去，现代未必胜过前现代。后现代主义倾向于批评与现代相关联的一切：西方文明已积累的经验、工业化、都市化、高技术、民族国家、生活在"快节奏"之中，并对现代的诸种优越性提出了诘难：职业、办公室、个人责任、科层制、自由民主、人道主义、平等主义、独立实验、评价标准、中性程序、客观法则以及理性化②。所有这些未必给人类带来真正的幸福和最优的生活，而且这类追求本身就是成问题的，排斥了丰富多彩的其他选择，拒绝了"另类"生活的可能性。

后现代主义者断定，有理由怀疑有关现代性的道德主张、传统规范和"深刻阐释"。他们把以往所有的社会理论以及与之相关的各种理论模式、逻辑推论规则、语言论述策略、真理标准和善恶判断依据，都看作是他们所要颠覆的传统社会所制造的文化产物。他们认为，自18世纪开始的启蒙运动从未兑现它所许诺的东西，并在20世纪以失败告终。现代性是一个不可挽救的错误，必须用"后现代"取而代之。极端的后现代主义者甚至从根本上拒绝接受存在一个科学的社会世界的可能性，坚信追求现代性规划是完全错误的。他们从事的社会研究不再以发现永恒不变的客观规律或事物的终极本

---

① 参见波林·罗斯诺：《后现代主义与社会科学》，张国清译，上海译文出版社，1998年，第18页。
② 波林·罗斯诺：《后现代主义与社会科学》，张国清译，上海译文出版社，1998年，第5页。

质为目标,其富有特色的研究旨趣集中在:揭露霸权、提出异议;彰显差别、激发好奇;注重体验、享受美感;启迪他人、引起回应。

二、否定客观真理、批判科学理性

后现代主义否认事物存在固定不变的本质,同时拒斥那些号称能够客观再现这些本质的真理观。它怀疑、挑战现代权威公认的知识体系,强调知识会话性的、叙事性的、语言性的、情境的以及相关的特征。后现代主义在认识论上持有一种怀疑主义的立场,断定一切知识都不可能是对"客观实在"的单纯再现,而只能是人们在特定的语言符号系统的约束和指引下所完成的一种话语建构。后现代主义拒斥任何领域的普遍知识。它主张,人类的所有知识都是在社会情境中得到发展、传递和维持的,任何知识都是当地性的(local)或是"情境化的"(situated),它是某一社会阶级内部相互作用的产物,并受到其利益和偏见的严格限制。所谓理论也不过是依据一定的标准或兴趣解释事物的框架,它并非对事物的客观反映。根本没有永恒的真理,真理是在生成中被规定的,它不可避免地具有建构性、多元性、地方性、主体性和流动性等特征。说到底,关于真理和意义的传统概念只不过是对人们自己的共同体认为理所当然的标准所表现出来的部落忠诚而已,其实没有任何话语拥有超越其他话语的特权。后现代主义反对真理的存在,认为存在的只是"真理"的不同版本,追寻"真理"了无意义。而且,更为严重的是,对"真理"的定义很容易转变成专制的诡计[①],也就是说,对真理的追求有可能导致政治上极权与专制的风险。值得注意的是,后现代文化放弃了对"真实性"(authenticity)的追求。[②]

基于此,后现代主义对科学的权威展开了颠覆性的攻击。将自然科学模式运用于社会研究的做法遭到严厉批评,因为它被看作是源于西方而扩散到全球的、更大的科技没落文化规则的组成部分,所谓普遍性无非是西方貌似有理地将其局部的价值观和信仰投射到全球的阴谋[③]。后现代主义的重要代表利奥塔指出:我们最好接受如下事实,即我们所谓的种种科学不过是一些

[①] 弗兰克·韦伯斯特:《信息社会理论(第三版)》,曹晋、梁静、李哲、曹茂译,北京大学出版社,2011年,第302页。

[②] 弗兰克·韦伯斯特:《信息社会理论(第三版)》,曹晋、梁静、李哲、曹茂译,北京大学出版社,2011年,第303页。

[③] 参见特里·伊格尔顿:《理论之后》,商正译,商务印书馆,2009年,第154页。

花样百出的"语言游戏",和其他语言游戏相比并无绝对优势可言①。按照后现代主义的观点,真理不过是猜测,社会研究不可能发现什么有价值的科学规律,它根本不该追求表面上客观的、普适的而实际上问题丛生的科学形象,而应该将自己定位于一种相当主观和谦卑的事业。福柯认为科学发展与其说来自对关于世界的绝对真理无私的追求,不如说是偶然邂逅、机构政策以及赞助和偏袒行为的结果②。所有知识(包括自然科学、社会科学和人文学科,以及各种非专业的日常知识)都不过是社会的和文化的产物,因此需要关注的核心问题是知识生态学的问题,它涉及知识与产生和运用这些知识的场所之间的关系。对后现代主义而言,在理性与情感,或是客观知识与个人经验之间作出根本性区分的做法是十分可疑的。知识很大程度上是身份认同与社会位置的产物,科学主要代表的是居于支配地位的白人男性的话语。

后现代主义对理性的权威提出了有力的挑战。现代主义者大多尊奉理性,坚信人是理性的动物,理性是人的本质,它具有至高无上的权威地位,所有事物都必须接受理性这位大法官的裁决。事实上,理性是现代性的核心特征之一,它遍布现代社会的各个领域,现代社会科学便是建立在理性基础之上的。后现代主义者则延续了以思想家克尔凯郭尔、尼采、海德格尔等为代表的非理性主义者对理性的批判,不仅从认识论的角度颠覆理性的权威性,而且还进一步从政治上揭露理性的极权性和压迫性,从一个新的角度对理性展开猛烈的攻击。在那些最著名的后现代主义者看来,理性与权力是同一个东西,在知识、真理伪装下面的是禁止和监狱。福柯认为知识和权力是在一系列社会实践中建构起来的,知识与权力紧密相关。如果说绝对的权力导致绝对的腐败,那么,绝对的真理也会导致绝对的权力。西方理性实际上是与一种压迫性的、极权性的生活方式和种族中心论的文化帝国主义相统一的。一部现代史就是一部理性权力运作的历史,它反映的是理性驱逐非理性的过程。理性不仅征服了非理性,而且利用自己的权威掩盖了这一征服,仿佛理性与非理性的关系一开始就是这样,理性天生就是统治者。而那些缺乏理性的人则被贴上耻辱的标签,被打成另类,遭到排斥和放逐,完全彻底地给边缘化了。相反,后现代主义者试图为已经被边缘化的非理性恢复话语

---

① 参见安东尼·伍迪维斯:《社会理论中的视觉》,魏典译,北京大学出版社,2009年,第100页。顺便指出,原译文中多处将德里达当成了利奥塔,显系有误。

② J.丹纳赫、T.斯奇拉托、J.韦伯:《理解福柯》,刘瑾译,百花文艺出版社,2002年,第44页。

权，他们重新评估了传统、神圣、个别和非理性。被现代性所摒弃的一切，包括情感、直觉、反应、沉思、亲身经历、形而上学、传统、风俗、魔术、神话、宗教情愫和神秘体验等等，都重新焕发出它们的重要性①。对后现代主义而言，在理性与情感，或是客观知识与个人经验之间作出根本性区分的做法值得怀疑，而后现代主义的任务之一就是要恢复从属者（如那些由种族、性别或性取向决定的群体）的声音。②

三、反对宏大叙事与整体化倾向

后现代主义旨在否定启蒙运动以来依次占据统治地位的自以为是真理的各种宏观话语，代之以多元的、局部性的知识，否定建立任何宏观社会理论的可能性。后现代主义坚决反对囊括一切、面面俱到的世界观、元叙事、宏大理论、整体性和一元论等等一类的东西。它几乎一视同仁地对待基督教、法西斯主义、斯大林主义、资本主义、自由民主、世俗人道主义、女权运动、伊斯兰教和现代科学，将它们统统作为预设了所有的问题并提供了先定的答案的、基础主义的③、逻各斯中心的④、超验地包罗万象的元叙事而予以消解。在后现代主义看来，所有诸如此类的思想体系都与巫术、炼金术或原始崇拜相差无几，即都是建立在不确定的假设之上的。后现代主义的目标不在于提出一组替代性假说，而在于表明建立任何一种诸如此类的知识基础的不可能性，在于消解所有占统治地位的法典的合法性。最极端的后现代主义者要求人们满足于确定性的缺乏，学会无须解释的生活，接受新的哲学相

---

① 波林·罗斯诺：《后现代主义与社会科学》，张国清译，上海译文出版社，1998年，第6页。

② 菲利普·史密斯《文化理论——导论》，张鲲译，商务印书馆，2008年，第356页。

③ 基础主义（foundationalism），使研究或思想以预先给定的原则为基础的一种企图，那些原则超越"纯粹的信念或未检验的实践"而被断定为真的，相信普遍化或概括化程度越高的知识在整个知识体系中就越是处于基础的地位。后现代主义者是反基础主义的，他们认为关于事实、真理、正确性、有效性、明晰性的问题既无法提出，也无法回答。

④ 逻各斯中心的（logocentric），一个用来描述某种思想体系的修饰语，这些思想体系依照外在的、普遍真的命题来断定合法性。后现代主义者反对这样的思想，在他们看来，不存在为之辩护的外在有效性或实体性的根据。

对主义①。利奥塔明确指出:"简化到极点,我们可以把对元叙事的怀疑看作是'后现代'"②,它意味着发展一种适应新的知识状况的新认识论。在他看来,作为现代性标志的总体化理论,其特征便是元叙事或大叙事,它在某种程度上是还原主义的、简化论的、甚至是"恐怖主义"的大叙事,因为它们为极权主义恐怖行径提供了合法性,并且以一元化图式压制了差异。利奥塔提倡微观叙事,让被剥夺了话语权的少数人也有发言的机会,说出与多数话语相反的原则或观点。他主张要努力寻求并容忍差异,倾听各种不同的声音,用多元理性代替一元理性。后现代主义者拒绝对社会进行任何总体的和单一的描述,因为在他们看来,总体化的或统一的"社会"(society)根本就不存在,存在的只是一些模糊的、不可靠的、昙花一现的"社会性"(social)形态③。

根据后现代主义者的分析,人类不过是他们自身的历史,人们不可能获得关于外部世界的一副完整的、客观的和独立的画面。不存在等待人们去发现的客观规律,也不存在某种永恒不变的知识基础和指导人生的、超历史的中立的基本原则和普遍理论。对深层、终极和统一的追求应该受到彻底的质疑。由于事物没有本质,再也没有坚定的基础作为解释的支点,确定无疑的解释已经死亡,作为一切学科基础的、寻求终极知识的所谓"科学之科学"的哲学也已经寿终正寝④。在后现代认识论中,知识的确定性更多地被看作人际交流的产物,而不是排除人的现实之间相互作用的产物。认知的客体并不是独立的孤岛,而应该是一个"关系的结构体"⑤。后现代主义认为,真理是在会话过程中形成的。当团体成员探讨和争论着不同的解释及行动的可能性时,有效的知识就随之产生。对于某些后现代主义者来说,意见一致就是专横独断,思想统一意味着政治上极权残暴。关于进步与真理的宏大叙事,这些最具有现代性色彩的话语,都不过是一些神话而已,固执于这些宏大叙

---

① 波林·罗斯诺:《后现代主义与社会科学》,张国清译,上海译文出版社,1998年,第5页。
② 让-弗朗索瓦·利奥塔:《后现代状况》,车槿山译,生活·读书·新知三联书店,1997年,引言第2页。
③ 参见米歇尔·瓦卡卢利斯:《后现代资本主义:社会学批判纲要》,贺慧玲、马胜利译,社会科学文献出版社,2012年,第25—26页。
④ 参见王治河:《扑朔迷离的游戏——后现代哲学思潮研究》,社会科学文献出版社,1998年,第38—39页。
⑤ 斯丹纳·苛费尔、斯文·布林克曼:《质性研究访谈》,范丽恒译,世界图书出版公司,2013年,第57页。

事不仅愚蠢而且危险。所有知识与价值反映了特定的利益、经验、立场与身份认同。通过采取相对主义原则，通过支持对世界进行多元的描述，通过坚称"真实"并不存在，存在的只是不同版本的"真实"，后现代主义有力地否决了总体性理论。如同福柯（1980）所指出的，后现代主义者们认为"每个社会都有它自身的关于真实的体制，它的关于真实的'一般政治学'，即它接受并使之如同真实存在一样运行的话语（discourse）类型。在这样的环境中，后现代思想家们认为他们自己要脱掉追寻"真实"的启蒙紧身衣，反之要强调分析（analysis）、说明和解释的差异的解放性内涵。① 在此，解放性的言论充斥后现代，因为后现代主义的核心就是反对任何形式的"专制"（tyranny），这些专制力量试图为人们的生活制定一种"正确"的标准；后现代文化反对此类"专制"，它是通过多样性、狂欢（carnivalesque）以及无限的差异性而繁荣昌盛。②

总之，后现代主义反对一切决定论、独断论，试图颠覆任何权威，解构各种文化霸权，其核心是质疑一切被普遍认为"正确"或拥有特权的东西（不管是知识、话语，还是理论与方法等）。可以说，后现代主义涉及一种极具批判性的认识论，对任何支配一切的哲学、政治原理都持敌对的态度，强烈反对那些有助于维持现状的"占统治地位的意识形态"③。而后现代主义的任务之一就是要恢复从属者（例如那些由种族、性别或性取向决定的群体）的声音。后现代主义者们都显示出了同样的倾向，坚信并不存在什么普遍的标准，科学可以借此宣称它自身的标准合法化。客观性对相对主义的让步导致了不仅仅是科学而且还有真理、善、正义、合理性，等等，都成为相对于时间和空间的概念："既然在某种特殊的视野中每一种认知行为都必然发生，相对主义就宣称并不存在什么理性的根基以判断一种观点比其他任何一种观点会更好。"④ 通过抨击中心观念和占统治地位的意识形态，后现代主义思想促进了差异政治影响的扩大。在后现代状况下，界限分明的阶级政治让位于更为散播、多元化的身份政治，而身份政治通常有意识地彰显边缘化身份，

---

① 弗兰克·韦伯斯特：《信息社会理论（第三版）》，曹晋、梁静、李哲等译，北京大学出版社，2011年，第300页。
② 弗兰克·韦伯斯特：《信息社会理论（第三版）》，曹晋、梁静、李哲等译，北京大学出版社，2011年，第302页。
③ 巴特勒：《解读后现代主义》，朱刚、秦海花译，外语教学与研究出版社，2010年，第176页。
④ 迪姆·梅：《社会研究：问题、方法与过程（第三版）》，李祖德译，北京大学出版社，2009年，第16页。

对抗占统治地位的话语[①]。需要指出的是,后现代主义者常常并不是言行一致的,某些后现代主义者制造出他们自己的宏大叙事。

四、鼓吹彻底的多元化、多视角主义

与前面提到的反对整体化、元叙事及一元论的立场一致,后现代主义主张彻底的多元化和多视角主义。后现代主义者指出,存在着多种可供选择和互不等同的概念体系或假设体系,它们都可以有效地解释世界,并不存在权威性的客观的选择方法。对现实世界的解释不能是一元的、单向度的,坚持某种固定不变的观点和思维方式;而应该是多元性的、多维度的和多视角的,对各种可能性保持开放性[②]。没有一种绝对正确的视角,也没有一种绝对权威的解释,因此必须容忍多种视角、多种解释的存在。后现代主义主张从各种不同的视角出发来探索事物的性质以及事物之间的相互关系,揭示不同视角之间的差异,试图从各种视角的特殊性或与其他视角的差异当中来理解事物。不同于传统思想从一个概念的中心出发,运用固定的概念进行分析从而再现现实,后现代主义者在他们自己的分析中,特别注意避免视角的僵化。他们强调在多样性的层面上进行分析,经常有意变动概念的层面,转换研究的视角,努力避免终极化的体系。他们毫不吝啬引进新的框架和概念,扩展分析的角度和某些细节,甚至不惜改变写作的风格[③]。后现代主义主张跨越知识领域、打破专业划分、将话语复杂化,反对错误的分界,提倡跨学科的多元视角与方法。后现代主义还拒斥效法自然科学的因果分析方法,认为社会生活异常复杂多样,照搬自然科学方法从事社会研究不仅难以成功,还会阻碍真正有价值的探索。

后现代主义具有浓厚的相对主义色彩,倡导一种多元主义方法论。它强调任何一种视角,任何一种思维方式和研究方法都有局限性,都只是认识事物的一种途径,所得到的认识也仅仅是对事物某一方面、某一层面、某一部分、某一片段的认识,而不是一种包罗万象的绝对真理。因此没有必要,也

---

① 巴特勒《解读后现代主义》,朱刚、秦海花译,外语教学与研究出版社,2010年,第206-207页。

② 参见王治河:《扑朔迷离的游戏——后现代哲学思潮研究》,社会科学文献出版社,1998年,第179页。

③ 参见王治河:《扑朔迷离的游戏——后现代哲学思潮研究》,社会科学文献出版社,1998年,第196页。

无权压制、排斥其他的认识和解释①。各种不同的知识形态、生活设计、思维和行为方式都具有不可剥夺的权利，任何统一化的企图都是难以接受的。诚如美国哲学家 R. H. 麦金尼总结出的看法，现代主义和后现代主义争论的根本问题是"一与多的关系问题"。根据他的说法，"现代主义是乐观主义者，他期望找到同一性、秩序、一致性、成体系的总体性、客观真理、意义及永恒性。后现代主义者是悲观主义者，他们期望发现多样性、无序、非一致性、不完满性、多元论和变化"②。总之，后现代主义者倡导多样性，颂扬差异，否认人们之间在思想观念上的相同性。如果强求一致，就是压迫，就是专制，就是实行恐怖主义。并不存在唯我独尊的方法，任何方法都有局限性，知识探索必须保持方法上的开放性，遵循"怎么都行"的原则。考古学、谱系学、民族志、文本解构、话语分析、文学评论、情境考察、叙事探究等，都可以成为社会研究的重要方法。另外，作为严格"科学方法"的替代品，亲身经历、主观判断、审美观察、移情、感悟、直觉、联想等也都可以作为社会研究的具体方法。其实，后现代主义并不一概排斥传统的方法，它反对的是固守某种单一的方法，倡导尝试各种新方法、新途径，同时又对所有方法保留批判质疑的态度。需要指出的是，某些激进的后现代主义者根本否认方法的存在，他们不喜欢也不习惯使用方法这个词。在他们看来，并不存在研究中必须严格遵守的程序规则，有的只是反规则和怀疑一切的后现代主义风格，如费耶阿本德（Paul Feyerabend，又可译为"法伊阿本德"或"法伊尔阿本德"等）所号召的"反对方法"，唯一的方法原理就是"怎么都行"③。在某种意义上，后现代主义是超现实主义思潮忠实的继承者，它们都试图颠覆、瓦解所谓认识事物的"正常"方式④。后现代主义质疑社会科学中所有试图建立某个固定基础的意图，反对针对社会现象提出的一切旨在追求普适性的宏大理论。因为社会形式和实践的变迁是如此快速和不可预期，各种社会现象相互缠绕、错综复杂，使得我们对于自己的所知是非常不确定的，盲目相信和推崇某种同一的理论和普适的方法只能是自欺欺人，难以奏

---

① 参见王治河：《扑朔迷离的游戏——后现代哲学思潮研究》，社会科学文献出版社，1998年，第198页。

② 参见王治河：《扑朔迷离的游戏——后现代哲学思潮研究》，社会科学文献出版社，1998年，第10页。

③ 保罗·法伊尔阿本德：《反对方法——无政府主义知识论纲要》，周昌忠译，上海译文出版社，1992年，第6页。

④ 巴特勒：《解读后现代主义》，朱刚、秦海花译，外语教学与研究出版社，2010年，第155页。

效。后现代主义指出，随着基要主义（fundamentalism）哲学的终结，让哲学扮演社会批判的基本话语这一角色的观点也走进了死胡同。"现代"的概念不得不让位给"后现代"的概念，后者的批判业已摆脱了任何放之四海而皆准的理论框架。社会批判不再由哲学来定位，因此其形态和性质处于不断的变化之中；它变得更加实用，更加独特，更加注重背景和环境，也更具局部性。随着这一变化而来的是知识分子社会角色和政治作用的相应改变。①后现代主义是混杂的，它的方法是综合的，而不是分析的。后现代主义即风格自由（style-free）和自由风格（free-style）。它风趣而充满怀疑，因不排斥模糊性、矛盾性、复杂性和不一致性而丰富多彩。它模仿生活，承认笨拙和粗糙这一事实，并采取一种业余爱好者的态度。由于根据时间而非形式进行结构，关心情境而非风格，它采取讽刺、幻想和怀疑的态度来运用记忆、研究、忏悔和虚构。由于其主观性和内在性，它模糊了世界与自我之间的界限。②

五、注重边缘、另类等议题

与现代主义者将关注的焦点集中于现代社会的核心部分不同，后现代主义者将他们的注意力转向社会的边缘地带。强大、必然、中心、全局、系统、连续等都处于现代理论话语的核心部分，而作为其反面的弱小、偶然、边缘、局部、碎片、断裂等则处于受排斥、被忽略的边缘地带。后现代主义者则反其道而行之：一方面，攻击被现代理论奉为话语中心的事物，揭露它们的种种局限性；另一方面，关注为现代理论所不屑的事物，努力为它们争取同等的话语权。他们乐于把以下事物重新确定为焦点：被视为理所当然的事物，被忽视的事物，被遗忘的事物，无意义的事物，有阻力的领域，非理性的东西，被压抑的东西，两可之间的东西，经典之物，神圣之物，传统之物，怪诞之物，崇高之物，受鄙视之物，被遗弃之物，无足轻重之物，意外之物，被驱散之物，被取消资格之物，被延误之物，被分离瓦解之物——所

---

① 李银河：《妇女：最漫长的革命：当代西方女权主义理论精选》，生活·读书·新知三联书店，1997年，第129页。
② 金·莱文《后现代的转型——西方当代艺术批评》，常宁生、邢莉、李宏编译，江苏教育出版社，2006年，第9页。

有那些"现代人从不愿去深入了解和特别关注的事物"①。

在后现代主义看来，没有什么事物是先验高贵的，也没有什么事物是必然卑贱的，事物的意义都是人们赋予的，并非一成不变的。中心和边缘的关系也是一种历史性的建构，而不是绝对的、固定的。后现代主义旨在张扬被现代理论边缘化的事物的重要性，激发人们"另类"的思维方式，但如果将边缘奉为新的中心，那也违背了后现代主义的初衷。实际上，后现代主义主张的是去中心化，消解单一的中心，尊重差异或倡导多中心化。为此，不少后现代主义者有意改变了他们的分析研究的策略。把一切事物都界定为某个文本的后现代主义者，与其说是想要"发现"意义，不如说是想要"设置"意义。他们回避判断，他们中最通世故的人从不"拥护"或"反对"什么，而只是说"关心"某个话题或对某件事情"感兴趣"。提供"读物"而非"观察"，提供"阐释"而非"判决"；他们"思虑"此事物或彼事物。他们从不进行检验，因为检验需要"证据"，这是一个后现代参照系内无意义的概念②。在价值论上，后现代主义持相对主义的立场，断定知识渗透着权力，研究中不可能排除价值的介入，反对特权立场，坚信不同的价值观是平等的、并存的。

六、强调话语分析

后现代主义提倡不同于以往社会研究的话语分析方法。它把所有的对象都当作文本和修辞进行分析，由此将当时依旧具有自主性的知识学科向文学的方向又推进了一步——历史不过是另一种叙事，它的范式结构只不过是一种虚构，受缚于它自己（通常无意识运用的）没有实现的神话、隐喻和陈式。话语分析的目的在于，确定事实上言说出来、继而结晶为稳定陈述模式（这些模式经过一段时间后又分崩离析）是什么。不管原始史料表面看来多么客观、多么有事实依据，最终不过是一系列相互关联、可以进行多种阐释的文本，甚至连历史的因果解释也可以归结为源自众所周知的虚构情节，因而也是对这些虚构情节的重复③。当然，后现代主义也并不意味着可以随心

---

① 波林·罗斯诺：《后现代主义与社会科学》，张国清译，上海译文出版社，1998年，第8页。

② 波林·罗斯诺：《后现代主义与社会科学》，张国清译，上海译文出版社，1998年，第8页。

③ 巴特勒《解读后现代主义》，朱刚、秦海花译，外语教学与研究出版社，2010年，第179页。

所欲，断言纪实小说、虚构小说和历史完全没区别。事实上它真正想要传达的意思是，所有的历史学家，不管他们把自己看作是经验主义者、解构主义者还是后现代"新历史主义者"，都有一套理论假设来支撑他们所撰写的叙事，而我们必须非常清楚这些理论假设的存在，对其持怀疑态度和相对观点，以批判的眼光审视它们。① 后现代主义认识到我们需要具备一种能力，去质疑那些划分我们社会角色的界线，质疑这些界线所预设的概念框架的有效性和主导性。而后现代解构主义思想在以这种方式抵制限制性意识形态方面尤其有效。他们经常试图用越界-解构的手法，在性别、人种、性取向及种族等方面松开概念对我们思维的束缚，要求我们采用本质上属于自由主义的立场，认识差异，接受社群中的"他者"。在这样一个多元的（话语）世界里，不可能有哪一个概念框架能获得一致的认可。既然没有哪一种认识论可以占据主导地位，各种概念框架之间的竞争便成为一个政治问题，成为权力争夺的一部分。需要指出的是，后现代主义自我与处于自由人文主义思想中心的自我是两个完全不同的概念，后者被看作自主的、理性的、核心的，出于某种原因而不具备任何特定文化、种族或性别特征。后现代主义分析则摈弃了这种乐观的、普适性的康德式概念，认为自我由语言体系构建，尽管从表面来看这些语言体系明显支配的是无产阶级、女性、黑人和被殖民者，但事实上我们所有人都或多或少处在这些语言体系的控制之中。②

后现代主义通过对现代理论的"再现知识观"的驳斥，彰显了话语分析的重要性。按照再现知识观，主体与一个独立的客体世界相对立，前者可以或多或少准确地再现后者。后现代主义认为，不能用这种方式将主体与客体彼此分开。因为一种等待被解释的纯粹的、赤裸裸的"给定"是没有意义的。同样，一种等待被整合到不同范畴中的不变的"内容"也是没有意义的。知识的对象永远是已经被阐释了的，永远是业已处在一种范畴中的，而知识的主体也永远从属于他希望阐释的那个世界③。换言之，语言不可能"客观地""真实地"再现世界，它也不是被动地再现事物的工具，语言参与

---

① 巴特勒《解读后现代主义》，朱刚、秦海花译，外语教学与研究出版社，2010年，第183页。
② 巴特勒：《解读后现代主义》，朱刚、秦海花译，外语教学与研究出版社，2010年，第208页。
③ 王治河：《扑朔迷离的游戏——后现代哲学思潮研究》，社会科学文献出版社，1998，第12页。

了世界的建构，任何一件已知事物都完全离不开语言的中介作用。① 在某种意义上，知识不过是一堆语言游戏而已。在后现代主义者看来，社会与文本之间的区分，和真理与叙事之间的区分一样，都是应该质疑的②。后现代主义反对程序化的研究方法，也拒斥标准化、程序化的表述方式。在后现代主义者看来，既然社会现实是建构出来的，那么展示研究发现的表述方式就不能是封闭的、僵化固定的，而应该是开放的、灵活多样的，以个性化的方式反映研究的独特性。于是，文学批评、诗歌、小说、散文、传记、自我民族志等都可以成为社会研究的表述形式。后现代主义者不断地寻找并尝试各种可以反映人类经验中不同理解、声音以及故事的差异的叙述，追求不拘一格、新颖独特的文本形式。后现代主义不认为艺术或人文科学与社会科学之间存在明显的区分，很多时候后现代主义的研究报告更像是一件艺术作品。

后现代主义者大多强调语言的重要性，推崇话语分析。既然知识被视为文本策略与书写方式的产物，那么人们自然对知识主张借以建构的文本和表述方法产生了兴趣，进而修辞与话语都成为分析的重点对象。因此，后现代主义者热衷于探讨语言是如何参与定义、分类和控制过程的。与早期的意识形态研究不同，后现代主义的研究并不特别强调要证明某种世界观的"错误"本质。相反，这类研究的目的在于探讨话语以及话语的后果③。话语分析着重于知识和真理是如何从话语中产生的，以及话语中的权力关系及其相关运作。利奥塔指出，社会的联结之网是语言的，但不是由一根单一的线编织而成，而是由多种（或无限种）遵守不同规则的语言游戏交织而成。拉康甚至认为，"真理来自语言，而不是来自现实"，因为事实既不是真实的，也不是虚假的，而是语言上的。语言不仅仅"指向""表明"或"反映"自身以外的某种事物，而且是它"本身的表达"，很大程度上是自我指涉的。知识也不是在语言之外，在某种与历史无关的领域里找到的，而是在语言的细微差别中产生出来的。语言不是透明的，而是错综复杂的和晦涩费解的，因此只能提供通向"真理"的间接途径。此外，语言也是不稳定的，其意义具

---

① 弗兰克·韦伯斯特：《信息社会理论（第三版）》，曹晋、梁静、李哲等译，北京大学出版社，2011年，第313页。

② Charles Lemert, *Postmodernism is Not What You Think*, Oxford: Blackwell, 1997, p. 101.

③ 菲利普·史密斯：《文化理论——导论》，张鲲译，商务印书馆，2008年，第360页。

有开放性而不是封闭的,永远存在改变的可能性。由于每一种说法都充满着各式各样的含义,所以语言总是不能恰到好处,并提供了一大堆现实。后现代主义的语言观对于后现代思维方式的形成起到了非常重要的作用[①]。

七、宣称现代社会学的终结

一般认为,社会学(其他社会科学也类似)作为一种独特的研究形式是与现代性紧密相关的。现代社会学研究领域的形成、研究主题的选择以及适用方法论的发展,乃是以分析社会现象并赋予秩序,提供管理生活与理性控制社会发展所需的社会技术为其目标,并将实证主义作为社会研究的基本原则。社会学正是靠着这些广泛的概念和预设,而在现代事物秩序中,也即"现代性规划"中,占有一席之地,拥有"合法性"。而后现代思想家对现代性的猛烈抨击,无疑危及社会学的合法根基。正如后现代主义的重要代表人物布西亚所指出的,社会学只能描绘社会性的扩展及变化,它的生存维系于积极而确定的社会性假设上。而和后现代情景的出现紧密相连的现代事物的失序、各种界限的崩溃以及整个社会的内爆,造成了"社会性的终结"(the end of social),进而使社会学成为多余的[②]。在后现代主义看来,最初被孔德和涂尔干设想为"社会的科学"的社会学已经死亡。后现代社会学必须关注行动、建构和选择。它必须使答案能够为人解释,为什么在当下、历史的背景下,我们会有自己的行动和思维方式,并充分认识到那些把我们跟远处的人相联系的网络。它必须让人们能为自己说话。它不去关心提供最终的答案和普遍的社会规律,而是更关注提供实用的智慧。[③]

的确,现代社会学是在民族-国家的框架内提出问题并展开研究的,但随着经济、政治、科技、文化等方面的全球化过程的出现和加剧,许多原有社会学的理论、视角和方法都面临改造和转换的巨大压力。早在20世纪70年代,美国社会学家古尔德纳就作出诊断:西方社会学面临严重的

---

① 王治河:《扑朔迷离的游戏——后现代哲学思潮研究》,社会科学文献出版社,1998年,第14页。
② Jean Baudrillard, *In the Shadow of Silent Majorities*, New York: Semiotext (e), 1983, p.4.
③ 乔恩·威特《社会学的邀请》,林聚任等译,北京大学出版社,2008年,第160页。

危机①，其后社会学的发展在一定程度上验证了这一点②。后现代主义者攻击社会学是保守的、男性主导的、西方中心的以及种族主义的，指责社会学长期以来成为向国家献媚的阿谀奉承者③。美国社会学家塞德曼认为社会学已经走向歧途，并失去了大部分的社会和知识的重要性，进而宣告"社会学理论的终结"④。社会学家勒梅特持有类似的观点，他说社会学从一开始就一直是"最为造作的学科和最为笨拙的科学"，并呼吁社会学应摆脱作为一个学科、一门社会科学、一种类型的知识的历史角色，而朝着一种在政治上更为自觉的实践方向发展⑤。就连鲍曼这样的非后现代主义理论家也明确指出，社会学不能继续"照常"下去了，必须建立"后现代性的社会学"⑥。

第四节　福柯的后现代社会理论

福柯被誉为20世纪最伟大的思想家之一，对时代精神拥有最持久的影响。他对现代性和人本主义的批判、"人之死亡"的宣言，以及他对社会、知识、话语、权力所发展的新观点，已使他成为后现代主义的主要源泉，其著作可视为后现代理论的先驱或早期范例。

一、生平及著作

米歇尔·福柯（Michel Foucault，1926—1984）出生于法国西南部的一

---

① Alvin W. Gouldner, *The Coming Crisis of Western Sociology*, New York：Basic Books, Inc. 1970, pp. 194-216.

② 参见 Joan Huber, "Institutional Perspectives On Sociology", *AJS Volume* 101 *Number* 1 (*July* 1995); Anthony Giddens, *In Defence of Sociology*, Cambridge：Polity Press, 1996, pp. 1-8.

③ 参见齐格蒙·鲍曼：《后现代性及其缺憾》，郇建立、李静韬译，学林出版社，2002年，第95页。

④ 史蒂文·塞德曼：《社会学理论的终结》，载史蒂文·塞德曼编《后现代转向》，吴世雄等译，辽宁教育出版社，2001年，第159页。

⑤ 查尔斯·C.勒梅特：《后结构主义与社会学》，载史蒂文·塞德曼编《后现代转向》，吴世雄等译，辽宁教育出版社，2001年，第360-361页。

⑥ Zygmunt Bauman, *Intimations of Postmodernity*. London and New York：Routledge, 1992.

个小城普瓦提埃。他的家庭是一个医生世家,属于当地富有的资产阶级,他还有一个姐姐和一个弟弟。福柯从小聪明好学,酷爱读书,除了14岁时有过一段短期的挫折并因而转学外,学习成绩一直在学校名列前茅。在经历了一次失败后,1946年福柯终于以优异成绩(名列第四)考入他一心向往的巴黎高等师范学校。他主修哲学,后来又转向心理学和精神病学研究。从巴黎高师毕业后,福柯先后在法国国内、瑞典、波兰、德国、巴西和突尼斯等地任教或工作。1955年开始撰写博士论文《疯癫与非理性——古典时期的疯癫史》(就是后来的《疯癫与文明——理性时代的疯癫史》),1961年顺利通过答辩,获得文学博士学位。而1966年出版的《词与物》使他一跃成为法国知识界的精英人物。这本福柯撰写的最艰涩的著作,却意外地成了一本畅销书,引起整个知识界甚至一般公众的极大兴趣。1968年的"五月风暴"激起了福柯参与公共活动的热情,他以其独特的方式参加了许多政治活动,为一些边缘群体争取话语权。随着他在法国知识界声望的提高,福柯逐渐利用访谈、报道、评论、短文等各种形式,对西方社会的性观念、法律、政治体制、对外政策等发表意见,向西方社会既定的权力-知识体制提出挑战。1970年,福柯当选为法兰西学院的思想体系史教授,这在法国算是最高的学术荣誉。此后,直到去世为止,福柯每年在法兰西学院的授课成为巴黎思想界的一个重要组成部分。讲课是开放式的,面向所有公众。每次讲课都吸引了大量的听众,使教室拥挤不堪。1984年6月,58岁的福柯因艾滋病辞世。

　　福柯思想独特,行为乖张,某种程度上可能与他的"边缘"身份以及独特的经历和体验有关。除了传统的知识论以外,他研究的对象主要集中在疯狂、疾病、死亡、犯罪和性等"边缘"领域。他试图通过讨论这些被长期遗忘的边缘现象,让人们换上一种全新的眼光去重新看待疯子、病人、罪犯和性反常者,进而消解西方文化传统的"中心"(主流)。福柯做学问特立独行,不拘一格。他的思想博大精深,并以变化多端著称于世,很难按照现代学科标准加以分类。他到底算是一位哲学家还是一位历史学家抑或是一位社会学家?历史学家嫌福柯的著作太过哲学化,哲学家认为他的著作缺少形式上的严密性,社会学家则批评他的著作带有太多文学和诗意色彩[①]。美国著名人类学家吉尔茨(Clifford Geertz)声称福柯是一位令人无从捉摸的人物:"一个非历史的历史学家,一个反人本主义的人文科学家,一个反结构主义

---

① 路易丝·麦克尼:《福柯》,贾湜译,黑龙江人民出版社,1999年,第1-2页。

的结构主义者"①。凯尔纳和贝斯特也表示:"我们并不想把福柯简单地解读为后现代主义者,相反,我们认为他是一位集前现代、现代及后现代观点于一身的理论家"②。事实上,福柯反对别人给他贴上的任何标签(如结构主义、后结构主义、后现代主义等),他呼吁到"不要问我是谁,也不要要求我始终如一"③④。福柯的思想渊源比较复杂,对他产生影响的思想家及流派也很多。其中影响较大的可能包括:康德的批判哲学传统;海德格尔尤其是尼采的非理性主义主张;结构主义对形式及语言的强调;以巴什拉、康吉翰等为代表的法国认识论的传统;超现实主义和新文学的各种前卫尝试⑤。福柯著述等身,一生发表了大量的著作和文章,其中最主要的著作有:《疯癫与文明》《临床医学的诞生》,《词与物》(英译本改为《事物的秩序》)《知识考古学》《规训与惩罚》《性史》(三卷),另外还有一些重要的文集如《语言、反记忆和实践》《政治、实践与文化》《自我技术》《伦理学》等。

二、知识考古学

虽然福柯极力将自己与结构主义划清界限,但他的作品(尤其是早期作品)明显受到结构主义的影响。在其早期著作中,他试图运用所谓的"知识考古学"的方法对"真理"、知识的建构过程做深层次的分析,探讨存在于特定的时间和场所中的那些基本的话语性规则和实践。更具体地说,福柯关注的是形成科学话语(尤其是在人文科学领域)之基础的那些基本的话语性实践⑥。显然,福柯的考古学(archaeology)不同于通常意义上的古代文明发掘或对史前时期的遗迹、遗物的科学研究,而是指一种"局部话语分析的方法学"⑦,是一种真正的历史研究。他批评一般的历史研究流于表面现象和

---

① 刘北成:《福柯思想肖像》,上海人民出版社,2001年。
② 道格拉斯·科尔纳、斯蒂芬·贝斯特:《后现代理论》,张志斌译,中央编译出版社,1999年,第46页。
③ 路易丝·麦克尼:《福柯》,贾湜译,黑龙江人民出版社,1999年,第2页。
④ 米歇尔·福柯:《知识考古学》,谢强、马月译,生活·读书·新知三联书店,1998年,第22页。
⑤ 杨善华:《当代西方社会学理论》,北京大学出版社,1999年,第370-375页。
⑥ 乔治·瑞泽尔:《后现代社会理论》,谢立中等译,华夏出版社,2003年,第54页。
⑦ 包亚明:《权力的眼睛——福柯访谈录》,严锋译,上海人民出版社,1997年,第221页。

通行文献，而他的考古学则致力于探究历史上那些对于信息有选择地接受和排斥的深层知识结构即知识型（认识型，episteme）。知识型就是知识和话语的形态，使推论性理性（discursive rationality）得以形成的决定性规则（这些规则隐藏在意识层面或主题内容之下发挥作用，而且并不是永恒不变的），它使得各种学说、信仰和习俗得以显现，可视为一个时代的"文化的最基本符码"，决定着一个特定历史时代的经验秩序和社会实践方式①。福柯的考古学特别关注那些被封尘、被遗忘的大量的边缘资料，描绘出一种"另类"历史。总之，福柯的知识考古学旨在挖掘知识的"可能性条件"，发现各种知识的形式究竟是怎样被作为知识而建立起来的，而将现代编年史工作所看重的知识客观性或真实性问题搁置起来（bracket）②。因此，福柯完全改变了知识探讨的视角、策略和方式。

福柯的知识考古学有三个方面的主题值得注意。第一，拒绝将历史解释为进步，即朝向获取一个目标或一种最终状态的各个渐进阶段。福柯乐于承认和研究作为话语历史特征的变化、断裂、非连续性以及突然的再分配③。第二，强调非正式知识的重要性。福柯对人们崇尚的精确、严密的科学并不热衷（在他看来，所谓高贵科学也无非是特定历史阶段的偶然建构的产物，根本不存在某种至尊的科学能在整个科学中发号施令，起着普遍裁决、判定和见证这样的作用），而是将目光聚焦于并不严谨的经验知识，认为这些知识在特定的时空中也可以有明确的规则，非形式化的知识的历史本身也拥有一个体系④。福柯相信，通过对不为人们注意的边缘主题的考察，呈现一个相反的历史或一个陌生的世界，正可以改变人们僵死、固化的思维模式，迫使现代人透过与旧有的生活和思想形式的距离来估量其文化认同。第三，使主体去中心化。通过对客体的聚焦，福柯试图摆脱主体的统治权。他把主观性和意识看成是社会的产物，而不是与生俱来的。他反对常规的编年史工作把人的意识假定为一切发展的根据，将其作为"人类主义"（anthropolo-

---

① 显然，福柯的"知识型"较之库恩专属于科学理论层面的"范式"（paradigm）概念更加广泛。
② 尼格尔·多德：《社会理论与现代性》，陶传进译，社会科学文献出版社，2002年，第102页。
③ 乔治·瑞泽尔：《后现代社会理论》，谢立中等译，华夏出版社，2003年，第58页。
④ 米歇尔·福柯：《词与物——人文科学考古学》，莫伟民译，上海三联书店，2001年，译者引语第3页。

gism）而加以否定①。福柯坚决反对将人置于上帝的位置，一向怀疑和敌视那个至高无上的、起构造和奠基作用的、无所不在的主体，相信人们的任何行为都受制于一个随着时代和社会的变化而变化的理论结构和体系。质言之，主体根本就不是意义的来源，它事实上只是话语构成的次级后果或产品②。福柯明确指出，人并非一直是思想的中心，现代意义所说的人在18世纪以前根本就不存在："诚如我们的思想之考古学所轻易地表明的，人是近期的发明，并且正接近其终点。……就像18世纪末古典思想的基础所经历的那样——那么，人们就能恰当地打赌：人将被抹去，如同大海边沙地上的一张脸"③。

《疯癫与文明》是福柯进行独特的"考古学"探索的第一部，在其后连续三部著作中的标题或副标题中都明确地使用这一概念：《临床医学的诞生——医学感知考古学》，《词与物——人文科学考古学》，《知识考古学》。福柯的考古学主要运用了一种话语分析方法，通过考察那些制造了"合法真理"的官方的和专家的严肃言语行为，拨去"真理"和"科学"的唯名论面纱，揭示其参与建立和维护权力统治的含义。在《疯癫与文明》中，福柯试图揭示疯癫被历史地建构为理性之对立物的"沉默的考古学"，古典话语和现代话语建构了理智与疯癫、正常与反常的对立，由此强化了理性和真理的规范。在《临床医学的诞生》中，福柯分析了从以猜想为基础的前现代医学向以经验为基础的、扎根于科学探索理性的现代医学的转变过程。在《词与物》中，福柯通过对生命科学、劳动及语言的变迁历程的考察，详细分析了文艺复兴时期、古典时期和现代时期的内在规则、假设及规范程序，展示了人文科学的诞生过程。最后，在《知识考古学》中，福柯试图对他的目标和方法作元理论反思，以厘清他的观点并批判他过去的一些错误④。他始终认为，社会制度影响着话语实践。不管怎样，福柯通过他的考古学的研究，开创了不同于以萨特为首的上一代知识分子的思想主题：考察"他者"在西方

---

① 尼格尔·多德，《社会理论与现代性》，陶传进译，社会科学文献出版社，2002年，第103-104页。

② 路易丝·麦克尼：《福柯》，贾湜译，黑龙江人民出版社，1999年，第5页。

③ 米歇尔·福柯：《词与物——人文科学考古学》，莫伟民译，上海三联书店，2001年，第506页。

④ 道格拉斯·科尔纳、斯蒂芬·贝斯特：《后现代理论》，张志斌译，中央编译出版社，1999年，第53-56页。

现代文明中的命运和意义，从而揭示西方现代文明的边界和性质，批判理性至上的西方文明，伸张"他者"的权利[①]。

三、权力谱系学

从1970年开始，福柯的研究由知识考古学进入权力谱系学。谱系学（genealogy，又译系谱学）这一术语乃是福柯直接从尼采的《道德谱系学》中借用来的，它坚决反对以往的历史目的论或自然进化观，致力于挖掘细节和偶然，关注具体历史事件，相信事物的出现并不是缘于某种单一的发展，而是各种复杂的力量相互冲撞的结果。福柯逐渐意识到早期的知识考古学是有缺陷的，它相对忽视了极其重要的权力问题以及知识与权力的关系问题。作为弥补，他提出权力谱系学，将关注的焦点集中到权力-知识体制的发展上，为以后的话语分析和权力批判提供了一个理论框架。在一定意义上可以说，福柯的谱系学方法是对考古学方法中暗含的权力理论进行了一种激进的重新阐述，将原先隐蔽的东西——即知识与权力的纠缠关系——推到了前沿[②][③]。按照福柯自己的说法，"考古学是分析局部话语的适当方法，系谱学则是在描述这些局部话语的基础上使被解放的知识能够活跃起来的策略"[④]。考古学试图揭示主体是一种虚构物，谱系学则力图强调构成主体的物质背景，揭示"主体化"过程的政治后果，并帮助形成对主体化实践的抵抗[⑤]。进言之，谱系学不仅是一种历史研究方法，而且也是一种关于权力与知识的本体论，是与现实密切相关的政治学，它真正感兴趣的是现存的历史因素，是现在的过去[⑥]。需要指出的是，福柯的这两种分析方法并非完全独立的，它们实际上具有互为补充的性质。事实上，从前者过渡到后者并不是一种根本的转向，而是一种深化和发展，而且，关注的焦点始终没有离开话语这个主题。

福柯在法兰西学院以《话语的秩序》为题的就职演讲，标志着从考古学

---

① 刘北成：《福柯思想肖像》，上海人民出版社，2001年，第101-102页。
② 路易丝·麦克尼：《福柯》，贾湜译，黑龙江人民出版社，1999年，第89页。
③ 尼格尔·多德：《社会理论与现代性》，陶传进译，社会科学文献出版社，2002年，第104页。
④ 刘北成：《福柯思想肖像》，上海人民出版社，2001年，第241页。
⑤ 道格拉斯·科尔纳、斯蒂芬·贝斯特：《后现代理论》，张志斌译，中央编译出版社，1999年，第61页。
⑥ 刘北成：《福柯思想肖像》，上海人民出版社，2001年，第231页。

的分析风格到谱系学分析风格的转换①。虽然还是考察话语,但他没有像以往那样参照内在的构成规则来分析相关的现象,而是描述了一系列的外部力量——控制、选择、组织和传播的过程,这些外部的社会力量支配了"话语的提纯"(rarefaction of discourse)②。福柯指出,各个社会使用三种主要策略来控制话语:外在于话语的排斥规则,话语的内部规则,对话语使用者的限制。他提出了一种新的观点:权力不是如一般人所理解的那样完全是一种否定性力量,它更是一种制造话语的肯定性力量。话语可理解为权力的表现形式,不仅受到权力的制约,更是权力的产物③。话语并不是被动地反映一种"预先存在的现实",而是一种"我们对事物施加的暴力"④。于是,谱系学的任务就是去恢复被总体化叙事所压制的自主话语、知识和声音。历史中被压制的声音证明了统治的隐蔽性,让这些被压制的声音发言对于修正人们关于权力是什么以及权力在什么地方的看法至关重要⑤。

在《规训与惩罚》这部重要的著作中,福柯论述了现代灵魂与一种新的审判权力之间相互关系的历史,考察了现行的科学-法律综合体的谱系。他以权力谱系学的专门术语明确指出,权力与知识是直接相互指涉的,不相应地建构一种知识领域就不可能有权力关系,不预设和建构权力关系也不会有任何知识⑥。质言之,科学也行使权力,它强制你如何说话。而人文科学的诞生就是与新的权力机制的确立携手并进的。任何时期的"知识型"同时就是权力机制。《规训与惩罚》揭示了从1757年到19世纪30年代大约80年间的一个重要变化:对待犯人的公开酷刑和血腥惩罚逐步被控制他们的极其严格和详细的监狱规章所取代,其实质是对身体的惩罚过渡到对灵魂的控制。在福柯看来,新的惩罚体系并不是为了更加人道而设计的,而是要使得惩罚更加精巧有效,更为理性化,更具普遍性和必要性,使惩罚性权力更深地嵌入社会本身。社会因此就像一个大监狱,人们的生活受到比过去更强烈的干涉。新的控制犯人的技术与更为广阔的"规训"(discipline,又译纪律,

---

① 在1971年发表的《尼采·谱系学·历史》一文中,福柯正式提出了其谱系学的方法论。
② 路易丝·麦克尼:《福柯》,贾湜译,黑龙江人民出版社,1999年,第90页。
③ 刘北成:《福柯思想肖像》,上海人民出版社,2001年,第231页。
④ 路易丝·麦克尼:《福柯》,贾湜译,黑龙江人民出版社,1999年,第90页。
⑤ 道格拉斯·科尔纳、斯蒂芬·贝斯特:《后现代理论》,张志斌译,中央编译出版社,1999年,第74页。
⑥ 米歇尔·福柯:《规训与惩罚》,刘北成、杨远樱译,生活·读书·新知三联书店,1999年,第29页。

和"学科"是同一个词,福柯主要用它来指规范人的多样性的手段)的发展紧密相关。这种规训在17和18世纪成为行使统治的普遍机制,它建立在军事模型的基础之上,包括一系列用来对身体施加谨慎控制的训练,从而制造出受操纵、被驯服的身体。福柯特别提到18-19世纪思想家边沁(Jeremy Bentham,1748—1832)所设计的全景敞视监狱(panopticon)①,称其为全景敞视主义的规训机制,它使权力运作变得更加轻便、迅速和有效,它是整个古典时期规训普及趋势的产物,标志着一个规训社会的诞生。规训不仅存在于监狱之中,它还遍布于学校、医院、工厂等一切社会组织机构之中。而且,在各种规训机构里,还形成了相应的学科:临床医学、精神病学、儿童心理学、教育学、社会学、犯罪学,等等。这充分说明知识的形成和权力的增强是相辅相成的,因此,福柯认为真正的政治任务应该是去"批判那些表面上看来似乎既中立又独立的制度的运作;应该用批判的方法揭去借助这些制度隐蔽地发挥起作用的政治暴力的假面具,只有这样,我们才能战胜它们"②。

福柯进而提出了所谓的权力的微观物理学,其有效领域介于国家机器和各类机构那些重大功能运作与具有物质性和力量的身体之间。与现代的总体化分析方法相反,福柯认为权力和理性镶嵌于各种话语和制度性场域之中,因而他采取了一种多元化的分析法。他批判了两种用来从理论上阐释现代权力的主流模式:法权模式和经济学模式,指出权力并不仅仅局限于宏观结构或统治者手中,权力也不仅仅是压迫性的,相反,权力是分散的、不确定的、形态多样的、无主体的和生产性的,它构造了个人的躯体和认同③。福柯认为:首先,施加于肉体(身体或人体,body)的权力不应被看作是一种所有权,而应被视为一种战略,其支配效应归因于调度、计谋、策略、技术、运作等,并展示出一个永远处于紧张状态和活动之中的关系网络;其次,这种权力在实施时,不仅成为"无权者"的义务或禁锢,它在干预他们时也通过他们得到传播,并且它向他们施加压力与他们的反抗是同步进行的,这意味这些关系深入到社会深层:它们不只是固定在国家与公民的关系

---

① 边沁设计的这种监狱,呈现一种环行构造,所有囚室分隔成单间并面对中央监视塔,这样狱吏可以一览无余地监视囚犯的所作所为。边沁认为,借助这种无所不在的目光监视,无须使用暴力就可以使囚徒俯首帖耳。

② 道格拉斯·科尔纳、斯蒂芬·贝斯特:《后现代理论》,张志斌译,中央编译出版社,1999年,第74页。

③ 米歇尔·福柯:《规训与惩罚》,刘北成、杨远樱译,生活·读书·新知三联书店,1999年,第28-29页。

中或在阶级的分野处，他们也不只是在个人、肉体、行为举止的层面复制出一般的法律和政府的形式；最后，它们不是单义的，它们确定了无数冲撞点、不稳定中心，每一点都有可能发生冲突、斗争，甚至发生暂时的权力关系的颠倒：注意，这些"微观权力"的颠覆并不遵循"要么全部，要么全不"的法则①。简言之，权力实质上是"支配身体的政治技术"，权力关系是无所不在的权力-知识网络。有多少种社会关系，就有多少种权力。每一个集团、每一个人都受制于权力，也都行使着权力。在福柯看来，权力关系是由身体同权力和知识构成的三角关系，而身体是权力关系运作的中心因素。谱系学分析表明，身体既是知识对象，又是权力施展对象。身体之所以能够被置于政治领域，在权力关系的支配下变得柔顺和具有生产性，即能够产生政治和经济效益，这是通过知识造成的②。关于身体的知识和对身体的驾驭构成某种支配身体的政治技术，而惩罚、监狱和规训乃是其中很重要的一部分。规训权力对于资本主义社会来说具有重大的意义。新的权力体制的核心是要生产出"驯服的身体"，而驯服的身体能够成为具有生产力的、训练有素的劳动力。福柯改变了传统的"革命"概念，而把革命行动扩大到日常文化斗争领域，提倡一种无政府主义的文化革命。他主张人应该随时随地进行反抗，但反抗的目的不是建立所谓理想王国（因为这不过是新的"权力关系"网络），而只是"去中心""反规范""反权威"，解放人的潜在意志和欲望③。用福柯的话来说，"也许当今的任务不是去揭示我们之所是，而是去拒绝我们之所是"④。

在《性史》第一卷《求知的意志》中，福柯对现代关于"性"（sexuality）⑤的认识进行了一种谱系学的分析，进一步阐述了他所提出的权力是一种肯定性力量的观点。他发现，除了规训权力外，现代还产生了另一种与性相关的"生物权力"（bio-power，即干预和扶植生命的权力）。与疯癫一样，性并不是自然概念或生物概念，而是历史文化概念。具体地说，性是近代西

---

① 米歇尔·福柯：《规训与惩罚》，刘北成、杨远婴译，生活·读书·新知三联书店，1999年，第28-29页。
② 刘北成：《福柯思想肖像》，上海人民出版社，2001年，第273页。
③ 刘北成：《福柯思想肖像》，上海人民出版社，2001年，第254页。
④ 道格拉斯·科尔纳、斯蒂芬·贝斯特：《后现代理论》，张志斌译，中央编译出版社，1999年，第70页。
⑤ sexualité（法文）、sexuality（英文）表示性欲、性状态、性能力、性活动等。因中文里没有完全相应的术语，《性史》又被译作《性意识史》《性欲史》《性观念史》《性经验史》等。参见刘北成：《福柯思想肖像》，上海人民出版社，2001年，第308页。

方话语实践的产物，是西方社会从 18 世纪起"部署"（apparatus 或 deployment）出来的，即以深入全面的方式创造身体之间的新关系和对人们的有效控制。与流行的观点不同，福柯认为现代西方（含维多利亚时代）关于性的历史并不是越来越压抑的历史，相反有关性的话语一直是稳步增长的（虽然在语言层面受到某些严格的限制），甚至出现形式多样、内容翻新、批量繁殖、对象各异的繁荣景象。这表明一种新的权力技术的形成。而现代"性话语"的繁荣很大程度上得益于天主教会的忏悔实践的推广。正是忏悔这种将一切欲望转化为话语的压力，形成一个基本模式，将性变成一种可以讲述的东西，为建立性快感档案打下了基础。而所谓"性科学"就是由传统的忏悔方式和新的科学话语技术混合后的产物。到了 18 世纪，由于人口被视为财富，与之密切相关的性便成为重大的政治和经济问题。各类社会控制机构纷纷关注和审查性的问题，而在人口学、生物学、医学、精神病学、心理学、伦理学、教育学和政治批判中出现了各式各样的性话语。"性已成为国家与个人之间的一个问题，一个公共问题。围绕着它，形成一个话语、专门知识、分析和禁令纵横交织的网络"[1]。事实上，福柯认为权力与性在本体论上是不可区分的，性只是生产性的生物权力的一个后果，通过一种相互关联的机制之网，这种生物权力集中作用于人的身体，刺激和压榨出完全不同的性[2]。19 世纪乃至今天的资产阶级社会是一个充满了五光十色的性变态的社会，但这不是对压抑的报复，而是权力干预和培养的结果[3]。

四、自我伦理学

1980 年左右，福柯的研究兴趣转向自我伦理学和自我技术（technologies of the self），表现出对"现代主体谱系学"的关注。1984 年发表的《性史》第二卷（《快感的享用》）和第三卷（《自我的呵护》），并没有按照第一卷所宣告的思路和大纲撰写，而是另辟蹊径，开启了新的方向。有两点改变十分明显：其一，他对性史的考察从社会政治学转向伦理学，从对摆脱性态部署的关注以及激烈的政治抗议转向"生存美学"或对自我的关照和修炼；其二，他所探讨的历史时期也从自己非常熟悉的近现代大幅度地回溯到以往很少涉及的古希腊罗马。在福柯看来，仅仅揭示个体在话语和实践中受

---

[1] 刘北成：《福柯思想肖像》，上海人民出版社，2001 年，第 313 页。
[2] 路易丝·麦克尼：《福柯》，贾湜译，黑龙江人民出版社，1999 年，第 105 页。
[3] 刘北成，《福柯思想肖像》，上海人民出版社，2001 年，第 315 页。

他人统治并被客观化（社会规范）的统治技术是不够的，还要关注个体通过伦理或自我建构方式创造自己的认同的自我技术："如果想分析西方社会的主体系谱学，那就必须不仅考虑支配技术，而且必须考虑自我技术。可以说，必须考虑这两种技术的互动关系，因为人支配人的技术需要借助于个人对自己采取行动的方式"①。所谓自我的伦理学，就是阐述个体是如何通过一套伦理学和自我塑造的技术来创造他们自己的同一性的。而自我技术按福柯的定义是"允许个人运用他自己的办法或借他人之帮助对自己的躯体、灵魂、思想、行为、存在方式施加某种影响，改变自我，以达到某种愉悦、纯洁、智慧或永恒状态"的实践②。在新著中，福柯力图显示出古希腊罗马的伦理与中世纪基督教伦理、现代伦理的差别，它们之间的断裂。虽然都强调用道德来规范欲望，但在古希腊罗马文化中，其被视为一种艺术和自由实践，各人风格允许多样，欲望本身不是恶魔或人性的"原罪"，因而提倡自我对欲望和快乐进行的"适度"控制，这就完全不同于中世纪-现代伦理所倡导的单纯对欲望和快乐的压抑和克制③。福柯似乎赞成通过自我改造把自己塑造为一个自主的、自我控制的、乐意享有别具一格的新经验、快感和欲望的存在。他宣称："我们必须拒绝那种几个世纪以来一直强加于我们的（规范化的）个体性，以便促成新的主体性形式"④。

福柯自己是这么论述性史研究和以前的研究之间的关系的：谱系学研究可以分成三个领域，"第一，有关我们自身与真理关系的历史本体论，通过它，我们自己变成知识主体；第二，有关我们自身与权力领域关系的历史本体论，通过它，我们把自己变成作用于他人的主体；第三，有关伦理学的历史本体论，通过它，我们把自己变成道德代理人。所以，系谱学可能有三个轴心。在《疯癫与文明》中三个轴心并存，但有些混淆。《临床医学的诞生》和《词与物》研究的是真理的轴心，《规训与惩罚》研究的是权力轴心，《性史》研究伦理轴心"⑤。在福柯看来，生活美学和自我技术具有非常重要的意义。人的生活不但可以而且应该成为一件艺术品，他自己就是这样践行的。自我不是先天给定的，它是通过发明而不是发现出来的，"自我实践的形成

---

① 转引自刘北成：《福柯思想肖像》，上海人民出版社，2001年，第360页。
② 转引自道格拉斯·科尔纳、斯蒂芬·贝斯特：《后现代理论》，张志斌译，中央编译出版社，1999年，第79页。
③ 米歇尔·福柯：《性经验史》，佘碧平译，上海人民出版社，2000年。
④ 转引自道格拉斯·科尔纳、斯蒂芬·贝斯特：《后现代理论》，张志斌译，中央编译出版社，1999年，第81页。
⑤ 转引自刘北成：《福柯思想肖像》，上海人民出版社，2001年，第371页。

和发展,其目的是把自己培养成自己的生活的美学的工程师"①。福柯相信人类具有无限的潜力来塑造自身,可以摆脱主流规训权力的束缚,创造新的欲望和快乐模式来取代现代的主体性模式。

福柯对传统知识分子的"立法者"的角色进行了猛烈抨击,认为他们只是现代性的注解者、维护者、宣传者。在他看来,知识分子并没有权利告诉别人他们应该做什么。传统知识分子并不对社会制度、具体实践进行分析,而是急于得出有关社会的总体设想,迫切希望提出一套乌托邦式的改造社会的总体方案,让普通社会成员照章办事,他们致力于告诉人们什么是好的,应该追求;什么是坏的,必须铲除。福柯的做法则根本不同,他的批判只是指出任何事情都是危险的,但并不代替行动者作出自己的选择和决定。他认为在政治行动方面,知识分子的话语并不具有任何本体上的优先地位。同时,福柯指出批判的意义就是要破除自明性和想当然性,就是要向大家显示,事情并非人们相信的那样的理所当然,这也正是他专注于历史分析的原因。总之,福柯认为作为公众的代言人、宣扬普遍价值观的"普遍型知识分子"正逐渐让位于"特殊型知识分子",后者只是一些专业领域的专家,仅仅在某个具体的群体和斗争形式中承担某种谦逊的顾问角色。

需要指出的是,晚期的福柯修正了他对启蒙、现代性和理性的态度,不再对它们持有一种全盘否定的激进立场。在生前未发表的一篇文章《什么是启蒙?》中,尽管福柯仍然对启蒙理性持批判态度,但他却试图借鉴和吸收启蒙运动遗产中的积极成分,如对当前时代的历史感,强调理性对独断论和教条的批判作用等,进而肯定在我们的时代和启蒙时代之间仍有某种连续性。福柯这时认为,在对待现代理性的态度上,无论是不加批判地接受,还是全盘地否定,都同样是有害的②。

福柯的一批重要著作以"知识考古学"和"权力谱系学"的方式,对知识、权力和自我这三角关系进行了全面、深刻的考察和分析,揭示了现代社会里中心控制和边缘反抗的各种机制,规范的话语实践与不规范的话语实践之间的对峙和互渗现象,从而引起人们对相关问题的极大关注。同时,他也开创了一种新的社会分析的方式,它不局限于相对狭隘的社会学理论传统,而是将历史学、哲学和社会学、心理学等各种学科的洞察力创造性地结合在

---

① 包亚明:《权力的眼睛——福柯访谈录》,严锋译,上海人民出版社,1997年,第141页。

② 米歇尔·福柯:《福柯集》,杜小真编选,上海远东出版社,2003年,第528-542页。

一起。可以说，在福柯之后，人们已经不可能再用原来的眼光看待知识、真理、权力、理性、非理性等一系列的问题。

第五节　其他后现代理论家的观点

一、布西亚的模拟社会

作为形象最鲜明、最激进的后现代主义者，让·布西亚（Jean Baudrillard，又译鲍德里亚、波德里亚等，1929—2007）引起了人们极大的争议。拥护者称赞他为唯一能够提出新的后现代性的超级理论家，反对者则视其为"一个社会化不足的、反社会的社会学理论恐怖分子"。让人有点意外的是，布西亚乃是活跃的后现代思想家中，少数几个受过社会学专业训练、拥有社会学教师头衔的人物。他从1966年代到1987年，在法国的南特尔大学教授社会学，但他思想并不受学科的限制，他明确提出要打破学科的界限，甚至要终结社会学本身。他对视觉艺术也极感兴趣，退休后他主要从事写作和摄影工作，还举办了个人摄影展并获得很大成功。布西亚的主要著作有：《客体系统》《消费社会》《符号的政治经济学批判》《生产之镜》《象征交换与死亡》《诱惑》《拟像与模拟》《冷记忆》《末日的幻觉》《完美的罪行》《美国》《不可能的交换》《恶的智能》等。

布西亚早期的两部著作《客体系统》和《消费社会》试图将马克思主义与符号学的理论结合起来，批判资本主义社会中日常生活被商品化的状况。在现代社会中，以消费品和服务的爆炸性增长为标志的新型大众消费系统，是一个吸引、诱惑、甚至控制着个人认知、思想和行为的客体世界，它制约和建构了人们的需求、想象和行为。在这样的社会中，消费资本主义将越来越多的注意力放在了操纵消费、创造对新的知名商品的需求上，而广告、包装、展览、时尚、大众传播及文化等的繁荣，推动了符号数量以及符号价值的急剧增长。符号价值成为商品和消费的最重要的价值，甚至成为人们顶礼膜拜的对象。物品被消费——"但（被消费的）不是它的物质性，而是它的差异"[①]。任何物品的意义都只来自它们对其他物品的关系，以及它们与其他

---

① 鲍德里亚：《物体系》，林志明译，上海人民出版社，2001年，第223页。

物品之间的差别。消费品事实上已成为一种符号体系和分类体系，进而对人的行为和群体认同实施符号化和规约化。消费是一种操纵符号的行为，通过消费，体现出人们之间的差异；消费也是一种积极的建立关系的方式，通过消费，消费者获得了认同，不仅与客体，而且与集体、世界建立起关系，这是一种系统性活动的模式①。因此，消费社会绝不仅仅意味着一个"丰裕"的社会，更重要的是一个生产"差异"的社会②。消费并没有使整个社会更加趋于一致，它甚至加剧了其分化③。简言之，在消费社会中，"物"和"商品"已经成为一种"符号系统"，对它们的消费可以成为社会结构和社会秩序及其内在区分的主要基础，人们通过消费各种作为符号的物品而获得各自的身份认同，通过这样更加精致与隐蔽的方式，资本主义实现了其社会控制的目的。在其第三部著作《符号政治经济学批判》中，布西亚开始与马克思主义拉开距离，而在接下来的《生产之镜》中，他与马克思主义彻底决裂，并宣称马克思主义政治经济学既不适用于传统社会，也不能为当代社会提供适当的观点。在马克思所区分的使用价值和交换价值之外，布西亚又增加了对符号价值的分析。他认为符号交换提供了一种活动模式，该模式要比马克思主义者所倡导的实践更能彻底地颠覆资本主义的价值和逻辑；他还将符号交换与文化革命的计划结合起来，把反抗的理想寄希望于诸如黑人、妇女和同性恋等边缘群体④。

虽然布西亚的早期作品中已包含了不少后现代的主题，但他直到20世纪80年代，才开始正式使用后现代的话语，对媒体、大众、社会性和社会学等提出了虽有些夸张但也发人深省的看法。他认为，由生产所主宰的现代性时期已经终结，代之而来的是由大众媒体、控制模型和驾驭系统、电脑、信息处理、娱乐和知识产业等等统治一切的后现代时期。随之而来的是符号的大爆炸，即我们的社会已从一种生产方式（mode of production）主宰的社会，转向一种生产符码（code of production）控制的社会；目标也从剥削和利润，转向了通过符号以及生产符号的系统的统治。在向符号制造术（semiurgic）社会转变过程中，符号本身拥有了自己的生

---

① 鲍德里亚：《物体系》，林志明译，上海人民出版社，2001年，第222页。
② 鲍德里亚：《消费社会》，刘成富、全志钢译，南京大学出版社，2000年，第38页。
③ 鲍德里亚：《消费社会》，刘成富、全志钢译，南京大学出版社，2000年，第44页。
④ 鲍德里亚：《生产之镜》，仰海峰译，中央编译出版社，2005年。

命,并建构出了一种由模型、符码和符号组成的新的社会秩序。简言之,后现代时期的基本特征便是:模拟(simulation)、超真实(hyperreal)和内爆(implosion)①。

处于后现代时期的人们面对的是各种新式符号或模拟的模拟,符号不再像过去那样可代表某种真实的事物,它仅仅指涉自身和其他符号。符号和真实之间的界限已经消失,诉诸真实已不可能,再现和客体、观念与事物之间的区别也不复存在。此时,模拟不需要原物或实体,而是以模型来产生真实:一种比真实可能还真实的"超真实"。超真实是一个符号的世界,模型取代了真实的状态。例如在布西亚看来,迪斯尼乐园中的美国模型要比社会世界中的真实美国更为真实,就好像是美国正在变得越来越像迪斯尼乐园一样。在这个世界里,模拟模型变得比实际的制度还要真实,不仅模拟与真实之间的区别越来越困难,而且模拟出来的东西成了真实本身的判定准则。借用麦克卢汉(M. Mcluhan)的"内爆"概念,布西亚宣称,在后现代世界中,模拟与真实之间的界限已经内爆,与此相伴随,人们从前对"真实"的那种体验以及真实的基础也告消失。布西亚的内爆理论所描绘的是一种导致各种界限崩溃的社会熵增加过程,包括意义内爆在媒体之中,媒体和社会内爆在大众之中。媒体信息和符号制造术四处撒播,渗透到了社会领域,意义在中性化了的信息、娱乐、广告以及政治流中变得平淡无奇。冷漠的大众变成了忧郁而沉默的大多数,一切意义、信息和教唆蛊惑内爆于其中,就好像被黑洞吞噬一样。社会因此消失了,各个阶级之间、各种意识形态之间、各种文化形式之间以及媒体的符号制造术与真实本身之间的各种界限均告内爆。世界似乎没有任何界限,一切事物都处在令人目眩的流动之中,哲学、社会理论以及政治理论之间的一切旧有界限或区别,甚至资本主义社会本身,都内爆为一种毫无差别的幻想流。

在布西亚看来,后现代世界里不存在意义,它是一个虚无的世界,在这个世界中,理论漂浮于虚空之中,没有任何可供停泊的安全港湾。因为意义需要深度,一个隐藏的维度,一个看不见的底层,一个稳固的基础,然而在后现代社会中,一切都是"赤裸裸的"、可见的、外显的,并且总是处于变动之中。他宣称:后现代"世界的特点就是不再有其他可能的定义……所有能够做的事情都已被做过了。这些可能性已达到了极限。世界已经毁掉了自身。它解构了它所有的一切,剩下的全都是一些支离破碎的东西。人们所能

---

① 道格拉斯·凯尔纳、斯蒂文·贝斯特:《后现代理论》,张志斌译,中央编译出版社,1999年,第153-157页。

做的只是玩弄这些碎片。玩弄碎片,这就是后现代"①。同样事件的无休止的重复,这就是西方的后现代命运。布西亚指出,社会学只能描绘社会性的扩展及变化,它的生存维系于积极而确定的社会性假设上。而和后现代情景的出现紧密相连的现代事物的失序、各种界限的崩溃以及整个社会的内爆,造成了"社会性的终结"(the end of social),进而使社会学成为多余的,至少这意味着社会学遭遇到重新定位的严峻挑战。②

二、利奥塔的反元叙事

后现代主义者中另一位重要人物让-弗朗索瓦·利奥塔(Jean-Francois Lyotard,1924-1999),特别坚决地拥护与现代理论彻底决裂,积极地致力于推广和传播后现代替代方案,并已成为猛烈攻击总体化和普遍化的理论与方法,捍卫一切理论领域及话语中的差异性与多元性的一面旗帜。利奥塔曾在巴黎大学攻读哲学和文学,1950年大学毕业后,长期投身于激进的政治运动,给左派刊物撰写过大量的文章。1971年以《话语,图形》一书获得巴黎大学的博士学位,随后任巴黎第八大学的哲学教授,1987年被授予荣誉退职教授。利奥塔的主要著作有:《从马克思和弗洛伊德开始的漂流》《力比多经济学》《公正游戏》《后现代状况》《歧异》《多神教的启示》等。利奥塔是一位受欢迎的教师和多产的作家,对美学问题、游戏问题特别关注,对视觉、图像、绘画艺术抱有浓厚的兴趣,而且积极追求文本的诗意和文学性。他明确拒斥元叙事和宏大理论,极力颂扬差异性、多元性、片段性和局部性等。

利奥塔的早期著作显示出同另外两位法国后现代理论家德勒兹与加塔利之间深厚的亲缘关系,他们都深受尼采的影响。利奥塔吸收了尼采的力量、强度及情感哲学,并将其发展为一种欲望哲学和欲望政治学。他还深受马克思与弗洛伊德的影响,并且表现出对美学问题的极大关注。他的《力比多经济学》在很大程度上是以马克思来反对弗洛伊德,以弗洛伊德来反对马克思,又以尼采来反对这两者③。《话语,图形》是一部旨在批判结构主义的著

---

① 道格拉斯·凯尔纳、斯蒂文·贝斯特:《后现代理论》,张志斌译,中央编译出版社,1999年,第165页。
② Jean Baudrillard, *In the Shadow of Silent Majorities*, New York: Semiotext(e), 1983, p.4
③ 道格拉斯·凯尔纳、斯蒂文·贝斯特:《后现代理论》,张志斌译,中央编译出版社,1999年,第201页。

作，利奥塔一方面用梅洛-庞蒂的现象学去颠覆结构主义，另一方面又用弗洛伊德心理分析去颠覆拉康的心理分析以及现象学的某些方面。在他看来，"话语"与结构主义和书面文本相关，而书面文本和阅读经验又同概念思维相契合；"图形"则与现象学和观看相关，而图形、图像和观看经验又同感性相契合。利奥塔认为西方自柏拉图以来，结构性的、抽象概念性的思维就一直统治着哲学，感性经验则遭到严重的贬低和压抑。而他要做的工作就是挑战这样的传统，捍卫图形和感性经验的尊严[1]。《公正游戏》这本书包含了对启蒙普遍性的以及信仰绝对真理的攻击。在利奥塔看来，"公正"只能是局部的、多元的、暂时的，随着争论对象和具体情境的变化而变化。所有的话语都被看成是语言游戏棋局中的不同走法，公正意味着要按规则来玩，并且要维护不同的语言游戏（如理论、伦理、美学等）规则的自主性。利奥塔坚持认为，不存在凌驾于其他一切游戏之上的语言游戏，没有特权话语，也没有普遍性的公正理论可供我们去解决不同语言游戏之间的斗争。在每一种情况下，公正都是一种暂时性的判断，它不承认普遍原则或原则的普遍化[2]。利奥塔坚信社会世界的多重性、建构性，坚持社会研究的多元视角及方法。

利奥塔最出名的著作要数《后现代的状况》，它是受加拿大政府的委托而作的，副标题是"关于知识的报告"。该书主要从认识论和知识社会学的角度来把握后现代的脉络，不太关注社会经济等其他层面的状况，这充分体现了利奥塔的思想特色。在他看来，元叙事（metanarrative）或（宏）大叙事是现代性的标志，是现代科学为自己合法化的参照点。所谓叙事，简单地说就是讲故事，而元叙事或宏大叙事则指"具有合法化功能的叙事"[3]。元叙事或大叙事之所以具有合法化的功能是因为它们把自己的合法性建立在有待实现的未来，也即有待实现的理念上面。这些理念之所以具有合法化的价值，又是因为它们普遍适用，放之四海而皆准。这些理念包括诸如自由、解放、财富的增加、全人类的和平等（所谓的现代性规划）。但历史的发展表明，这些承诺并未兑现，所以利奥塔认为元叙事的合法化的基础存在很大问题[4]。关于后现代，利奥塔明确指出："简化到极点，我们可以把对元叙事的

---

[1] 让-弗朗索瓦·利奥塔：《话语，图形》，谢晶译，上海人民出版社，2012年。
[2] 道格拉斯·凯尔纳、斯蒂芬·贝斯特：《后现代理论》，张志斌译，中央编译出版社，1999年，第201页。
[3] 利奥塔：《后现代性与公正游戏——利奥塔访谈、书信录》，谈瀛洲译，上海人民出版社，1997年，第169页。
[4] 宋林飞：《西方社会学理论》，南京大学出版社，1997年，第491页。

怀疑看作是'后现代'"①，它意味着发展一种适应新的知识状况的新认识论。后现代知识是反元叙事和反基础主义的，它回避了宏大的合法化图式，拥护异质性、多元性和不断的革新，拥护在参与者同意的基础上建构起来的切实可行的局部规则和规范，因而拥护微观政治。利奥塔认为现代性寻求普遍化、同质化元律令的做法，违背了他所说的语言游戏的异质性原则，而且寻求共识的做法也违背了异质性原则，试图给异质性的东西强加一个同质性标准和一个虚假的普遍性。在他看来，知识产生于歧见，产生于对现存范式的怀疑和对新范式的发明，而非产生于对普遍真理或共识的赞同②。他强调，在纳粹暴行之后（以奥斯维辛为标志），我们不再有任何借口来宣称人类本是一个整体，宣称普遍性是人类的真实状况。相反，群体的碎裂化和利益的相互竞争才是后现代的真实状况，因而论争（agonistics）将成为当代生活的一个不可避免的特征。

利奥塔指出，"随着社会进入被称为后工业的年代以及文化进入被称为后现代的年代。知识改变了地位"③。他自己便致力于对后现代知识状况的考察以及对现代知识的批判。在他看来，作为现代性标志的总体化理论，其特征便是元叙事或大叙事，它在某种程度上是还原主义的、简化论的、甚至是"恐怖主义"的大叙事，因为它们为极权主义恐怖行径提供了合法性，并且以一元化图式压制了差异。像福柯一样，利奥塔旨在揭明歧异，让少数话语发言，说出与多数话语相反的原则或观点，努力寻求并容忍差异，倾听那些代表差异的沉默各方的声音，提倡多元理性而非一元理性，发展各种微观叙事或小叙事。普遍性思想的衰退或没落，可以把思想从整体化的强迫观念那里解放出来："责任的多样性和它们的独立性（它们的不兼容性），强迫或将强迫承担起这些大大小小的责任的人变得灵活、宽容、温和"④。在利奥塔看来，现代与后现代并不是完全对立的关系，可以将后现代主义理解成新生状态的现代主义，而且这一状态反复出现，"一部作品只有首先是后现代的才

---

① 让-弗朗索瓦·利奥塔：《后现代状况》，车槿山译，生活·读书·新知三联书店，1997年，引言第2页。
② 道格拉斯·凯尔纳、斯蒂芬·贝斯特：《后现代理论》，张志斌译，中央编译出版社，1999年，第217页。
③ 让-弗朗索瓦·利奥塔：《后现代状况》，车槿山译，生活·读书·新知三联书店，1997年，第1页。
④ 利奥塔：《后现代性与公正游戏——利奥塔访谈、书信录》，谈瀛洲译，上海人民出版社，1997年，第122页。

能是现代的"①。利奥塔还试图填平理论作品与文学作品之间的巨大鸿沟，追求富有诗意与文学性的文本②。

三、德里达的解构主义

雅克·德里达（Jacques Derrida，1930—2004）是公认的解构主义的创始人，也是当代法国著名的哲学家、美学家、符号学家和社会理论家，他的思想在20世纪中后期掀起巨大波澜，不仅使他成为欧美知识界最具争议性的人物之一，也成为后现代主义最重要的理论源泉，而他提出的关键词"解构"更是广泛渗透到文学、艺术、建筑、语言学、人类学、政治学、社会学等众多领域。代表作：《人文科学话语中的结构、符号和游戏》《论文字学》《声音与现象》《书写与差异》《哲学的边缘》《撒播》《绘画真实》《丧钟》《明信片》《友谊政治学》《马克思的幽灵》等。

1967年，德里达连续出版了三部重要著作《论文字学》《声音与现象》《书写与差异》，从而宣告解构主义的确立。德里达不满于西方几千年来贯穿至今的哲学思想，对传统的不容置疑的哲学信念发起了挑战。他认为自柏拉图以来的西方哲学是一种"在场的形而上学"，它假定在万物背后都有一个根本原则，这就是真理之源、上帝之言，并且必须遵守和服从的逻各斯（logos），它还假定世上万物的存在都与在场紧密相连。这就是所谓的逻各斯中心主义，与之相辅相成的是强调言语（说话，即声音）优越于书写的声音中心主义（phonocentrism）。逻各斯中心主义相信存在着关于世界的客观真理，科学和哲学的目的就是要认识这种真理，而言语能够完美地再现和把握思想与存在。逻各斯中心主义不仅设置了各种各样的二元对立，如主体与客体、本质与现象、真理与谬误、能指与所指等，并且为这些对立设置了等级，认定每对关系都有一方处于统治与优越地位，而另一方则处于从属与劣势地位。德里达及其他解构主义者攻击的主要目标就是这种被称为逻各斯中心主义的思想传统，以及与之密切相关的声音中心主义。

"解构"（deconstruction）是德里达在胡塞尔和海德格尔的"拆毁"概念的基础上提出的阅读方法和哲学策略。解构一句话、一个命题、或一种传统

---

① 利奥塔：《后现代性与公正游戏——利奥塔访谈、书信录》，谈瀛洲译，上海人民出版社，1997年，第138页。

② 利奥塔：《后现代性与公正游戏——利奥塔访谈、书信录》，谈瀛洲译，上海人民出版社，1997年，第12页。

信念，旨在通过对其中修辞方法的分析，考察那些溢出文本之外的、未被命名的或被遮蔽起来的东西，进而揭示文本的二重性、盲目性和逻各斯中心性，从而破坏它所声称的哲学基础和它所依赖的等级对立。换言之，解构蕴含着既破解了某文本的神秘，又拆开了那个文本以揭露其内在而又任意的层系和它的前提的意思，它展示了某文本的缺陷及其隐藏的形而上学的结构①。开放性和无终止性是解构的两大基本特征。德里达以人的永恒参与为依据，断定写作和阅读中的偏差永远存在。解构阅读是一种揭露文本结构与其西方形而上学本质之间差异的文本分析方法，它指出文本不能只是被阅读成单一作者在传达一个明显的信息，而应该被阅读成在某个文化或世界观中各种冲突的体现。一个被解构的文本会显示出许多同时存在的各种观点，而这些观点通常会彼此冲突，并且其中的许多观点在传统阅读中是遭到压抑与忽视的。解构主义倡导的是一种典型的以其人之道，还治其人之身的方法，专执于对位居边缘地带的细节甚至脚注抉隐索微，形成突破口并进一步扩张，以证明文本没有恒定的结构和确定的意义，最终否定柏拉图以来的理性主义思想传统②。

　　在德里达那里，解构既是一种理论，更是一种实践。而且因为将世界视为一个无限的文本，将一切都文本化了，即"文本之外无他物"③，所以解构式阅读的范围十分广泛。换言之，既然文本指称或包含着现实，那么对文本的解构也就是对现实的解构。德里达指出，解构并非人们常常说的只是以思辨的、推理的、操作性的方式阅读文本，它与图书馆里的书籍无关。解构关注一切，包括由对立等级支配着的各种体制、社会结构、政治制度、以阳性逻各斯中心主义为标志的两性对立。"解构是在各种制度中分析其等级对立的发明工作"④。解构分析的主要方法是去看一个文本中的二元对立（比如说，男性与女性、同性恋与异性恋），并且呈现出这两个对立的面向事实上是流动与不可能完全分离的，而非两个严格划分开来的类别，即是说，这些分类实际上不是以任何固定或绝对的形式存在着的。德里达的解构思路的一大特点，就是追索思考对象在语言中的原初状态，找出其异质与悖论因素，

---

① 参见波林·罗斯诺：《后现代主义与社会科学》，张国清译，上海译文出版社，1998年，第177页。
② 参见乔纳森·卡勒：《论解构》，陆扬译，中国社会科学出版社，1998年，译序，第14页。
③ 德里达：《论文字学》，汪堂家译，上海译文出版社，1999年，第230页。
④ 参见张宁：《解构之旅·中国印记：德里达专集》，南京大学出版社，2009年，第54页。

让其自身的悖论运动在自我建构中自我解构,以求在动态中了解事物。解构主义最大的特点是反中心、反权威、反二元对立、反非黑即白的理论。简言之,解构主义旨在打破现有的一元化的秩序,颠覆固定的等级权威,指出建立新的面貌的可能性,但它并不希望以一种新的霸权取代旧的霸权。

德里达具有极强的批判精神,他旗帜鲜明地表示自己的旨趣就是要颠覆各种既有的秩序,把自己的取向视为马克思主义的激进化。他希望通过自己的作品撼动、重置和改变口语的、观念的、心理的、文字的、美学的、历史的、伦理的、社会的、政治的和宗教的各种景观,旨在打乱、去沉积(de-sediment),同时解构它们。在他看来,一切可分解,同一性、连贯性、意义单一性等都是分解及分解性的产物。解构策略旨在戳穿一些未经批判就被广泛接纳的形而上学假设,同时揭露各种文本中的内部矛盾。德里达指出,"好"的文学,唯一值得一读的文学,必然是带有"批判"的[①]。他认为作品是永远开放的,而读者的阅读则是持续不断的创造过程,换言之,读者对文本的解读总是未完成的、不确定的。可以说,阅读绝不是寻找作品的原初意义,理解也决不以作者为中心。为此,德里达生造了一个词"延异"(la différance),它包含差异的延缓或延缓的差异。延异不假设任何超本质的、圆满的存在,它不依赖包括自身在内的任何原则,它产生一种"自由游戏"。延异这个概念揭示了"能指"和"所指"的区分的任意性,动摇了结构主义理论的基础。德里达强调的另一个词"播撒"(la dissemination),是文字的固有能力,意味着潜在的不在场。播撒不断地、必然地瓦解文本,揭露文本的零乱、松散和重复,宣告文本的不完整。德里达还提出了文本与文本间的"互为文本性"(或互文性,la intertexualité),即构成文本的语言符号的意义,不仅在文本内通过与其他语言符号的对比显现,而且与其他文本中的其他符号关联、显现。简言之,作品没有明确界限,文本间相互播撒、消解。与此类似,社会也没有明确的边界,不存在固定不变的模式,它是由人们之间不断相互作用而持续生成的、复杂易变的动态网络。

德里达明确反对将社会世界模型化,强调差异的重要性,主张用富有启发性的层层叠叠的阐释网络来取代僵化的、固定不变的理论结构。德里达强调文字的作用,主张以"原文字"取代言语的本体性地位。他希望通过挑战所有排斥了能指作为中介的运动,以及把意义与指意目标捆绑在一起的语言

[①] J. Derrida, "The Time of a Thesis: Punctuations", trans. by Kathleen Mclaughlin, in *Philosophy in France Today*, ed. Alan Montefiore. Cambridge: Cambridge University Press. 1983:37.

交流模式，来终止逻各斯通过被确认是透明的介质（声音）而返还其自身的过程（即逻各斯在言语中自我揭示）。通过将本体性观念"问题化""分裂化""反稳定化"，即将之"解构"，"在场"的言语被消散了，被包含着"在场"的"不在场"取而代之。解构揭示某一本文内在包含的相互对立的等级结构并不是天经地义、不可改变的，事实上，总是存在着多种可能性和互换性。德里达所提出的颠倒言语和文字的顺序的观点，揭示了语言永远运动的本质和语词的没有最终、超验中心的性质。德里达否定任何意义上的中心的存在，相信存在的只有活动，并且，存在不断被否定，中心不断发生转移。德里达将解构视为一种实践、一种行动，而不是固定不变的程序。在他看来，只存在各种各样的解构实践，而没有完全统一的解构方法。各种解构策略是依具体情景而变的，而且解构是一个永无完结的过程。解构具有很强的颠覆性，它对正统的认识论和固化的思维模式造成极大的冲击。尽管德里达并不认为自己是后现代主义者，指出自己的解构主义与后现代主义之间存在差异，但在反本质主义、反逻各斯中心主义、反基础主义、反真理符合论、反一切封闭僵硬体系等方面，两者还是有很多共同的旨趣。因此，可以将解构主义归于宽泛的后现代主义这个大阵营。

四、詹明信的后现代阐释

不同于一般的后现代理论家，弗雷德里克·詹明信（Fredric Jameson，又译詹姆逊或杰姆逊等，1934—）坚持认为，只有在新马克思主义理论框架中，后现代主义才能得到最好的理论化。他先后就读于美国哈佛大学和耶鲁大学，曾经留学法国和德国，主修法国文学并获博士学位。完成学业后，在加利福尼亚大学和耶鲁大学教过书。1985年起任杜克大学讲座教授，文学系主任兼批评理论中心主任。2003年辞去系主任职务，但仍积极从事学术研究。詹明信视野开阔、知识渊博，其研究涉及文学、艺术、当代文化、金融资本和全球政治等众多领域。一方面，他是"后现代主义"的主要理论家、分析家和病理诊断师；另一方面，他又是20世纪80年代以降马克思主义批评理论的最富活力、最雄心勃勃、最多产和系统的实践者。他的主要著作有：《马克思主义与形式》（1971）、《语言的囚笼》（1972）、《政治无意识》（1981）、《后期马克思主义》（1990）、《后现代主义或晚期资本主义的文化逻辑》（1991）、《时间的种子》（1994）、《文化转向》（1998）、《布莱希特与方法》（2000）、《单一的现代性》（2003）等。

詹明信的社会理论的一个重要特点，就是尝试将马克思主义与后现代观点结合起来，通过将后现代主义置于资本主义的发展过程这一背景之中，重新思考当前时代中马克思主义理论与政治。一方面，他同意其他后现代思想家的观点，认为当代社会的组织和文化发生了根本性的断裂，已经进入一种后现代状况；另一方面，他坚持马克思主义的立场，相信资本主义仍是当今世界的主要特征，只不过现在处于晚期阶段，并衍生出新的文化逻辑——后现代主义。晚期资本主义使商品化的力量延伸到几乎全部的社会和个人的生活领域，穿透知识、审美、信息等领域，充分实现了最纯粹的资本主义。按照詹明信的说法，后现代主义代表了大量的文化变迁，其中包括：高雅文化和低级文化之间的坚固界限已经瓦解；现代主义作品受到了资本主义的完全认可和改编利用，丧失了批判和颠覆的棱角；文化几乎完全商品化，从而丧失了向资本主义发起挑战的批判距离；主体已彻底碎裂，因而焦虑和异化问题以及资产阶级的个人主义也不复存在；颓废的现代主义抹杀了具有历史意义的过去，同时使人们不再能感觉到一个具有不同意义的未来；出现了令人迷茫眩晕的后现代超空间[1]。显然，以上描述与其他后现代思想家有许多一致的地方，但詹明信的独特之处在于坚持马克思主义的基本立场，并没有放弃所谓的宏大叙事。

詹明信的后现代理论在很大程度上受到曼德尔（Ernest Mandel）《晚期资本主义》一书的影响。该书认为当前资本主义发展过程中的这个消费或后工业阶段，并不与马克思的早期分析相矛盾，事实上它是一种更加纯粹、更加发达，而且更加充分地实现了资本主义的形式。参照曼德尔关于资本主义发展阶段论的模式，詹明信指出后现代主义是资本主义新阶段的组成部分，并认为后现代主义的每一种理论，都隐含着一种历史的断代。他进而提出，资本主义有三个基本阶段，每一个阶段都标志着对前一个阶段的辩证的发展。它们分别是市场资本主义阶段，垄断资本主义阶段或帝国主义阶段，以及当前这个时代的资本主义——跨国资本主义阶段。社会经济结构的变化，也反映到文化的变迁之中。在詹明信看来，现实主义文化对应于市场资本主义，现代主义文化对应于垄断资本主义，后现代主义文化则对应于跨国资本主义[2]。他将后现代主义模式看作当代文化的霸权形式，视为主流文化，并

---

[1] 参见道格拉斯·科尔纳、斯蒂芬·贝斯特：《后现代理论》，张志斌译，中央编译出版社，1999年，第240页。

[2] 詹明信：《晚期资本主义的文化逻辑》，陈清侨等译，生活·读书·新知三联书店，1997年，第484-485页。

相信只有在主流文化逻辑或霸权规范的衬托下，真正的差异才能得到测量和评估。詹明信为人们展示了一派后现代性的图景，在那里，每个人漂浮于"多国化资本主义体系"和爆炸性增长的文化之中，却又无法理解他们生活于其间的文化[①]。不过，他至少提出了部分解决后现代困境的方案，呼唤某种后现代主义政治形式，勾勒出一副社会领域和空间范围内的全球认知图式，而这些认知图式源自社会理论家、艺术家、小说家，以及那些在日常生活中自我绘制空间图式的人们。

除了福柯和本节介绍的四位后现代理论家外，著名的后现代理论家还有法国的拉康、德勒兹、瓜塔里、维利里奥，意大利的瓦蒂莫等，而鲍曼和哈维也对后现代主义视角抱有很大的同情，并提出了许多富有启发的洞见，因篇幅所限，这里不再一一介绍。另外，当代著名的社会理论家哈贝马斯、吉登斯等作为现代思想的杰出代表，对后现代主义的挑战做出了回应和批评，下面一章会有所涉及，这里也不赘述。总之，虽然后现代主义者往往有些走极端，但也创造出了许多对于社会学来说不仅值得而且需要去留意、倾听与借鉴的视角、观点和概念，社会学通过理解和回应来自各方的批评和挑战，将会使自己成长为一门更加开放、更富活力、充满希望的学科。事实上，后现代社会理论描绘了那些为古典社会理论所忽视的微观与边缘现象，并且赋予那些经常受到过去理论所贬抑的差异性、多元性与异质性以重要价值。它深刻地揭示出这样的一个"真理"：我们都是在广泛的主体立场中建构形成的，因而我们应当清醒地认识到那些来自阶级、种族、地域、性别等方面的种种限制[②]。从某种意义上，后现代理论推动并深化了当今理论界对种族问题、地域问题、妇女问题、少数民族问题等的研究。

复习思考题

1. 简述社会学与现代性的关系。
2. 结合实例谈谈后现代主义的特征。
3. 归纳福柯关于权力论述的要点。

[①] 乔治·瑞泽尔：《后现代社会理论》，谢立中等译，华夏出版社，2003年，第254页。

[②] 道格拉斯·凯尔纳、斯蒂芬·贝斯特：《后现代理论》，张志斌译，中央编译出版社，1999年，276。

4. 布西亚是如何阐述符号交换的重要性的?
5. 利奥塔批判元叙事的理论根据是什么?
6. 德里达的解构主义的旨趣是什么?
7. 简述詹明信关于后现代主义的观点。

第十四章
当代社会学理论的新发展（上）

20世纪80年代以来，西方社会学理论的发展进入了新的历史时期，一批新的追求理论综合的观点开始出现。哈贝马斯从批判理论的角度融合了社会学中宏观与微观、主观与客观等不同的理论取向，使之成为一个具有独特风格的综合性社会学理论。布迪厄通过对社会物理学与社会现象学、方法论上的个体主义与整体主义等对立的范畴的超越进行了有益的理论综合。吉登斯运用结构化理论对人们普遍关注的能动-结构的整合等社会学理论根本问题提出了新的研究思路。贝克针对20世纪60年代以来有别于传统社会的新的社会形态进行了深入的分析，宣告了自反性现代化的来临。

本章要点

- 沟通行动
- 生活世界的殖民化
- 反思社会学
- 实践的逻辑与理论的逻辑

20世纪80年代以来,西方社会学理论的发展进入了新的历史时期,一批新的追求理论综合的观点开始出现,亚历山大称这一发展为新的理论运动。

1937年帕森斯的《社会行动的结构》可作为第一次社会学理论综合的代表,当前理论综合的活动更为普遍。他们或是以一种不偏不倚的立场来对原有的各派理论进行综合,或是提出一种新的研究方向或主题来沟通原来各派的合理内核,或是在坚持原有某个理论传统的"基本原则"的基础上,批判性地吸收其他一些理论传统的思想与观点,将自己的理论传统发展成为一个更具综合色彩的理论,其结果是出现了一系列的"综合性"的社会学理论,形成了一种与帕森斯曾达到的"一元综合"态势不同的"多元综合"态势。[①]斯梅尔瑟在评论社会学理论的发展时指出,"60年代和70年代期间社会学和其他许多门社会科学盛极一时的理论斗争,近20年来有所削弱。90年代理论界的特征看来更接近'和平'的多元主义——承认社会学研究理所当然地应该包容不同的理论、观点和方法,即使在不同派别的理论家和经验调查人员之间的倾向明显不同。"[②]

促成理论进入新一阶段综合的原因很多,瑞泽尔(George Ritzer)认为,现存的范式大多是倾向于片面性的,主要是专注于社会实体的某一特定层次,对于其他层次则甚少或者根本毫不关切。这种现象反映在三种范式之中:社会事实范式关注于宏观结构,社会定义范式关注于行动、互动,社会行为范式则关注于行为层面。正是这种片面性,促使大多数的社会学家们逐

---

① 参见谢立中:《西方社会学名著提要》,江西人民出版社,1998年,导论第16页。
② 参见侯均生:《西方社会学理论教程(第四版)》,南开大学出版社,2017年,第315页。

渐关注于一个较综合的研究途径。① 瑞泽尔对于社会学范式将来出现某种程度的融合持乐观态度。

本章及下一章要介绍的哈贝马斯、布迪厄、吉登斯、贝克正是这批新的理论综合研究队伍中的代表人物。

第一节　哈贝马斯的沟通行动理论

一、学术生涯及主要著作

1929年6月18日，哈贝马斯（Jürgen Habermas）出生于德国北莱茵威斯特法伦州古姆斯巴赫（Gummersbach）的一个中产阶级家庭。祖父是一位神学院的院长，父亲是当地工商联合会会长。德国纳粹党上台时，哈贝马斯只有4岁。他的青少年时代是在希特勒统治下伴随着第二次世界大战度过的。但哈贝马斯那时对法西斯在德国本土以及在其他许多国家犯下的罪行并不关心和了解。

1945年希特勒政权的垮台给哈贝马斯的震动使他终生难忘。哈贝马斯认为，那是一种残酷的经历，它迫使一个16岁的青年人而不是50岁的中老年人回顾和反思自己的历史、国家的历史。哈贝马斯回忆道，当时收音机里广播了纽伦堡国际法庭的审判，电影院里播放了关于集中营的纪录片，这些事实使德国人突然看到，自己是生活在一个政治上犯罪的社会制度中，自己崇拜的领袖一直在犯罪。这成了哈贝马斯个人生活的转折点，也决定了他后来哲学和社会学的基本态度。

1949—1954年，哈贝马斯分别在哥廷根大学、苏黎世大学、波恩大学学习哲学、历史、心理学、德国文学、经济学，这为他日后对社会学的研究打下了良好的基础。此时，思想与政治之间的关联还没有引起哈贝马斯的兴趣。1949年9月，阿登纳领导的第一届联邦政府成立，这个政府居然允许它的内阁成员中有坚持纳粹思想的人，这使得他对这个政府是不是民主政府，以及到底能否同纳粹思想彻底决裂产生了怀疑。

大学期间，哈贝马斯第一次读到了卢卡奇（Lukács）的《历史与阶级意

---

① 参见 George Ritzer：《社会学理论（下册）》，马康庄、陈信木译，美商麦格罗·希尔公司，1995年，第761-762页。

识》一书，并且偶然发现了青年马克思的思想。卢卡奇在书中阐述的物化（reification）理论让他激动不已。在一次访谈中，访谈者问他"是什么原因促使了你与批判理论结下了不解之缘？"哈贝马斯回答"是因为阅读了卢卡奇。"卢卡奇引导哈贝马斯走近了青年马克思，于是他开始大量阅读关于马克思主义的著作。

1953年，海德格尔（Martin Heidegger）出版了他1935年夏季在弗莱堡大学的哲学讲稿《形而上学导论》，引发了关于海德格尔等人在战时所写论著的发表及其内容与法西斯统治的关系的争论。哈贝马斯在后来接受记者采访时说道，"海德格尔不作任何解释就出版了该著作，着实令我震惊。"哈贝马斯清醒地认识到，必须对政治与哲学的关系保持清醒的态度，必须严格区分属于不同范畴的政治与哲学，在任何时候都不能把两者混淆起来。①

1954年，哈贝马斯以《绝对性和历史性——关于谢林思想的内在矛盾》在波恩大学获得博士学位。

哈贝马斯完成大学学业之后，曾一度对纯智力工作感到厌倦，尤其是哲学研究。为了摆脱掉这种工作，他做了两年的报纸自由撰稿人，主要从人们所提供的大量资料中选择一些问题加以研究和评述，比如交通管理问题，考核行政机构程序问题等。

哈贝马斯想找一份固定的工作，一位报界人士便把他引荐给阿多诺。1956年，哈贝马斯来到了阿多诺领导的法兰克福社会研究所，应聘为阿多诺的研究助手。

进入法兰克福社会研究所的初期，哈贝马斯学习了统计学，并以经验式的研究方法做了几项研究。不过只有一项得以出版，即1961年出版的《大学生与政治》。他很快就接受了阿多诺的影响，开始转向研究批判的经验的社会学。哈贝马斯说，正是阿多诺在他的学术生涯起到了关键作用。

在法兰克福社会研究所工作了一段时间以后，哈贝马斯基本认同了法兰克福学派的批判传统，在吸收现代哲学和社会科学各个流派的思想和方法的基础上开始了他的思想历程。

1959年，哈贝马斯离开法兰克福。他获得了德国科研协会的教授资格奖学金（1959—1961），撰写教授资格论文。1961年，以《公共领域的结构转型》为题的教授论文在马堡大学得到通过。随后，他很快就接受了伽达默尔（Hans Georg Gadamer）的邀请，来到海德堡大学任副教授。

---

① 参见艾四林：《哈贝马斯》，湖南教育出版社，1999年，第3-5页。

1962年,《公共领域的结构转型》出版。哈贝马斯把公共领域结构转型这个重大的现实问题放到历史过程中考察,试图在历史条件的发展变化中更深入、更明晰地解释公共领域。资产阶级公共领域是一种特殊的历史形态,它最早是在17、18世纪的英格兰和法国出现的,随后与现代民族国家一起传遍19世纪的欧洲和美国。早期资产阶级公共领域最初的形态是在阅读日报或周刊、月刊评论的私人当中,形成了一个松散但开放和弹性的交往网络,通过私人社团或者学术协会、阅读小组、共济会、宗教社团等组织起来,以剧院、博物馆、音乐厅、咖啡馆、茶室等为场所和公共空间,自发聚集在一起交往和对话,交流的聚焦点由艺术和文学转向了政治。

资产阶级公共领域产生和发展的基础是市民社会。公共领域参与批判的讨论者必须具备一种主体的独立自主意识,商品经济的发展为这一主体的形成提供了经济基础。随着商品交换的发展,私人偶然的信息交流变成了新闻,这推动了印刷业的发展,并促进了报刊之类的公共领域所需要的媒体的出现。非个人化的国家机构的迅速扩张,导致了它以"公共权威"的面目对私人领域进行合理的干预和渗透。在这种情况下,代表"市民社会"的资产阶级利用"公共观念"作为公共权威的抽象对应物,发展出"市民社会"的公共领域。①

国家权力在努力稳定经济的过程中膨胀起来,随着科层制向更广阔的社会生活领域的进一步扩张,公共领域受到了压制。国家逐渐力图把各种问题重新定义为技术上的问题,并相信它们可由技术和管理方面的程序加以解决而无须公众争论和讨论。

在国家权力不断增长的情况下,如何才能复兴这些公共领域呢?

20世纪60年代初期,当哈贝马斯在海德堡大学执教时,他介入了德国学术界由以波普尔(Karl Popper)为代表的批判理性主义和以阿多诺为代表的社会批判理论的争论。1961年在图宾根召开的德国社会学联合会主持的讨论会上,波普尔提交了《社会科学的逻辑》一文,阿多诺则以《论社会科学的逻辑》对波普尔的观点进行了批判。哈贝马斯发表了《科学的分析理论与辩证法》,指出人文科学的方法不能等同于自然科学的方法,人文科学研究不能以工具理性为指导,波普的批判理性主义的决定论和真理观并没有超出

---

① 参见阎孟伟、孟锐峰:《法兰克福学派批判理论》,广西人民出版社,2018年,第133-134页。

工具理性的范畴。[①]

这场争论的结果和思想结晶，体现为哈贝马斯分别在1967年和1968年出版的两部著作《关于社会科学的逻辑》和《认识与兴趣》。

批判理论，用哈贝马斯的说法，是一种"具有实践意向的社会理论"。从这个说法就可以看出，理论和实践的关系对于批判理论的自我理解来说具有关键意义。哈贝马斯作为批判理论家的第一部哲学著作是《理论与实践》（1963），这并不是偶然的，但对理论与实践的关系问题做出系统阐述的，是十年以后作者为该书撰写的长篇导论。在哈贝马斯看来，批判理论是对历史唯物主义理论传统的继承，而历史唯物主义包括了理论与实践的双重关系：一方面研究理论之外的历史状况；另一方面研究理论可以干预的行动情景。

在强调把"理论"理解为"批判"的同时，哈贝马斯也主张把实践区别于"技术活动"。哈贝马斯通过技术性问题与实践性问题之间的区别来解释这两种活动之间的区别："技术性问题的提出，是在给定目标的情况下，着眼于对手段作合理的、由目标引导的组织，以及对诸多可选择的工具的合理选择。而实践性问题的提出，则是着眼于对规范的认可或者拒绝。"[②]

哈贝马斯对理论这个概念的真实起源做了精彩而严谨的解释。他指出，理论一词源于宗教：古希腊的城市把它向公众的庆典活动派遣的代表称之为理论家（Theoros），他用理论（Theoria）向圣灵敬献忠心。用哲学的语言讲，理论就是对宇宙的观察。当哲学家观察这个不灭的宇宙时，他不得不适应宇宙、模拟宇宙。理论是通过心灵与宇宙的有规律的运动相适应的道路进入生活实践的。

近代以来，欧洲哲学从培根和笛卡儿开始，发生了一种认识主义的转向，其结果是理论被等同于知识，等同于有效性，进而等同于实证主义的科

---

① 论题涉及：共识真理观与符合真理观；社会科学的自足性与统一科学模式；社会总体性批判与认识论式批判；肯定马克思的历史唯物主义和弗洛伊德的精神病理学与否定马克思主义的历史决定论和弗洛伊德的学说。参见侯均生：《西方社会学理论教程（第四版）》，南开大学出版社，2017年，第331页。有关这次争论详情，参见《德国社会学中的实证主义争论》（*The Positivist Dispute in German Sociology*）一书，阿多诺为此书撰写了导言及专题论文。哈贝马斯的相关论点，参见童世骏：《批判与实践：论哈贝马斯的批判理论》，生活·读书·新知三联书店，2007年，第103-117页；艾四林：《哈贝马斯》，湖南教育出版社，1999年，第9-10页；余灵灵：《哈贝马斯传》，河北人民出版社，1998年，第48-50页。

② 参见童世骏：《批判与实践：论哈贝马斯的批判理论》，生活·读书·新知三联书店，2007年，第27-28页。

学。比如，以自然科学为例，它遵循的是不要受自然的生活兴趣所干扰的这样一种理论观点，实际上是将兴趣摒弃于认识之外。按哈贝马斯的说法，"实证科学与伟大的哲学传统虽然有着共同的理论概念，但它破坏了理论的经典要求。……从柏拉图到胡塞尔所设想的理论与宇宙的联系不见了。"[①] 哈贝马斯认为，理论陈述的先验框架中就包含了兴趣。[②] 这样就为哈贝马斯的批判理论奠定了认识论的基础。

在科学技术日益发达、工具理性日趋扩张的时代，哈贝马斯提出的对科学技术的批判便显得顺理成章了。这方面的成果体现在他1968年出版的《作为"意识形态"的技术与科学》里。在这本书中，哈贝马斯强调，科学技术今天不仅成了第一位的生产力，而且也成了统治的合法性的基础。科学作为偶像，已经成为一种新型的意识形态。

1964年下半年，哈贝马斯任法兰克福大学哲学和社会学教授，直到1971年为止。在这期间，欧洲出现了被称为新左派的政治力量，他们在小资产阶级和青年学生中寻找革命力量，从而导致了60年代末欧洲大规模的学生运动。在这个运动的初期，哈贝马斯是同情和支持学生的，但不久他就与激进的学生运动发生了分歧。他指责学生们的过激行动，甚至公开谴责他们是"左派法西斯"[③]，而学生领导人则宣称哈贝马斯是"文化革命的叛徒"，阿多诺也被学生们骂为"叛徒"，后来由于心情忧郁，心脏病突发，于1968年逝世。在学生运动和政府两面夹攻下，法兰克福学派年轻一代的代表人物纷纷离开了法兰克福，法兰克福学派作为一个整体也趋于瓦解。

1971年，哈贝马斯辞去仅担任两年的法兰克福社会研究所所长职务，来到了慕尼黑担任马克斯·普朗克学会科学与技术世界生活条件研究所所长。随着哈贝马斯对现实政治兴趣的相对淡薄，他把精力转向了促进批判理论的系统化。在对科学技术的批判之中，哈贝马斯将社会科学的实证主义也看作一种经验分析的知识类型，从而把它同人类在技术控制方面的兴趣联系起来，这样他就把社会科学看作是经济利益和政治利益的工具。当他把实证主义摒除在外时，哈贝马斯用批判的技巧把自己的理论导向解释学，他把批判

---

① 参见哈贝马斯：《作为"意识形态"的技术与科学》，李黎、郭官义译，学林出版社，1999年，第122页。

② 无论是英文 interest 还是德文 interesse 都有两个基本含义，一个是兴趣，另一个是利益。这两个意思是联系在一起的，人对某事物有兴趣在于此事物对他有利益关系。

③ 哈贝马斯在后来的一次谈话中说他"已收回了这一指责"，并指出那时"有着特殊的背景"。参见哈贝马斯：《现代性的地平线——哈贝马斯访谈录》，李安东、段怀清译，上海人民出版社，1997年，第114页。

理论的主要任务看作是对某些过程的分析,而实证主义是不具备这项功能的。换句话说,哈贝马斯日益认识到仅仅批判压迫是远远不够的,这样的批判只能成为"物化了的客体自身"。① 他把批判理论等同于在个体和类两个层次上进行的彼此对应的自我反思:对自我产生的虚假意识的反思(弗洛伊德心理分析以及它作为模式的意识形态批判)和对于正常的日常交往能力的反思。②

1973年出版的《合法化危机》可以看作他对晚期资本主义社会运行的理论分析。哈贝马斯把当代资本主义称作有组织的或国家调节的资本主义,这个社会可以划分为三个基本的子系统,即经济系统、政治系统和文化系统。这样就会存在由于各个子系统不能充分满足需要而带来的危机,如经济危机、合理性危机、合法化危机和动机危机。晚期资本主义的危机趋势已从无力生产足够多的经济商品或政治决策方面转为不能产生以下两种可能情况:① 被委托有权参与政治决策过程;② 个体行动之间足够的表达水平。在这种情况下,哈贝马斯在1976年出版的《重建历史唯物主义》中指出,所谓合法性问题,也就是一个政治制度、一个政权的威严和权威能否得到人们信任和承认的问题,其解决的办法是,这个社会一方面必须表现出自己是一个具有大众民主形式的社会福利国家,另一方面必须控制经济领域中的冲突和冲突进程中的破坏作用,使其不至于危害人们的利益。

然而,如果深入分析哈贝马斯前面曾经研究过的公共领域,我们就会发现公共领域的复兴其根本途径在于语言间的互动。哈贝马斯在此必须为他的批判理论寻找新的理论基点。在前面我们已经提到过他曾尝试基于被认为居于人性核心地位的某些特定兴趣来奠定对当代社会的批判的基础。但这存在先验论的倾向,如果在物质控制、沟通和解放方面存在因果演绎出的先验性人类兴趣,那么他们必定会始终出现。而如果他们是基础性要素,在结构上牢固地根植于人性之中,那么它们就不会被抑止。倘若如此,自然科学就不能支配解放科学。哈贝马斯的批判也告失败。在此,哈贝马斯遵循的是"语言学转向",他开始把批判理论的使命看作是对以语言为媒介的互动过程的强调。按沃特斯的说法,哈贝马斯把批判取向的参照点置于社会关系的层次上,这样的关系有多种中介模式可供选择:它们可以语言表达(言说)为媒

---

① 参见乔纳森·特纳:《社会学理论的结构(第七版)》,邱泽奇、张茂元等译,华夏出版社,2006年,第196页。

② 参见童世骏:《批判与实践:论哈贝马斯的批判理论》,生活·读书·新知三联书店,2007年,第33页。

介，以在相互理解的基础上达成共识为目的，即沟通性互动；或者它们也可以非语言化的货币和权力为媒介，在工具的意义上以达到物质目标为目的，即策略性互动。① 哈贝马斯最终在1981年提出了其沟通行动理论。②

在分析沟通行动理论（the theory of communicative action）之前，我们要先了解哈贝马斯为其沟通行动理论寻找的普遍语用学（universal pragmatics）的哲学基础。

哈贝马斯1976年发表了《什么是普遍语用学》，他开宗明义指出，普遍语用学的任务是确定并重建关于可能理解的普遍条件，即确立交往行动的一般假设前提。他确认了传统的语言学研究关于语言和言语的划分，即言语是一种人们日常的对话和交谈，是使用语言的行动，而语言则是言语的一般结构，是通过逻辑分析和结构分析抽象出来的，是表达的规则系统。言语不仅具有陈述功能，而且具有启发行动的功能。因此，言语行为即以理解为目的的行动是最根本的，其他形式的社会行动都是这种根本行动的衍生物。而这种理解主要不是指对语言表达的理解，而是参与的主体之间的默契与合作，因而是一种交往行动，因此建立理解的普遍条件成为沟通理论的前提，而确立可能理解的普遍条件则又要考虑言语的有效性基础，只有参与言语行为的人相互理解、共享知识、彼此信任、互相认同，才能形成主体之间的认同和协调。1988年出版的《后形而上学思维》，哈贝马斯对此又做了进一步的分析，从语言学的角度为沟通行动理论提供了有力的证明。

1981年出版的《交往行为理论》把哈贝马斯思想的各个方面思想糅合进一个合理的连贯的框架之中，麦卡锡（Thomas McCarthy）认为，哈贝马斯通过某种不寻常的将理论建构和古典社会理论家思想的历史重构结合起来的方法发展了自己的观点体系。③ 这本书也因此被西方社会学界认为是哈贝马

---

① 参见马尔科姆·沃特斯：《现代社会学理论》，杨善华等译，华夏出版社，2000年，第203-205页。

② 国内教科书多以"沟通行动理论"作为哈贝马斯的主要代表理论。针对译名问题，曹卫东、童世骏解释了为何采用"交往"而不是"沟通"，用"行动"而不是"行为"来翻译哈贝马斯 Theorie des kommunikativen Handelns（沟通行动理论）中的 kommunikativen 及 Handelns。参见哈贝马斯：《交往行为理论（第一卷）》，曹卫东译，上海人民出版社，2004年，译者前言第2页；童世骏：《批判与实践：论哈贝马斯的批判理论》，生活·读书·新知三联书店，2007年，第53-69页。

③ 参见乔纳森·H.特纳：《社会学理论的结构（第七版）》，邱泽奇、张茂元等译，华夏出版社，2006年，第205页。

斯思想体系的初步建立。① 哈贝马斯提出的沟通行动理论就是要建立一个具有普遍意义的规范基础（normative foundation）来描述、分析和批判现代社会的结构。

　　1983年，哈贝马斯重新回到法兰克福大学任教，直到1994年退休。这一阶段可以说是他进一步扩大和发展他的理论体系的时期，主要体现在对人的道德意识发展和人与人的正常关系的建立方面。由于哈贝马斯将理性定位于沟通行动，围绕理性所带来的自18世纪启蒙运动以来所出现的"现代性方案"也成了不可回避的话题。早在1980年，哈贝马斯在获得阿多诺奖的颁奖会上，他就发表了《现代性：一个未完成的方案》的文章。随后，他又发表了一些抨击后现代主义的反现代、反理性思潮的文章。指出启蒙运动的现代事业仍然未完结，现代人类的困境是有出路的，因而成了现代性的坚定拥护者。特别是他与福柯在现代性立场与后现代性立场之间的对立成了理解20世纪哲学的一个特殊的视角。但是如许多学者所言，其沟通行动理论仍存在乌托邦之嫌。1992年，哈贝马斯出版了《在事实与规范之间：关于法律和民主法治国的商谈理论》，这本书的目的之一在于将沟通行动理论与现实世界联系起来。哈贝马斯指出，沟通行动理论并非无视现实的社会制度。他以对法律的分析为实例，论证了只有通过沟通行动理论才能说明何以现代社会必须借助法律才可能继续生存或繁衍下去。

　　哈贝马斯的著作很多，其中有代表性的有：《大学生与政治》（1961），《公共领域的结构转型》（1962），《理论与实践》（1963），《认识与兴趣》（1968），《作为"意识形态"的技术与科学》（1968），《社会科学的逻辑》（1970），《晚期资本主义的合法化问题》（1973），《重建历史唯物主义》（1976），《交往行为理论》（1981），《道德意识和交往行为》（1983），《现代哲学对话》（1985），《一种清算灾难的形式》（1987），《后形而上学思维》（1988），《追补的革命》（1990），《作为未来的过去》（1991），《在事实与规范之间：关于法律和民主法治国的商谈理论》（1992），《对话伦理学解说》（1992），《包容他人》（1996）。哈贝马斯同时也发表了大量的政治评论文章。如《政治评论集》（第1-4卷）（1981），《新的非了然性》（1985）、《一种清除弊端的方式》（1987）、《追补的革命》（1990）以及《柏林共和国的规范性》（1995）等。

---

① 参见曹卫东的《曹卫东讲哈贝马斯》，北京大学出版社，2005年，第7页。

二、合理性

意见和行为的合理性是哲学研究的传统主题。甚至可以说，哲学思想就是源自对体现在认识、语言和行为当中的理性的反思。在社会科学范围内，社会学是最早使用其基本概念去介入合理性问题的学科。哈贝马斯有意识地"揭示自身理论的规范性基础"，即其基本的哲学立场。这项工作的核心，便是澄清传统哲学对"理性""主体性""真理"等概念的混乱和模糊认识，对它们进行"重新定位"，其目的在于试图打通人文—社会科学的学科边界，将哲学、历史学、社会学、政治学、语言学、伦理学和法学融合为一体，建立一种跨学科的、可实践的"批判的社会理论"。[①]

以政治学为例，政治学把政治看作是社会的一个分支系统，因而无须承担从整体上把握社会的使命。哈贝马斯认为，从科学的角度把道德—实践的合法性问题置之度外，或者认为它们只是一些合法性信仰的经验问题，用描述就可以解决掉，这样政治学就和合理性问题失之交臂。社会学是作为市民社会理论形成的，其使命是对前市民社会的资本主义现代化过程及其失范现象作出解释。古典社会学中的思想家几乎无一例外地都试图建立其行为理论，以便用它的范畴来解释从"共同体"向"社会"转变过程中最为重要的各方面内容。如何通过意义理解而进入符号对象的客观领域，这样一个问题在方法论层面上也相应得到了处理：对合理行为趋向的理解构成了理解一切行为趋向的前提。[②]

哈贝马斯认为，无论何时，我们一旦使用"合理的"（rational）这样一种说法，也就在合理性和知识之间建立起了一种紧密的联系。我们的知识具有一种命题结构：意见可以用陈述的形式准确地表达出来。因为，合理性更多涉及的是具有语言和行为能力的主体如何才能获得和使用知识，而不是对知识的占有。语言可以把知识准确地表达出来，而具有一定目的行为所表现的则是一种能力，一种潜在的知识。

---

① 在欧洲传统哲学中，理性乃是宇宙的普遍法则或主体的先天本质。它或被视为世界固有的秩序，即物质世界本身的构成方式；或被说成主体与生俱来的先验能力；或被解释为主体和世界共同具有的本质——认识主体的理性在理性结构的世界中识别自身。参见章国锋：《关于一个公正世界的"乌托邦"构想：解读哈贝马斯〈交往行为理论〉》，山东人民出版社，2001年，第1-2页，第7页，第10页。

② 参见尤尔根·哈贝马斯：《交往行为理论（第一卷）》，曹卫东译，上海人民出版社，2004年，第1-6页。

我们可以认为知识是不可信的，因而对它加以批判。我们从知识与理性之间的紧密关系可以推断，一种表达的合理性取决于它所体现的知识的可信性。一种表达的合理性可通过批判和论证加以还原。因此，如果把目的行为从非交往的角度对命题知识的运用作为出发点，就会作出一种有利于认知—工具理性概念的预断。反之，我们如果从言语行为对命题知识的交往运用出发，就会做出有利于和古代逻各斯①观点有着密切联系的理性概念的预断。这种沟通理性概念的内涵最终可以还原为论证话语在不受强制的前提下达成共识这样一种核心经验。二者间是相互配合和相互统一的。因为，分散利用和操作事物及事件的能力，与主体相互就事物和事件达成共识的能力之间存在着一种内在的联系。②

哈贝马斯认为，从20世纪初开始的形而上学批判，往往将理性作为完全负面的东西，一种绝对压制的力量加以贬斥，这是毫无根据的。尤其是经验主义和实证主义，断然否定理性的作用，将其作为与经验完全无关的甚至反经验的东西加以批判，这种态度显然是荒谬的，因为那样一来，"哲学便完全丧失了批判的阿基米德点，隐入了自相矛盾的境地。我们必须承认，任何批判都内在地隐含着理性的要求和批判者的理性立场"。③

由此可以看出，合理性是社会现象分析的基础。在表达、认知、道德实践、评价等这些层面的合理性问题，同时也意味着生活方式的合理性问题。故而，以神话世界为例，它与现代社会存在着密切的联系，就可以作为理性化过程的分析起点。哈贝马斯认为，在前现代社会，由于分化程度较低，我们越是深入到某种神话世界的解释网络当中，就越加强烈地感受到原始思维的总体性力量。一方面神话当中加工并保存了有关自然世界、社会世

---

① "逻各斯"（logos）的原意是"话语"，赫拉克利特（Heraclitus）用它专门表示"说出的道理"，并且认为正确的道理表达了真实的原则。就逻各斯是人所认识的道理而言，它可被理解为"理性""理由"等；就逻各斯是世界的本原而言，它又可理解为"原则""规律""道"等。参见赵敦华：《西方哲学简史（修订版）》，北京大学出版社，2012年，第14页。

② 哈贝马斯指出，把一种表达的合理性还原为可批判性，在两个方面存在不足。一方面，因为它未能揭示出许多重要的差别；另一方面，这样认为又过于狭隘。因为我们使用的"合理性"一词，不仅仅涉及正确的表达或错误的表达、有效的表达或无效的表达。交往实践内部的合理性具有广泛的意义。它关系到不同的论证方式。参见尤尔根·哈贝马斯：《交往行为理论（第一卷）》，曹卫东译，上海人民出版社，2004年，第8-10页，第14页。

③ 参见章国锋：《关于一个公正世界的"乌托邦"构想：解读哈贝马斯〈交往行为理论〉》，山东人民出版社，2001年，第10页。

界的大量详尽的信息,另一方面,这些经验的组织方式有些特殊,不是把任意一个现象的典型特征和其他现象相比拟,就是把它们相对照。神话世界观的封闭性的探讨,一方面是从对待客观世界、社会世界和主观世界的基本立场缺乏区别的角度,另一方面则是从世界观缺乏反思性的角度。在日常语言中,内在世界与外在世界概念是相互对称的,我们用日常语言就可以把主观世界与客观世界以及社会世界区别开来。原始思维中充满矛盾的结构中,实际上已经具有了现代世界观的重要前提。①

三、沟通行动

哈贝马斯认为,在古典社会学家当中,只有马克斯·韦伯把欧洲的现代化理解为具有普遍意义的合理化过程的结果。而宗教合理化是西方理性主义的前提。"行动如果依据的是目的、手段及后果,而且在手段与目的、目的与后果、最终可能出现的各种不同的目的之间合理思量,那么他的行为就是目的理性行动"。②

目的合理性行动是合理性概念的核心环节。哈贝马斯认为,韦伯最初只是从运用手段的角度考察了合理性。后来他从目的行动中区分了两种合理化内涵。目的理性行动的条件不仅包括手段的工具合理性,而且包括根据一定的价值确定目的时的选择合理性。韦伯在这个意义上区分了形式合理性和实质合理性。最典型的是经济交往:"这里应当把经济活动当中可能运用和实际运用的计算标准称为经济活动的形式合理性。相反,实质合理性意味着人们提出了道德要求、政治要求、享乐要求、地位要求、平等要求或其他任意一种要求,并从工具理性的角度来衡量经济活动的结果究竟是具有价值合理

---

① 在人类的早期哲学思维中,理性本身尚未发生分裂。在前苏格拉底哲学家那里,存在与思维、存在的"本质"与"真理"具有不言而喻的统一性。从柏拉图开始,显露出分裂的最初迹象,将理性区分为不同的表现形式,随着时间的推移,理性分裂的倾向日益明显。参见章国锋:《关于一个公正世界的"乌托邦"构想:解读哈贝马斯〈交往行为理论〉》,山东人民出版社,2001年,第19-20页;尤尔根·哈贝马斯:《交往行为理论(第一卷)》,曹卫东译,上海人民出版社,2004年,第52页。

② 补充说明,原译文即为"目的理性行为",改为"目的合理性行动"。后面如有引文,均作如此改动。参见尤尔根·哈贝马斯:《交往行为理论(第一卷)》,曹卫东译,上海人民出版社,2004年,第141页,第162-163页

性还是具有实质合理性。"①

事实上，所谓的"非理性"并不是一些永恒的东西，而是随着"合理"视角的改变而变化。对于不信教的人来说，任何一种宗教都是"非理性"的；同样，对于"享乐者"来说，任何一种苦行主义的生活方式都是"非理性化的"，尽管它们就其终极价值而言是一种"合理化"。由此，从纯粹形式的、客观的行动最大可计算的角度上看，韦伯认为，技术、资本主义、现代法律体系和行政管理（官僚制）是高度理性的。但是，这种合理性是纯粹形式的，它与实质合理性即从某种特殊的实质目的上看的意义合理性、信仰或价值承诺之间处于一种永远无法消解的紧张对立关系之中。"纯粹工具性行为既可以在牺牲价值利益下致力于自身的完善，同样可以放弃一切利益促进价值理想的达成。所以，现代社会结构的这些因素可以认为是为达到任何实质上的有效业绩的中性工具或媒介，而不管这些业绩原初具有什么意义和价值。新教伦理满足了目的理性行为动力在社会劳动领域发生的必要条件。但是，它从价值理性的角度来明确目的理性的行为取向，仅仅满足了资本主义社会的起始条件。它揭开了资本主义的序幕，但无法为资本主义提供稳定的条件。韦伯认为，新教伦理的道德—实践合理性在它得以发生的社会当中是无法得到制度化的。长期看来，它将被一种功利主义所取代。这种功利主义得益于经验主义对道德的重新阐释。②"资本主义卷入了'手段支配目的，换言之，以形式合理性支配实质和理性'的过程。"③

哈贝马斯把批判理论的任务看作是对某些过程的分析，而在这些过程中，通过赋予社会生活一种延续意义的方式来使人们达到相互间解释性的理解。可是如果没有关于人们如何互动与交往的知识，人类解放的目的是不能

---

① 张德胜等人认为，在韦伯著作中，实质理性（substantive rationality），有时也叫作价值理性（value rationality）。参见张德胜、金耀基、陈海文等：《论中庸理性：工具理性、价值理性和沟通理性之外》，《社会学研究》，2001年，第2期，第35页。

② 哈贝马斯认为，韦伯从一开始，就将现代法律同评价性的价值领域脱离开来，从一开始就能够表现为认知工具理性的一种制度体现。韦伯认为，当代诊断的两大内容分别是意义丧失和自由丧失。参见尤尔根·哈贝马斯：《交往行为理论（第一卷）》，曹卫东译，上海人民出版社，2004年，第167页，第178页，第220页，第223页，第233-234页。

③ 苏国勋认为，在韦伯的思想里，形式合理性和实质合理性之间的紧张关系，既是冲突着的不同价值之间的对立关系，也是利益相悖的社会群体（阶级）之间的对抗关系。参见苏国勋：《理性化及其限制：韦伯思想引论》，上海人民出版社，1988年，第233页。

实现的。这样，哈贝马斯就把关注点放在了行动上。

哈贝马斯将韦伯的行动类型进行了归纳，如表14-1所示。

表14-1 行动类型

根据合理性递减趋势而得出的行动类型	主观意义分为下列因素			
	手段	目的	价值	后果
目的合理性行动	＋	＋	＋	＋
价值合理性行动	＋	＋	＋	－
情感行动	＋	＋	－	－
传统行动	＋	－	－	－

从表14-1中可以看出，"目的合理性行动"最为理性，因为在此类行动中，行动者的主观意义涵盖了手段、目的、价值和后果；"价值合理性行动"次之，因为在此类行动中，行动者不顾行动的后果，用韦伯的话来说，此类行动取向于"信念伦理"而非"责任伦理"；在"情感行动"中，行动者不顾价值与后果；而在"传统行动"中，则目的、价值、后果均不考虑。

对于韦伯的有关"铁笼"（iron cage）对现代人生活的"史无前例的控制力"的悲观看法，哈贝马斯认为主要是他的合理性概念过于狭隘。韦伯所谓的理性化不过是"技术的理性化"或"工具性的理性化"，所谓的合理性，只是工具的合理性。而其合理性概念性狭窄源于其行动概念的狭隘。在韦伯理论当中具有基本意义的，不是至少两个具有言语和行为能力的主体之间（建立在语言沟通基础上）的人际关系，而是孤立的行为主体的目的行为。韦伯对行动类型分类的狭隘性在于，它忽视了人类行动的互动或相互协调方面，忽视了具有言语和行动能力的主体之间的人际关系，自身只是孤立的行动主体的行动。而典型的大量的社会行动，都是在一定的社会关系中进行的。由此，哈贝马斯提出了自己的行动类型学，见表14-2。

表14-2 行动类型

行动语境 行动取向	以目的为取向	以沟通为取向
非社会的	工具行动	—
社会的	策略行动	沟通行动

只考虑自身目的实现的行动是工具行动。如果我们从合理选择规则的角度来考察，并从影响对手抉择的程度来加以评价，那么，我们就说这种行动

是策略行动。如果参与者的行动计划不是通过各自的斤斤计较，而是通过相互沟通获得协调，那么我们就说这是一种沟通行动。所谓沟通行动，是以语言为中介的互动，在这些互动过程中，所有的参与者通过他们的言语行为所追求的都是以言行事的目的。①

四、言语的有效性基础

哈贝马斯认为，倘若我们将社会行动理解为受有效的规范制约的行动，那么，研究行动的理论就必须重视规范总体的关联，正是这种关联使相互理解的行动得以有效地进行。② 沟通是具有言语和行动能力的主体相互之间取得一致的过程。一种通过沟通达成的共识具有合理的基础。互动一方的言语行为要想取得成功，就必须满足如下前提：即另一方接受了他在言语行为中所提供的的内容，并对可以批判检验的有效性要求采取肯定或否定的立场。

在对沟通行动的分析中，哈贝马斯吸收了现代西方语言分析哲学的成果，并提出了自己的普遍（形式）语用学。③ 普遍语用学的任务是确定并重建关于可能理解的普遍条件（在其他场合，也被称为"交往的一般假设前提"）。

言语的有效性基础（见表 14-3）意味着：任何处于交往活动中的人，在施行任何言语行为时，必须满足若干普遍的有效性要求并假定它们可以被验证。

这些要求包括：言说者必须选择一个可领会的表达以便说者和听者能够相互理解；言说者必须有提供一个真实陈述的意向，以便听者能分享说者的知识；言说者必须选择一种本身是正确的话语，以便听者能够接受之，从而使言说者和听者能在以公认的规范为背景的话语中达到认同；最后，言说者必须真诚地表达其意向以便听者能相信说者的话语。一个沟通行动要达到不受干扰地继续，只有在参与者全都假定他们相互提出的有效性要求已得到验证的情形下，才是可能的。

---

① 参见尤尔根·哈贝马斯：《交往行为理论（第一卷）》，曹卫东译，上海人民出版社，2004 年，第 281 页。

② 哈贝马斯认为，马克思用社会再生产的规律来追复人的种群的形成、发展过程，因此，未能揭示人际交互作用与劳动之间的关系，却将前者缩减、归纳成后者。于是，工具性行动成了解释一切的范式，一切的一切都消融在生产的自我运动中。参见章国锋：《关于一个公正世界的"乌托邦"构想：解读哈贝马斯〈交往行为理论〉》，山东人民出版社，2001 年，第 125 页。

③ 哈贝马斯最初使用的概念是普遍语用学，但后来又倾向于使用形式语用学。参见侯均生主编的《西方社会学理论教程（第四版）》，南开大学出版社，2017 年，第 336 页。

表 14-3　言语的有效性基础①

现实领域	交往模式：基本态度	有效性要求	言语的一般性功能
关于外在自然的"那个"世界	认识式：客观性态度	真实性	事实之呈示
关于社会的"我们的"世界	相互作用式：遵从性态度	正确性	合法人际关系之建立
关于内在自然的"我的"世界	表达式：表达性态度	真诚性	言说者主体之揭示
语言	—	可领会性	—

（注：哈贝马斯，《交往行为理论》第一卷，第273页）

四个有效性要求中，只有可领会性要求（comprehensibility claim）不需要任何外在条件就能满足。因为，如果一个句子是合乎语法的，那么它对于所有懂得这种语言构造的听者来说都是可领会的。真实性要求（truth claim）意指在我们所使用的句子能够反映外在世界的事实，并且透过这些句子把相关事实告诉别人。因此，这些句子的有效性取决于其能否表达事实的真相。这个要求发生在客观世界里。正确性要求（rightness claim）是语言使用者在和别人沟通时，要遵守支配着人与人沟通的社会规范，人际关系很大程度上是由这些规范构成的。因此在使用语言相互沟通的时候，我们要遵守制约这些语句的规范，只有这样我们才可以合理和正当使用这些语句和别人沟通。这个要求发生在社会世界里。真诚性要求（sincerity claim）指的是，我们使用的句子是希望别人相信这是真诚地表达我们内心想法和感觉。这个要求发生在主观世界。②

在哈贝马斯看来，以行动参与者的沟通和形成共识为目的的沟通行动的顺利进行，除了要求行动的参与者具有沟通资质（能力）之外，还要求有一个自由、平等的沟通环境，要求沟通者具有真诚沟通的意愿，也就是"理想的言语情景"（ideal speech situation）。理想的言语情景实际上是沟通行动得以进行的外在条件：只有沟通的参与者具有同等的说话机会，进行陈述、解

---

① 参见哈贝马斯：《交往与社会进化》，张博树译，重庆出版社，1989年，第1页，第3页，第70页。

② 本文将原文中的"真理宣称（truth claim）""正当宣称（rightness claim）""真诚宣称（sincerity claim）"统一译为"真实性要求（truth claim）""正确性要求（rightness claim）"及"真诚性要求（sincerity claim）"。参见杨善华：《当代西方社会学理论》，北京大学出版社，1999年，第173页。

释、论证、追问和反驳等，以使所有沟通参与者的观点都是可以批判检验的，才可能形成合理的共识。

五、不同行动概念的比较

哈贝马斯对社会学理论中的其他行动概念与沟通行动进行了比较。他指出，以往的社会学理论主要研究了三种行动概念，目的（策略）行动主要是韦伯进行了研究；符号互动论对规范调节的行动做了研究；戏剧行动的提出是戈夫曼的贡献。这样，加上沟通行动，社会学理论中的行动概念可以分为四种类型。

一是目的（策略）行动。行动者通过选择一定状况下有效益的手段，并以适当的方式运用这一手段，从而实现一定的目的。如果行动者在考虑效益时涉及进一步行动的决断，一边把其他行动者的决定作为准则，一边又对其他行动者的决定施加影响，以此来达到目的，那么目的论的行动模式就会扩展到策略性的行动模式。

二是规范调节的行动。行动者作为社会角色的扮演者同他所属的社会世界发生关系，或者同他通过规范调节的人际关系的世界发生关系。

三是戏剧行动。它指的是在公共场合有意识地展示自己的主观情感、品质、愿望等主观性的行动，从而使自己与别人不同的特有的主体经历和体会，让观众看到并接受。

四是沟通行动。这种行动所涉及的是至少两个以上具有言语和行动能力主体之间的互动。这些主体使用（口头的或者口头之外的）手段，建立起一种人际关系。行动者通过行动语境寻求沟通，以便在相互谅解的基础上把他们的行动计划和行动协调起来。[①]

哈贝马斯认为，不同的行动分别对应不同的世界。世界的概念按哈贝马斯的说法，"为了使这个世界概念能在行动理论上发挥效益"做了相应的改动。对世界的分类则基于"我们认为一个行动者所从属的世界关系，又取决于行动者的行动可能具有的合理性。"[②] 目的（策略）行动的概念是以一个行

[①] 参见尤尔根·哈贝马斯：《交往行为理论（第一卷）》，曹卫东译，上海人民出版社，2004年，第84页。

[②] 哈贝马斯在参考波普尔的三个世界理论基础上指出，客观世界可以说是一切真实命题的相关物。沟通参与者相互就某事达成沟通，他们不仅与客观世界建立起了联系，而且也与社会世界或主观世界中的事物发生联系。参见尤尔根·哈贝马斯：《交往行为理论（第一卷）》，曹卫东译，上海人民出版社，2004年，第82页。

动者与一种存在着的客观世界之间的关系为前提的。这种客观世界被规定为存在的或出现的，或通过有目的的干预可以引起的事态的整体。规范调节行动的概念是以一个行动者与两个世界的关系为前提的。在存在着的事态的客观世界之旁出现了社会世界，行动者作为作用活动的主体，与其他可以相互参与规范调节的内部活动的行动者都属于这个社会世界。戏剧行动由于表演者尽管只是在表现自己主观性的东西，但他必须面对的是观众。这样他既同主观世界，又同客观世界相互联系。在沟通行动中，行动者为了商议对情景的共同定义而同时涉及客观世界、社会世界和主观世界的各项内容。

哈贝马斯指出，"行为者的行为具有多大的合理性，主要取决于我们为行为所设定的世界关联。"① 由于沟通行动的不同有效性要求分别指向不同的行动主体与不同的世界关联，这样，沟通行动的合理性就分为三个不同的层次：主体与客观世界关系的合理性；主体与社会世界关系的合理性；主体与主观世界关系的合理性。这表明沟通行动中潜藏着与目的—工具理性不同的另一种理性：反省、批判和论证的能力，即沟通理性。在哈贝马斯看来，如果人类的这种理性能力能够得到发展，实现社会的全面合理化并非没有希望。②

六、生活世界与系统

沟通行动和生活世界是两个相辅相成的概念。人类之所以能够沟通，主要是每个人都拥有，而且是在一定程度上共同拥有一组庞大而"并不明确的"（non‐explicit）背景资料和知识作为人类沟通的指引，即生活世界。③ 因此，哈贝马斯的生活世界概念不仅具有描述的功能，同时也具有批判的功能。

文化、社会和个人作为生活世界的结构因素与文化再生产、社会统一和

---

① 参见尤尔根·哈贝马斯：《交往行为理论（第一卷）》，曹卫东译，上海人民出版社，2004年，第84页。

② 参见侯均生：《西方社会学理论教程（第四版）》，南开大学出版社，2017年，第347-348页。

③ 哈贝马斯指出，生活世界类似于发言者和听众遇到的先验的地方，在这种地方，他们可以相互提出要求，就是说，他们的表达与世界（客观世界、社会世界或者主观世界）相适应；并且在这里，他们可以批判和证实这些运用要求，排除意见不一致，取得意见一致。参见哈贝马斯：《交往行动理论（第二卷）》，洪佩瑜、蔺青译，重庆出版社，1994年，第165页，第174-175页。

社会化的这些过程相适应。其中，文化作为知识库存，当交往参与者对世界上的某种事物获得理解时，他们就按照知识储存来加以解释。社会作为合法的秩序，沟通参与者通过这些合法的秩序，把他们的成员调节为社会集团，并从而巩固联合。个性是使一个主体在语言能力和行动能力方面具有的权限，就是说，使一个主体能够参与理解过程，并从而能论断自己的同一性。①

生活世界的理性化发展，表现为三个方面：① 生活世界的结构划分。文化、社会、人格这三种结构再不能笼统地受到具有神秘色彩的世界观所控制，而是各自顺应着理性交往的角度独立起来。② ② 形式与内容的分离。这种分离对哈贝马斯来说显示着人类思维和理解能力上的提升和抽象化。人类在建立自我认同时，再不是像往昔般依赖神秘世界观崇拜，而是依赖一些因素，如沟通的预设、论证程序以及抽象的基本价值理念。③ 象征性的再生产的反思化。在不同的社会生活中，人与人之间的沟通和理性上的反思日益占据着主要的位置。③

与生活世界概念相对的是系统。哈贝马斯说，"从行动者的主体的角度看，社会被理解为社会群体的生活世界，而从观察者的角度来看，社会则被视为一种行动系统。每一个行动都根据其对系统之维持所具有的贡献而具有功能上的重要性。"④ 系统这一概念对哈贝马斯而言有两个意思。其一，系统作为社会的制度或组织，影响着人类的生活。在这个意义下，系统跟生活世界是同时具有调节人类行动的作用的。不同的是，生活世界在价值层面上规范人的活动，而系统则是在功能层次上调节人类不同目标的生活方式和取向。其二，与生活世界一样，系统也是作为研究社会世界的分析框架。系统在这里意指研究者采取一个观察者的客观角度，去分析和了解社会现象，同时也代表着一种系统分析方法，把社会作为一个系统去了解，重视其结构和

---

① 参见哈贝马斯：《交往行动理论（第二卷）》，洪佩瑜、蔺青译，重庆出版社，1994年，188-189页。

② 在文化方面，传统变得具有自我反思性，并处于不断改进的状态。在社会方面，合法的秩序的建立及其规范的正当性，由形式程序来决定。在人格方面，抽象的自我身份通过不断对自我的肯定而建构起来。参见侯均生：《西方社会学理论教程（第四版）》，南开大学出版社，2017年，第349页。

③ 参见哈贝马斯：《交往行动理论（第二卷）》，洪佩瑜、蔺青译，重庆出版社1994年，第197页。

④ 参见马尔科姆·沃特斯：《现代社会学理论》，杨善华等译，华夏出版社，2000年，第174页。

功能的层面。①

在原始社会里,生活世界与系统是相互联系在一起的,系统的发展是以生活世界里的符号意义为基础的。随着系统理性化的进程,系统逐渐从生活世界中分离出来。"对简单内部活动体系适应一种分工合作的条件进行奖赏。刺激在于使内部活动的调节,符合权限地联系专门化的成就,并能使不同的成就结果(或者产物)进行交换。有限的专门化的成就联系,要求对个人派遣指示权限或权力,承担组织活动;并且生产者的职能交换要求形成交换关系。因此,只能期望在内部活动体系中,要具有一种前进的分工,这种前进的分工,要能使组织权力和交换关系机制化。"② 随着政治权威的出现,权力机构与亲族结构分离开来,慢慢形成了一种新的制度,即国家。在这种社会结构里,货物在市场上的交易由金钱作为中介。后来,金钱变成了主宰社会的机制,到最后,经济也从政治秩序中分离了出来。

七、生活世界殖民化(colonization of the life-world)

随着理性化的进程,现代社会的发展出现了悖论。一方面是个人的理性认知能力和自主性的增加,另一方面,此种情况使得社会系统日益复杂和扩张,从而导致系统对个人的制约也日益显著,使得现代社会里的生活世界受制于系统,最终导致生活世界殖民化了。换句话说,原本属于私人领域和公共空间的非市场和非商品化的活动被市场机制和科层化的权力侵蚀了。

这究竟是一个怎样的过程呢?

对哈贝马斯来说,现代社会的主要系统可从市场和国家机关两个层面来理解。市场是指经济系统对人的影响,其影响主要是透过金钱制约着人类的行为或生活世界。国家机关则是指国家透过科层制式的行政架构所产生的权力来影响人的行为。换句话说,金钱与权力是现代社会制约人的行为的两个主要媒介。我们可以把系统的范围理解为市场上的经济事务和国家的行政机关,而把生活世界理解为私人领域的核心家庭单位以及公共空间的各种传播

---

① 参见杨善华:《当代西方社会学理论》,北京大学出版社,1999年,第186页。在《合法化危机》中,哈贝马斯说,(在讨论整合问题时),就生活世界而言,我们所讨论的主题是社会的规范结构(价值和制度)。从系统的角度看,我们所讨论的主题是控制机制和偶然性范围的扩张。参见哈贝马斯:《合法化危机》,刘北成、曹卫东译,上海人民出版社,2000年,第7页。

② 参见哈贝马斯:《交往行动理论(第二卷)》,洪佩瑜、蔺青译,重庆出版社,1994年,第214页。

和大众媒介。①

系统与生活世界原本分别有自己作用领域，互不干涉，甚至系统内的经济行为与政治行为均以生活世界的需要为取向。然而，货币和权力的制度化和积累可以达到相当的程度，而影响与承诺、声望与道德权威等生活世界这些中介的发展却十分落后，其制度化是脆弱的。比如，在社会整合的制度化的公共空间里，学者、记者、艺术家、知识分子，等等，根本无法抵抗货币和权力的蚕食。这样，系统和生活世界之间的联系就被中介化了。个体在接近组织所代表的系统时，不再是以生活世界中产生的身份，不是作为个人，而是以分化的角色的面目出现。不仅系统与生活世界之间的交换，而且生活世界内部的交换都成为策略性的，并且只有存在以货币与权力为中介的交易才能产生。例如，婚姻变得契约化了。这显示出货币和权力正在渗入生活世界，并以系统的形象来复制它。②

虽然出现了生活世界殖民化，问题的关键在于实现"沟通的合理化"，也就是让对话主体之间在没有任何内外强制力的情况下进行真诚的对话，在实现相互理解的基础上进行沟通。③

八、对哈贝马斯沟通行动理论的评价

哈贝马斯的批判理论近年来成为西方学术界的显学，其学说涉及的广度和深度可以说是罕有比拟的。沃特斯就认为，哈贝马斯致力于把自己置于功能主义、解释主义和批判结构主义之间，从而成为韦伯以来一位最切近亚历山大的多维理论的理论家。④ 其沟通行动理论从批判理论的角度融合了社会学中宏观与微观、主观与客观诸种不同的理论取向，又以其他各派的思想来改造了批判理论，使之成为一个具有独特风格的综合性社会学理论。

哈贝马斯的沟通行动理论最受争议的地方也许在于他企图建立一个具有

---

① 参见杨善华：《当代西方社会学理论》，北京大学出版社，1999年，第192页。

② 参见马尔科姆·沃特斯：《现代社会学理论》，杨善华等译，华夏出版社，2000年，第175-176页。

③ 在《事实与规范之间》中，哈贝马斯试图以现代社会里的法律作为整合人类社会行为的准则来疏解这一问题：法律使得宏观社会层面的人际理性沟通成为可能。参见阮新邦：《批判诠释与知识重建：哈伯玛斯视野下的社会研究》，社会科学文献出版社，1999年，第87页。

④ 参见马尔科姆·沃特斯：《现代社会学理论》，杨善华等译，华夏出版社，2000年，第162-169页，第172-173页。

普遍性的"规范基础"来描述、分析和批判现代社会的结构。这种观点在一定程度上是与20世纪90年代以来盛行的相对主义、文化多元主义的思潮相悖的。哈贝马斯后期著作经常使用"内部超越"这个概念。值得注意的是，哈贝马斯把这个概念不仅用来为批判理论提供规范性的理论基础，而且用来与基督教传统相衔接。"内部超越"不仅仅是一个理论问题，更是一个实践问题，① 这为人类文明与沟通行动理论的多平台对话创造了很好的条件。而哈贝马斯对理性的重建和现代性方案的坚定维护，对人类解放事业的追求更为他的理论增加了迷人之处。

第二节 布迪厄的反思社会学

一、学术生涯及主要著作

布迪厄（Pierre Bourdieu）在晚年撰写的"这不是自传"的《自我分析纲要》中写道："理解，就要首先理解一个场，一个人与这个场一起并通过反对这个场而形成。这就是为什么要冒欺骗读者的风险，因为读者也许期待看到我从开端也就是通过展示我的早年经历和我童年的社会空间开始，尽管如此，我还是应该按照正确的方法，首先检验我在20世纪50年代左右进入哲学场时的状态。"

50年代左右进入哲学场确实代表了影响布迪厄生平的关键事件。在反思自己进入哲学场的过程时，布迪厄指出，"这个机制从预备班的中学高年级优等生会考到高等师范学校会考都存在，导致选民选择曾选择他们的学校，并认可把他们变成精英的选择标准。"② 正如他所说的，一个人与这个场一起并通过反对这个场而形成。从个体青少年时代积累起来的各种经验直至布迪厄进入哲学场，这些构成了他的"分裂惯习"，这种"分裂惯习"又对其社会学风格的形成发生了作用，使其倾向于协调对立面。

布迪厄1930年4月1日出生于法国南部比安（Bearn）地区的德甘

---

① 参见童世骏：《批判与实践：论哈贝马斯的批判理论》，生活·读书·新知三联书店，2007年，第309—332页。
② 参见布尔迪厄：《自我分析纲要》，刘晖译，中国人民大学出版社，2017年，第4—5页。

(Denguin)乡村,这里的人生活在一种与世隔绝的村落状态中。他父亲是一个工作并不稳定的雇农,大约三十岁时被法国邮政局雇佣,成了邮递员,后晋升为当地邮局局长。布迪厄认为,"作为变节者之子对变节者的童年体验,无疑在我对社会世界的态度的形成中产生很大影响:我非常接近我的小学同学,小农、手工业者或商人之子,除了让我有点与众不同的成功,我与他们几乎一切都是共同的,但我与他们被一种看不见的屏障分开了。"布迪厄逐渐地,尤其是通过别人的目光,发现自己的特殊性。

布迪厄先是进入了当地的小学,而后去了波城(Pau)的中学(1941—1947),这个镇子距离德甘相当远,使得布迪厄必须成为一个寄宿生。随后布迪厄又进入著名的、学术上严格筛选的巴黎路易勒格朗公立高中(1948—1951)。作为一个预科学校,该校以培养学生进入巴黎的精英学校而闻名。布迪厄是一个来自农村的寄宿生,他必须面对那些每天打扮入时的走读生,而他却只能穿着灰罩衫。他的口音也被拿来取笑。教育是一把双刃剑:它会把一个人的原有特质表露无遗,与此同时,它也提供了从当下的窘境中逃出去的途径。布迪厄在回忆这段经历时说,"在寄宿学校的经历无疑在我的配置的形成中扮演了决定性的角色;尤其使我倾向于对社会关系采取一种现实主义的和战斗的观念。……这两个世界,一个是粗暴而残酷的寄宿学校世界——社会现实主义的可怕学校,在这里,一切都已通过为生存而斗争的必要性而出现:机会主义,奴性,告密,背叛,等等。另一个是上流世界,这里占主导的是与前者完全相反的价值和这样一些教师,这些教师,特别是妇女,呈现了一个知识发现空间和堪称奇妙的人际关系空间。"①

1951年,布迪厄考入巴黎高等师范学院。拿到高等师范学院的入学通知书就等于得到一种法国知识分子权力精英成员的资格保证。涂尔干、萨特(Jean-Paul Sartre)、雷蒙·阿隆(Raymond Aron)、列维-斯特劳斯(Claude Levi-Strauss)、福柯(Michel Foucault)、德里达(Jacques Derrida)等人就是从该校毕业的。

当布迪厄进入高等师范学院的时候,社会学的机构基础还非常薄弱。法国知识界在50年代早期被存在主义与马克思主义所支配,不鼓励发展社会理论与经验研究的独立基础。反思其学生时代的经历时,布迪厄说他从未沾染存在主义者的惯习。这种惯习是一种知识的定向,它对于资产阶级出身的学生的吸引力要远远大于中低阶级出身的、来自巴黎以外省份的学生(比如

---

① 参见布尔迪厄:《自我分析纲要》,刘晖译,中国人民大学出版社,2017年,第85-86页,第92页。

布迪厄自己)。尽管他在哲学领域训练有素，尽管存在主义对战后的法国思想有重要影响。布迪厄在早期却发展出了对科学的偏爱。布迪厄认为现象学家梅洛-庞蒂具有重要意义，因为他通过在哲学工作中严谨地解释社会科学而对年轻的布迪厄产生了决定性影响。事实上，在布迪厄的回忆中，对他的早期知识生涯产生最重要的哲学影响的，正是梅洛-庞蒂、巴什拉等科学哲学家。[①]

戴维·斯沃茨认为，在走近布迪厄的著作的时候，记住他原先研究过哲学并通过独特的哲学关切来进行社会科学研究这一点是非常有帮助的。把布迪厄的社会学理解为"哲学中的田野调查"是合适的。他的有些工作非常明显地寻求把哲学问题、哲学概念与社会科学研究结合起来。而且，在这种努力中出现了一个容易引起争论的问题，即通过处理一些堂皇的概念，比如康德的美学理论，发现它们在世俗的、实际的日常生活活动（诸如穿着、饮食、体育活动）而不是心智或理性运动中的体现，来废黜唯心主义的哲学传统——这个传统在法国学术界特别强大。[②]

大学期间，布迪厄就表现出了一种不向体制妥协的态度，以尖锐无情地批判法国教育机构而著称。在斯大林主义盛行的时候，他与德里达等人组织了保卫自由委员会。虽然布迪厄参加了阿尔都塞（Louis Althusser）的讨论班，但是他却从来没有成为一个忠实的追随者。当阿尔都塞的马克思主义逐渐统治法国知识界的大多数人的时候，布尔迪厄又成了其追随者的尖锐的批评者。

布迪厄从学术角度曾仔细研读过马克思的著作，他对青年马克思特别感兴趣，特别是马克思的《费尔巴哈与德国古典哲学的终结》一文，并在以后的著作中经常引用其中的论点。在后来回忆大学时光时，布迪厄说，"也许是因为我不用像其他人那样跟资产阶级家庭算账，因而我较少拥有《继承人》中所谈论的那种象征性决裂。"与福柯等人不同的是，"一种划清界线，而不是超越界线的欲望把我引向了另一条道路，即反对体制的权力，尤其是反对大学的体制及其隐藏的所有暴力、欺骗和道貌岸然的蠢行，以及反对那

[①] 巴什拉认为，理性是历史的，科学知识是"被建构的""辩证的"知识，它并不能抵达最终的真理，而只能作为一种持续的纠错过程进行下去。思想上的这种转向建构了与原先理论的"认识论的决裂"。参见戴维·斯沃茨：《文化与权力：布尔迪厄的社会学》，陶东风译，上海译文出版社，2006年，第35-36页；布尔迪厄：《自我分析纲要》，刘晖译，中国人民大学出版社，2017年，第25-26页。

[②] 参见戴维·斯沃茨：《文化与权力：布尔迪厄的社会学》，陶东风译，上海译文出版社，2006年，第23页，第33-35页。

个体制背后的社会秩序。"① 恰恰是布迪厄作为学术体制中的一个外来者以及他对于学术机构的尖锐批判态度,使得他跻身知识界名流成为可能。

1955年,布迪厄从巴黎高等师范学院毕业。在木兰中学(Lycee de Moulins)教了一年书。1956年,布迪厄应征入伍,赴阿尔及利亚服兵役。② 此时的阿尔及利亚正处于争取独立、反抗法国殖民统治的浴血奋战之中。在奔赴阿尔及利亚的船上,布迪厄发现,"我试图对我的同伴灌输理论,但白费力气。……他们甚至在踏上阿尔及利亚土地之前,就通过接触负责教育的士官,获得并吸收了一般种族主义的所有词汇,以及与之相关的世界观。"

在阿尔及利亚期间,布迪厄先是被分配看守奥尔良城附近平原上的一所大弹药库,后来被改派往总督府的军事办公室转任文职兵。布迪厄开始从事最初的调查。服完兵役之后,为了能够继续从事已着手的研究,布迪厄在阿尔及尔大学里的人文学院任教。布迪厄写道,"这种求知欲植根于对涉及这个国家及其人民、风景的一切的一种激情,同时也植根于面对如此多的痛苦和不公的沉重而持久的负罪感和抗拒感,……以及辨别一个仪式之谜、采集一个游戏、观看这个或那个物件的愿望,或在其他情况下,观察和证明的单纯欲望,导致我全身心地投入到使我有可能理解我的经验的狂热工作中。"③

对布迪厄来说,阿尔及利亚是一座前所未有的政治与概念实验室,并使得他从哲学转向社会科学。他以超乎常人的经历,先后写下了《阿尔及利亚社会学》(1958)《阿尔及利亚的劳动和劳动者》(1963),《背井离乡》(1964)等,以及后被收录于《实践理论大纲》(1972)一书中的卡比尔民族学研究系列,《一九六零年代的阿尔及利亚》(1977),和他去世后问世的《阿尔及利亚手稿》(2008),可谓硕果累累。

布尔迪厄反对法国对阿尔及利亚的战争,出于这个原因,他最终被迫离开阿尔及利亚。此时,布迪厄获得了普林斯顿高级研究所的奖学金,随后他来到美国进行了短暂的访问,并与美国社会学家欧文·戈夫曼有过一段交往。戈夫曼对能动性的强烈感受,促使布迪厄思考法国结构主义的不足。

1960年,布迪厄回到了法国,成为雷蒙·阿隆在巴黎大学文理学院的助

---

① 《继承人》一书是布迪厄与帕斯隆(Jean-Claude Passeron)合著的,1964年出版。参见包亚明:《文化资本与社会炼金术——布尔迪厄访谈录》,上海人民出版社,1997年,第3页。

② 阿尔及利亚曾经是法国的殖民地。1958年,法国议会通过《根本法》,规定阿尔及利亚为法国"整体的一部分"。阿尔及利亚最终于1962年7月3日正式宣布独立。

③ 参见布尔迪厄:《自我分析纲要》,刘晖译,中国人民大学出版社,2017年,第39页,第46-47页。

教。雷蒙·阿隆当时正在讲授经典理论家，如孟德斯鸠（Montesquieu）、孔德、马克思、托克维尔（Alexis de Tocqueville）、涂尔干、帕累托（Pareto）以及韦伯的学说。他认为布迪厄是一个前途无量又特别勤奋的学者，一个把古典社会理论的浓厚兴趣（特别是对于马克斯·韦伯）与经验研究结合起来的学者。1964年雷蒙·阿隆邀请布迪厄主持欧洲社会学中心的行政事务。

此时结构主义起了关键的作用。一门社会科学第一次为自己赢得了尊敬，实际上成为占统治地位的学科。列维-斯特劳斯把他的科学命名为人类学（anthropology），而不是人种学（ethnology）。布迪厄开始了他的正规的人类学研究。为了进一步研读这门引起他兴趣并在几年后使他成名的学科，他参加了由列维-斯特劳斯于巴黎学院和人类博物馆主办的人类学研讨班。这一阶段被称之为布迪厄学术生涯中带有很强结构主义色彩的人类学阶段。

此时，社会学在学术界的地位很低，"在有些人看来，社会学家是因为在哲学方面的失败才不得不转向社会学。"① 布迪厄说，"就我自己而言，我虽然在我的作品中尝试探索社会学思考的结构或与之相关的方式，但我仍尽一切力量抵制纯粹时髦的结构主义形式。"比如在对阿尔及利亚地区阿拉博-柏柏尔（Arabo-Berber）社会里仪式的考察，发现"有关仪式的理论虽然是连贯的，在某种意义上是符合逻辑的，……其结果表明无法把所有收集到的数据结合起来。"② 这是研究中采用了结构主义方法所导致的问题。于是布迪厄回过头去考察一个他更为熟悉的领域，即他的家乡比安地区。正是通过对比安地区农民婚姻策略的研究，布迪厄指出，"（农民的）婚姻策略不是遵守规则的产物，而是对游戏感觉的产物，这种感觉导致人们在由他们做主的游戏中选择尽可能最佳的匹配的对象，即打出最好的牌或糟糕的牌（尤其是女孩），选择他们所具有的能稳操胜券的技术；游戏的明确的规则（例如亲属关系中或继承次序的法律中的禁忌或优先权）界定了（男孩与女孩，年长与年幼的孩子）玩牌的价值。"策略是实践（praxis/practice）意义上的产物。从规则的观念转向策略的观念正是布迪厄与列维-斯特劳斯式的结构主义分道扬镳的原因。

在欧洲社会学中心工作的最初几年里，布迪厄主要关注三个领域。（1）教育。布迪厄1964年出版的《继承人》广受好评，还被视为1968年5月学

---

① 无论是普通研究者，还是布迪厄本人都把布迪厄定位于社会学家。参见包亚明：《文化资本与社会炼金术——布尔迪厄访谈录》，上海人民出版社，1997年，第9页。
② 参见包亚明：《文化资本与社会炼金术——布尔迪厄访谈录》，上海人民出版社，1997年，第6-8页。

潮的传声筒。1970年出版的《再生产》则是针对学校体系的支配机制所提出的一项非常具有说服力的新韦伯主义的综合理论述评。(2) 艺术与文化。布迪厄认为,如果真有可能将艺术和文化构建为一种研究对象,必不可少的前提就是明确地与那些较为天真的艺术信念一刀两断。这也说明了为什么关于艺术的社会学总会给那些文化的虔信者或伪善者以当头一棒。①《中等艺术》(1965),《艺术之爱》(1966) 正是这一阶段研究成果。③ 方法论。布迪厄撰写了《社会学的技艺》(1968),在这本书中,布迪厄认为社会学需要建立自己的认识共同体("场域"),并且还需要主张一种关于一系列社会学实践的可定义性与统一性,这是可以从那些经典的社会学家的实践中提炼出来的。

在里尔大学任教三年后,布迪厄1964年回到了巴黎,就任法国高等研究实验中心研究主任。随着布迪厄对法国高等教育越来越多的批评,布迪厄与雷蒙·阿隆之间出现了矛盾。1968年,布迪厄担任了新建立的欧洲社会学中心的主任,创办了《社会科学研究探索》杂志。此后在他周围也因此聚集了一批学术精英。

1977年,布迪厄出版了《实践理论大纲》,标志着布迪厄对以往结构主义模式的超越和强调策略的实践理论的形成,这奠定了他在法国学术界的地位。

从80年代起,在继续高等教育、艺术等领域的研究之外,布迪厄日益关注语言与权力的关系,尤其是关注权力在学术场域、文化场域和艺术场域这些通常被视为不涉及权力的地方的作用。布迪厄一直不断地将他的科学工具转向研究他自己。1981年,布迪厄入选法兰西学院,成为当时唯一的社会学院士。布迪厄于1982年4月23日发表了就职演说,演说的标题是《关于演讲的演讲》。后来在回忆此事时,他说,"如果说我被提名进法兰西学院的时间,碰巧与我对仪式的社会魔力和'体制的仪式'的持续的分析工作相一致的话,这也绝非是偶然的巧合。我已经长久地思考过一个体制,尤其是一个学术体制是什么以及它能做些什么的问题,因此,对我而言,我不可能不清楚我同意就任这一职位意味着什么。……如果你在被游戏接受的那个时刻,去研究知识分子的社会学,研究法兰西学院的社会学,研究在法兰西学院发表就职演说究竟意味着什么,那么,你其实就在去宣称你试图从中摆脱

---

① 参见布迪厄、华康德:《实践与反思——反思社会学导引》,李猛、李康译,中央编译出版社,1998年,第120页。

出来。"①

这段时期出版的主要书目包括：《区分》（1979）、《学术人》（1984），《国家精英》（1989），《实践感》（1980）、《说过的话》（1987），以及《语言意味着什么》（1982）等。

20 世纪 80 年代中后期以来，随着布迪厄作品的英译本的发行量的扩大，布迪厄的学术影响在全世界迅速扩展开来。1989 年的调查表明，他在英语文献中的引用率在法国思想家中仅次于福柯。②

1984 年和 1988 年，布迪厄加入了弗朗索瓦·密特朗的社会党政府所设立的委员会，主要是反思法国教育系统未来的方向和课程设计。1993 年，布迪厄出版了《世界的苦难》，这是一系列关于法国社会受难的个人记录，这些受难很大程度上来源于政府所实施的新自由主义政治经济政策。

20 世纪最后十年，布迪厄公开的社会活动开始增多。他出现在电视和收音机里，并且他还经常参加罢工者和对政府施压的团体的集会。布迪厄先后出版了《艺术的法则》（1992）、《论电视》（1996）。③ 1997 年出版的《帕斯卡尔式的沉思》，表达了布迪厄继续哲学探究的心愿。④ 生命的晚年，布迪厄撰写了《自我分析纲要》。在布迪厄看来，社会学家的任务是祛除社会世界的自然性和宿命性，粉碎遮掩着权力运作和支配维持的各种神话。⑤

2002 年 1 月 23 日，布迪厄因癌症在巴黎去世。

二、反思社会学

1. 仪式之谜

布迪厄认为，在种族主义问题被当作生死问题提出来的背景下，对阿尔

---

① 参见包亚明：《文化资本与社会炼金术——布尔迪厄访谈录》，上海人民出版社，1997 年，第 51-52 页。

② 其他人排名如下：列维-斯特劳斯、德里达、阿尔都塞、萨特、拉康、波德里亚分别排名为第 3、4、5、6、9、10 位。参见朱国华：《布迪厄：一个清醒的文化角斗士》，《社会科学报》，2002 年。

③ 参见迈克尔·格伦菲尔：《布迪厄：关键概念》，林云柯译，重庆大学出版社，2018 年，第 17-18 页。

④ 参见让-路易·法比亚尼：《布尔迪厄传》，陈秀萍译，中国人民大学出版社，2021 年，序言：第 9 页。

⑤ 参见布迪厄、华康德：《实践与反思——反思社会学导引》，李猛、李康译，中央编译出版社，1998 年，第 53 页。

及利亚社会进行科学分析,有助于理解和阐明为正在为独立而展开的斗争。仪式这个课题最初被他排除在外,原因在于,绝大多数部分或全部谈论仪式的著述,体现了民族中心主义。为了使仪式摆脱虚假的原始主义关切,挑战种族主义者的蔑视——这种蔑视通过它强加给受害者的自愧意识,阻止他们认识和承认固有的传统——布迪厄认为,自己绝不可能从事仪式传统的研究。①

布迪厄回顾了传统的仪式研究进程。在比较了仪式研究诸多方法利弊之后,布迪厄指出,仪式往往为一些部分的和选择性的解读提供了表层意义,而这类解读从某个特殊的新发现,而不是从所有同类成分的系统性关系中,得出每个成分的意义。② 从研究资料来看,目前的一些(仪式)汇编,技术质量不高,有着严重的缺陷,它们的作者未曾受过专门的训练,既不讲收录方法,又缺少能引导观察和提问的假设。有关农事历、婚俗或民间传说的汇编既不完善又不完整,其内容也多半是按照模糊的弗雷泽进化论逻辑来解释的。

以让·塞尔维埃《年的门》(1962)与《人与不可见事物》(1964)有关"农事仪式"与"过渡仪式"的研究成果为例,布迪厄指出,"许许多多出版物论述了柏柏尔语地区居民中的农事年周期,确切说是耕种和收获的对立。……它们依据非常丰富的民族志材料,力求证明日常生活里的各种行为与每个季节的象征相符,在农事仪式的象征和过渡仪式的象征之间建立起对应关系。不过解释有其局限性,这可能是因为研究者不是在按照相互关系理解的仪式程序和内容本身的逻辑中,寻找不同实践领域之间的对应原则。"③

2. 方法论上的关系主义

方法论上存在着个体主义和整体主义的对立,所有方法论上的一元论,都声称要确立要么结构,要么能动者(agent);要么系统,要么行动者;要么集合体,要么个体在本体论意义上的先在性。与这些方法论的一元论不同,布迪厄主张关系的首要地位。在他看来,上述这类二元论式的抉择观念植根于我们使用的语言本身,而它则"更适于表达事物而不是关系,呈现状态而不是过程。"……日常语言致使我们"在行动者与他的行动、结构与过

---

① 参见布迪厄:《实践感》,蒋梓骅译,译林出版社,2003年,第4页。
② 参见布迪厄:《实践感》,蒋梓骅译,译林出版社,2003年,第3页,第6页。
③ 参见布迪厄:《实践感》,蒋梓骅译,译林出版社,2003年,第8页,第10页,第20页。

程或者对象与关系之间，作出不自觉的概念区分，其结果是妨碍我们把握社会中相互交织的复杂联系的逻辑。"①

布迪厄指出，结构主义之主要创新的东西，将结构方法即关系思维方式引入社会科学。该思维方式与实体论思维方式决裂，导致任何一个成分的特征将通过把该成分同其他成分结合为系统的各种关系来显示，是这类关系给出了该成分的意义和功能。

正如卡西尔（Cassier）在《实体概念与功能概念》一书中所表明的，近代科学的标志就是关系的思维方式。人们可以发现，在许多科学事业背后都是这种关系思维方式，虽然这些科学事业看上去极不相同。代表人物包括法国社会心理学家勒温、出身德国的社会学家埃利亚斯，以及人类学列维-斯特劳斯。在社会世界中存在的都是各种各样的关系，比如马克思在《1857—1858年经济学手稿》中写道，"社会并不只是由个人所组成，它还体现着个人在其中发现自己的各种联结和关系的总和。"布迪厄将黑格尔的公式稍加改动，指出"现实的就是关系的"。②

布迪厄非常认同索绪尔所说的"随意性和差异性是两个关联性质"这一名言。总特征中的每一特征仅表示其他特征不表示的东西，且这个（部分地）未受限定的特征只有从它同所有其他特征的关系中，亦即作为差异系统中的差异，才能得到完整的规定。布迪厄举例说，从十字路口这一特征中，具有直觉的民族学家一下子就能察知这是一个危险的场所，有鬼魂出没，且往往用石堆标示，就像是流洒过血的地方，是两个相反方向交错、混同、结合之点，这两个方向，一个是西，代表男性和干燥，另一个是东，象征女性和潮湿；之所以如此，显然是因为该直觉暗地里拿十字路口比作所有交叉的地方或行为。③

在布迪厄看来，所谓的方法论上的个体主义和整体主义的对立，是因为它们是不断地由各种政治对立和社会对立所激发的。社会科学并无必要在这些极端间进行选择，因为社会现实既包括行动也包括结构，以及由二者相互作用所产生的历史，而这些社会现实的材料存在于关系之中。

布迪厄通过考察犁铧与雷击的关系，示范如何使用关系思维方式。他认

---

① 参见布迪厄、华康德：《实践与反思——反思社会学导引》，李猛、李康译，中央编译出版社，1998年，第15-16页。
② 参见布迪厄、华康德：《实践与反思——反思社会学导引》，李猛、李康译，中央编译出版社，1998年，第133页。
③ 参见布迪厄：《实践感》，蒋梓骅译，译林出版社，2003年，第11页。

为，当地人的认知经历了从"雷击在田地里留下的痕迹与犁铧留下的一样"，扩展到"哪家人被派往第一块耕好的地，这家人家的老人就会看到雷电落在他家的第一块土地里，从这块地里能挖出一块金属，可拿来嫁接到他的犁铧上。"①

随着调查的深入，布迪厄意识到采用结构主义的关系视角研究仪式存在不足。理论逻辑不同于实践逻辑。比如，在实际生活中，卡比利亚人只是根据不同的情境需要来使用不同的历法模式。这种综合性的历法模式以及不同模式之间的关系等问题在卡比利亚人的实践中实际并不存在，它只是研究人员通过科学研究建构出来的一种对实践的"理论赝象"。这是结构主义方法所带来的问题。

从仪式的实施来看，它就是一种实践类型。针对如何"回到原先的研究对象"时，布迪厄认为，关键在于"回到研究对象来自其中，而且应该回到其中的实践"，否则，"它就有可能丧失其自身的意义和有效性"。由此，布迪厄指出，"若要完整地解释哪怕是最不重要的仪式，使其完全摆脱一系列无理据的行为和象征，就必须像这样把该仪式所牵涉的每个行为和象征重新置于对它作出最直接限定的差异系统，……与此同时，还必须将它置于能确立其特殊性的纵替换关系序列之中，该序列作为全部差异集的相交集，将限止其自身内容的任意性。"②

在布迪厄把注意力集中于实践本身时，他便与结构主义发生了直接的冲突。对结构主义框架下的仪式研究进行反思，在布迪厄看来，就必须分析结构主义所代表的客观主义知识模式，以及社会科学中更为深远的二元对立问题。

3. 对社会科学二元对立的超越

哲学里的二元对立由来已久，西方哲学一直处于笛卡儿所说的身心之间、知识与感性之间、主体与客体之间及自在与自为之间的二元对立中。社会科学里也存在着根深蒂固的二元对立。华康德（L. D. Wacquant）说，布迪厄的整个工作之所以如此不拘一格，正在于他始终孜孜以求，力图超越某些导致社会科学长期分裂的二元对立。③ 在人为地造成社会科学分裂的所有

---

① 参见布迪厄：《实践感》，蒋梓骅译，译林出版社，2003年，第14页。
② 参见布迪厄：《实践感》，蒋梓骅译，译林出版社，2003年，第2页，第12页。
③ 参见布迪厄、华康德：《实践与反思——反思社会学导引》，李猛、李康译，中央编译出版社，1998年，第2-3页。

对立之中，最基本、也最具破坏性的，是主观主义和客观主义的对立。①

在布迪厄看来，社会学的任务就是揭示构成社会宇宙（social universe）的各种不同的社会世界（social worlds）中那些隐藏最深的结构，同时揭示那些确保这些结构得以再生产或转化的"机制"。这一宇宙在布迪厄看来，以两种方式存在着，首先是存在于"初级的客观性"（objectivity of the first order）中，其次是存在于"次级的客观性"（objectivity of the second order）之中。初级客观性包括各种物资资源的分配，以及运用各种社会稀缺物品和价值观念的手段。而次级客观性则体现为各种分类（classification）体系，体现为身心两方面的图式，在社会行动者的各种实践活动，如行为、思想、情感、判断中，这些分类系统和图式发挥着符号范式的作用。

因此，若将这种关于社会的科学理解为一个二维的关系体系，既包括各群体或阶级间的权力关系，也包括它们之间的意义关系，就必然产生一种双重解读（double reading）。第一种解读用社会物理学（social physics）方式透视社会，它关注的是初级客观性，将社会看作一种客观的结构，可以从外部加以把握，可以无视居于其间的人们的各自看法而从物资上观察测量和勾画这种结构的关联接合。这一立场是客观主义的、结构主义的。比如索绪尔的语言学，列维-斯特劳斯式的结构主义，阿尔都塞式的马克思主义。第二种解读是用社会现象学（social phenomenology）的方式透视社会。它是关注"次级客观性"的主观主义或建构主义。在当前的常人方法学的文化主义流派中和在一些理性主义色彩较浓的理性选择理论分支中表现了这一立场。

布迪厄综合了结构主义和建构主义两种途径②，并采用了马克思的实践的概念，提出了他的社会实践理论。布迪厄将那些构成表面截然对立的范式所依凭的"世界假设"，转变成了一种旨在重新把握社会世界双重现实本质的分析方式中的一系列环节，由此产生实践理论。其分析过程如下：首先，我们将世俗表象搁置一旁，先建构各种客观结构；其次，我们再引入行动者的直接体验，以揭示从内部构建其行动的各种知觉和评价。

布迪厄认为，构建一门充分的实践科学所遇到的最可怕障碍可能在于这样一个事实：学者与其学科之间的连带关系使学者习惯于轻视常识，宣扬他们常常是花费巨大努力才获得的知识的优越性，甚至从这种优越性中找到为

---

① 参见布迪厄：《实践感》，蒋梓骅译，译林出版社，2003年，第37-38页。
② 布迪厄称自己是"建构主义的结构论"（constructivist structuralism），同时也是"结构主义的建构论"（structuralist constructivism）。

他们的特权辩护的理由,而不是产生一种对实践认识方式和建立在特权之上的理论认识的界限的科学认识。①

4. 认识上的反思性

对社会科学二元论的超越,其落脚点是要建立一个反思性的社会理论。华康德说,"如果说存在一个使布迪厄能够在当代社会理论的图景中出类拔萃的单一特征的话,那就是他引人注目的反思性的迷恋。"② 布迪厄一直不断地把反思性纳入对社会科学研究者的分析中,特别是他对知识分子和社会学对象化关注方式的分析,以及对一种有关社会的科学之所以可能的社会历史条件的反思。

布迪厄将分析者置于学术场域中,分析他们的成员资格和位置,认为有三种主要类型的偏见会导致社会学的关注点模糊不清。第一种偏见是其他倡导反思性的学者业已指出的偏见:个体研究者的社会出身和社会标志(阶级、性别、种族等)。这是最明显的偏见,可以通过相互批评和自我批评的方式加以控制。第二种偏见就较少为人们所识别和考虑:它与分析者所占据的位置密切相关,这种位置不是指在较广泛的社会结构的位置,而是在学术场域这一"小世界"中的位置,以及此外在权力场域中的位置,尽管研究者也处在统治者的位置,但是由于处于接近权力场域的被支配一极,所以受到那些影响所有符号生产者的吸引力和排斥力的摆布。但是只有第三种偏见,即唯智主义偏见才是布迪厄对反思性的理解中最有原创性的部分。这种偏见诱使我们把世界看作一个旁观的场景(spectacle),一系列有待解释的意指符号(significations),而不是有待实践解决的具体问题。

只要我们未能对那些深深嵌入我们对世界的思考的事实中的预设进行系统的批判,我们就有可能错误地瓦解实践逻辑,使之消解于理论逻辑之中。布迪厄说,"人种学家与他所研究的对象'毫无关系',与他们的实践和他们所表现的东西'毫无关系',人种学家仅仅是在研究他们;但是事实上存在着两种不同的理解,一种是尝试理解两个家庭之间婚姻关系的实质,以便使你的儿子娶亲或女儿出嫁,并理解这其中的利益投资,另一种则是尝试理解这些关系以便建构一个有关这些关系的理论模式,这两种理解之间存在着巨

---

① 参见布迪厄:《实践感》,蒋梓骅译,译林出版社,2003年,第40页,第42页。
② 参见布迪厄、华康德:《实践与反思——反思社会学导引》,李猛、李康译,中央编译出版社,1998年,第38页。

大的差异。"① 如果我们把这样两种理解分别视为实践视角和理论视角的话，那么通过对理论视角、实践视角和它们之间深刻的差异进行的理论反思，导致了实践理论的变化，正是这一视角的转变使布迪厄有可能发现实践的逻辑。

三、实践理论

1. 惯习（Habitus）②

在《实践理论大纲》的实践理论部分，布迪厄引用了马克思《关于费尔巴哈的提纲》的第一条，即"从前的一切唯物主义——包括费尔巴哈的唯物主义——的主要缺点是：对事物、现实、感性，只是从客体的或者直观的形式去理解，而不是把它们当作人的感性活动，当作实践去理解，不是从主观方面去理解。所以，结果竟是这样，和唯物主义相反，唯心主义却发展了能动的方面，但只是抽象地发展了，因为唯心主义当然是不知道真正现实的、感性的活动本身的。"③ 经过改写后出版的《实践感》里，布迪厄指出，"随同《关于费尔巴哈的提纲》的作者马克思，人们能够放弃客观主义唯心论据以对待世界的极端观点。要放弃这一观点，人们只需进入'实践活动本身'。也就是说置身于同世界的实践关系之中，这是以事先占据和主动的方式存在于世界，世界则由此让我们接受它的存在，连同它的紧迫问题，它的要做或要说的事情，它的供人评说的事情，而它的这种存在直接支配着我们的言行，绝不会像一场演出那样展开。"

---

① 参见包亚明：《文化资本与社会炼金术——布尔迪厄访谈录》，上海人民出版社，1997年，第58页。

② Habitus，国内学界有多种译法/提法，或惯习（如李猛、李康翻译的《实践与反思——反思社会学导引》中），或习性（如蒋梓华翻译的《实践感》中），或生存心态（如高宣扬著的《布迪厄的社会理论》中）等，本文统一采用"惯习"。另外，布迪厄把惯习（habitus）同习惯（habit）做了比较。一般说来，习惯是由传统传递下来的缺乏能动性和创造性的行为方式，而惯习则不同，它虽然有受社会因素规定的一面，但更重要的是它具有生成性，它能不断地把场域或周围环境中的新因素纳入自身，在调整和重构自身的同时重新建构实践的对象。参见刘少杰：《国外社会学理论》，高等教育出版社，2006年，第354页。

③ 参见皮埃尔·布尔迪厄：《实践理论大纲》，高振华、李思宇译，中国人民大学出版社，2017年，第185页。

作为实践活动的实践的理论与实证主义唯物论相反，它提醒我们，认识的对象是构成的，而不是被动记录的；它也与理智主义唯心论相反，它告诉我们，这一构成的原则是有结构的和促结构化的行动倾向系统，即惯习。①

Habitus 本来是西方文化中一个很古老的范畴，它被用于人文科学中，最早是中世纪时期。中世纪的经院哲学家们用 Habitus 表示"道德"。Habitus 原意乃是"生存的方式"。后来这个词获得了"体格""气质""性格""性情""禀性"的衍生意义，标示着一个有生命的人的体态和性情的状况。②

如同布迪厄引用其他拉丁词一样，他总是在原有拉丁词中掺入新的意义。布迪厄指出，"所谓惯习，就是知觉、评价和行动的分类图式构成的系统，它具有一定的稳定性，又可以置换，它来自社会制度，又寄居在身体之中。"③ 惯习是持久的、可转换的潜在行为倾向系统，是一些有结构的结构，倾向于作为促结构化的结构发挥作用，也就是说作为实践活动和表象的生成和组织原则起作用。④

布迪厄认为，惯习是历史的产物，按照历史产生的图式，产生个人的和集体的、因而是历史的实践活动；它确保既往经验的有效存在，这些既往经验以感知、思维和行为图式的形式储存于每个人身上，与各种形式规则和明确的规范相比，能更加可靠地保证实践活动的一致性和它们历时而不变的特性。一组特定的生存条件所特有的结构，通过这一外部必然性（男女分工形式、物质世界、消费方式、亲属关系等）在家庭中的特有表现，产生了各种惯习结构，而这些惯习结构反过来又成为感知和评价任何未来经验的依据。

以"学校教育贵族"⑤为例，布迪厄在分析这类人群中学时代惯习形成的经历时指出，"作为完全来自耶稣会中学和拿破仑时代大学的真正的教育机构，名牌大学的预备班在一个被隔离的空间里集中了那些在很大程度上由于他们的学业特性以及他们的社会特性而聚集在一起的青少年。这一选择性的封闭所产生的效应造就了一个具有极高同质性的群体，这一群体的同质性又通过同窗学友之间持续而漫长的接触所引起的彼此间的社会化而得到进一

---

① 参见布迪厄：《实践感》，蒋梓骅译，译林出版社，2003年，，第79-80页。
② 参见高宣扬：《布迪厄的社会理论》，同济大学出版社，2004年，第113-114页。
③ 参见布迪厄、华康德：《实践与反思——反思社会学导引》，李猛、李康译，中央编译出版社，1998年，第171页。
④ 参见布迪厄：《实践感》，蒋梓骅译，译林出版社，2003年，第80页。
⑤ 参见布尔迪厄：《自我分析纲要》，刘晖译，中国人民大学出版社，2017年，第7页。

步的强化。"① 由此，社会学把所有源于相同条件且具有相同惯习的生物学意义上的个体视为同一。集团或阶级惯习的客观一致源于生存条件的一致性，致使实践活动能在客观上趋于一致。②

布迪厄认为，经过反复灌输，原始习得把身体当作备忘录，当作一个"使精神只动不思"的自动木偶，同时又将其当作寄存最可贵价值的所在。一切社会秩序都在系统地利用身体和语言能储存被延迟的思想这一倾向。这类延迟的思想可以被远距离和定时触发。故此，人们重视一些重大集体典礼的表现，这不仅因为一心要隆重地表现集团的风貌，而且，如同许多歌舞所示，是基于一种更为隐蔽的意图，即通过对实践活动的严格安排，对身体，特别是对情感的人体表达（笑声或眼泪）的有规则支配来组织思想和启发感情。③

以演说为例，布迪厄指出，高明的演说家不断被他的言辞所超越，他借助自己的言辞，维持着"驱动"和"被驱动"的关系，在演说中发现演说的诱因。惯习是持久地配备了有规则即兴之作的生成动力。它形成于一种特殊的历史，将它的特殊逻辑施加于身体化（incorporation），行为人则通过这种身体化使自己从属于制度中客观化了的历史。因此，才会出现"人们——比如马克思——之所以有充分理由认为，'世袭财产继承人即长子属于土地'，或者资本家'其人'是资本的'人格化'等现象。"④

惯习的反应完全可能伴随着一种策略计算。布迪厄指出，惯习反应首先是排除任何计算，它取决于直接铭刻于现时的客观可能性，取决于迫切要求变成现实的可能的"将要到来"（à venir）⑤。对于实践活动来说，刺激并不

---

① 参见 P. 布尔迪厄：《国家精英：名牌大学与群体精神》，杨亚平译，商务印书馆，2004年，第119页。
② 参见布迪厄：《实践感》，蒋梓骅译，译林出版社，2003年，第89页。
③ 参见布迪厄：《实践感》，蒋梓骅译，译林出版社，2003年，第105-106页。
④ 参见布迪厄：《实践感》，蒋梓骅译，译林出版社，2003年，第86-88页。
⑤ 布迪厄指出，"将要到来"（à venir），完全不同于作为"绝对可能性"的未来。惯习直接从它唯一能够经历的现时，亦即从被推定的世界之现时中辨认出这一将来。布迪厄在论述卡比尔人的时间观时，也是在与不同于"未来"的意义上使用"将要到来"这个词的。布迪厄举例说，人们并不仅仅是通过颜色、形状和其他直接感知的属性来理解谷物的，还会借助其潜在的固有性质，例如"用于食用"，等等。这些由一种感知意识领会的潜在性，就像一个立方体隐藏起来的面，是以信念（doxa）的模式被感知的。预测就是一种僭越；考虑到预测行为本身就是一种对神的无礼行为，人们也会避免过早安排农业计划。前瞻行为更多地被对过去的模仿和对传统价值的忠诚所决定，而不是对所设想的未来的预先设计。参见约翰·哈萨德：《时间社会学》，朱红文、李捷译，北京师范大学出版社，2009年，第221-226页。

存在于它的客观性亦即有条件的和约定的诱发因素之中，它只有在遇到习惯于辨认出它的行为人时才能起作用。①

布迪厄指出，"策略这个概念是我用来摆脱客观主义观点的手段，是我用来摆脱结构主义（例如通过依赖于无意识这个概念）预先假定的排除行动者的行为的手段。……策略是实践意义上的产物。"② 比如，富有的继承人通常娶富有的、比自己年轻的女子，这并不意味着富有的继承人娶富有的、比自己年轻的女子是一条规则。布迪厄在分析自己家乡农民的婚姻策略时曾指出，比安地区农民采用的各种策略往往能够确保他们家族的再生产，保证他们对生产手段（尤其是土地）的所有权，这些现象都具有统计上的规律性。但我们却不能因此就将这种规律性视为遵守固定规则的结果，而是应该摆脱这种始终困扰人类学传统的条文主义（legalism），从实践的一体化生成原则（the generating and unifying principle of practices）出发来考虑这些现象。③

社会行动者与世界之间的关系，或者说行动者与场域之间的关系，在布迪厄看来，是社会建构的知觉与评判原则（即惯习）与决定惯习的世界之间的"本体论契合"。实践感是一种游戏感。当人们加入社会生活的游戏，行动者通过长期沉浸于社会世界，从处身的世界获得前反思（pre-reflective）的下意识把握能力。④

2. 场域（Field）

场域这一概念来自库尔特·勒温（Kurt Lewin）在社会心理学领域所提出的场论。场论是一种受到完形理论启发的心理学主张，后来勒温的理论也被用来思考团体动力的问题。

1960年代，布迪厄和帕斯隆一起发展出了许多布迪厄后来所运用的社会学关键概念，比较著名的如"文化资本""惯习"和"场域"。⑤ 场域在《实践感》中着墨不多，《布尔迪厄传》作者法比亚尼（Jean-Louis Fabiani）认为，这个概念似乎无法应用于传统社会，而这是由于传统社会中人与人之间

---

① 参见布迪厄：《实践感》，蒋梓骅译，译林出版社，2003年，第81页。
② 参见包亚明：《文化资本与社会炼金术——布尔迪厄访谈录》，上海人民出版社，1997年，第62页。
③ 参见杨善华：《当代西方社会学理论》，北京大学出版社，1999年，第278页。
④ 参见张意：《文化与符号权力——布尔迪厄的文化社会学导论》，中国社会科学出版社，2005年，第49页。
⑤ 参见迈克尔·格伦菲尔：《布迪厄：关键概念》，林云柯译，重庆大学出版社，2018年，第39-40页。

或是团体之间的竞争冲突，无法以一种在空间中立足的表现手法来转达。布迪厄在《艺术的法则》中再三强调，法国十九世纪发生的文学场域的自主化过程是文学史上"绝无仅有"的事迹。场域的概念构想，是随着《艺术的法则》这本书而形成的。布尔迪厄随后提升了场域概念的普遍性程度，并宣称场域是社会理论的中心概念。①

惯习和场域这两个概念都是关系性的，这一点意味着只有在彼此的关系之中，它们方能充分发挥作用。② 行动者的惯习并非一种完全独立于社会结构之外的东西，而是由特定的社会历史情境形塑出来的，只不过形塑了行动者惯习的这些社会历史情境不是一个统一的、整体化的大社会世界，而是许许多多相对自主的小社会世界。布迪厄把这些相对自足的小社会世界称为"场域"。作为外在结构内化的结果，惯习以某种大体上连贯一致的系统方式对场域的要求作出回应。

从分析的角度来看，一个场域可以被定义为在各种位置之间存在的客观关系的一个网络（network），或一个构型（configuration）。正是在这些位置的存在和它们强加于占据特定位置的行动者或机构之上的决定性因素之中，这些位置得到了客观的界定，其根据是这些位置在不同类型的权力（或资本）——占有这些权力就意味着把持了在这一场域中利害攸关的专门利润的得益权——的分配结构中实际的和潜在的处境，以及它们与其他位置之间的客观关系（支配关系、屈从关系、结构上的对应关系，等等）。③ 华康德指出，从关系的视角出发，"布迪厄戳穿了'社会'这一观念的空泛本质，并代之以场域和社会空间的观念。在布迪厄看来，一个分化了的社会并不是一个由各种系统功能、一套共享的文化、纵横交错的冲突或者一个君临四方的权威整合在一起的浑然一体的总体，而是各个相对自主的'游戏'领域的聚

---

① 参见让-路易·法比亚尼：《布尔迪厄传》，陈秀萍译，中国人民大学出版社，2021年，第1-5页，第20页。

② 参见布迪厄、华康德：《实践与反思——反思社会学导引》，李猛、李康译，中央编译出版社，1998年，第19-20页。

③ 斯沃茨指出，布迪厄把社会世界理论化为一系列相对自主但在结构上同源的场域——各种文化与物质资源的生产、流通以及消费场域。布迪厄的场域概念是作为上层建筑与经济基础之间的调节地带而起作用的，在这个调节地带，文化生产者与他们的机构化生产领域把被马克思主义理论分离开的两个领域重新结合起来。参见戴维·斯沃茨：《文化与权力：布尔迪厄的社会学》，陶东风译，上海译文出版社，2006年，第44页；布迪厄、华康德：《实践与反思——反思社会学导引》，李猛、李康译，中央编译出版社，1998年，第133-134页。

合，这种聚合不可能被压制在一种普遍的社会总体逻辑下，不管这种逻辑是资本主义的、现代性的还是后现代性的。"①

在高度分化的社会里，这些社会小世界就是具有自身逻辑和必然性的客观关系的空间，而这些小世界自身特有的逻辑和必然性也不可化约成支配其他场域运作的那些逻辑和必然性。

布迪厄指出，从场域角度进行分析涉及三个必不可少并内在关联的环节，首先，必须分析与权力场域相对的场域位置。我们发现，就艺术家和作家而言，文学场域被包含在权力场域之中，而且在这一权力场域中，它占据着一个被支配的地位（用个普通但极不恰切的说法：艺术家和作家，或者更一般而言，知识分子，都是"支配阶级中的被支配集团"）。其次，必须勾画出行动者或机构所占据的位置之间的客观关系结构，因为在这个场域中，占据这些位置的行动者或机构为了控制这一场域特有的合法形式的权威，相互竞争，从而形成了种种关系。最后，还有一个不可缺少的环节，即必须分析行动者的惯习，亦即千差万别的性情倾向（disposition）系统，行动者是通过将一定类型的社会条件和经济条件予以内在化的方式获得这些性情倾向的；而且在所研究场域里某条确定的轨迹中，我们可以找到促使这些惯习或性情倾向系统成为事实的一定程度上的有利机会。②

以文学场域为例，报纸的发展是文化产业史无前例膨胀的无数迹象之一，这与一大批年轻人的涌入有一种因果循环的关系。落拓不羁的文人的产生并不仅仅是一种文学现象，小说家们尤其通过创立和传播落拓不羁这种观念本身，大大促进了新的社会实体的公开认可及其身份、价值、规范和神话的构建。落拓不羁这个暧昧的现实引起了矛盾的心绪，因为这些文人对等级制度进行了挑战：他们接近"老百姓"，因为他们通常有同样的疾苦，但因确定其社会属性的生活方式不同而与后者分隔开来。这种生活方式使他们自夸般地与资产阶级习俗和礼仪分庭抗礼，令他们更接近贵族或大资产阶级而不是循规蹈矩的小资产阶级。艺术家的生活本身就构成了一件艺术品。文学场和艺术场是在与"资产阶级"世界的对立中并通过对立形成的。③ 布尔迪

---

① 参见布迪厄、华康德：《实践与反思——反思社会学导引》，李猛、李康译，中央编译出版社，1998年，第17页。
② 参见布迪厄、华康德：《实践与反思——反思社会学导引》，李猛、李康译，中央编译出版社，1998年，第143页。
③ 参见布迪厄：《艺术的法则：文学场的生成和结构》，刘晖译，中央编译出版社，2001年，第68—76页。

厄指出，与功利艺术对立的纯粹艺术，要求一种"纯粹的眼光"（pure gaze），以审美从"真善美"的三位一体中独立出来为标志。文学场为作家提供的象征利益，往往与他们获得的商业利益成反比。那些企求文学场外的经典和世俗荣誉的作家，在自主文学场内，拥有的象征资本最低。场域的自治化程度越高，场域的象征资本就越是青睐最自主的生产者。当福楼拜宣称："一件艺术品是不可估价的，没有商业价值，不能卖钱。"而布尔迪厄却从中读出。文学场疏离普通商业逻辑的"输者为赢"（the lost win）的逻辑。①

由此看出，场域的动力学原则就在于它的结构形式，同时还特别根源于场域中相互面对的各种特殊力量之间的距离、鸿沟和不对称关系。参与者彼此竞争，以确立对在场域内能发挥有效作用的种种资本的垄断和对规定权力场域中各种权威形式间的等级序列及"换算比例"（conversion rates）的权力的垄断。因此，改变各种资本形式的分布和相对分量，也就相当于改变了此一场域的结构。

3. 资本（Capital）

在布迪厄看来，社会世界是一部积累的历史。资本是一种积累起来的劳动（它以物质化形式或是肉体化、身体化形式存在）。当行动者或行动者群体在私有的也就是独占排外的前提下占有并利用它时，他们便可以因此占有并利用具有物化形式，或者体现为活生生的劳动的社会能量。②

使用资本理论必须要避免唯经济主义。经济学理论中对资本的使用掩盖了一个事实，就是这种对于经济实践的定义本身是资本主义的一项历史性发明，把普遍的交换缩减为商品交换，在主观与客观上都以利益最大化为指向，比如说（经济学意义上的）利己的（self-interested），这在暗中也将其他的交换形式定义为非经济的，也就是非功利的。③ 所谓"理性的"惯习，或者更恰当地说，合情合理的惯习，确实是某种适当的经济实践活动的先决条件，但它本身却是特定的经济条件的产物。要想真正察觉到并把握住那些

---

① 参见布迪厄：《艺术的法则：文学场的生成和结构》，刘晖译，中央编译出版社，2001年，第98页。
② 参见布迪厄、华康德：《实践与反思——反思社会学导引》，李猛、李康译，中央编译出版社，1998年，第303-304页。
③ 参见迈克尔·格伦菲尔：《布迪厄：关键概念》，林云柯译，重庆大学出版社，2018年，第124-125页。

形式上向所有人开放的"潜在机会",你必须占有最低限度的经济资本和文化资本,正是这一条件限制着所谓"理性的"惯习。①

在布迪厄的论著中,资本概念的使用经历了一个发展的过程。

布迪厄早期在从事阿尔及利亚研究时,他接触到的经济学,是以阿尔及利亚社会发展极端不平等以及经济资本严重匮乏为主要内容的。他所关注到的非经济类型(非物质的或者那些不具体的的资本)往往名之为符号资本。②直至撰写《实践理论大纲》时,布迪厄才用了符号资本与经济资本二分对立的思想。但同时,他也引入了资本具有不同类型的概念,比如,经济资本、社会资本与符号资本,并且认为,它们总是与资本的其他类型占有结合在一起。

在讨论大学改革之专论的《继承人》里,布迪厄、帕斯隆认为,如果正确无误地实施"合理公平之教学法"③,该教学法则可减少社会调查研究指出的文化不平等。至于用来思索这些不平等以及不平等所制造出来的再生产效应的概念,正是文化资本。在1979年发表了《论文化资本的三种形式》之后,布迪厄说明,当初这是为了对抗那种唯经济论者的教育投资观念。

布尔迪厄并非一开始便将社会资本引入其整体布局中,在重新检验文化资本概念后,布迪厄便回头再探讨了这一议题。的确,这一概念来自一项观察,那就是,拥有差不多程度的经济与文化资本的人,其回收程度却往往有高有低。主要的解释是动员团体性资本的能力有高低。且无论这里的团体是涉及家庭、所属的俱乐部、某某校友会,还是牵扯到任何其他形式的人际网络。社会资本的最简单定义就是隶属于一个集体,但这不意味着该定义能在一个交际系统内启动,或受此系统的认可。社会资本是回收经济资本与文化资本这两项资本的必要条件之一:拥有文化资本,但若没有结合社会资本就难以开花结果。④

总的来说,布迪厄认为有四种主要的资本,每一种资本都有自身的运行规则,并且不同的资本会相互转化。这四种资本分别是经济资本、文化资

---

① 参见布迪厄、华康德:《实践与反思——反思社会学导引》,李猛、李康译,中央编译出版社,1998年,第168页。

② Symbolic capital,国内或译作"象征资本",或译作"符号资本"等,本文采用"符号资本"译名。

③ 该教学法强调就处于学习劣势之学生而言,应该如何在教学工具、手段、体制等方面合情合理地考虑。

④ 参见让-路易·法比亚尼:《布尔迪厄传》,陈秀萍译,中国人民大学出版社,2021年,第58-68页。

本、社会资本和符号资本。

经济资本（economic capital）是经济学家们通常理解的资本类型，也是布迪厄对资本概念进行反思的基础。这种资本可以立即并且直接转换成金钱，它是以财产权的形式被制度化的。

文化资本（cultural capital）是指借助教育行动传递的文化物品。[①] 文化资本的存在形式有三种：① 身体化的形态，它体现在人们身心中根深蒂固的那些性情倾向里；[②] ② 客观化的形态，它体现在文化物品之中，例如文学、绘画、纪念碑、工具等。③ 制度化的形态，它以学校文凭的样式表现出来。

社会资本（social capital）是指某个个人或群体，凭借拥有一个比较稳定，又在一定程度上制度化的相互交往、彼此熟识的关系网，从而积累起来的资源的总和。特定行动者占有的社会资本的数量依赖于行动者可以有效加以运用的联系网络的规模的大小，依赖于和他有联系的每个人以自己的权力所占有的（经济的、文化的、符号的）资本数量的多少。这意味着，虽然社会资本相对而言不能简化成某个特定的行动者和与之有联系的所有行动者所占有的经济的和文化的资本，但社会资本却从不完全独立于这些资本。

不同类型的资本是可以相互转化的。比如，以客观化的形态存在的文化资本就可以作为文化商品进入流通领域。社会资本也能为行动者创造经济资本。不过，布迪厄更为看重经济资本。他说，资本的不同类型可以从经济资本中获得，但只是以极大的变革的努力为代价才能获得。

符号资本（symbolic capital）是对上述三种基本形式的资本的认同。[③]

华康德认为，布迪厄在研究各种集团在不断演变的阶级结构中如何通过发展各种再生产策略或（资本）转换策略维持或改善他们的地位时，实践的

---

① 参见杨善华：《当代西方社会学理论》，北京大学出版社，1999年，第284页。

② 例如，消费者的社会等级与社会所认可的艺术等级相符，并在每种艺术内部，与社会认可的体裁、流派或时代的等级相符。这就使趣味预先作为"等级"的特别标志起作用。参见皮埃尔·布尔迪厄：《区分：判断力的社会批判（上下册）》，刘晖译，商务印书馆，2015年，第1-2页。

③ 符号资本的观点是布迪厄提出的最复杂的观点之一，而他的全部学说又可被解读为不断地探索和追求符号资本的各种形式及效应的努力。参见布迪厄、华康德：《实践与反思——反思社会学导引》，李猛、李康译，中央编译出版社，1998年，第29-30页，第161页，第304页。

"总体性"① 表现得最为清楚。以《国家精英》所考察的统治阶级来说，那些生活领域包括生育、教育、（医疗）预防、经济投资和世袭财产的传承、各种社会投资的策略（其中，联姻策略占有举足轻重的地位），最后还有各种社会正义论的策略，它们力图为统治阶级的支配及其据以立足的资本形式提供合法性。

4. 实践逻辑

在布迪厄看来，谈论实践②不是一件容易的事。科学的时间不是实践的时间。对于分析家来说，分析总是事后才来，时间消失了。实践具有紧迫性和模糊性。实践的紧迫性源于实践的现实要求，指行动者往往需要在非常有限的时间限制内迅速作出决定，必须面对即将到来的未来，这种紧迫性预先就排除了许多在理论上可能的路线和方式。理论谬误在于把人们为解释实践而构建的模型当作实践的根由。

在布迪厄看来，实践逻辑是隐藏在实践活动中的深层次的生成原则，而不是规范行动的规则。这些生成原则将实践活动中的思想、感知和行为构成一个整体，并且也只有这样，才使得实践活动成为可能。③ 这种生成原则的根源来自惯习的基础，即它是知觉、评价和行动的分类图式构成的系统。④

布迪厄的实践观的一个显著特色在于不是抽象的谈论实践而是从身体

---

① 社会学必然是一门总体性科学，社会学必须构建维持人类实践基本统一性的"总体性社会事实"。参见布迪厄、华康德：《实践与反思——反思社会学导引》，李猛、李康译，中央编译出版社，1998年，第29页。

② 在布迪厄的实践观念中，有两个面向的意义，其一是指日常性的社会行动，其二特指科学实践。由于在实践逻辑与知识逻辑之间存在着差异，就需要一种对理论观点进行思考的理论，这就是反思社会学。参见刘拥华：《社会世界的底蕴：从二元论到二重性》，吉林大学博士学位论文，2007年，第80页。

③ 参见侯均生：《西方社会学理论教程（第四版）》，南开大学出版社，2017年，第388页。

④ 布迪厄曾以"后面"为例，详细解释了由同一图式产生的各种不同的意义在实践状态下只存在于在各种不同的特殊情景的关系之中。比如，"后面"是人们丢弃不要的东西的地方；霉运来自背后；"后面"还与"里面""女性"、夫妻生活、隐秘联系在一起；与后随的东西、拖在地上的东西——富饶之源、拖裙、吉祥物、好运联系在一起。参见布迪厄：《实践感》，蒋梓骅译，译林出版社，2003年，第140-141页。

(embodied) 维度来把握实践的逻辑。① 只要把身体置于一个能够引起与其相关联的感情和思想的总体处境之中,这类延迟的思想可以被远距离和定时触发。而这类感应状态,布迪厄说,"凡演员都知道会产生种种心理状态。故此,人们重视一些重大集体典礼的表现,这不仅因为一心要隆重地表现集团的风貌,而且是基于一种更为隐蔽的意图,即通过对实践活动的严格安排,对身体,特别是对情感的人体表达(笑声或眼泪)的有规则支配来组织思想和启发感情。"②

布迪厄引用梅洛·庞蒂有关身体与时间的论述,用以说明惯习的时间结构。"在每一个我凝神注目的时刻,我的身体都维系了现在、过去和未来。我的身体隐藏着时间……我的身体占有着时间;它为现在,将过去和未来带入了现时的存在;我的身体不是什么了不起的东西,但它并不屈从地消融于时间,而是创生着时间。"③ 王锺陵认为,布迪厄是将过去未来化了。"所谓'行动者通过组织调动过去经历的实践,对以客观潜在性状态深藏在现存事物中的未来进行实践预期',这便是将过去未来化,其根据即是惯习又源于世界固有的规律和趋向。由于作为过去产物的惯习,以实践的方式指涉蕴含在过去中的未来;所以,在惯习借以实现自身的行为中,它同时使自身时间化了。"④

布迪厄据此认为,实践是惯习的产物,实践自身就包含了对规律和趋向的预期,也就是,包含了对未来的一种非设定性的指涉,它深刻地存在于现在的直接性之中。时间产生于行为或思想的实现过程中,而所谓实现过程,则是指现时化和去现时化的结合,在常识语言中,这就是所谓的时光"流逝"。⑤

---

① 布迪厄认为,在实践活动中,行为者与世界之间的关系,并不是如传统哲学或唯物论所认为的是主体与客体之间的关系。他认为所谓实践活动是现实社会建构的知觉与评判原则(也就是惯习)与决定惯习现实世界之间的相互"占有"(mutual possession),这种相互"占有"具有哲学本体论意义。参见董晋骞:《布迪厄实践观念的历史钩沉》,载于《辽宁大学学报(哲学社会科学版)》,2014年,第2期,第60页。

② 参见布迪厄:《实践感》,蒋梓骅译,译林出版社,2003年,第106页。

③ 参见布迪厄、华康德:《实践与反思——反思社会学导引》,李猛、李康译,中央编译出版社,1998年,第311页。

④ 参见王锺陵:《海德格尔的时间观、历史观以及海德格尔、萨特、布迪厄时间观之比较》,载于《江苏社会科学》,2019年,第2期,第204-205页。

⑤ 参见布迪厄、华康德:《实践与反思——反思社会学导引》,李猛、李康译,中央编译出版社,1998年,第182页。

布迪厄对实践过程之理解的独特性，在于他突出地强调了"实践感"在实践过程中的独特作用，否定了以往的诸多思想家对理论/意识在实践过程中之作用的强调。"实践感是世界的准身体意图，但它绝不意味着身体和世界的表象，更不是身体和世界的关系；它是世界的内在性，世界由此出发，将其紧迫性强加于我们。"① 实践感将世界视为有意义的世界而加以构建。这种自发预见的方式与球类比赛中具有良好的"场地大局观"（field vision）的运动员颇为类似。这些运动员沉浸在行动的狂热之中，凭着直觉对他的队友和对手的活动迅速做出判断，他们的行动和反应的方式都是"灵感式"的，无须事后认识和计算理性的助益。②

在赠品交换中可以看到作为隐藏在实践活动中的深层次的生成原则。布迪厄用"荣誉平等原则"替代了列维-斯特劳斯"互惠原则"。"互惠循环，要求的是无所不知、无所不在的观众的绝对目光。""把分解的和不可逆转的序列归约为完全可逆的总体，由此获得一个客观模型。"然而，从维系亲密关系之惯常秩序的"几乎总是一盘烧好的食物等"小礼物的特征来看，它们"礼轻易还，因此这是准备让人还，也容易还的"小礼物，这意味着它的运作逻辑是"意外"或"关心"所包含的逻辑。重新引入不确定性，就是重新引入时间及时间所包含的节奏、方向、不可逆性，用策略的辩证法取代模型的机械学。比如，在任何社会中，人们都能观察到，回赠应该是延期的和有差异的——否则就构成一种侮辱，立即回赠完全一样的东西显然无异于拒绝。取消时间间隔，就是取消策略。这一间隔不能太短，如在赠品交换中所见，但也不能太长，尤见于仇杀，它完全不同于客观主义模型使其成为的那种死时间，即无功效时间。

布迪厄指出，以赠品交换为代表的仪式实践活动，它所具有的某些最重要的属性来自这样一个事实：它们因为在序列中展开而被"分解"。实践在时间中构建，并从那里获得其作为顺序的形式，以及由此而生的意义（和方向）。

关于荣誉的交换意味着某种可能的回应、回报，即回击，回赠、反驳，因为该交换包含了对对手的承认（在某种情况下给予对手以荣誉上的平等权

---

① 惯习与场域之间的"本体论的契合关系"，是信念的真正根源之所在。参见刘拥华：《布迪厄的终生问题》，上海三联书店，2009年，第81-82页，第87页；布迪厄：《实践感》，蒋梓骅译，译林出版社，2003年，第101页。

② 参见布迪厄、华康德：《实践与反思——反思社会学导引》，李猛、李康译，中央编译出版社，1998年，第22页。

利）。挑战就是如此，它要求回击，故其对象是一个被认为有能力参加荣誉的游戏且表现出色者：这就是挑战能带来荣誉的原因。该相互关系原则的逆命题是：只有在荣誉上平等的人发起的挑战才值得接受，因为攸关荣誉的行为若要完全照此构成，就离不开回击，回击意味着承认荣誉上的平等，也就是说承认挑战是一种攸关荣誉的行为，挑战者是一个重视荣誉的人。基本原则及其逆命题也包含这样一个意思：谁同某个在荣誉上与其不平等的人进行荣誉交换（挑战或应战），谁就会丧失荣誉，因为挑战一位上级，就会受到鄙视，自取其辱；挑战一位下级或接受其挑战，自己有失体面。因此，奇耻大辱就落到滥用自身优势羞辱其对手而不是让对手"自己丢尽颜面"的人身上。反过来，要是接受不合情理的挑战，谁就会蒙受奇耻大辱；如果不予应战，就会让自负的人承担其任性行为产生的后果。这样我们就有了一个非常简单的图解（见图14-1）。

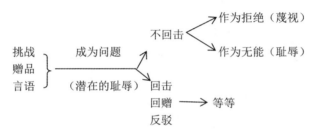

图 14-1　荣誉平等原则

从实践过程来看，惯习引导实践。① 布迪厄在《区分：判断力的社会批判》一书中，他曾经将自己实践社会学理论概括为以下公式：（惯习）（资本）＋场域＝实践。② 这个等式可以被这样陈述：实践是一个人的性情（惯习）及其在场域中所处的位置（资本），两者在社会舞台（场域）上，在现行状态中运作而来的结果。③

5. 符号暴力

如同经济财富只有在一个经济场内才能起到资本的作用，各种形式的文

---

① 参见谢立中：《布迪厄实践理论再审视》，《北京大学学报（哲学社会科学版）》，2019年，第2期，第149页。

② 参见皮埃尔·布尔迪厄：《区分：判断力的社会批判（上册）》，刘晖译，商务印书馆，2015年，第169页。

③ 参见迈克尔·格伦菲尔：《布迪厄：关键概念》，林云柯译，重庆大学出版社，2018年，第64页。

化能力也只有在经济生产系统和生产者的生产系统之间的客观关系中才能成为资本。布迪厄指出，符号资本或确保符号资本的头衔是一场斗争的产物。因此，在谈及基于荣誉平等原则的馈赠实践时，布迪厄认为，赠予及未明言的计算必须考虑到受赠人未明言的计算，因而也就是必须满足受赠人的要求，但又要让人不知道其要求。这些象征性工作旨在通过对一种非功利性交换的真诚虚构，将由亲属、邻居或劳动关系规定的不可避免的和不可避免地有所图的关系变成选择性的相互关系，从更深的层次上说，是要把任意的剥削关系转变成因建立在亲情之上而变得持久的关系。

这里涉及生产性劳动和非生产性劳动之间的区分。以土地使用为例，布迪厄指出，在前资本主义社会，经济和利益法则处于被社会抑制的状态。之所以被社会所抑制，是受到此时的社会整体生产力水平所限制。劳动生产率低，时间并不是稀缺之物，所以只有通过在土地上不断投入时间才能满足足够的生活需求，过分算计时间会使农民丧失耕种的动力。

生产时间和非生产时间此时处于一种未明显分化状态，经济或者利益的法则以自我否定的形式存在着并隐蔽地发挥作用，即体现为符号资本。符号资本是一种被否认的资本，它通过善行、信誉、名望、威信等进行积累。在农作物抢收时期，留给农民的劳动时间很少，而这一时期的劳动效率又较低，就需要调动较多的劳动力来弥补劳动时间的不足。符号资本也会在前资本主义社会中的市场交易中发挥积极作用，名誉和财富所积累的符号资本以及由此形成的关系人脉资源会促成交易的顺利完成。通过这样的方式，符号资本通过时间的延宕实现了向物质资本的转化，这一转化得以实现的关键在于符号资本不是直接变现为物质资本，而是经过了较长时间周期的延迟后才发生作用。[1]

布迪厄认为，符号资本是只有集团的信念才能赋予那些给集团提供很多物质和象征保证的人的一种信用，最广泛意义上的信用，亦即一种贷款、贴现、债权。我们看到符号资本的展示是导致资本带来资本的机制之一。

资本和权力是孪生兄弟。不同的场域中不同的行动者之间发生着资本交换和力量竞争，并构成了各种各样的支配关系和秩序的再生产。布迪厄以农民和牲口贩子之间的交易为例，指出，在绝大多数交易中，买方和卖方这两个概念倾向于融入中间人和担保人网络，这些中间人和担保人的目标是把供求之间的纯经济关系转化成一种在系谱上成立的和有保证的关系。婚姻也不

---

[1] 参见张宗帅：《布迪厄象征资本概念与马克思生产性理论的对话——时间社会学视角下的分析》，载于《理论界》，2020年，第8期，第17页。

能例外,因为婚姻几乎总是发生在一些已由先前交换网络——特殊协议的真正担保——联系在一起的家庭之间。一个很能说明问题的事实是,在为缔结婚约而进行的复杂协商的第一阶段,双方家庭都要让有名望的远近亲戚作为"担保人"出面,因为这样展示的符号资本既是谈判的武器,又是协议一旦签订后的保证。①

在一个分类的世界里,只有完全掌握了各种分类法才能获得社交投资的最佳回报,至少避免被划入得不到好评的群体。符号资本作为最广泛意义上的信用,其展示(从经济角度看极为昂贵)是导致资本带来资本的机制。②

布迪厄指出,符号暴力就是在一个社会行动者本身合谋的基础上,施加在他身上的暴力。③

资本和劳动关系若要得以维持,就只有配合或交替使用物质暴力和符号暴力,将它们直接用于需要加以束缚的人本身。比如,佃东可以用债务束缚其佃农,佃农要还债,只要找不到一个准备替他还清债务的新主人,就不得不续订租约,这样佃东就能无限期地支配他的这个佃农。他还可以求助于一些粗暴的措施,比如收缴佃农的全部收成,以收回他的全部贷款。但许多佃东并不比其佃农富裕多少,有益的做法是显示与其地位相称的美德,在"经济"关系中只保留信誉所要求的忠诚,并将其佃农当作合伙人对待;至于佃农,他只求借助整个集团的默契,参与这种功利性的但能使他体面地想象其地位的虚构。由于缺少一个名副其实的劳动市场,加之货币稀少,佃东要更有效地服务于自身的利益,便只有日继一日,用不懈的关怀体贴编织将他和佃农持久地朕系在一起的伦理感情及"经济"纽带。④

符号暴力是通过一种既是认识,又是误识的行为完成的,这种认识和误识的行为超出了意识和意愿的控制,或者说是隐藏在意识和意愿的深处。而惯习图式(这种图式既以性别差异为前提,又产生了性别差异)的模糊难辨则正好体现了这种认识加误识的行为。⑤

语言关系总是符号权力的关系,通过这种关系,言说者和他们分别所属

---

① 参见布迪厄:《实践感》,蒋梓骅译,译林出版社,2003年,第181-182页。
② 参见布迪厄:《实践感》,蒋梓骅译,译林出版社,2003年,第220页。
③ 参见布迪厄、华康德:《实践与反思——反思社会学导引》,李猛、李康译,中央编译出版社,1998年,第221页。
④ 参见布迪厄:《实践感》,蒋梓骅译,译林出版社,2003年,第203-204页。
⑤ 参见布迪厄、华康德:《实践与反思——反思社会学导引》,李猛、李康译,中央编译出版社,1998年,第227页

的各种群体之间的力量关系转而以一种变相的形式表现出来。① 政治权力的运作是使各种资本转换成符号资本，被认同和接受，以隐蔽的方式发挥其实质性效力。政治权力是资本再分配的仲裁者和控制者。资本的转换斗争是政治权力场域最复杂曲折的斗争。

四、对布迪厄反思社会学理论的评价

在布迪厄的学术生涯里，他撰写了大量的著作，这些著作所涉及的范围十分广泛，华康德说，"布迪厄的著作，包含了百科全书式的内容，完全不拘泥于学科的界限，兼及非常广泛的专业化研究领域并且能够将许多不同的社会学体裁糅合在一起，所有这些都从许多方面对社会科学现行的学科分工和已被接受的思维方式提出了挑战。"②

不过，布迪厄理论在全世界范围推广的过程恐怕也是一个屡遭误读的过程。布迪厄本人就曾对有些人用"结构产生惯习，惯习决定实践，实践生产结构"这样的公式化的语言来归纳他的学说的特征进行了驳斥。他说，只有当我们社会行动者是决定自身的时候，我们才可以同时说社会行动者是被决定的。③ 我们要把握的正是这种具有生成性、模糊性的实践逻辑。

▲ 复习思考题

1. 如何看待哈贝马斯有关言语的有效性的基础观点？
2. 哈贝马斯的沟通行动论有何现实指导意义？
3. 比较分析实践逻辑与理论逻辑之间的关系。
4. 布迪厄将资本划分为哪些类型？在社会生活中起到怎样的作用？

---

① 布迪厄曾出版《论电视》，主张电视节目的形式不利于深入的分析探讨。略显反讽的是，这本书实际上是电视节目的书面记录，布迪厄在这个节目的制作上为自己争取到主题、时间乃至内容不受限制的条件，他还主张在有利的情况下，借着上电视来挑战电视节目的肤浅化趋势是一种义务。参见朋尼维兹：《布赫迪厄社会学的第一课》，孙智绮译，麦田出版社，2002年，第193—194页；《实践与反思——反思社会学导引》，第189页。

② 参见布迪厄、华康德：《实践与反思——反思社会学导引》，李猛、李康译，中央编译出版社，1998年，第2页。

③ 参见布迪厄、华康德：《实践与反思——反思社会学导引》，李猛、李康译，中央编译出版社，1998年，第181页。

第十五章
当代社会学理论的新发展(下)

本章要点

- 结构化理论
- 现代性的制度维度
- 现代性的后果
- 风险及风险社会
- 自反性现代化
- 个体化与全球化

第一节 吉登斯的结构化理论

一、学术生涯及主要著作

1938年1月18日,吉登斯(Anthony Giddens)出生于英国伦敦北部的艾德蒙顿(Edmonton)的一个普通办事员的家里。他在一所普通的中学里接受教育。1956年,吉登斯以优异的成绩被赫尔大学(University of Hull)录取。他先想主攻英语,被拒绝后又试图学哲学,后发现没有多少有意思的哲学课程,就转去了心理系。根据教学安排,除了心理学之外,吉登斯也需要学习社会学。这种初始的学科背景影响了他未来的研究。1959年,吉登斯以优异成绩毕业。随后,他来到伦敦政治经济学院(London School of Economics and Political Science,简称LSE)攻读硕士学位,主要关注体育社会学方面的研究,并以《体育与当代英国社会》的论文获得该校硕士学位。1961年,吉登斯从伦敦政治经济学院毕业。

吉登斯起初立志要当公务员,由于偶然的机会到莱斯特大学(University of Leicester)应征教职,因而改变了他的人生。在莱斯特大学工作期间(1961—1969),吉登斯主要是给三年级的学生讲授社会心理学。他曾经听过日后声望骤升的同事埃利亚斯(Norbert Elias)[①]为一年级学生开设的社

[①] 埃利亚斯(1897—1990),其代表作之一《文明的进程》于1939年出版。该书1969年的再版成为他重返社会学理论中心的标志。

学概论课。埃利亚斯多年如一日、锲而不舍地践行自己设定的大规模个人研究计划，这种精神给他留下了深刻印象，而埃利亚斯本人跨学科的知识背景对于吉登斯的影响，也在吉登斯后来的著作中有所体现。

1966年，吉登斯来到加拿大温哥华附近的西蒙·弗雷泽（Simon Fraser）大学执教，后来又到美国加利福尼亚大学洛杉矶分校（UCLA）讲课一年。这些访问让他接触到了那个时代风靡北美的社会激进派的思潮，特别是在洛杉矶任教的那段时间里，他目睹了各种频繁发生的政治对抗与社会运动。这对其后来的社会学理论思考产生了极大的影响。吉登斯开始着手考虑一项浩大的研究计划，其中包括：① 对欧洲思想传统中各种成分的批判性重组；② 对当代社会生活的各种变数的详尽阐发；③ 人类学的研究项目。这一计划后来导致了结构化理论的产生。①

从北美回来之后，吉登斯离开了莱斯特大学。1969年，31岁的吉登斯接受英国剑桥大学的聘请，任国王学院（King's College）讲师，他开始攻读博士学位，并最终于1974年获得剑桥大学博士学位。

吉登斯的研究历程可以粗略地分为两个阶段：其一是从20世纪70年代初到吉登斯的结构化理论发表为止，这是他建构自己结构化理论（structuration theory）的时期；其二是1985年起到现在，这是他利用结构化理论对现代社会展开分析的时期。

第一个阶段，吉登斯从分析和梳理欧洲传统思想开始，特别是通过对三大古典社会理论家，即马克思、涂尔干以及韦伯的著作的分析，逐步创造自己的分析概念和分析框架。1971年，吉登斯出版了《资本主义与现代社会理论：对马克思、涂尔干和韦伯著作的分析》。这本书简明扼要地阐述了社会学经典三大家的思想。其中对有关现代性因素缘起和发现的思想内核的剖析细致且全面，至今仍是这方面的不可或缺的系统的入门书。此外，这方面的著作还有1972年出版的《马克斯·韦伯思想中的政治主张与社会学》，1973年出版的《发达社会的阶级结构》，以及1978年出版的《涂尔干》等。

吉登斯在《发达社会的阶级结构》引入了"结构化"这一术语。吉登斯意图将马克思所定义的阶级关系，即财产差异，转换成韦伯的彼此分化的市场能力。不同的市场能力可以通过两种途径转换成我们称之为阶级的现实社会群体。这两种途径他分别称之为中介型结构化（mediate structuration）和邻接型结构化（proximate structuration）。中介型结构化体现在社会阶级成

---

① 参见苏国勋：《当代西方著名哲学家评传——第十卷：社会哲学》，山东人民出版社，1996年，第511-512页。

员资本的再生产过程中，一些行动者将使用财产来使上层阶级的边界结构化，而另一些人将使用资格证书和专业技能来使中产阶级的边界结构化。邻接型结构化的观念核心在于个人互动层面的阶级边界这一问题。比如，分派给不同职业的不同类型的工作，权威差异，以及生活方式和消费模式方面的差异，他们阻碍了阶级之间的互动。①

1976 年，吉登斯在《社会学方法的新规则：一种对解释社会学的建设性批判》一书中正式提出结构化理论。1979 年，吉登斯出版了《社会理论的核心问题：社会分析中的行动、结构和矛盾》。在吉登斯看来，过去三四十年间，"功能主义"和"结构主义"或许是社会理论中最为显赫的知识传统。功能主义和结构主义在某种程度上有着共同的起源，也有着重要的共同特征。"我的讨论是局部的和选择性的，因为我想一方面与以前已经出版了的对于解释学和行动哲学的批判联系起来，另一方面与对于功能主义的批判联系起来。"② 在《社会理论的核心问题：社会分析中的行动、结构和矛盾》中，吉登斯第一次将时间—空间作为社会科学的中心概念。这本书连同《社会学方法的新规则：一种对解释社会学的建设性批判》一道被吉登斯称为"非功能主义"宣言。

1984 年，吉登斯《社会的构成：结构化理论大纲》的出版，标志着他的结构化理论"体系"的形成。③ 这为吉登斯赢得了广泛的声誉，也是他迄今

---

① 参见马尔科姆·沃特斯：《现代社会学理论》，杨善华等译，华夏出版社，2000 年，第 54 页。

② 赵旭东认为，在吉登斯看来，在法国的思想传统里，由涂尔干所继承的"社会优越于个体"的观点有着两面性：一方面为功能论的社会学所发展，进而强调了实际社会活动的那一层面；而另一方面则为列维-斯特劳斯的结构主义所发展，强调的则是一种人的结构性认知能力，属于心灵结构的那一向度。以帕森斯为代表的美国现代社会学传统，继承和发展了涂尔干功能论视角的社会观，因此会特别强调能够使社会凝聚在一起的道德良知（moral consensus）；而作为结构主义的列维-斯特劳斯，所遵循的却是欧洲大陆的新康德主义的哲学传统，会更加看重社会自身的理性。对于其社会成员而言，却往往知之甚少，即没有一种清晰的自觉。自瑞士结构语言学家索绪尔以降的结构主义者，实际上都有意地在把行动与结构对立起来。在某种程度上，解释学是吉登斯建构新的社会理论的出发点。参见赵旭东：《结构与再生产：吉登斯的社会理论》，中国人民大学出版社，2017 年，第 16-18 页，第 34 页；吉登斯：《社会理论的核心问题：社会分析中的行动、结构与矛盾》，郭忠华、徐法寅译，上海译文出版社，2015 年，第 9-10 页。

③ 在"体系"上加的引号，是想表明所谓的理论"体系"只是为了方便理解而使用的。因为"系统的体系"恰恰是吉登斯有意避免的。在他看来，这不是方法论上的谨慎或疏忽，而是对社会实践的强调，特别是对社会实践的或然性、对行动者在社会实践中体现为权益性的转化能力的重视。参见杨善华：《当代西方社会学理论》，北京大学出版社，1999 年，第 220-221 页。

为止最常被引用的著作。

1985年,剑桥大学任命吉登斯为社会学教授。同年,他与友人David Held、John B. Thompson共创政体出版社(Polity Press),以沟通英美与欧陆之间的思想文化为宗旨,专门出版社会、政治、文化理论方面的书籍。

第二个阶段,吉登斯开始用结构化理论考察现代性的历程。在他看来,现代性是社会学的基本问题。[①] 1981年,吉登斯出版了《历史唯物主义当代批判》的第一卷《权力、所有制与国家》。1985年出版了《民族—国家与暴力》。[②] 1994年出版了《超越左与右:激进政治的未来》。这三本书构成了吉登斯"晚期现代性批判理论"三部曲。这三部曲建立起完备而独具特色的社会理论体系,对历史唯物主义的反思和重释成为吉登斯构建其庞大历史社会学理论体系的基础。[③] 这种分析基本上沿着两个逻辑思路进行的。一个是分析意义上的,从抽象理论到实际问题;另一个是历史意义上的,从前资本主义到资本主义社会乃至以苏联为代表的社会主义国家。总的目的是关注"历史唯物主义与当代世界之间的关联",更加全面地分析塑造现代性的多种力量。[④]

进入20世纪90年代之后,吉登斯把目光转向了当代西方社会生活,全面分析了他称之为高度发达的现代或现代晚期(high/late modernity)环境下,全球性的影响与最为个人化的自我这两极之间的纽带的形成关系。他跟一位心理治疗专家的长期互动,使他注意到了社会中个人生活的自我、认同、爱与性的表达,还有在这些表达背后所显露出来的社会结构的转变。《现代性的后果》(1990)是吉登斯以在斯坦福大学的讲座为基础改

[①] 吉登斯说,"我所理解的'社会学'并不是有关人类社会整体研究的一门通用学科,而只是社会科学的一门分支,只关注'发达的'或现代的社会。""'社会理论'这个词涵括了我认为各门科学所共同关注的那些论题,这些论题的宗旨是探讨人的行动与行动中的自我的性质,研究应该如何从概念上理解互动及其与制度的关系,努力把握社会研究的实践意涵。"参见吉登斯:《社会的构成:结构化理论大纲》,李康、李猛译,生活·读书·新知三联书店,1998年,第35页。

[②] 吉登斯宣称他从事后马克思主义的分析,《历史唯物主义当代批判》及《民族—国家与暴力》,是他研究历史唯物主义与当代世界之关系的著作。参见黄瑞祺:《当代欧洲社会理论》,浙江大学出版社,2008年,第389页。

[③] 参见郭忠华:《现代性理论脉络中的社会与政治:吉登斯思想地形图》,上海人民出版社,2010年,第98页。

[④] 参见吉登斯:《超越左与右:激进政治的未来》,李惠斌、杨雪冬译,社会科学文献出版社,2000年,译者序言二:第24页。

写成的纲要性的小册子，他尝试用其结构化理论去探讨现代人当前面对的是一个怎么样的世界，以及在这种情况下所感受到的困惑和可见的出路。《现代性与自我认同：现代晚期的自我与社会》（1991）则有选择性地借用了若干心理学的概念，强调现代性的个人内在性，同时集中探讨了现代社会中的自我认同（self-identity）新机制的出现及影响。《亲密关系的变革：现代社会中的性、爱与爱欲》（1992）则把研究的视角深入到了最具隐私性的两性关系上了。

1997 年，吉登斯被伦敦政治经济学院聘为院长。1998 年，他出版了《第三条道路：社会民主主义的复兴》，在学术界和政界引起了相当大的轰动。这本书与《超越左与右：激进政治的未来》成为指导英国工党的姊妹纲领，并成为其恢复失去了近 20 年的执政地位的指导理论。吉登斯也由此从一个学术界的活跃分子变成了西方政治生活中的明星。

吉登斯在拓进理论的同时，也做了大量的普及工作。如他在 1982 年出版的《社会学：批判性简介》就是一本独具特色的导论。1989 年和 1990 年，他分别出版了供英美两国学生使用的多达 800 多页的《社会学》和与此相配合的《社会学原著选读》等，并多次修订再版。

二、双重解释学

吉登斯在《社会学方法的新规则》自序中写道：这是一本关于"方法"的书。它主要是致力于对逻辑问题的澄清。这本书的副标题定为对"解释社会学"（interpretativesociologies）的"建设性批判"（positive critique）。使用"建设性的"这个词只是意味着"赞同的"或是"积极的"。[①]

1. 实证主义的困境

社会科学受到 18 世纪末和 19 世纪初巨大的自然科学和技术进步的影响。吉登斯认为，孔德和马克思都是在自然科学取得胜利的影响下著述，而且二者都认为科学扩展至对人类的社会行为进行研究是人类在理解自身方面获得进步的直接结果。马克思和孔德都努力建立一门关于社会的科学。

涂尔干《社会学方法的准则》可以被视为期待建立与自然科学中所建立的逻辑形式相同的解释性框架的努力。因此，对于观察者来说，他的职责就

[①] 参见安东尼·吉登斯：《社会学方法的新规则——一种对解释社会学的建设性批判》，田佑中、刘江涛译，社会科学文献出版社，2003 年，作者自序第 46 页。

是尽力要使自己与行动者本身所持有的常识观念划清界限。在涂尔干对这种立场的表达中,社会科学家被教导要在研究开始时就阐明他或她的观念,并与日常生活中的潮流相脱离。① 比如,在《自杀论》中,自杀被定义为"所有由死者自己完成并知道会产生这种结果的某种积极或消极举动直接或间接地引起的死亡"。吉登斯认为,这样的定义难以被应用。一个理由是,涂尔干没有觉察到他的表述中存在的差别,因为事实上他所有的分析都涉及自杀统计表的运用,而那些创立这些统计表的官员们则不太可能理解涂尔干提出的"自杀"这个术语表达的意义。

针对这些问题,吉登斯认为,最重要的是描绘出自然科学的确定性在20世纪受到的打击过程。吉登斯列出了科学哲学的最新发展成果。卡尔·波普尔(Karl Popper)确立了演绎逻辑框架中证伪(falsification)的原则②,由此破除了传统的科学观念,取而代之的是作为一个集体事业、一个批判理性制度化的科学认知。但是,恰恰因为强调后者,波普尔的著作也为库恩以及后来某些实质性地偏离波普尔本人观点的科学哲学的发展开辟了道路。按照库恩的理论,"范式"③ 概念的重要性在于它涉及形成"常规科学"行为框架的一系列非常基本的、理所当然的理解。库恩对"常规科学"的阐述表明:不属于变革中特定"革命阶段"的科学发展,依赖于批判理性的悬置——将一系列认识论命题视为理所当然——而不是依赖于作为波普尔科学哲学核心

---

① 参见安东尼·吉登斯:《社会学方法的新规则——一种对解释社会学的建设性批判》,田佑中、刘江涛译,社会科学文献出版社,2003年,第一版导言第69-72页,第238页。

② 波普尔认为,与证实主义相比较,证伪主义有两个优点。第一,科学理论一般都表达为全称判断。经验的对象却总是个别的,个别的事例无论重复多少次,也证实不了一个全称判断。第二,科学史中的事实证明,当人们寻求证实而不能达到目的的情况下,人们往往借助一些辅助性的特设来为预先设定的理论辩护。这样,证实主义往往堕落成教条进行辩护的工具。证伪主义可以避免辩护主义、教条主义的危险。证伪主义告诉人们,一切科学理论都只是猜测和假说,它们不会被最终证实,但却会随时被证伪。证伪主义的方法是试错法。试错法对理论的修改、完善或否定是永无止境的。参见赵敦华:《现代西方哲学新编(第二版)》,北京大学出版社,2014年,第346-347页。

③ 托马斯·库恩(Thomas Kuhn)对科学发展持历史阶段论。每一个科学发展阶段都有特殊的内在结构。体现这种结构的模型即库恩所说的范式(paradigm)。范式通过解决科学发展中提出的关键性、全局性问题,描述了新的世界观图式。范式的变动,如从地心说到日心说,从牛顿引力论到广义相对论,都不是个别概念或定律的转换,而是世界观的变化。参见赵敦华:《现代西方哲学新编(第二版)》,北京大学出版社,2014年,第352页。

的批判理性内在的"持久革命"。①

吉登斯认为,库恩夸大了范式的内在统一性。意味着库恩往往将范式当作"封闭的"体系来对待。虽然,爱因斯坦的物理学深刻地突破了牛顿物理学,但它依然与牛顿物理学有着直接的连贯性;即使新教在基本方面与天主教不同,但是如果去除它对后者的批判性联系,新教的内容也不可能被充分理解。因此,库恩对"范式"的运用,以及它引起的一些难题,尽管名义上被限定在科学史和科学哲学中,但却显然和其他完全不同的哲学传统中提出的如"语言游戏"(维特根斯坦)、"多重现实"(詹姆斯、舒茨)等概念有相同之处,在某些方面必须被解释性地加以领会,也就是说,涉及通常称之为意义框架的情况。②

社会理论必须将一种行为分析具体化为受人类行为者自反性控制的理性行为,必须深刻地理解语言在实践中的重要性,语言是使实践成为可能的媒介。任何一个人,只要他意识到以语言为媒介的自我反思(self-reflection)是人类的社会行为所不可所缺的,就必须承认他或她自己作为一个社会"分析家""研究者"等所从事的活动也同样如此。

2. 解释社会学和批判理论

除了社会学中的实证主义传统之外,《社会学方法的新规则——一种对解释社会学的建设性批判》的另一个重要对话者就是书名副标题中所显示

---

① 吉登斯举例说,对波普尔科学哲学中证伪概念提出的非难,是直接与温奇以及早一代的列维-布留尔(Lévy Bruhl)所提出的问题相关联的,这些问题关心的是西方科学和非工业化社会中的宗教或巫术实践之间的相似和差异。阿赞德巫术拥有一种宇宙哲学,这种宇宙哲学可以轻易地应付——对一个外行来说——或许看来是"不确定的"情况。如果一个人寻求通过巫术手段去伤害或杀害另一个人,而另一个人却仍然保持着良好的身体状况,阿赞德巫术能够很容易地解释为什么会这样。参见安东尼·吉登斯:《社会学方法的新规则——一种对解释社会学的新批判》,田佑中、刘江涛译,社会科学文献出版社,2003年,第246页。

② 参见安东尼·吉登斯:《社会学方法的新规则——一种对解释社会学的建设性批判》,田佑中、刘江涛译,社会科学文献出版社,2003年,第253-256页。

的：解释社会学（interpretativesociologies）①。吉登斯指出，这类解释社会学都关注着与人类行动"解释性理解"相关的语言及意义问题。共同之处集中体现为：首先，理解不应该被当作社会科学家特有的研究技巧，而应被视为所有社会互动本身具有的普遍性内容；其次，社会研究者与普通行动者在理解行为的意义时，利用的是同样的资源，社会科学观察者不能将普通百姓的"实践的理论化"（practical theorizing）仅仅视为进行"科学地"理解人类行为的绊脚石而踢开；第三，通常被社会成员运用以构成有意义社会世界的知识储备，依赖于不言自明或暗示性的知识。这种知识是行动者很少能以预先设定的形式进行表达的"知识"，也是和科学观念并不相关的知识；第四，社会科学家所运用的概念连接于或依赖于普通百姓在维持一个有意义社会世界时对所运用概念的这种先在理解。

吉登斯认为，这些主题存在着限制。首先，每一个结论都把行动当作有意义的而不是把行动当作实践的——涉及具有利益的现实实现的行动者，包括通过人类活动与自然界进行的物质交换。第二，没有认识到社会生活中权力的核心地位。两个人之间短暂的对话甚至也是一种权力关系，这可能会给参与者带来不平等的资源。第三，社会规范或规则能够进行不同的解释；对"相同"观念体系的不同解释在于基于利益分配的斗争中心——例如，在西方基督教历史中出现的天主教和新教之间的斗争。②

由于解释社会学并没有更多地讨论制度变迁及历史的问题，吉登斯转向了以哈贝马斯为代表的批判理论等传统。吉登斯认为，在哈贝马斯早期著作中，社会科学被分为经验主义分析的、解释学的和批判的三种类型，并分别对应于"认知兴趣"的三种类型。对哈贝马斯来说，社会科学既有解释性也有法理性（"准自然主义"）；并且这两种方式也必须得到第三种方式——批

---

① 吉登斯认为，第一种思潮是人文学科或者"解释哲学"的传统，在德国，这一传统可以追溯到18世纪。马克斯·韦伯深受这一传统的影响。第二思潮起源于后期维特根斯坦思想的影响，它大致与奥斯汀（Austin）的"日常语言哲学"及日常语言哲学后来形成的流派属于同一类。第三种思潮是现象学。吉登斯在作者自序中做了说明，他认为，将这些思想流派冠之以"解释社会学"有点不恰当，因为对于那些被讨论著作的作者而言，其中有些人是想将他们的著说与"社会学"区别开来。我使用"解释社会学"这个术语，只是因为没有其他可用的词汇能涵盖这一系列共同关注"有意义行动"（meaning action）。参见安东尼·吉登斯：《社会学方法的新规则——一种对解释社会学的建设性批判》，田佑中、刘江涛译，社会科学文献出版社，2003年，作者自序第46页，正文第85-86页。

② 参见安东尼·吉登斯：《社会学方法的新规则——一种对解释社会学的建设性批判》，田佑中、刘江涛译，社会科学文献出版社，2003年，第130-131页。

判理论——的补充。在哈贝马斯的早期作品中，精神分析的谈心治疗（psychoanalytic encounter）被当作解释学的解释、法理学的说明和批判理论之间关系的一个范例。用哈贝马斯的话来说，是"具体表现系统的自我反思的科学的唯一切实的范例"。因为理解被分析者的言语表现、说明他们的（隐藏的）含义是精神分析者的目标，这个目标通过对话来实现，所以精神分析首先和最重要的就是解释。但是精神分析的理论和实践并没有仅仅停留于解释学的层面；为了有原因地解释为什么被分析者提供的经验描述之下的内容被扭曲地表现出来，或者为了揭示出意识难以达到的东西，深入研究这些内容是精神分析家的一个实质目标。在精神分析的治疗过程中，分析家经常从一种标准或参照框架，转到另一种标准或参照框架，从而"解释"存在于个体被扭曲的自我理解之后的东西是什么。

吉登斯认为，哈贝马斯提出的理论并没有起到一个让人满意的分析框架的作用。哈贝马斯呼吁总体上把精神分析作为社会科学的一个理论和实践范例，这显然有些引人注目，因为它似乎体现了他关注的每一个方面：经由"辩解"（explanation）中介过的"诠释"（interpretation），包括通过与分析者对话达到提高被分析者理性自治的目的。然而，对批判理论来说，精神分析似乎是一种相当浅薄的模式，因为分析者和患者之间的关系毕竟是一个明显不对称甚至是专制的关系；然而，哈贝马斯只是再一次使用他的理想化观点。①

英美哲学家的许多著作，已经关注到了行动哲学（philosophy of action）的问题。吉登斯认为，造成行动哲学近期文献具有芜杂性的原因在于没有将彼此需要加以区别的不同问题分开看待。解释社会学表现为"强行动而弱结构"。它们把人看作有目的的能动者，这些能动者意识到他们自己是有目的的能动者，而且有很多理由解释他们所做的一切；但是，它们几乎没有什么方法来应对功能主义者和结构方法中相当重要的问题——强制性问题、权力问题和大规模的社会组织问题等。另一方面，第二种方法虽然"强结构"，可是又"弱行动"。行动者似乎被看作惰性的、无能的——更像是外在力量的玩偶而非他自己。

由于马克思主义表现出对过程、冲突和变迁无所不在的强调，吉登斯注意到同马克思的实践本体论相吻合的社会生活的生产和再生产这一基本观念。

---

① 参见安东尼·吉登斯：《社会学方法的新规则——一种对解释社会学的建设性批判》，田佑中、刘江涛译，社会科学文献出版社，2003年，第151-154页。

吉登斯指出，人类在与自然的交换中"自由地"生产，在自相矛盾的意义上说，为了在其中生存下来，他们被迫能动地改造物质世界。互动结构再生产的主要条件：社会行动者的构成能力；作为能动行为形式的这些能力的合理化；互动场景中未被解释的特征，它们能够促成和允许这些能力得以训练，这些能力可以根据动机的要素以及我愿称之为的结构的二重性（duality of structure）得到分析。[①]

3. 双重解释学

社会学关注的不是一个"预先给定的"（pre-given）客体世界，而是一个由主体的积极行为所创造的世界。人类社会性地改造自然界，而且通过"人化"自然改造着人类自身。[②]

"双重解释学"意味着社会科学的逻辑必然包含着两套意义框架：其一是由普通行动者构成的充满意义的社会世界，其二是社会科学家创造出来的元语言。这两者在社会科学的实践中相互交织，相互渗透。每一个（健全的）社会成员都是一个实践的社会理论家；在保持任何一种日常接触的过程中，他或她通常都以一种自然而然的、习以为常的方式利用社会知识和理论，而且这些实践资源的使用恰好就是产生日常接触的条件。同样，这些资源（共有知识）被社会科学家在从事任何研究的过程中经常加以使用。在根本的意义上，社会学家与常人的所作所为并没有什么不同。

双重解释学引发的后果，首先是社会科学的平庸性与实践影响。社会科学涉及双重解释问题，由社会科学发展出来的概念和理论发生的效力，是由进行概括和理论思考的个人的各种行动所构成的。社会科学的概念被创造出来分析社会世界，而同时又反过来被纳入这个世界。其次，社会科学概括的历史性。我们无法将社会科学的理论和结论与它们所探讨的意义及行动世界截然分开。人的实践活动具有反思性，使得在有关人的社会行动的概括过程中牵涉到的因果条件本质上并不是一成不变的，所以社会过程永恒的抽象定律是不存在的，社会理论的东西只不过是些概念框架，而不是由某些普遍化

[①] 参见安东尼·吉登斯：《社会学方法的新规则——一种对解释社会学的建设性批判》，田佑中、刘江涛译，社会科学文献出版社，2003年，第198-200页。

[②] 参见安东尼·吉登斯：《社会学方法的新规则——一种对解释社会学的建设性批判》，田佑中、刘江涛译，社会科学文献出版社，2003年，第277页。

的解释命题构成的。社会科学的概括就其性质而言，是"历史的"，概括得以成立的环境在时间和空间方面都是有一定范围的。①

三、结构化理论

1. 行动者的分层模式（stratification model）

吉登斯指出，结构对于实践，如同语言规则对于说话行为的差异。为了解决主体与结构是如何相互作用的这一难题，首先应该有一种新的建立在实践（praxis/practice）基础上的行动理论。②

吉登斯认为，人的行动是作为一种绵延而发生的，是一种持续不断的行为流，即使我们说行动是有目的的，不等于说它是由一系列单个分离的意图、动机或理由所组成。行动（action）并不是一些行为（acts）的组合：只有在我们对已经经历过的经验的绵延给予话语层次上的关注的时刻，所谓的行为方式才得以构成。另外，我们也不能脱离身体来讨论行动，因为身体正是行动与它们周围世界的中介，是行动中的自我的统合体（coherence）。

在界定了行动的含义以后，吉登斯具体分析了行动的载体，即行动者。他认为，行动者是一个人格体系。他借鉴了弗洛伊德的心理结构模式的分析来说明这个体系的构成。吉登斯划分出了三个意识层面：无意识（unconsciousness）、实践意识（practical consciousness）和话语意识（discursive consciousness）。③ 实践意识是行动者关于（尤其是自身行动的）社会条件所知晓（相信），但无法以话语形式表达的那些意识；而话语意识则是指行动

---

① 参见侯均生：《西方社会学理论教程（第四版）》，南开大学出版社，2017年，第364页。

② 吉登斯在《社会理论的核心问题》中指出，结构化理论以对一种缺失——社会科学中行动理论的缺失——的论述作为开端：社会科学中缺乏有关行动的理论。《社会学方法的新准则》已就这一点进行过详细的讨论。参见吉登斯：《社会理论的核心问题：社会分析中的行动、结构与矛盾》，郭忠华、徐法寅译，上海译文出版社，2015年，第2页。

③ 吉登斯说，他用这些概念来取代传统精神分析的三维概念：自我（ego）、超我（super-ego）和本我（id），原因在于弗洛伊德对自我和本我的区分无法很好地用于分析实践意识，精神分析理论与我们前面所说的其他社会思潮一样，都未能奠定实践意识的理论基础。吉登斯采用了埃里克森（Erikson）的心理分析观点，许多行为背后的基本力量是无意识的一连串过程，以求在同别人的互动中得到"信任感"。参见吉登斯：《社会的构成：结构化理论大纲》，李康、李猛译，生活·读书·新知三联书店，1998年，第67页，114页，121页。

者关于（尤其是自身行动的）社会条件所能说出或给出言语表述的意识，即具有话语形式的自觉意识。在实践中，行动者的认知能力只有一部分表现为话语意识。就行动者能力之所及的层面而言，社会系统的结构性特征是根植在实践意识中的。①

行动者的日常行为总是体现为在特定时间和空间中的"行动流"，使得这种行动流得以可能和连续发生的机制是"记忆"。记忆扮演了行动片段之间的联系纽带。在吉登斯看来，记忆并不是如人们所想象的那样仅仅是一种"逝去的过去"，也不仅是一种"唤回机制"，以恢复或回忆以前的信息。毋宁说记忆是过去得以影响未来的中介。也就是说，记忆不完全指"过去经验"在大脑中的储存——尽管它的确依赖于过去所获得的经验——因为行动者所意识到的东西不可能总是被限定在一个特定的时间点上。相反，记忆实际上是指一种内在化于人们日常生活中的"时间技能"。凭借这种技能，行动者能够根据不同的场所而唤回相应的行为模式，因此，从这种角度而言，记忆充当了实践意识、话语意识与反思性监控之间的联系纽带。②

图 15-1 展示的是行动者的分层模式。③

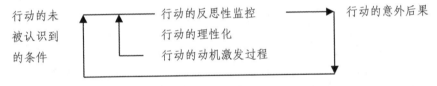

图 15-1　分层模式

对图 15-1 的解释主要是概念上的。图中行动的未被认识到的条件将会

---

① 沃特斯认为，吉登斯的实践意识即加芬克尔所说的理所当然的现实。如果要求行动者给出一个说法，那么实践意识的成分就能迅速上升到话语的层面。在这儿沃特斯也指出了吉登斯的结构化理论与解释性社会学的分野。他说，针对解释性社会学关注的意图，也就是目的动机，吉登斯说，只是在个体进行回顾注视或给出说法时才成为一个问题。我们应该集中关注社会的生产和再生产，关注社会的结构化。参见马尔科姆·沃特斯：《现代社会学理论》，杨善华等译，华夏出版社，2000 年，第 52 页，第 55 页。

② 参见吉登斯：《社会的构成：结构化理论大纲》，李康、李猛译，生活·读书·新知三联书店，1998 年，第 114-118 页。

③ 参见吉登斯：《社会的构成：结构化理论大纲》，李康、李猛译，生活·读书·新知三联书店，1998 年，第 65 页。

造成行动的意外后果,而行动的意外后果将进一步构成行动的未被认识的条件。① 解释的关键在于其中的过程。行动的反思性监控是日常行动的固有特性,他们习以为常地监控着自己所处的情景的社会特性与物理特性。它受两层意识的影响,即话语意识和实践意识。行动的理性化是指行动者对自身活动的根据始终保持"理论性理解"——这同样是例行性的,一般地也足以应付。但即使说行动者拥有这样的理解,也并不意味着他们对行为的各个具体部分都能以话语形式给出理由,更不等于以话语形式详细地阐述这类理由的能力,这里体现了实践意识的影响。动机指的是激发这一行动的需要。不过,动机激发过程并不与行动的连续过程直接联系在一起,它所指涉的与其说是行动者惯常的行动样式,不如说是行动的潜在可能。② 它对应的是无意识,即行动者的本体性安全系统(ontological security system)。③ 不过,吉登斯在诉诸心理因素的分析时,并未采取弗洛伊德式的分析思路,认为无意识并不对行动的反思性监控和理性化产生十分深刻的影响。相反他大量吸取

---

① 吉登斯分析了三种意外后果。第一种是由某种偶发情境而引起的意外后果,例如某人进屋开灯,却无意惊走了正在偷盗的窃贼。吉登斯认为:研究这类意外后果的关键在于追溯性地考察意外后果与偶发情境之间的因果联系,以及追问偶发事件在因果序列中的作用。第二种情况是"由一系列个体活动复合而成的模式",每个个体活动是有意识的,但是众多个体活动汇集在一起,却形成了谁也意识不到的结果,吉登斯称之为"人人为之,可又无人为之"。这种情况相当于所谓"集体无意识"和"历史无意识"。吉登斯认为这种"复合效应"或"偏离效应",不应仅仅从理性与非理性的标准去评价,实际上是社会生活中不可避免的意外后果形式之一。第三种情况是默顿高度重视的,"在这种情况下,研究者的兴趣在于制度化实践再生产的机制。在这里,行动的意外后果以某种非反思的反馈圈(即因果循环)的形式,构成了进一步行动的条件。"这是说,大量的循环往复的意外后果,不断积累形成了人们认可并受制于其中的社会制度,亦即社会生活的制度化。参见吉登斯:《社会的构成:结构化理论大纲》,李康、李猛译,生活·读书·新知三联书店,1998年,第74-75页。默顿的相应观点,可以参考论文 *The Unanticipated Consequences of Purposive Social Action*(意图行动的非预期影响)(载于《美国社会学评论》),以及 *Manifest and Latent Function*(《显功能与潜功能》)(载于默顿专著《社会理论与社会结构》)。

② 特纳认为,事实上,吉登斯认为许多动机是无意识的。不存在行动和动机之间的一一对应关系。这表明对结构化理论而言,实践意识的观念具有根本性的意义。参见乔纳森·H. 特纳:《社会学理论的结构(第七版)》,邱泽奇、张茂元等译,华夏出版社,2006年,第457页。

③ 这里的本体性安全指的是对自然界和社会世界的表面反映了他们的内在性质这一点的信心或信任,包括自我认同与社会认同的基本存在性衡量因素。参见吉登斯:《社会的构成:结构化理论大纲》,李康、李猛译,生活·读书·新知三联书店,1998年,第524页。

了莱恩（Laing）、埃里克森等人的心理学的学说，重点分析可以预见的常规例行行为对本体性安全的维护作用，以及人们出于维持本体性安全，乐于接受和置身于例行化活动之中的心理需要。① 特纳将其归纳为图15-2所示的行动者动态图，由此可以确信制度化模式是隐含于行动者的某种本性之中，制度和行动者互不可缺，因为制度是行动者再生产出来的实践，而行动者有意识或无意识的动力依赖于制度模式所提供的惯例和区域。

制度化模式	↔	在情景中的互动	↔	行为的反思性监控	↔	通过话语意识达到理性化	↔	通过实践意识实现理解	↔	无意识压力	↔	无意识动机以维持本体的安全感（获得和减少焦虑）
a. 地域化背景		（社会系统）										
b. 惯例化背景												

图 15-2　动态行动②

2. 时间与空间

人创造了社会，但他们也受着一定客体性因素的制约。对吉登斯来说，最主要的客体性因素就是时间和空间。应该把对秩序的探讨变为社会体系究竟是怎样把时间和空间"连接"起来的。在这里，秩序问题应被看成是时间-空间伸延（time-spacedistanciation）的问题。③ 人只能在特定的时空条件下相遇，而时空就像社会剧场的脚本一样在规定着人与人之间的角色的分工。举例来说，在传统社会中，时间和空间总是天然地"捆绑"一起的，人们依据空间位置的变化（例如太阳从东西的位置变化）去测定时间的流逝，同时又用时间的跨度去表明空间的距离（比如传统社会里人们会习惯上说，"从甲地到乙地的路程为半天"）。进入现代社会之后，时间开始成为可以通过标准度量的，脱离了具体地点和场景的"空洞化"了的东西；在空间方面，随着工场代替了家庭，这一空间的集中强调并促进了纪律协作，使资本主义的生产方式得以推行。但大多数社会分析学者仅仅将时间和空间看作是行动

---

① 在《附论：弗洛伊德论失言》中，吉登斯认为，日常谈话是"松散"或有漏洞的，或者说拿它与某种理想化模式相比时是如此，但与人的实践融为一体的日常谈话中，这却是一个普遍的特征。参见杨善华：《当代西方社会学理论》，北京大学出版社，1999年，第225-226页；吉登斯：《社会的构成：结构化理论大纲》，李康、李猛译，生活·读书·新知三联书店，1998年，第191页。

② 参见乔纳森·H.特纳：《社会学理论的结构（第七版）》，邱泽奇、张茂元等译，华夏出版社，2006年，第458页。

③ 参见安东尼·吉登斯：《现代性的后果》，田禾译，译林出版社，2011年，第12页。

的环境，并不假思索地接受时间为一种可以测量的钟表时间的观念。社会科学家们一直未能围绕社会系统在时空延伸方面的构成方式来建构他们的社会思想。

在大量借鉴了时间地理学、城市区位地理学的思想，以及海德格尔等人的时空观后，吉登斯指出，从时间的角度看，我们可以从时间是否可逆（reversible）来区分以下三种情况。详见图15-3所示。①

图 15-3 时间性的向度

在日常生活连续性中组织起来的实践活动，是结构二重性的主要实质形式。可逆的制度时间既是它的条件，又是它的后果。所有的社会系统，无论其多么宏大，都体现着日常社会生活的惯例，扮演着人的身体的物质性与感觉的中介，而这些惯例又反过来体现着社会系统。

例行化（routinization）是社会互动关系在时间流程中的再生产。在时间的流逝中，人们有序和可预知的态度延伸其互动，认识到他们需要别人的信任。因此，例行化是纷繁复杂的整个日常生活活动的习惯性、不言而喻性；盛行的各种熟视无睹的行为风格与形式，它们既有助于增强本体性安全感，又为后者所巩固。各种活动日复一日地以相似方式进行，它所体现出的单调重复的特点，正是社会生活循环往复的特征的实质根基。

从空间的角度看，吉登斯用场所（locale）取代了时间地理学家赫格斯特兰德（T. Hagerstrand）的位置（place），这是因为地点只是指称空间中的某一点，但在社会理论中，场所是一种特定的物质区域，是互动背景的组成部分，具有明确的边界。因此，所谓在场（presence）与不在场（absent）则有了新的含义。

如吉登斯所说的那样，场所的典型特征是它们一般在内部实行区域化（regionalization）。区域化指的是在场所之内或场所之间各区域在时间、空间

---

① 参见吉登斯：《社会的构成：结构化理论大纲》，李康、李猛译，生活·读书·新知三联书店，1998年，第102页。

或时空上的分化。① 由此可以"指引"人们在一种比较熟悉的氛围之下进行自己的日常生活，而无须随时考虑处在具体场所和互动过程中时，到底应该采取怎样的行动。

行动者互动模式的例行化使其在时间上保持延续，因此再生产出结构（规则和资源）和制度。同时，例行化使行为具有可预见性，由此可产生本体性安全感。同样，区域化通过将行动者安置在与他人相关联的空间，并且限制他们如何表现自己和行动来固定空间中的行为。跟惯例一样，互动的区域化对更广的结构模式和行动者的本体性安全的维持非常关键，因为它规定了人们在时空中的互动，这又反过来再生产了结构，并迎合了行动者本体性安全的需要。

3. 结构二重性

沃特斯认为，结构观念要融入理论中，可以经由三条可行的途径。其一来自建构主义社会学，认为结构是人类有意无意创造出来的，这种结构思路的一个重要例证就是吉登斯的结构化理论。社会结构的第二种思路，不是把它看作一个实存现象，不一定非得出自人类的建构，而是看作一个观察者的范畴，一个呈现在社会学家脑海中的概念。倡导这一思路的是英国社会人类学先驱拉德克利夫-布朗（Radcliff-Brown）。第三种思路是结构被当作潜藏于外在表象之下的决定因素。比如列维-斯特劳斯就是其中的代表。②

对于吉登斯来说，行动者创造出社会可不是白手起家。其中包含了两个重要的因素：规则（rule）和资源（resource）。

那么，什么是规则？

吉登斯列出了以下四种情况。

（1）国际象棋中将杀的规则如下……

（2）公式：$An = n^2 + n - 1$

（3）张三每天清晨六点起床，已成为规律（as a rule）

---

① "区域化"不能仅仅被理解为空间的局部化，它还涉及了与各种例行化的社会实践发生关系的时空的分区（zoning）。自从芝加哥社会学家帕克（Park）和伯吉斯（Burgess）早期工作以来，当代社会在城市地区的区域化已经得到了非常广泛的研究。在世界经济体系中，"已经确立地位的"西方核心的工业国维持着一种中心位置，它的基础是这些国家在时间上领先于那些"欠发达"社会。参见吉登斯：《社会的构成：结构化理论大纲》，李康、李猛译，生活·读书·新知三联书店，1998年，第221-222页，第525页。

② 参见马尔科姆·沃特斯：《现代社会学理论》，杨善平等译，华夏出版社，2000年，第52页，第100-101页。

(4) 规章（rule）规定，全体工人必须于上午八时上班①

以上四种类型的规则里，第（1）种与第（4）种情况分别代表了两种类型的规则，前者是构成性的（constitutive），后者是管制性的（regulative）。第（2）种情况代表的是一种适用于一系列情况和场合的一般化的批评。第（3）种情况下，规则多少相当于习惯和惯例活动。

归纳上述类型，我们可以体会到，规则不只是同某些特殊的举动（例如：游戏中某一棋子的移动）相连的定理，相反，同实践紧密相关的规则，只应在社会整体发展的历史环境中才能被正确理解。从这个意义上讲，规则是行动者在各种环境下面理解和使用的"可归纳而得的程序"。吉登斯指出，规则常常是因为行动者了解含糊并提供给他们行动的相关程式的方法论和技术。在社会生活中，并不存在游戏中的某一举动与某一规则之间的一一对应关系。社会的实践活动是同一系列互相连接彼此交错的规则群相联系而存在的。吉登斯认为，规则并不只是对人们如何行动的概括，它们是实践活动的生产与再生产的条件与中介。

那么，何为资源？

资源是行动者用来处理事务的工具。吉登斯区分出配置性资源（allocative resource）和权威性资源（authoritative resource）。所谓配置性资源指的是权力实施过程中所使用的物资资源，包括自然环境以及各种人工制成品，其源泉是人类对自然界的支配；权威性资源则是指在权力实施过程中的非物资性资源，其源泉是一些人相对于另一些人的支配地位。权力的概念本身是一种转化的能力（transformative capacity）。资源本身并不是权力，它只是权力的中介。

吉登斯指出，所谓结构，指的是循环反复地卷入社会系统再生产的规则和资源；只作为记忆痕迹，作为人类认知能力的生物基础而存在，具体体现在行动之中。结构二重性，指的是结构同时作为自身反复组织起来的行为的中介与结果。社会系统是由通过时空再生产出来的行动者或集合体之间的各种关系构成的，我们可以认为系统是被规则和资源"结构起来了的"（structured）模式化社会关系。社会系统的结构性特征并不在于行动，而是反复不断地卷入行动的生产与再生产。而结构化（structuration）便是社会关系

---

① 参见吉登斯：《社会的构成：结构化理论大纲》，李康、李猛译，生活·读书·新知三联书店，1998年，第82页。

凭借结构的二重性，跨越时空而不断形成结构的过程。①

吉登斯曾经把结构与互动的关系比作语言（language）与言语（speech）的关系。与此相似，互动是主体在特定时间-空间里的活动中并通过这些活动而产生的，但结构（规则与资源）本身却是外在于时间-空间的。结构在互动中得以实现，并且使互动有了章法，规则和资源又在这一过程中被再生产出来。它们之间的相互关系如图 15-4 所示。②

```
互动         沟通   ------  权力   ------  约束
（模态）     解释图示 ------ 便利手段 ------ 规范
结构         表意   ------  支配   ------  合法化
```

图 15-4 结构化模态

从图 15-4 中可得知，在互动过程中，行动者彼此交流着意义，通过各自利用在相当大程度上可以相互理解的意义框架，实现沟通的目的，在结构的层面上可以通过语义的规则分析其中的意义；其次，行动者的日常互动无不体现权力的作用，并以各种机制为中介来保证获取某种特定的后果，在结构层面上体现为支配机制；最后，以规范为媒介，行动者在互动中彼此施加一定的约束，而这些规范在结构层面上体现为具有道德意涵的强制性规则，从而通过合法化的过程成为一个合法性的象征。③

制度（institution）作为行为标准化了的模式（standardised models of behavior），吉登斯把这种行为标准化了的模式放置在社会生活的时空背景中去。④ 由此认为，制度是深入而持久地嵌入时间与空间中的（通过规则与资源）建构社会系统的连续性的实践。

吉登斯对制度进行了分类，表明隐含在互动中的规则和资源的分量。以图 15-5 中的结构层面的意义—支配—合法化为轴线，各种不同的排列顺序意味着不同的制度体系。比如，在符号秩序中意义居首位，其次是支配，最后才是合法化。政治制度、经济制度和法律制度的解释也依此类推。不过在

---

① 参见吉登斯：《社会的构成：结构化理论大纲》，李康、李猛译，生活·读书·新知三联书店，1998 年，第 522 页、526 页。
② 参见吉登斯：《社会的构成：结构化理论大纲》，李康、李猛译，生活·读书·新知三联书店，1998 年，第 94 页。
③ 参见吉登斯：《社会的构成：结构化理论大纲》，李康、李猛译，生活·读书·新知三联书店，1998 年，第 226—227 页。
④ 参见赵旭东：《结构与再生产：吉登斯的社会理论》，中国人民大学出版社，2017 年，第 59—60 页。

政治制度和经济制度中支配被分为权威性支配和配置性支配两种类型。详细情况见图 15-5。①

结构	理论	制度
表意-支配-合法化	符码理论	符号秩序/话语型态
权威性支配-表意-合法化	资源权威化理论	政治制度
配置性支配-表意-合法化	资源配置理论	经济制度
合法化-支配-表意	规范调控理论	法律制度

图 15-5　制度的分类

在此略微提及一下吉登斯对社会类型的分析。吉登斯指出，所谓结构性原则（structural principles），指的是社会总体的组织原则；它是一个或一类社会的总体制度所牵涉的因素。② 它使系统在时空中得到延伸，并顾及系统的整合，或者维持一个社会中单位之间的相互关系。在排除进化意味的前提下，吉登斯划分了在不同时代存在过的社会类型。它们主要包括部落社会（tribal society）、阶级分化社会（class-divided society）和阶级社会（class society）。吉登斯认为，阶级社会即是资本主义社会，结构性原则可归结为例行化、亲属关系、监控、政治军事权力和经济的高水平相互依赖。③

结构化理论对现实研究有借鉴意义。吉登斯以威利斯对学校非正式群体的分析为例，该著作力图表明，在一个有限的情境中，这帮"伙伴"的活动是如何参与了更大规模的制度形式的再生产。这也体现了他所说的，"结构化理论如果无助于阐明经验研究中遇到的诸多问题，就不会有太大的价值。"④

---

①　参见吉登斯：《社会的构成：结构化理论大纲》，李康、李猛译，生活·读书·新知三联书店，1998年，第96页，99页。

②　参见吉登斯：《社会的构成：结构化理论大纲》，李康、李猛译，生活·读书·新知三联书店，1998年，第526页。

③　部落社会中主导性的场所组织形式为聚居群或村庄；阶级分化社会中主导性的场所组织形式为城乡互依；阶级社会中主导性的场所组织形式为人造环境。参见吉登斯：《社会的构成：结构化理论大纲》，李康、李猛译，生活·读书·新知三联书店，1998年，第286页；郭忠华：《现代性理论脉络中的社会与政治：吉登斯思想地形图》，上海人民出版社，2010年，第120-121页。

④　参见吉登斯：《社会的构成：结构化理论大纲》，李康、李猛译，生活·读书·新知三联书店，1998年，第51页，423页。另，吉登斯文中所说的威利斯的观点，出自威利斯专著《学做工：工人阶级子弟为何继承父业》，该书中文版已由译林出版社2013年出版。

四、现代性的后果

1. 断裂

肇始于中世纪后期的启蒙运动本质上是人类追求确定性的体现。它是在人本主义和理性主义的基础上,旨在以一种人为设计的方式建立一个稳定和绝对安全的环境。正是在启蒙精神的指引下,现代性才逐步显露其轮廓,并以一种恢宏的气势在全球扩展开来。在《现代性的后果》中,吉登斯指出,"何为现代性,首先,我们不妨大致简要地说:现代性指社会生活或组织模式,大约十七世纪出现在欧洲,并且在后来的岁月里,程度不同地在世界范围内产生着影响。"[①]

在科学精神的影响下,人类从与环境的相互依赖关系中被提升出来,开始以一种主体的姿态去审视、支配和掠夺自然。在民主精神的推动下,一切传统的、宗法的、血缘的或等级的关系都不再是合法的了,社会个体成为公民。工业革命和法国大革命的交汇点不仅成为西欧社会转型的起点,而且还成为世界转型的标志。

现代资本主义社会的诞生并没有达到社会发展渐进模式中的最高点,相反,它是一种与以前的社会秩序具有巨大差异的社会。现代性以前所未有的方式,把我们抛离了所有类型的社会秩序的轨道,从而形成了其生活形态。过去三至四个世纪以来出现的巨大转变如此剧烈,其影响又是如此广泛而深远。

我们可以从下列要素中识别这种断裂:首先,是现代性时代到来的绝对速度。这一点在技术方面表现得最为明显,它还渗透进了所有其他领域。其次,断裂体现在变迁范围上。当全球的各个角落都开始与其他地区发生相互联系时,社会巨变的浪潮实际上已席卷了地球的整个层面。最后,是现代制度的固有特性。某些现代社会的组织形式并不能简单地从此前的历史时期里找得到,例如,民族国家的政治体系的形成。

2. 动力机制

吉登斯用"时间和空间的分离(separation of time and space)""脱域

---

① 参见安东尼·吉登斯:《现代性的后果》,田禾译,译林出版社,2011年,第1页。

机制（disembedding mechanism，或译为"抽离化机制"）的发展"及"知识的反思性（reflexivity）应用"三种主要来源解释现代性的动力。

时间与空间的分离以时间和空间的"虚化"（empty）作为前提。在前现代社会，时空总是与具体的情境联系在一起。但是，时间和空间的标准化使之成为一种虚化的时空，变成了一种没有内容的、只具有形式统一性的时空。"时间的虚化"表现在钟表的出现上。空间的虚化则表现在地图上。"时间的虚化"在很大程度上是"空间的虚化"的前提。统一时间是控制空间的基础。可以从空间与地点（place）相分离的角度来理解"虚化空间"的发展。强调空间与地点这两个概念的区别极为重要，因为人们在使用这两个概念时，常常大体上把它们看成是同义词。"地点"一词可以通过场所概念化。场所指的是社会活动的物质环境在地理上的分布。在前现代社会，空间和地点总是一致的，因为对大多数人来说，在大多数情况下，社会生活的空间维度都是受"在场"的支配，即地域性活动支配的。现代性的降临，通过对"缺场"（absence）的各种其他要素的孕育，日益把空间从地点分离了出来。场所完全被远离它们的社会影响所穿透并据其建构而成。①

时空分离是脱域过程的初始条件。时空分离及其标准化了的、"虚化"的尺度的形成，凿通了社会活动与其"嵌入"（embedding）到在场情景的特殊性之间的关节点。社会关系从地方性的场景中"挖出来"（lifting out）并使社会关系在无限的时空地带中"再联结"。确切地说，这种"挖出来"就是脱域的内涵，对于由现代性所引入的时空分离的巨大增长而言，脱域是关键因素。② 脱域机制存在两种表现形式，第一种是象征标志（symbolic tokens），第二种是专家系统（expert system）。所谓象征标志，指的是相互交流的媒介，它能将信息传递开来，用不着考虑任何特定场景下处理这些信息的个人或团体的特殊品质。象征标志可以分为不同的种类，例如，货币符号。专家系统，指的是由技术成就和专业队伍所组成的体系，正是这些体系编织着我们生活于其中的物质与社会环境的博大范围。绝大多数非专业外行仅以不定期的间断方式去咨询律师、建筑师、医生以及其他"专业人士"。但是融专业知识于其中的这些体系却以连续不断的方式影响着我们行动的方

---

① 参见安东尼·吉登斯：《现代性的后果》，田禾译，译林出版社，2011年，第16页。

② 参见安东尼·吉登斯：《现代性与自我认同》，赵旭东、方文译，生活·读书·新知三联书店，1998年，第19页。

方方面面。① 所有的脱域机制都依赖于信任（trust）。因此，信任在本质上与现代性制度相连。信任在这里被赋予的，不是个人，而是抽象能力，但也因此带来了巨大的风险。

知识的反思性应用以"怀疑原则的制度化"为基础，是制度化了的反思性，它发生在跨越时空的抽象系统再生产的层面。社会实践总是不断地受到这些实践本身的新认识的检验和改造，从而在结构上不断改变着自己的特征。例如，收集和汇总官方统计数据本身就是一种反思性活动。②

3. 制度性维度

吉登斯认为，社会学中以马克思为代表的著名的理论传统，在解释现代性的性质时都倾向于注意某种单一的驾驭社会巨变的动力。历史唯物主义在把人类社会的发展一劳永逸地诉诸生产力时，出现了难以逾越的化约论、功能论和目的论缺陷。③

吉登斯指出，现代性是多维度的，在不同的层面上的制度有不同的表现，而过去的社会学理论所阐述的各种因素只是其中的一部分。

吉登斯把资本主义和工业主义看成现代性制度的两个不同的制度性维度。吉登斯指出，资本主义指的是一个商品生产的体系，它以对资本的私人占有和无产者的雇佣劳动之间的关系为中心，这种关系构成了阶级体系的主轴线。工业主义的主要特征，则是在商品生产过程中对物质世界的非生命资源的利用，这种利用体现了生产过程中机械化的关键作用。

资本主义社会从它产生之初，在规模上就是国际性的。资本主义社会之所以成为一个"社会"，就是因为它是一个民族国家。资本主义国家以及更

---

① 参见安东尼·吉登斯：《现代性的后果》，田禾译，译林出版社，2011年，第19页，24页

② 参见安东尼·吉登斯：《现代性的后果》，田禾译，译林出版社，2011年，第34页，37页

③ 化约论缺陷：化约论以生产力化约论为基础，体现在经济化约论和阶级化约论等方面。功能论缺陷：历史唯物主义以生产力与生产关系、经济基础与上层建筑之间的矛盾运动作为历史发展的基本动力，在这两对矛盾当中，它认为，前者决定了后者，后者必须适应前者的要求。在吉登斯看来，历史唯物主义所阐明的这种决定关系其实是一种"需要"（need）和"功能"（function）的关系。目的论缺陷：历史唯物主义在把人类社会描述为一个从低级阶段向高级阶段演进的过程的时候，它给我们讲述了一个"世界成长的故事"，但是，这一故事却带来了三个方面的危险：单线压缩、时间歪曲和历史目的论。参见郭忠华：《现代性理论脉络中的社会与政治：吉登斯思想地形图》，上海人民出版社，2010年，第98-106页。

一般意义上的现代国家的行政管理体系,必须从该体系所能划定的领土边界加以协调性控制来解释。监督机器成了与现代性兴起相关的第三个制度性维度。

现代性的第四个制度性维度是:对暴力工具的控制。前现代文明中,政治中心从来就不能长久地获得来自军方的稳固的支持,无法对暴力工具实施垄断性控制。对现代国家来说,在领土明确的边界之内对暴力工具实行了成功的垄断。

现代性正在经历着全球化的过程。全球化可以被定义为:世界范围内的社会关系的强化,这种关系以这样一种方式将彼此相距遥远的地域连接起来,即此地所发生的事件可能是由遥远的异地事件而引起,反之亦然。因此,今天无论是谁,无论在世界的什么地方研究社区问题,他都会意识到,发生于本地社区里的某件事情,很可能会受到那些与此社区本身相距甚远的因素(如世界货币和商品市场)的影响。其结果并不必然是在相同方向上的一系列变迁,相反,甚至通常是彼此相反的趋向。①

4. 社会运动

作为整体的人类,究竟在什么程度上能够降低现代性的危险并增大它所能给予我们的机会?吉登斯主张通过解放政治和生活政治来克服现代性所带来的严重后果。他把解放政治定义为"激进地卷入到从不平等和奴役状态下解放出来的过程"。生活政治指的是"激进地卷入到进步寻求完备和令人满然的生活可能性的过程中"。解放政治是一种生活机遇的政治,而生活政治便是一种生活方式的政治。作为在社会生活中具有普遍重要性的激进卷入模式,社会运动为未来可能出现的转变提供了重要指针。对首先把现代性与资本主义或工业主义联系起来的人来说,劳工运动是一种典型的社会运动。资本主义仍然是一种阶级体系,劳工运动的斗争仍然与某种可能"超越"它的东西有关。言论自由和民主运动自身起源于现代国家所实施的监督。它们包括民族主义运动的某些形式,以及争取普遍参政权利的运动。和平运动的斗争场所是控制暴力手段,包括军事的和警察的手段。生态运动的斗争场所是人化环境。我们可以从十九世纪发现今天的"绿色"运动的早期形式的踪迹。最早的"绿色"运动曾经受到浪漫主义的强烈影响,它是力图反对现代工业对传统的生产模式和社会图景的冲击。由于工业主义不能立刻与资本主义相区别,特别是在它们施加给传统生活模式的毁坏结果方面更是如此,这

---

① 参见安东尼·吉登斯:《现代性的后果》,田禾译,译林出版社,2011年,第49-51页,56-57页。

些绿色运动的团体经常更容易与工人运动结盟。当然,生态运动关心的不只是具有严重后果的风险,它也关注人化环境的其他方面。社会运动为我们显露了可能的未来曙光,而且在某些方面,它们成了通向未来的车轮。①

五、对吉登斯结构化理论的评价

结构化理论为吉登斯学术上赢得了极大的声誉。研究者们普遍认为,吉登斯的理论对人们普遍关注的诸多二元对立等传统理论问题提出了新的研究思路,并被人们认为是与哈贝马斯、布迪厄、福柯、埃利亚斯等并肩的大师级的学者。

但是吉登斯的理论并非无懈可击。有学者对吉登斯对批判理论的解释、对权力的分析等提出了疑问,认为吉登斯的结构化理论中仍有主观论的色彩。这将是其今后不可回避的议题。

第二节　贝克的风险社会理论

一、学术生涯及主要著作

1944年5月15日,乌尔里希·贝克(Ulrich Beck)出生于二战时德国的斯武普斯克(Slupsk)(现属于波兰),他是一名德国军官的儿子,也是家庭中五个孩子中最小的一个。贝克的父亲在第二次世界大战后再也没有回家,家里的其他人别无选择,只得西迁,最后在汉诺威(Hanover)找到了新家。贝克在此长大,并度过了童年。

在服完两年兵役后,1966年,贝克进入弗莱堡大学学习法律。在此期间,贝克曾希望通过从事法律工作为自己写作提供必要的手段。然而,在思考现实的本质时,他发现自己无意中与康德(Immanuel Kant)对这个问题有着相同的想法。这促使他从法律研究走向哲学。第二学期,贝克转到慕尼黑大学主修哲学、社会学、心理学和政治学。现实的基本问题一直在困扰着贝克本人,当时哲学被认为对概念比对现实更感兴趣,这也导致了他后来放

---

① 参见安东尼·吉登斯:《现代性的后果》,田禾译,译林出版社,2011年,第137-142页。

弃哲学而转向社会学。① 1972年，贝克以优异的成绩毕业，获哲学博士学位，并留校任职。

在慕尼黑大学社会学研究所的学生时代，贝克遇见了伊丽莎白·贝克-格恩斯海姆（Elisabeth Beck-Gernsheim）②，他们1975年结婚，并于1979年双双受聘于明斯特大学（Münster）。在担任明斯特大学教授（1979—1981）时期，贝克1980年起担任《社会世界》杂志的编辑。

1981年，贝克任班贝格大学（Bamberg）教授（1981—1992）。1992年起，贝克长期在慕尼黑大学社会学研究所任教，并担任慕尼黑大学社会学研究所所长。1999—2009年，贝克担任由德国研究委员会和其他研究基金会资助的自反性现代化研究的负责人。在此期间，贝克在慕尼黑地区开展了四所大学的跨学科合作研究，在广泛研究的基础上，贝克对跨学科的自反性现代化理论进行了实证检验。在他看来，自反性现代化理论不仅是现代工业社会产生的"副作用"，同时也为协调全球化带来的负面后果，解决现代民族国家面临的诸多社会问题提供了基本思路。

1997年，伦敦政治经济学院聘请贝克为英国社会学杂志百年访问教授，这使得他每学期都要在伦敦进行教学和科研工作。

由于学术界和大众媒体的广泛关注，贝克在欧洲成为一名现代公众知识分子。多年来，贝克一直是各种智囊团的成员和不同国家委员会的成员。他不仅努力对面临的问题作出社会学的、科学的阐释，而且还影响了公共事务的进程。

2015年1月1日，贝克因心脏病逝世。

贝克研究的主题范围很广，"风险社会""个体化""世界主义"或"世界主义化"，可以被视为贝克的"自反性现代化"（或"第二次现代性"）的过程。③ 根据研究主题的侧重点，可以把贝克的著作大致划分为三个阶段。④

---

① Ulrich Beck, *Pioneer in Cosmopolitan Sociology and Risk Society*. New York：Springer, 2014, pp. 7-10.

② 德国爱尔兰根-纽伦堡大学（Erlangen-Nirnberg）社会学教授，她的研究和著述集中于工作与职业社会学、家庭研究、性别研究、人口变迁和再生技术等领域。曾与贝克合著多部著作，已翻译的中文版图书包括《爱情的正常性混乱》（1990）、《个体化：制度化的个人主义及其社会的和政治的后果》（2002）、《全球热恋》（2011）等。

③ Ulrich Beck, *Pioneer in Cosmopolitan Sociology and Risk Society*. New York：Springer, 2014, pp. 3-4.

④ 此处主要借鉴了杨君有关贝克思想分期的观点。参见杨君：《个体化的社会想象：乌尔里希·贝克思想中的生活、政治与道德》，社会科学文献出版社，2020年，第11页。

1. 第一阶段：风险社会（risk society）研究

关于风险的争论是从20世纪50年代开始的，它最早源于对与环境相关的风险事件的讨论，由此社会作为全球范围内的一个整体出现在关于人类安全的争论中。从20世纪50年代开始提出风险问题，到目前对风险展开全方位的研究。[①] 在从风险研究转向风险社会研究过程中，贝克起到了重要的作用。

《风险社会：新的现代性之路》一书于1986年出版，是贝克的成名作，也是20世纪晚期欧洲最有影响的关于社会分析的著作之一。当时正值苏联切尔诺贝利核电站出现核泄漏事故，风险社会理论引起了学术界的广泛关注。之后，疯牛病危机的爆发与全球性蔓延，使得风险社会理论成了西方学者研究的焦点。

其他著作包括：《戒毒剂：有组织的不负责任》（1988）、《风险时代的生态政治》（1988）、《自反性现代化：现代社会秩序下的政治、传统和美学》（1994）[②]、《有风险的自由》（1994）、《什么是全球化？——全球化的曲解：应对全球化》（1997）、《世界风险社会》（1998）[③] 等。

2. 第二阶段：个体化（individualization）研究

贝克认为第二次现代性（second modernity）是发生于现代性内部的一种断裂现象。由于现代社会的多元性以及不确定性，作为自反性现代化（reflexive modernization）的后果，人们进入一个世界性的风险社会，这跨越了民族国家的控制范围，人人感受风险，却找不到承担责任的主体。

与阶级社会向往平等的思想不同，风险社会追求的目标是安全，在这个时代里，人们由于恐惧的心理不断走向联合，形成一种焦虑的共同体代替需求的共同体。此时，技术—经济的发展解除了它自己的非政治特征，获得了"亚政治"（sub-politics）的身份。在这种意义上，风险社会的形成标志着一个新的时代——由焦虑转化而来的联合行动。《个体化：制度化的个人主义及其社会的和政治的后果》[④]（2002）展现了作为自反性现代化的后果：个体

[①] 参见杨善华、谢立中：《西方社会学理论（下卷）》，北京大学出版社，2006年，第120页。

[②] 本书英文版1994年发行，德文版1996年发行。

[③] 贝克的一本论文集，收录了自1988年起发表的若干论文，1998年首次以英文版发行。

[④] 本书英文版2002年发行。

化通过多种方式把人们从传统角色和传统束缚下解放出来。比如，个体摆脱了基于地位的阶级，妇女摆脱了家务束缚和照顾丈夫的地位命运。旧有的工作常规和工作纪律形式正在衰退，取而代之的是灵活的工作时间、多元化的低度就业及工作地点的分散。与此同时，新的整合形式和控制形式出现。

其他著作包括：《勇敢的新型工作世界》（2000）[①]、《自由与资本主义——与著名社会学家乌尔里希·贝克对话》，（2000），《风险社会及其超越：社会理论的批判性议题》（2000）[②] 等。

3. 第三阶段：世界主义（cosmopolitanism）[③] 研究

全球化（globalization）无疑是各学科讨论的焦点，是学术界研究的核心。[④] 在使用全球化概念时，必须要区分第一次现代化（first modernization）和第二次现代化（second modernization）。全球化对第一次现代化的基本前提，即亚当·斯密称为"方法论的民族主义"的思想提出了质疑。

在推崇世界多样性的前提下，贝克提出了"一切都是平等的，但每个人又是不同的"世界主义新构想。[⑤] 如今，我们生活在一个正在世界主义化（cosmopolitization）[⑥] 的时代。世界主义化是全球资本主义的一个副产品。它包含了世界大国的关系，更实现了世界范围内的不平等。这是一个结构性

---

① 本书英文版 2000 年发行，德文版 2007 年发行。

② 由亚当（Barbara Adam）、贝克等人共同编著，2000 年发行英文版。

③ 贝克在对世界主义概念溯源的基础上指出，世界主义在思维、共同生活和行为中承认他性，已经成为它的最高准则——不但对内而且对外。在这里，差异并未按照等级制被区分或消融，而是被承认，被积极评价。世界主义肯定的是：将他者既作为与己相异，又作为完全平等的人来看待。普世主义和民族主义（包括前现代的、本质主义的分离主义）信奉的是非此即彼的信条，而世界主义坚持的是亦此亦彼的原则。陌生者不是被作为威胁、分裂、颠覆的力量被排斥，而是作为补充和丰富的因素被正面评价。参见贝克、埃德加·格兰德：《世界主义的欧洲：第二次现代性的社会与政治》，章国锋译，华东师范大学出版社，2008 年，第 18 页。

④ 参见贝克：《什么是全球化？全球主义的曲解——应对全球化》，常和芳译，华东师范大学出版社，2008 年，代序第 2 页。

⑤ 参见林丹：《乌尔里希·贝克风险社会理论及其对中国的影响》，人民出版社，2013 年，第 5 页。

⑥ 世界主义化必须被解释为一个多层面的过程。它包含着多样忠诚的产生以及多方面跨国生活形式的增加，包含着非国家政治参与者数量的上升，还包含着全球性反对（新自由主义）全球主义和赞成另外一种（世界主义的）全球化的抗议浪潮的产生。参见乌尔里希·贝克：《世界主义的观点——战争即和平》，杨祖群译，华东师范大学出版社，2008 年，第 11 页。

的现象。这个世界主义化的年代意味着一个无论好坏、人人共享的世界，一个"不再有外面""不再有出口"，"也不再有其他人"的世界。我们生活在一个彼此互相纠葛、矛盾复杂的"风险社会"中。[①]

对于身处其中的欧洲，贝克关心的问题是："究竟是什么把一个幅员更加辽阔的欧洲维系在一起？"贝克认为，是一种新的构想，世界主义欧洲的构想。在贝克一项庞大的研究工程，即"世界主义的现实主义"三卷本中，在第一卷《全球时代的权力与反权力》（2002）一书里，贝克提出了在全球相互依赖共存的条件下统治的合法性问题；在第二卷《世界主义的观点：战争即和平》（2004）一书里，讨论了世界主义进程的基本问题，为世界主义的启蒙奠定了基础；而在三卷本中的最后一卷《世界主义的欧洲：第二次现代性的社会与政治》（与埃德加·格兰德合著）（2004）一书里，则对我们生活于其中，但尚未被人们认识的欧洲社会作出了解释。[②]

其他著作包括：《全球的美国？——全球化的文化后果》（2003）、《风险中的世界》（2007）、《德国的欧洲》[③]（2012）等。

贝克去世前撰写了最后一本关于宗教的书——《自己的上帝：宗教的和平能力与潜在暴力》（2008），他试图通过这本书表明，当个人在处理宗教信仰问题上被赋予更多的自由和自主性的同时，如何处理与他者、异世界的关系，即宽容问题，构成了宗教和信仰实践中的冲突和危机。

总体来说，从理论发展过程来看，以生态问题为起点，在对风险社会批判的基础上，贝克进一步提出自反性现代化理论，力图在现代与后现代之间开辟出第三条道路。全球化推动形成有关跨国性的流动、生活方式、交流关系的新观念，使得在各民族国家、各组织内部、各地区，即在社会的所有层面上，产生各种机制。我们已生活在一个世界社会中。社会科学，尤其是社会学，在研究和理论中需要由"方法论的民族主义"向"方法论的世界主义"[④]的模式转变。所有的发明、胜利和灾难都涉及全世界，而且我们的生活行为，我们的组织和制度都必须沿着"地方-全球"这根轴重新组织和定位。

---

① 参见张小溪：《社会学的"世界主义时刻"——访德国慕尼黑大学社会学家乌尔里希·贝克》，《中国社会科学报》，2011 年 8 月 11 日，第 213 期。

② 乌尔里希·贝克、埃德加·格兰德：《世界主义的欧洲：第二次现代性的社会与政治》，章国锋译，华东师范大学出版社，2008 年，前言第 1-2 页。

③ 与此相关的学术问题：德国的欧洲，或者欧洲的德国。

④ 贝克认为，第一次现代化对应的是方法论的民族主义，第二次现代化对应的是方法论的世界主义，后现代化对应的是方法论的多元主义。参见贝克：《全球化时代的权力和反权力》，蒋仁祥、胡颐译，广西师范大学出版社，2004 年，第 49 页。

本节将从风险社会、自反性现代化及全球化三个方面来介绍贝克的学说。

二、风险社会

1. 在文明的火山上

贝克的成名作《风险社会：新的现代性之路》第一部分的标题，即为"在文明的火山上：风险社会的轮廓"。贝克指出，"我们见证了现代性内部的断裂，既作为主体，也作为客体。现代性从经典工业社会的轮廓中获得了解放。""（本书）意图通过探讨社会实践核心领域的发展趋势，重拾社会史的思考线索并加以延伸，使之超出工业社会（及其一切变异）的概念框架。……首先，围绕连续性和断裂性的相互交错，本书会以财富生产和风险生产的例子加以探讨。其中的论点是：在工业社会中，财富生产的'逻辑'支配风险生产的'逻辑'，而在风险社会中，这种关系颠倒了过来。"[①]

这很自然带来了进一步的问题，风险概念能否承载这里所要求的社会史意义？按照贝克的说法，"这个概念所涉及的难道不是人类活动的原生现象吗？风险已经是工业时代的特征，为何这里又把它们区分开来？"[②]

贝克指出，（马克思和韦伯所泛称的）"工业社会或阶级社会"的概念是围绕着下述问题而展开的：社会生产的财富在分配之时，为何既体现为社会不平等，又具有"正当性"？[③] 我们看到，在各个国家和社会（当今大部分所谓的第三世界），只要惹人注目的物质需求，亦即"短缺的独裁"，还在支配人们的思想和行动，围绕社会生产的财富分配和分配冲突就不会甘于退居幕后。现代化进程就是在这样的"稀缺社会"的条件下进行的。现代化宣称，它可以用科学技术发展的钥匙，打开社会财富隐蔽源泉的大门。现代化承诺把人从不应有的贫困和依附状态下解放出来。这构成了社会不平等范畴下人们行动、思考和研究的基础，并贯穿从阶级社会、阶层社会直至个体化社会的全程。

---

① 参见乌尔里希·贝克著，《风险社会：新的现代性之路》，张文杰、何博闻译，译林出版社2018年，前言第2页，第7页。

② 参见乌尔里希·贝克：《风险社会：新的现代性之路》，张文杰、何博闻译，译林出版社，2018年，第6页。

③ 参见乌尔里希·贝克：《风险社会：新的现代性之路》，张文杰、何博闻译，译林出版社，2018年，第4页。

在发达现代性中，财富的社会化生产与风险的社会化生产系统相伴。相应地，稀缺社会的分配问题和分配冲突，也同科技引发的风险在生产、界定及分配过程中产生的问题和冲突叠合在一起。

贝克认为，风险不是现代的发明。诸如哥伦布这样的人物，扬帆出航，探索新国家、新大陆，无疑是相信"风险"的。但这都是个人风险，而不是全体人类面临的全球性危险，如核裂变或核废料储藏所引发的问题。在那个时代的语境中，"风险"的言外之意是勇气和冒险，而不是指地球生命可能的自我毁灭。

2. 风险[①]分配

工业社会里，就社会财富来说，人们同可欲求的稀缺物品打交道，如消费品、收入、教育机会和财产。作为对比，风险是现代化的副产品，是不受欢迎的富余。风险必须得到重新解释，以便清除或否定。因此，这里存在着一种对立，一方是肯定性的获取逻辑，另一方是否定性的处置逻辑，包括回避、否定和再解释。

以西方福利国家的发展进程为例，相比于20世纪上半叶之前的物资供应，相比于饥肠辘辘的第三世界，为"每天的面包"而奋斗已经失去其紧迫性，它不再是笼罩一切的首要问题。对许多人来说，大腹便便的问题取代了饥饿问题。不过，这就相当于抽掉现代化进程迄今为止的正当化基础，即同显而易见的短缺作斗争。为了这场斗争，人们早已准备接受一些看不见的副作用了。

传统意义上的风险，和工业化的发展一样年代久远。所谓的"贫困风险"，即大部分人口的贫困化压得19世纪喘不过气来。"技能风险"和"健康风险"长期以来都是理性化进程的主题，也是与此相关的社会冲突、社会保障（和社会研究）的主题。人们着实花费了不少工夫，致力于建立社会福利国家的标准，以便从政治上减少或限制此类风险。

风险管理认为，风险有赖于因果解释。"这再一次清楚地表明，在自然科学引导下的技术发展过程中，注重提高生产力的认识旨趣已经理所当然地

[①] 在《风险社会：新的现代性之路》中，贝克强调的风险主要是"技术性风险"，但在《世界风险社会》与《9·11事件后的全球风险社会》中，贝克则开始强调"制度性风险"与"世界性或全球性风险"。参见刘少杰：《当代国外社会学理论》，中国人民大学出版社，2009年，第257页。

获得历史性主宰地位,并和财富生产的逻辑联系并捆绑在一起。"①

不同于19世纪到20世纪上半叶的工厂或职业危机,当今的风险不再局限于特定的地域或团体,而是呈现出全球化趋势。贝克指出,"生产力的过度发展让这一阴暗面变得日益显眼。现代化进程释放了越来越多的破坏力,就连人类的想象力也要为之惊愕不已。"② 比如,近代以来,森林濒临消失。起初是变为农田,之后是滥砍滥伐。但今天森林的死亡是全球性的,同时也是工业化隐含的结果。这两者有着极为不同的社会和政治后果。那些森林覆盖率很高的国家(如挪威和瑞典)本身几乎没有任何重污染工业,却同样深受其害。它们不得不以濒临死亡的森林和动植物为代价,去偿还其他高度工业化国家留下的这笔污染账。

贝克认为,风险分配的类型、模式及媒介与财富分配存在着系统差别,但这无法排除另一种可能性,即风险常以阶层或阶级专属的方式来分配。在这个意义上,阶级社会和风险社会存在着很大范围的重叠。风险分配的历史表明,风险同财富一样附着在阶级模式之上,只不过是以颠倒的方式:财富在顶层积聚,而风险在底层积聚。就此而言,风险似乎不是废除而是巩固了阶级社会。贫困与安全感的缺乏结伴,并招致了大量的风险;而(收入、权力和教育上的)财富却可以购买免于风险的安全和自由。风险向贫穷弱势群体集中,阶级对立由此加剧了。不过,贝克指出,就少数食品来说,这种私人渠道的躲避还是有用的;可一旦涉及供水,所有阶层就都连在同一根水管上了。③

现代化风险具有"回旋镖效应"(boomerang effect),打破了阶级图式。生态灾难或核泄漏向来无视国界。风险不仅损害健康,也威胁正当性、财产和利润。以农业为例,从1951年到1983年,德国的化肥使用量从每公顷143千克增加到了每公顷378千克;从1975年到1983年,德国的农药使用量从2.5万吨增加到了3.5万吨。这期间,单位产量自然在上升,却赶不上

---

① 参见乌尔里希·贝克:《风险社会:新的现代性之路》,张文杰、何博文译,译林出版社,2018年,第63—64页。

② 参见乌尔里希·贝克:《风险社会:新的现代性之路》,张文杰、何博文译,译林出版社,2018年,第5页。

③ 贝克认为,与财富不同,风险造成的两极分化通常是局部的。换言之,只要风险还未充分展现,这种两极分化就建立在利益的基础之上,毕竟风险也会带来利益。然而,一旦危险因素开始增长并进入人们的视野,各种利益和差异也就烟消云散了。参见乌尔里希·贝克:《风险社会:新的现代性之路》,张文杰、何博文译,译林出版社,2018年,第25—27页,44页。

肥料和杀虫剂的消耗增长。……从前"看不见的副作用"成了亲眼可见的主要影响,以至于威胁到了构成初始原因的生产中心本身。现代化风险的生产沿回旋镖的弧线而移动。产业化的集约式农业得到了数十亿财政补助。这一结果不仅使遥远城镇的儿童身上或母乳内的铅含量急剧上升,也在多个层面上削弱了农业生产本身的自然基础:耕地肥力下降,重要动植物消失,土壤侵蚀危害加重。①

在贝克看来,科学理性既"看不到",也"无法证实"现代化风险的"空白点"。例如,德国现有的污染限值定得过高。尽管有研究显示,200微克/立方米的短时二氧化硫浓度就足以让假性哮吼的患儿数显著增多,但德国实行的极限值却在这一数值的两倍以上,这已经是世界卫生组织许可的短时值的四倍之多。②

新近出现的许多风险(核污染、化学污染、食品污染、文明疾病)完全脱离了人的直接感知能力。受害者既看不见也感觉不到那些危害,这样的危害越来越成为焦点。在某些情况下,危害有可能在受害者的有生之年都不起作用,但会显现在他们的后代身上。还有一些危害,需要借助科学的"感觉器官",如理论、实验和测量工具,才变得"可见"或可解释。其中的典型例子是放射性物质所导致的基因突变,而这类放射现象本身却是不可触知的。③

就风险的性质来看,它使这个星球上所有的生命形态都处在危险之中。计算风险的常规基础,如事故和保险、医疗预防等概念,并不适用于这些现代威胁的基本面。例如,核电站不会被单独投保,或者说,它是不可投保的。核"事故"也不再是狭义的"意外"。其影响将波及数代人,甚至包括那些事故发生时尚未出生者,或远在千里之外的人。

贝克指出,现代化风险因受其结构限制,不可能基于这一原则而在总体上得到充分解释。单一的污染者通常并不存在,而存在的只有空气污染——来自许多烟囱的排放。此外,空气污染常常与某些并不明确的疾病存在关联。人们也总是认为这些疾病存在着大量的"原因"。在这种情况下,如果

---

① 参见乌尔里希·贝克:《风险社会:新的现代性之路》,张文杰、何博文译,译林出版社,2018年,第29-30页。
② 参见乌尔里希·贝克:《风险社会:新的现代性之路》,张文杰、何博文译,译林出版社,2018年,第65页。
③ 参见乌尔里希·贝克:《风险社会:新的现代性之路》,张文杰、何博文译,译林出版社,2018年,第14页。

还有人坚持严格的因果证据,他便扩大了对工业污染和文明疾病的否认,而减少了对它们的识别。

事实上,当我们把损害影响同个别因素联系在一起时,这些因素几乎无法脱离工业化生产方式的复杂系统。在商业、农业、法律和政治领域,高度专门化的现代化机构形成了系统互依的局面。而与此同时,可分离的单一原因和责任却是缺位的。比如,农业污染了土壤吗?抑或农户只是损害循环链中最微不足道的那一环?或许他们只是依赖并从属于饲料化肥产业的销售市场?可以对他们施加影响以实现预防性的土壤净化吗?当局本可以在很早以前就禁止或大力限制有毒化学制品的销售,但他们并没有这么做。①

高度分化的劳动分工对应着普遍的合谋,而这种合谋对应着普遍的不负责任。既然每个人都同时是原因和结果,也就意味着没有原因。行动者和条件、作用和反作用变化无常,原因从中悄悄溜走了。这意味着,科学和法制迄今建立的风险计算失效了。原因在于,风险的生产及其受到的误判都源于科技理性的"经济短视"。科学本身就卷入了风险诞生和成长的过程。科技理性眼中只有生产力优势,因而患上了受系统制约的风险失明症。过度专业化的职业及其正式组织的系统,在面对由工业发展引发的风险时已经完全束手无策。这套系统也许适合发展生产力,但不适合用来限制危险。在文明的风险处境中,人类不得不面临整体性威胁,这种威胁并非源自单一的污染物。②

贝克由此认为,"风险可被定义为以系统的方式应对由现代化自身引发的危险和不安。风险有别于传统的危险,它是现代化的威胁力量和令人怀疑的全球化所引发的后果。"③ 在这种情况下,系统思维获得了社会的关注,开始广泛流行。

贝克指出,与财富具体可感的明证性相比,风险具有某种非真实性。在核心意义上,风险既是现实的,也是非现实的。一方面,很多危害和损害在今天就已经是真实的——水体的污染和消逝、森林破坏以及新型疾病;另一方面,风险论证的真正社会动力来自预期中的未来危险。在这个意义上,风

---

① 参见乌尔里希·贝克著,《风险社会:新的现代性之路》,张文杰、何博闻译,译林出版社,2018年,第22页、67页。
② 参见乌尔里希·贝克著,《风险社会:新的现代性之路》,张文杰、何博闻译,译林出版社,2018年,第63页、73页。
③ 参见乌尔里希·贝克著,《风险社会:新的现代性之路》,张文杰、何博闻译,译林出版社,2018年,第7页。

险一旦出现就意味着大规模破坏，以至于其后的补救行动都将无济于事。因此，即使作为猜想，作为将来的危险，作为预测，风险也同预防行动有着实际的关联，并使之得到了发展。风险意识的核心不在当下，而在未来。在风险社会里，"过去"丧失了它决定"现在"的权力，取而代之的是"未来"。也就是说，某些不存在的、设计的、虚构的事物，成了当下经验和行动的"原因"。[1]

风险意识的出现，至今仍然受到科学的压制，似乎只要科学没有承认，风险就不"存在"，所以，受害者需要动摇各种各样的科学手段，才能实现自己的诉求，但这至少推动了科学理性的去神秘化。贝克认为，风险意识这一基本的理论特性有着重要的人类学意义。[2]

由此看来，工业化强行瓦解了生命的生态基础和自然基础，同时也释放了史无前例且令人难解的社会政治的发展动力，这最终促使我们重新思考自然与社会之间的关系。贝克指出，"经典工业社会的概念依赖于（19世纪意义上的）自然和社会的对立，（工业化的）风险社会的概念则以卷入文明的"自然"为出发点，并在社会子系统中追溯自然受损的演变过程。"这意味着，我们既无法在社会之外理解自然，也无法在自然之外理解社会。"自然就是社会，社会（也）是自然。"[3]

三、自反性现代化

1. 含义

在《再造政治：自反性现代化理论初探》一文中，贝克指出，"自反性现代化"概念出现于吉登斯的《现代性的后果》和《现代性与自我认同》两本专著中以及拉什（Scott Lash）的论文《自反性现代化：美学维度》（1993）里。随后他在《风险社会：新的现代性之路》等著作中也使用了这个概念。

---

[1] 参见乌尔里希·贝克著，《风险社会：新的现代性之路》，张文杰、何博闻译，译林出版社，2018年，第24页。

[2] 参见乌尔里希·贝克著，《风险社会：新的现代性之路》，张文杰、何博闻译，译林出版社，2018年，第80页。

[3] 参见乌尔里希·贝克著，《风险社会：新的现代性之路》，张文杰、何博闻译，译林出版社，2018年，第91-93页。

贝克认为,"自反性现代化"的概念可以与一种根本性的误解区分开来。这个概念并不是(如其形容词 reflexive① 所暗示的那样)指反思(reflection),而是(首先)指自我对抗(self-confrontation)。现代性从工业时期到风险时期的过渡是不受欢迎的、看不见的、强制性的,它紧紧跟随在现代化的自主性动力之后,采用的是潜在副作用的模式。几乎可以这样说,风险社会的格局的产生是由于工业社会的自信(众人一心赞同进步或生态影响和危险的抽象化)主导着工业社会中的人民和制度的思想和行动。

贝克认为,在世界范围内,当代社会正经历着一场根本性变化。这种变化向以启蒙运动为基础的现代性提出了挑战,并开辟了一个领域。在这个领域中,人民选择了新的且意料不到的社会与政治形式。

正如现代化消解了19世纪封建社会的结构并产生了工业社会一样,今天的现代化正在消解工业社会。

在贝克看来,现代性有两种形式:古典工业社会时期的现代性与当今新的现代性,即第一次现代性(古典工业社会的现代性)和第二次现代性(自反性现代性)。也就是说,古典工业时期的第一次现代性与工业社会相联系,而新的现代性与新的社会形式即风险社会相联系。正是第一次现代性的、简单的、线性、基于民族国家的工业现代化的成就的无法预测的后果,……这正是我在论及"自反性现代化"时所指的意思。激进的现代化常常以一种既非人们愿意,亦非人们预期的方式,暗中削弱着第一次现代性的根基,并改变着它的参照标准。实际上,在第一次现代性中最基本的关于可控性、确定性或者安全性的想法土崩瓦解了。一种与社会发展的早期阶段有所区别的新的资本主义,新的经济,新的全球秩序,新的社会和新的个人生活正在形成。这不是后现代性,而是一种第二次现代性。②

第二次现代化是由第一次现代化的副作用所引发的变革。自反性现代化指创造性地(自我)毁灭整整一个时代——工业社会时代——的可能性。这种创造性毁灭的对象不是西方现代化的革命,也不是西方现代化的危机,而

---

① 在英文中,reflexive 一词有两方面的含义,一是指"反思的、内省的",二是指"反身的、自反的"。贝克主要从后一种含义来理解和使用 reflexive 一词。贝克反复强调他是在"reflexivity"而不是在"reflection"的意义上来使用"reflexive"一词的。参见贝克、吉登斯、拉什:《自反性现代化:现代社会秩序中的政治、传统与美学》,赵文书译,商务印书馆,2001年,第9页,第66页。

② 出于统一译名的考虑,本处将引文中的"反思现代化(reflexive modernization)"改译为"自反性现代化",在此予以说明,下同。参见乌尔里希·贝克:《世界风险社会》,吴英姿、孙淑敏译,南京大学出版社,2004年,第1-3页。

是西方现代化的胜利成果。"①

贝克指出，风险社会出现在对其自身的影响和威胁视而不见、充耳不闻的自主性现代化过程的延续性中，后者暗中累积并产生威胁，对现代社会的根基产生异议并最终破坏现代社会的根基。现代化的基础与现代化的后果之间的这种冲突应明白无误地区别于在现代化自我反思的意义上的知识和科学化的增加。自反性现代化指导致风险社会后果的自我冲突，这些后果是工业社会体系根据其制度化的标准所不能处理和消化的。这种格局在后来的第二阶段可能会成为（公众的、政治的和科学的）反思目标。……这就提出了发展的自我限制问题以及从潜在的威胁出发对已获得的（责任、安全、监督、灾害控制以及灾害后果的分摊方面的）标准进行重新制定的任务。②

由此可知，政治社会学和风险社会理论的内核是知识社会学。知识社会学不是科学社会学，而是一切关于知识混合、知识交融和知识行动者的社会学，涉及它们的组合或对立，它们的基础、诉求、错误、非理性、真相和局限性，即它们不可能真正认识自己所诉求的知识。③

贝克列举了相关实例，例如，妇女走出家庭、更多地参与工作受到了所有政治党派的欢迎和鼓励，至少在口头上如此，但它也在慢条斯理的传统职业、政治和个人秩序中引发了剧变。雇佣劳动的时间和契约的弹性化是许多人争取和推动的目标，但总的来说它打破了工作与非工作的旧界线。正是因为这些具有巨大的积累作用的小手段的到来并没有相伴随的大张旗鼓的运动、议会中有争议的表决、有计划的政治对抗，也没有举着一面革命性变化的大旗，所以可以说工业社会的自反性现代化静悄悄地发生了。④

2. 个体化

贝克指出，在迈向21世纪的转折点上，启动后的现代化进程不仅超越了自然和社会的对立假设，而且也瓦解了工业社会的内在坐标系——首先是指工业社会对科学和技术的理解，其次是指人们生活中的家庭和职业轴线，

---

① 参见贝克、吉登斯、拉什：《自反性现代化：现代社会秩序中的政治、传统与美学》，赵文书译，商务印书馆，2001年，第5页。
② 参见贝克、吉登斯、拉什：《自反性现代化：现代社会秩序中的政治、传统与美学》，赵文书译，商务印书馆，2001年，第10-11页。
③ 参见乌尔里希·贝克：《风险社会：新的现代性之路》，张文杰、何博文译，译林出版社，2018年，第55页。
④ 参见贝克、吉登斯、拉什：《自反性现代化：现代社会秩序中的政治、传统与美学》，赵文书译，商务印书馆，2001年，第7页。

最后则是政治（经民主途径获取正当性）和亚政治（指经济、技术、科学）的分配与分离。①

在"风险分配"部分，我们已经看到了科技如何与财富、风险发生关联。从人们生活中的家庭和职业轴线来看，个体都是现代性内部转型的见证人，也是不安感的化身。这一转型过程把人从工业社会的社会形式中解放了出来，如阶级、阶层、家庭和性别地位。

对贝克而言，"个体化"不等于个人主义（individualism），也不等于个性化（individuation）。个体化是一个结构的概念，它指的是"制度化的个人主义"。②"个体化"并非20世纪下半叶特有的现象，而是在早前的历史阶段中就出现过，比如在文艺复兴中，在中世纪宫廷文化中，在新教的内在苦行主义中，在农民从封建束缚下解放出来的过程中，在19世纪和20世纪早期家庭代际纽带的松动过程中。欧洲现代性把人们从被历史禁锢的角色中解放出来。它在渐渐破坏诸如宗教信仰之类的传统安全措施的同时，也创造了社会信念的新形式。③

贝克指出，"人们很可能认为，马克思是极为坚定的'个体化'理论家。因为他总是强调，工业资本主义的发展开启了史无前例的解放进程。在他看来，脱离封建关系的解放是确立资本主义生产关系的先决条件。即使在资本主义内部，人们也一波接着一波被连根拔除，脱离了传统、家庭、邻里、职业和文化。但是，马克思从未深究个体化进程中阶级社会所发生的这种变化。对他来说，这种资本主义的孤立和'连根拔除'的过程，总是被贫困化的集体经验和随之而来的阶级斗争所抵消。马克思认为，在资本主义条件下，正是解放和连根拔除的过程以及工人生活条件的恶化，推动工人阶级从'自在阶级'向'自为阶级'转化。他指出，既然资本主义系统拔除了无产者的生活之根，那么，个体无产者是如何以市场交易主体身份形成稳固的团结纽带这类问题便是无关紧要的。马克思总是把个体化进程等同于阶级形

---

① 参见乌尔里希·贝克：《风险社会：新的现代性之路》，张文杰、何博文译，译林出版社，2018年，第101页。

② 参见乌尔里希·贝克：《世界风险社会》，吴英姿、孙淑敏译，南京师范大学出版社，2004年，第11页。

③ 贝克认为，可以从经济生产与再生产（资本主义）、政治权威的性质、社会文化整合（个体化、普世化和宗教）三个维度，来分析各种现代性和各种个体化进程之间的差异。比如，欧洲现代性类型下的制度化的个体主义等。参见乌尔里希·贝克、伊丽莎白·贝克-格恩斯海姆：《个体化》，李荣山、范譞、张惠强译，北京大学出版社，2011年，中文版序第7页，正文第235页。

成。时至今日，这仍是许多阶级理论家的基本立场。"①

社会不平等的个体化命题或许是马克思主义立场的绝佳写照。贝克指出，只有当马克思所预言的阶级形成的条件，即物质的贫困化被克服的时候，个体化进程才能牢固地确立起来。个体化趋势依赖于复杂的结构性条件，迄今只有少数国家具备这样的条件，但这也仅仅是最近的福利国家发展阶段才有的事情。

个体化是与福利国家有关，是作为福利国家的一个后果而出现的。福利国家制度"假定个人是其自己个人生活、身份、社会关系网、承诺、信念的演员、设计师、魔术师和导演。""它"善意地号召个人把自身构筑为一个个体，号召个人进行计划、理解、设计和行动，或者在失败的情况下忍受自己造成的后果。② 个体化进程原先大多只发生在不断施展力量的资产阶级身上，后来，在福利国家的大众民主条件下，它以不同的形式成为现代资本主义中"自由的雇佣劳动者"的标志，成为劳动力市场过程的动力标志。由此，贝克认为，晚期现代性的个体化是劳动力市场的产物，并体现为各式劳动技能的获取、供给和运用。这一论点可以由劳动力市场的三个维度来阐明——教育、流动和竞争。……教育、流动、竞争绝不是彼此独立的。它们相互补充、彼此工具，并且正是这种巩固引发了个体化进程。③

贝克认为，现代化不仅导致集权化国家的形成、资本的集中、分工和市场关系的紧密编织、社会流动、大众消费等，它也引发了三个层面的"个体化"：在支配、扶持等传统背景方面，脱离由历史赋予的社会形式与社会义务（"解放的维度"）；在实践知识、信仰和指导规范方面，丧失传统的安全感（"祛魅的维度"）；以及种新的社会约束（"控制或再整合的维度"）。④

贝克分别分析了家庭与劳动领域的个体化进程。贝克指出，谈论家庭需

---

① 参见乌尔里希·贝克：《风险社会：新的现代性之路》，张文杰、何博文译，译林出版社，2018年，第113—114页。
② 参见杨善华、谢立中：《西方社会学理论（下卷）》，北京大学出版社，2006年，第133页。
③ 参见乌尔里希·贝克：《风险社会：新的现代性之路》，张文杰、何博文译，译林出版社，2018年，第111—112页。
④ 参见乌尔里希·贝克：《风险社会：新的现代性之路》，张文杰、何博文译，译林出版社，2018年，第155页。另，杨君认为，"个体化"和"自己的上帝"之间就存在这种历史主义和普遍主义的冲突。用涂尔干的话来说，贝克的这种设想是把人既作为信徒又作为上帝，彻底将人神圣化了。参见杨君：《个体化的社会想象：乌尔里希·贝克思想中的生活、政治与道德》，社会科学文献出版社，2020年，第228页。

要讨论工作和金钱，谈论婚姻也要讨论教育、职业和流动，继而讨论（广泛的）同等教育条件下的分配不平等。贝克认为，性别特征的分派是工业社会的基础，它并不是那种可以轻易抛弃的传统残遗物。没有男女角色的区分，就不会有传统的核心家庭；没有核心家庭，也不会有工业社会及其典型的工作与生活模式。市民工业社会的图景建立在人类劳动商品化的基础之上。全面的工业化和商品化无疑同传统的家庭形式与角色构成了互斥。一方面，雇佣劳动以家务劳动为前提，依赖市场的工业生产也以核心家庭模式及其角色分派为预设。在这个意义上，工业社会依赖于男女地位的不平等。另一方面，这种不平等有悖于现代性原则，并且就现代化进程的连续性来看，它也是饱受纷争、颇成问题的。不过，在男女实际平等化的过程中，家庭的基础（婚姻、性、亲子关系等）开始动摇起来。这意味着在第二次世界大战后的现代化阶段，工业市场社会的实现和扬弃是同时发生的。这正是自反性现代化进程。在此，个体化进程对两性关系的影响是十分矛盾的。一方面，男性和女性脱离了传统的模式及角色分派，开始追求"属于自己的生活"；另一方面，由于社会关系日益弱化，人们被逐入二人世界的模式，在其中搜寻自己的幸福伴侣。在工作、亲子关系、爱情、职业、政治、发展和自我实现等各个层面，两性开始在相互扶持或相互对立之间摇摆。婚姻内外的冲突大多由选择机会引发（例如，配偶双方不同的职业流动等）。①

贝克指出，个体化动力不断向家庭扩展，共同生活的形式也开始急剧变化。个体人生与家庭的联系松动了。终身性的团结家庭日益罕见，这种家庭一度保留了在其中实现联合的父母辈的人生。反之，现在更常见的情形是，人们在不同的生命阶段流转于各种临时拼凑的家庭，乃至体验非家庭的共同生活形式。据此，贝克列出了未来的可能场景，比如，回归核心家庭，男女平等，或者超越男女角色。贝克认为，"再度家庭化"或"全面市场化"是一种虚假的非此即彼，它在这里遇到了第三条道路的挑战，即限制和缓解市场关系的冲击，为有针对地为社会性关系创造条件。比如，以"偏好家庭"的方式限制劳动力市场活力。②

在分析劳动领域的个体化进程时，贝克指出，在工业时代，雇佣劳动和职业已经成为引导生活的轴线。它和家庭一同构成了一个双极坐标系，从而

---

① 参见乌尔里希·贝克：《风险社会：新的现代性之路》，张文杰、何博闻译，译林出版社，2018年，第122-125页。
② 参见乌尔里希·贝克：《风险社会：新的现代性之路》，张文杰、何博闻译，译林出版社，2018年，第144-153页。

使这个时代的生活趋于稳定。贝克引用了赫尔穆特·舍尔斯基（Schelsky）的观点，即：家庭和职业为生活提供了"内在的稳定"。职业为个体打开了进入社会的通道。

工业社会的就业体系诞生于19世纪激烈的社会政治斗争和危机，它的主要维度都是高度标准化的：劳动合同、工作场所和工作时间。劳动力的雇用需要遵循样板合同，有时还需要由整个行业和就业群体共同协商某些一般性条款。其次，工作的场所需要集中在（大型）企业组织里。最后，直到20世纪70年代，"终身制全职工作"仍旧是一项时间上的组织标准。它不仅方便了企业对劳动力的规划和使用，同时也构成了生命历程意义上的生活背景。

在当前和未来的理性化浪潮中，这个标准化的充分就业体系也开始在边缘处出现软化和松动，从而使自己的三大支柱——劳动法、工作场所和工作时间——更富有弹性。贝克举例说，在企业的某些子领域（行政、文字处理、管理和服务），相关职能已经可以通过电子化渠道连接，即以去中心化的方式组织起来，所谓的"地理分散"或"不依赖地理"。就业体系的面貌已经发生变化。可见的劳动经营形态，即压缩在工厂车间或高楼大厦里的那些活动，也被看不见的企业组织取代了。大空间的工厂建筑逐渐遭到废弃，这是就业体系新旧转换的显著迹象。

由此，统一的工业社会体系正在转变为充满风险的体系。新体系则包含了灵活、多元而分散的未充分就业，因而可能让我们告别失业问题。在新的体系中，失业以未充分就业的形式被"整合"进就业体系，但换来的代价是就业不安感的普遍扩散。贝克指出，正如失业这样的生命片段早已成为不少人标准人生的组成部分。① 从发展趋势来看，自下而上的民主迟早要波及每一个人，个人生存的不可预见性也将是一个长期的问题。

3. 亚政治

按照贝克的说法，工业社会的自反性现代化，其主导理论观念沿两条论证线索展开：其一是风险分配的逻辑，其二是个体化命题。那么，这两条论证线索是如何相互联系，并与一些基本思考关联在一起的呢？

这就涉及贝克对科学与政治关系的认识。贝克认为需要在以下两个方面深化论证，首先，工业社会的一切构想都以可专业化为出发点。换言之，科

---

① 参见乌尔里希·贝克：《风险社会：新的现代性之路》，张文杰、何博文译，译林出版社，2018年，第186页。

学认识和政治行动可以标出界限并予以垄断，这一点尤其体现在为"科学系统"和"政治系统"而安排的社会系统及其制度上。其次，也有相反观点认为，自反性现代化面对的是高度发达的民主制和已然确立的科学化的条件，这会引发特有的科学和政治的去边界化过程。知识的垄断和变革的垄断处在分化之中，它们远离了原先预留给它们的位置，并在变换样貌之后变得随处可见。

贝克指出，如果从前我们关心的是"外部"引发的危险（诸神或自然），那么今天，风险的新历史特性则源自内部决策。风险既是科学的建构，也是社会的建构。科学是风险的原因之一，是风险界定的媒介，也是解决方案的来源。正是凭借这一事实，科学为自身打开了新的科学化市场。一方面，科学协助制造并界定了风险；另一方面，这些风险又受到公众和社会的批判。[①]

贝克描述了第一次现代化时期技术—经济的结合方式。他指出，工业社会方案在构想社会变迁与政治操控之间的关系时，最先参照的是"分裂的（公民/市民）"模式。一方面，作为公民，人们在政治意志形成的所有领域都享有民主权利；另一方面，作为市民，人们在劳动和经济领域捍卫自己的私人利益。相应的区别也存在于政治—行政的体系和技术—经济的体系之间。

政治领域的轴心原则是公民参与代议制民主（政党、议会等）。

市民的行动即技术-经济的逐利领域被认为是非政治的。这一设想建立在下述两个条件的基础之上：首先，技术的进步被等同于社会的进步；其次，技术创新增加了个体和集体的福祉。随着生活标准的提高，负面效应（技能要求的降低，失业或换岗的风险，健康威胁和自然破坏）总是可以找到辩护的理由。即便人们对"社会后果"持有异议，技术-经济的革新也不会受到阻碍。这一革新过程在本质上脱离了政治的正当化，并且相比于民主

[①] 参见乌尔里希·贝克：《风险社会：新的现代性之路》，张文杰、何博文译，译林出版社，2018年，第189-192页。另，贝克认为，自反现代化的"媒介"不是知识，而是无知。正是无知的分布和防卫这个方面展现了对（自反性现代化的）非线性理论的研究范围。一个社会越现代化，其制造的无法预测的结果就越多。无法预测的结果也是知识的一部分。问题是：谁了解它们并基于什么基础了解它们？甚至"隐藏的无法预测的后果"概念根本不意味着没有知识，而是意味着其主张是相互矛盾的一种知识。贝克因此也列出了无知的类型：(a) 对于风险知识的有选择性的接受与传播；(b) 知识的不确定性；(C) 误解和错误；(d) 认识的无能（inability to know）；和 (e) 不愿认识（unwillingness to know）。参见乌尔里希·贝克：《世界风险社会》，吴英姿、孙淑敏译，南京师范大学出版社，2004年，第155页，第159页。

行政程序和推行过程的拖拖拉拉,其执行力甚至无可挑剔。①

这就导致了只有一部分塑造社会的决策职能汇集在政治系统里,并服从于议会民主的原则;另一部分则摆脱了公共监督和证明的准则,并被授权享有企业投资和科学研究的自由。社会变革的两个对立组织过程随工业社会的建立而交织在一起。其中一个过程是建立政治的、议会制的民主,另一个过程是在"进步"和"理性化"的正当化护翼下,推行非政治、非民主的社会变革。

自20世纪70年代以来,阶级社会中不平等的社会显著性以及生产力发展和科学化进展状况使得政治与非政治的划界基础在自反性现代化过程中变得极度脆弱。福利国家的干预主义因其成功而衰落,大规模技术创新的潮流给未来带来了不可预知的威胁。贝克认为,当替代性社会的轮廓不再被期望出现在议会辩论或行政机构的决策中,而是出现在微电子学、核反应堆技术和人类遗传学的应用中时,那些迄今为止在政治上把现代化进程中立化的构想也就崩溃了。今天塑造社会的潜在可能性已经从政治系统转移到科学—技术—经济现代化的亚政治系统。政治和非政治尴尬地调换了角色。政治事务失去了政治性,非政治事务获得了政治性。此时,议会和行政部门的决策空间遭到了技术统治式封锁;其次,以法团形式组织起来的压力集团开始崭露头角。贝克称之为"丧失功能的政治系统"。②

在西方,发达民主制通过建立大量监督形式,限制了政治权力的展示。早在19世纪这一发展的开端就存在着分权制度,这确保了司法在议会和政府之外的监督功能。媒介引导下的公共领域总是针对政治决策发挥自己的这种监督功能。于是,随着基本权利的确立,现代化进程使亚政治的中心和行动领域不断浮现,并为它提供了在议会之外行使共同监督或替代性监督的机会。

由此,贝克指出,在工业资本主义中受政治保护的那些决策领域——私营部门、商业、科学、小城镇、日常生活等——在自反性现代性中卷入了政治冲突的风暴。③ 传统工厂,作为"庞大的、服从机械节律的层级组织",无

---

① 参见乌尔里希·贝克:《风险社会:新的现代性之路》,张文杰、何博闻译,译林出版社,2018年,第231页。
② 参见乌尔里希·贝克:《风险社会:新的现代性之路》,张文杰、何博闻译,译林出版社,2018年,第234—235页,第237页。
③ 参见贝克、吉登斯、拉什:《自反性现代化:现代社会秩序中的政治、传统与美学》,赵文书译,商务印书馆,2001年,第24页。

法和个体化社会的要求取得协调。贝克认为,在"正当化要求不断收紧"的过程中,公共领域以某种方式扩大了对企业的影响力。但企业的塑造权并没有因此而遭到废黜,它只是被夺走了"先天"的客观性、必然性和公益性,简言之,它变成了亚政治。①

以医学为例,贝克分析了亚政治的形成过程。贝克指出,依照其公开的自我理解,医学服务于健康。医学的确促进了人口的增长。在当前的医学发展中,诊断和治疗出现了分离。科学诊断的全套仪器设备,大量涌现的心理诊断理论和术语,对人的身体和心灵的"深层"所迸发的前所未有的科学兴趣:所有这一切都脱离了治疗能力,并开始责备后者"拖了后腿"。结果,所谓的"慢性病"开始急剧增加,但目前尚无有效的方法治疗这些疾病。医学在其最发达阶段制造了(暂时或永久)无法治愈的病理状况。这种病理状况不仅代表了一种全新的生活处境和危险处境,也跨越了现有的社会不平等体系。

这样的发展包含了一个医学和社会政治意义上的转向。在19世纪的欧洲,医学取得了职业化发展。医学通过运用技术消除疾病,对它实现了职业化垄断与管理。疾病或病痛被批量委托给医疗机构,以便依靠专家实现外在的掌控。与此相反,今天的病人需要独自面对疾病,或由那些毫无准备的机构来接手——家庭、职场、学校、公共领域等。这样的病人依旧在应对疾病方面一无所知。艾滋病这种快速传播的免疫缺陷只是其中最引人关注的例子。由于诊断技术的"进步",疾病也开始泛化了。一切都"生病"了,要么现在"生病",要么有"生病"隐患——这已脱离人的实际感受。相应地,人们再次提起了"主动患者"的形象,再次呼吁结成"工作联盟"。在这种联盟中,医学把病人指定为自己疾病的"辅助医生"。

由此贝克拓展到对体外受精胚胎移植技术的可能性的讨论。贝克指出,这里出现的事物(医学技术的"进步")虽然在表面上具有一致性,实际上却是独一无二的。纵使我们必须承认,人类的发展内含某种程度的自我创造和自我变革。纵使我们已经看到,历史设定并培养了人类的各种能力——改变或影响人的本性、创造文化、操纵环境,以及用自己制造的条件取代自然演化的约束。但这仍然无法掩饰,向全新维度的挺进正是这里所发生的事情。谈论"进步"意味着预设了主体,这样的主体被设想成万事万物的最终受益者。可行性思想与行动一经释放便指向了作为客体的对立面:支配自然

---

① 参见乌尔里希·贝克:《风险社会:新的现代性之路》,张文杰、何博闻译,译林出版社,2018年,第283-285页。

并增加社会财富。当技术上的可行性和可塑造原则开始侵犯主体本身，侵犯其在自然和文化意义上的生育条件的时候，从表面上的连续性来看，进步模式的根基就被抽空了。市民的逐利抵消了公民的生存条件，而按照工业社会流行的角色分配，民主发展的线索最终应当紧握在公民手中。由其普遍化之后的情形来看，支配自然已经在最真实的意义上悄然变成了对主体的技术支配，但这种支配最初意在效劳的启蒙主体性的文化标准早已荡然无存。①

贝克指出了当前技术政策的困境：技术—经济亚政治的证成有赖于政治系统的正当性。政治系统并没有就技术的发展和运用直接作出决策，这个事实应当没有什么争议。副作用不是从政者造成的，其责任必须由人们共同承担。

贝克认为，"亚政治"这个概念指的是外在于并超越国家-政府政治体制的代表性制度的政治。它关注的焦点在于一种（最终是全球的）倾向于将社会所有的区域纳入行动中的政治自我组织的符号。亚政治意即"直接"政治——即"特有的对政治决策的个人参与，绕过代表性的意见形成的机构（政党、议会），甚至往往缺乏法律保护。换句话说，亚政治意味着自下而上的社会形成。

贝克指出，在研究、技术和经济的共同作用下，可能的社会变革不断积累。不管制度多么稳定，管辖权多么一成不变，曾经专属于政治领域的塑造权依旧转移到了亚政治领域。举例来说，1995 年，绿色和平组织，第一次成功地使壳牌公司（Shell）将它的废弃石油装置在陆地上而不是在海里处理。接着这项多国运动试图通过公开嘲讽杰奎斯·希拉克总统故意破坏国际规则来组织法国恢复核试验。贝克认为，到处存在这种全球亚政治或者"直接政治"的联合模型标志。②

在此涉及亚政治赖以为生的知识体系。贝克认为，有必要把两种科学区分开来：一方面是旧的实验科学，它依然欣欣向荣，以数学和技术的方式渗透并开掘着世界，但它却缺乏经验并封闭在精密性的神话中；另一方面是庞杂的公众经验，它颇有争议地揭示了目的和手段以及后果和威胁。两种科学都有其独特的视角、短处、局限和方法。实验科学在系统上多少有些无视伴随其成功而来的或威胁其成功的后果。公众对威胁的讨论和说明则与日常生

---

① 参见乌尔里希·贝克：《风险社会：新的现代性之路》，张文杰、何博闻译，译林出版社，2018 年，第 259-264 页。

② 参见乌尔里希·贝克：《世界风险社会》，吴英姿、孙淑敏译，南京师范大学出版社，2004 年，第 50 页。

活相关，富含经验并利用了文化符号。它依赖媒体、可以被操纵、有时表现出歇斯底里，无论如何，它缺乏实验依据，对研究和论证具有依赖性，具体表现在它需要一种与之相伴的科学（这是大学的传统任务）。因此，它建立在一种提出问题的科学而不是一种提供答案的科学基础之上。它还可以把目标和规范置于反对意见的炼狱中以接受公众的考验，因此它可以激起受到抑制的怀疑，这些怀疑长期以来一直被排除在无视威胁和后果的标准科学之外。①

上述两种科学的分类有助于对科学的"潜在副作用"的讨论。贝克指出，紧随专业化出现的不只是"不可见的副作用"的"不可见属性"与"次生特征"。因为随着专业化的加强，构想并执行逐项解决方案的可能性也获得了增长。然而，这种解决方案的主要预期效果不断被意外的次生效果填充。过度专业化的科学实践就此成了各种问题及其症状的"编组站"，而应对症状的过程本身耗资不菲。如何处理化工业制造的有毒废弃物呢？"解决方案"是废料堆场，它的后果是把废弃物问题转变成地下水问题。反过来，化工业则凭借饮用水"净化剂"而获利。如果含有净化剂的饮用水影响了人体健康，那么我们还有药品；至于药品的"潜在副作用"，我们同样有精心构筑的医学看护体系加以拦截或予以延缓。解决问题和制造问题的链条会参照过度专业化的模式及程度而形成，从而不断"证实"看不见的副作用的"谎言"。如果要打破这种"命运"，科学必须（学会）以新的形式在相互关联的背景中实现专业化。②

贝克认为，批判就意味着进步。只有当医学反对医学，核物理反对核物理，人类遗传学反对人类遗传学，信息技术反对信息技术的时候，人为创造的未来才可能得到外部世界的理解与评估。科学研究有必要就特定步骤或计划的风险提前进行充满争议、剑拔弩张的讨论。这种讨论不仅应当出现在专业小圈子内部，也需要在制度的保障下，扩展至跨专业的局部公共领域。

作为未来的可能场景，贝克提出了建设"差异化的政治"。他认为，未来蓝图的起始点是破除政治边界。这里的政治，是指在发达民主制条件下形成于分化社会的主流政治、附属政治、亚政治及替代性政治的连续谱。政治在某种意义上变得普遍化了，因而失去了"中心"。从执行式政治向政治过

---

① 参见贝克、吉登斯、拉什：《自反性现代化：现代社会秩序中的政治、传统与美学》，赵文书译，商务印书馆，2001年，第38页。

② 参见乌尔里希·贝克：《风险社会：新的现代性之路》，张文杰、何博文译，译林出版社，2018年，第225-226页。

程的转变不可撤销。在这一过程中，政治失去了它的特性，它的对立面，它的概念和运作模式。这不纯粹是令人悲伤的时刻，因为一个现代化的新纪元出现了，它的标志正是"自反性"概念。

四、全球化

1. 含义

随着柏林墙的和平倒塌和苏联的崩溃，许多人看到了政治时代的终结。人们认为世界已经进入了摆脱社会主义和资本主义、空想和解放的时代。然而，在此期间，那些告别政治时代的庆祝活动却悄然无声了。因为，目前在所有公众舆论中无法回避的可怕话语"全球化"预示的不是政治的终结，恰恰是政治的爆发，即来自民族国家范畴，甚至来自什么是"政治"和"非政治"行为角色模式的政治爆发。因为不管全球化（经济、市场、劳动岗位竞争、生产、产品、服务、资金流、信息、生活方式）新的理论内涵包含什么，经济全球化风险所带来的政治后果却是引人注目的。

这是《什么是全球化？全球主义的曲解——应对全球化》的导论部分，贝克为我们描绘的全球化议题的背景。

贝克注意到下列事实，即对于跨国企业，19世纪作为阶级问题的工人运动在21世纪的转折时期已经成为全球化的问题。当然这里存在着本质的区别：当时工人运动作为对抗力量行动，如今，全球企业的行动没有受到任何（跨国）对抗力量的阻碍。……跨国经济破坏民族国家的经济和基础，因此它将导致全新的和无法预期的亚政治化。[①]……在全球化的进程中，工会、政治和国家的利益都受到了触动。许多政党和政治家受到了全球化"温和制度思想"的启发和影响，正如马克思描述的那样，他们预感到要成为自己的"掘墓人"。

问题的核心在于，民族国家是领土主权国家，它的权利建立在一定的领

---

① 贝克指出，以税收为例，一个企业可以在这个国家生产，在另一个国家纳税，在第三个国家以建设基础设施的形式索取国家补贴。人员流动性越来越大，他们也越来越灵活，富有的人寻找并利用民族国家的漏洞获利；具备一定劳动技能的人凭借这些技能到对他们最有利的地方谋职；而贫穷的人到富裕的地方生活。于是，民族国家闭关锁国的尝试陷入了困境，因为它们要想在世界社会竞争中生存，就必须吸引资金、人才和知识。参见乌尔里希·贝克：《什么是全球化？全球主义的曲解——应对全球化》，常和芳译，华东师范大学出版社，2008年，第6页。

土基础上（监管成员资格、制定有效的法律、保护边境等）。世界社会是多重领域（非单一经济领域）全球化的产物，它破坏并限制民族国家的发展，因为各种不受地域限制的社会领域、交际网络、市场关系及生活方式冲破了民族国家各领域的边界。①

贝克认为，现代民族国家方案使市场经济、福利国家和民主之间的历史联盟合法化，然而现在它已经破裂了。但如果人们能战胜使第一次现代化走向灭亡的这些正统观念，那么似乎衰败的现象将成为进入全球化第二阶段的初始征兆。

贝克在此区分了全球主义、全球性和全球化。

全球主义指的是世界市场，即世界市场统治思想，新自由主义思想，排挤或代替政治行动的思想观点。这种思想强调单一经济的因果关系，把多重领域的全球化简化为单一经济领域的全球化，同时这一领域是单向发展的。如果人们谈到生态、文化、政治以及文明社会等其他领域的全球化，也是把它们放到世界市场体系总框架中探讨。

与全球主义不同的是，全球性指我们早就生活在世界社会里，也就是说相互封闭的领土认识越来越模糊。任何国家，任何团体都不能相互隔绝，因此各种经济、文化和政治形式相互碰撞，这一切，也包括西方模式，必须重新自我辩护。

"全球化描述的是相应的一个发展进程，这种发展的结果是民族国家与民族国家主权被跨国活动主体，被它们的权力机会、方针取向、认同与网络挖掉了基础。""全球化指的是在经济、信息、生态、技术跨国文化冲突与市民社会的各种不同范畴内可以感觉到的、人们的日常行动日益失去了国界的限制。"②

贝克指出，全球性表明，从现在起，我们地球上所发生的任何事情不再受地域的限制，所有的发明、胜利以及灾难都关系到整个世界，并且必须沿着"地方-全球"坐标对我们的生活和行动、组织和制度重新定向、重新安排。③

要想理解定全球化概念，必须推翻第一次现代化的根本前提，也就是打破在封闭的相互隔绝的民族国家以及与之相适应的民族社会领域里生活和行

---

① 参见乌尔里希·贝克：《什么是全球化？全球主义的曲解——应对全球化》，常和芳译，华东师范大学出版社，2008年，第3-6页。
② 张世鹏，《什么是全球化？》，《欧洲》，2000年，第1期，第8页。
③ 参见乌尔里希·贝克：《什么是全球化？全球主义的曲解——应对全球化》，常和芳译，华东师范大学出版社，2008年，译者序第10页；正文第10-13页。

动的观念。贝克重点批评了"社会集装箱理论"。贝克指出,"现代"社会学被理解为"现代"社会的"现代"科学。同时人们联想到社会领域的划分模式,虽然抽象,但人们还是把这种模式一致称为社会集装箱理论。原因在于:首先,从政治上和理论上社会都以"国家控制地域"为前提条件。这意味着:社会学随时关注民族国家权力和武力的统治权威。社会隶属于国家,社会是国家社会,社会秩序意味着国家秩序。其次,这种模式对外、对内都有效。对外界限分明的各社会阶层的内部空间被分成更小的整体。……国家作为一个"集装箱"首先规定了领土单位,然后在此基础上对经济及社会进程和形势进行系统统计。第三,随着对内对外疆界分明、有秩序的、按民族国家界定的各种社会形象的发展产生了一种现代社会进化的自我形象和自信。

在回答"为什么全球化使人们必须区分第一次现代化和全球化第二阶段,这有什么意义?"问题时,贝克指出,"在经济、政治、生态、文化和个人经历全球化进程中,国家社会领域以及身份认同的思想、行为和生活体系崩溃了。"① 因此,这也构成了贝克对第二次现代化的诊断:"我对第二次现代化的诊断是,民族国家"集装箱"会自行解体,获得另外一种性质,使得我们形成有关跨国性的流通、生活方式、交流关系的新观念,使得在各民族国家、各地区、各组织内部即在社会的所有层面上,在经济领域、劳动领域、社会网络、政治组织内产生出各种机制。在这一意义上,全球化被设想为内部化的全球化。"② 比如,贝克以普里斯有关北美墨西哥人和本国墨西哥人之间的跨国社会、生活和政治形式的研究报告作为"跨国社会领域"的具体例子,认为有助于理解"全球性"等抽象概念。③

贝克认为,民族国家和跨国行为体之间的新型权利竞争的斗争过程中,规则发生了变化,贝克比喻说,雇员、工会以及政府还在下"连珠棋",而跨国企业已经在下"象棋"。随着全球文化产业符号世界的发展,国家、社会和身份认同的等式被取消,不能继续按民族、种族或贫富对立的观点,而只能按世界社会的观点理解对未来生活的想象力。……人们可以清楚地看到

---

① 参见乌尔里希·贝克:《什么是全球化?全球主义的曲解——应对全球化》,常和芳译,华东师范大学出版社,2008年,第68页。
② 参见乌尔里希·贝克、约翰内斯·威尔姆斯:《自由与资本主义——与著名社会学家乌尔里希·贝克对话》,路国林译,浙江人民出版社,2001年,第30页。
③ 参见乌尔里希·贝克:《什么是全球化?全球主义的曲解——应对全球化》,常和芳译,华东师范大学出版社,2008年,第25-29页,第33页。

这种潮流或趋正在逐渐形成：全球化—地方主义—亚地方主义。①

2. 跨国国家（transnational-state）

贝克指出，"世界社会"指各种社会关系的总和，而各种关系没有被整合到民族国家的政治范畴或由政治决定（可决定）。狭义的世界社会就是已感觉的、反思的世界社会。从实证角度看，世界社会延伸程度的问题其实就是世界上人们以各种文化认识到他们之间相互有多大差别的问题，以及这样的世界社会自我认识对其行动发挥多大作用的问题。②

贝克通过介绍、比较既对立又互为补充的世界社会观点，阐明了世界社会的不可修正性。他指出，跨国国家方案可能是一种应对全球性的方案。跨国国家方案的基本观点是：（民族）国家虽然过时了，但还不能放弃它；因为它不仅保障内政和地缘政治、政治权力等，而且还能够从政治领域发展、从跨国领域调控全球化的过程。跨国国家是强国，其政治发展力量是建立在它们共同应对全球化的基础上。……实现这一目标重要的前提条件是：相互合作的民族国家必须"从内政领域意识到，自己已被纳入有约束力的、履行世界主义义务的国家联盟的合作体系中。……只有意识到或将意识到跨国国家的必要性，跨国国家才能实现。

跨国国家模式是一种中间、混合模式，那些按以往方式理解的似乎相互排斥的基本特征在跨国国家里顺利地重新组合、融合。与其他国家间合作模式相比，跨国国家模式表明，通过这个方案全球性成为不可修正的政治思想和行动基础。

贝克指出，这个方案建立在两项原则基础上。

第一项原则，用逃避的办法或者用贸易保护主义的办法应对全球化，不仅没有出路，而且还意味着对在民族国家瓦解过程中可能产生的转机视而不见。我们现在正处于也有可能实现世界主义社会的伊始——当然也包括各种灾难。如果只关注灾难而忽略这种可能性，那么这就意味着不切实际。特别想强调的是，与过分的世界社会乐观主义态度相比，坚决的怀疑态度是理解这种可能性的必要前提。

如何实现各种"符合世界公民意愿"的社会形态？第二项原则是：通过

---

① 参见乌尔里希·贝克：《什么是全球化？全球主义的曲解——应对全球化》，常和芳译，华东师范大学出版社，2008年，第69页，第71页。

② 参见乌尔里希·贝克：《什么是全球化？全球主义的曲解——应对全球化》，常和芳译，华东师范大学出版社，2008年，第12页，第91页。

经济、政治、军事、法律及文化等各领域的跨国合作和相互依赖。在民族国家世界里只有平衡（对恐惧的平衡）或者霸权才能使社会稳定，这也成为民族国家第一次现代化时期有效的原则。而在全球化时代正相反：民族国家丧失主权或者进行跨国合作。①

3. 应对全球化

贝克对全球化问题的研究是以批判全球主义为前提的。贝克指出，所有的争论都必须从如何能从政治上形塑和获得一个负责任的全球化开始。政治上构建全球化，首先要批判的是全球主义的新自由主义思想，批判全球主义经济一维观、单向思维，以及企图将不适用于政治领域的世界市场权威理论套用于高级政治。其次要认清的是全球性和全球化既不是资本主义福利国家为了摆脱束缚竭力吹嘘的虚假繁荣，也不能成为让一切服从于世界市场新自然规律的理由。全球化时代并不意味着政治已经走到了终结，而是迎来了一个新的开始。

由此，贝克针对全球主义的陷阱从十个方面对全球化进行了回应。

（1）国际合作。政治上应对全球化的第一点就是必须扩大民族国家之间的政治合作，目的是限制或避免全球企业为避税和提高国家补贴而一手编导的"黑幕交易"。

（2）跨国国家或"相容主权"。互斥的民族国家和民族社会的转换关系被一种能够产生国家联邦的复合框架所代替，而这种联邦以"全球—地方"的形式立足于世界，重新确立他们的特殊独立性。他们既是合作国家又是独立国家，在合作国家基础上的独立国家。国家之间的联合为后民族国家开辟了新的行动空间。因此，只有当专属主权被相容主权的观念取代时，上述观点才能成立。

（3）按资分配。如果以知识和资本代替劳动是正确的话，那么新的社会福利政策就可以遵循劳动力参与分配的原则。因此，按资分配原则作为共同决策原则的补充，将代替财产共有制原则。这种原则明显的局限性是：从工资收入到资本收入政策方向的转变只为那些融入劳动过程中的人提供保障，而那些失业者将被拒之门外。

（4）教育政策的新导向。如果劳动被知识和资本代替是合理的话，那么劳动必须通过知识得到增值或改造。这就意味着：要对教育和科研进行投资。

---

① 参见乌尔里希·贝克：《什么是全球化？全球主义的曲解——应对全球化》，常和芳译，华东师范大学出版社，2008年，第112-114页。

（5）跨国企业家是非民主的，还是反民主的？不参与纳税并取消收入性劳动的跨国资本主义失去了自身的合理性。正如熊彼特（Schumpeter）所预言的那样，它成为毫无作用的寄生虫。那么现在从理论上与政治上必须提出这一核心问题。民主是个价格不菲的东西，要时时提醒全球化的赢家：他们应该对民主制度承担责任，这就意味着把潜在的纳税人请到收银台前纳税。

（6）公民劳动联盟。我们需要的劳动虽然越来越少，但是生产的产品以及提供的服务却越来越多。通过职业劳动实现人类物质社会的发展依然很重要，然而它不再是唯一的形式。考虑到人们不仅仅具有自我组织能力，而是更具有对整治项目的兴趣，它可以将劳动提升到职业劳动外的更高一级程度：开放劳动，公民劳动。人们可以用公民社会的公民—国家联盟取代"劳动联盟"并且为之融资。在国家体系政治和（跨）地方公民社会之间必须找到一种新型权力分配及劳动分工（方式）并且使之达到平衡。

（7）继大众汽车出口国之后将出现什么？新的文化、政治、经济目标定位。由于新兴国家可以在当地生产更便宜的汽车、机械设备等，像德国这样的出口国家的模式不再适用了。世界市场是提倡差异性的，因此现在人们应该把广受争议的一些事物（如地方特色）当作优势和机遇来进行挖掘和发展：生态产品，个性化，风险市场，回归区域化市场，打破文化的同质封锁。

（8）经验文化、短缺市场和社会自我更新。个性化是区别于他人的、同时也是自成一格无法摒弃的个人自主性，这是诞生挑战和创新的文化源泉。人们在个体劳动和为他人劳动之间的直接关系中生活、思考并且进行创造，因此这里诞生的市场不是大众市场，而是短缺市场或微型市场。在全球地方性时代，这些短缺市场文化的社会群落生境是极富创造性的，有许多曾设计出世界市场热销产品。

（9）开放的企业家与自主的劳动者。原有代表劳资对立的雇佣工人与雇主的社会角色，将被开放的企业家与自主的劳动者所代替。企业家"管理"自己和他的劳动财富。自主劳动者在扩大化的社会使用价值的意义上重新定义"为他人的"劳动。这种劳动是以被他人需要与自身认同为前提。

（10）反排斥社会契约？当下，劳动的收益不断减少，而资本的收益不断增加，这更加导致了世界范围内的贫富分化。在全球化时代里，社会福利政策之所以陷入困境，是因为经济发展不再受民族国家政治的束缚，而经济发展所带来的各种社会后果却由民族国家承担。其结果是，社会分配的冲突不断加剧，强制性政治裁决越来越普遍。

在上述对全球化回应的十个方面中，贝克指出，在全球化的挑战面前，民族国家没有出路，但跨国国家可能有出路。欧盟正是这样一种跨国国家的雏形，它能够重新确立各合作国家的政治优先权，提高民主监督的社会和经济政治行动能力。欧盟应该对内对外进行相应的改革。①

五、对贝克风险社会理论的评价

在贝克的成名作《风险社会：新的现代性之路》前言，他说，本书的主题是那个不起眼的前缀"后"（post）。这是我们这个时代的关键字。一切都带"后"了。一段时间以来，我们已习惯了"后工业主义"，我们多少还能理解这个概念。而从"后现代性"开始，一切变得模糊起来。由此，贝克给自己定下的任务是：本书尝试追踪这个"后"字。它承担的任务是努力把握现代性在最近二三十年的历史发展赋予这个"后"字的内涵。这种努力要想获得成功，只有同旧的理论和思维习惯进行一场艰苦搏斗。②

从"后"转向"现代性"，体现的是贝克的担当。贝克被认为是当代西方社会学界少有的具有原创性思想的社会理论家之一。正是由于他对当今世界所发生的重大变迁的实质的准确把握，贝克本人因此也被誉为"全球化时代的领航员""第一个从学理的高度把风险概念阐述清楚的西方学者"。在评述贝克及风险社会的理论遗产时，应该注意到，"贝克通过对风险社会的理论分析表达了他对现实社会和人类未来发展的强烈关怀。""风险社会理论并非只是简单地对当代社会发展中的各种风险现象进行描述，它实际上是借助现代性理论来改变风险问题的讨论方向，从现代性和后现代性的对立中来开拓有关现代性、全球化、世界主义的新维度，以建构出一种新的社会批判理论和发展模式，从而真正开辟了社会学对'风险'研究的新范式，这种新范式的一个核心特征就是就要摈弃大多数后现代主义者那样仅仅留恋于对现代性制度困境的批判和反思，而是企图通过一系列的制度创新和想象力再造来实实在在地提升现代社会预防和控制风险的能

---

① 参见乌尔里希·贝克：《什么是全球化？全球主义的曲解——应对全球化》，常和芳译，华东师范大学出版社，2008年，第160-161页。

② 参见乌尔里希·贝克：《风险社会：新的现代性之路》，张文杰、何博文译，译林出版社，2018年，前言第1-2页。

力。"① 某种程度上，如贝克所说，"我们正在见证的不是现代性的终结，而是现代性的开端"。②

复习思考题

1. 分析吉登斯有关双重解释学的设想对社会科学研究的意义。
2. 尝试运用吉登斯的结构化理论来说明在全球化背景下现代性作为一种生活方式在时空里的扩散现象。
3. 工业社会与传统社会在风险的产生与分配有什么区别？
4. 贝克所主张的自反性现代化表现在哪些方面？
5. 个体化与全球化存在怎样的关系？

---

① 参见文军：《人类正在迈进"风险社会"——纪念乌尔里希·贝克》，《社会观察》（现更名为《社会科学文摘》），2015年，第3期，第69页。

② 参见乌尔里希·贝克：《风险社会：新的现代性之路》，张文杰、何博文译，译林出版社，2018年，前言第4页。

参考文献

[1] 安东尼·吉登斯. 政治学、社会学与社会理论：经典理论与当代思潮的碰撞[M]. 何雪松, 赵方杜, 译. 上海：上海人民出版社, 2014.

[2] 安东尼·吉登斯. 现代性与自我认同[M]. 赵旭东, 方文, 译. 北京：生活·读书·新知三联书店, 1998.

[3] 安东尼·吉登斯. 社会学方法的新规则——一种对解释社会学的建设性批判[M]. 田佑中, 刘江涛, 译. 北京：社会科学文献出版社, 2003.

[4] 安东尼·吉登斯. 现代性的后果[M]. 田禾, 译. 北京：译林出版社, 2011.

[5] 安东尼·吉登斯. 社会的构成：结构化理论大纲[M]. 李康, 李猛, 译. 北京：生活·读书·新知三联书店, 1998.

[6] 安东尼·吉登斯. 社会理论的核心问题：社会分析中的行动、结构与矛盾[M]. 郭忠华, 徐法寅译. 上海：上海译文出版社, 2015.

[7] 奥古斯特·孔德. 论实证精神[M]. 黄建华, 译. 北京：商务印书馆, 1996.

[8] 奥古斯特·孔德. 科学·爱·秩序·进步——孔德《实证主义概论》精粹[M]. 冯玮, 编译. 武汉：湖北人民出版社, 1989.

[9] 爱米尔·涂尔干. 社会学方法的准则[M]. 狄玉明, 译. 北京：商务印书馆, 1995.

[10] 埃米尔·迪尔凯姆. 自杀论[M]. 冯韵文, 译. 北京：商务印书馆, 1996.

[11] 爱弥尔·涂尔干. 宗教生活的基本形式[M]. 渠东, 汲喆, 译. 上海：上海人民出版社, 1999.

[12] 埃米尔·涂尔干. 社会分工论 [M]. 渠东, 译. 北京: 生活·读书·新知三联书店, 2000.

[13] 阿尔弗雷德·许茨. 现象学哲学研究 [M]. 霍桂桓, 译. 杭州: 浙江大学出版社, 2012.

[14] 阿尔弗雷德·舒茨. 社会世界的意义构成 [M]. 游淙祺, 译. 北京: 商务印书馆, 2012.

[15] 阿尔弗雷德·许茨. 社会理论研究 [M]. 霍桂桓, 译. 杭州: 浙江大学出版社, 2011.

[16] 阿尔弗雷德·许茨. 社会实在问题(修订版)[M]. 霍桂桓, 索昕, 译. 杭州: 浙江大学出版社, 2011.

[17] 贝克, 吉登斯, 拉什. 自反性现代化: 现代社会秩序中的政治, 传统与美学 [M]. 赵文书, 译. 北京: 商务印书馆, 2001.

[18] 布赖恩·特纳. Blackwell社会理论指南 [M]. 上海: 上海人民出版社, 2003.

[19] 彼得·M. 布劳. 社会生活中的交换与权力 [M]. 李国武, 译. 北京: 华夏出版社, 1988.

[20] 彼得·M. 布劳. 不平等与异质性 [M]. 北京: 中国社会科学出版社, 1991.

[21] 彼得·伯格, 托马斯·卢克曼. 现实的社会建构 [M]. 汪涌, 译. 北京: 北京大学出版社, 2009.

[22] 鲍德里亚. 消费社会 [M]. 刘成富, 全志钢, 译. 南京: 南京大学出版社, 2000.

[23] 布迪厄, 华康德. 实践与反思——反思社会学导引 [M]. 李猛, 李康, 译. 北京: 中央编译出版社, 1998.

[24] 布迪厄. 实践感 [M]. 蒋梓骅, 译. 北京: 译林出版社, 2003.

[25] 布尔迪厄. 自我分析纲要 [M]. 刘晖, 译. 北京: 中国人民大学出版社, 2017.

[26] 波林·罗斯诺. 后现代主义与社会科学 [M]. 张国清, 译. 上海: 上海译文出版社, 1998.

[27] 蔡禾. 现代社会学理论述评 [M]. 合肥: 安徽人民出版社, 1992.

[28] 成伯清. 格奥尔格·齐美尔: 现代性的诊断 [M]. 杭州: 杭州大学出版社, 1999.

[29] 成伯清. 走出现代性：当代西方社会学理论的重新定向 [M]. 北京：社会科学文献出版社 2006.

[30] C. 赖特·米尔斯. 白领：美国的中产阶级 [M]. 周晓虹，译. 南京：南京大学出版社，2006.

[31] C. 赖特·米尔斯. 权力精英 [M]. 尹宏毅，法磊，译. 北京：新华出版社，2017.

[32] C. 赖特·米尔斯. 社会学的想象力 [M]. 李康，译. 北京：北京师范大学出版社，2017.

[33] 彼得·什托姆普卡. 默顿学术思想评传 [M]. 林聚任，等译. 北京：北京大学出版社，2009.

[34] D. P. 约翰逊. 社会学理论 [M]. 南开大学社会学系，译，北京：国际文化出版公司，1988.

[35] 戴维·斯沃茨. 文化与权力：布尔迪厄的社会学 [M]. 陶东风，译. 上海：上海译文出版社，2006.

[36] 达尼洛·马尔图切利. 现代性社会学——二十世纪的历程 [M]. 北京：译林出版社，2007.

[37] 德里达. 一种疯狂守护着思想——德里达访谈录 [M]. 何佩群，译. 上海：上海人民出版社，1997.

[38] 戴维·弗里斯比. 现代性的碎片 [M]. 卢晖临、周怡、李林艳，译. 北京：商务印书馆，2003.

[39] 达伦多夫. 现代社会冲突 [M]. 林荣远，译. 中国社会科学出版社，2000.

[40] 大卫·英格里斯，克里斯托弗·索普. 社会理论的邀请 [M]. 何蓉，刘洋，译. 北京：商务印书馆，2022.

[41] 道格拉斯·科尔纳，斯蒂芬·贝斯特. 后现代理论 [M]. 张志斌，译. 北京：中央编译出版社，1999.

[42] 利奥塔. 后现代性与公正游戏——利奥塔访谈，书信录 [M]. 谈瀛洲，译. 上海：上海人民出版社，1997.

[43] 斐迪南·滕尼斯. 共同体与社会 [M]. 林荣远，译. 北京：商务印书馆，1999.

[44] 斐迪南·滕尼斯. 新时代的精神 [M]. 林荣远，译. 北京：北京大学出版社，2006.

[45] 斐迪南·滕尼斯. 社会学引论 [M]. 林荣远，译. 北京：中国人

民大学出版社，2015.

[46] 弗里茨·林格. 韦伯学术思想评传 [M]. 马乐乐，译. 北京：北京大学出版社，2011.

[47] 郭忠华. 现代性理论脉络中的社会与政治：吉登斯思想地形图 [M]. 上海：上海人民出版社，2010.

[48] George Ritzer. 社会学理论（上下册）[M]. 马康庄，陈信木，译. 台北：美商麦格罗·希尔公司，1995.

[49] 戈夫曼. 日常接触 [M]. 徐江敏，等译. 北京：华夏出版社 1990.

[50] G. 齐美尔. 桥与门——齐美尔随笔集 [M]. 涯鸿，宇声，等译. 上海：生活·读书·新知三联书店上海分店，1991.

[51] 侯均生. 西方社会学理论教程（第四版）[M]. 天津：南开大学出版社，2017.

[52] 何蓉. 经济学与社会学——马克斯·韦伯与社会科学基本问题 [M]. 上海：格致出版社，2009.

[53] 汉斯·约阿斯，沃尔夫冈·克诺伯. 社会理论二十讲 [M]. 郑作彧，译. 上海：上海人民出版社，2021.

[54] 霍克海默. 批判理论 [M]. 李小兵，等译. 重庆：重庆出版社，1989.

[55] 霍克海默，阿多诺. 启蒙辩证法 [M]. 洪佩郁，等译. 重庆：重庆出版社，1990.

[56] 霍克海默. 霍克海默集 [M]. 曹卫东，选编. 上海：上海远东出版社，2004.

[57] 赫伯特·斯宾塞. 社会学研究 [M]. 张洪晖，胡江波，译. 北京：华夏出版社，2001.

[58] 赫伯特·斯宾塞. 国家权力与个人自由 [M]. 谭小勤，等译. 北京：华夏出版社，2000.

[59] 赫伯特·斯宾塞. 社会静力学 [M]. 张雄武，译. 北京：商务印书馆，1999.

[60] 赫伯特·斯宾塞. 个体与国家 [M]. 林斯澄，译. 北京：商务印书馆，2021.

[61] 哈维·弗格森. 现象学社会学 [M]. 刘聪慧，郭之天，张琦，译. 北京：北京大学出版社，2010.

[62] 赫伯特·马尔库塞. 理性与革命——黑格尔和社会理论的兴起 [M]. 程志民, 等译. 重庆: 重庆出版社, 1993.

[63] 赫伯特·马尔库塞. 爱欲与文明: 对弗洛伊德思想的哲学探讨 [M]. 黄勇, 薛民, 译. 上海: 上海译文出版社, 1987.

[64] 赫伯特·马尔库塞. 单向度的人: 发达工业社会意识形态研究 [M]. 刘从继, 译. 上海: 上海译文出版社, 1989.

[65] 赫伯特·马尔库塞. 马克思主义, 革命与乌托邦 [M]. 高海清, 连杰, 陶锋, 译. 北京: 人民出版社, 2019.

[66] 杰弗里·C. 亚历山大. 社会学的理论逻辑（第一卷）: 实证主义、预设与当前的争论 [M]. 于晓, 唐少杰, 蒋和明, 译. 北京: 商务印书馆, 2008.

[67] 杰弗里·C. 亚历山大. 社会学的理论逻辑（第二卷）: 古典思想中的矛盾: 马克思和涂尔干 [M]. 夏光, 戴盛中, 译. 北京: 商务印书馆, 2008.

[68] 杰弗里·C. 亚历山大. 社会学的理论逻辑（第三卷）: 理论综合的古典尝试: 马克斯·韦伯 [M]. 何蓉, 译. 北京: 商务印书馆, 2012.

[69] 杰弗里·C. 亚历山大. 社会学的理论逻辑第4卷, 古典思想的现代重建: 塔尔科特帕森斯 [M]. 赵立玮, 译. 北京: 商务印书馆, 2016.

[70] 杰弗里·亚历山大. 社会学二十讲: 二战以来的理论发展 [M]. 贾春增, 董天民, 等译, 北京: 华夏出版社, 2000.

[71] 杰弗里·亚历山大. 新功能主义及其后 [M]. 彭牧, 等译. 南京: 译林出版社, 2003.

[72] 吉拉德·德朗蒂. 当代欧洲社会理论指南 [M]. 李康, 译. 上海: 上海人民出版社, 2009.

[73] 贾春增. 外国社会学史（第三版重排本） [M]. 北京: 中国人民大学出版社, 2018.

[74] 杰拉德·德兰蒂. 现代性与后现代性: 知识, 权力与自我 [M]. 李瑞华, 译. 北京: 商务印书馆, 2012.

[75] 卡尔·曼海姆. 意识形态与乌托邦 [M]. 黎鸣, 李书崇, 译. 北京: 商务印书馆, 2000.

[76] 卡尔·曼海姆. 重建时代的人与社会: 现代社会结构的研究 [M]. 张旅平, 译. 北京: 生活·读书·新知三联书店, 2002.

[77] 肯尼思·格根. 社会构建的邀请 [M]. 许婧, 译. 北京: 北京大

学出版社，2011.

[78] 刘少杰. 当代国外社会学理论 [M]. 北京：中国人民大学出版社，2009.

[79] 刘拥华. 布迪厄的终生问题 [M]. 上海：上海三联书店，2009.

[80] 林丹. 乌尔里希·贝克风险社会理论及其对中国的影响 [M]. 北京：人民出版社，2013.

[81] 林聚任. 社会理论 [M]. 北京：中国人民大学出版社，2016.

[82] L·科塞. 社会冲突的功能 [M]. 孙立平，等译. 北京：华夏出版社，1989.

[83] 雷蒙·阿隆. 社会学主要思潮 [M]. 上海：上海译文出版社，1988.

[84] 罗布·斯通斯. 核心社会学思想家 [M]. 姚伟，李娜，译. 上海：上海人民出版社，2020.

[85] 罗伯特·K. 默顿. 论理论社会学 [M]. 何凡兴，李卫红，王丽娟，译. 北京：华夏出版社，1990.

[86] 罗伯特·K. 默顿. 社会理论与社会结构 [M]. 唐少杰，齐心，等译. 南京：译林出版社，2006.

[87] 刘易斯·A. 科瑟. 社会学思想名家 [M]. 石人译，北京：中国社会科学出版社，1990.

[88] 兰德尔·柯林斯，迈克尔·马科夫斯基. 发现社会之旅——西方社会学思想述评 [M]. 上海：中华书局，2006.

[89] 兰德尔·柯林斯. 互动仪式链 [M]. 林聚任，王鹏，宋丽君，译. 北京：商务印书馆，2009.

[90] 鲁思·华莱士，艾莉森·沃尔夫. 当代社会学理论——对古典理论的扩展 [M]. 刘少杰，等译. 6 版. 北京：中国人民大学出版社. 2008.

[91] 玛格丽特·波洛玛. 当代社会学理论 [M]. 孙立平，译. 北京：华夏出版社，1989.

[92] 马丁·杰伊. 法兰克福学派史（1923—1950）[M]. 单世联，译. 广州：广东人民出版社，1996.

[93] 马克斯·韦伯，新教伦理与资本主义精神 [M]. 于晓，陈维纲，等译. 北京：生活·读书·新知三联书店，1987.

[94] 马克斯·韦伯. 儒教与道教 [M]. 王容芬，译. 北京：商务印书馆，1995.

[95] 马克斯·韦伯. 经济与社会（上卷）[M]. 林荣远, 译. 北京: 商务印书馆, 1997.

[96] 马克斯·韦伯. 经济与社会（下卷）[M]. 林荣远, 译. 北京: 商务印书馆, 1997.

[97] 马克斯·韦伯. 学术与政治 [M]. 冯克利, 译. 北京: 生活·读书·新知三联书店, 1998.

[98] 马克斯·韦伯. 社会科学方法论 [M]. 杨富斌, 译. 北京: 华夏出版社, 1999.

[99] 马克斯·韦伯. 社会学的基本概念 [M]. 胡景北, 译. 上海: 上海人民出版社, 2000.

[100] 米歇尔·福柯. 权力的眼睛——福柯访谈录 [M]. 严锋, 译. 上海: 上海人民出版社, 1997.

[101] 米歇尔·福柯. 知识考古学 [M]. 谢强, 马月译. 北京: 生活·读书·新知三联书店, 1998.

[102] 米歇尔·福柯. 规训与惩罚 [M]. 刘北成, 杨远樱译. 北京: 生活·读书·新知三联书店, 1999.

[103] 米歇尔·福柯. 性经验史 [M]. 佘碧平, 译. 上海: 上海人民出版社, 2000.

[104] 米歇尔·福柯. 词与物——人文科学考古学 [M]. 莫伟民, 译. 上海: 上海三联书店, 2001.

[105] 马尔科姆·沃特斯. 现代社会学理论 [M]. 杨善华, 等译. 北京: 华夏出版社, 2000.

[106] 尼格尔·多德. 社会理论与现代性 [M]. 陶传进译. 北京: 社会科学文献出版社, 2002.

[107] 欧文·戈夫曼. 日常生活的自我呈现 [M]. 黄爱华, 冯刚, 译. 杭州: 浙江人民出版社, 1989.

[108] 欧文·戈夫曼. 污名——受损身份管理札记 [M]. 宋立宏, 译. 北京: 商务印书馆, 2009.

[109] 欧文·戈夫曼. 公众场所的行为: 聚会的社会组织 [M]. 何道宽, 译. 北京: 北京大学出版社, 2017.

[110] 帕特里克·贝尔特. 二十世纪的社会理论 [M]. 瞿铁鹏译. 上海: 上海译文出版社, 2002.

[111] 帕森斯. 社会行动的结构 [M]. 张明德, 等译. 南京: 译林出

版社，2003.

[112] 帕森斯. 现代社会的结构与过程 [M]. 梁向阳，译. 北京：光明日报出版社，1988.

[113] 帕森斯，斯梅尔瑟. 经济与社会 [M]. 刘进，等译. 北京：华夏出版社，1989.

[114] P. 布尔迪厄. 国家精英：名牌大学与群体精神 [M]. 杨亚平，译. 北京：商务印书馆，2004.

[115] 皮埃尔·布迪厄. 文化资本与社会炼金术——布尔迪厄访谈录 [M]. 包亚明，译，上海：上海人民出版社，1997.

[116] 皮埃尔·布尔迪厄. 区分：判断力的社会批判（上下册）[M]. 刘晖，译，北京：商务印书馆，2015.

[117] 皮埃尔·布尔迪厄. 实践理论大纲 [M]. 高振华，李思宇，译. 北京：中国人民大学出版社，2017.

[118] 乔纳森·H. 特纳. 社会学理论的结构 [M]. 邱泽奇，张茂元，等译. 7版. 北京：华夏出版社，2006.

[119] 乔治·H. 米德. 心灵、自我与社会 [M]. 赵月瑟，译. 上海：上海译文出版社，1992.

[120] 乔治·赫伯特·米德. 现在的哲学 [M]. 李猛，译. 上海：上海人民出版社，2003.

[121] 乔治·瑞泽尔. 后现代社会理论 [M]. 谢立中，等译. 北京：华夏出版社，2003.

[122] 乔治·瑞泽尔. 布莱克维尔社会理论家指南 [M]. 凌琪，刘仲翔，王修晓，等译. 南京：江苏人民出版社，2009.

[123] 齐美尔. 货币哲学 [M]. 陈戎女，等译. 北京：华夏出版社，2002.

[124] 让-弗朗索瓦·利奥塔. 后现代状况 [M]. 车槿山，译. 北京：生活·读书·新知三联书店，1997.

[125] 史蒂文·塞德曼. 有争议的知识——后现代时代的社会理论 [M]. 刘北成，等译. 中国人民大学出版社，2002.

[126] 史蒂文·塞德曼. 后现代转向 [M]. 吴世雄，等译. 沈阳：辽宁教育出版社，2001.

[127] 山姆·威姆斯特. 理解韦伯 [M]. 童庆平，译. 北京：中央编译出版社，2016.

[128] 提姆·梅伊,詹森·L·鲍威尔. 社会理论的定位 [M]. 姚伟,王璐雅,等译. 2版. 北京:中国人民大学出版社,2013.

[129] 唐纳德·N. 莱文,霍华德·G. 施耐德曼. 对话社会理论 [M]. 陈玲,译. 上海:上海社会科学院出版社,2022.

[130] 王晴锋. 欧文·戈夫曼:微观社会学的探索 [M]. 北京:中央民族大学出版社,2018.

[131] 维尔弗雷多·帕累托. 普通社会学纲要 [M]. 田时纲,译. 北京:生活·读书·新知三联书店,2001.

[132] 维尔弗雷多·帕累托. 精英的兴衰 [M]. 刘北成,译. 上海:上海人民出版社,2003.

[133] 文军. 西方社会学理论——经典传统与当代转向 [M]. 上海:上海人民出版社,2006.

[134] 文军. 当代社会学理论:跨学科视野 [M]. 北京:中国人民大学出版社,2015.

[135] 乌塔·格哈特. 帕森斯学术思想评传 [M]. 李康,译. 北京:北京大学出版社,2009.

[136] 乌尔里希·贝克. 风险社会:新的现代性之路 [M]. 张文杰,何博闻,译. 北京:译林出版社,2018.

[137] 乌尔里希·贝克. 世界风险社会 [M]. 吴英姿,孙淑敏,译. 南京:南京大学出版社,2004.

[138] 乌尔里希·贝克. 全球化时代的权力和反权力 [M]. 蒋仁祥,胡颐,译. 桂林:广西师范大学出版社,2004.

[139] 乌尔里希·贝克. 什么是全球化?全球主义的曲解——应对全球化 [M]. 常和芳,译. 上海:华东师范大学出版社,2008.

[140] 乌尔里希·贝克,伊丽莎白·贝克-格恩斯海姆. 个体化 [M]. 李荣山,范譞,张惠强,译. 北京:北京大学出版社,2011.

[141] 谢立中. 西方社会学名著提要 [M]. 南昌:江西人民出版社,1998.

[142] 谢立中,阮新邦. 现代性、后现代性社会理论:诠释与评论 [M]. 北京:北京大学出版社,2004.

[143] 西美尔. 金钱,性别,现代生活风格 [M]. 顾仁明,译. 上海:学林出版社,2000.

[144] 西美尔. 社会学——关于社会化形式的研究 [M]. 林荣远,译.

北京：华夏出版社，2002.

［145］齐奥尔特·西美尔．时尚的哲学［M］．费勇，吴蓓，译．北京：文化艺术出版社，2001.

［146］杨君．个体化的社会想象：乌尔里希·贝克思想中的生活、政治与道德［M］．北京：社会科学文献出版社，2020.

［147］叶启政．穿越西方社会理论的省思［M］．杭州：浙江大学出版社，2019.

［148］杨善华，谢立中．西方社会学理论（上卷）［M］．北京：北京大学出版社，2005.

［149］杨善华，谢立中．西方社会学理论（下卷）［M］．北京：北京大学出版社，2006.

［150］雅克·德里达．论文字学［M］．汪堂家，译．上海：上海译文出版社，1999.

［151］雅克·德里达．德里达中国讲演录［M］．杜小真，张宁，编译．北京：中央编译出版社，2002.

［152］尤尔根·哈贝马斯．合法化危机［M］．刘北成，曹卫东，译．上海：上海人民出版社，2000.

［153］尤尔根·哈贝马斯．交往与社会进化［M］．张博树，译．重庆：重庆出版社，1989.

［154］尤尔根·哈贝马斯．交往行动理论（第一卷——行动的合理性与社会合理化）［M］．洪佩郁，蔺青，译．重庆：重庆出版社，1993.

［155］尤尔根·哈贝马斯．交往行动理论（第二卷——论功能主义理性批判）［M］．洪佩郁，蔺青，译．重庆：重庆出版社，1994.

［156］尤尔根·哈贝马斯．现代性的地平线——哈贝马斯访谈录［M］．李安东，段怀清，译．上海：上海人民出版社，1997.

［157］尤尔根·哈贝马斯．作为"意识形态"的技术与科学［M］．李黎，郭官义，译．上海：学林出版社，1999.

［158］尤尔根·哈贝马斯．分裂的西方［M］．郁喆隽，译．上海：上海译文出版社，2019.

［159］赵旭东．结构与再生产：吉登斯的社会理论［M］．北京：中国人民大学出版社，2017.

［160］郑杭生，刘少杰．马克思主义社会学史［M］．北京：高等教育出版社，2006.

[161] 周晓虹. 西方社会学历史与体系（第一卷）[M]. 上海：上海人民出版社，2002.

[162] 郑震. 另类视野——论西方建构主义社会学[M]. 北京：中国社会科学出版社，2014.

[163] 詹明信. 晚期资本主义的文化逻辑[M]. 陈清侨，等译. 北京：生活·读书·新知三联书店，1997.

[164] Alvin W. Gouldner. The Coming Crisis of Western Sociology[M]. New York: Basic Books, Inc. 1970.

[165] Anthony Elliott. The Routledge Companion to Social Theory[M]. London: Routledge, 2010.

[166] B. Turner. Theories of Modernity and Postmodernity[M]. London: Sage, 1990.

[167] Berch Berberoglu. An Introduction to Classical and Contemporary Social Theory: A Critical Perspective[M]. New York: General Hall, Inc., 1993.

[168] Charles Lemert. Postmodernism is Not What You Think[M]. Oxford: Blackwell, 1997.

[169] D. Moran. Introduction to Phenomenology[M]. Oxford: Routledge, 2007.

[170] David Ashley, David Michael. Sociological Theory: Classical Statements[M]. Boston: Allyn and Bacon, 1990.

[171] David Lyon. Postmodernity[M]. New York: The McGraw-Hill Companies, Inc., 1999.

[172] Don Martindale. The Nature and Types of Sociological Theory[M]. Boston: Houghton Mifflin Company 1960.

[173] G. McLennan. Sociological Cultural Studies: Reflexivity and Positivity in the Human Sciences[M]. Basingstoke: Palgrave, 2006.

[174] G. Ritzer. Metacheorizing[M]. London: Sage Publications, 1992.

[175] Geroge C. Homans. Social Behavior: Its Elementary Forms[M]. London: Routledge, 1961.

[176] Geroge C. Homans. The Human Group[M]. New York: Harcourt, Brace & World, 1950.

[177] H. Blumer. Industrialization as an Agent of Social Change: A

Critical Analysis[M]. New York: Aldine de Gruyter,1990.

[178] H. Blumer. Symbolic Interactionism: Perspective and Method [M]. Englewood Cliffs, NJ: Prentice-Hall, 1969.

[179] H. Garfinkel. Studies in Ethnomethodology[M]. London: Polity Press and Blackwell Publishers Ltd. , 1984.

[180] Ian Hacking. The Social Construction of What? [M]. Cambridge: Harvard University Press, 2000 .

[181] Irving Velody, Robin Williams. The Politics of Constructionism [M]. London: Sage Publication, 1998.

[182] J. Charon. Symbolic Interactionism: An Introduction, an Interpretation, 10th ed. [M]. Engelwood Cliffs: NJ Prentice-Hall, 2009.

[183] J. Habermas. The Philosophical Discourse of Modernity [M]. Cambridge: Polity Press, 1987.

[184] J. Lane. Pierre Bourdieu: A Critical Introduction[M]. London: Pluto, 2000.

[185] James Farganis. Readings in Social Theory: The Classic Tradition to Post-Modernism [M]. New York: The McGraw-Hill Companies, Inc. , 2000.

[186] Javier Treviño. The social thought of C. Wright Mills[M]. California: Pine Forge Press, 2012.

[187] Jeffrey C. Alexander. Theoretical Logic in Sociology, 4 Vols[M]. Berkeley: University of California Press, 1982-1983.

[188] Jonathan H. Turner. Sociology: Concepts and Uses[M]. New York: McGraw-Hill, Inc. 1994.

[189] L. Coser. The Functions of Social Conflict[M]. London: Routledge, 1956.

[190] L. Edles and S. Appelrouth. Classical and Contemporary Sociological Theory[M]. Thousand Oaks: Pine Forge, 2007.

[191] Landry Y. Lorraine. Marx and Postmodernism Debates: An Agender for Critical Theory[M]. London: Praeger Publishers. 2000.

[192] Peter Wagner. Theorizing Modernity: Inescapability and Attainability in Social Theory[M]. London: Thousand Oaks and New Delhi: Sage, 2001.

[193] R. Collins. Conflict Sociology: Toward an Explanatory Science [M]. New York, San Francisco and London: Academic Press, 1975.

[194] Randall Collins. Four Sociological Traditions[M]. New York: Oxford University Press, 1994.

[195] Robert Nisbet. The Sociological Tradition[M]. New York: Basic Books, Inc., 1966.

[196] T. Parsons. The Social System[M]. New York: Free Press, 1951.

[197] Thomas Luckmann. Phenomenology and Sociology[M]. Lodon: Penguin Books Ltd., 1978.

[198] Ulrich Beck. Pioneer in Cosmopolitan Sociology and Risk Society [M]. New York: Springer, 2014.

[199] W. Housley, P. Atkinson. Interactionism[M]. London: Sage Publications, 2003.

后 记

十多年前，我们作为主要参与者参加了由黎民、张小山老师主编的《西方社会学理论》的编写工作。教材出版后，受到不少读者尤其是学生读者的欢迎和好评。之后出版社多次邀请我们再次出版此教材，但因参与者各自忙于其他事情，此项工作就一直拖延下来。近年来，我们在实际教学与科研中，越来越深切地感受到西方社会学理论的发展日新月异、突飞猛进，不断涌现一些新思想、新观点、新视角、新取向，而原有的教材已显得过时，不再能满足学生渴望学习相关理论的迫切需要。因此，我们决定克服重重困难，排除各种顾虑，重新编写一本既能反映社会学理论最新成果又具有较强可读性的合适教材。

本书分工如下：张小山负责编写第一章、第二章、第三章、第四章、第五章、第六章、第七章第一节和第四节、第八章第一节和第四节、第十章第一节、第十一章第三节、第十三章；周清平负责编写第七章第二节和第三节、第八章第二节和第三节、第九章、第十章第二节、第三节和第四节；代堂平负责编写第十一章第一节和第二节、第十二章、第十四章、第十五章。

初稿完成后，主编承担了统稿和定稿工作。鉴于西方社会学理论博大精深、卷帙浩繁，而我们的能力及水平实在有限，虽然已经竭尽全力，但教材中的疏漏错谬在所难免，恳请读者不吝赐教、批评指正。我们非常希望今后能在广大读者的帮助下，有机会不断改进、完善此教材。

主编
2022 年 11 月